동시토익
실전 1000제
READING
해설서

동시토익
실전 신토익 1000제
READING 해설서

지은이 신정원
에디터 조서봉
출판사 제이제이북스
초판인쇄 2017년 1월 30일

동시토익 서문

현장강의를 하다 보면, 간혹 정규반 수업을 듣지 않은 친구가, 실전반에 와서 한달 뚝딱 수업을 듣고 점수가 6,700점대에서 900점 대로 단박에 점프를 하는 것을 종종 목격합니다. 동시토익 수업의 모태는 정규반이기 때문에, 정규반 과정을 거치지 않고 실전반에 바로 들어온 친구들이, 그러면 안 되는데.. 약간은 '양자'같은 느낌이 들기도 합니다. 그런데 이런 '양자' 친구들이 효자역할을 톡톡히 하는 거죠. 약간은 당황스럽기도 합니다. 왜일까. 왜 점수가 한달 만에 쉽게 오를까.

실전반은 문제를 많이 풀어보는 반입니다. 문제를 많이 풀다 보면, 토익에 나오는 뻔한 유형이 익숙해집니다. 그러면 당연히 문제를 푸는 속도가 빨라집니다. 시간을 벌 수 있고, 정확도도 올라갑니다. 그런데 이 부분은, 토익의 모든 문제유형을 샅샅이 다루는 정규 반이 더 경쟁력이 있는 부분입니다. 그렇다면 이유는 뭘까요. 저의 결론은 해석연습입니다.

동시토익 실전반이 타 수업과 가장 다른 점은, 문제를 풀고 나면, 그 문장을 꼼꼼히 해석해준다는 점입니다. 하루에 한 세트가량의 문제를 풀다 보니, 당연히 해석량도 많습니다. 이게 뭐가 그리 중요할까요. 아직 완성도가 부족한 친구들을 보면, 단어도 다 알고, 문장구조도 분석할 수 있는데 해석을 시켜보면 어설픈 경우가 많습니다. 여지없이 점수는 나오지 않습니다. 독해력은 결국은 데이 터의 축적, 즉 경험의 축적을 통해서 이루어집니다. 이 전치사가 이 단어와 함께 나오면 이렇게 해석되는구나, 이 구문이 이렇게 연 결될 때는 이런 의미구나, 이 단어가 이 어휘와 연결되면 뜻이 이렇게 달라지는 구나. 선생님이 해준 정확한 해석을 들으면서 수강 생들은 그 정보가 쌓여갑니다. 이는 제가 예전에 다녔던 동시통역 대학원 입시반 수업과 비슷합니다. 통대입시반에서는, 하루 3시 간 수업 중에, 한 시간을 독해에 할애합니다. 돌아가면서 학생들이 해석을 하고. 선생님이 correction해주고. 단지 그것뿐인데, 실 력이 놀랍게 향상됩니다.

이 연습을, 반드시 이 실전서를 통해 해나가시길 바랍니다! 그래서 본 해설서에서는, 해당 문제의 풀이와는 전혀 상관이 없는 부분 이지만, 그 문장을 제대로 이해하기 위해 필요한 모든 설명들을 아주 상세히 담아놓았습니다. 제가 실전반에서 강의하는 것과 같은 내용들입니다. 파트5 문제를 풀고 나서, 정답을 맞췄다고 그냥 넘어가서는 안됩니다. 만약 그 문장이 완벽하게 해석되지 않는다면, 반드시 해설서를 참고하시기 바랍니다. 몰랐던 구문 해설이 상세하게 기술되어 있을 것입니다. 이 부분을 흡수해나갈 때, 우리 실전 반 효자들과 같은 점수상승의 기쁨을 여러분도 누릴 수 있을 것입니다.

많은 문장을 해석해 나가다 보면, 어휘력이 한 단계 상승하게 됩니다. 토익시험이 나오는 어휘문제들을 보면, 사실 보기 중에 모르 는 단어가 별로 없습니다. 그런데 자꾸 정답을 피해가게 됩니다. 어휘의 의미를 어렴풋하게만 알고 있기 때문입니다. 해석연습을 하 다 보면, 문장 안에서 어휘들을 많이 접하게 되기 때문에, 어휘의 세밀한 의미를 포착하기 시작합니다. '아 이 단어는 이런 상황에서 쓰는 거구나'. 당연히 어휘문제 대응력이 늘어납니다. 파트7의 경우도, 결국은 단어 하나 싸움인 경우가 많습니다. 이 단어의 구체적 인 의미를 이해했느냐 마느냐로 한 문제의 정답과 오답이 갈리는 경우가 많습니다.

실전서 해설서 작업은, 저 개인적으로도 정규반 해설서와는 차원이 다른 작업이었습니다. 단 한 문제 해설하는 데만 한 시간을 방황 해야 했던 적도 허다합니다. '이것까지 설명하지는 말까'라는 유혹을 수도 없이 느꼈습니다. 항상 느끼지만, 수업시간에 말로 하는 것 과, 글로 쓴다는 것은 매우 다른 일입니다. 부디 여러분들이 저의 노력과 진통의 산물들에서 최대한의 효과를 뽑아가시길 바랍니다.

이제 수개월간의 주말 칩거 생활이 막을 내리게 되었습니다. 주중에는 강의일정으로 시간이 나지 않다 보니, 주말에 오전 9시부터 자정까지 온전히 집필작업에 투자해왔습니다. 한참 동안 주변에 인간도리를 못하고 지냈네요. 이번 주말부터는 밀린 인간관계 숙제 를 하려 합니다. 여러분들도 이 실전서를 통해서, 저와 똑 같은 칩거 생활을 꼭! 해내시길 바라겠습니다. 저는 칩거생활의 대가로 가 슴 뿌듯한 해설서를 얻게 되었고, 여러분은 가슴 벅찬 점수를 손에 쥐게 될 것입니다!

그 동안, 제가 집필작업에 최대한 집중할 수 있도록 물심양면으로 지원해 주신 저흐 제이제이북스의 실장님들, 정지은, 이혜림, 김지 은, 허진홍 실장님. 이번에 새로 동시토익 팀에 합류한 든든한 지원군, 한창완 선심님. 그리고 저의 영원한 짝꿍인 조윤정샘과 신지 형님에게도 감사의 뜻을 전합니다! 사랑하는 사람들과 함께 일할 수 있다는 것은 인생 최고의 행복이 아닐까 생각됩니다!

앞으로 시작될 여러분의 빛나는 인생에, 동시토익 실전서가 든든한 디딤돌이 되기를 기원합니다. 'Pain is only temporary, but pride is forever'. 마지막 허들까지 반드시 넘겨내시고, 목표지점에 꼭! 입성하시길 바랍니다!

2017년 저자 신정원

동시토익 차례

동시토익 책의 구성

1. 기호정리

> 107 Harrison's **Sports** became the most popular sports equipment **store** (in the region) (shortly after its grand opening).
>   S   V   C
>
> |오답| recently, extremely, presently
>
> Harrison's Sports는 개점 바로 직후 이 지역에서 가장 인기 있는 스포츠 용품 가게가 되었습니다.

본 해설서에서는 모든 파트5 문장들을 분석해놓았다. 파트5 문장들은 독해력을 키우기 위한 가장 효과적인 연습자료들이다. 파트7 점수를 높이기 위해서 파트7 문제를 주구장창 풀어보는 것은 사실상 크게 도움이 되지 않는다. '한 문장'의 정확한 독해력이 뒷받침되지 않으면 독해력이 늘지 않기 때문이다. 그러므로 파트5 문제를 풀고 나면 반드시 문제집의 WORKBOOK을 통해 모든 문장을 정확히 해석해보는 연습을 하자!

뼈대바르기는 동시토익이 상호등록을 한 동시토익만의 구조분석 툴이다. 주어/동사/목적어를 찾고 나면, 중간에 끼어들어가 있는 '수식어구'들의 형태와 역할이 더욱 선명하게 다가온다. 또한 단어를 하나씩 인지하지 않고, 같은 의미군 끼리 덩어리로 묶어서 인식해주면, 독해의 정확도뿐만 아니라 속도도 놀랍게 향상된다. 모든 동시토익 수강생들이 뼈대바르기를 예찬하는 이유가 바로 여기에 있다. 뼈대바르기에 익숙하지 않은 분들도, 몇 가지 용어만 익혀서, 문장구조를 분석하는 눈을 키워나가도록 하자! 독해의 정확도와 속도가 놀랍게 향상될 것이다. 뼈대바르기에서는 다음과 같은 기호를 사용한다.

> **S**: 주어 (**Subject**)
> **V**: 동사 (**Verb**)
> **O**: 목적어 (**Object**)
> **C**: 보어 (**Complement**)

뼈대바르기는 덩어리로 묶어서 인식하는 것이 Key Point!
뼈대바르기의 규칙은 아주 Simple하다. 다음의 세 가지를 항상 묶어서 인식한다.

> 전명구
> 준동사구
> 접속사로 시작된 절

자세한 설명은 오른쪽 표를 참고하자.

	종류	형태	표시
전명구	표시X	전치사 + 명사	**The tree (in the park) is beautiful.** 괄호로 묶어만 놓고 아무 표시가 없으면 전명구!
	전+명사구	전치사 + ing가 이끄는 명사구	**You can improve sales (by reducing prices).** 전+명사구
준동사구	준동사구—명	S, O, C 역할을 하는 준동사구	**(Studying Tecci) is fun.** 준동사구—명
	준동사구—형	명사를 꾸며주는 준동사구	**Students (studying Toeic) are here.** 준동사구—형
	준동사구—부	독립적으로 쓰인 준동사구	**(Reading a book), you should turn on the light.** 준동사구—부
	준동사구—기타구	5형식 목적보어 역할을 하는 준동사구	**We expect the price (to increase)** 준동사구—기타구
접속사 절	명사절	S, O, C 역할을 하거나 전치사 뒤에 나온 절	**(That she passed the exam) is good news.** 명사절
	형용사절	명사를 꾸며주는 절	**Students (whc study Toeic) are here.** 형용사절
	부사절	독립적으로 쓰인 절	**(When you read a book), you should turn on the light.** 부사 졸
	부사절 축약형	부사절을 줄여 쓴 형태. 부사절 접속사 뒤에 'ing, p.p, 형용사, 전명구' 중 하나가 따라 나온다.	**(When reading a book), you should turn on the light.** 부사절 축약형

※ '전+명사구 or 부사절 축약형'

'Before leaving the room'

before는 전치사와 접속사의 기능을 모두 가진다. before를 전치사로 본다면, 뒤에는 'ing'로 시작하는 명사구가 온 것이고, before를 접속사로 본다면 부사절을 줄여 쓴 형태인 '부사절 축약형'이 될 것이다. 둘 중 무엇이냐는 구조상 구분할 수 없다. 둘 다 가능하다. 그러므로 이 경우에는 '전+명사구 or 부사절 축약형'이라고 둘 다 명시해 두었다.

동시토익 '뼈대바르기'는 Reading 교재 '1장'에 자세하게 설명되어 있다. 더 자세한 설명은 Reading교재를 참고하자.

|어휘| produce 생산하다 highly rated 높이 평가된 according to 전 ~에 따르면 provided that 접 만일 ~라면 A rather than B B라기 보다/대신에 A even if 접 설사 ~일 지라도

어휘 해설에서 '품사'의 구분이 중요한 어휘들은 품사를 따로 표시해두었다. 또한, 반드시 '사람명사'나 '사물명사'와 짝꿍이 되는 표현들의 경우 다음과 같은 기호를 써서 구분해 두었다.

명 명사 형 형용사 부 부사 동 동사 전 전치사 접 접속사 **s.b** 사람명사(somebody) **s.t** 사물명사(something)

파트 6 Context Question

|해설| Context Question.

최근 추세에 맞게 동시토익 실전 1000제는 파트5는 쉽게, 파트6는 까다롭게 출제했다. 최근 파트6의 난이도는 계속 올라가고 있는데, 그 주범이 바로 Context Question이다. 빈칸이 들어가 있는 문장만으로는 풀 수 없고, 전체적인 지문의 내용을 숙지해야만 풀 수 있는 문제다. context는 '문맥'이라는 의미. 문맥을 파악해야 풀 수 있는 문제다. 점점 토익이 smart해지고 있다. 이전에는 한 지문 당 한 개정도의 Context Question이 섞여 있었다. Context Question이 포함되지 않은 지문들도 종종 있었다. 최근에는 한 지문에 나온 3개 문제가 모두 다 Context Question인 경우가 아주 빈번하다. 그래서 동시토익 실전서도 최근 추세를 반영해서 Context Question을 대거 출제했다. 해설서에서는 Context Question을 유의해서 볼 수 있도록 해당 문제에 표시해두었다.

파트 7 Combined Question

|해설| Combined Question.
190©

2개의 지문이 등장하는 '더블지문'에 나오는 문제유형이다. 문제의 단서가 하나의 지문에 있지 않고, 2개의 지문을 종합해서 파악해야만 풀 수 있는 문제다. Combined Question은 2개의 지문을 한꺼번에 읽어내려 가면 오히려 쉽게 접근할 수 있다. 두 지문에 공통으로 나오는 정보들은 반드시 표시해두자. Combined Question은 유의해서 볼 수 있도록 해당 문제에 표시해 두었다.

2. 난이도 표시

여러분이 너무 낙담하지 않도록 난이도를 표시해두었다. 난이도 표시가 되어 있지 않은 문제는 '평이한 문제'. 난이도 표시가 없는 평이한 문제를 반복적으로 틀린다면, '기본기'를 다시 점검해야 한다. 난이도가 높은 문제들은 오답노트를 잘 만들어서 반복적으로 학습하자!

난이도 ★☆☆	어려운 문제
난이도 ★★☆	아주 어려운 문제
난이도 ★★★	만점짜리 문제

3. 동시토익 만의 문제풀이 접근법

파트5의 문제유형은 3가지다. 일단 '보기'먼저 확인하고, 어떤 문제유형인지를 파악하는 것이 중요하다! 문제유형에 따라 접근법이 달라진다.

어형문제	(A) happy (B) happily (C) happiness (D) happier	구조 〉해석	어형문제는 해석부터 하면 오히려 더 많이 틀린다. 문장 구조를 이해했는지 묻는 문제! 빈칸의 앞뒤 품사를 확인하고 문장구조부터 이해한다!
어휘문제	(A) offer (B) acceptance (C) return (D) admission	해석 〉구조	짝꿍단어가 출제된 게 아니라면, 꼼꼼히 해석을 해야 한다. 동사어휘는 목적어가 제일 중요! 형용사어휘는 수식하는 명사가 제일 중요! 부사어휘는 누구를 수식하는 지를 먼저 파악하는 것이 중요! 명사어휘는 문장 전체에 대한 꼼꼼한 해석이 필요하다!
문법문제	(A) After (B) Since (C) Despite (D) Therefore	구조 〉해석	문법문제에서 가장 많이 출제되는 유형은 보기 중에 전치사/접속사/부사가 섞여있는 유형! 무조건 해석으로 접근하다 틀리는 경우가 굉장히 많다. 문장 구조부터 파악한다!

이 중에서 어휘문제는 전체문장을 정확하게 해석하는 것이 중요하지만 어형문제와 문법문제는 구조를 파악하는 것이 더 중요하다. 본 해설서는 어형문제 중 동사어형문제는 항상 '특정 접근법'을 따라 해설하였다. 동사어형문제는 반드시 100% 공략해야 하는 문제유형이고, 이 접근법의 순서를 따라 풀어오는 것이 제일 중요하다! 또한 문법문제에서 가장 많이 등장하는 '전치사 vs. 접속사 vs. 부사' 문제 접근법도 반드시 참고하고 문제에 적용하자! 이 문제유형에 3초짜리 문제가 쏟아져 나온다. 3초짜리 문제를 놓치는 일은 없어야 한다!다음 페이지에 나온 자세한 설명을 꼭 참고하자!

동사어형문제 접근법

동사의 형태를 결정짓는 요소는 4개밖에 없다. 이 4가지만 따지면 틀릴 문제가 없다. 그런데 순서가 중요! 반드시 순서대로 따져서 풀자!

① 본동사 vs. 준동사

가장 먼저 따져봐야 한다. 이것만 따지면 3초짜리 문제인데, 본동사/준동사를 간과해서 문제 하나를 버리는 경우가 매우 많다. '본동사 vs. 준동사'를 판단하기 위해서는 전체 문장의 동사의 수와 접속사의 수를 세어보는 것이 가장 중요하다.

[S + V + O 접속사 S + ___ + O]
➡ 본동사가 **1**개, 접속사도 **1**개 쓰였으므로 빈칸은 본동사 자리 (**to do/ing/p.p**는 오답)

[S + V + O 접속사 S + V + O, ___]
➡ 본동사가 **2**개, 접속사는 **1**개 쓰였으므로 완벽한 절. 빈칸은 준동사자리 (**to do/ing/p.p** 중 택일)

[동사의 수 = 접속사의 수 + 1] 문장에 나올 수 있는 동사의 수는 접속사 숫자보다 하나 더 많다. 접속사가 **3**개라면 본동사는 **4**개, 접속사가 **10**개라면 본동사는 **11**개 나온다. 가장 먼저 접속사와 동사의 숫자를 세어보자!

② 태

다음은 태를 따져본다. 해석에 의존해서 '하다 vs. 되다'로 따지면 오히려 오답률이 높아진다. 우리말과 영어는 '일대일 대응어'가 아니기 때문에 해석에 의존해서 보면 오히려 거꾸로인 경우가 굉장히 많다. 반드시 2단계로 따져보자. 익숙해지면 '태' 문제는 3초짜리 문제!

1. 동사 뒤에 목적어 있으면 능동 / 없으면 수동 (자동사는 예외)
2. 주어와 의미상의 관계 ('S–V'면 능동 / 'O–V'면 수동)

1번을 적용했을 때, 자동사는 예외가 된다. 자동사는 항상 능동태로 쓰이므로, 동사 뒤에 목적어가 없어도 '능동태'를 골라와야 한다. 대부분의 동사가 타동사이기 때문에 목적어가 없는 경우 대부분 '수동태'가 정답이 되지만, 자동사일 가능성에 대해 불안하다면, '2. 주어와 의미상의 관계'를 따져서 Double Check 해보자! 주어와 동사의 '의미상의 관계'를 따져보니 '~가'라고 해석되는 '주어–동사', 즉 'S–V'관계라면 능동, '~를'로 해석되는 '목적어–동사', 'O–V'관계라면 수동태가 정답.

③ 수일치

주어자리에 **3**인칭 단수명사가 나오면 ➡ '현재동사 + **s**'

수일치를 몰라서 틀리는 사람은 없다. 다만 우리말에 없는 개념이라 따지는 것 자체를 까먹는 게 문제다. 수일치는 따져보는 습관을 들이는 게 가장 중요하다

④ 시제

동사 어형문제를 틀리는 가장 많은 경우가 시제부터 따지는 경우다. 대부분이 시제에 제일 약하기 때문에 한번 특정 시제에 꽂히면 다른 부분을 간과하고 답을 골라 틀리는 경우가 많다. 그러므로 특정 시간부사나 시간부사절이 등장한 경우를 제외하고, 시제는 가장 마지막에 따진다.
파트5에는 시제문제가 가장 적게 출제된다.

절대로! 해석에 먼저 의존해서는 안 된다!

문법 문제에서 가장 많이 출제되는 유형으로, 구조를 따져보면 3초만에 풀 수 있는 문제가 굉장히 많다. 보통 동일한 뜻의 전치사와 접속사가 보기에 함께 등장하거나, 아니면 보기에 등장한 전치사와 접속사가 해석에 의존했을 때 둘 다 의미상 가능한 경우가 많다. 그러므로 의미상 접근하다 오답을 고르는 경우가 허다하다. 부사는 대부분이 오답으로 섞여있다.

일단, 접속사 자리인지 아닌지를 따져보는 게 가장 중요!
문장에서 동사의 수와 접속사의 수를 먼저 세어보자!

[S + V + O _____ S + V + O]

⇨ 동사가 2개 나왔으므로 절이 2개라는 의미. 빈칸은 2개의 절을 연결해줄 접속사 자리!

[S + V + O 접 S + V + O ___ n.]

⇨ 최근 가장 빈출 유형! 동사가 2개 나왔고, 접속사가 1개 있으므로 완벽한 문장이다. 빈칸 뒤에는 명사밖에 없으므로 빈칸은 명사를 연결해 줄 전치사 자리!

[___ S + V + O 접 S + V + O]

⇨ 간혹 출제되는 유형인데, 이 경우 오히려 허를 찔리는 경우가 많다. '절' 앞에 빈칸이 있다고 무조건 접속사를 골라오면 안 된다. 동사가 2개 나왔고, 접속사가 1개 있으므로 완벽한 문장이다. 빈칸 뒤에 나온 명사는 '주어'역할이므로 추가로 나온 명사가 아니다. 그렇다면 빈칸은 추가로 나올 수 있는 품사, 즉 부사자리.

물론, 이렇게 구조를 파악해서 문제를 풀기 위해서는 누가 접속사고 누가 전치사인지는 알고 있어야 한다. 아직 접속사와 전치사를 구분하는 것이 익숙하지 않다면 토익시험을 볼 준비가 되어 있지 않은 것이다. 이 문제유형은 매달 최소 4문제 이상 출제된다. 본인이 가지고 있는 문법책으로 돌아가서 접속사와 전치사의 종류는 완벽하게 마스터하고 문제를 풀어보자!

4. 핵심포인트

본 해설서는 문제의 해설만 단순히 달아 놓은 해설서가 아니다. 해당 문제를 통해 반드시 정리하고 가야 할 부가적인 포인트들을 함께 정리해두었다. 이 부분까지 꼼꼼하게 정리하고 간다면, 실전반 수업을 듣는 것과 똑 같은 효과를 얻을 수 있다. '핵심' 포인트는 교재 마지막 부분에 Index도 정리해두었다. 나중에 다시 참고할 사항이 생기면 인덱스를 통해 반복해서 학습하자!

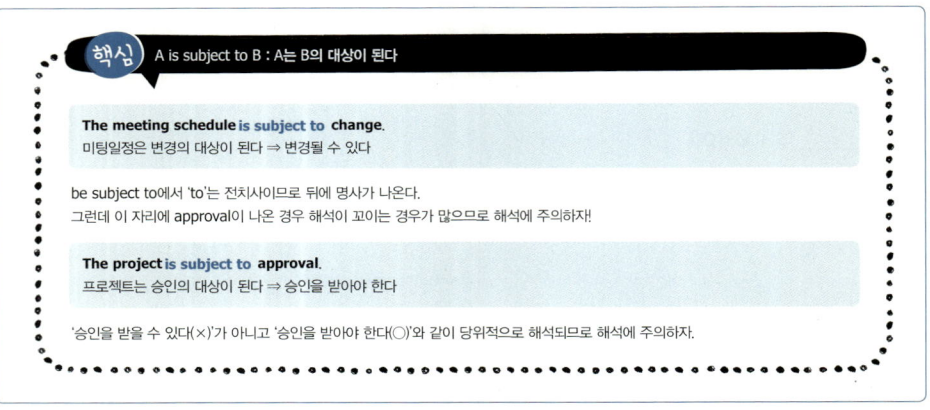

핵심 A is subject to B : A는 B의 대상이 된다

The meeting schedule is subject to change.
미팅일정은 변경의 대상이 된다 ⇒ 변경될 수 있다

be subject to에서 'to'는 전치사이므로 뒤에 명사가 나온다.
그런데 이 자리에 approval이 나온 경우 해석이 꼬이는 경우가 많으므로 해석에 주의하자!

The project is subject to approval.
프로젝트는 승인의 대상이 된다 ⇒ 승인을 받아야 한다

'승인을 받을 수 있다(×)'가 아니고 '승인을 받아야 한다(○)'와 같이 당위적으로 해석되므로 해석에 주의하자.

[전치사]**Given the increased demand, they hired more workers.**
=**Considering the increased demand, they hired more workers.**

[접속사]**Given that the demand increased, they hired more workers.**
=**Considering that the demand increased, they hired more workers.**

given이 홀로 쓰이면 전치사, that과 함께 쓰이면 접속사. 의미는 동일하다.

동시토익 CONTEMPORARY **TOEIC**

TEST 01

101	B	102	A	103	D	104	D	105	A	106	C	107	C	108	C	109	B	110	A
111	C	112	C	113	A	114	C	115	B	116	C	117	C	118	D	119	D	120	B
121	B	122	C	123	B	124	A	125	B	126	A	127	C	128	A	129	C	130	D
131	B	132	C	133	C	134	A	135	D	136	C	137	C	138	B	139	A	140	C
141	D	142	B	143	D	144	C	145	A	146	B	147	C	148	D	149	B	150	D
151	A	152	C	153	B	154	D	155	C	156	D	157	A	158	B	159	C	160	A
161	B	162	A	163	B	164	B	165	A	166	A	167	C	168	D	169	B	170	C
171	C	172	A	173	A	174	D	175	B	176	D	177	A	178	C	179	B	180	D
181	D	182	B	183	A	184	D	185	C	186	D	187	A	188	C	189	C	190	C
191	B	192	A	193	C	194	C	195	B	196	D	197	A	198	B	199	A	200	A

101
난이도
★☆☆

Put your heating **devices** (in storage) (to keep them in good condition) (once warmer weather **arrives**).
V　　　　　　　　O　　　　　　　　　　　　준동사구-부　　　　　　　　　　부사절

[오답] arrived, will arrive, arrive

일단 따뜻한 날씨가 도래하면, 난방장치들을 좋은 상태로 유지하기 위해서 보관소에 두세요.

|해설| 동사어형문제. 동사어형문제는 기본적으로 4가지 순서로 풀어준다. p10 참고 다만, 시간부사나 시간부사절이 있는 경우는 시제먼저 따진다. 시간부사절이 있는 경우, 주절과 시간부사절의 시제를 일치시켜주면 된다. 아래 설명 참고

주절에는 동사원형(put)으로 시작하는 명령문이 왔다. 명령문은 항상 미래시제! 그러므로 once가 이끄는 시간부사절에도 역시 미래가 나와야 한다. 그런데 시간부사절에서는 미래시제는 쓰지 않는다! 시간부사절에는 미래 대신 '현재류'가 와야 한다. 현재류는 현재/현재진행/현재완료를 다 포함하는 것. 보기 중 현재류인 arrive와 arrives 중에서 수일치를 맞춰보면 주어가 weather(3인칭 단수명사)이므로 arrives가 정답.

arrived(과거시제)를 쓰려면 접속사가 because로 바뀌어야 한다. '따뜻한 날씨가 도래했기 때문에 보관소에 두어라'. because는 '이유부사절'로 주절과 부사절의 시제가 다를 수 있다.

|어휘| heating device 난방장치 storage 저장소, 보관소 in good condition 좋은 상태로 once 囼 일단 ~하고 나면

핵심 시간부사절과 주절의 시제일치

When I met him, I had a good time.　　　　　　　　[시간부사절: 과거류　　　　　/ 주절: 과거류]

When I meet him, I will have a good time.　　　　[시간부사절: 현재류 (미래대신) / 주절: 미래]

시간부사절과 주절의 시제는 항상 똑같다. 주절의 동작이 언제 발생했는지를 설명해 주는 것이 시간부사절이기 때문이다.
'나는 좋은 시간을 가졌어', 그게 언제냐 하면 '내가 그 사람을 만났을 때'.

여기서 '과거류'라고 하면, 과거/과거진행/과거완료를 모두 포함한다. 주절에 과거가 나오고, 부사절이 '과거냐 과거완료냐'는 문제는 어짜피 출제되지 않는다. 둘 다 가능하기 때문! 그러므로 과거류끼리 맞춰온다. 주절에 '미래'가 나온경우, 부사절에서는 '미래'가 아닌 '현재류'가 나온다. 시간부사절에서는 현재류의 시제가 미래를 대신하기 때문! ◑ Reading교재 vol.1 p224 참고

102 New account **holders** can **apply** (for a new credit card) (**when** they open an account at Jergen Bank).
             S   V   부사절

|오답| from, above, even

Jergen Bank에서 계좌를 개설 할 때, 신규 계좌를 소지하신 분들은 새 신용카드를 신청 할 수 있습니다.

|해설| 3초짜리 문제. 보기 중에 접속사가 하나라도 있다면, 반드시 접속사 자리인지 아닌지를 먼저 확인한다. 문장 내에 절이 몇 개인지를 먼저 세어본다. 문장 안에 2개의 동사(can apply, open)가 나왔으므로 2개의 절이 사용되었고 빈칸은 2개의 절을 연결할 접속사 자리. 보기 중에 유일한 접속사인 when이 정답. from, above는 전치사. even은 부사.

|어휘| holder 소지자 open an account 계좌를 개설하다

103 Mr. **Horner presented** the sales **pitch** (to the shareholders) **himself** (because the director of sales had to visit another
        S   V   O   부사   부사절

|오답| he, his, him

branch).

영업이사가 다른 지점을 방문해야 했기 때문에 Horner씨는 직접 판매 홍보를 주주들에게 선보였습니다.

|해설| [S+V+O ___ 부사절] 완벽한 뼈대문장 뒤에 추가로 나올 수 있는 품사는 부사. 다 명사 중에 유일하게 부사의 역할을 하는 대명사는 재귀대명사. 재귀대명사가 부사역할을 할 때 '강조용법'이라고 부른다. "직접, 손수"라고 해석하며 앞에 나온 동사를 강조해준다. "그가 직접 발표했다".
◐ Reading교재 vol.2 p161 참고

|어휘| present 선보이다, 발표하다 sales pitch 판매 홍보 shareholder 주주

104 Mr. **Blines** did not **receive confirmation** (of his accommodation and flight reservations) (by e-mail).
        S   V   O

|오답| confirming, confirm, confirms

Blines는 이메일로 그의 숙박과 비행편 예약에 대한 확인을 받지 못했습니다.

|해설| 어형문제. [V ___ 전명구] 빈칸은 목적어 자리이므로 명사자리.
명사자리에 동명사를 골라오지 않도록 주의! 1) 동명사를 목적어로 취할 수 있는 동사는 정해져 있다. receive는 동명사를 목적어로 취하지 않는다. 2) 동명사는 ing형태로 '능동태'이므로 뒤에 목적어가 나와야 한다. 빈칸 뒤에는 전치사가 있으므로 목적어가 없는 상태. (전명구는 묶어서 '형용사'나 '부사'의 역할을 한다. 목적어 자리에는 '명사'만 나올 수 있다. 그러므로 전명구는 절대로 목적어가 될 수 없다!)

|어휘| confirmation 확인(서) accommodation 숙박

105 Harrison's **Sports became** the most popular sports equipment **store** (in the region) (**shortly** after its grand opening).
        S   V   C

|오답| recently, extremely, presently

Harrison's Sports는 개점 바로 직후 이 지역에서 가장 인기 있는 스포츠 용품 가게가 되었습니다.

|해설| 'shortly after'는 짝꿍. "~하자마자 바로"의 의미. 자주 출제되는 유형이므로 after와 짝꿍이 되는 부사들은 묶어서 외워두자.

> **shortly** after = **right** after = **soon** after = **immediately** after   "~하자마자 바로"

|어휘| grand opening 개점, 개장

106 All staff **members** of Olley. Inc. **have to** <u>attend</u> a **seminar** (about enrolling in the new healthcare program) **next**
　　　　　　　S　　　　　　　　　　　　　　 V　　 O　　　　　　　　 전치사+명사구
Thursday.

|오답| attended, attends, attending

Olley사의 모든 직원들은 다음주 목요일 새로운 의료 보건 프로그램에 등록하는 것에 관한 세미나에 참석해야 합니다.

|해설| have to는 must와 같은 의미로 일종의 조동사. 뒤에는 반드시 동사원형이 온다.

|어휘| enroll in ～에 등록하다

---

107 **Every employee understands** (that they must enroll for healthcare benefits by June 10).
　　　　　　 S　　　　 V　　　　　　　　　　O (명사절)

|오답| All, Most, Many

모든 직원은 그들이 6월 10일까지 의료 보험 수당을 위해 등록을 해야 한다는 것을 알고 있습니다.

|해설| 수량형용사문제. employee는 '사람명사'고, 사람명사는 항상 셀 수 있는 '가산명사'. all / most / many 뒤에 가산명사가 올 때는 항상 복수형이 와야 한다. [ex] all books, most books, many books. every와 each 뒤에는 항상 가산명사 단수형이 온다. [ex] every book.

|어휘| enroll 등록하다 healthcare benefit 의료보험수당

 핵심 초빈출! 수량형용사

| some / any / most / all | books [가산명사복수형] / money [불가산명사] | many / a few / several / both | books [가산명사복수형] | each / every | book [가산명사단수형] | much / a little | money [불가산명사] |

수량형용사는 매우 자주 출제되는 유형! 항상 빈칸 뒤에 나와있는 명사에 's'가 붙어있는지를 먼저 확인한다. ○ Reading교재 vol.2 p230 참고

하나 더 챙겨두자! 수량형용사는 이 형태 그대로 명사역할도 잘한다. 수량형용사 뒤에 나온 명사가 문맥상 무엇인지 확실한 경우 생략이 가능하기 때문이다. 명사자리에 수량형용사를 고르는 문제가 최근 가장 많이 출제되는 유형이며 오답률이 매우 높은 문제!

Some people believe that it is right. [형용사 역할]
⇨ **Some believe that it is right.** [명사 역할]

---

108 The **auditorium** (of Kline University) **was designed** (by a famous <u>architect</u>) (that graduated from the school).
난이도　　 S　　　　　　　　　　　　 be p.p　　　　　　　　　　　　 형용사절
★☆☆

|오답| architecture, architectural, architects

Kline University의 대강당은 그 학교를 졸업한 유명 건축가에 의해 설계되었습니다.

|해설| 어형문제. [관사+형 ___] 빈칸은 명사자리. architecture는 '건축물, 건축양식'. architect는 '건축가'. 빈칸 뒤에 형용사절을 보면, 그 대학을 졸업했다고 했으므로 빈칸에 들어갈 정답은 건축가.

|어휘| auditorium 대강당 architect 건축가 architecture 건축물, 건축 graduate from 졸업하다

109 Carltec's notebook **computers were moderately** priced (**upon release**), **but** the **company raised** the **prices** (**after re**
                                          S   be p.p   but   S   V   O

ceiving favorable reviews).
부사절축약형 or 전+명사구

|오답| moderate, moderating, moderated

Carltec사의 노트북 컴퓨터는 출시 시에 저렴하게 가격이 매겨졌지만, 호평을 받고 나서 회사는 가격을 인상했습니다.

|해설| 3초짜리 어형문제. [be __ p.p] 동사구 사이는 동사를 꾸며주는 부사자리.

|어휘| moderately priced 짝꿍 가격이 적절히 매겨진 upon release 출시 시에 favorable 호의적인, 긍정적인 review 평

> **핵심** upon + 명사 : ~할 시에
>
> 전치사 및 명사어휘 문제로 자주 출제되는 유형. upon뒤에 명사가 나오면 "~할 시에"로 해석한다.
> upon과 잘 짝꿍이 되는 아래 5개 명사는 반드시 외워두자. 명사 어휘문제로도 잘 출제된다.
>
> **Upon delivery** 배송 시에 **Upon arrival** 도착 시에 **Upon receipt** 수령 시에 **Upon request** 요청이 있을 시에
> **Upon completion** 완성(완공) 시에

110 **Letters** (**to the Editor of the Lawson Daily**) **are reviewed** (**by the editor prior to publication**).
     S   be p.p

난이도
★☆☆

|오답| created, staffed, founded

Lawson Daily 신문사의 편집자에게 보내는 편지들은 출판 전에 편집자에 의해 검토된다.

|해설| 동사어휘문제. 동사어휘문제는 수동태 문장으로 잘 출제 되며, 수동태로 출제되면 오답률이 높아진다. 우리가 수동태에 익숙하지 않기 때문. 항상 능동의 형태로 전환해서 확인하자.

> Letters are reviewed by the editor ⇒ The editor __reviews__ letters.

편집자가 편지를 '검토한다'가 정답.

|오답해설| 'create: 편집자가 편지를 만든다 – 편집자에게 보내는 편지를 편집자가 만들지는 않는다(×)'
'staff: 편지를 직원 배정하다(×) / staff the team 팀에 직원을 배정하다(○)'
'found: 편지를 창립하다(×) / found the company 회사를 창립하다(○)'

|어휘| prior to(=before) ~전에 publication 출판 review 검토하다 create 만들어내다 staff 직원을 배정하다 found 설립하다, 세우다

111 (**Throughout his career**), **Ian Carter has aspired** (**to become the most renowned marketing consultant in the industry**).
                              S   V   O (명사구)

|오답| aspiring, aspire, is aspiring

그의 경력 내내, Ian Carter는 이 업계에서 가장 유명한 마케팅 컨설턴트가 되기를 열망했다.

|해설| 동사어형문제. 동사어형문제 접근법 p10 참고 1) 구조. 문장 내에 다른 본동사가 없으므로 본동사 자리. aspiring 탈락. 2) 태. to부정사구가 목적어 역할을 하므로 능동태. 3) 수일치. 주어가 단수명사이므로 aspire 탈락. 4) 시제. throughout his career: 그의 경력 내내'는 과거부터 현재까지 걸쳐있는 기간. '과거–현재'의 기간을 표현하는 시제는 현재완료. ◉ Reading교재 vol.1 p221 참고

|오답해설| is aspiring은 현재진행시제로 '현재 일시적으로 반복되는 동작'을 묘사한다. '지금 현재 열망하고 있는 중이다'는 의미이므로 '그의 경력 내내'라는 표현과 어울리지 않는다.

|어휘| throughout 내내 aspire to do ~하기를 열망하다 renowned 유명한, 저명한

Caring Airways provides the most affordable domestic flights (in Canada).
    S   V   O

|오답| afford, affording, affordably

Caring Airways은 캐나다에서 가장 저렴한 국내 항공편을 제공합니다.

|해설| 어형문제. [관사 ___ 형+n.] 빈칸은 형용사 자리. 빈칸 뒤에 형용사가 있어도 형용사는 중복적으로 나올 수 있다. 명사 앞에 나올 수 있는 형용사의 개수는 무제한. [ex] I know many smart tall girls (○). 형용사가 be동사 뒤, 보어자리에 2개 이상 나올 경우에는 반드시 and가 있어야 한다. [ex] She is pretty and smart (○). 그렇지만 명사 앞에서 명사를 수식하는 경우에는 and가 있어도 되고 없어도 된다. [ex] a pretty and smart girl (○) / a pretty smart girl (○).

형용사 앞에 most가 있으므로 최상급으로 해석. "가장 저렴한".

|어휘| affordable(=reasonable, moderate, low) 저렴한 domestic flight 국내선 afford to do ～할 여유가 있다

Mantel Pharmaceuticals will not release their new painkiller (because of recent findings in clinical tests).
             S   V   O

|오답| full, whole, late

Mantel Pharmaceuticals사는 최근 임상 실험의 결과 때문에 새로운 진통제를 출시하지 않을 방침입니다.

|해설| 형용사어휘문제. "최근의 연구결과"로 recent가 정답.

|오답해설| 'full findings: 완전한 연구결과 때문에 출시하지 않을 것이다(×)'

'late findings: 늦은 연구결과(×)'. 최근의 의미로 쓰려면 latest를 써야 한다. 'latest findings: 최근의 연구결과(○)'.

whole이 안 되는 이유는 아래 참조.

|어휘| Pharmaceutical 제약, 약, 제약의 release 출시하다 painkiller 진통제 recent 최근의 findings 결과물 clinical test 임상 실험

> **핵심** the + whole + 단수명사
>
> whole은 오답단골이므로 잘 익혀두자. 잘 알고 있어야 오답을 피해갈 수 있다.
>
> **the whole country 나라 전체가 (난리가 났습니다)**
>
> whole은 앞에 항상 관사를 동반하고, 뒤에는 '그룹'의 의미를 가지는 단수명사가 온다.
>
> 내가 만약 서점에서 책을 여러 개 샀는데, 사고 보니 마음에 안 들어서 전부 환불을 했다고 해보자. 이때 whole books(×)는 틀린 표현. all books(○)라고 표현한다. whole은 나라, 팀과 같은 '그룹'의 의미를 가지는 명사와 짝꿍이 되어서 '나라의 일부, 즉 서울이나 경상도 만이 아닌, 나라 전체가 난리가 났다'와 같이 표현할 때 사용한다. the whole county를 묶어서 외워두자.

Mr. Fisher told his staff (that he was honored to work with such a dedicated and passionate team at Lester Automotive).
  S   V   O1   O2 (명사절)   – tell 4형식구조

|오답| honor, honors, honorable

Fisher씨는 그가 Lester Automotive에서 그렇게 헌신적이고, 열정적인 팀과 일하게 되어 영광이었다고 그의 직원들에게 전했습니다.

|해설| 어형문제. be동사 뒤이므로 ing/p.p 형태의 준동사나 형용사가 나올 수 있다. honorable은 '고결한, 명예로운'의 의미로 의미상 탈락. 'an honorable life: 명예로운 삶'과 같이 사물을 수식한다.

|어휘| somebody is honored to do ～하게 되어 영광이다 dedicated(=devoted) 헌신적인 passionate 열정적인 honorable 명예로운, 영광스러운, 훌륭한

115 (**According to** recent consumer reports), **Everton Industries has produced** the most highly rated toaster **oven** this
　　　　　　　　　　　　　　　　　　　　　　　S　　　　　　　　V　　　　　　　　　　　　　　　　　O　　　this
year.

|오답| Provided that, Rather than, Even if

최근 소비자 보고서에 따르면, Everton Industries는 올해에 가장 평점이 높은 오븐 토스터기를 생산해 오고 있습니다.

|해설| 3초짜리문제. 보기 중에 접속사가 하나라도 있다면, 반드시 접속사 자리인지 아닌지를 먼저 확인한다. [____ n, S+V+O] 뼈대구조만 보면, 빈칸 뒤에는 명사만 나와있고, 콤마 뒤에 주절이 나왔다. 빈칸은 명사를 연결하는 전치사자리. 모든 접속사(provided that, even if)는 탈락. rather than은 병렬구조가 성립해야 한다. 'A rather than B: B라기 보다/대신에 A'.

|어휘| produce 생산하다 highly rated 높이 평가된 according to 젠 ∼에 따르면 provided that 접 만일 ∼라면 A rather than B B라기 보다/대신에 A even if 접 설사 ∼일 지라도

116 **Overton Party Supplies acknowledged** [**that everything** (**that was rented** for Xenor Technologies award ceremony)
　　　　　　　　　S　　　　　　　　　　V　　　　　　　　O (명사절)　　　　　　　　　　　　　　　　　형용사절
난이도
★★☆　**was returned**].

|오답| either, anything, those

Overton Party Supplies사는 Xenor Technologies 시상식을 위해서 대여되었던 모든 것들이 반납되었다고 알렸습니다.

|해설| 형용사절의 수식을 받는 대명사를 고르는 문제. either는 전체 그룹이 '2개'일 때단 사용하므로 탈락. those는 '∼하는 사람들'의 의미이므로 탈락. anything이나 any는 기본적으로 긍정문이 아닌 부정문, 의문문, 조건문에 사용된다. 보기 중에 'any vs. some'이 등장했는데 문장이 긍정문이라면 some을 우선적으로 고르면 된다. 'any vs. every'가 등장한 경우도 긍정문이라면 every를 우선적으로 골라온다.

|어휘| acknowledge 인정하다, 통보하다 award ceremony 시상식

핵심 any는 긍정문에는 절대 안 나오나요?

> You can use **any** computer in the office.
> You can use **anything** in the office.

any가 긍정문에 사용되는 예외구문. "어떤 것도"라고 강조해줄 때 any가 긍정문에서 사용되기도 한다.
위의 문장도 해석해보면, "이 사무실에 있는 어떤 컴퓨터도 사용할 수 있습니다". 선택의 폭이 제한되지 않고 전체 중에 아무거나 다 쓸 수 있다는 표현. 이 경우에는 제한적으로 긍정문에서도 사용된다. 아무거나 골라잡을 수 있다는 의미.
120번 문제의 경우는 대여한 물건 중에 아무거나 고를 수 있다는 의미가 아니고, 전체를 모두 다 반품했다는 의미이므로 의미상도 anything은 불가능.

117 (**Thanks to** our extensive research), our **study was able to predict** sales **rates** more **accurately** than our previous
　　　　　　　　　　　　　　　　　　　　　　S　　조동사 대용　　V　　　　O
studies.

|오답| accuracy, accurate, accuracies

저희의 폭 넓은 조사 덕분에, 저희 연구는 이전 연구들보다 판매율을 좀더 정확하게 예측할 수 있었습니다.

|해설| 어형문제. [S+V+O ___] 완벽한 뼈대문장이 나오고 문장 끝에서 추가로 나올 수 있는 품사는 부사. 매달 출제되는 부사자리. 완벽한 절이 나오고 그 뒤에 추가적으로 나올 수 있는 품사는 부사밖에 없다.

|어휘| thanks to ∼덕분에 extensive 광범위한, 폭 넓은 sales rates 판매율 previous 이전의 accurately 정확하게

TEST 01

(Due to conflicting schedules), next week's **visit** (from the regional manager) **has been postponed** until next month.
S   be p.p

|오답| In case, Such as, Because

일정이 겹쳐서 다음주 지부장의 방문이 다음달까지 미뤄진 상태입니다.

|해설| 3초짜리문제. 보기 중에 접속사가 하나라도 있다면, 반드시 접속사 자리인지 아닌지를 먼저 확인한다. [_____ n, S+V+O] 뼈대구조만 보면, 빈칸 뒤에는 명사만 나와있고, 콤마 뒤에 주절이 나왔다. 빈칸은 명사를 연결하는 전치사자리. 모든 접속사(in case, because)는 탈락. such as는 일종의 전치사처럼 사용되면 such as 뒤에는 example이 등장한다. [ex] flowers such as roses and tulips: 장미나 튤립 같은 꽃들.

|어휘| conflicting schedule 짝꿍 충돌하는 일정, 겹치는 일정 postpone 미루다, 연기하다 due to(=because of, owing to, thanks to) ~ 때문에 in case 접 ~를 대비해서 such as ~와 같은

 Revel Bohem's new line (of living room furniture) **was a collaborative effort** (between Revel's design department and
S   V   C

artist Teresa Gile).

|오답| collaborating, collaborates, collaboratively

Revel Bohem의 거실가구 신규라인은 Revel사의 디자인 부서와 아티스트인 Teresa Gile간의 공동 노력의 결과입니다.

|해설| 어형문제. [관사 _____ n.] 빈칸은 형용사자리. 관사와 명사 중간에 삽입될 수 있는 품사는 명사를 수식해주는 형용사뿐이다. '관형명'이라고 순서를 외워두면 문제 풀 때 아주 요긴해진다.

|오답해설| collaborating은 분사형태이며, 분사형태의 형용사들도 많이 존재한다. 형용사 문제에서 분사형태가 등장하면 '의미상 관계'만 따져보면 된다. 수식 받는 명사와 의미상의 관계를 따져본다. [ing형태는 '주어-동사'관계 / p.p형태는 '목적어-동사'관계] 그러므로 형용사를 골라야 하는데 보기에 분사형태가 등장했다면, 반드시 의미상 관계가 성립하는지 확인해본다. 의미상 관계를 따질 때는 '동사의 의미'를 기준으로 따진다. 'effort collaborate – 노력이 공조하다(×)' 의미상 '주어-동사'관계가 성립하지 않으므로 collaborating은 오답. ○ Reading교재 vol.1 p106 참고

|어휘| collaborative 공동의 collaborate 함께 일하다, 공조하다

 (On our upgraded Web site), you can find a calendar (with direct links to major upcoming art and antiques sales in London).
S V **find** O

난이도
★☆☆

|오답| past, up, toward

업그레이드가 된 웹사이트에서 당신은 런던에서 열릴 다가오는 미술품과 골동품 판매로 연결해주는 직접 링크가 걸린 달력을 발견 하실 수 있습니다.

|해설| 머리 속에 그림을 그리면서 연상해보자. 웹사이트에 들어가면, 이 기관의 일정을 설명해 놓은 달력이 있다. 이 달력에 '골동품 판매'라고 적혀있는데, 이 부분을 클릭하면 '골동품 판매'에 대해 자세하게 설명해놓은 페이지로 넘어갈 것이다. 그러므로 이 달력은 세부페이지로 넘어가는 '링크'를 가지고 있는 것이다. '가지고 있는'의 의미이므로 with가 정답.

|오답해설| 빈칸은 뒤에 나올 명사를 연결해 줄 전치사자리. 일단 보기 중에 **up**은 전치사가 아닌 부사이므로 오답! up / down은 전치사 문제에 등장하는 단골오답! [ex] I'm going up / I'm going down. 두 문장 모두 up/down 뒤에는 명사가 나오지 않았다. 이들은 문장 뒤에 추가로 나온 부사!

past는 형용사, 명사로도 잘 쓰이지만, 전치사 기능도 가진다. [ex] He is going past the church – 우리는 교회를 지나서 가고 있다. '(시간, 위치상으로 ~을) 지나서'의 의미로, 기출로도 한 번 출제된 바 있다.

toward는 전치사. '~을 향하여'의 의미. [ex] I'm going toward school – 나는 학교 방향으로 가고 있어. 'calendar toward links – 링크를 향한 달력(×)'.

|어휘| art and antiques 미술품과 골동품

121 **New residents** (**of Telville**) (**who do not update their address information on their identification cards**) **may be subject**
　　　　　S　　　　　　　　　　　　　형용사절 (residents 수식)　　　　　　　　　　　　　V　C
(**to fines**).

|오답| they, all, you

신분증에 주소 정보를 아직 업데이트 하지 못하신 **Telville**의 신규 입주자들은 벌금의 대상이 될 수 있습니다.

|해설| 보기 중에 접속사가 하나라도 있다면, 반드시 접속사 자리인지 아닌지를 먼저 확인한다. 문장에 사용된 동사는 2개(do not update, may be). 절이 2개이므로 빈칸은 접속사 자리. [n.___ 주어가 빠진 불완전 절] 빈칸은 주격관계 대명사 자리. 나머지 보기는 모두 접속사가 아니므로 탈락.

|어휘| be subject to n. 아래 참고 fine 벌금, 과태료

 핵심 A is subject to B : A는 B의 대상이 된다

The meeting schedule is subject to change.
미팅일정은 변경의 대상이 된다 ⇒ 변경될 수 있다

be subject to에서 'to'는 전치사이므로 뒤에 명사가 나온다.
그런데 이 자리에 approval이 나온 경우 해석이 꼬이는 경우가 많으므로 해석에 주의하자!

The project is subject to approval.
프로젝트는 승인의 대상이 된다 ⇒ 승인을 받아야 한다

'승인을 받을 수 있다(×)'가 아니고 '승인을 받아야 한다(○)'와 같이 당위적으로 해석되므로 해석에 주의하자.

122 (**Following a shift in its fiscal policy**), **a more sizable budget has been allocated** (**for the marketing department of**
난이도　　　　　　　　　　　　　　　　　　　　　　　　　S　　　　be p.p
★★☆ **Thilsen, Inc.**)

|오답| shortage, loss, prediction

회계정책이 변경된 이후에 **Thilsen**사의 마케팅 부서를 위해 더 큰 규모의 예산이 할당되었습니다.

|해설| 명사어휘문제. shift가 명사로 쓰이면 1) 변화, 2) 교대조의 의미. 정책이 바뀌고 나서 마케팅부서에 할당되는 예산이 커졌다는 의미.

|오답해설| 'shortage: 정책의 부족 후에(×)', 'loss: 정책의 손실 후에(×)', 'prediction: 정책의 예측 후에 예산이 커졌다(?)'. prediction은 마치 의미상 가능한 듯도.. 그래서 오답으로 잘 골라오는 보기. 이렇게 의미상 혼동되는 경우는 더 구체적으로 상황을 머리에 그려봐야 한다. 과연 회사에서 정책을 예상하는 경우는 어떤 경우일까? 말단 직원들은 회사 정책이 어떻게 바뀔지 예상해볼 수도 있을 것이다. 그렇지만, 그렇다고 그 예상을 토대로 예산편성을 결정하지는 않을 것이다. 오답!

|어휘| following(=after) 전 ~이후에 fiscal policy 회계 정책 sizable 상당한, 큰 allocate(=allot) a budget 예산을 할당 하다 shortage 부족 loss 손실, 손해 prediction 예측

123 The **level** (of customer satisfaction at Lyle's Sandwiches) **is** the **highest** (of any local restaurant).
 S   V   C

|오답| high, highly, heightened

Lyle's Sandwiches의 고객 만족도는 그 지역 어떤 음식점보다 높았습니다.

|해설| 비교급문제. [be+관사+___] 관사 뒤니까 명사자리라고 착각하기 쉬운 문제. 그러나 보기 중에 명사는 없다. be동사 뒤에 나온 형용사보어가 최상급이 되면서 앞에 the가 추가된 형태. 자주 출제되는 빈출 유형! [be+the +___] 이런 구조에서는 앞으로 형용사 최상급의 가능성을 반드시 염두에 두자! 'of any restaurant'은 최상급자리임을 알려주는 또 하나의 단서. 최상급 표현에서는 'of+비교대상'의 한정어구가 함께 잘 사용된다. ● Reading교재 vol.1 p280참고

|어휘| customer satisfaction 고객 만족 highly 매우, 아주

124 (At the last city council meeting), Congressman Dale Harper announced the council's **decision** (not to renovate Fairley's
                                          S   V   O   준동사구ㅡ형
community center).

|오답| recognition, progress, result

지난 시의회 회의에서 Dale Harper의원은 Fairley의 커뮤니티 센터를 개조하지 않을 것이라는 시의회의 결정을 발표했습니다.

|해설| decision이 동사로 쓰이면 'decide to do~'와 같이 to부정사를 목적어로 취한다. to부정사를 목적어로 취하는 동사들은, 명사형태로 쓰일 때도 to부정사의 수식을 잘 받는다.

|어휘| city council 시의회 congressman 의원, 하원의원 decision to do ~하려는 결정 renovate 개조하다 recognition 인지, 인식 progress 진전, 발전 result 결과

125 Applicants will be notified (if they have been selected for the position) (within two weeks of their interviews).
 S   be p.p   O (명사절) ー 4형식

|오답| by, just, or

지원자들은 그 직책에 뽑혔는지 아닌지를 면접 본 2주 이내에 통보 받을 것입니다.

|해설| 시간전치사문제. 초빈출유형! 시간전치사 문제는 처음부터 해석에 의존해선 절대 안 된다. 반드시 시간명사가 '시점명사 vs. 기간명사'인지를 먼저 따져봐야 한다. two weeks는 '기간명사'. 기간명사 앞에 나올 수 있는 전치사는 단 6개.

┌───┐
 기간전치사는 단 6개 – for, during, in, within, over, throughout
└───┘

이 중 하나를 골라야 한다. 보기 중에 나온 것은 within뿐이므로 3초짜리 문제. ● Reading교재 vol.2 p124 참고

|심층분석| if절을 '만약에'로 해석해서 부사절로 본다면 3형식구조, "지원자들은 만약 그 직책에 뽑혔다면 공지를 받을 것이다". if절을 명사절로 본다면 4형식 구조로 '뽑혔는지 아닌지를 통보 받을 것이다'. 의미상이나 구조상 둘 다 가능하다.

|어휘| be notified 통보 받다 be selected for ~에 선정되다

126

The research department is currently **conducting studies** (**to gauge** the effectiveness of Philter's latest heartburn
                       S   V   O   준동사구-부
remedy).

|오답| administer, settle, comply

연구팀은 현재 Philtert사의 최신 속 쓰림 치료제의 효율성을 측정하기 위해서 연구조사를 실시하고 있습니다.

|해설| 동사어휘문제. 동사어휘문제를 풀 때는 가장먼저 목적어를 주목. 목적어와 O·울리는 동사를 고른다. '효과를 측정하다'로 **gauge**가 정답.
gauge는 명사로 쓰이면 '계기판'의 의미. 계기판에서 눈금으로 보여주듯이, '(뭔가를 계량화하여) 평가하다'는 동사로도 잘 쓰인다.

|오답해설| administer a school: 학교를 관리하다 / administer a medicine: 약품을 투여하다

settle a dispute: 분쟁을 해결하다 / She settled in Seoul: 그녀는 서울에 정착했다

comply with the rule: 규칙을 준수하다. comply는 자동사. 빈칸 뒤에 목적어가 있으므로 자동사는 무조건 오답! 타동사어휘문제에는 종종 자
동사 보기가 섞여 나온다. 토익에 자주 등장하는 자동사 20여개는 반드시 외워두자. 빈출 자동사 리스트는 TEST03, 127번 해설 p127 참고.
○ Reading교재 vol.1 p151 참고

|어휘| currently(=presently) 현재 conduct a study 짝꿍 조사, 연구를 시행하다 gauge 측정하다 effectiveness 효율성 heartburn 속 쓰림
remedy 치료(제), 치료법 administer 1) 관리하다 / 2) (약을) 투여하다 settle 1) 해결하다 / 2) 정착하다 comply (with) 준수하다

127

Halico has become the largest broadband **provider** (in the country) (**with** the acquisition of Island Telecom earlier
  S   V   C
this month).

|오답| but, both, among

Halico사는 이달 초 Island Telecom사를 인수한 덕분에 국내에서 가장 규모가 큰 광대역 공급자가 되었습니다.

|해설| [____ n.+전명구] 빈칸은 명사를 연결하는 전치사 자리. 보기 중에 **with**와 **among**만이 전치사. with는 기본적으로 '~을 가지고서, ~와 함
께'의 의미. '~의 덕분에'라고 해석하면 더 자연스럽다. '인수 덕분에 최대규모의 회사가 되었다'. **but**은 접속사이므로 오답, **both**는 명사나 형용사
이므로 오답. **among**은 아래 설명 참고.

|어휘| broadband 광대역 provider 제공자, 공급업자 acquisition 인수

 핵심 오답단골 among!

 among the acquisition

among은 오답으로 자주 등장하는 전치사. among 뒤에는 복수명사만이 나올 수 있다.

 among the buildings 건물들 사이에

이 외에도 형용사들 중에 복수명사만 수식할 수 있는, 그래서 오답으로 잘 나오는 형용사들이 있다. 보기 중에 나올 때 주의하자!

 Various product
multiple choice

 Various products 다양한 제품들
multiple choices 다수의 선택권

128 All **residents** (of Champlain) are welcome to **join** a complementary painting **class** (**taught** by local artist Beverly Summers).
        S   조동사 대용   V   O   준동사구─형

|오답| kept, divided, caused

Champlain의 모든 주민들은 지역 예술가인 Beverly Summers에 의해 가르쳐 지는 무료 그림 수업에 참여하도록 환영되는 바입니다.

|해설| 빈칸에 들어갈 동사는 p.p형태이므로 수식 받는 명사 class와 의미상 '목적어─동사'관계가 성립해야 한다. 자세한 사항은 아래 설명 참조.

|어휘| be welcome to do ~하셔도 좋습니다(be able to와 마찬가지로 일종의 조동사로 간주) complimentary 무료의, 우대의 taught teach 의 p.p형태 divide 나누다 cause 야기하다, 일으키다

핵심 명사 뒤에 나오는 형용사구 접근법

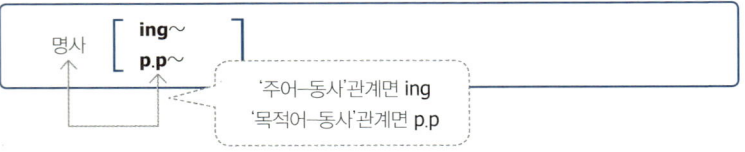

형용사구 역할을 하는 준동사구가 앞에 있는 명사를 수식하는 구조에서, 'ing냐 p.p냐'를 따질 때, 우리는 앞에 있는 명사와 뒤에 나오는 동사의 '의미상의 구조'를 따진다. '주어─동사'관계면 ing, '목적어─동사'관계면 p.p. **⊙ Reading교재 vol.1 p89 참고**

classes [**taught** by local artist]
현지 예술가에 의해 가르쳐지는 수업들

본 문제에서는 명사 뒤에서 형용사구 역할을 하는 p.p형태의 동사를 고르는 문제. 그러므로 앞에 있는 명사와 '목적어─동사'관계가 성립하는 동사를 골라야 한다. teach classes '수업을 가르치다'로 '목적어─동사'관계 성립.

129 The gas **mileage** (of the new Operton sedan) is **variable** (depending on how often it is driven).
난이도
★★★   S   V   C   전치사+명사절

|오답| supportive, portable, occasional

신형 Operton 세단의 연비는 얼마나 자주 몰아지느냐에 따라 달라집니다.

|해설| variable은 '변할 수 있는, 가변적인'의 의미. [ex] variable cost 가변적인 비용(변동비). 빈칸 뒤에 나온 depending on은 묶어서 전치사로 간주하는데, '~에 따라서 (달라진다)'는 의미로 쓰인다. [ex] Shipping charge is $2 to 5 depending on the size – 배송비는 크기에 따라 2~5 불이 든다. 그러므로 '주행빈도에 따라 연비가 달라진다. 가변적이다'는 의미로 variable이 정답.

|오답해설| supportive family 지원을 아끼지 않는 가족 / a portable TV 휴대용 TV / an occasional smoker 가끔씩 담배를 피우는 사람

|어휘| gas mileage 연비(휘발유 단위 당 몇 마일을 주행할 수 있느냐) variable 다른, 변동이 심한 depending on (묶어서 하나의 전치사로 간주) ~에 따라 supportive 지원하는, 지지하는 portable 휴대 가능한 occasional 가끔의

130
Only <u>those</u> members (who have registered by November 30th) will <u>be able to</u> attend the national conference
              S   형용사절   조동사 대용   V   O

(in January).

|오답| whose, which, each

11월 30일까지 등록한 회원들만 1월에 전국 대회에 참가 할 수 있습니다.

|해설| 보기 중에 접속사가 하나라도 있다면, 반드시 접속사 자리인지 아닌지를 먼저 확인한다. 본동사가 2개(have registered, will be) 쓰였고, 접속사가 1개(who) 있으므로 빈칸은 접속사자리가 아니다. whose, which는 탈락. each는 수량형용사로써 가산명사 단수형태만 수식. [ex] each book. 빈칸 뒤에는 복수명사(members)가 나왔으므로 탈락. those는 지시형용사로 복수명사를 수식. 아래 참고.

핵심   지시형용사 & 지시대명사

this book 이 책   **these** books 이 책들
that books 저 책   **those** books 저 책들

I like **this**. 나는 이것을 좋아한다   I like **these**. 나는 이것들을 좋아한다
I like **that**. 나는 저것을 좋아한다   I like **those**. 나는 저것들을 좋아한다

Dear Mr. Troyer,

This letter is in regards to your ------- of 15 of 200 drinking glasses
131.
that we shipped on May 4. We guarantee the quality of all Valsin
Glassware products, so any flaws are always ------- unacceptable
132.
even to us. We have always appreciated your business as one of our
most valued customers. ------- , we will give you a refund for the total
133.
cost of the damaged glasses. We do ask that you ship the damaged
items back to us so that we can inspect them and improve our crafting
process. ------- .
134.

Troyer에게

이 편지는 우리가 5월 4일에 발송한 200개의 음료수 잔 중에 15개가 거부된 것에 관한 것입니다. 저희는 모든 Valsin Glassware 제품들의 품질을 보장합니다. 따라서 (제품의) 결함은 (고객뿐만 아니라) 심지어 저희에게도 항상 받아들일 수 없는 것으로 간주됩니다. 저희는 언제나 저희의 가장 소중한 고객 중에 한 분으로서 귀하의 거래에 감사 드립니다. 따라서 우리는 고객님에게 파손된 유리잔에 대한 총비용을 환불해 드리겠습니다. 저희가 파손된 물품을 검사해보고 제조과정을 개선할 수 있도록, 파손된 물품을 저희에게 다시 보내주실 것을 요청 드리는 바입니다. 당신이 편리한 시간에 가급적 빨리 해주시기 바랍니다.

|어휘| in regards to ~에 관하여 rejection 거절, 거부 coordination 조율 disposal 처리, 폐기 guarantee 보장하다 flaw 결함 be considered unacceptable(5형식 수동태) 받아 드릴 수 없다고 간주된다

난이도 ★★☆

131. (B) rejection |오답| (A) creation (C) coordination (D) disposal

|해설| Context Question. disposal은 '폐기, 버림'의 의미로 정답이 될 수 없다. 마지막 문장에서 그릇을 다시 보내달라고 했으므로, 고객은 그릇을 버리지는 않았다. 제품의 결함과 환불에 관한 내용이 아래 언급되고 있으므로, 고객이 제품을 수락하지 않은 것. rejection은 '거절, 거부, 받아들이지 않음'의 의미로 정답.

132. (C) considered |오답| (A) to consider (B) considering (D) considers

|해설| consider은 형용사를 목적격보어로 취하는 5형식 동사. 수동태로 전환하면 'be p.p +형용사'의 형태가 된다. 아래 참고.
동사어형문제 공식에 맞춰 풀어보면, 1) be동사 뒤므로 ing/p.p 준동사자리, 2) 빈칸 뒤에 목적어가 없으므로 수동. 정답은 p.p형태. 동사어형문제 접근법은 p10 참고.

핵심 5형식 수동태 be p.p + 형용사

I consider it necessary. 나는 그것이 필요하다고 생각한다
⇨ **It is considered necessary**. 그것은 필요하다고 간주된다

make, keep, leave, find, consider 형용사를 목적보어로 취하는 5개 동사는 반드시 외워두자!

The information was made available. 그 정보는 이용 가능한 상태로 만들어졌다 ⇒ 공개되었다
The information is kept confidential. 그 서류는 기밀상태로 유지된다

133. (C) Therefore |오답| (A) However (B) Additionally (D) Regardless

|해설| 접속부사문제. 빈칸 앞/뒤 절을 의미상 연결해주는 부사를 고르는 문제. 요약해보면 '당신은 소중하다' _____ '환불해주겠다'. 적절한 연결어는 '따라서, 그러므로' 의미의 therefore가 정답.

134. (A) Please do this at your earliest convenience.	(A) 당신이 편한 시간 중 가급적 빠른시간에 이것을 해주세요
(B) We offer reduced shipping rates for frequent customers.	(B) 우리는 단골고객을 위해 할인된 배송비를 제공합니다.
(C) We hope you find our products to your liking.	(C) 우리 제품이 당신의 취향에 맞았기를 바랍니다.
(D) Please check our refund policy for the amount you can expect.	(D) 당신이 예상할 수 있는 금액을 알아보기 위해 저희 환불정책을 확인해보세요.

|해설| 보기 중에 나온 'this'는 앞서 언급한 '파손된 물품을 반송하는 것'을 받아올 수 있으므로 자연스럽게 연결이 된다.
(B) 반품과 환불에 대한 얘기 도중 단골고객 배송비 할인은 어울리지 않는다. (C) 제품이 파손되었으므로 고객의 취향에 맞지 않을 것이다. (D) 앞서 파손된 유리그릇 전체 가격을 환불 받을 것이라 했으므로 추가로 환불금액을 알아볼 필요는 없다.

Question 135-138 광고문

Enroll at BTR today to learn how to play piano.

The Bradwell Recreation Center welcomes all citizens to sign up to learn piano from Ms. Rita Masterson. Ms. Masterson studied at the International Arts Academy and _____ and instructing students for twenty-five years.
135.

During her career, she has been a studio musician and played with _____
136.
of the most renowned musicians of our time, including Girgio Amatano, Wesley Kines, and the Decker Brothers Band.

Ms. Masterson will be able to instruct students of any level to play piano in many different musical _____.
137.

She is qualified in playing everything from classical sonatas to jazz piano solos. Classes are available for groups from March 4 and one-on-one lessons will start from March 10. _____.
138.

피아노 연주를 배우고 싶다면 오늘 당장 BTR에 등록하세요.

Bradwell Recreation Center(BTR)에서는 모든 시민들이 Rita Masterson의 피아노 수업에 등록하는 것을 환영하는 바입니다. Masterson는 International Arts Academy에서 공부를 했고, 25년 동안 피아노를 연주해 왔고 학생들을 지도해 왔습니다.

그녀의 경력 중에 스튜디오 음악가로 활동해 왔고, Girgio Amatano, Wesley Kines, the Decker Brothers 밴드를 포함한 우리 시대에 가장 유명한 음악가들 중 몇몇과 공연해 왔습니다.

Masterson은 어떤 수준의 학생도 여러 다른 음악 스타일로 피아노를 치는 것을 지도할 수 있습니다.

그녀는 클래식 소나타에서부터 재즈 피아노 독주에 이르기까지 모든 것을 연주 할 수 있는 자격이 충분한 사람입니다.

단체 수업은 3월 4일부터 가능하고 일대일 레슨은 3월 10일부터 시작됩니다. **좀더 자세한 일정을 원하시면 555-3085로 전화 주세요.**

|어휘| welcome s.b to do(5형식) ~가 ~하는 것을 환영하다 sign up 등록하다 instruct 지도하다, 지시하다 renowned 유명한, 저명한 instrument 악기 performance 공연 be qualified 자격이 있는, 적격인

135. (D) has been playing |오답| (A) been played (B) has played (C) will be playing
|해설| 2개의 and로 연결된 복잡한 병렬구조. and가 2개가 나온 경우, 앞에 것부터 하나씩 병렬구조를 따져본다.

She **studied** at the International Arts Academy and **has been playing** and instructing students.
그녀는 공부했고, 그녀는 연주해왔다
                                    she 생략

and 뒤에는 앞 절의 주어 'she'가 생략된 구조. she를 넣고 보면 (B) been played는 준동사이므로 탈락. she been studied(×).

She studied at the International Arts Academy and **has been playing** and instructing students.
연주해왔고 학생들을 가르쳐왔다
                                    has been 생략

and 뒤에 나온 instructing은 'has been instructing'에서 'has been'이 생략된 형태.
그러므로 (B) has played도 탈락. has played and (has) instructing (×). has ing 구조는 존재하지 않으므로, 병렬구조가 성립할 수 없다.
(C) will be playing은 구조상은 가능하다. will be playing and (will be) instructing (○). 그러나 문맥상 미래시제는 어울리지 않는다. 이 문장의 마지막에 '25년동안'이라고 명시되어 있다. '25년 동안 학생들을 가르칠 것이다 (×)', '25년동안 학생들을 가르쳐왔다 (○)'.

난이도 **136. (C) some** |오답| (A) one (B) much (D) few
★★☆

|해설| 문장 뒤에서 '저명한 음악가'들의 예를 나열하고 있는데 3명을 언급하고 있으므로 some이 정답.

|오답해설| one of the musicians (×) 뒤에 언급한 음악가가 3명이나 되므로 '음악가 중의 하나'와 연주한 것은 의미상 어울리지 않는다.
much of the musicians (×) much 뒤에는 불가산명사만 나올 수 있다. much of the money (○)
few of the musicians (×) 의미상 탈락. a few는 '긍정', few는 '부정'의 의미. '음악가들 중 누구와도 거의 연주하지 않았다 (×)'.

난이도 **137. (C) styles** |오답| (A) instruments (B) performances (D) notes
★☆☆

|해설| Context Question. 다음 문단에서 '클래식 소나타, 재즈 피아노 독주'에 이르는 모든 것을 연주할 수 있다고 했으므로 '여러 다른 음악 스타일'이 정답.

138. (B) Call 555-8812 for more detailed schedules.	(B) 좀 더 자세한 일정을 원하시면 555-3085로 전화주세요.
(A) Learning to play piano has many benefits.	(A) 피아노를 배우는 것은 많은 장점을 가진다.
(C) Ms. Masterson's classical concerts have been critically acclaimed.	(C) Masterson씨의 클래식 공연은 비평가들로부터 찬사를 받았다.
(D) If you would like to hire Ms. Masterson, please call our office.	(D) Masterson씨를 고용하고 싶으시면 저희 사무실로 전화주세요.

|해설| 앞서 수업 시작일이 언급되었으므로, 자세한 일정을 얻기 위한 연락처가 공개되는 것이 자연스럽다. (B)가 적절한 정답.

refer to the following e-mail.

To: Company Staff

From: Rita Kim

Date: September 12

Re: Announcement

Dear Co-workers.

I told the executive committee about my _____ to resign from the position
          139.
this morning. _____.
    140.

A hiring panel _____ put together and human resources department
        141.
anticipates that an appropriate successor for my position will be found n
the near future. Let your supervisor know by September 20 if you would
like to be considered for a position on the panel. Supervisors will choose
panel members on that day.

I know some employees may be wondering _____ my plans are after
          142.
retiring. At this time, I plan to lecture at Gordon University on a part-time
basis so that I can be with my family more often.

Sincerely,

Rita Kim

Staunton, Inc.

수신: 회사 직원

발신: Rita Kim

날짜: 9월 12일

제목: Announcement

친애하는 동료들에게

저는 오늘 아침에 제 직책에서 사임하려는 은퇴의사를 이사회에 알렸습니다. **이 자리에 근무하는 마지막 날은 11월 20일이 될 것입니다.**

인선위원회가 소집되고 있으며, 인사과에서는 적당한 제 후임자가 조만간 찾아질 수 있을 것이라고 예상하고 있습니다. 인선 위원회 패널 자리를 위해 심사를 받고 싶다면 12월 20일까지 당신의 상사에게 얘기하세요.

관리자들은 그날(12월20일) 패널 위원들을 뽑게 될 것입니다. 몇몇은 제 은퇴 후에 계획이 **무엇인지**를 궁금해 하신다는 것도 알고 있습니다. 현재로선 제가 제 가족들과 더 자주 함께 할 수 있도록 Gordon University에서 시간 강사로 강의를 할 예정입니다.

Rita Kim
Staunton, Inc.

|어휘| co-worker (=colleague) 동료 executive committee 이사회 intention to do ~하려는 의도, 의사, 의향 resign 사직하다
reluctance 주저함 attitude 태도 consideration 고려, 참작 no longer 더 이상 ~갖다 panel 위원회 put together (이것 저것을 모아서)
만들다 put together a panel 위원회를 소집하다 anticipate 기대하다 appropriate(=proper) 적당한 successor(=replacement) 후임
자 supervisor 상사, 관리자 wonder 궁금해 하다 at this time 이 시간에, 현재로서는 on ~ basis ~기준으로
on a part-time basis 파트타임으로

난이도 **139. (A) intention** |오답| (B) reluctance (C) attitude (D) consideration
★☆☆
|해설| intend는 동사로 쓰이면 intend to do~와 같이 to부정사를 목적어로 취한다. to부정사를 목적어로 취하는 동사들은, 명사형태로 쓰일 때
도 to부정사의 수식을 잘 받는다. '은퇴하겠다는 의사, 의향'.

|오답해설| consideration을 무심코 '생각'으로 해석한다면 오답으로 골라오기 쉽다. consideration의 의미는 세밀하게 말하자면, '심사숙고'의 의
미로, 뭔가를 할지 말지를 따져보는 것, 혹은 상황을 타진해보는 것을 의미한다. 여기서 Rita씨는 은퇴를 할지 말지를 타진해 보고 있는 상태가 아
니고, 이미 은퇴를 결심한 상태다. 그러므로 consideration은 어울리지 않는다.

140. (C) My last day in this position will be on November 20.	이 자리에 근무하는 마지막 날은 11월 20일이 될 것입니다.
(A) I am very grateful to have been given this promotion.	저는 이번에 승진하게 되어 매우 기쁩니다.
(B) A schedule of my lectures can be found on the university Web site.	제 강의 일정은 대학 웹사이트에서 찾아볼 수 있습니다.
(D) The committee will host the shareholder's meeting next week.	위원회는 다음 주 주주회의를 개최할 것입니다.

|해설| 앞서 사퇴할 의사를 밝히고 있으므로 마지막 근무일을 언급한 (C)와 잘 연결된다. (A)는 사임하는 마당이므로 승진과는 아무 관련이 없음을 알 수 있다. 문장찾기 문제에서 가장 중요한 것은 항상 앞뒤 문장과 관련된 내용을 고르는 것임을 잊지 말자.

난이도 ★★★ **141. (D) is being** |오답| (A) was (B) will have (C) is

|해설| Context Question. 파트6에 출제되는 동사어형문제는 대부분이 시제문제고, 시제문제는 대부분이 전체 내용을 파악해서 풀어야 하는 Context Question이다. 다음 문단을 보면, 인선위원회에 참여하고 싶으면 언제까지 의사를 밝힐 것을 공지하고 있다. 그러므로 아직 위원회는 만들어지지 않았다. 그러므로 과거시제인 (A) was는 탈락. (B) will have의 경우는 will have put together는 능동태가 되므로 탈락. 게다가 미래완료시제이므로 시제상으로도 어울리지 않는다. (C) is는 현재시제가 된다. 현재시제는 '반복적인 동작'을 묘사하는 시제. [ex] I take a shower at night – 나는 늘 저녁에 샤워해. is put together을 쓰게 되면 '위원회가 늘 (반복적으로) 소집이 된다'는 의미. 여기서는 위원회를 소집하는 것은 '일회성의 동작'이므로 현재시제를 쓸 수 없다. ◐ Reading교재 vol.1 p222 참고

인사과에서 곧 후임자를 뽑을 것으로 예상하고 있고, 인선위원회에 들어가려면 언제까지 신청하라고 하는 것을 보아, 인선위원회의 소집은 현재 진행되고 있다고 볼 수 있다. 그러므로 현재진행수동태인 'is being put together'가 정답. 여기서 put은 동사원형이 아니고 p.p형태다. 'put–put–put'. put동사는 원형과 과거, p.p형태가 모두 동일하다.

난이도 ★★☆ **142. (B) what** |오답| (A) about (C) if (D) even

|해설| 보기 중에 접속사가 하나라도 있다면, 반드시 접속사 자리인지 아닌지를 먼저 확인한다. 문장 내에 절이 몇 개인지를 먼저 세어본다. 본동사가 3개(know, may be wondering, are)쓰였으므로 절이 3개. 접속사가 2개 필요한데 하나도 없다. 하나는 know 뒤에 that이 생략된 구조. 명사절 접속사 that은 동사 뒤에서 항상 생략이 가능하다. 아직도 접속사가 하나 모자란다. 그러므로 빈칸은 접속사 자리.

접속사 자리임을 판단했다면, 명사절접속사 / 부사절접속사 / 형용사절접속사 중 무엇인지를 판단해야 한다. 빈칸 앞을 보면 동사(wondering)가 나와있다. 동사 뒤에는 목적어(명사)가 나올 자리인데 절이 나왔으므로, 이 절은 명사절이 되어야 한다. 그런데 보기 중 if도 명사절 접속사 역할을 할 수 있다. 하지만 구조상 불가능. if뒤에는 모든 뼈대구조가 갖춰진 완전한 절이 나와야 한다. [ex] I know if you like me – 나는 네가 나를 좋아하는지 아닌지를 알고 있다.

> 보어가 빠진 불완전 절

Employees may be wondering _____ my plans are.

빈칸 뒤에 절을 보면, be동사 뒤에 보어가 빠져있는 불완전 절이 나왔다. 명사절 접속사 중에서 유일하게 what과 who만 불완전 절을 동반한다. 그러므로 정답은 what.

Employees may be wondering (what my plans are). 직원들은 내 계획이 무엇인지를 궁금해 할지도 모른다
    S   V   O (명사절)

Questions 143-146 편지

April 15
Dr. Sylvia Lucas
888 Fillings Street
Fargo, ND 58122

Dear Dr. Lucas,

‑‑‑‑‑‑‑. We have currently arranged for one of our staff to prepare for an
143.
‑‑‑‑‑‑‑ of our services.
144.

Serton Custodial ‑‑‑‑‑‑‑ in providing medical facilities in the Elm Grove
145.
region with janitorial services. We use only the safest, most ecologically
sound cleaning chemicals and methods.

As you requested, one of our associates will visit your office on April 18
to determine the requirements for cleaning your facility. Based on this
assessment, the final price quote for our services will be provided ‑‑‑‑‑‑‑
146.
one business day. We look forward to working with you.

4월 15일
Dr. Sylvia Lucas
58122 ND, Fargo, Fillings Street 888가

Dr. Lucas 에게

다시 한번 Serton Custodial 서비스에 대한 당신의 문의에 감사를 드립니다. 현재 저희 직원 중 한 명이 서비스에 대한 견적을 내도록 준비해두었습니다.

Serton Custodial은 Elm Grove 지역 의료시설에 청소 용역 서비스를 제공하는 일을 전문으로 하고 있습니다. 저희는 가장 안전하고도 가장 친 환경적인 청소용 화학물질과 방법들만 사용하고 있습니다.

당신이 요청하신 바대로, 저희 직원 중 한 명이 4월 18일에 귀하의 시설물을 청소하는데 요건들을 판단하기 위해서 당신의 사무실을 방문할 것입니다. 이 평가에 근거해서 저희 청소 서비스에 대한 최종 가격 견적이 영업일 기준 하루 이내에 제공될 것입니다. 저희는 당신과 함께 일하기를 고대하는 바입니다.

|어휘| inquiry about ∼에 대한 문의, 질문 arrange for somebody to do ∼가 ∼하도록 준비하다 estimate(=quote, quotation) 견적(서) endorsement 후원, 지지, 홍보, (수표 뒤에) 이서 specialize in ∼을 전문으로 하다 medical facilities 의료 시설 janitorial services 청소 용역 서비스 ecologically sound 생태학적으로 건전한 ⇒ 친환경적인 associate 동료, 직원 determine 판단하다, 결정하다 requirement for ∼에 대한 요건, 요구조건 based on ∼에 기초하여 assessment(=evaluation, appraisal) 평가 price quote 가격 견적

---

143. (D) Thank you again for your inquiry about Serton Custodial services.

(A) I am writing in regards to your question about medical care
(B) I have reviewed your application for employment with our company.
(C) We appreciate you for choosing us as your custodial service provider.

다시 한번 Serton Custodial 서비스에 대한 당신의 문의에 감사를 드립니다.

저는 의료부문에 대한 당신의 질문과 관련하여 편지를 쓰는 바입니다.
저는 당신의 우리 회사 지원서를 검토했습니다.
당신의 용역업체로써 저희를 선택해주셔서 감사합니다.

|해설| 오답을 소거해보자. (A) 해당 업체는 의료기관에 청소서비스를 제공하는 업체. 이 회사의 고객이 의료부문에 대해 질문할 리는 없다. (B) 지원서는 구직자가 제출하는 것. 이 글은 잠재고객에게 보내고 있으므로 (B)는 오답. (C) 아직 고객이 이 업체와 일하기로 선정한 단계는 아니므로 오답. 현재는 문의단계이며, 직원이 현장에 방문하고 나서 마지막 견적서를 보내줄 것이라 했다. 고객은 이 견적서를 받고 나서 계약을 할지 결정할 것이다. 그러므로 아직 선정하기 전 단계.

난이도
★★☆
144. (C) estimate |오답| (A) endorsement (B) opportunity (D) advance

|해설| Context Question. 마지막 문단에 보면 직원이 방문하고 나서 견적서를 하루 안에 보내줄 것이라고 언급하고 있다. 그러므로 회사에서는 직원 한 명이 견적서를 준비하도록 조치를 취해 놓은 상태. 'arrange for s.b to do∼' 구문의 해석이 중요한 문장. '∼가 ∼하도록 준비하다, 조치하다'로 해석한다.

난이도 **145. (A) specializes** |오답| (B) will specialize (C) specialized (D) could specialize
★☆☆
|해설| Context Question. 파트6에 출제되는 동사어형문제는 대부분이 시제문제고, 시제문제는 대부분이 전체 내용을 파악해서 풀어야 하는 Context Question이다. specialize in은 '~을 전문으로 하다'는 의미. 이 업체는 청소서비스를 제공하는 것을 전문으로 하고 있는데, 이것은 과거에 국한된 얘기가 아니고, 과거에도 그랬고, 지금도, 또한 미래에도 마찬가지일 것이다. 그러므로 '반복적인 동작' 혹은 '일반사실'을 묘사하는 현재시제가 정답. 파트6 시제문제에는 '현재시제'가 정답으로 출제되는 문제가 자주 등장한다. '반복, 일반사실'을 묘사하는 시제는 현재시제!

난이도 **146. (B) within** |오답| (A) before (C) for (D) about
★☆☆
|해설| 시간전치사문제. one day는 '기간명사'이므로 before는 오답. before는 시점전치사.
초빈출유형! 시간전치사 문제는 처음부터 해석에 의존해선 절대 안 된다. 반드시 시간명사가 '시점명사 vs. 기간명사'인지를 먼저 따져봐야 한다.
◐ Reading교재 vol.2 p124 참고

> 기간전치사는 단 **6개** – **for, during, in, within, over, throughout**

이 중 하나를 골라야 한다. **for**는 의미상 탈락. '하루 동안 제공하다(✕)', '하루 이내에 제공하다(◯)'이므로 **within**이 정답.

Questions 147-148 초대장

147 To thank you for your support of the Galestorm Theater, we'd like to invite you to the 12th annual Galestorm Theater Festival.

Friday, March 24
The East Wing of the Lakeside Hotel
6833 Drake Street
Greenton

5:30 p.m. Meal
Hors d'oeuvres, entrees, drinks, and cake

7:00 p.m. Music and Dancing
A performance by The Tangoliers

8:30 p.m. Appreciation Ceremony
A special presentation to thank major donors to the theater

148 Please let us know how many guests you will participate with by March 2. To do so, please visit www.galestormtheater.com.

---

147 귀하의 Galestorm Theater에 대한 후원을 감사드리고자, 제12회 연례 Galestorm Theater Festival에 귀하를 초대하는 바입니다.

3월 24일 금요일
Lakeside Hotel
동쪽 별관
Greenton Drake가
6833번지

오후 5시 30분 식사
전채요리, 주요리, 음료 및 케이크

오후 7시 음악 및 댄스
탱고인 들의 공연

오후 8시 30분 감사행사
극장의 주요 기부자에 대한 특별 감사인사

148 3월 2일까지 몇몇의 손님과 함께 참석할 것인지를 알려주세요. 이를 위해서 www.galestormtheater.com 웹사이트를 방문해주세요.

---

147. What is the purpose of the event?
(A) To advertise a company's goods
(B) To welcome participants to a conference
(C) To honor donors to the Galestorm Theater
(D) To congratulate a staff member on his achievements

이 행사의 목적은 무엇입니까?
(A) 회사의 상품을 광고하기 위해서
(B) 참석자들을 회의에 환영하기 위해서
(C) Galestorm Theater에 기부한 기부자를 예우하기 위해서
(D) 직원의 성과를 축하하기 위해서

|해설| 질문은 이 글의 목적이 아닌, 이 행사의 목적을 물어보고 있다. 이 글의 목적으로 혼동해서 (B)를 고르지 않도록 주의! 반드시 문제를 철저히 읽어두자! 이 행사는 기부자들에게 감사의 뜻을 전달하는 자리이므로 (C)가 정답.

---

148. What must guests do before attending the event?
(A) Respond to a questionnaire
(B) Enroll in an arts course
(C) Turn in a donation
(D) Go to a Web site

행사에 참석하기 전에 초대손님은 무엇을 해야 합니까?
(A) 질문지에 응답해야 한다.
(B) 아트수업에 등록해야 한다.
(C) 기부금을 내야 한다.
(D) 웹사이트를 방문해야 한다.

|해설| 몇 명의 손님과 함께 참석할지를 웹사이트에 알려달라고 했으므로 (D)가 정답.

ATTENTION CITIZENS

The Annual Tarburg Reuse – Recycle Fest will be taking place on Sunday, April 24 from 10 a.m. to 6 p.m. at Postman Park. The event is being sponsored by the Tarburg Neighborhood Association. **149** At the festival, members of the community can rid themselves of items they no longer use and pick up others that they will, including electronics, kitchen appliances, computers, and more. Auctions will be held for items and if not sold, they will be recycled. **149** Your donations will help keep both your house and our environment clean.

If you have a large item that doesn't fit in your car, we can help. **150** Call Ted Booker at 555-6788 to arrange for a truck to pick up your item. Those who wish to volunteer to arrange recycled items should call Gil Ronson at 555-4338.

시민들은 주목하세요

Annual Tarburg Reuse – Recycle Fest가 4월 24일 오전 10시부터 오후 6시까지 Postman Park에서 열립니다. 이 행사는 Tarburg Neighborhood Association에서 후원하고 있습니다. **149**이 행사에서, 지역 주민들은 자신에게서 더 이상 사용하지 않는 물건을 제거하고 (사용하지 않은 물건을 처분하고) 전자제품, 주방 용품, 컴퓨터와 같은 주민들이 사용할 있는 물건들을 얻어갈 수 있습니다. 일부 물건들의 경우 경매가 진행될 것이고, 판매되지 않으면 그들은 재활용될 것입니다. **149**당신의 기증은 당신의 집과 우리 주변 환경을 모두 계속 깨끗하게 만드는데 도움이 될 것입니다.

당신 차에 실을 수 없는 대형 품목이 있다면, 저희가 도와 드리겠습니다. **150**트럭이 귀하의 물품을 싣고 가도록 준비하려면 555-6788으로 Ted Booker에게 전화주세요. 재활용 물건들을 정리하는데 자원봉사자로 참여를 원하시는 분들은 555-4338로 Gil Ronson에게 전화주세요.

|어휘| rid A of B A에게서 B를 제거하다 pick up 찾아가다, 받아가다 donation 기부/기증 (돈을 기부할 때도 쓰지만, 본문처럼 물건을 기증할 때도 쓰인다) fit 크기가 맞는 arrange for s.t to do ~가 ~하도록 준비하다 volunteer 자원봉사하다

핵심 will, can, do, to do로 문장이 뚝 끝나버린다면 '생략 구문'

Members (of the community) **can** rid themselves of items (they no longer use) and pick up others (that they will).
S　　　　　　　　　　　　V1　O1　　　　　　　　　　　　and V2　O2

지역의 멤버들은 그들 자신에게서 그들이 더 이상 사용하지 않는 물품을 제거하고 그들이 사용할 다른 것들을 챙겨갈 수 있다
⇒ 지역민들은 안 쓰는 건은 처분하고 사용할 물건들을 챙겨갈 수 있다

[생략구문] 조동사나 to부정사로 문장이 갑자기 끝나버리면, 앞 절에 사용된 구문이 동일하기 때문에 생략된 것으로 보면 된다. 생략구문이 독해하면서 가장 어려운 구문!

others that they will ⇒ others that they will (use)
I can't see you today, but I can tomorrow. ⇒ I can (see you) tomorrow
My parents encouraged me to study art, but I didn't want to. ⇒ I didn't want to (study art).

I may come to London. I'll phone you if I do. ⇒ I'll phone you if I (come to London).

조동사가 없는 경우 생략을 할 때는 do동사로 바꿔준다. 이때 do동사를 '대동사', 대신해주는 동사라고 부른다.

149. What are Tarburg citizens asked to do?

(A) Place recycling bins in certain areas

(B) Make donations of unwanted things

(C) Shut down computers when not in use

(D) Register for a festival

Tarburg 시민들은 무엇을 하도록 요구 받고 있는가?

(A) 재활용 통을 특정 지역에 두는 것

(B) 원치 않는 물건을 기증하는 것

(C) 사용되지 않을 때 컴퓨터를 끄는 것

(D) 축제에 등록하는 것

|해설| 기증한 물건으로 경매 등의 행사를 벌이기 위해 시민들에게 안 쓰는 물건을 기증할 것을 권유하고 있다.

(D)의 경우, 페스티벌에 참여하기 위해 따로 등록절차는 필요하지 않으므로 오답.

(A) Recycle Fest는 재활용 물건을 어떻게 버리느냐에 관한 것이 아니고, 안 쓰는 물건들을 다른 사람들이 사용할 수 있도록 일종의 바자회 같은 것을 여는 것이다. 그러므로 재활용 통과는 아무 상관이 없다. recycling bins는 재활용 쓰레기를 수거하는 통을 의미한다.

150. Why should citizens call Mr. Booker?

(A) To help recycle a truck

(B) To join the Tarburg Neighborhood Association

(C) To reserve a space at Postman Park

(D) To ask for assistance moving an item

시민들은 왜 Booker씨에게 전화해야 하는가?

(A) 트럭을 재활용하는 것을 도우려고

(B) Tarburg Neighborhood Association에 가입하려고

(C) Postman Park에 자리를 예약하려고

(D) 물품을 옮기는데 도움을 요청하려고

|해설| 물품을 차에 실을 수 없어서 트럭이 필요한 경우 Booker씨에게 전화하라고 했으므로 (D)가 정답.

CONNOR BERNARD	11:02 AM	CONNOR BERNARD	11:02 AM
Are you busy next Tuesday afternoon, Dana?		Dana, 다음 주 화요일 오후에 바빠요?	
DANA HAAS	11:03 AM	DANA HAAS	11:03 AM
I have a staff meeting at 2:00. Why?		2시에 직원회의가 있어요. 왜요?	
CONNOR BERNARD	11:04 AM	CONNOR BERNARD	11:04 AM
How long will that take?		얼마나 걸려요?	
DANA HAAS	11:05 AM	DANA HAAS	11:05 AM
About an hour. I'll have to check to be sure.		한 시간 정도요. 확실한 건 확인해봐야 해요.	
CONNOR BERNARD	11:05 AM	CONNOR BERNARD	11:05 AM
151 Could you help me with an interview for a sales position?		151 영업직 인터뷰 관련해서 도와줄 수 있어요?	
DANA HAAS	11:06 AM	DANA HAAS	11:06 AM
152 Of course, after the meeting.		152 물론이요. 회의 끝나고 나서요.	
CONNOR BERNARD	11:07 AM	CONNOR BERNARD	11:07 AM
Great. I'll pencil in the interview for 3:30 then.		잘됐네요. 그러면 일단 3시반으로 인터뷰를 잡아놓을게요.	
DANA HAAS	11:08 AM	DANA HAAS	11:08 AM
Ok. See you then.		좋아요. 그때 봐요.	

|어휘| pencil s.t in (나중에 바뀔지 모르지만) 일단은 ~을 예정해 놓다

---

151. What does Mr. Bernard need help with?
(A) Interviewing a candidate
(B) Holding a staff meeting
(C) Organizing a convention
(D) Contacting a colleague

Bernard씨는 무엇과 관련하여 도움을 필요로 하나요?
(A) 후보를 인터뷰 하는 것
(B) 직원 미팅을 개최하는 것
(C) 컨벤션을 기획하는 것
(D) 동료에게 연락하는 것

|해설| 영업사원 인터뷰하는 것에 도움을 원하고 있으므로 (A)가 정답.

---

152. At 11:06, what does Ms. Haas mean when she writes, "Of course"?
(A) She will check the schedule.
(B) She will take over a sales position.
(C) She will give her assistance to Mr. Bernard.
(D) She will postpone a staff meeting.

11시 6분에 Haas씨가 "Of course"라고 쓸 때 무엇을 의미하고 있는가?
(A) Haas씨는 일정을 확인해볼 것이다.
(B) Haas씨는 영업직을 수락할 것이다.
(C) Haas씨는 Bernard씨에게 도움을 줄 것이다.
(D) Haas씨는 직원회의를 연기할 것이다.

|해설| 문자대화에 나온 구어체 의미는 전체 문맥상의 의미를 파악하는 문제. 앞서 Bernard가 도움을 요청했는데, '물론'이라고 대답했으므로 도움을 줄 의향이 있음을 의미.

Question 153-154   이메일

To: Wesley Dawkins < wesleyd33@titannet.com >
From: Shipping department < donotreply@liquistpharmacy.com >
Date: November 22 3:45 p.m.
Subject: Your recent purchase

We greatly appreciate your business at Liquist Pharmacy, the easiest place to buy medicine online. This e-mail is to confirm delivery of your most recent order. 153 Prescription orders are sent within one day of being placed. Please check the purchase details below.

Purchase #: 853694
Date and time of order: 153 November 22, 3:42 p.m.
Delivery address: Wesley Dawkins, 2433 Hines Street, Louisville, KY 40223
Items purchased: 1 bottle of Vimitor, prescribed by Dr. Harry Burns
Total charges: $20.42, paid with credit card (the card ending number 3285)

If this prescription includes refills, 154 call our customer service department at 1-800-555-1414 to set up automatic filling and delivery.

You can receive a discount on your next order by registering on our Web site at www.liquistpharmacy.com.

수신: Wesley Dawkins ⟨wesleyd33@titannet.com⟩
발신: 선적부서 ⟨donotreply@liquistpharmacy.com⟩
날짜: 11월 22일 오후 3시 45분
제목: 귀하의 최근 구매

인터넷에서 의약품을 구입하는 가장 손쉬운 곳인 Liquist Pharmacy에서 거래해주셔서 대단히 감사 드립니다. 이 이메일은 귀하의 가장 최근 주문 배송을 확인하고자 보내는 것입니다. 153처방된 의약품은 주문이 완료된 지 하루 안에 보내질 것입니다. 아래 구매 세부사항들을 확인해 주세요.

주문번호 #: 853694
주문 날짜 및 시간: 15311월 22일 오후 3시 42분
배송지 주소: 40223 KY, Louisville, Hines Street 2433가, Wesley Dawkins,
구입 품목: Dr. Harry Burns가 처방전을 내린 Vimitor 한 병
총 금액: $20.42, 신용카드로 결제 (카드 끝자리 3285)

만약 이 처방약의 리필이 필요하시면, 154자동 주문과 배송을 설정하기 위해서 1-800-555-1414 저희 고객 서비스 센터로 전화해 주세요.

저희 웹사이트인 www.liquistpharmacy.com에 등록함으로써 다음 번 주문 시에 할인을 받으실 수 있습니다.

|어휘| prescription 처방(약)

핵심 being p.p - 동명사의 수동태

Prescription orders are sent within one day of being placed.

being placed의 주어는 orders. 수동태 문장이 의미상 분명하게 와 닿지 않는다면 항상 능동으로 전환해보자.
orders are placed ⇨ place orders 주문을 하다
place와 orders는 짝꿍. '주문을 하다'의 의미. 그러므로 'orders are placed - 주문이 된다'.

위의 문장을 다시 해석해보면 '주문이 되는 것의 하루 안에 발송된다 ⇒ 주문한지 하루 만에 발송된다'는 의미.

153. What is indicated about Mr. Dawkins' order?

(A) It was discounted by the company.

(B) It will probably be sent by the end of November 23.

(C) It has to be confirmed by a doctor.

(D) It includes non-prescription medication.

Dawkins의 주문에 대해서 유추 할 수 있는 것은?

(A) 회사에 의한 할인을 받았다.

(B) 11월 23일까지 아마도 배송될 것이다.

(C) 의사에 확인을 받아야 한다.

(D) 처방전이 필요 없는 의약품을 포함하고 있다.

|해설| 주문이 들어가고 하루 안에 발송이 된다고 했으며, 주문일을 아래에서 찾아보면 11월 22일이다. 그러므로 11월 23일까지는 아마도 발송이 될 것이다.

(C) prescription order라는 말 자체가 이미 의사를 만나서 처방전을 받은 후, 이 처방전으로 의약품을 주문하고 있음을 의미한다. 그러므로 의사의 확인을 재차 받을 필요는 없다.

154. Why is Mr. Dawkins invited to contact the customer service department?

(A) To make a change to his order

(B) To verify his shipping address

(C) To speak with a pharmacist

(D) To arrange automatic service

Dawkins씨는 왜 고객 서비스 부서로 연락하도록 요청되는가?

(A) 주문 변경을 하려고

(B) 그의 배송 주소를 확인하려고

(C) 약사와 상담하려고

(D) 자동 서비스를 준비하려고

|해설| 자동주문을 하려면 고객서비스부서로 연락하라고 언급하고 있다.

Question 155-157   이메일

To: Company staff <employees@partnersdrug.com>
From: Vera Mackey <vmackey@partnersdrug.com
Subject: Cambert Kids Camp
Date: May 24

155 Partners Drug is going to be helping prepare for the Cambert Kids Camp this June. This camp is run by a non-profit group and solicits assistance from Partners Drug and other businesses to make their enrollment costs minimal so that more local kids can join the camp. Children ages four to eleven attend the camp, and I know some of our staff send their children to the camp every year.

155 Our Cambert Kids Camp Donation Campaign will start tomorrow, so there will be some boxes in our reception area of our main building. 156a Art supplies, 156b children's games, swimming accessories and sunscreen will be especially appreciated. 156c Equipment for sports, like footballs and badminton sets would be great as well.

The boxes will be placed in the reception area through June 29. Donating money is also acceptable. 157 Please give financial contribution to Becky Hansen on the third floor in the accounting department.

Bill Carlson
Public Outreach Organizer, Partners Drug

수신: 회사 직원 〈employees@partnersdrug.com〉
발신: Vera Mackey 〈vmackey@partnersdrug.com
제목: Cambert Kids Camp
날짜: 5월 24일

155 Partners Drug은 이번 6월에 Cambert Kids Camp를 준비하는데 도움을 주려고 합니다. 이 캠프는 비영리 단체에 의해 운영되며 참가비용을 최소한으로 해서 더 많은 지역 아이들이 캠프에 참가 할 수 있도록 Partners Drug사와 다른 기업들에게 후원을 요청하고 있습니다. 연령대가 4세부터 11살에 이르는 아이들이 캠프에 참가하며, 저희 몇몇 직원들도 그들의 자녀들을 해마다 캠프로 보낸다고 알고 있습니다.

155 저희 Cambert Kids Camp 기부 운동은 내일 시작될 것이고, 저희 본사 건물의 로비에 박스가 놓여질 것입니다. 156a 미술용품이나 156b 아동용 게임, 수영 관련 물품과 자외선 차단제 등은 특히나 감사히 받겠습니다. 풋볼과 배드민턴과 같은 156c 스포츠용 장비도 당연히 큰 도움이 되겠습니다.

6월 29일까지 박스가 로비에 있을 것입니다. 기부금 또한 가능합니다. 157 기부금은 3층에 있는 회계부서의 Becky Hansen에게 전달해 주시기 바랍니다.

Bill Carlson
Partners Drug사의 봉사활동 담당자

|어휘| non-profit group 비영리 단체, 민간단체 solicit 요청, 간청하다 enrollment fee 참가비 minimal 최소한의

---

155. What is the purpose of the E-mail?
(A) To arrange a gift exchange
(B) To offer a discount for a camp
(C) To solicit support for a local organization
(D) To suggest vacation destinations for children

이메일의 목적은 무엇인가?
(A) 선물 교환을 준비하려고
(B) 캠프를 위한 할인을 제공하려고
(C) 지역 단체에 후원을 요청하려고
(D) 아이들을 위한 휴가 장소를 제안하려고

|해설| 이 글은 캠프를 주관하는 비영리단체를 돕기 위해서 여러 물품의 기부를 장려하는 글이다. 그러므로 (C)가 정답.
(D)가 답이 되려면, '이런 좋은 캠프가 있으니 당신의 아이들도 보내라'는 권유글이 되어야 한다. 직원들이 자녀를 이 캠프에 이미 보내고 있음을 알고 있다고 했을 뿐, 다른 직원들도 보낼 것을 권유하는 글은 아니다.

156. What would probably NOT be placed in the boxes?

(A) Crayons

(B) Checkers sets

(C) Baseball bats

(D) Drinking water

아마도 상자에 담기지 않을 물건은?

(A) 크레용

(B) 서양장기 세트

(C) 야구 방망이

(D) 생수

|해설| 미술품, 아동용 게임, 스포츠 장비 등을 원했으므로 (A), (B), (C)는 모두 해당 물품. 나머지 보기는 지문에 표시된 내용 확인!

---

157. According to the e-mail, what is Ms. Hansen responsible for?

(A) Collecting monetary donations

(B) Transporting enrolled children

(C) Collecting children's toys

(D) Encouraging staff participation

이메일에 따르면, Hansen은 무엇을 담당하고 있는가?

(A) 기부금을 모으는 것

(B) 등록된 아이들을 이동시키는 것

(C) 아이들 장난감을 수거 하는 것

(D) 직원 참여를 독려 하는 것

|해설| 기부금을 내려면 Becky Hansen에게 전화하라고 했으므로 (A)가 정답. (D)는 이 글의 목적일 뿐, Hansen이 담당하는 일은 아니다.

따른7
공략 TIP

문제를 풀다 보면 질문을 망각하고 보기자체가 말이 되니 골라오게 되는 경우가 종종 발생한다!

질문에 특정사람이 언급된다거나 특정 시간부사구가 나오는 등 특정단서가 존재하는 경우, 연필로 한번 표시해주면서 머리에 새겨놓는 습관을 들이자! 161번도 Hansen에 동그라미!

Questions 158-160 공지문

Summerville Public Transportation Committee
Notice for Blue Line service over the weekend

The construction planned for Blue Line stations will cause some changes in service between Summerville Park and University Street from Friday, June 12 at 6:00 a.m. While construction is ongoing, the Blue Line will operate in two parts. The first part will run from Summerville Park to Carrer Drive and the second will run from Hanter Museum to University Street. 158 The railway will be under construction at Marston Station, between Carrer Drive and Hanter Museum station, so trains will be unable to operate between these stations. 160 Complimentary shuttle busses will be available for passengers who need to travel between these stations. 159 The Blue Line will operate as usual from Sunday, June 14 at 10:00 a.m. and 159a all other lines will run normally during this construction.

Summerville 대중교통 위원회
주말 Blue line 서비스 공지

6월 12일 금요일 오전 6시경부터 Blue Line 역 공사로 Summerville Park과 University Street간 서비스에 변경사항이 있습니다. 공사가 진행되는 동안에 Blue Line은 두 지역으로 운행될 것입니다. 첫 번째 구간은 Summerville Park에서 Carrer Drive까지 운행될 것이고, 두 번째 구간은 Hanter Museum에서 University Street까지 운행될 것입니다. Carrer Drive와 Hanter Museum역 사이에 있는 158Marston 역에서는 선로 공사가 진행 될 것이기 때문에 이 두 역간은 기차가 운행될 수 없을 것입니다. 160이 두 역 사이에 이동할 필요가 있는 승객들을 위해 무료 셔틀버스를 운행합니다. 159Blue Line은 7월 14일 일요일 오전 11시부터 평상시처럼 운행되고, 159a다른 모든 노선들은 이번 공사 중에도 정상으로 운영될 것입니다.

|어휘| public transportation 대중교통 ongoing 지속적인, 계속 중인 complimentary 무료의, 우대의 travel 이동하다 as usual 평상시처럼 apologize for ~에 사과하다, 미안해 하다 understanding 이해(심)

---

158. At what station is construction work scheduled?
(A) Summerville Park Station
(B) Marston Station
(C) Hanter Museum Station
(D) Carrer Station

어떤 역에서 공사가 예정되어 있나요?
(A) Summerville Park Station
(B) Marston Station
(C) Hanter Museum Station
(D) Carrer Station

|해설| 철도 노선을 그려보면 'Summerville Park – (중간에 다른 역들이 포함되어 있음) – Carrer Drive – Marston – Hanter Museum – (중간에 다른 역들이 포함되어 있음) – University Street'로 연결될 것이다. Marston에서 공사가 진행될 것이므로 Carrer Drive와 Hanter Museum 사이에 운행이 중단될 것이다.

159. What is indicated about the service changes?

(A) They change routes for all trains.

(B) They will increase train fares.

(C) They are not permanent.

(D) They were not expected.

서비스 변경에 대해서 언급되어 있는 것은 무엇인가요?

(A) 모든 기차 노선이 변경될 것이다.

(B) 기차 요금 상승을 부추길 것이다.

(C) 영구적인 것은 아니다.

(D) 서비스 변경이 예상되지 못한 것이었다.

|해설| 일요일에 다시 평상시대로 운행된다고 했으므로 영구적인 것은 아니다.

(A) 다른 라인들은 정상운행 된다고 했으므로 모든 기차의 노선이 바뀌는 것은 아니다.

160. According to the announcement, what is the purpose of the shuttle buses?

(A) To help travel between two stations

(B) To lower the number of people on trains

(C) To provide service to customers outside of the city

(D) To offer transportation to less popular destinations

안내문에 따르면, 셔틀버스의 목적은 무엇인가요?

(A) 두 역간 이동을 돕기 위해서

(B) 기차 탑승객의 수를 줄이기 위해서

(C) 시외 고객들에게 서비스를 제공하기 위해서

(D) 인기가 덜한 목적지에 교통수단을 제공하기 위해서

|해설| 두 역 사이에 철도운행이 중단되므로, 이 구간을 이용하는 고객들을 위해 무료셔틀버스가 운행된다.

Questions 161-163 이메일

To	hwilton@miltonmfg.com
From	totoole@orangeplanning.com
Date	January 12
Subject	Re: Question about services

Dear Ms. Wilton,

I just received your inquiry about Orange Planning's services and I'm happy to help. 161 Orange Planning is very interested in working with your company, —[1]—.

Orange Planning has been offering engineering consulting services for the past twenty years for many companies around the world. 162 Some of the companies we have worked with include Babushka Mart in Moscow, Pitchfork Industries in Orlando, and Hord Robotics in Hong Kong. —[2]—.

If you choose Orange Planning, I assure you that you will be satisfied with the results. All companies that we have worked with have had extremely remarkable results, especially as we have a great record of finishing companies' projects within their budgets and before their deadlines. —[3]—.

—[4]—. Call me at 466-555-3755 if you'd like to talk about working together. I'd be happy to address any concerns that you may have. I'll be looking forward to your call.

Regards,

Tom O'Toole
Head of Client Assistance, Orange Planning

수신:	hwilton@miltonmfg.com
발신:	totoole@orangeplanning.com
날짜:	1월 12일
제목:	Re: 서비스에 관한 문의

저는 방금 귀하의 Orange Planning사의 서비스에 대한 문의를 받았으며 기꺼이 도와드리고자 합니다. 161 Orange Planning사는 귀사의 주요 제품들을 위한 생산라인의 생산량을 높이기 위해 귀사인 Milton Manufacturing와 함께 일하는데 아주 관심이 있습니다. —[1]—.

Orange Planning사는 지난 20년간 전 세계 여러 기업들을 위한 기술 컨설팅 서비스를 제공해 오고 있습니다. 162 우리와 함께 일해온 회사에는 모스크바의 Babushka Mart, Orlando의 Pitchfork Industries와 홍콩의 Hord Robotics사 등이 있습니다. —[2]—.

귀사가 저희 Orange Planning을 선택해 주시면, 그 결과에 귀하가 만족할 것이라는 것을 보장합니다. 저희는 특허나 기업들의 프로젝트를 그들의 예산 내에서 마감 시한 전에 마무리하는 것에 있어서 좋은 기록을 가지고 있기 때문에 저희의 함께 일했던 모든 업체들은 매우 두드러진 결과를 얻어 왔습니다. —[3]—.

—[4]—. 좀 더 협력하는 건에 이야기를 하고 싶으시면, 466-555-3755번으로 저에게 전화주세요. 귀하가 궁금해 하는 모든 점을 기쁘게 해결해드리겠습니다. 귀하의 전화를 기다리겠습니다.

Tom O'Toole
Orange Planning사의 고객 지원 팀장

|어휘| inquiry about ~에 관한 문의 output 생산량 assure somebody that 누구에게 that 이하를 보장하다, 안심시켜주다 remarkable 두드러진, 눈에 띄는 address concerns 우려나 걱정을 다루다, 처리하다

---

161. Why does Mr. O'Toole send the e-mail?
(A) To verify the time of a meeting at Milton Manufacturing
(B) To encourage a company to pursue a business relationship
(C) To give directions to a production facility
(D) To explain a new procedure for production

O'Toole은 왜 이메일을 보내는가?
(A) Milton Manufacturing와 미팅 시간을 확인하려고
(B) 업체가 사업 관계를 도모할 것을 권장하려고
(C) 생산 시설로 오는 길을 알려주려고
(D) 생산의 새로운 절차를 설명해 주려고

|해설| 자사의 기술컨설팅 서비스를 홍보하고 있으며, 함께 일한 다른 회사들의 성과들도 자랑하고 있다. 그러므로 전반적으로 함께 일할 것을 징려하는 것.

(C) 해석에 주의! direction은 '설명, 지시'의 의미도 있지만 'to+지역'과 함께 쓰이면 '약도'의 의미다. 여기서도 길을 알려준다는 의미. '생산시설에 대한 설명을 제공하다(×)'로 해석하지 않도록 주의! direction to place는 '약도'의 의미로 파트7에 아주 자주 등장한다.

162. What is mentioned about Orange Planning?

(A) It has recently built several facilities.

(B) Its costs are not as expensive as other consulting companies.

(C) It deals with companies in multiple countries.

(D) Its main office is in Moscow.

Orange Planning사에 대해서 언급된 것은?

(A) 최근에 여러 시설물을 지었다.

(B) 비용이 다른 컨설팅 회사만큼 비싸지 않다.

(C) 여러 나라의 기업들과 거래를 해왔다.

(D) 본사는 모스크바에 있다.

|해설| 고객기업을 나열한 것을 보면, 모스크바, 올랜도(미국에 있는 도시), 홍콩 등 다양하다. 그러므로 (C)가 정답.

(A) 이 회사는 컨설팅회사로 자문을 해주는 회사다. 시설을 직접 건설하는 회사는 아니고, 생산시설 안에서 프로세스를 효율적으로 만드는 방법을 조언해주는 회사다.

---

163. In which of the positions marked [1], [2], [3], and [4] does the following sentence best belong?

"We have helped these companies and others become more efficient and fast in their production facilities."

(A) [1]   **(B) [2]**

(C) [3]   (D) [4]

[1], [2], [3], [4]로 표시된 자리 중에 다음 문장이 들어가기에 가장 적합한 곳은?

"우리는 이러한 기업들과 다른 업체들이 그들의 생산시설에서 더 효율적이고 더 빨라지도록 도와 왔습니다."

(A) [1]   **(B) [2]**

(C) [3]   (D) [4]

|해설| 문제에 등장한 'these companies'가 핵심단서. 파트6의 문장찾기와 파트7의 자리찾기는 유사한 문제유형이다. 공통으로 가장 중요한 단서를 고르라면 'this/these', 즉 지시 형용사. 지시형용사는 바로 앞 문장에 언급된 명사를 받아올 때 사용한다. 그러므로 우리는 'these companies'가 언급된 문장을 찾으면 된다. 그 뒤가 이 문장이 들어갈 자리. [2]번 앞을 보면 Orange Planning이 함께 작업해왔던 유명한 회사들이 나열되어 있다. 그러므로 'Orange planning에서 이 회사들이 더 효율적이어 지도록 도왔다'는 문장과 잘 연결된다.

Questions 164-167 인터넷 채팅 대화

Sienna Reynolds [3:30 p.m.] Does anyone know who I would talk to about 164 getting some business cards? I know I've only been here for about a week, but I was told that I would need business cards to give clients and I haven't received them yet.

Jason Welch [3:32 p.m.] Actually, that's something you have to set up on your own. There are actually three printing companies that our firm goes to for business cards.

Sienna Reynolds [3:33 p.m.] Does that mean I have to pay for the cards on my own? I thought the company covers that sort of thing.

Jason Welch [3:35 p.m.] No, you don't. The company has accounts with each printing company and each one sends the bill to our company.

Sienna Reynolds [3:36 p.m.] Ok. So, what are my options?

Shamarr Murphy [3:37 p.m.] I suggest Highland Document Printing. The cards that I got from it were very high quality and 165 they delivered the order very quickly.

Jason Welch [3:38 p.m.] I got mine from Highland, too. The other options are Ace Print Shop and Coastal Printers. Ace has the best quality, but they take a long time to print and deliver the cards. 166 Highland can't be beaten if you need them quickly.

Sienna Reynolds [3:40 p.m.] Alright. Do you two mind if I take a look at your business cards before I order mine?

Jason Welch [3:41 p.m.] Not a problem. If you want to stop by my office in five minutes, you can see mine.

Shamarr Murphy [3:42 p.m.] 167 I'll go by Jason's office, too, so you don't have to make two stops, Sienna.

Sienna Reynolds [3:30 p.m.]
164명함 받는 것에 대해 제가 누구에게 얘기를 해야 하는지 아는 분 계시나요? 제가 여기 온지 일주일 정도밖에 안됐지만, 고객에게 주려면 명함이 필요하다고 들었는데요, 제가 아직 받지를 못해서요.

Jason Welch [3:32 p.m.]
사실 그건 당신이 직접 해야 하는 거예요. 저희 회사가 명함을 위해 가는 인쇄회사는 사실 3곳이 있습니다.

Sienna Reynolds [3:33 p.m.]
그러면 제가 직접 명함비용을 지불해야 한다는 말인가요? 저는 회사가 그런 비용은 내준다고 생각했어요.

Jason Welch [3:35 p.m.]
아니요, 당신이 지불하지 않아요. 회사는 각 인쇄회사와 이미 계정을 튼 상태고요, 각 회사는 우리 회사에 고지서를 보내요.

Sienna Reynolds [3:36 p.m.]
네. 그러면 제가 선택할 수 있는 것이 어떤 것이 있죠?

Shamarr Murphy [3:37 p.m.]
Highland Document Printing을 추천합니다. 제가 이 회사에서 받은 명함이 품질이 굉장히 좋았고요, 165주문품을 매우 빨리 배송해줬어요.

Jason Welch [3:38 p.m.]
저도 Highland에서 제걸 만들었어요. 다른 옵션은 Ace Print Shop과 Coastal Printers예요. Ace는 가장 품질이 좋은데 인쇄하고 배송하는데 너무 오래 걸려요. 166Highland는 만약 당신이 빨리 받고 싶다면, 더 이상 따를 자가 없습니다.

Sienna Reynolds [3:40 p.m.]
그렇군요. 두 분. 제가 제 명함 주문하기 전에 여러분 명함을 봐도 괜찮을까요?

Jason Welch [3:41 p.m.]
물론이죠. 5분 후에 제 사무실에 들르면 제걸 볼 수 있어요.

Shamarr Murphy [3:42 p.m.]
167저도 Jason사무실에 갈 거라서요. Sienna 두 군데 따로따로 방문할 필요 없겠네요.

|어휘| business card 명함 set up 설정하다, 준비하다 printing company 인쇄소 beat 이기다

164. What is the main topic of the discussion?

(A) Delivering a shipment to clients

(B) Obtaining name cards

(C) Where to send an invoice

(D) Choosing a benefits package

대화의 주요 주제는?

(A) 화물을 고객에게 배송하는 것

(B) 명함을 구하는 것

(C) 청구서를 어디에 보낼 지

(D) 수당 패키지를 선택하는 것

|해설| 신규직원이 명함을 어느 업체에 맡길지에 대해 조언하고 있는 글이므로 (B)가 정답.

---

165. What is indicated about Highland Document Printing?

(A) It processes orders quickly.

(B) It is located close to the writer's company.

(C) It makes the best products available.

(D) It has many choices for designs.

Highland Document Printing에 대해 언급된 것은?

(A) 이 회사는 주문을 빨리 처리한다.

(B) 이 회사는 대화자들 회사에 가까이 위치해있다.

(C) 이 회사는 최고의 제품을 만든다.

(D) 디자인 선택의 폭이 넓다.

|해설| 3시 37분 대화에 보면 Highland가 품질도 좋고 주문도 빨리 처리한다고 언급하고 있다. (A)가 정답.

---

166. At 3:38, what does Jason Welch mean when he writes, "Highland can't be beaten"?

(A) Highland has the fastest response to orders.

(B) Highland has the most favorable reviews.

(C) Highland is more expensive than other options.

(D) Highland is what most employees choose.

3시 38분에 Jason Welch 씨가 "Highland can't be beaten"라고 쓸 때 무엇을 의미하고 있는가?

(A) Highland는 주문에 대해 가장 빠른 대응력을 가지고 있다.

(B) Highland는 최고의 이용후기들을 보유하고 있다.

(C) Highland는 다른 두 회사보다 더 비싸다.

(D) Highland는 대부분의 직원들이 선택하는 곳이다.

|해설| beat은 "때리다" 외에도 "이기다"의 의미를 가진다. '만약 당신이 빨리 명함을 원한다면 Highland를 이길자가 없다'라고 했으므로 Highland의 주문대응 속도가 빠름을 의미한다.

---

167. What will Shamarr Murphy most likely do next?

(A) Make an order for some name cards

(B) Prepare some documents for a meeting

(C) Meet colleagues in an office

(D) Contact clients about an order

Shamarr Murphy는 다음 무엇을 할 가능성이 가장 높은가?

(A) 명함을 주문할 것이다.

(B) 미팅을 위한 서류를 준비할 것이다.

(C) 사무실에서 동료들을 만날 것이다.

(D) 주문과 관련하여 고객에게 연락할 것이다.

|해설| Sienna가 동료들 각각의 명함을 살펴보기 위해 사무실을 돌아다닐 필요 없이, Shamarr가 Jason의 사무실로 가겠다고 제안하고 있다. 그러므로 Shamarr는 곧 사무실에서 동료들을 만날 것이다.

Questions 168-171 광고문

EnviroOffice

243 Victoria Street
Vancouver, British Columbia V5K 1N9
(604) 555-4486

Want to have beautiful plants in your office, but just don't have enough time in the office to care for them? Then 170consider EnviroOffice's services. We have 169d the best selection of plants in the area for large and small offices. 168 Not only do we sell plants, but we provide 169c care services for a nominal fee for every plant that we sell. We stock common plants as well as more exotic plants, so you're sure to leave our store with something suitable for your office. If you sign up for our services for more than one year, we also provide 171 free floral arrangements made by our specialists. Decorating your office with plants can make your work environment seem more refreshing, so call today to find out more about our products and services and receive a 169a free estimate.

EnviroOffice

V5K 1N9, British Columbia, Vancouver
Victoria Street 243번지
(604) 555-4486

사무실에서 아름다운 식물들을 키우기를 원하지만, 가꾸기에 충분한 시간이 없으신가요? 그렇다면 EnviroOffice를 170고려해 주세요. 저희는 크고 작은 사무실에 적합한 이 지역에서 169d최고의 다양한 식물들을 보유하고 있습니다. 168식물들을 판매할 뿐만 아니라 저희가 판매하는 모든 식물에 대해 최소한의 비용만 받고 169c돌봄 서비스도 제공해 드리고 있습니다. 우리는 이국적인 식물들뿐만 아니라 일반적인 식물들도 재고로 가지고 있기 때문에 당신이 저희 가게를 나설 때 귀하의 사무실에 적합한 무엇인가를 가지고 가실 거라고 확신합니다. 1년 이상 저희 서비스를 신청하시면, 저희 전문가들이 만든 171무료 꽃꽂이도 제공해 드리고 있습니다. 당신 사무실을 식물들로 꾸미는 것은 귀하의 근무 공간을 좀 더 상쾌하게 만들어 드릴 것입니다. 그러니 저희 상품이나 서비스에 관해서 좀더 알고 싶으시거나 169a무료 견적서를 받아 보시려면 오늘 당장 전화주세요.

|어휘| care for(=take care of) 돌보다 for a nominal fee 명목상의 비용, 소액의 비용을 내면 exotic 이국적인 suitable for ~에 적합한 sign up for(=register for, enroll in) 등록하다 floral arrangement 꽃꽂이 refreshing 상쾌하게 하는, 신선한 estimate(=quote) 견적, 견적서

핵심 도치구문 – 부사역할을 하는 부정어가 문두에 나오면 '주어–동사'의 위치가 바뀐다

[도치 이전] **We not only sell plants, but (also) we provide care services.**
[도치 이후] **Not only do we sell plants, but we provide care services.**

부정의 의미를 가진 부사(not only)가 문장 제일 앞으로 끌려나오면, 그 뒤에서 '주어와 조동사'의 위치가 바뀐다. 이때 조동사가 없다면, 약방의 감초인 do동사가 등장한다.

---

168. What is being advertised?
(A) A home-landscaping company
(B) An event floral arranger
(C) A magazine about gardening
(D) A service that sells and cares for plants

무엇이 광고 되는가?
(A) 주택 조경 회사
(B) 행사용 꽃 장식 전문 회사
(C) 정원 관리에 관한 전문 잡지
(D) 식물을 판매하고 돌보는 서비스

|해설| 사무실에 둘 식물들을 판매하고 돌봄 서비스도 제공한다고 했으므로 (D)가 정답.

169. What does EnviroOffice NOT advertise in the notice?

(A) Complimentary estimates

(B) Shipment of imported plants

(C) Plant maintenance for offices

(D) A various selection of plants

EnviroOffice가 이 공지에서 광고하지 않은 것은?

(A) 무료 견적서

(B) 수입 식물 배송

(C) 사무실을 위한 식물 관리

(D) 다양한 식물 종

|해설| 이국적인 식물을 보유하고 있다고는 했으나, 그것이 꼭 수입된 식물이라고는 할 수 없다. 나머지 보기는 지문에 표시된 내용 확인!

난이도
★★★

170. In the advertisement, the word "consider" in paragraph 1, line 2 is closest in meaning to

(A) regard

(B) identify

(C) think about

(D) improve

첫 번째 단락의 두 번째 줄 "consider"와 의미상 가장 가까운 것은?

(A) 간주하다

(B) 밝히다

(C) 생각해보다

(D) 향상시키다

|해설| 동의어 문제는 반드시 문장을 다시 찾아서 해석해보고, 그 문장에서 문맥상 어떤 의미로 쓰였는지 파악한 후 정답을 고른다. consider는 3형식 / 5형식 두 가지 구조로 잘 쓰이는 동사인데, 두 경우에 의미가 서로 다르다. 3형식으로 쓸 때는 '생각해보다, 심사하다'의 의미이고 5형식에서는 '~이 ~라고 간주하다'의 의미. 본문에서는 'consider EnviroOffice's services – 우리회사서비스를 (사용하는 것을) 생각해봐라' 라는 3형식 구조로 쓰였으므로 think about '~에 대해 생각해보다'가 정답.

(A) regard는 consider가 5형식 구조로 쓰였을 때 유사한 어휘다. 'regard him as a genius = consider him a genius: 그를 천재라고 여긴다'.

---

171. What special offer is mentioned?

(A) Self-maintaining plants

(B) Complimentary flower arrangement

(C) Discounts on exotic plants

(D) Fruit producing plants for half price

어떤 특별행사가 언급되어 있는가?

(A) 관리하지 않아도 되는 식물들

(B) 무료 꽃꽂이

(C) 이국적인 식물에 대한 할인

(D) 반값에 과실나무 제공

|해설| 전문가가 만든 무료 꽃꽂이를 제공한다고 언급되어 있다.

|보기어휘| special offer 할인행사나 경품행사 같은 특별 행사 self-maintaining '스스로 관리하는' 즉 따로 관리해줄 필요가 없다는 의미. fruit producing plants '과일을 생산하는 식물'이므로 과실나무.

From: Henry Connors <hconnors@prostaffing.com>
To: Kimberly Stevens <kimstevens@qpost.com>
Subject: Registering
Date: June 26

Dear Kimberly,

I have received your resume and transcripts from your university and I will be able to finish putting your information into the Pro Staffing system.

—[1]—. At this time, there are multiple temporary jobs that we are trying to fill that match your education and qualifications. Two of these are telemarketing jobs, one is an administrative assistant at a distribution firm, and the other is a receptionist at a dental clinic. —[2]—. If you perform well during your internship, you would be offered a permanent position as a junior editor at a newspaper. 172 With the degree you have just received in journalism, this would be great for you. —[3]—. The only issue is that the job is in Hastings, which is a long way away from 173 your home in Rochester. 174c Would you be willing to make the commute? 173 The temporary jobs are located near you, but if you're not concerned about commute time, we can also find other jobs for you. —[4]—.

Our agency will need three 174a references and then we can start contacting companies where you can work. The references can be from managers, teachers, and former co-workers. Send me the documents by email or fax and make sure you include their contact information. The next step in the registration process will be for you to have an interview with our employment consultant. Please give me a call so 174b we can set up a time for the interview.

Regards,

Henry Connors
Pro Staffing

발신: Henry Connors ⟨hconnors@prostaffing.com⟩
수신: Kimberly Stevens ⟨kimstevens@qpost.com⟩
제목: 등록
날짜: 6월 26일

Kimberly에게

귀하의 이력서와 대학교 성적표를 받았으니 귀하의 정보를 Pro Staffing system에 입력시킬 수가 있게 되었습니다.

—[1]—. 이 시점에서 귀하의 교육과 자격에 맞고, 저희가 채우고자 하는 임시직 일자리가 여러 개 있습니다. 그 일자리 가운데 두 개는 텔레마케팅 자리로, 하나는 유통회사에서의 행정 보조직이고 나머지 하나는 치과 진료소의 접수 담당자 자리입니다. —[2]—. 이 인턴근무 동안에 근무 성과가 좋으면 신문사의 보조 편집자 자리로써 정규직을 제안 받을 것입니다. 172귀하가 저널리즘에서 막 취득한 학위 덕분에, 이 일자리가 당신에게는 아주 그만 일 것입니다. —[3]—. 유일한 문제는 그 자리는 Hastings 지역으로, 그곳은 173Rochester의 당신의 집에서 꽤 먼 거리에 있다는 것입니다. 174c통근을 하실 의향이 있으신가요? 173 임시직들은 귀하가 사시는 곳에 가까이 위치해있습니다. 만약 통근 시간에 대해 개의치 않으신다면 저희는 또한 다른 자리들도 찾아드릴 수 있습니다. —[4]—.

저희는 세 통의 174a추천서를 필요로 하구요, 그리고 나서 귀하가 일할 수 있는 회사들과 접촉을 시작할 수 있습니다. 추천서는 상급자나 교사, 혹은 전 동료 직원들에게서 받으시면 됩니다. 이메일이나 팩스로 서류들을 보내주시고, 추천인들의 연락처를 꼭 포함시켜 보내주세요. 등록 과정에서의 다음 단계는 귀하가 저희 고용 상담사와 인터뷰를 하는 것입니다. 174b우리가 인터뷰 시간을 잡을 수 있도록 저에게 전화 주시기 바랍니다.

Henry Connors
Pro Staffing

|어휘| transcript 성적표 multiple 다양한, 여러 개의 temporary jobs 임시직 일자리 Permanent jobs 정규직 일자리 distribution firm 유통 회사 commute time 통근 시간 reference 추천서 registration process 등록 고정

 핵심   하나의 명사를 수식하는 형용사절이 한꺼번에 2개나 나올 수도 있나요?

가능하다.

At this time, there are **jobs** [that we are trying to fill] [that match your education and qualifications].
'우리가 채우려고 하는(사람을 뽑으려고 하는)' '당신의 학력과 자격에 맞는' 일자리들이 있습니다

뒤에 나온 2개의 형용사절은 모두 **jobs**를 꾸며준다. 이렇게 하나의 명사 뒤에 2개의 수식어구가 붙는 경우는 종종 있다.

난이도 ★☆☆

172. What is indicated about Ms. Stevens?

(A) She is a qualified reporter.

(B) She has recently graduated.

(C) She is working for Pro Staffing.

(D) She has sent a package to Mr. Connors.

Stevens에 대해서 유추 할 수 있는 것은?

(A) 그녀는 자격이 있는 기자이다.

(B) 그녀는 최근에 졸업했다.

(C) 그녀는 Pro Staffing사에서 근무한다.

(D) 그녀는 Connors씨에게 소포를 보냈다.

|해설| Stevens의 이름은 지문 제일 위 상단에 있는 'To XX'에서 확인한다. Stevens는 수신인으로써 구직자. Stevens는 대학에서 막 degree를 받았다고 했다. degree는 '학위'. 학위를 받았으므로 최근에 대학을 졸업한 것.

(D) Connors씨가 이력서와 성적표를 받은 것 때문에 소포를 받았다고 판단할 수는 없다. 소포는 반드시 '우편'으로 받는 것이고, 이력서나 성적표는 이메일로 발송했을 수도 있다. 그러므로 (D)에 대한 판단 근거는 지문상에 없다.

난이도 ★★☆

173. What is true about the receptionist position?

(A) It is located around Rochester.

(B) It leads to a permanent career.

(C) It has a flexible schedule.

(D) It is for a distribution company.

접수 담당자 일자리에 대해서 사실은 것은?

(A) Rochester 근처에 위치해 있다.

(B) 정규직 자리로 이어진다.

(C) 유연한 근무 시간을 가진다.

(D) 유통회사에서 일하는 것이다.

|해설| 접수담당자는 임시직이다. 정규직에 대해 소개하면서 단점으로 장거리 통근에 대해 언급했다. 그리고 나서 임시직들은 구직자의 집과 가까운 곳에 위치한다고 했으므로, 임시직인 접수담당자는 구직자가 거주하는 Rochester에 위치해있다고 유추할 수 있다.

(B) 3개의 자리가 언급되어 있다. 유통회사 행정보조직, 치과 접수원은 둘 다 임시직. 그 다음은 신문사 인턴인데, 이 자리가 정규직으로 이어질 수 있는 자리. 접수원은 정규직과 상관없는 자리다.

난이도 ★★☆

174. What has Mr. Connors NOT asked Ms. Stevens to do?

(A) Send references

(B) Set up an appointment

(C) Clarify her willingness to travel

(D) Submit signed paperwork

Connors가 Stevens에게 요청하지 않은 것은?

(A) 추천서 보내기

(B) 약속 날짜 잡기

(C) 통근을 할 의향이 있는지 확인하기

(D) 서명된 서류 제출하기

|해설| 추천서와 signed paperwork을 혼동하기 쉬운 문제. signed paperwork은 '서명 날인된 서류작업'으로써 관공서나 회사업무처리에 사용되는 서명 날인이 필요한 서류를 의미한다.

(C) travel은 '여행하다' 이외에도 '이동하다'의 의미로 쓰인다. 여기서는 장거리 통근을 paraphrasing한 말. 나머지 보기는 지문에 표시된 내용 확인!

175. In which of the positions marked [1], [2], [3], and [4] does the following sentence best belong?

"We have a permanent position as well, but you would be working as an intern for three months."

(A) [1]   **(B) [2]**   (C) [3]   (D) [4]

[1], [2], [3], [4]로 표시된 자리 중에 다음 문장이 들어가기에 가장 적합한 곳은?

"저희는 또한 정규직 일자리도 가지고 있지만, 귀하가 여기서는 석 달간 인턴으로 근무하게 될 것입니다."

(A) [1]   **(B) [2]**

(C) [3]   (D) [4]

|해설| 'as well'이 중요한 단서가 된다. 'as well: 또한, 역시'. '우리는 또한 정규직 일자리도 가지고 있다'라고 했으므로, 이 문장 앞에는 '비정규직' 일자리에 대한 설명이 나와있어야 한다. 그러므로 (B)가 정답.

http://www.valorfootwear.com/businessprogram

Valor Footwear's Business Program

About	Business Program	Catalog	Contact us

176 Want to keep your employees safe at your workplace? Valor Footwear can help make sure your workers have suitable shoes or boots for your business setting.

Valor Footwear offers a variety of styles for many workplaces, such as hospitals, factories, hotels, and restaurants. All footwear is available with slip-resistant soles. We also offer free consultation to help you determine which shoes would fit best for your business environment. A custom shopping Web site for your company can also be made so that your employees can easily check which shoes are acceptable to wear to work.

If you're ready to set up an account, 180 all you need to do is click the button below to fill out a short questionnaire about your business needs. One of our customer account specialists will call you within two days to set up your account with Valor Footwear and answer any questions you may have.

< Register for the Valor Footwear Business Program>

Name: Gregory Sample	
Business: International Eateries, Inc.	Position : Senior Director of Operations
Contact Number :618-555-1229	E-mail Address : gsample@intleateries.com

Preferred Contact Form (Select One) :
Email ☐   Telephone ☐   in Person ☐   Any form of contact is acceptable ☐

Why are you contacting us today?

I am in charge of operations of multiple restaurants and 177 we've just introduced a policy that requires all employees to wear shoes with slip-resistant soles. I am hoping that your consultant can assist me in putting together a collection of five different styles of restaurant-appropriate shoes. 178 I want to have a custom Web site by April 2 if possible. 179 I'd like to also establish an invoicing system so that each employee at our company choose one pair of shoes and have the bill directly sent to the company instead of the employee.

<submit>

Valor Footwear의 기업 프로그램

소개	기업 프로그램	카달로그	연락처

176직장에서 당신의 직원들을 계속 안전하게 만들기를 원하나요? Valor Footwear는 당신의 사업환경에 맞는 신발과 부츠를 당신의 직원들이 확실히 구비하도록 도울 수 있습니다.

Valor Footwear는 병원, 공장, 호텔 및 식당과 같은 많은 일터를 위한 다양한 스타일을 제공합니다. 모든 신발은 미끄럼 방지 밑창을 장착할 수 있습니다. 저희는 또한 어떤 신발이 귀하의 사업환경에 최적인지를 판단할 수 있게 돕도록 무료 상담을 제공합니다. 또한 당신의 직원들이 어떤 신발이 직장에서 착용하기에 적절한지를 쉽게 확인할 수 있도록 귀하의 회사를 위한 맞춤형 웹사이트도 제작할 수 있습니다.

계정을 만들 준비가 되셨다면, 180당신이 해야 하는 모든 것은 당신 사업체의 니즈에 대한 짧은 설문서를 작성하기 위해 아래 버튼을 클릭하는 것입니다(아래 버튼을 클릭만 하시면 됩니다). 저희 고객 계정 전문가 중 한 명이 Valor Footwear의 계정을 만들어 드리고 귀하가 궁금하실 수 있는 질문에 답해드리기 위해 이틀 안에 연락을 드릴 것입니다.

Valor Footwear 기업프로그램에 등록하세요

이름: Gregory Sample	
회사: International Eateries, Inc.	직책: 운영이사
연락처:618-555-1229	이메일주소: gsample@ intleateries.com

선호하는 연락수단 (하나만 표시) :
이메일 ☐   전화 ☐   방문 ☐   모두 가능 ☐

저희에게 오늘 연락하신 이유는?

저는 여러 개의 식당 운영을 담당하고 있으며 이번에 177모든 직원들이 미끄럼 방지 밑창이 달린 신발을 착용하도록 요구하는 정책을 도입했습니다. 식당에 적합한 5개 다른 스타일의 신발 조합을 짜도록 귀사의 컨설턴트가 도와주시기를 희망합니다. 저는 가능하다면 178 4월 2일까지 맞춤형 웹사이트를 구축하기를 원합니다. 또한 저희 회사의 각 직원들이 신발을 한 켤레씩 고르면 179 청구서가 직원이 아닌 회사로 바로 전달되도록 청구 시스템을 만들고 싶습니다.

〈제출〉

176. To whom is the Web page directed?

(A) Professional chefs

(B) Fashion designers

(C) Clothing manufacturers

(D) Business managers

이 웹사이트는 누구를 대상으로 하나요?

(A) 전문 요리사

(B) 패션 디자이너

(C) 의류 제조업체

(D) 비즈니스 매니저

|해설| 직원들의 안전을 위해 작업장에 필요한 전문 신발을 만드는 회사. '당신의 직원들이'라고 표현하고 있으므로 업체 관리자급을 대상으로 쓴 편지임을 알 수 있다. 그러므로 (D)가 정답.

---

177. According to the form, what change recently occurred at International Eateries, Inc.?

(A) Management established a new policy.

(B) A marketing campaign was started.

(C) A new branch was opened.

(D) Staff uniforms were changed.

이 양식에 따르면 최근 International Eateries에서는 어떤 변화가 있었나요?

(A) 경영진이 새로운 정책을 구축했다.

(B) 마케팅 활동이 시작됐다.

(C) 새로운 지점이 개장되었다.

(D) 직원 유니폼이 변경되었다.

|해설| 직원들이 미끄럼 방지 밑창이 장착된 신발을 신도록 의무화하는 정책을 최근 도입했다고 했으므로 (A)가 정답.

(D)주의. 일반적으로 유니폼에 신발이 포함되는 경우는 흔치 않다. 게다가 이 지문에서는 미끄럼방지용 신발을 신는 것이 도입된 정책의 주요내용이고, 여기서 같은 모양의 특정 신발을 신는 것을 요구한 것은 아니므로, 미끄럼방지 신발을 신어야 하는 것이 유니폼의 변화라고 볼 수는 없다.

---

178. What will many International Eateries employees probably be expected to do in April?

(A) Be trained in a safety technique

(B) Operate new equipment

(C) Buy products online

(D) Learn a new order-taking system

많은 International Eateries 직원들은 4월에 아마도 무엇을 할 것이 기대되고 있는가?

(A) 안전기술에 대한 교육을 받는 것

(B) 새로운 설비를 사용하는 것

(C) 인터넷에서 제품을 구매하는 것

(D) 새로운 주문접수 시스템을 배우는 것

|해설| 문제에 등장하는 날짜(in April)는 항상 중요한 단서. 지문에서 4월이 등장한 곳은 단 하나. '4월에 맞춤형 웹사이트를 만들고 싶다'고 했다. 그러므로 4월에 사이트가 구축되면 이 회사의 직원들은 이 사이트에서 신발을 구매하게 될 것이다.

난이도
★☆☆

179. What service does Mr. Sample request that is NOT mentioned or the Web site?

(A) Recommending suitable shoes

(B) Developing a billing system

(C) Setting up a custom Web site

(D) Changing the style of a shoe

Sample씨는 웹사이트에서 언급되지 않은 어떤 서비스를 요구하고 있나요?

(A) 적합한 신발을 추천하는 것

(B) 청구시스템을 구축하는 것

(C) 맞춤형 웹사이트를 만드는 것

(D) 신발의 스타일을 바꾸는 것

|해설| 이 문제는 문제 자체가 가장 중요하다. 문제를 제대로 해석하지 않았다면 오답을 고르게 된다. 'that is NOT mentioned on the Web site'가 가장 중요한 단서. Sample씨가 요청한 서비스는 여러가지다. (A), (B), (C) 모두 해당된다. 그렇지만 문제는 'Sample씨가 요청한 서비스 중에서, 첫 번째 지문, 즉 웹사이트에 언급되지 않은 서비스'를 물어보고 있다. 웹사이트에서는 청구서를 어디로 보내는지와 관련된 언급은 없었다. 그러므로 (B)가 정답.

180. How most likely will Valor Footwear respond to Mr. Sample's form?

(A) It will give him a personal catalog of products.

(B) It will calculate how much a manager should be charged.

(C) It will schedule an inspection of several restaurants.

(D) It will have a consultant contact him within 48 hours.

Valor Footwear는 Sample씨의 양식에 대해 어떻게 대응할 가능성이 가장 높은가?

(A) Valor Footwear는 그에게 개인용 제품 카다로그를 보낼 것이다.

(B) Valor Footwear는 매니저가 얼마를 청구 받을 지를 계산해줄 것이다.

(C) Valor Footwear는 몇몇 식당의 검사 일정을 잡을 것이다.

(D) Valor Footwear는 컨설턴트를 시켜서 48시간 안에 그에게 연락할 것이다.

|해설| 첫 번째 지문에서 양식을 작성하고 나면 이 회사의 고객 계정 전문가가 이틀 안에 연락을 할 것이라 했다. 두 번째 지문을 보면 Sample씨가 양식을 작성한 것이므로, Valor Footwear는 이틀, 즉 48시간 안에 직원을 통해 연락할 것이다.

Hindelmintz Industires
Safety Workshop
March 15

10:00–10:50	Keeping your Work Area Organized: The Easiest Way to 181 Stay Safe at Work Lead by 184 Dietrich Packer, Director of Workplace Operations Committee
11:00–11:50	181 Safety Necessities on the Factory Floor: Review and Practice Lead by Samuel 182 Rochard, Manufacturing Supervisor
12:00-1:00	Lunchtime
1:00 – 1:50	Maintenance and Usage of Factory Machinery Lead by Patricia Long, Senior Technician
2:00-2:50	How to Manage and 181 Dispose of Hazardous Materials Lead by Olivia Mackie, Senior Examiner of the Lampwick Occupational Safety Department
3:00-3:50	Machine Demonstration from Renner Factory Instruments Lead by Emily Slattery, Representative from Renner Factory Instruments

Date: March 7
From: Jessica Woodard
To: All employees in the manufacturing facilities
Re: Changes to the Safety Workshop Schedule

This message is to inform you of some changes that have been made to the safety workshop coming up. 183 Renner Factory Instruments' representative has a conflicting appointment later that afternoon, so she will be leading her workshop at an earlier time. Her session will now take place at 1:00 and the other sessions in the afternoon will each take place one time slot later than originally scheduled.

All staff that work on the factory floor and the surrounding offices are required to attend this safety workshop. Also, some staff from the research and development department will be attending as well. If you do not know whether your attendance is 185 expected, please check directly with me. Of course, if you have any questions, comments, or concerns about training in general, you are free to contact me at any time.

Thanks for your cooperation.

-Jessica

Hindelmintz Industires
안전 워크샵
3월 15일

10:00 – 10:50	당신의 근무지역을 계속 정리하는 것: 직장에서 181안전을 보장할 가장 쉬운 방법 Workplace Operations Committee 이사, 184 Dietrich Packer 발표
11:00 – 11:50	작업장에서의 181 안전 필수사항: 검토와 관행 182제조 감독관, Samuel Rochard 발표
12:00-1:00	점심
1:00 – 1:50	공장 기계의 유지보수 및 사용법 고위 기술자 Patricia Long 발표
2:00–2:50	181유해물질을 관리 및 처분하는 법 Lampwick Occupational Safety Department의 고위 검사관, Olivia Mackie 발표
3:00–3:50	Renner Factory Instruments사의 기계 작동 시연 Renner Factory Instruments 대표, Emily Slattery 발표

날짜: 3월 7일
발신자: Jessica Woodard
수신자: 제조시설의 전 직원
내용: 안전 워크샵 일정 변경사항

이 메시지는 다가오는 안전 워크샵에 대한 변경사항을 여러분들에게 알려 드리는 것입니다. 183 Renner Factory Instruments 대표가 그날 오후에 다른 일정이 있어서 좀 더 이른 시간에 워크샵을 진행할 예정입니다. 그녀의 워크샵은 이제 1시에 열릴 것이며, 오후에 다른 워크샵들이 원래 예정되었던 것보다 각각 한 타임씩 뒤로 밀려서 열릴 것입니다.

공장 작업장이나 주변 사무실에서 근무하는 모든 직원들은 이번 안전 워크샵에 반드시 참석해야 합니다. 또한 연구개발부서의 일부 직원들도 참석할 예정입니다. 만약 당신의 참석이 185 기대되어지는지 알지 못한다면 (참석해야 하는지 모른다면) 저에게 직접 확인해 주세요. 이번 교육 전반에 걸쳐 질문이나 의견 혹은 우려사항이 있으시면 언제든 저에게 연락 주시기 바랍니다.

협조해주셔서 감사합니다.

—Jessica

181. What is the primary purpose of the workshop?
(A) To assist staff in accurately reporting time worked
(B) To help managers better communicate with their subordinates
(C) To demonstrate a new operating system
(D) To train staff on safe practices and procedures

워크샵의 주요목적은 무엇인가요?
(A) 직원들이 정확하게 업무시간을 보고하는 것을 돕는 것
(B) 매니저들이 그들의 부하직원들과 커뮤니케이션을 더 잘하도록 돕는 것
(C) 새로운 운영시스템을 시연하는 것
(D) 직원들에게 안전관행과 절차를 교육시키는 것

|해설| 첫 번째 지문의 발표 제목들을 보면 'stay safe: 안전을 유지하다', 'safety: 안전', 'dispose of hazardous Materials: 유해 물질을 폐기하다'와 같이 안전 관련한 내용이 등장한다. 그러므로 이 워크샵의 목적이 직원들의 안전을 도모하는 것임을 알 수 있다.

182. What is most likely one of Mr. Rochard's job duties?
(A) Making handbooks for the company's merchandise
(B) Managing Hindelmintz Industires' merchandise production
(C) Creating advertisements for new products
(D) Handling questions and complaints from customers

Rochard씨의 업무 중 하나일 가능성이 높은 것은?
(A) 회사 제품을 위한 소책자를 만드는 것
(B) Hindelmintz Industires사의 제품 생산을 관리하는 것
(C) 신제품을 위한 광고를 제작하는 것
(D) 고객의 질문과 항의를 처리하는 것

|해설| Rochard씨의 직책이 'manufacturing supervisor'임으로 '생산'관련 업무를 감당할 것이다.

183. Why is the schedule for the workshop being changed?
(A) A presenter has another commitment that day.
(B) A presenter had to be replaced because of an illness.
(C) The workshop's location need to be changed.
(D) The sessions conflicted with another event at Hindelmintz Industires.

워크샵 일정은 왜 변경되고 있는가?
(A) 발표자가 그날 다른 약속이 있다.
(B) 발표자가 건강상의 이유로 교체되어야 했다.
(C) 워크샵 장소가 변경되어야 할 필요가 있다.
(D) 워크샵이 Hindelmintz Industires사의 다른 행사와 겹쳤다.

|해설| 'conflicting appointment'나 'conflicting schedule'이라고 하면 일정이 겹친다는 의미. 두 번째 지문에 보면 원래 3시로 일정이 잡혀있던 Renner Factory Instruments사의 대표가 일정이 겹쳐서 1시로 일정을 변경하기로 했다. 그러므로 (A)가 정답.

184. Whose presentation is NOT being changed to a different time?
(A) Ms. Long's
(B) Ms. Mackie's
(C) Ms. Slattery's
(D) Mr. Packer's

누구의 발표는 다른 시간대로 변경되지 않을 까요?
(A) Long씨의 발표
(B) Mackie씨의 발표
(C) Slattery씨의 발표
(D) Packer씨의 발표

|해설| 3시로 잡혀있던 발표가 1시로 옮겨지면서, 원래 1시, 2시로 예정된 발표들이 한 시간씩 모두 뒤로 밀렸다. 그러므로 1시, 2시, 3시에 잡혀있던 발표들은 모두 일정이 변경된 것. Packer씨는 오전 10시에 일정이 잡혀 있으므로 아무 영향을 받지 않는다.

난 이 도
★★☆
185. In the memo, the word "expected" in paragraph 2, line 3, is closest in meaning to
(A) acceptable
(B) upcoming
(C) mandatory
(D) consistent

메모에서 2번째 문단 3번째줄의 "expected"가 의미상 가장 가까운 것은?
(A) 용인되는
(B) 다가오는
(C) 의무적인
(D) 일관적인

|해설| expect는 '예상하다'의 의미 외에도 '기대하다'의 의미로 쓰인다. 여기서는 '기대하다'의 의미. '너의 참석이 기대되어진다'는 것은 '너의 참석이 의무사항'이라는 의미가 된다. 그러므로 (C) mandatory가 정답.
(A) acceptable이 가장 빈번한 오답. (A)는 '용인되는'의 의미로, 주어자리에 나온 '너의 참석'과 어울리지 않는다. (A)를 넣기 위해서는 '너의 참석이 용인된다(X)'가 아닌 '너의 불참이 용인된다(O)'가 자연스럽다.

From: draymond@treetechnology.com
To: nate.amos@webpost.com
Date: November 10
Subject: Purchase #186550

Dear Mr. Amos

Your order of a desktop computer and monitor for $725 has been completed. We greatly appreciate your business and hope you are satisfied with your purchase. Included with your desktop computer are a keyboard and mouse and the monitor comes with a remote control. Since your order was over $700, we have also included a free HDMI cable.

The order will be sent from our distribution center in Carbondale and the scheduled delivery date for your purchase is November 20. However, 189 this order is eligible for expedited shipping for only $5. 188© With this upgrade, your order will arrive 6 days earlier on November 14. To request this service, please notify us of your intent to upgrade your shipping on or before November 12, after which 186 this option will no longer be available. 189 This and other updated information will be 187 reflected on your online account, but not your printed receipt.

Regards,

Diane Raymond
Customer Assistance
Tree Technology
Elk Springs, CO

From	: nate.amos@wepost.com
To	: draymond@treetechnology.com
Date	: November 11
Subject	: Re: Purchase #186550

Dear Ms. Raymond,

188© I'd like to take advantage of the expedited shipping option that you mentioned.

Also, 190© I am in the process of moving to a new residence, so I would like the shipment to be delivered to my office. The address is the one that is specified in the "bill to" section on my order. Please disregard the information in "ship to" section that I entered when I placed my order.

Sincerely,
Nate Amos

Tree Technology
Your Top Choice for the Best Technology
Purchase #186550

Item	Price
Tech+ Desktop Computer	$560
High Performance Mouse	$20
High Performance Keyboard	$45
Ultraview HDMI Monitor	$100
Ultraview HDMI Cable	$0

발신: draymond@treetechnology.com
수신: nate.amos@webpost.com
날짜: 11월 10일
제목: 구매번호 #186550

Amos씨에게

725불짜리 데스크 탑 컴퓨터와 모니터 주문이 완료 되었습니다. 거래해 주셔서 대단히 감사하며 구매품에 만족하시기를 바랍니다. 데스크 탑 컴퓨터와 함께 키보드와 마우스가 포함되어 있으며, 모니터에는 리모컨이 딸려 있습니다. 구매 비용이 700불이 넘었기 때문에, 무료로 HDMI 케이블도 보내드립니다.

주문품은 Carbondale에 있는 저희 물류센터로부터 발송될 것이며 주문하신 물건에 대한 예상된 배송 날짜는 11월 20일입니다. 하지만, 이 주문은 189 5불만 추가하면 빠른 배송을 받아 보실 수 있습니다. 188© 이렇게 업그레이드를 하시면, 주문은 6일 더 일찍, 11월 14일에 도착하게 됩니다. 이 서비스를 신청하시려면, 11월 12일이나 이전에 배송을 업그레이드 하겠다는 의향을 저희에게 알려주시기 바랍니다. 186 이 기한이 지나면 이 옵션은 더 이상 이용하실 수가 없습니다. 189 이 정보와 다른 업데이트된 정보들이 당신의 온라인 187 계정에 표시될 것이지만, 인쇄된 영수증에는 표시되지 않을 것입니다.

Diane Raymond
고객 지원부
Tree Technology
Elk Springs, CO

발신: nate.amos@wepost.com
수신: draymond@treetechnology.com
날짜: 11월 11일
제목: Re: 구매번호 #186550

Raymond씨에게

저는 당신이 언급한 188© 빠른 배송 편을 이용하고 싶습니다.

그리고 190©제가 새 집으로 이사 중이기 때문에, 배송은 제 사무실로 보내주시기 바랍니다. 이 주소는 제 주문서에 비용 청구지에 명시된 주소와 같습니다. 제가 주문 할 때 입력했던 배송지 정보는 무시하시기 바랍니다.

Nate Amos

Tree Technology
최고의 기술을 위한 당신의 최상의 선택
구매번호 #186550

물품	가격
Tech+ 데스크탑 컴퓨터	$560
고성능 마우스	$20

Subtotal	$725		고성능 키보드	$45
Shipping and Handling	$3		Ultraview HDMI 모니터	$100
Total	$728		Ultraview HDMI 전선줄	$0
			소계	$725
			배송 및 처리	$3
			총계	$728

 Billing Address: 634 Ashley St. Pittsfield, MA

Shipping Address: 880 Prospect Ave Gloversville, MA

Thanks for shopping with us!

 청구서 발송 주소 634 Ashley St. Pittsfield, MA

배송 주소 880 Prospect Ave Gloversville, MA

구매해 주셔서 감사합니다!

핵심 도치구조

Included with your desktop computer are a keyboard and mouse.
⇨ **A keyboard and mouse** are included with your desktop computer.

be동사를 사이에 두고 앞부분과 뒷부분이 뒤바뀐 도치구조! include / enclose / attach는 강조하기 위해 이렇게 도치된 구조로 잘 사용한다.

Enclosed is a file. 동봉된 것은 파일입니다
Attached to this email is my resume. 이 이메일에 첨부된 것은 저의 이력서입니다

핵심 전치사 or 전치사: 병렬구조

on or before November 12　　　　　**11월 12일** 당일이나 혹은 그 전에
⇨ **on (November 12) or before November 12**

on 뒤에 나온 날짜가 before 뒤에 나온 날짜와 동일해서 생략된 구조. 굉장히 자주 등장하는 표현이므로 덩어리로 묶어서 외워두자. before November 11라고만 쓰면, 11월 12일 당일이 해당되는지가 혼동될 수 있기 때문에 이렇게 on과 붙여서 같이 잘 쓰인다. '11월 12일 당일이나 그 전에'.

난이도 ★☆☆

186. What is one reason the first e-mail was sent?

(A) To cancel an order
(B) To change a shipment's contract
(C) To explain why a shipment is late
(D) To offer a limited time promotion

첫 번째 이메일이 전송된 한가지 이유는 무엇인가?

(A) 주문을 취소하려고
(B) 배송 계약을 변경하려고
(C) 배송이 늦어지는 이유를 설명하려고
(D) 제한된 기한에 제공되는 홍보판촉 행사를 제시하려고

|질문해석| What is one reason [(why) the first e—mail was sent]?

reason 뒤에 관계부사 why가 생략된 구조. 관계부사는 생략이 가능하다. 그러므로 'the first e—mail was sent'는 reason을 꾸며주는 형용사절. '첫 이메일이 보내진 하나의 이유는 무엇인가 ⇒ 첫 번째 이메일이 보내진 이유중의 하나로 볼 수 있는 것은?'

|해설| 추가 금액을 지불하면 빠른 배송을 받을 수 있는데, 11월 12일 이후에는 이 행사는 이용이 불가하다. 그러므로 limited time offer를 알려주는 것이다.
(B) 배송계약을 변경하는 것은 두 번째 이메일의 목적. 첫 번째 이메일은 변경의 의사를 묻고 있을 뿐이다.

187. In the first e-mail, the word "reflected" in paragraph 2, line 5, is closest in meaning to

(A) indicated
(B) considered
(C) replicated
(D) returned

첫 번째 이메일에서, 2번째 문단, 5번째 줄의 "reflected"가 의미상 가장 가까운 것은?

(A) 표시되다
(B) 고려되다
(C) 복제되다
(D) 반품되다

|해설| '업데이트된 정보가 온라인 계정에 반영될 것이다'는 '표시될 것'이라는 의미. 정답은 (A).

188. When will Mr. Amos most likely receive his purchase?

(A) On November 10
(B) On November 12
(C) On November 14
(D) On November 20

Amos 아마도 언제 주문품을 받겠는가?

(A) 11월 10일
(B) 11월 12일
(C) 11월 14일
(D) 11월 20일

|해설| Combined Question. 급송 배송으로 업그레이드하면 11월 14일에 받을 수 있다고 첫 지문에서 언급했고, 두 번째 지문에서는 이 옵션을 활용하고 싶다고 했으므로 (C)가 정답.

189. What information was not on the printed receipt?

(A) Billing address

(B) Product costs

(C) Expedited shipping costs

(D) Order number

인쇄된 영수증에는 어떤 정보가 나와있지 않나요?

(A) 청구 주소

(B) 제품 비용

(C) 긴급 배송 비용

(D) 주문 번호

|해설| 첫 번째 지문에서 빠른배송으로 업그레이드 하게 되면 이 사항이 영수증에는 표시되지 않는다고 했다.

190. Where most likely will the purchase be delivered?

(A) Carbondale

(B) Elk Springs

(C) Pittsfield

(D) Gloversville

구매품은 어디로 배송될 가능성이 가장 높은가?

(C) Carbondale

(B) Elk Springs

(C) Pittsfield

(D) Gloversville

|해설| 두 번째, 세 번째 지문을 종합해서 풀어야 하는 **Combined Question**. 세 번째 지문만 봤다면 배송주소로 (D)를 골랐을 것이다. 현재 고객은 이사 중에 있으므로 자신이 기입한 '배송주소'는 무시하고, 자신이 기입한 '청구 주소'로 물품을 배송해달라고 요청했다. 그러므로 제품은 청구지인 Pittsfield로 배송될 것이다.

195© October 8. How can you get the most out of life?

Amanda Thibido, president of the Style Life, Inc., was curious about this question five years ago. "I was speaking with a man on a train and he was enthralled by a biography of Sun Ling, the 192 renowned violinist. Her story made the man think about his own past. It made me think about how we can relate our own stories with the lives of famous and well-known individuals. I thought it could really help people."

After returning from her trip, Ms. Thibido started IntertwinedLives. com, a blog which has won awards, recognition, and millions of visitors from around the world. The blog is updated every week and already features thousands of stories of famous people. "I think the site is successful because people can really relate to the stories," says Ms. Thibido. "People reflect on their own lives as they read the stories of renowned people."

Ms. Thibido's Web site has drawn so many visitors that it will be issuing a print magazine titled Humans Being. The new monthly publication will print inspirational stories about famous figures of past and present, as well as impressive ordinary individuals. It is Ms. Thibido's hope that the readers will realize that their lives are just as fulfilling as those of well-known people. The Web site www.intertwinedlives.com/remarkablepeople has information about subscriptions as well as a suggestion form for future stories.

From: ptorn@stylelife.com
To: athibido@stylelife.com
Subject: Good news
Date: October 20

Hi Ms. Thibido,

I wanted to let you know that 193 the publication of the article in the newspaper seems to have been very beneficial. The number of subscriptions has almost doubled. That's remarkable! The Web site, IntertwinedLives.com, currently has a link to the article, so it seems that some of our frequent readers are pre-ordering subscriptions. We've also had many first-time visitors that are coming to the Web site. One more thing that you should know is that 194 many suggestions are being made for film actors, especially Ivan Sloan. We should write our next story about him.

Peter Torn
Senior editor

195©10월 8일 어떻게 인생을 가장 값지게 살 것인가?

Style Life사의 사장인 Amanda Thibido씨는 5년 전에 이 질문에 대해서 궁금해 했습니다. "제가 기차에서 한 사람과 얘기를 나누던 중이었어요. 그는 192 유명한 바이올린 연주가인 Sun Ling의 전기에 완전히 빠져 있더군요. 그녀의 스토리는 그 남자에게 자신의 과거를 돌아보게 만들었어요. 그것은 어떻게 하면 우리가 우리 자신의 스토리를 유명인이나 잘 알려진 사람들의 삶과 연결시킬 수 있을지를 생각하게 만들었어요. 저는 이것이 정말로 사람들을 도와줄 수 있을 거라 생각했어요."

여행에서 돌아온 후에, Thibido씨는 여러 상과 명성, 그리고 전 세계 수백만 방문자들을 얻게 된 블로그인 IntertwinedLives.com을 시작했습니다. 이 블로그는 매주 업데이트 되고 이미 유명인들의 수천 개의 스토리가 올라와 있습니다. "사람들이 진정으로 이 스토리에 공감하기 때문에 이 사이트가 성공적이라고 저는 생각해요."라고 Thibido씨는 얘기합니다. "사람들은 유명인의 스토리를 읽을 때 자기 자신의 삶을 되돌아 보게 되요".

Thibido의 웹사이트는 너무나 많은 방문객들을 유치하게 되었고, 그래서 Humans Being이라는 제목의 잡지도 발간할 예정입니다. 이 새 월간지는 인상적인 일반 사람들뿐만 아니라 과거나 현재의 유명인들에 관한 영감을 주는 스토리들을 담을 예정입니다. 독자들이 그들의 삶이 유명인들의 삶과 똑같이 마찬가지로 성취감을 주는 삶이라는 것을 깨달았으면 하는 게 Thibido 씨의 바램입니다. 웹사이트 www.intertwinedlives.com/remarkablepeople에는 향후 게재될 스토리에 관한 제안 양식뿐만 아니라 구독관련 정보도 나와 있습니다.

발신: ptorn@stylelife.com
수신: athibido@stylelife.com
제목: 희소식
날짜: 10월 20일

Thibido씨 안녕하세요.

193 신문 기사의 출간이 굉장히 도움이 된 것으로 보인다는 것을 당신에게 알려주고자 합니다. 구독 수는 거의 두 배가 되었습니다. 엄청난 일이죠! 웹사이트 IntertwinedLives.com에는 현재 기사에 링크가 걸려있어서 일부 열혈 독자들이 잡지 구독을 예약주문하고 있는 것으로 보입니다. 저희 웹사이트에 처음 방문하는 첫 방문객들도 대거 들어왔습니다. 당신이 알아야 할 또 한가지는 영화 배우들, 194 특히 Ivan Sloan에 대한 스토리를 올려달라는 많은 건의들이 들어오고 있다는 점입니다. 우리는 그에 대한 스토리를 다음 기사에 내봐야겠네요.

Peter Torn
수석 편집장

IntertwinedLives.com			
Home	Archives	Human Beings	Suggestions

Name: Teri Wilson

How did you hear about IntertwinedLives.com? (Select all that apply)

_____ Web site

195ⓒ _____X_____ Print publication (Newpaper, magazine, etc.)

_____ Friend or acquaintance

_____ Other

Suggested person:

Owen Rocha

Reason(s) for suggestion:

Mr. Rocha is the mayor of our town of Burns. He came to the country as an immigrant as a teenager and was not well-educated. He overcame many hardships and because of his diligence and friendly personality, he has really risen in society. Everyone that meets him agrees he is a very inspiring character.

IntertwinedLives.com			
홈	자료실	Human Beings	의견

이름: Teri Wilson

IntertwinedLives.com은 어떻게 알게 됐나요? (해당하는 모든 것을 고르세요)

_____ 웹사이트

195ⓒ _____X_____ 인쇄물 (신문, 잡지 등)

_____ 친구나 지인

_____ 기타

추천하는 사람:

Owen Rocha

제안하는 이유:

Rocha씨는 Burns 타운의 시장입니다. 그는 십대 때 이민자로써 이 나라에 왔으며 교육을 잘 받지 못했습니다. 그는 역경을 헤쳐나갔고, 근면성과 친근한 성격 때문에 사회에서 출세하게 되었습니다. 그를 만나는 모든 사람들은 그가 굉장히 감동을 주는 인물이라는 데에 동의합니다.

|어휘| get the most out of life 인생을 가장 값지게 살다 be curious about ~에 대해서 궁금해 하는 be enthralled by ~에 매료되다. 푹 빠지다 biography 전기 renowned(=famous = well-known) 유명한 recognition 인지. 인정 relate to (사람이나 상황)에 대해 공감하다. 연민을 느끼다 reflect on ~을 반성하다. 뒤돌아보다 inspirational 영감을 주는. 생각하게 만드는 fulfilling 성취감을 주는 beneficial 이익이 되는

---

191. What's a purpose of the article?

(A) To suggest a travel destination

(B) To profile Ms. Thibido's work

(C) To give tips to Internet writers

(D) To detail Ms. Ling's career

기사문의 목적은 무엇인가?

(A) 여행 목적지를 제안하려고

(B) Thibido의 업적을 소개하려고

(C) 인터넷 작가들에게 조언을 해주려고

(D) Ling의 커리어에 대해서 자세히 설명하려고

|해설| Thibido씨가 운영하는 성공적인 블로그가 어떻게 시작되었고 어떻게 운영되고 있는지를 설명하고 있으므로 (B)가 정답.

(C) 특정 블로그에 대해 소개하고 있을 뿐이지. 블로그를 어떻게 하면 성공적으로 만들지를 설명하는 글은 아니다.

---

192. In the article, the word "renowned" in paragraph 1, line 5, is closest in meaning to

(A) well-known

(B) selected

(C) nominated

(D) recovered

기사에서 1번째 문단, 5번째 줄의 "renowned"가 의미상 가장 가까운 것은?

(A) 잘 알려진

(B) 선택된

(C) 후보로 지명된

(D) 회복된

|해설| 'renowned: 저명한'의 동의어는 묶어서 외워두자. 'renowned = well-known = famous = noted = notable'

193. In the e-mail, what does Mr. Torn state about the article?

(A) It was recommended by a famous violinist.

(B) It was republished in a magazine.

(C) It seemed to raise the number of subscribers.

(D) It was featured in a talk show.

이메일에서 Torn씨는 기사에 대해서 무엇을 언급하고 있는가?

(A) 기사는 유명한 바이올린 연주가가 추천했다.

(B) 기사는 잡지에 재 출판 되었다.

(C) 기사는 구독자 수를 늘려주고 있는 것으로 보인다.

(D) 기사가 토크 쇼에 등장했다.

|해설| 기사가 나오고 나서 구독자가 수가 2배로 늘었고, 기사로 연결되는 링크를 웹사이트에 걸어놨더니, 웹사이트 이용객들이 줄이어 구독을 하고 있다고 했으므로 (C)가 정답.

난이도
★★☆

194. What is suggested about Mr. Sloan?

(A) He gave a suggestion to Mr. Torn.

(B) He works at Style Life, Inc.

(C) He will be written about in Humans Being.

(D) He was the focus of a story on IntertwinedLives.com.

Sloan에 대해서 언급 되어 있는 것은?

(A) 그는 Torn에게 의견을 주었다.

(B) 그는 Style Life사에서 근무한다.

(C) 그에 대해서 쓴 글이 Human Being에 나올 것이다

(D) 그는 Intertwined.com 웹사이트에 올라온 스토리의 주제였다.

|해설| 사람이름을 포함한 고유명사가 지문에 등장하면 읽으면서 반드시 표시해두자! 나중에 찾으려면 찾는 데만도 많은 시간이 걸린다. Ivan Sloan은 두 번째 글에서 언급된 영화배우. 많은 사람들이 이 사람에 대한 글을 써달라고 요청하고 있다. 마지막에 Sloan씨에 대해 다음 스토리를 써보자고 했으므로, Sloan씨에 대한 글이 잡지나 웹사이트에 올려질 것이다. suggestion이라는 단어에 대한 이해가 가장 중요한 문제다. suggestion은 '제안'으로 해석하면 의미가 잘 들어맞지 않는다. 제안은 proposal에 가깝고, suggestion은 '의견, 건의'와 같은 의미. 웹사이트에 suggestion form이 있다고 했는데, 이것은 독자들이 '건의'하는데 사용하는 서식이다. 사람들이 Sloan에 대해서 suggestion을 보내고 있다는 말은, Sloan에 대한 글을 써달라는 의미.

---

195. What is most likely true about Teri Wilson?

(A) She is a longtime reader of IntertwinedLives.com.

(B) She read the October 8 article.

(C) She is interested in the life of Ivan Sloan.

(D) She subscribes to Human Beings.

Teri Wilson에 대해 사실일 가능성이 가장 높은 것은?

(A) Teri Wilson은 IntertwinedLives.com의 오랜 독자다.

(B) Teri Wilson은 10월 8일자 기사를 읽었다.

(C) Teri Wilson은 Ivan Sloan의 삶에 관심이 있다.

(D) Teri Wilson는 Human Beings를 구독하고 있다.

|해설| 세 번째 양식을 작성한 Teri Wilson은 이 사이트를 알게 된 경로로 '인쇄물'을 선택했다. 아직 이 사이트가 발간하는 'humans being'은 출간되지 않은 상태이므로 Teri씨가 언급한 인쇄물은 첫 지문에 소개된 '기사'일 가능성이 높다. 이 기사 첫 부분에 쓰인 'October 8'은 기사가 작성된 날짜를 의미하므로 Teri씨는 10월 8일자 기사를 읽었을 가능성이 매우 높다.

Industry Reports

March 18- Hyde and David Marketing will be increasing the number of staff it employs in the near future. Company spokesperson Susie Ellis said the agency will add at least 25 more employees to adapt to changing business practices.

"We are still heavily relying on traditional means to market products and services, but the significance of online marketing is definitely increasing," said Ms. Ellis. "196 Because of this, we need to find skilled individuals that are creative and qualified in marketing and also have experience with new media."

197 Hyde and David will participate in job fairs in the area in the hopes of finding qualified applicants. The next fairs in Chicago will be held on April 2 at the Henley Convention Hall and 199○ on May 4 at Park Community College.

Hyde and David is based in Columbus, OH and offers marketing services and consulting with 230 employees currently on staff.

To: <lgaines@hoopmail.com>
From: <chong@ hydeanddavidmarketing.com>
Date: 199○ May 5
Subject: Follow up

Dear Mr. 200○ Gaines,

It was very nice 199○ to meet you yesterday at the career fair. I'm happy that you're interested in working with David and Hyde Marketing and your portfolio from the Sundin School of Arts looks great.

198/200○ I would like you to come in for an interview with our design department director Hillary Kline and some of her staff on May 13. If this is possible, please let me know what time between 8 a.m. and 3 p.m. would work best for you.

I'm looking forward to hearing from you soon.

Cindy Hong
Head of Staff Recruitment

업계 보고서

3월 18일- Hyde and David Marketing사는 조만간 고용하는 직원 수를 늘릴 것입니다. 회사 대변인인 Susie Ellis씨는 변화해가는 기업 관행에 적응하고자 회사는 최소한 25명을 추가 고용하겠다고 밝혔습니다.

"우리는 여전히 상품과 서비스를 홍보하는데 전통적인 수단에 지나치게 의존하고 있습니다. 하지만 온라인 마케팅의 중요성은 분명히 높아지고 있습니다." 라고 대변인이 말했습니다. "196이것 때문에, 창의적이고 마케팅 분야에 자격을 갖춘 그리고 새로운 매체에 경험도 있는 숙련된 직원들을 찾아야 합니다."

Hyde and David사는 적격인 지원자를 찾기를 희망하면서 197이 지역에서 열릴 취업 박람회에 참여 할 것입니다. 시카고에서 있을 다음 박람회들은 4월 2일에는 Henley Convention Hall에서 199○5월 4일에는 Park Community College에서 열릴 예정입니다.

Hyde and David사는 오하이오주 콜롬버스에 본사를 두고 있으며 현재 230명의 직원을 보유하고 마케팅 서비스와 상담을 제공하고 있습니다.

수신: <lgaines@hoopmail.com>
발신: <chong@ hydeanddavidmarketing.com>
날짜: 199○5월 5일
제목: 후속 내용

200○ Gaines씨에게

199○어제 취업박람회에서 당신을 만나서 정말로 반가웠습니다. 당신이 David and Hyde Marketing사에서 일하는 것에 관심을 가져주어서 저는 기쁘며, Sundin School of Arts에서 만든 당신의 포트폴리오 또한 좋았습니다.

저희 디자인부서 이사님인 Hillary Kline씨와 몇몇 그녀의 직원들과 198/200○인터뷰를 위해서 와 주시기 바랍니다. 이것이 가능하다면, 오전 8시부터 오후 3시 사이에 어떤 시간이 당신에게 가장 편한지를 알려주세요.

곧 당신의 연락을 듣기를 고대하고 있습니다.

Cindy Hong
직원 채용 부서장

Memo for Marketing Staff

This month's marketing workshop will focus on the usage of new media for our marketing campaigns and will take place on June 14. 200◎ This workshop will feature presentations from several employees who recently started, so feel free to introduce yourself to them at the workshop if you haven't already done so. The titles of the presentations and presenter names are below.

Social Networking: Avoiding Backlash – 200◎ *Lyle Gaines*
Professional Online Media Interaction – *Amy Fiore*
Blogs and Marketing – *Judah Reid*

마케팅 직원들을 위한 메모

이번 달 마케팅 워크샵은 우리 광고활동을 위한 새로운 미디어의 사용에 초점을 맞출 것이며 6월 14일에 열릴 것입니다. 200◎이 워크샵은 최근에 입사한 몇몇 직원들의 발표를 선보일 것이므로 아직 그들과 인사를 하지 않았다면 워크샵에서 편하게 그들에게 자신을 소개하세요(신입사원들과 인사하세요). 발표 제목과 발표자 이름은 아래와 같습니다.

소셜 네트워킹: 반발을 막는 것 – 200◎ Lyle Gaines
전문적인 온라인 미디어 상호작용 – Amy Fiore
블로그와 마케팅 – Judah Reid

|어휘| employ 고용하다, 사용하다 spokesperson 대변인 adapt to ~에 적응하다 Heavily rely on 엄청 의존하다 market v. 시판하다 significance 중요성 definitely 분명히 in the hope(s) of ~할 것을 희망하면서 follow-up 후속 on staff 현재 직원으로 있는

난 이 도
★ ★ ☆

196. What does Ms. Ellis suggest about online marketing?
(A) It will be more significant than traditional marketing.
(B) It has been a common interest among university students.
(C) It is cheaper to execute than traditional marketing.
(D) It requires companies to find staff with various skills.

Ellis씨가 온라인 마케팅에 대해서 언급하고 있는 것은?
(A) 전통적인 마케팅보다 더 중요하다.
(B) 대학생들 사이에 공통 관심사였다.
(C) 전통적인 마케팅보다 실행하는데 더 저렴하다.
(D) 기업들이 다양한 기술을 지닌 직원을 찾게 만들고 있다.

|해설| 온라인 마케팅의 중요도가 급증함에 따라서 여러 기술을 가진 다양한 직원들을 발굴해야 한다고 했으므로 (D)가 정답.
(A) 온라인 마케팅의 중요도가 급증한다고 했지만, 전통적인 마케팅 보다 더 중요하다는 언급은 없었다. 둘을 비교한 내용이 없으므로 (A)는 오답.

197. According to the article, what is Hyde and David Marketing preparing to do?
(A) Dispatch a representative to events in Chicago
(B) Raise bonus payments for professionals
(C) Make changes to hiring policies
(D) Renovate its headquarters

기사문에 따르면, Hyde and David Marketing사는 무엇을 하려고 준비하고 있는가?
(A) 시카고에서 열리는 행사에 대표를 파견하는 것
(B) 전문가들에게 보너스 지급을 올려 주는 것
(C) 고용 정책에 변화를 주는 것
(D) 본사를 개조 하는 것

|해설| 시카고에서 열리는 취업박람회에 참여한다고 했으므로 대표를 그곳에 보낼 것이다.
(C) 추가 인원을 고용할 뿐, 고용 정책 자체를 바꾸는 것은 아니다.

198. What is the reason for sending the e-mail?
(A) To offer employment
(B) To arrange a meeting
(C) To submit a resume
(D) To request work samples

메일을 보낸 이유는 무엇인가?
(A) 일자리 제안을 위해서
(B) 미팅을 잡기 위해서
(C) 이력서를 제출하기 위해서
(D) 작품 샘플을 요청하기 위해서

|해설| 인터뷰 날짜에 대해 괜찮은지 물어봤고, 시간을 잡자고 했으므로 (B)가 정답. 인터뷰도 만나는 것이므로 미팅으로 볼 수 있다.
(A) 인터뷰를 하자는 얘기는 아직 일자리를 제안할지를 결정하지 못한 단계이므로 고용을 제안하는 것은 아니다.

199. Where did Ms. Hong most likely meet Mr. Gaines?

(A) At Park Community College

(B) At the Henley Convention Hall

(C) At the main office of Hyde and David Marketing

(D) At the Sundin School of Arts

Hong은 아마도 Gaines씨를 어디에서 만났을까요?

(A) Park Community 대학에서

(B) Henley Convention Hall에서

(C) Hyde and David Marketing사의 본사에서

(D) Sundin School of Arts에서

|해설| Combined Question. 두 번째 지문에서 '어제' 취업박람회에서 만났다고 했고, 편지를 쓴 날짜는 5월 5일이다. 그러므로 이 둘은 5월 4일에 열린 취업박람회에서 만났을 것이다. 첫 번째 지문을 보면, 5월 4일에는 취업박람회가 Park Community 대학에서 열린다고 했으므로 정답은 (A).

(C) 문제의 시제를 잘못 착각해서 (C)를 고르지 않도록 주의! 질문에서의 시제는 과거다. 인터뷰는 미래이므로 인터뷰를 하는 곳은 이 회사의 본사일 가능성이 높지만, 질문에서 물어보는 것은 과거이므로 취업박람회를 언급한 것.

파트7
공략 TIP

시제가 단서가 될 때 오답률이 매우 높아진다! 질문에 나온 시제를 꼼꼼히 살피는 습관을 들이자!

199번의 경우도 질문의 시제가 과거(did)임을 간과하고 (C)를 선택하는 경우가 많다. 이렇게 시제가 응용된 문제유형이 상당히 많으며, 그때마다 오답률이 높아지므로 주의하자!

200. What is indicated about Lyle Gaines?

(A) He was hired by Hyde and David Marketing.

(B) He graduated with honors from his university.

(C) He lives in Columbus, OH.

(D) He is friends with Amy Fiore.

Lyle Gaines에 대해 언급된 것은?

(A) Lyle Gaines는 최근에 Hyde and David Market-ing에 고용되었다.

(B) Lyle Gaines는 대학에서 우수졸업을 했다.

(C) Lyle Gaines는 콜럼버스시, 오하이오주에 거주한다.

(D) Lyle Gaines는 Amy Fiore의 친구다.

|해설| Lyle Gaines는 두 번째 이메일의 수신자. 5월 13일에 인터뷰에 참석할 것을 요청 받았다. 그런데 3번째 지문에서 보면, Lyle Gaines가 신규직원으로써 워크샵에서 발표를 한다는 것을 확인할 수 있다. 이 정보를 통해 우리는 Lyle Gaines가 채용되었음을 확인할 수 있다. 그러므로 Lyle Gaines는 인터뷰 날짜인 5월13일 이후에 채용되었을 것이다.

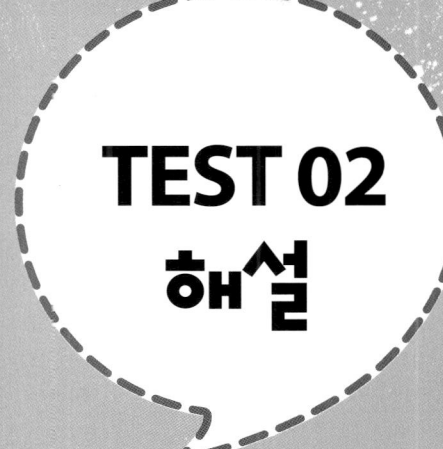

TEST 02
해설

동시토익 CONTEMPORARY **TOEIC**

TEST 02

101	A	102	B	103	D	104	C	105	A	106	A	107	D	108	D	109	A	110	A
111	C	112	B	113	D	114	C	115	A	116	D	117	C	118	B	119	D	120	D
121	A	122	D	123	A	124	D	125	D	126	A	127	D	128	B	129	B	130	A
131	C	132	C	133	A	134	B	135	A	136	B	137	D	138	D	139	C	140	D
141	B	142	A	143	D	144	A	145	C	146	D	147	A	148	B	149	C	150	C
151	C	152	B	153	C	154	B	155	A	156	D	157	A	158	C	159	A	160	C
161	D	162	C	163	A	164	D	165	C	166	B	167	B	168	A	169	D	170	D
171	C	172	C	173	C	174	D	175	A	176	C	177	A	178	C	179	D	180	B
181	C	182	A	183	D	184	C	185	D	186	C	187	A	188	D	189	B	190	C
191	B	192	A	193	A	194	C	195	B	196	D	197	A	198	B	199	C	200	A

101 Last month, architect Diane **Lewis** <u>was praised</u> (for her design for the Hilldale Public Library).
　　　　　　　　　　　S　　　　　be p.p

지난달 건축가 Diane Lewis는 Hilldale 공립도서관 디자인으로 칭찬받았습니다.

|해설| 동사어형문제. 동사어형문제 접근법 p10 참고 1) 구조. 문장 내에 동사가 하나도 없으므로 본동사자리, 2) 태. 빈칸 뒤에 목적어가 없으므로 수동태. 본동사이면서 수동태가 되려면 반드시 be p.p형태가 되어야 한다. 보기 중 유일한 be p.p형태인 was praised가 정답.

|어휘| architect 건축가 be praised for ~으로 칭찬받다 public library 공립도서관

102 Conditions (for returns and exchanges) <u>are printed</u> (<u>on</u> the backs of receipts for all purchased products).
　　　S　　　　　　　　　　　　　　　　be p.p
　　　　　　　　　　　　　　　　　　　　　　　　　　　　|오답| to, next, about

반품 및 교환에 대한 조건들은 모든 구매된 물품의 영수증 뒷면에 인쇄되어 있습니다.

|해설| [__ n.+전명구] 명사를 연결하는 전치사 자리이므로, 전치사가 아닌 next(형용사, 부사)는 탈락. on은 '면에 부착되어 있는'의 의미. [ex] the picture is hanging on the wall – 그림이 벽에 걸려있다 ⇒ 그림이 벽면에 붙어있으므로 on을 쓴다. 본문에서도 '뒷면'에 인쇄되어 있는 것이므로 on이 정답. '뒷면에'라고 해석된다고 전치사 to를 고르지 않도록 주의! 전치사 to는 동사와 짝꿍으로 잘 출제되는 전치사! 아래 설명 참고.

|어휘| condition 조건 return and exchange 반품 및 교환 receipt 1) 영수증, 2) 수령

핵심 | 동사문제 단골 전치사 to!

전치사 to는 '~에, ~로'의 의미. 그런데 이렇게 해석에 의존해서 적용해보면, 오답으로 골라오기 딱 좋은 전치사다.
전치사 to는 '이동성, 방향성'의 의미를 갖는 전치사! 반드시 '이동'의 의미를 갖는지 문장을 전체적으로 해석해본다.

Conditions are printed to the back of receipts (×).

'조건들이 인쇄되어 있다'는 '상태'의 의미. 아무런 '이동'이 일어나지 않으므로 오답.

Reports should be submitted to the director (○). 보고서→ 이사님에게로 이동
You have to send the letter to him (○). 편지가 그 사람에게로 이동

submit나 send는 '이동'의 의미를 갖는 동사이므로 전치사 to와 짝꿍이 된다. 동사어휘문제에서 이렇게 전치사 to가 단서가 되는 문제는
초 빈출유형! 동사어휘 문제에서 동사 뒤에 전치사 to가 존재하면, '이동'의 의미를 가지는 동사를 골라온다.

Reports should be _____ to the director.
(A) submitted   (B) reviewed   전치사 to 때문에 **submit**가 정답.   ◐ Reading교재 vol.1 p161 참고

---

103 **All residential applicants are required** (**to provide identification with proof of address**) (**when opening a Goals Bank**
                S   be p.p   준동사구-기타구   부사절축약형
account).

모든 주거 신청자들은 Goals Bank에 계좌를 개설할 때 주소지 증명서가 있는 신분증을 제공하셔야 합니다. |오답| reside, resided, residents

|해설| [수량형용사 ___ n.] 빈칸은 명사를 꾸며주는 형용사자리. 보기 중 형용사 역할을 하는 것은 residential과 resided 2개. ing나 ed로 끝나는
'분사'들은 모두 형용사 역할을 할 수 있다. '분사형 형용사'는 수식하는 명사와 특정한 '의미상의 관계'가 성립해야 하므로 간단히 오답여부를 판단
할 수 있다. 자세한 설명은 아래 참고.

|어휘| residential 주거의 be required to do ~하도록 요구된다. ~해야만 한다(5형식 수동태) identification 신분증 proof of address 주소
증명서

핵심 | 분사형 형용사 ing/p.p

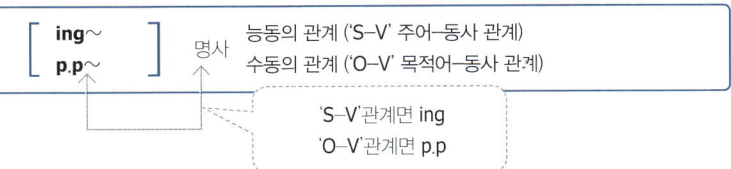

형용사를 고르는 문제에서 분사가 등장하면 의미상의 관계가 성립하는지 체크만 해주면 된다. ing형태는 수식 받는 명사와 'S-V'관계가 성
립해야 하고, p.p형태는 'O-V'관계가 성립해야 한다.

a remaining seat   남아있는 자리

동사형태인 remain과 수식 받는 명사 seat의 의미상 관계를 따져본다. "자리가 남아있다", 'S-V'관계이므로 ing.

a purchased item   구매된 물품

동사형태인 purchase와 수식 받는 명사 item의 의미상 관계를 따져본다. "물품을 구매하다", 'O-V'관계이므로 p.p.

'resided applicants(×)' reside는 '살다'이므로, 의미상 관계를 따져보면 "신청자들을 살다(×)", 'O-V'관계가 성립하지 않으므로 오답.
◐ Reading교재 vol.1 p106 참고

104 **(Because of the hard work of our volunteers)**, the **goal** (for funding the Manley Art Museum's restoration) **has been met**.

S　　　　　　　　　　　전치사+명사구　　　　　　　be p.p

|오답| meets, meeting, meet

저희 자원봉사자들의 노고덕분에 Manley Art Museum의 복원을 위한 자금을 마련하는 목표가 달성되었습니다.

|해설| 동사어형문제. 동사어형문제 접근법 p10 참고 1) 구조. be동사 뒤에 나올 수 있는 형태는 ing/p.p뿐. meets와 meet는 탈락. 2) 태. 빈칸 뒤에 목적어가 없으므로 수동태. 그러므로 p.p형태가 정답. 'have met the goal – 목표를 달성하다 ⇨ the goal has been met – 목표가 달성되었다'.

|어휘| volunteer 명 자원봉사자 동 자원 봉사하다 restoration 복원, 복구 meet the goal 목표를 달성하다

|심층분석| 'for funding the restoration'은 [전치사+ing~]형태. 전치사 뒤에 명사가 아닌 ing형태가 나오면, 전치사 뒤에 명사 대신 명사구가 나온 것이다. ing는 명사구를 이끄는 동명사이므로 '~하는 것'으로 해석한다. '복원에 자금을 대는 것을 위한'. fund는 동사로도 잘 쓰이며 '자금을 대다, 자금을 지원하다'의 의미. '박물관의 복원사업에 자금을 마련하는 것을 위한 목표가 달성되었다 ⇒ 자원봉사자들이 열심히 노력해서, 복원사업을 위한 자금을 마련할 수 있었다'는 의미.

 105 **(If no other employees are in the office when you leave)**, please **make sure** (to lock the door).

부사절　　　　　　　　　　　　　　　　V　　OC　　O – 5형식

|오답| that, only, for

당신이 퇴근 할 때 사무실에 다른 직원들이 없으면, 반드시 문을 잠가 주세요.

|해설| 3초짜리문제. 보기 중에 접속사가 하나라도 있다면, 반드시 접속사 자리인지 아닌지를 먼저 확인한다. [____ S+V, S+V.] 빈칸은 부사절 접속사 자리. 부사절이 주절보다 앞에 나올 때는, 항상 부사절 뒤에 콤마를 찍어주기 때문에 알아보기 쉽다. 두 달에 1번은 꼭 출제되는 빈출 유형! 보기 중에 부사절 접속사는 하나밖에 없으므로 해석할 필요 없이 구조만 보고 풀 수 있는 3초짜리문제. 유일한 부사절 접속사인 if가 정답. that은 접속사지만, 명사절접속사나 관계대명사(형용사절접속사)로 쓰이므로 탈락. only는 부사, for는 전치사.

 핵심　make sure/be sure '확실히 하다. 꼭! ~하다'

광장히 많이 나오는 표현. 잘 익혀두면 앞으로 해석할 때 아주 편해질 것이다.

Make sure (to lock the door). 문을 잠그는 것을 확실히 하세요 ⇒ 반드시 문을 잠그세요

V　　OC　　O – 5형식

5형식 구조인데, 목적어가 목적격보어보다 뒤에 나온 특이한 구조. 일반적으로, 목적어가 길어져서 목적어를 목적보어 뒤에 놓을 경우, 목적어 자리에는 it(가목적어)을 넣어준다. [ex] make it easy to go. 그러나 make sure는 절대 가목적어를 쓰지 않는 특이한 구조! make sure to do~의 형태가 나오면 "~을 확실히 하다"로 해석하면 된다.

목적어 자리에는 to부정사뿐만 아니라 that절도 잘 나온다. 똑같이 "~을 확실히 하다"로 해석한다. make sure 외에도 be sure, ensure도 잘 쓰인다. 모두 해석은 동일!

Make sure that ~
Make sure to do~
Be sure that~　　　~을 확실히 하다. 반드시 ~한다.
Be sure to do~
Ensure that~

106 New tablet **computers** will be **distributed** (to all information technology employees on April 6).
　　　　　　S　　　　　　be p.p

|오답| imported, desired, claimed

새 태블릿 컴퓨터는 4월 6일에 모든 IT 부서직원들에게 보급될 것입니다.

|해설| 동사어휘문제. 동사어휘문제는 수동태 문장으로 잘 출제 되며, 수동태로 출제되면 오답률이 높아진다. 우리가 수동태에 익숙하지 않기 때문. 항상 능동의 형태로 전환해서 확인하자.

Computers will be distributed to employees ⇒ S will __distribute__ computers to employees.

여기서 가장 중요한 단서는 전치사 'to'. 전치사 to가 나왔으므로 '이동'으 의미를 가진 동사를 골라야 한다. 자세한 설명은 102번 문제 추가설명 p69 참고! '컴퓨터를 직원들에게 나눠주다, 배포하다'의 의미로 distribute이 정답. 나머지 오답보기를 능동의 형태에 적용해보면 쉽게 오답임을 확인할 수 있다. 'imported: 직원에게 컴퓨터를 수입했다(×)', 'desired: 직원에게 컴퓨터를 원했다(×)', 'claimed: 직원에게 컴퓨터를 주장했다, 청구했다(×)'.

|어휘| distribute 배급하다, 배포하다 import 수입하다 desire 원하다 claim 1) 주장하다. 2) (피해 배상금을) 청구하다

 107
난이도
★★☆
Ms. **Harkin** will **be** temporarily (in charge of the human resources department) (during Mr. Vogon's **brief** absence).
　　S　　　　V　　　　　　　　　　　　　　　　　　C

|오답| condensed, concise, straight

Ms. Harkin은 Mr. Vogon의 짧은 부재중에 임시로 인사과를 책임질 것입니다.

|해설| 형용사어휘문제. brief는 '(시간상) 짧은'의 의미로 잘 쓰이며, 출제빈도가 높다. 부사형태로 'briefly – 짧게, 잠시'도 자주 출제된다. 앞에 나온 부사 temporarily가 단서! '짧은 부재 동안, 임시로 책임질 것이다'.

|오답해설| condensed나 concise는 모두 '(글이나 말이) 짧은'의 의미로 쓰이며, 시간의 개념으로는 쓰이지 않는다.
straight은 '연속의'의미로 쓰이는데, 이때는 숫자와 함께 나온다. [ex] for three straight years – 3년 연속으로.

|어휘| temporarily 임시적으로, 잠시 be in charge of 책임지다 brief 짧은, 간단한 absence 부재 condense 요약하다 concise 간결한

 108 There **are** no more Gilly's Fried Chicken **restaurants** (left in the country). (**except** the original one in Flagstaff).
　　　　　V　　　　　　　　　　　　　　　　　S　　　　준동사구一형

|오답| than, considering, over

Flagstaff에 있는 본점을 제외하면 이 나라에 남아있는 Gilly's 후라이드 치킨 가게는 더 이상 없습니다 ⇒ 본점 빼고 다 없어졌습니다.

|해설| [___ n.] 빈칸은 명사를 연결해 주는 전치사자리. than은 비교급에 사용되는 접속사이므로 탈락. except는 '제외하고'. 원래 있었던 가게 하나를 제외하고 남아있는 가게가 없다는 의미이므로 except가 정답.

|어휘| original 원래의, 독창적인 considering(=given) 전 ~고려하면, 감안하면 over ~이상, ~에 관해서, ~동안에 except 제외하면

 109
난이도
★★☆
The **photocopying** (of copyrighted materials) **is forbidden** (without the publisher's written authorization).
　　S　　　　　　　　　　　　　　　　　　　　be p.p

|오답| photocopies, photocopier, photocopied

저작권이 있는 자료의 복사는 출판업자의 서면 허가가 없다면 금지됩니다

|해설| 어형문제. [the ___ 전치사] 빈칸은 명사자리. photocopying은 경사. 명사 중에서 ing형태로 끝나는 명사들은 동명사와 혼동하기 쉬우므로 각별히 주의해서 외워둔다. ❂ Reading교재 vol.1 p72 참고

주어자리에 명사를 고르는 문제가 출제되면 반드시 동사 수일치를 확인한다. is forbidden이므로 주어자리에는 단수명사만 나올 수 있다. photocopies는 복수명사이므로 탈락. phonotcopier는 '복사기'이므로 의미상 탈락.

|어휘| photocopying 복사 copyrighted material 저작물 forbid–forbad–forbidden 금하다 written authorization 서면 인가, 허가 photocopy 복사물 photocopier 복사기

110 **Passengers** must **check** (that their seat belts are <u>securely</u> fastened) (before the plane takes off and lands).
         S   V   O (명사절)   부사절

|오답| secure, secured, security

승객들은 비행기가 이착륙하기 전에 안전벨트가 단단히 매졌는지를 확인해 주셔야 합니다.

|해설| 어형문제. [be ___ p.p] 빈칸에 들어갈 수 있는 품사는 부사뿐. 3초짜리 문제. 동사를 꾸며주므로 부사자리.

|어휘| passenger 승객 securely 단단히 take off 이륙하다 land 착륙하다 secure 형 안전한 동 확보하다 security 안전, 보안

 111 **Nelson Lenses boasts** such an <u>extensive</u> **amount** (of choices) (that you're sure to get just what you want).
          S   V   O

|오답| extend, extends, extensively

Nelson Lenses사는 광범위한 양의 선택범위를 자랑합니다. 그래서 당신은 분명히 당신이 원하는 것을 구할 수 있을 것입니다 ⇒ 상품이 다양해서 당신이 원하는 것을 찾을 것입니다.

|해설| 어형문제. [관사___n.] 빈칸은 명사를 꾸며주는 형용사자리. 관사와 명사 중간에 삽입될 수 있는 품사는 명사를 수식해주는 형용사뿐이다. '관형사'이라고 순서를 외워두면 문제 풀 때 아주 요긴해진다.

|어휘| boast (~을 가지고 있음을) 뽐내다. 자랑하다 be sure to do 분명히 ~하다 extensive 광범위한, 폭넓은

|심층분석| 'such ~ that~' 용법. "너무 ~해서 ~하다"로 해석한다. [ex] It is such a dark night that I can't see you – 너무 어두운 밤이다. 그래서 널 볼 수가 없다. 그러므로 본문은 '너무 많은 선택물이 있다. 그래서 너는 반드시 네가 원하는 것을 얻을 것이다'.

핵심 쉬운 듯, 만만치 않은 단어 Choice!

choice만 나오면 해석이 꼬이는 경우가 많다! 아래 의미들을 잘 비교해보자.

Make a choice.	선택하세요. '선택' 가장 친근한 의미.
She is our choice for the position.	그녀는 우리가 선택한 그 자리의 적임자다. '선택한 사람, 물건'
You don't have a choice.	당신은 선택권이 없습니다. '선택권한'
There are not much choice for color.	고를 색깔이 별로 없다. 다양하지 않다. '선택범위'

첫번째를 제외한 아래 3가지 의미는 모두 생소할 것이다. 간혹 문장을 해석하다 보면, 모르는 단어는 하나도 없는데, 해석해보면 무슨 말인지 와 닿지 않는 경우가 꽤 있다. choice와 같이 쉬운 단어인데, 우리가 모르는 다양한 의미를 가지고 있는 어휘들이 상당히 많다. 아래 3가지 문장을 다 외워둔다면, choice 때문에 해석이 꼬이는 경우는 앞으로 없을 것이다!

 112
난이도
★☆☆ **All diners** (at The Round Table) <u>deserve</u> the best **service** (regardless of whether they order a three course meal or
         S   V   O   전치사+명사절
simply an appetizer).

|오답| satisfy, complete, produce

Round Table에서 식사하시는 모든 분들은 세 개의 코스요리를 주문하든지 그저 전체요리만 주문하든지 상관 없이 최고의 서비스를 받을 자격이 있습니다.

|해설| 동사어휘문제. '모든 손님은 최상의 서비스를 _____.' 빈칸에 들어갈 동사를 의미상 골라보면, '받을 자격이 있다'는 뜻의 deserve가 정답. 우리 식당에 오는 모든 손님은 싼걸 시키든 비싼걸 시키든 최고의 서비스를 받을 자격이 있다는 의미. satisfy는 '사람명사'를 목적어로 취하는 감정동사. [ex] satisfy customers – 고객을 만족시키다. 'complete: 손님들이 서비스를 완성한다(×)', 'produce: 손님들이 서비스를 생산한다(×)'.

|어휘| deserve ~을 받을 만하다. 받을 자격이 된다 satisfy 만족시키다 complete 작성하다. 끝내다 produce 생산하다
regardless of whether ~인지 아닌지 상관없이

113 The **mayor** and his **wife were happy** (**with the photographs**) (**that Karl Ingram took of them for the newspaper**).
　　　　　　S1　and　　S2　V　　　　　　　　　　　　　　　　　　　　　　　　　　　　형용사절

|오답| their, theirs, they

시장과 그의 아내는 Karl Ingram이 신문에 내려고 찍은 그들의 사진에 만족하였습니다.

|해설| 전치사 뒤에 나올 수 있는 대명사는 목적격(them)과 소유대명사(theirs-그들의 것). 주격(they)은 주어자리에, 소유격(their)은 명사 앞에 나온다. them, theirs 둘 중에 골라야 하는데 이 문장이 조금 생소하다. that으로 시작한 관계대명사절이기 때문인데, 관계대명사 절에는 항상 '주어'나 '목적어'가 빠져있는 불완전한 절이 온다. 주어(Karl Ingram)는 있으므로 took뒤에 목적어가 빠져있는 문장. 조금 더 의미상 명확하게 해석하려면, 빠져있는 명사를 채워놓고 해석해보면 된다. 관계대명사 뒤에 빠져있는 명사는 항상 선행사(**photographs**)와 일치한다. 선행사는 관계대명사 앞에 쓰인 명사.

Karl Ingram took photographs of them for the newspaper.
'take photos of s.b / take pictures of s.b – 누구의 사진을 찍다'는 표현으로 of뒤에는 사람이 나와야 하므로 them이 정답.

핵심　관계대명사절 – 빠진 명사 채워놓고 문제 풀기!

앞으로 관계대명사절 안에서 문제가 출제되면, 관계대명사의 변수를 제거하고 문제에 접근하자! 다시 말해, 빠져있는 명사를 채워놓고 문장을 살펴보자.

the photographs that Karl Ingram took of _____ for the newspaper

선행사

'목적어'가 빠져있는 불완전 절.
'빠진명사=선행사'. 이 자리에 선행사를
채워놓고 문제를 푼다!

Karl Ingram took the photographs of _____ **for the newspaper**

take s.b's photograph = take the photograph of s.b ～의 사진을 찍다
take s.b's picture = take the picture of s.b

Karl Ingram took the photographs of them for the newspaper
Karl Ingram은 신문을 위해서 그들의 사진을 찍었다

---

 114 **Johnson Medical Center's mission is** [**to match** each patient with medical professionals (**who can personally address**
　　　　　　　　　　　　　　　　S　　V　　C (준동사구-명)　　　　　　　　　　　　　　　　형용사절

their needs).]

|오답| miss, resemble, need

Johnson 의료센터의 사명은 각각의 환자와 직접 그들의 요구를 해결해 줄 수 있는 의료 전문가를 연결시켜주는 것입니다.

|해설| 동사어휘문제. 'match A with B / match A to B – A와 B를 연결해주다'. 그래서 남녀를 연결해주는 중매쟁이를 matchmaker라고 한다. match는 이외에도 다양한 의미를 가진다. 1) 어울린다. 2) 일치하다. 3) ～에 필적하다. [ex] No one matches your success – 아무도 너의 성공에 필적하지 못한다 ⇒ 네가 최고로 성공했다.

|어휘| mission 사명, 소명 match A with B A를 B에 연결시키다 medical professiona 의료 전문가 address one's needs 요구를 해결하다. 들어주다 resemble ～를 닮다

TEST 02

115 The employee **manual details** packing **techniques** (for shipping products) (**without** damaging any merchandise).
　　　　　　 S 　　　V 　　　　　O 　　　　　　 전치사+명사구 　　　　　　　　 전치사+명사구

|오답| except, unless, though

직원 매뉴얼은 제품을 파손시키는 것 없이 물건을 선적하는 것을 위한 포장 기술을 상세히 설명해 놓았습니다 ⇒ 제품을 파손시키지 않고 물건을 선적하는 기술을 설명해놓았다.

|해설| [____ ing~] ing 앞에는 구조상 전치사와 접속사가 모두 들어갈 수 있다. 접속사가 들어가면 부사절축약형이 되고, 전치사가 들어가면 전명구가 된다(전치사 뒤에 명사대신 명사구가 나온 형태). ◐ Reading교재 vol.2 p43 참고. 그러므로 전치사건 접속사건 의미상 어울리는 것을 골라야 한다.

without 뒤에는 명사구가 잘 나온다. [ex] Without breaking eggs, you can't make an omelet – 계란을 깨지 않고서, 당신은 오믈렛을 만들 수 없다. "~하는 것 없이"라고 직역하면 어색하다. "~하지 않고서"라고 자연스럽게 의역하자. 본문에서도 "제품을 파손시키지 않고서"의 의미로 without이 정답. 'except: 파손시키는 것을 제외하고(×)', 'unless: 만약 파손시키지 않는다면 제품을 배송한다(×)', 'though: 파손시킴에도 불구하고 제품을 배송한다(×)'.

|어휘| detail 동. 자세히 설명하다 packing technique 포장 기술 without ~ing ~하지 않고서 merchandise 상품

 116 (**By actively** integrating the latest technology with their products), **Polton Computers has increased** its market **share**.
　　　　　　　 전치사+명사구 　　　　　　　　　　　　　　　　　　　　　　　　 S 　　　　V 　　　 O

|오답| to act, more active, acted

최신 기술을 제품에 적극적으로 통합함으로써 Polton Computers는 시장 점유율을 높였습니다.

|해설| 어형문제. [전치사 ____ 동명사(ing)] 빈칸은 동명사를 꾸며주는 부사자리. ing/p.p 앞에 이들을 꾸며주는 어휘가 나오면 무조건 부사. ing/p.p는 준동사 / 본동사의 일부 / 형용사. 이렇게 3가지 기능을 가진다. 이 중 어떤 역할을 하건, 이들을 꾸며주는 품사는 모두 부사! 여기서는 integrating은 전치사 뒤에서 명사구를 이끄는 준동사 역할.

|어휘| by ~ing ~함으로써 integrate A with(into) B A를 B에 통합시키다. 포함시키다 market share 시장 점유율 actively 적극적으로

핵심 명사구는 명사니까 형용사가 수식할 수 있지 않나요?

안 된다. 형용사는 단일 어휘로 구성된 '명사'만을 수식한다. 명사구나 명사절은 덩어리 명사의 역할을 하므로 명사와 똑같이 주어나 목적어 역할, 혹은 본문에서처럼 전치사 뒤에 나올 수 있다. 그러나 형용사의 수식은 받지 못한다. 명사구를 꾸며주는 품사는 부사!

by a happy marriage (○) 행복한 결혼생활에 의해
by happily marrying him (○) 행복하게 그와 결혼함으로써
by happy marrying him (×)

---

 117 Please **speak** (with your manager) (if you wish to attend the professional **development** seminar on Monday).
　　　　 V (명령문) 　　　　　　　　　　　　　　　　　　　　 부사절

|오답| develops, developmentally, developed

월요일에 직업 개발 세미나에 참석을 원하신다면 당신의 매니저와 얘기하세요.

|해설| 어형문제. [관사+형 ____ n.] 빈칸은 원래 형용사자리다. 명사 앞에 형용사는 여러 개 나올 수 있다. 자세한 설명은 TEST01. 112번 추가 설명 p18 참고. 그런데 형용사자리에 나올 수 있는 건 형용사뿐이 아니다. 4가지나 있다. [형용사 / ing / p.p / 명사]. 보기 중에 형용사는 없으므로 p.p(developed), 명사(development) 중에 하나가 정답. 일단 'professional development-직업개발'이 자연스럽기도 하지만, developed를 오답으로 제칠 수 있는 단서가 또 하나 있다. 'professional developed seminar(×)'. 명사 앞에 p.p형태의 형용사가 나온 경우, 그 앞에 일반 형용사가 붙는 경우는 없다. 명사 앞에 p.p가 나온 경우에는 그 앞에 부사가 수식해준다. 굉장히 자주 출제되는 유형이므로 아래 부가적인 설명을 참고하고 가자!

|어휘| speak with ~에게 말하다 professional 전문적인, 직업적인

부사 + p.p + n.

Frequently asked questions 빈번하게 물어지는 질문들
Competitively priced products 경쟁력 있게 가격이 매겨진 제품들

명사 앞에 p.p형태의 형용사가 나온 경우, 그 앞자리는 부사자리! 이 자리에 부사를 그르는 문제는 빈출유형!
p.p형태는 부가적인 설명을 해주는 부사를 잘 달고 다닌다. 만약 asked 앞에 frequently가 없다면, 의미가 성립하지 않는다. '물어지 는 질문'. 세상에 물어지지 않는 질문들은 없을 것이다. '빈번하게 물어지는 질문들'. 어떻게 물어지는지, 부가적인 설명이 없다면 의미 가 성립하지 않는다.

'가격이 매겨진 상품'. 세상에 가격이 매겨지지 않은 상품은 없을 것이다. 그러므로 '경쟁력 있게 가격이 매겨진' 처럼 부가적인 설명, 즉 부 사의 수식이 필요하다.

[___ p.p + n.] 이런 구조라면, 빈칸은 부사자리! 이런 문제는 3초만에 풀어오자!

---

118 Books (in every section) are (on sale) (for up to 70 percent off at Calvin Booksellers this weekend).
　　　 S　　　　　　　　　　V　　 C

|오답| over, onto, about

이번 주말에 Calvin Booksellers서점에서 모든 섹션에 있는 책들이 최대 70 퍼센트까지 할인 판매됩니다.

|해설| section은 여러 개로 나누어진 한 부분, 구획을 의미한다. 서점에서 section을 생각하면, '아동도서구획, 영어교재구획'을 떠올리면 된다. 장 소의 의미에 쓰이는 전치사 in이 정답. ' books in the room – 방 안에 있는 책들'과 같은 맥락.

|어휘| on sale 할인 판매 중인 up to + 숫자 최대 ～까지

---

119 The interpersonal communication **seminar seems** (to have helped increase **productivity** in all departments).
　　　　　　　　　　　　　　　　S　　　　 V　　　　　　　　　　　　　　　　　C (준동사구—기타구)

|오답| produces, producer, productive

대인 커뮤니케이션 세미나는 모든 부서의 생산성을 높이는데 일조 한 것으로 보입니다.

|해설| 어형문제. 일단 increase가 동사로 쓰였음을 알아보는 것이 가장 중요. help동사 뒤에는 동사원형이 바로 나올 수 있다. [ex] He helped find a job – 그는 직장을 구하는 것을 도와줬다. increase의 목적어 자리이므로 명사자리. 보기 중에 productivity와 producer 2개의 명사가 있다. 이 중 producer는 'er'로 끝났으므로 사람명사. 사람명사는 항상 셀 수 있는 '가산명사'이므로 복수형으로 쓰이거나 앞에 관사가 있어야 한다. ○ Reading교재 vol.2 p190 참고 관사가 없으므로 producer는 탈락. productivity가 정답.

사람명사 vs.추상명사

초빈출유형! 명사 자리인데 보기 중에 사람명사와 추상명사가 같이 나왔다면, 반드시 앞에 관사가 있는지 확인!
아래 접미어로 끝나는 명사는 사람명사! 사람명사는 알아보기 쉽다.

사람명사 접미어: **ee/er, or/ist, ent/ant**
[ex] employ**ee** 직원 employ**er** 고용주 supervis**or** 감독관 special**ist** 전문가 stud**ent** 학생 consult**ant** 컨설턴트

|어휘| interpersonal 상호간의, 대인 간의 seem to do ～하는 것 같다 productivity 생산성 produce 图 생산하다. 图 농산물 prod**uctive** 생 산적인

|심층분석| seem동사는 2형식 동사인데, 보어자리에 형용사도 나오지만 to부정사도 잘 나온다. 해석은 똑같다. [ex] It seems clear = It seems to be clear – 그것은 분명해 보입니다.

그런데 to부정사 자리에 또 희한한 형태가 나왔다. to have helped는 'to have p.p'형태로 완료시제. to부정사의 완료시제는 잘 사용되는 형태 는 아닌데, 간혹 나오면 해석만 잘해주면 된다. 'to have p.p'가 나오면 본동사보다 더 '과거'스럽게 해석해주면 된다. 'S seems to have helped increase productivity – 생산성을 높이는 것을 도와줬던 것으로 보인다'. help동작이 본동사(seem) 보다 더 이전에 발생했음을 강조해주는 시제.

Articles (from Science Monthly Journal) **may not be reprinted** (<u>without</u> written consent from the publication's editor).
S   be p.p

Science Monthly Journal의 기사들은 출판 에디터의 서면 동의 없이 재인쇄 될 수 없습니다.

|해설| 전치사문제. without은 보통 '~없이'의 의미로 잘 쓰이는데 여기서는 '~이 없다면'의 의미. without은 if절을 대신하는 역할을 종종 한다. [ex] Without your help, I would fail – 너의 도움이 없다면, 나는 실패할거야. 특히 without은 consent와 함께 잘 쓰인다. 이때 consent 앞에 with가 나오면 '동의가 있다면'으로 해석한다. 짝꿍단어이므로 묶어서 외워두자.

> **without written consent** 서면 동의가 없다면 ↔ **with written consent** 서면 동의가 있다면

|어휘| regarding ~에 관하여 along ~에 따라

|해설포인트| may는 1) 추측, 2)허가의 의미로 잘 쓰이는데, 본문에서는 '허가'의 의미. [ex] you may go home – 너는 집에 가도 된다. 'may not be reprinted – 재인쇄될 수 없다'.

 Employees were notified (by a memo) (<u>issued</u> this week) (about a position opening in the sales department).
S   be p.p   준동사구–형

사원들은 이번 주에 발표된 메모에 의해 영업부서에 나온 공석에 대해 공지 받았습니다 ⇒ 이번 주 발표된 메모를 통해 공석에 대해 알게 되었습니다.

|해설| 동사어형문제. 동사어형문제 접근법 p10 참고. 1) 구조. 본동사(were)가 1개이고 접속사는 없으므로 빈칸은 준동사 자리. was issued 탈락. 2) 태. 뒤에 목적어가 없으므로 수동태. this week을 목적어로 착각하지 않도록 주의! 시간명사 앞에 'this, last, next'가 붙는 경우 전치사가 생략된다. 'this year – 올해, last year – 작년에, next year – 내년에'. 시간명사 앞에 전치사가 생략되는 경우가 빈번하므로, 시간명사가 등장하면 일단 전치사가 없어도 부사구로 간주하자! issue동사가 자동사일 수도 있으므로 double check을 해보면, '메모를 발표하다' 'O–V'관계이므로 수동태가 확실하다. 준동사이면서 수동태이므로 p.p(issued)가 정답.

|어휘| be notified about s.t ~에 대해 통보 받다

 (If you <u>would</u> like to receive a special gift voucher) (valid at any Livwell store locations), simply **complete** a short
                    부사절   형용사구 (형용사+전명구)   V
survey (placed in the lobby).
O   준동사구–형

만약 당신이 어떤 Livwell 매장에서나 쓸 수 있는 특별 상품권을 받고 싶다면, 그저 로비에 비치된 간단한 설문 조사를 작성해 주면 됩니다.

|해설| would like는 want의 공손한 표현. 묶어서 하나의 동사로 간주하자. would가 과거시제라고 과거로 해석하지 않도록 주의! 항상 '원하다' 현재로 해석한다. 용법도 want와 동일하다. to부정사를 목적어로 취하거나, 아니면 5형식 구조로도 잘 쓴다. 아래 예문 확인.

> **I would like to go** 나는 가기를 원한다 [3형식]
> **I would like you to go** 나는 네가 가기를 원한다 [5형식]

|어휘| valid 유효한 simply 그저, 간단히

핵심 voucher valid~ 형용사가 왜 명사 뒤에?

형용사가 전명구와 세트로 쓰일 때, 명사 앞에 못나오고 명사 뒤에 나온다. 형용사와 전명구를 함께 묶어서 '형용사구'로 보면 된다. 형용사구는 형용사절을 줄인 형태이므로, 아래처럼, '관계대명사+be'가 생략된 구조로 이해하면 된다.

products available in our store   우리 가게에서 이용가능한 제품들
products (which are) available in our store

명사 뒤에 형용사가 나오면 당황하지 말고, 'which is'가 생략된 구조로 보고, 뒤에서부터 끌어오면서 해석해주자!

gift voucher valid at any Livwell store locations   어떤 Livwell 매장에서나 이용 가능한 상품권들
gift voucher (which is) valid at any Livwell store locations

 123

Notices (on recent changes to bus routes) **are** <u>prominently</u> **displayed** (at all Belleton Public Transit bus stops).
S   be p.p

|오답| critically, intensely, mutually

버스 노선의 최근 변경사항에 관한 안내문들이 모든 Belleton Public Transit 버스 정류장에 눈에 띄게 게시되어 있습니다.

|해설| prominently는 1) 눈에 띄게, 2) 현저하게, 2가지 의미. 안내문을 눈에 잘 띄게 붙여놨다는 의미.

|어휘| notice 1) 공지문, 안내문(가산명사), 2) 통보, 통지 (불가산명사) change to n. ~이 대한 변경사항 be prominently displayed 눈에 띄게 게시되다, 진열되다 critically 비판적으로, 혹평하여 intensely 열심히 mutually 상호적으로, 서로

124
난이도
★★☆

The Menoly Metals' researchers use <u>statistically</u> **sound research methods** (to create an incredibly strong steel) (to be
S   V   O   준동사구-부
used for construction).
준동사구-형

|오답| statistic, statistical, statistics

Menoly Metals 연구원들은 공사에 사용될 아주 강력한 강철을 만들기 위해서 통계적으로 견고한 연구 방법을 사용합니다.

|해설| 어형문제. [___ 형용사+n.] 구조상 빈칸에 들어갈 수 있는 품사는 2개, 형용사와 부사. 의미상 형용사를 꾸며준다면 '부사'자리, 의미상 명사를 꾸며준다면 '형용사'자리. 명사 앞에 형용사는 여러 개가 연달아 나올 수 있다. 그렇지만, 실제로 문제를 풀 때 의미상 접근해서 골라오기가 그리 쉽지 않다. 여기서는 sound 형용사의 용법이 포인트! sound가 형용사로 쓰이면 '건전한, 견고한'의 의미. 그리고 형용사로 쓰일 때에는 '어떤 면에서 건전한지'를 설명해주는 부사가 앞에 잘 따라 붙는다. 'financially sound plan 재무적으로 건실한 계획안'. 대표적인 예문이므로 꼭! 외워두자! 'statistically sound research method – 통계적으로 견고한 연구방법'. 한국말로 써놓고도 어렵다. 학술분야의 전문용어로서, 통계적으로 견고한 혹은 타당한 방법이라고 하면, 오차범위가 너무 크지 않아서 통계적으로 의미가 있는, 너무 편협하지 않고 일반화 되어서 통계자료가 의미를 가질 수 있는, 등의 뜻이다.

|어휘| statistically 통계적으로 sound 건전한, 견고한, 타당한 statistically sound 통계적으로 타당한 method 방법 statistic 통계 statistics 통계, 통계자료 statistical 통계의, 통계적인

125

난 이 도
★ ★ ☆

(Given the increased demand) (for Polver's new line of winter coats), the **company has hired** more factory **workers**
                                                                                        S   V   O

(to increase production).
준동사구–부

|오답| Like, Because, Although

Polver사의 겨울 코트 신규라인에 대한 높은 수요를 고려해서, 회사는 생산을 늘리기 위해 추가 공장 직원들을 고용했습니다.

|해설| 보기 중에 접속사가 하나라도 있다면, 반드시 접속사 자리인지 아닌지를 먼저 확인한다. [____ n, S+V+O] 뼈대구조만 보면, 빈칸 뒤에는 명사만 나와있고, 콤마 뒤에 주절이 나왔다. 빈칸은 명사를 연결하는 전치사자리. 모든 접속사(because, although)는 탈락. given은 전치사로써 '고려해볼 때, 고려해서'로 해석된다. considering과 동의어로 외워두자. 아래 참고. like는 전치사이지만 '〜처럼'이므로 의미상 탈락.

> [전치사] **Given** the increased demand, they hired more workers.
> = **Considering** the increased demand, they hired more workers.
>
> [접속사] **Given that** the demand increased, they hired more workers.
> = **Considering that** the demand increased, they hired more workers.
>
> given이 홀로 쓰이면 전치사, that과 함께 쓰이면 접속사. 의미는 동일하다.

|어휘| given(=considering) 전 고려해 볼 때, 고려해서 demand for 〜에 대한 수요 production 생산

126

(To improve the comfort of our guests), the Liberty **Inn offers** convenient **access** (to transportation and shopping).
준동사구–부   S   V   O

|오답| initiated, preventive, insistent

고객들의 편의를 증진하기 위해서, Liberty Inn은 교통과 쇼핑에 편리한 접근을 제공합니다.

|해설| 형용사어휘문제. access와 어울리는 형용사를 골라야 하므로 access의 의미부터 정리해보자. access를 '접근'으로 직역하면 어색한 경우가 많다. 문맥에 맞게 의역을 해주어야 한다. 의미상 크게 2가지로 나뉜다. 1) He has access to the file – 파일에 대한 접근권한을 가진다 ⇒ 파일을 사용할 수 있다. 2) The factory has easy access to roads – 공장은 도로망에 쉬운 접근성을 가진다 ⇒ 도로망이 가까이에 있다. 다시 정리해보면, 1) 사용할 수 있다, 2) 가까이에 있다. 2가지 의미. 본문은 2)번의 의미. 숙박시설 가까이에 교통수단과 쇼핑지역이 발달해 있다는 의미. access는 easy access, convenient access와 잘 짝꿍이 된다. 쉽게 접근할 수 있다, 편리하게 접근할 수 있다는 의미.

|어휘| improve 개선하다 comfort 편안함, 편리 access 접근, 접속 preventive 예방의 insistent 고집하는, 우기는

127

Bill's Car Repair **has** a high **level** (of customer satisfaction) (largely because it repairs cars **more quickly** than its
          S   V   O   부사절

competitors do).

|오답| quick, most quickly, quickest

Bill's 자동차 수리 점은 주로 다른 경쟁사보다 차를 더 빨리 수리하기 때문에 높은 수준의 고객 만족도를 가지고 있습니다.

|해설| 빈칸 뒤에 than이 있으므로 비교급이 정답. 유일한 비교급인 more quickly가 정답. most quickly는 최상급.

|어휘| customer satisfaction 고객 만족도 largely(=mainly, primarily) 주로, 대체로 competitor 경쟁사

|심층분석| 'than its competitors do'와 같이 조동사로 문장이 갑작스럽게 끝난 경우는 '생략구문'. 특히 비교급 than의 앞 절과 뒤 절에 동일한 내용이 반복될 경우, 반복을 피하기 위해서 동일한 내용은 종종 생략된다. 본문에서도 'than its competitors repair cars ⇨ than its competitors do'로 줄여 쓴 표현. 생략에 대한 자세한 설명은 TEST01 149번 해설 p34 참고.

128 **(A majority of) workplace injuries are easily preventable (with proper safety training and supervision).**
　형용사　　　　　　　　S　　V　　　　C

|오답| preventing, prevent, prevention

대다수의 작업장 부상은 제대로 된 안전 교육과 감독만 있다면 쉽게 예방할 수 있습니다.

|해설| be동사 뒤는 보어자리이므로 형용사가 정답. 중간에 삽입된 부사(easily)에 현혹되지 않도록 주의! 부사는 항상 '살'의 역할이므로 구조를 파악할 때는 항상 걷어내고 문장을 보자. prevention은 명사보어가 되므로 주어와 동격의 관계가 되야 한다. '부상은 예방이다(×)'. preventing은 be동사 뒤에 나오면 현재진행시제이면서 능동태이므로 반드시 뒤에 목적어가 나와야 한다. 목적어가 없으므로 탈락.

|어휘| a majority of 대다수의 workplace injury 작업장 부상 preventable 예방 가능한 safety training 안전 교육 supervision 감독, 관리

|심층분석| 영어에서는 '다양한, 많은'을 표현할 때 'a+명사+of'로 표현하는 경우가 굉장히 많다. a number of, a collection of, a variety of 등등. a majority of 역시 묶어서 형용사로 취급하고 '대다수의'라고 해석한다. 결국 주어는 injuries, 복수명사이므로 동사자리에 are(복수동사)가 쓰였다.

129
난이도
★☆☆

Telson Insurance Company has attributed its success primarily (to the dedication of its sales and customer service
　　　　　　　　S　　　　　　V　　　　O
agents).

|오답| importantly, tightly, extremely

Telson 보험사는 자사의 성공을 주로 영업부와 고객서비스부서 직원들의 헌신의 공으로 돌리고 있습니다.

|해설| 부사어휘문제는 위치를 주의! 특히, 늘 특정 위치에 쓰이는 부사가 있다. importantly는 문두에 사용하는 부사고, extremely는 형용사나 부사 앞에 나오며, primarily는 전명구 앞에 잘 나오는 부사. ○ Reading교재 vol.1 p209 참고

|오답해설| importantly 문두에 위치하여, 문장전체를 꾸며준다. [ex] More importantly, they lost their jobs. 더 중요한 것은 그들은 직장을 잃었다.
extremely는 형용사, 부사만 수식하는 부사. 동사는 수식하지 못한다. [ex] They were extremely successful – 그들은 매우 성공적이었다.

|어휘| attribute A to B A를 B의 공으로/탓으로 돌리다 dedication(=commitment, devotion) 헌신, 전념 tightly 단단히, 꽉

|심층분석| attribute A to B의 구조에 맞게 해석해보면, '이 회사는 그들의 성공을 직원들의 헌신의 공으로 돌렸다'. 회사가 성공한 데에는 여러 가지 이유가 있을 게다. 그런데 primarily를 붙여줬기 때문에 여러 가지 이유 중에서 '주로' 직원들의 헌신이 성공의 주된 이유라는 의미.

130
난이도
★☆☆

(To ensure records are complete), accounting department employees must take the initiative (in asking other
　준동사구-부 (ensure뒤에 that생략)　　　　　　　S　　　　　V　　　　O　　　전치사+명사구
departments for their expense reports).

|오답| advice, result, expectation

기록이 완벽하도록 확실히 하기 위해서, 회계부서 직원들은 타 부서에게 지출 보고서를 요청하는데 있어서 주도적으로 일을 해야 한다.

|해설| take the initiative는 짝꿍 숙어표현이다. 시키는 일만 하거나 기다리지 않고 '주도적으로 일을 하다, 앞장서서 일을 하다'의 의미. 특히 take the initiative 뒤에는 in~ing가 잘 따라온다. '~하는데 있어서 주도적으로 일을 하다'.
initiative가 단독으로 쓰이면 '활동, 계획'의 의미로 역시 기출로 출제된 바 있다. [ex] the company's initiative to cut costs '비용을 절감하기 위한 회사의 활동, 계획'.

|어휘| be complete 완료되다 advice 조언, 충고 expectation 예상, 기대 initiative 주도권, 솔선 수범, 계획

You are all aware that ------- your working hours are reported at the
131.
end of the week after you have finished. For the first week of September,
though, this will change slightly. -------. Due to this, work-hour reports
132.
that include September 5 and 6 will have to be turned in by September
4 at the latest, meaning that many staff will not have actually worked all
of their hours yet. Therefore, you must ------- your working hours for
133.
those dates in advance. If you need to adjust your timesheet to reflect
your hours actually worked, you can make a request to your immediate
supervisors -------.
134.

여러분은 보통 근무시간 보고서가 여러분이 업무를 끝내고나서 한 주가 끝날 때 보고되어야 한다는 것을 잘 알고 있습니다. 하지만 9월 첫 주에는 다소 변경될 것입니다. 그 주 동안 저희 회계 소프트웨어가 업데이트를 거칠 것입니다. 이로 인해, 9월 5일과 6일을 포함하는 근무 시간 보고서는 늦어도 9월 4일까지 제출해 주셔야 하며, 이것은 많은 직원들이 아직 모든 시간의 근무를 실제로는 끝내지 않았을 것임을 의미합니다. 그러므로 이 두 날짜에 해당되는 근무시간을 미리 예상해 주셔야합니다. 만약 당신이 실질적으로 근무한 시간을 반영하기 위해서 근무기록표를 조정해야 할 필요가 있다면, 당신의 직속상관에게 나중에 요청하시면 됩니다.

|어휘| be aware that ~을 알다 ordinarily 보통, 일반적으로 slightly 다소, 조금 turn in(=hand in, submit) 제출하다 at the latest 늦어도 in advance 미리 adjust 조정하다 reflect 반영하다 immediate supervisor 직속 상관 later 나중에

난이도 ★☆☆
131. (C) ordinarily |오답| (A) intensely (B) considerably (D) especially

|해설| Context Question. especially가 오답 1순위. '특히 근무시간은 한 주가 다 끝날 때 보고된다'. 이 문장만 놓고 보면, especially(특히)가 될 것도 같고, 안될 것도 같고, 알쏭달쏭하다. 파트6의 경우, 한 문장만 보고 정답을 고르기 어렵다면, 반드시 다음문장으로 내려가서 내용을 전부 파악한 후에 다시 문제를 풀어보자. 다음 문단에 내용을 보면 소프트웨어 업데이트로 인해서 9월 첫 주에는 평상시와 달리 보고하는 시간이 변경될 것이라 한다. 그러므로 이전 문장에서는 '평상시에는, 보통 한 주가 끝날 때 보고된다'라는 의미가 되어야 한다. 그러므로 ordinarily가 정답. intensely는 '강렬하게, 격하게'이므로 탈락. considerably는 '상당히', 양이 많다는 것을 강조하는 부사로서 'considerably increased – 상당히 증가했다'와 같이 쓰인다.

132. (C) During that week, our accounting software will undergo an update.	(C) 그 주 동안 저희 회계 소프트웨어가 업데이트를 거칠 것입니다.
(A) Our offices will be closed for the first week of September.	(A) 우리 사무소는 9월 첫째 주에 폐쇄될 것입니다.
(B) Your work hours are needed to accurately calculate your compensation.	(B) 당신의 보수를 정확하게 계산하기 위해서 당신의 근무시간이 필요하다.
(D) Supervisors frequently work longer hours than their staff.	(D) 상관들은 부하직원들보다 종종 더 오랜 시간 근무한다.

|해설| 문장찾기 문장은 앞 문장과 뒷문장을 요약해서 머리에 새기고 연관된 내용을 보기에서 찾아오면 된다. 혼동된다면 앞뒤문장과 공통된 내용을 찾아야 한다는 것만 명심하자! 앞서 '근무시간을 주말에 보고했으나 9월 첫 주에는 약간 변경될거다'라고 했다. 그러면 그 뒤에서는 변경되는 이유가 나와야 할 것이다. 게다가 보기 중에 나온 'during that week'은 앞 문장에 나온 '9월 첫 주'를 받으므로 잘 연결이 된다. '그 주 동안 소프트웨어가 업데이트 되는 것'은 근무시간을 보고하는 일정에 차질이 빚어지는 이유가 될 수 있다. 또 하나의 단서는 빈칸 뒤에 나온 'due to this'. 앞서 소프트웨어가 업데이트 된다는 것을 잘 받아주고 있다. '소프트웨어의 변경 때문에 보고서가 일찍 제출되어야 한다'는 내용으로 잘 연결된다.

133. (A) estimate |오답| (B) postpone (C) extend (D) delete

|해설| Context Question. 아직 일하지 않은 5일, 6일에 대한 근무시간 보고서를 그 전날, 4일에 제출해야 한다. 그러므로 아직 근무하지 않은 5,6일의 근무시간은 추측해서 작성할 수 밖에 없다. '추정하다'의미인 estimate 정답. postpone은 '연기하다', extend는 '연장하다', delete은 '삭제하다'.

134. (B) later |오답| (A) latest (C) lately (D) lateness

|해설| Context Question. 빈칸은 문미(문장 제일 끝)이므로 부사자리. later(나중에), lately(최근에) 중에서 골라야 한다. 예를 들어, 내가 5,6일날 5시간 일했다고 적어 냈는데, 어찌하다 보니 실제로는 6시간을 일하게 됐다. 그렇다면 '나중에' 다시 수정해서 보고하면 된다는 의미. 그러므로 later가 정답. 또 하나의 단서! lately는 '최근에'이므로 항상 '과거/현재완료'시제와 짝꿍. 시제상 쉽게 오답으로 제칠 수 있다.

June 10

Harry Burton
9847 Illinois Avenue
Janesville, IA 50647

Dear Mr. Burton:

We are very happy with the article you have contributed to Economics Monthly entitled "Careers in Financial Consultation."

The editor wants to ____**135.**____ it in our August issue, but in its current state, the article is not in line with our word-count requirements. Technically, the article is too ____**136.**____ to be included in our Helpful Advice section. ____**137.**____. We will have you work in ____**138.**____ with Cecilia Fine, a junior editor. The article has to be submitted in the proper length by July 15.

Let me know if you have any questions. You can reach me at 555-0086.

Regards,

Tory Hillman, Submissions Editor
Economics Monthly

6월 10일
Harry Burton
IA 50647, Janesville, Illinois Avenue 9847
Burton씨에게

우리는 귀하가 Economics Monthly 잡지에 "Careers in Financial Consultation" 제목으로 기고하신 기사에 아주 흡족해 하고 있습니다.
편집자는 그 기사를 저희 8월호에 포함하고자 원하지만 현재 상태로는 기사가 저희의 글자수 제한 요건을 준수하지 않습니다.
엄밀히 말하자면, 기사가 너무 길어서 저희 Hopeful Advice 코너에 실을 수 없습니다.
가능하면 2,500 단어로 줄여야 합니다. 우리는 당신이 주니어 편집자인 Cecilia Fine와 협의하여 작업하도록 해드리겠습니다. 기사는 적절한 길이로 7월 15일까지 제출해 주셔야 합니다.
혹시 궁금하신 점이 있다면 저에게 알려주세요. 555–0086으로 전화하시면 저에게 연락됩니다.

투고 담당 편집자 Tory Hillman,
Economics Monthly

|어휘| contribute the article to ~에 기사를 기고하다 issue (잡지의) 호 state 상태, 상황 in line with ~와 같은 맥락의, ~의 방침을 준수하는 technically 엄밀히 말하자면 lengthy 긴, 장황한 in consultation with ~와 협의하여 reach 연락하다

핵심 too/to 용법

The article is too lengthy to be included in our Helpful Advice section
이 기사는 너무 길어서 이 코너에 실을 수가 없다 / 이 기사는 이 코너에 싣기에는 너무 길다

too/to 용법을 앞에서부터 해석할 때는 첫 번째 해석처럼, to부정사 이하를 '부정'으로 해석해준다. '실을 수가 없다'.

135. (A) include |오답| (B) promote (C) reserve (D) refer
|해설| 빈칸 뒤에 나온 대명사 it은 'article(기사)'를 받아오는 대명사. '기사를 8월호에 포함시키기를 원한다'이므로 include가 정답. 'promote: 기사를 홍보하다(×)', 'reserve: 기사를 예약하다(×)', refer는 자동사이므로 무조건 오답. 'refer to n.: ~을 참고하다 / ~을 언급하다'.

136. (B) lengthy |오답| (A) formal (C) technical (D) expected

|해설| Context Question. 앞서 글자수 제한요건에 걸린다고 했으므로 길이가 문제가 된 것. lengthy '긴, 장황한'이 정답. formal은 '공식적인, 격식을 갖춘', technical은 '기술적인', expected는 '예상되는'. 본 문장의 해석은 위에 too/to용법 해설 참고.

137. (D) It should be cut to 2,500 words if possible.	(D) 가능하면 기사는 2,500 단어로 줄여야 합니다.
(A) We have forwarded the article to our printing department.	(A) 저희는 이 기사를 저희 인쇄부서에 넘겼습니다.
(B) Our publication has a base of 3,000 subscribers.	(B) 저희 잡지는 3,000명의 구독자 기반을 가지고 있습니다.
(C) We'd like you to visit our offices at the end of next week.	(C) 당신이 다음주 말에 저희 사무실에 방문해주기를 바랍니다.

|해설| 빈칸의 앞문장에 나온 'too ~ to용법'을 잘 이해했느냐가 가장 중요. 'too+형용사/부사 to do~: ~하기에는 너무 ~하다'를 적용해보면 'the article is too lengthy to be included in our helpful Advice section: 이 기사는 우리 상담 섹션에 들어가기에는 너무 깁니다'. 그러므로 이 뒤에서는 글을 줄여달라는 말이 나올 것이다. 그러므로 2,500자로 줄여달라는 (D)가 정답.

난이도 ★★☆ **138. (C) consultation** |오답| (A) consults (B) consulting (D) consultant

|해설| 어형문제. [전치사 ___ 전치사] 앞뒤로 전치사가 나왔으므로 빈칸은 명사자리. 'in consultation with: ~와 협의하여'의미로 정답. consultant는 사람명사. 사람명사는 항상 셀 수 있는 '가산명사'이므로 복수형으로 쓰이거나 앞에 관사가 있어야 한다. 앞에 관사가 없으므로 탈락. 자세한 설명은 119번 해설 p75 참고. 그 다음 오답으로 많이 고르는 것이 consulting. consult는 자동사로 잘 쓰이며 전치사 with와 짝꿍이다. 그러므로 구조상은 가능하다. 그런데 해석해보면 'work in consulting with Cecilia Fine, a junior editor: 주니어 에디터와 협의하는데 있어서 일하다(×)'. 의미상 어색하므로 탈락. 전치사 in뒤에 ing가 나오면 '~하는데 있어서'로 해석한다.

|심층분석| We will have you work in consultation with a junior editor. 여기서 have동사는 사역동사. have동사가 사역동사로 쓰이면 5형식 구조로, 목적보어 자리에 동사원형(work)이 나올 수 있다. have동사를 그대로 직역하면 '(누군가를 시켜서) ~하게 만든다'. 그대로 적용해보면 '우리는 (누군가를 시켜서) 당신이 주니어 에디터와 협의하여 작업하게 만들 것입니다'. 의역하면 '우리는 당신이 주니어 편집자와 협의하여 작업하도록 해드리겠습니다'.

Question 139-142 　이메일

To: hbolker@emailcity.com
From: renewal@womenstime.com
Subject: Renewing your subscription
Date: February 28

Dear Ms. Bolker,

This is a reminder that your subscription to Feminine Galaxy Magazine ------- on March 31. If you would like to keep having Feminine Galaxy
139.
delivered to your mailbox, you'll need to renew your subscription.

Since you are one of our valued subscribers, we are offering you a discounted price of $20.00 for a whole year. -------, renewing early will
140.
entitle you to take advantage of this discounted rate for other magazines published by Harley & Company Publications, such as Home Styles and Cars and Motors. -------. Simply visit our Web site at www.wandapublishing.
141.
com and complete the renewal form ------- March 20.
142.

Sincerely,
Harley & Company Publications

수신: hbolker@emailcity.com
발신: renewal@womenstime.com
제목: 귀하의 구독 연장
날짜: 2월 28일

Bolker씨에게

이 글은 Feminine Galaxy Magazine 구독이 3월 31일 자로 만기가 될 것이라는 것을 상기시켜 드리는 안내글입니다. Feminine Galaxy가 귀하의 우체통으로 계속 배송되길 원하신다면, 구독을 갱신해주셔야 합니다.
귀하는 저희의 소중한 고객이시기 때문에, 한 해 전체를 위해 20불이라는 할인된 가격을 제공하는 바입니다. 또한 일찍 연장하시면 Home Styles와 Cars and Motors 같은 Harley & Company 출판사의 다른 잡지들의 경우도 이 할인된 요금을 누릴 수 있는 자격을 갖추게 됩니다. 이 행사는 제한된 기간 동안에만 이용 가능합니다. 저희 웹사이트 www.wandapublishing. com에 방문하셔서 3월 20일까지 갱신 신청서를 작성해주시기만 하면 됩니다.

|어휘| reminder 상기시켜주는 것, 안내 subscription to ∼에 구독 expire 만기되다, 만료되다 renew 연장하다. 갱신하다
entitle s.b to s.t 누구에게 ∼에 대한 자격을 부여하다 take advantage of 이용하다 such as ∼와 같은

139. (C) will expire |오답| (A) expired (B) expiring (D) having expired

|해설| Context Question. 파트6에 출제되는 동사어형문제는 대부분이 시제문제이고, 대부분이 문맥상 파악해야 하는 Context Question. '만료된 것인지, 될 것인지' 전체 문맥으로 따져야 한다. 이 문장 뒤에 나온 다음 문장을 보면 '훌륭한 기사를 놓치지 않기 위해서는 구독을 갱신해야 한다'고 했으므로 아직은 만료되지 않은 상태. 미래시제 will expire가 정답.

140. (D) Additionally |오답| (A) However (B) Consequently (C) Instead

|해설| 접속부사문제. 앞 뒤의 두 문장을 의미상 연결해줄 연결어를 찾는 문제. 너무 세밀하게 문장을 들여다 보면 오히려 혼동되므로, 의미상 요약해서 살펴보자. '할인을 받을 수 있다 _____ 일찍 등록하면 다른 잡지도 씨게 구독할 수 있다'. 두 번째 문장은 추가적인 혜택. 그러므로 additionally(또한)가 정답.

141. (B) This offer is valid for a limited time only.	이 행사는 제한된 기간 동안에만 이용가능합니다.
(A) We greatly appreciate you starting a new subscription.	귀하가 새로 구독을 시작해주신 것에 대해 감사드립니다.
(C) Harley & Company Publications has won multiple awards.	Harley & Company Publications은 많은 상을 수상한 바 있습니다.
(D) We hope you have enjoyed your subscription to Feminine Galaxy.	귀하가 Feminine Galaxy 구독에 만족하셨기를 바랍니다.

|해설| 앞 문장에서 빨리 구독을 갱신하면 다른 잡지들도 할인가로 받아볼 수 있다고 했다. 그리고 뒤 문장에서 3월 20일까지 양식을 작성하라고 했다. 그러므로 중간에서는 이 둘을 연결하는 '이 행사(할인을 받을 수 있는)는 제한된 시간동안에만(3월 20일까지) 유효하다'는 문장이 정답.
(A) 편지 수신인은 이미 구독을 해오고 있는 구독자다. 그러므로 'a new subscription'은 거울리지 않는다.
(C) 고객이 받을 수 있는 판촉행사얘기를 하는 와중에 출판사의 수상경력을 말하는 것은 어울리지 않는다.
(D) '귀하가 우리 잡지 구독을 즐기셨기를 바랍니다'라고 한다면, have enjoyed(현재완료) 시제상 마지막 인사의 분위기다. 바로 뒤에서 갱신을 권유하고 있기 때문에 어울리지 않는다.

142. (A) by |오답| (B) at (C) with (D) above

|해설| 시간전치사문제. 보기 중 시간명사 앞에 나올 수 있는 전치사는 by와 at. at 뒤에는 at three o'clock처럼 '시간단위'가 나와야 하므로 탈락. '할인을 받으려면 3월 20일까지 양식을 제출하세요'이므로 by가 정답.

Getting Rid of Stains	얼룩 제거하기
All you need to get rid of a ------- spot on your Forrester Furniture is some 143. baking soda, vinegar and a soft cloth. Just follow these easy instructions to remove even the toughest stains. Prepare one tablespoon of baking soda, and simply ------- it with one half tablespoon of vinegar and one 144. tablespoon of water. -------. Next, put this solution onto the cloth and 145. gently rub the stained area. Use a vacuum to remove any baking soda only ------- the area has dried, if there are any white spots on the fabric. Then, 146. you will find that the stain is nowhere to be seen.	당신의 Forrester Furniture에 잘 지워지지 않는 얼룩 을 없애기 위해 필요한 것은 약간의 베이킹 소다, 식초 그리고 부드러운 천뿐입니다. 심지어 가장 강력한 얼 룩도 없애려면 단지 이 간편한 지시사항만 따르면 됩 니다. 베이킹 소다 한 스푼을 준비하시고, 그것을 반 스 푼의 식초와 한 스푼의 물에 섞어주세요. 베이킹 소다 가 식초에 완전히 용해될 때까지 이 용액을 저어주세 요. 다음은 이 용액을 천 위에 묻히시고 부드럽게 얼룩 진 곳에 문지르세요. 페브릭에 흰색 점이 남아 있다면 일단 얼룩진 곳이 마르고 난 뒤 베이킹 소다를 제거하 기 위해 진공청소기를 이용하세요. 그리고 나면, 얼룩 이 싹 사라진 것을 당신은 발견할 것입니다.

|어휘| all you need to do~ is something 네가 해야 하는 모든 것은 ~ 이다 ⇒ 이것만 하면 된다 get rid of 제거하다 persistent 끈질긴, 잘 없어지지 않는 vinegar 식초 soft cloth 부드러운 천 stain 얼룩 tough 거친, 강력한 the toughest stain 잘 지워지지 않는 가장 없애기 힘든 얼룩 mix A with B A와 B를 섞다 solution 용액, 액체 gently 부드럽게 rub 문지르다 stained 얼룩진 vacuum 진공청소기 is nowhere to be seen 아무데도 발견되지 않는다

난이도 ★★★ **143. (D) persistent** |오답| (A) defective (B) capable (C) faulty

|해설| spot과 어울리는 형용사를 고르는 문제. spot은 여기서 '얼룩'의 의미. 'persistent spot: 끈질긴, 잘 없어지지 않는 얼룩'. defective는 '결 함이 있는'. 얼룩 자체가 결함이 있을 수는 없다. 얼룩이 가구에 묻어있다면 결함이 있는 것은 가구(defective furniture). capable '능력 있는'으로 사람명사만 수식. faulty는 '잘못된'의 의미로 defective와 비슷한 의미.

난이도 ★☆☆ **144. (A) mix** |오답| (B) mixed (C) mixture (D) mixes

|해설| and의 병렬구조를 이해했는지 묻는 문제. 'Prepare one tablespoon and simply mix it with s.t.' and를 사이에 두고 prepare와 mix 가 병렬구조. 명령문 2개가 나란히 나열된 구조. '준비하고 섞으세요'.

145. (C) Stir the solution until the baking soda has completely dissolved in the vinegar.	베이킹 소다가 식초에 완전히 용해될 때까지 이 용액을 저어주세요.
(A) Baking soda has many uses for cleaning and deodorizing your home.	베이킹 소다는 집을 청소하고 악취를 제거하는데 많이 사용된다.
(B) Cleaners that use bleach should be avoided when cleaning your furniture.	가구를 닦을 때는 표백제를 사용하는 청소용품은 피해야 한다.
(D) For especially tough stains, call our customer service center for advice.	특히 잘 안 지워지는 얼룩의 경우에는 자문을 받기 위해 우리 고객센 터에 연락하세요.

|해설| 앞 문장에서 '베이킹 소다를 준비하고 식초와 섞어라'고 했으므로 '이 용액이 용해될 때까지 저어라'가 가장 잘 어울린다. 또 하나의 결정적 단서는 뒤 문장에 나온 'this solution'. '이 용해액'을 천에 묻혀서 문지르라고 했으므로 빈칸에는 '이 용해액'이 언급되어야 한다.

난이도 ★☆☆ **146. (D) once** |오답| (A) clearly (B) before (C) near

|해설| 보기 중에 접속사가 하나라도 있다면, 반드시 접속사 자리인지 아닌지를 먼저 확인한다. 빈칸 뒤에는 절이 나왔으므로 빈칸은 접속사자리. clearly는 부사. near는 전치사이므로 탈락. before와 once는 둘 다 접속사이므로, 이제 의미상 따져봐야 한다. 용해액을 발라놓고 나면 얼룩이 사라질 것이다. 그런데 용해액에는 베이킹 소다가 들어있기 때문에, 액체가 증발하고 나면 천에 하얀 베이킹소다가 남아있을 것이다. 이때 진공청 소기를 이용해서 하얀 가루를 제거하면 된다. 그러므로 '일단 그 자리가 마르고 나면'의 의미로 once가 정답. 'before - 그 자리가 마르기 전에 진 공청소기로 가루를 제거하세요(×)'.

Question 147-148 메시지

To: Jamie Shwartz   1:00 p.m.
From: Trent Railway Passenger Assistance

147 **TRAVEL NOTICE:** A change has been made to Trent Railways Train 47B. See below for details.

Train 47B
148 Chicago Station to Chattanooga Station

Delayed
Original departure time 1:35 p.m.
New departure time 1:50. P.m.
Original arrival time 9:20 p.m.
New arrival time 9:35 p.m.
Boarding platform: Platform 8
Disembarking platform: Platform 9

If you are transferring to another train at your destination, please speak to an information clerk.

수신: Jamie Shwartz   오후 1시
발신: Trent Railway 승객 지원부

147여행 공지: Trent 철로 47B 기차에 변경사항이 있습니다. 세부사항은 아래를 참고하세요.

Train 47B
148 Chicago역에서 Chattanooga역까지

지연
원래 출발 시간: 오후 1시 35분
신규 출발 시간: 오후 1시 50분
원래 도착 시간: 오후 9시 20분
신규 도착 시간: 오후 9시 35분
탑승구: 8번 플랫폼
하차 플랫폼: 9번 플랫폼

귀하의 목적지에서 다른 기차로 갈아 타실 경우에는 안내 데스크 직원에게 말씀하세요.

|어휘| notice 공지 station 기차 역 departure time 출발시간 arrival time 도착 시간 boarding 탑승 disembarking 하차, 내리기 transfer 환승 하다, 갈아타다

---

147. Why was the text message sent?
(A) To report a train schedule change
(B) To verify the purchase of a boarding pass
(C) To notify a passenger of a cancellation
(D) To give information about transferring trains

왜 문자가 발송됐는가?
(A) 기차 일정의 변경을 알리기 위해서
(B) 탑승권 구매를 확인하기 위해서
(C) 승객에게 취소를 알리기 위해서
(D) 환승 기차에 관한 정보를 주기 위해서

|해설| 고객이 구매한 철도편이 연착되어 변경된 출발시간과 도착시간 등을 공지하고 있다.

---

148. What is indicated about Mr. Schwartz?
(A) He didn't make it to a transfer on time.
(B) He will leave from Chicago.
(C) He will meet someone at the platform.
(D) He bought his train ticket in Chattanooga.

Schwartz씨에 대해 언급되어 있는 것은?
(A) 그는 정시에 환승역에 도착 하지 못했다.
(B) 그는 시카고에서 출발 할 것이다.
(C) 그는 플랫폼에서 누군가를 만날 것이다.
(D) 그는 기차표를 Chattanooga에서 구입했다.

|해설| Chicago station to Chattanooga station 이라고 했으므로 Chicago가 출발지이고 Chattanooga가 도착지.

|보기어휘| make it (어떤 곳에 간신히 시간 맞춰) 가다, 도착하다

Hurley Airways   Cheaper Fares!

Groups of 12 or more flying with Hurley Airways can save 20% on economy class air fare. 149 Families with five or more members are able to save 15%. To qualify for the offer, the flight must be taken between September and October.

Please keep in mind that these fares can NOT be obtained at the ticket desk on the day of your travel. In order to purchase a flight ticket at the discounted prices, flights should be booked in advance. 150 To ensure that your group receives the discounts, tickets should be bought on our Web site, www.hurleyairways.com, at least one week prior to the flight. More information about flights, prices, and baggage restrictions can be found on the site.

Hurley 항공사   저렴한 요금!

Hurley Airways 항공편을 이용하는 12인 이상의 단체는 이코노미 요금에서 20퍼센트 할인 받을 수 있습니다. 149 5인 이상의 가족들도 15퍼센트 할인 받을 수 있습니다. 이 할인행사에 자격을 갖추기 위해서는 9월과 10월 사이에 항공편을 이용하셔야 합니다.

이 요금들은 귀하의 여행 당일 티켓 판매대에서는 구입 할 수 없다는 것을 명심해 두십시오. 할인된 요금에 항공권을 구입하려면 비행기는 사전에 예약해야 합니다. 150 귀하의 단체가 확실히 할인을 받으려면 적어도 일주일 전에 저희 웹사이트 www.hurleyairways. com에서 항공권을 구입해야 합니다. 항공편, 가격, 수하물 규정 등에 관한 세부 정보는 인터넷에서 확인 바랍니다.

|어휘| air fare 항공요금 qualify for ~자격이 되다 book 통 예약하다 baggage restriction 수하물 한도

149. What is indicated about Hurley Airways?
(A) It will plan fewer flights in September.
(B) It flies to over 30 cities.
(C) It is discounting fares for families.
(D) It doesn't charge for extra baggage.

Hurley Airways에 대해서 언급되어 있는 것은?
(A) 항공사는 9월에 적은 항공편을 운항할 계획이다.
(B) 30여개 이상의 도시를 운항한다.
(C) 가족 요금을 할인해 준다.
(D) 추가 화물에 대해서는 가격을 부과하지 않는다.

|해설| 5인 이상 가족들은 15% 할인을 받을 수 있다.

150. What are passengers recommended to do?
(A) Pay by credit card
(B) Avoid flying during weekends
(C) Purchase tickets before the day of a flight
(D) Inquire about discounts at the ticket desk

승객들은 무엇을 하도록 권고되고 있는가?
(A) 신용카드로 결제 하기
(B) 주말 항공편 이용을 피하기
(C) 비행 당일 전에 항공권을 구매하기
(D) 티켓 판매처에 할인에 대해서 문의하기

|해설| 최소 일주일 전에 구매할 것을 당부하고 있다.

ANNE BLACK	7:45 AM
Hi Amy. This is Anne from the office.	

ANNE BLACK	7:46 AM
You drive by Preston Street on your way to work, right?	

AMY CARNEY	7:47 AM
Yeah, why?	

ANNE BLACK	7:47 AM
152 Could I catch a ride with you to work today?	

ANNE BLACK	7:48 AM
I usually get a ride with Tina, but she's sick today.	

AMY CARNEY	7:48 AM
Normally, I'd say yes, but my car is in the shop today.	

AMY CARNEY	7:49 AM
151 We can share a taxi there if you'd like.	

ANNE BLACK	7:50 AM
Sounds good. Pick me up on the corner of Preston and 4th?	

AMY CARNEY	7:51 AM
Ok. Be there by 7:15.	

ANNE BLACK	7:45 AM
Amy, 저는 같은 사무실에서 일하는 Anne입니다.	

ANNE BLACK	7:46 AM
회사에 출근할 때 Preston Street으로 운전해서 가시지요?	

AMY CARNEY	7:47 AM
맞아요, 왜요?	

ANNE BLACK	7:47 AM
152오늘 출근할 때 좀 태워주실 수 있나요?	

ANNE BLACK	7:48 AM
원래 Tina가 태워주는데, 오늘 아프다고 하네요	

AMY CARNEY	7:48 AM
보통 때라면 당연히 승락할 텐데요. 오늘 제 차가 카센터에 가있어요.	

AMY CARNEY	7:49 AM
151 좋으시다면 같이 택시를 타도 될 것 같아요.	

ANNE BLACK	7:50 AM
좋아요. Preston도로 모퉁이 4번가에서 (택시타고 가시다가) 저를 태워주시겠어요?	

AMY CARNEY	7:51 AM
네, 7시 15분까지 거기로 갈게요.	

|어휘| pencil s.t in (나중에 바뀔지 모르지만) 일단은 ~을 예정해 놓다

---

151. What are the writers mainly discussing?

(A) Taking a day off of work

(B) Contacting an ill co-worker

(C) Finding a way to get to work

(D) Where to go for lunch

이들은 주로 무엇에 대해 논의하고 있는가?

(A) 하루 휴가를 내는 것

(B) 아픈 동료에게 연락하는 것

(C) 출근할 방법을 찾는 것

(D) 점심먹으러 어디를 갈지

|해설| Anne은 출근길에 차를 태워줄 수 있는지 물어봤고, Amy는 자신의 차가 수리 중이라 함께 택시를 탈 것을 제안했으므로 (C)가 정답.

---

152. At 7:47 AM, what does Ms. Black mean when she writes, "Can I catch a ride"?

(A) She wants to borrow Ms. Carney's car.

(B) She wants Ms. Carney to pick her up.

(C) She wants to take the bus with Ms. Carney.

(D) She wants to give a ride to Ms. Carney.

7시 47분에 Black씨가 "Can I catch a ride"라고 쓸 때 무엇을 의미하고 있는가?

(A) Black씨는 Carney씨의 차를 빌리길 원한다

(B) Black씨는 Carney씨가 자기를 태워줄 것을 원한다

(C) Black씨는 Carney씨와 함께 버스를 타길 원한다

(D) Black씨는 Carney씨를 태워주고 싶어한다.

|해설| 'get a ride: 차를 얻어 타다'. 'give somebody a ride: 누구에게 차를 태워주다'의 의미. 'catch a ride' 역시 'get a ride'와 비슷하게 차를 얻어 탄다는 의미. 이 표현을 몰랐다면, 다음 문맥을 통해 유추해야 한다. 후반부에 Amy는 '보통 때 같으면 승락하겠지만, 지금은 차가 카센터에 가 있으니 함께 택시를 타자'고 했다. 이런 문맥을 통해 '차를 태워달라'고 했음을 유추할 수 있다.

기사

153 Cidra Cavings stars in the upcoming science fiction thriller, Galactic Strife. She plays the role of Vanna Humphrey, an astronaut whose mission to repair a space station takes an unexpected turn when she finds the crew of the space station behaving strangely. This exciting film, directed by Jeremy Hill, will keep viewers on the edge of their seat. 154 It's coming to theaters on Wednesday, March 13.

153Cidra Cavings씨는 곧 개봉될 SF 스릴러 Galactic Strife에 주연을 맡았습니다. 그녀는 우주 정거장을 수리하는 임무를 맡은 우주비행사, Vanna Humphrey역을 맡았는데, 우주 정거장의 한 직원이 기이하게 행동하는 것을 발견하면서 예상치 못한 전개가 이루어집니다. Jeremy Hill이 감독한 이 흥미로운 영화는 영화 보는 내내 관람객들이 손에 땀을 쥐게 만들 것입니다. 1543월 13일 수요일에 극장가에 개봉될 것입니다.

|어휘| star 동 주연을 맡다 astronaut 우주 비행사 space station 우주 정거장 unexpected turn 예상치 못한 전개, 상황 keep s.b on the edge of the seat 누구를 손에 땀을 쥐게 만들다, 열광하게 만들다

---

153. Who is Cidra Cavings?
(A) A film director
(B) A scientist
(C) An actress
(D) An astronaut

Cidra Cavings는 누구인가?
(A) 영화 감독
(B) 과학자
(C) 여배우
(D) 우주 비행사

|해설| 주연을 맡았으므로 배우.

---

154. According to the article, what will happen on March 13?
(A) A review will be published.
(B) A film will be released.
(C) A shuttle will be launched.
(D) A director will be interviewed.

기사문에 따르면, 3월 13일에 무슨 일이 있겠는가?
(A) 영화평이 출간될 것이다.
(B) 영화가 개봉 될 것이다.
(C) 셔틀이 출발할 것이다.
(D) 감독이 인터뷰를 할 것이다.

|해설| 3월13일 극장가에 온다고 했으므로 개봉된다는 의미.

EXPLORATION
The Seashore's Jewel
By Olivia Haverdash

Although it was built in the 19th century, the Svensen Lighthouse has gained tremendous popularity with tourists of the southern coast of Sweden. The classical round structure has a bright flashing light at the top of its two-story tower. 155 The tower has been in operation for over 150 years and has been painted with reflective white paint and red stripes. The tower has been restored multiple times and had its height increased by 10 meters (30 feet) during the early 1910s. It most recently underwent renovations late last year and continues to attract people to the beautiful Swedish shore.

Tourists have come in large groups to this area of Sweden 155d since the structure began allowing visitors again. An international arts fair was held by the owner of the lighthouse last September. He is an art enthusiast, and wishes to hold the event every year. It's great to visit the lighthouse anytime, though. 156 Sheila Comstock brings tourists to the coast almost daily and says, "Many people love these kinds of tours and these kinds of old-style structures as well." 157 Ms. Comstock also said that taking a bus from Sundsvall is the easiest way to get to the lighthouse and enjoy the country's scenery as well.

158 The lighthouse will be shown on a television program about the Svensen area to be aired in June. You can find more information about Swedish lighthouses at www.swedenlh.sw.

탐험
해안가의 보석
Olivia Haverdash 작성

19세기에 세워졌지만 Svensen Lighthouse는 Sweden 남부 해안을 여행하는 여행객들에게는 엄청난 인기를 얻어왔습니다. 그 고전적인 원형 구조물은 이층 타워 정상에 밝은 번쩍거리는 불빛이 나옵니다. 155타워는 150년 넘게 이용 중이며 빨간색 줄무늬에 야광 흰색 페인트가 칠해져 있습니다. 타워는 여러 차례 복원되었고 1910년대에 높이가 10미터(30피트) 높아졌습니다. 가장 최근에는 작년 말에 복원을 했고 이 아름다운 스웨덴의 해안지역으로 사람들을 유치하고 있습니다.

155d그 건축물이 방문객들을 다시 허용한 이래로 관광객들은 대규모로 스웨덴의 이 지역으로 오고 있습니다. 지난 9월에는 등대 소유주에 의해 국제적인 예술 박람회를 개최되기도 했습니다. 그는 예술 애호가이며 매년 예술 행사를 열기를 바라고 있습니다. 그렇지만 연간 아무 때나 등대를 방문하셔도 항상 좋습니다. 156Sheila Comstock씨는 거의 매일 관광객들을 이 해안으로 데려 오고 있으며 "많은 사람들이 이런 종류의 투어를 좋아하며 이런 스타일의 구조물을 또한 매우 좋아한다"고 그녀가 말합니다. 157Comstock씨는 Sundsvall에서 버스를 타는 것이 등대를 찾아오기 가장 손쉬운 방법이며, 또한 이 나라의 경치를 즐길 수도 있다고 덧붙였습니다.

158등대는 6월에 방송되는 Svensen 지역에 관한 TV 프로그램에도 나올 것입니다. www.swedenlh.sw에 가시면 스웨덴의 등대에 관한 더 많은 정보를 찾아보실 수 있습니다.

|어휘| lighthouse 등대 gain(=obtain) 얻다 popularity 인기 coast 해안 round 둥근, 원형의 structure 구조물, 건축물 flashing light 번쩍이는 불빛 two-story 이층의 in operation 가동, 운행중인 reflective 반사되는, 야광 stripe 줄무늬 restore 복원하다 multiple times 여러 번 renovation 개조, 수리 attract 사람들을 끌어 모으다, 유치하다 enthusiast 애호가 scenery 경치 as well(=also) 또한 air v. 방송하다

---

155. What is suggested about the Svensen Lighthouse?

(A) It currently assists in guiding boats.
(B) It is the property of Sundsvall.
(C) It has remained the same for 150 years.
(D) It has allowed tourists since it was built.

Svensen Lighthouse에 대해서 언급되어 있는 것은?

(A) 현재 선박들을 안내하는 것을 지원하고 있다.
(B) Sundsvall 소유의 부동산이다.
(C) 150년 동안 같은 모습으로 남아있다.
(D) 지어진 이래로 관광객들을 허용하고 있다.

|해설| 150년동안 이용되고 있다고 했으며, 현재완료(has been in operation)시제가 쓰였으므로 현재도 이용하고 있다는 의미다.
(B) Sundsvall은 등대에 오기 위해 버스를 탈 수 있는 지역이름. 등대의 소유주 이름은 지문에서 언급되지 않았다.
(C) 여러 번 복원되었다고 했으므로 150년 전과 똑 같은 모습은 아니다
(D) 보기에서는 현재완료(it has allowed)시제를 썼다. 현재완료 시제는 '과거부터 현재까지'가 되므로, 지어진 이래로 쭉 허용해오고 있다는 의미가 된다. 그런데, 두 번째 문단 첫 줄에, '방문객들을 다시 허용한 0 래로'라고 언급되어 있다. 그러므로 중간에 방문이 허용되지 않았던 시기가 있었음을 유추할 수 있다.

156. Who most likely is Ms. Comstock?

(A) A tour reporter

(B) A boat captain

(C) A TV program host

(D) A tour guide

Comstock씨는 누구일 가능성이 가장 높은가?

(A) 여행 전문 기자

(B) 배 선장

(C) TV 프로그램 사회자

(D) 관광 가이드

|해설| 사람들을 매일 이곳으로 데리고 온다고 했으므로 관광 가이드.

(A) 여행전문기자가 매일 사람들을 한 곳으로 인솔해오지는 않을 것이다. 여행전문기자는 상단에 언급되어 있는 Olivia Haverdash.

157. What does Ms. Comstock suggest that visitors to the Svensen lighthouse do?

(A) Visit there by bus

(B) Visit the region in September

(C) Book tours beforehand

(D) Go to a web site

Comstock씨는 Svensen 등대에 오는 방문객들이 무엇을 할 것을 제안하고 있습니까?

(A) 버스로 그곳을 방문할 것

(B) 9월에 그 지역을 방문할 것

(C) 미리 예약을 할 것

(D) 웹사이트를 방문 할 것

|해설| Sundsvall에서 버스를 타고 오는 것이 가장 쉬운 방법이라고 추천하고 있다.

(D) 웹사이트를 방문할 것을 제안한 것은 Comstock씨가 아니고, 이 글을 쓴 기자다.

파트7
공략 TIP
질문 자체가 해석이 안 된다면 평서문으로 전환해보자.

파트7 질문에는 what이 이끄는 의문문이 가장 많이 등장한다. what을 something 으로 바꿔서 평서문을 만들어 보자.

What does Ms. Comstock suggest that visitors to the Svensen lighthouse do?
⇨ **Ms.** Comstock suggests that visitors to the Svensen lighthouse do **something**.

Comstock씨는 등대에 오는 방문객들이 어떤 것을 할 것을 제안하고 있다 ⇨ Comstock씨 는 등대에 오는 방문객들이 무엇을 할 것을 제안하고 있습니까?

158. What will happen in June?

(A) A structure will undergo restoration.

(B) A special tour will be conducted.

(C) A documentary will be shown on TV.

(D) An international art fair will open.

6월에 무슨 일이 있겠는가?

(A) 구조물이 개조에 들어 갈 것이다.

(B) 특별 투어가 있을 것이다.

(C) 다큐멘터리가 TV에서 방영될 것이다.

(D) 국제 예술 박람회가 개장할 것이다.

|해설| 6월에 방영되는 다큐멘터리에 등대가 소개될 것이다.

To: Harper Manufacturing Employees
From: Alphonse Grave
Subject: Yearly suggestion request
Date: July 14

Harper Manufacturing strives to provide the best employment experience for our staff, but we know that we can still improve in some areas. —[1]—. So, 159 we'd like to have your suggestions in what we can do in areas such as rules, management, items that we manufacture, benefit packages, and marketing on a yearly basis. —[2]—.

We'd like to make sure that working here is satisfying for you, so the employee relations department asks that 160 you fill in and submit a career satisfaction questionnaire by July 30. The form can be accessed on Jacob's Consultation Web site by clicking here. —[3]—.

We remind you that your answers will be kept confidential and that the forms have no information that identifies the respondents. The forms will go straight to consultants at Jacob's Consultation. —[4]—.

Please let me know by e-mail or phone if you have any questions.

Alphonse Grave
Employee Relations Director

수신: Harper Manufacturing 직원들
발신: Alphonse Grave
제목: 연례 건의사항 요청
날짜: 7월 14일

Harper Manufacturing사는 최고의 고용 경험을 직원들에게 제공하려고 노력하지만 우리는 여전히 일부 분야에서는 개선이 필요하다는 것을 압니다. —[1]—. 159 그래서 우리는 규정, 관리, 우리가 제조하는 물품, 사원 복지 및 마케팅과 같은 분야에서 우리가 무엇을 할 수 있는지에 대한 여러분의 의견을 해마다 받고자 합니다. —[2]—.

여기서 근무하는 것이 사원들에게 만족스럽도록 확실히 만들고 싶습니다. 그래서 사원 관리부서에서 160 7월 30일까지 직장 만족 설문지를 작성해서 제출 하도록 요청하는 바입니다. 설문지 양식은 여기에 클릭을 하시면 Jacob's Consultation 웹사이트에서 받으실 수 있습니다. —[3]—.

여러분의 답변들은 비밀로 부쳐질 것이며, 응답자가 누구인지를 알 수 있는 정보는 양식 어디에도 없음을 알려드립니다. 작성된 질문지는 Jacob's Consultation에 컨설턴트에게 바로 전달될 것입니다. —[4]—.

혹시 궁금한 점이 있으면 전화나 이메일로 알려주세요.

Alphonse Grave
사원 관리 이사

|어휘| strive to do(=try to do=endeavor to do) 노력하다 area 1) 분야, 2) 지역 suggestion 의견, 건의사항 confidential 비밀의, 기밀의 identify 신원을 알아보다 respondent 응답자

---

159. What is suggested about Harper Manufacturing?

(A) It asks employees to complete a survey annually.

(B) It manages databases and information.

(C) It makes questionnaire answers public.

(D) It has great benefit packages for staff.

Harper Manufacturing에 대해서 언급 되어 있는 것은?

(A) 회사는 직원들에게 해마다 설문지를 작성하도록 요청한다.

(B) 회사는 데이터 베이스와 정보를 관리한다.

(C) 설문지의 답변을 공개한다.

(D) 사원들에게 훌륭한 복리후생을 제공한다.

|해설| 글 전반에 걸쳐서 설문지 작성의 취지와 방법을 설명하고 있으며 on an yearly basis라고 했으므로 해마다 진행할 것이다. (D)가 오답 1순위. 이 회사는 직원들의 만족도를 높이기 위해 매우 노력하는 것으로 보인다. 그렇지만 실제로 이 회사가 어떤 수당을 직원들에게 제공한다는 구체적인 언급은 없으므로 (D)는 추정될 뿐, 사실여부가 확인되지는 않았다.

|보기어휘| benefit package 복리후생 (의료수당이나 야근 수당과 같이, 기본급 외에 제공되는 여러 수당 및 휴가를 지칭하는 표현)

160. According to the e-mail, what should happen by July 30?

(A) A new product will be manufactured.

(B) Benefit packages will be changed.

(C) Workers will go to a company's home page.

(D) The results of a survey will be released.

이메일에 따르면, 7월 30일까지 무슨 일이 발생할까?

(A) 신상품이 제조된다.

(B) 복리후생이 변경된다.

(C) 직원들은 회사 홈페이지에 접속할 것이다.

(D) 설문조사의 결과가 공개될 것이다.

|해설| 7월 30일까지 설문지를 제출하라고 했으며, 설문지 양식은 웹사이트에서 받을 수 있다고 했으므로, 직원들은 7월 30일까지 웹사이트에 접속할 것이다.

(D) 설문조사결과는 발표되지 않는다. 설문조사결과를 컨설팅 회사에서 분석한 후 사원관리부서와 논의하겠다고 했으므로 설문조사 내용이 정책변화에 반영이 될 뿐, 결과 자체를 직원들에게 발표하지는 않는다. 거다가 설문지 답변은 모두 기밀로 유지된다고 했으므로 공개와는 거리가 멀다.

161. In which of the positions marked [1], [2], [3], and [4] does the following sentence best belong?

"After they review the results, they will discuss them with the employee relations department."

(A) [1] (B) [2]

(C) [3] **(D) [4]**

[1], [2], [3], [4]로 표시된 자리 중에 다음 문장이 들어가기에 가장 적합한 곳은?

"그들이 결과를 검토한 후에, 사원 관리부서와 결과를 의논할 것입니다."

(A) [1] (B) [2]

(C) [3] **(D) [4]**

|해설| 문제에 등장한 대명사 'they'가 핵심 단서. they가 지칭하는 사람들이 언급된 문장을 찾으면 그 뒤가 정답. [4]번 앞 문장에서 보면 설문지가 바로 Jacob's Consultation사의 컨설턴트들에게 전달될 것이라고 했다. 이 컨설턴트를 받아오는 대명사가 they. 이 컨설턴트들이 설문 결과를 검토한 후에 관리부서와 결과를 논의할 것이다.

Marshall Dennis [1:20 p.m.]   Has anyone seen Paula Castillo today? I need an update on 162 her story about the town's new mayor.

Dane Houston [1:21 p.m.]   I talked to her this morning. She was heading out for an 162 interview with an old colleague of the mayor. She said she'd be back after lunch.

Marshall Dennis [1:22 p.m.]   Do you have any idea what time exactly? The 162 editor-in-chief wants to know when the story will be ready for printing.

Dane Houston [1:23 p.m.]   Sorry, no idea, boss. She just told me that 164 she had a packed morning and she would be back in the office after lunch. As far as I know, 163 she has an interview with the new mayor later this afternoon.

Elle Goldberg [1:25 p.m.]   163 I've just confirmed that with the mayor's assistant. Ms. Castillo will meet with Brian Greenwood at 3 at City Hall in his new office. She should be back at the office before 2 if you'd like to talk to her, Mr. Dennis.

Marshall Dennis [1:27 p.m.]   165 Yes, when she gets back in, tell her to come by my office, Elle. I want to make sure that she asks the new mayor about his budget plan for the town.

Elle Goldberg [1:28 p.m.]   I believe that she already has some questions about that, but I'll let her know that you want to go over those questions when she gets here.

Marshall Dennis [1:30 p.m.]   Thanks. 165 In the meantime, Dane, can you come to my office? I'd like to do some final editing on your piece about the upcoming festival so we can publish it in tomorrow's edition.

Dane Houston [1:31 p.m.]   Sure, I'll be right there.

Marshall Dennis [1:20 p.m.]
오늘 Paula Castillo를 보신 분 있나요? 162신임 시장님에 대한 그녀의 기사에 대해 업데이트(어떻게 되어가는지에 대한 소식)가 필요해서요.

Dane Houston [1:21 p.m.]
제가 오늘 아침에 Paula Castillo와 얘기했어요. 시장님의 이전 동료와 162인터뷰를 하기 위해 외근 나가는 중이었어요. 점심식사시간 후에 돌아온다고 얘기했습니다.

Marshall Dennis [1:22 p.m.]
정확히 언제인지는 모르나요? 162수석편집장이 기사가 언제 인쇄 가능할 지 알고 싶어합니다.

Dane Houston [1:23 p.m.]
죄송해요, 상관님. 거기까지는 모르겠습니다. 164아침에 일정이 꽉 차있고, 점심시간 후에나 돌아올 거라고만 얘기했습니다. 제가 아는 한, 163오늘 오후 늦게 신임 시장과 인터뷰가 있는 것 같습니다.

Elle Goldberg [1:25 p.m.]
163제가 방금 시장님 비서와 확인해봤어요. Castillo가 3시에 시청 집무실에서 Brian Greenwood와 만날 거랍니다. Dennis, 당신이 Castillo와 얘기를 나누려면 Castillo가 사무실에 2시 전에는 도착해야겠네요.

Marshall Dennis [1:27 p.m.]
165맞아요. Elle, 그녀가 돌아오면 제 사무실로 오라고 얘기해주세요. Castillo가 시장에게 그의 예산안에 대한 질문을 꼭 하도록 당부하고 싶어서요.

Elle Goldberg [1:28 p.m.]
제가 알기로 이미 그 문제에 대한 질문을 Castillo가 준비한 것 같던데요. 그렇지만, 그녀가 돌아오면 당신이 이 문제를 꼭 살피기를 원한다고 알리겠습니다.

Marshall Dennis [1:30 p.m.]
고마워요. 그런데 Dane, 165제 사무실에 와줄 수 있나요? 내일 자에 실을 수 있도록 페스티벌 관련 당신 기사에 대한 최종 편집을 하고 싶어서요.

Dane Houston [1:31 p.m.]
네, 바로 가겠습니다.

|어휘| business card 명함 set up 설정하다, 준비하다 printing company 인쇄소 beat 이기다 go by

162. What kind of company do the writers most likely work for?

(A) A publishing company

(B) A marketing agency

(C) A newspaper

(D) A consulting firm

대화자들은 어떤 회사에 근무할 가능성이 가장 높은가?

(A) 출판사

(B) 마케팅 회사

(C) 신문사

(D) 컨설팅 회사

|해설| 시장님을 인터뷰하고, 수석편집장이 등장하는 걸로 보아 신문사임을 알 수 있다. 'her story'는 '그녀의 기사'를 의미.

---

163. Who most likely is Brian Greenwood?

(A) A newly elected official

(B) A newspaper reporter

(C) A budget consultant

(D) An assistant

Brian Greenwood는 누구일까요?

(A) 세로 선출된 공직자

(B) 신문사 기자

(C) 예산관련 컨설턴트

(D) 비서

|해설| '1시 23분' 대화에서 Castillo씨는 시장님과 인터뷰할 일정을 가지고 있다고 했다. '1시 25분' 대화에서는 시장실 비서가 확인해준 바에 따르면 Castillo씨가 3시에 시장실에서 Brian Greenwood를 만날 것이라 했다. 그러므로 Brian Greenwood가 시장님 임을 알 수 있다. 시장은 선거에 의해 선출되는 공직자이므로 (A)가 정답.

---

164. At 1:23 p.m., what does Dane Houston mean when he writes, "she had a packed morning"?

(A) Ms. Castillo brought her lunch from home.

(B) Ms. Castillo wouldn't be working in the morning.

(C) Ms. Castillo woke up early today.

(D) Ms. Castillo was very busy until lunch.

1시 23분에 Dane Houston씨가 "she had a packed morning"라고 쓸 때 무엇을 의미하고 있는가?

(A) Castillo씨가 집에서 점심을 싸왔다.

(B) Castillo씨는 아침에 근무하지 않을 것이다.

(C) Castillo씨는 오늘 아침에 일찍 일어났다.

(D) Castillo씨는 점심시간까지 매우 바쁘다.

|해설| 그녀는 'packed morning'을 가지고 있으며 점심 후에나 사무실로 돌아올 수 있을 것이라 했다. 그러므로 오전 일정이 사무실에 들어오지 못할 정도로 매우 바쁘다는 것을 유추할 수 있다.

---

165. What is indicated about Marshall Dennis?

(A) He is writing several stories at once.

(B) He works closely with City Hall.

(C) He is in a managerial position.

(D) He is not happy with Mr. Houston's work.

Marshall Dennis에 대해 언급된 것은?

(A) Dennis는 한 번에 여러 개의 기사를 작성한다.

(B) Dennis는 시청과 긴밀한 관계로 일한다.

(C) Dennis는 관리직책에 있는 사람이다.

(D) Dennis는 Houston의 작업이 마음에 들지 않는다.

|해설| Marshall Dennis의 대화를 보면, 다른 사람들이 어떻게 일을 하고 있는지 점검하고 관리하고 있음을 알 수 있다. 그러므로 Dennis는 관리직책에 있는 상급자임을 유추할 수 있다.

Porton Monorail

February 2

Dear passengers,

As operation costs for the monorail continue to rise, we have no option but to raise fares for our passengers starting February 15. 167 Fares for adults, university students, and school-aged children will go up by 7%. Children aged 7 and younger will still not have to pay a fare.

We are sorry for inconveniences our customers may experience because of this. 166 Please remember that this is the first time we have had to raise fares in six years. 168 All earnings from fares go toward paying our employees and regularly maintaining the monorail.

We greatly appreciate you for using Porton Monorail

Porton Monorail

2월 2일

친애하는 승객 여러분

모노레일 운영비가 계속해서 상승하기 때문에 우리는 2월 15일부터 요금을 인상하지 않을 수 없게 되었습니다. 167성인, 대학생, 취학아동 요금은 7 퍼센트 인상될 것이고 7세 이하의 아동들은 여전히 요금을 지불할 필요가 없을 것입니다.

이 요금 인상으로 인해 고객들께서 겪으실 불편에 사과드립니다. 하지만 이것이 1666년 만에 처음으로 요금 인상을 하는 것이라는 점을 알아주시기 바랍니다. 168 요금으로 버는 모든 수익은 직원들의 급여와 정기적으로 모노레일을 유지 관리하는데 들어갑니다.

Porton Monorail 이용해 주셔서 여러분께 대단히 감사 드립니다.

|어휘| operation cost 운영비 have no option but to do(=have no choice but to do, cannot but do, cannot help ~ing) ~하는 것 외에 다른 방법이 없다. ~하지 않을 수 없다 will not have to do~ ~할 필요가 없을 것이다 school-aged children 취학아동(학교에 다니는 연령대의 어린이들) be sorry for ~ 때문에 유감이다 earnings 수익, 소득 regularly(=routinely, periodically) 정기적으로 maintain 유지, 관리 하다

난이도 ★★☆

166. What is indicated about Porton Monorail?
(A) It is changing routes for construction.
(B) It increased its prices six years ago.
(C) It is asking for suggestions from passengers.
(D) It is seeing fewer passengers using the service recently.

Porton Monorail에 대해서 유추 할 수 있는 것은?
(A) 공사로 인해 노선을 변경 할 것이다.
(B) 6년 전에 요금을 인상했었다.
(C) 승객들에게 의견을 요청할 것이다.
(D) 최근에 서비스 이용객들이 줄었음을 목격하고 있다.

|해설| 요금을 인상한 것이 6년만에 처음이라고 했으므로, 6년 전에 마지막으로 인상했음을 유추할 수 있다. 본문에서 단서가 된 문장이 상당히 까다롭다. 해석은 아래 자세한 설명을 참고하자.
(C) suggestion은 '의견, 건의사항'의 의미. 고객에게 의견을 묻고 있지는 않다.
(D) 요금을 인상하는 것은 비용이 늘고 있기 때문이다. 이용객의 수가 줄고 있다는 언급은 없었다.

This is the first time (that) we have had to raise fares in six years.
이번이 6년만에 우리가 요금을 인상해야 했던 처음입니다 ⇒ 6년만에 처음으로 인상을 해야 했습니다.

앞에 first가 나오고 'in+기간명사'가 나오면, 이때 in은 '만에'로 해석한다.
'have had to do~'는 'have to do~'의 현재완료 시제! have to는 '~해야 한다'의 의미이므로, 현재완료의 느낌을 살려보면, '(과거부터 지금까지) 요금을 인상해야 했었다'.

167. What is suggested about university students?

(A) They can receive a discount card from their schools.

(B) Their fares will rise by the same percentage as the one for adults.

(C) They must renew identification to receive the student fare.

(D) They will no longer have a special fare provided for them

대학생들에 대해서 언급되어 있는 것은?

(A) 그들은 학교로부터 할인 카드를 받을 수 있다

(B) 그들의 요금은 성인요금과 동일한 비율로 오를 것이다.

(C) 학생 요금을 받기 위해서는 신분증을 갱신해0; 한다.

(D) 더 이상 그들에게 특별요금은 제공 되지 않을 것이다.

|해설| 성인과 대학생, 취학아동은 모두 요금이 7% 인상된다.

|보기해석| Their fares will rise by the same percentage as the cne for adults. the same A as B: B와 똑 같은 A'. as뒤에 나온 the one은 앞에 나온 fares를 받아온다. '대학생의 요금은 성인을 위한 요금과 똑 같은 퍼센트만큼 오를 것이다'.

168. According to the notice, what is one way that earnings collected from fares are spent?

(A) To compensate staff

(B) To increase the number of routes

(C) To restore train stations

(D) To advertise their service

공지에 따르면, 요금을 통해 얻어진 수익이 쓰여기는 방식 중의 하나는 무엇인가?

(A) 직원들을 보상하는데

(B) 노선 수를 늘리는 데

(C) 기차역을 복구하는 데

(D) 서비스를 홍보하는데

|해설| compensate은 '보상하다'의 의미로써 직원에게 월급을 준다는 의미로 잘 쓰인다. 명사 형태로 compensation은 '급여'의 의미로 아주 잘 쓰인다. 직원들에게 월급을 주고 모노레일을 유지보수 하는데 사용한다고 했다.

Hector Rodriguez to Speak at Chapala City Hall

Prize-winning writer and CEO of Quatro Perro, Inc., 169 Hector Rodriguez will give a presentation at Chapala City Hall on April 4. The presentation will focus on making an impact in the corporate business world. Following the presentation, Mr. Rodriguez will be available to 170 sign copies of any of his volumes in the South Wing of City Hall. There is no charge for entry, but attendees must register by April 1 since there are limited seats available. 171 Email the organizer Maria Ortega (mortega@chapalacity. go.mx) to register or find out information.

Mr. Rodriguez started his career as a sales representative with Hernandez Industries and was promoted quickly. Following a decade of working at Hernandez, Mr. Rodriguez started his own company and has attained great success. 170 His latest book, Stand Tall and Succeed, will be available at bookstores beginning on April 3.

Hector Rodriguez씨 Chapala 시청에서 강연

수상경력을 가진 작가이자 Quatro Perro사의 대표이사인 169Hector Rodriguez씨가 4월 4일에 Chapala 시청에서 강연을 할 것입니다. 이번 강연은 재계에 영향을 미치는 법에 초점이 맞춰질 것입니다. 연설 후에 Rodriguez씨는 시청의 남관에서 170그의 책 중 어느 책이건 (가지고 오시면) 사인을 해줄 것입니다. 입장료는 없지만 자리가 제한되어 있는 관계로 참가자들께서는 4월 1일까지 등록을 하셔야 합니다. 171등록이나 정보를 얻고자 원하시면 주최자인 Maria Ortega (mortega@chapalacity.go.mx)에게 이메일을 주세요.

Rodriguez씨는 Hernandez Industries사에서 영업사원으로 첫 직장을 시작하였고 승진도 빨랐습니다. Hernandez사에서 10년간 근무 한 후에 자신의 회사를 차렸고 큰 성공을 얻게 되었습니다. 그의 170신간서적인 Stand Tall and Succeed는 4월 3일부터 서점에서 이용 가능할 것입니다.

|어휘| City hall 시청 청사 focus on ~에 초점을 두다 following(=after) ~후에 entry 1) 입장 2) 참가, 참가작품 3) 입력 copy (책 등의) 한 부 volume 책 attendee 참가자 attain(=accomplish, achieve) 얻다, 획득하다, 이루다

난이도
★☆☆

169. What event is being promoted?

(A) An opening at a company

(B) A celebration of a successful company

(C) A ceremony for a prize recipient

(D) A business talk

어떤 이벤트가 홍보되는가?

(A) 회사 개업식

(B) 회사의 성공 축하연

(C) 수상자 축하연

(D) 비즈니스관련 강연

|해설| 수상경력이 있는 발표자가 시청에서 강연할 것을 알리고 있다. talk은 '연설, 강연'의 의미로 잘 쓰인다. speech, presentation보다 조금 덜 격식을 갖춘 '연설'을 지칭할 때 쓰지만 동의어로도 사용할 수 있다. [remark - talk - presentation - speech] speech가 가장 격식을 갖춘 연설. remark가 가장 격식을 갖추지 않은 발언.

(C) 시청에서 강연을 할 연사를 소개하기 위해 수상경력을 언급했을 뿐이고, 이 모임이 수상을 축하하는 자리는 아니다.

---

170. What is suggested about Hector Rodriguez?

(A) He is preparing to start a new company.

(B) He writes articles for a Web site.

(C) He visits Chapala City Hall often.

(D) He has written several books.

Hector Rodriguez씨에 대해서 언급되어 있는 것은?

(A) 회사 창업을 준비 중에 있다.

(B) 웹사이트에 기사를 기고한다.

(C) Chapala 시청을 자주 방문한다.

(D) 여러 권의 책을 집필했다.

|해설| 그의 책 중 어느 것이건 한 권을 가지고 오면 사인을 해줄 것이라 했으므로, 그는 많은 책을 집필했음을 유추할 수 있다. 또한 마지막 줄에서 그의 '최신 신간'이 언급되고 있는데, '신간'이라는 의미는 이전에 집필한 책이 또 있다는 의미.

---

171. What are the attendees asked to do before the event?

(A) Write an email to Hector Rodriguez

(B) Purchase an admission ticket

(C) Contact Maria Ortega

(D) Go to the South Wing

행사 전에 참가자들은 무엇을 하도록 요구 받는가?

(A) Hector Rodriguez씨에게 이메일을 쓰는 것

(B) 입장 표를 구매 하는 것

(C) Maria Ortega씨에게 연락 하는 것

(D) 시청 청사 남관으로 가는 것

|**해설**| 자리가 부족할 수 있으니 4월1일까지 등록을 하라고 했으며, 등록을 위해서는 Maria Ortega씨에게 이메일을 보내라고 했다. 그러므로 참가자들은 Maria Ortega씨에게 연락을 해야 한다.

(A) Hector Rodriguez씨는 강의를 할 연사. 이메일은 Maria Ortega씨에게 보내야 한다.

July 10—The Lorville Association of Developing Culture (LADC) released a statement that 172a it has selected Harold Miller as the winner of its Fifth Biennial Amateur Painting Contest. Mr. Miller's painting, "Letters Upon Letters," and works of those who entered the contest will be exhibited at the LADC Gallery 173 from August 10 to August 28. 173 An opening ceremony will be held on the first day of the exhibition where Mr. Miller will be given a monetary award of $2,000 in recognition of his achievement by LADC's chairwoman, Nancy Mael. —[1]—.

172b LADC will also have the paintings available for viewing on its Web site, something the organization has never done before. —[2]—. "We hope that the online gallery will allow more people to enjoy the paintings of some of the area's gifted amateur artists," said Ms. Mael. —[3]—.

Residents should remember that 174 the Gallery will not be open during its annual fall break from August 30 to September 28. The gallery's new season begins on September 30 with 172d, 174 a presentation by music professor, Dr. James Haver on the history of jazz music. —[4]—.

7월 10일– Lorville Association of Developing Culture (LADC)는 172aHarold Miller를 2년에 한번 열리는 제5회 아마추어 그림 공모전에 수상자로 선정했다는 성명서를 발표했습니다. Miller씨의 그림 "Letters Upon Letters"와 대회에 참가한 분들의 작품들이 1738월 10일부터 28일까지 LADC 갤러리에서 전시될 것입니다. 173전시회 첫날에 개회식이 열릴 것이며, 그곳에서 Miller씨가 그의 성과를 인정해서 수여되는 2,000달러의 상금을 LADC 의장인 Nancy Mael씨로부터 받을 것입니다. —[1]—.

172bLADC는 또한 웹사이트에서 그림들을 볼 수 있도록 할 것인데, 이는 협회에서 이전에는 한 번도 하지 않았던 것입니다. —[2]—. "저희는 온라인 갤러리가 더 많은 사람들에게 지역의 재능 있는 아마추어 화가들의 그림들을 즐길 수 있게 해 줄 것을 희망합니다"라고 Mael씨가 말했습니다. —[3]—.

갤러리가 1748월 30일부터 9월 28일까지 연례 가을 휴식기 동안에는 열지 않는 다는 것을 주민들께서는 기억해주시기 바랍니다. 172d, 174갤러리의 새 시즌은 음대 교수인 Dr. James Haver씨의 재즈음악 역사에 대한 강연과 함께 9월 30일에 시작됩니다. —[4]—.

|어휘| release a statement 성명서를 발표하다 monetary award 상금 in recognition of ~을 인정하여 achievement 업적, 성과 admission fee 입장료 donation 기부 organization(=association, institution, affiliation) 조직, 단체, 협회 begin with n. ~으로 시작하다

난이도
★☆☆
172. What is NOT a purpose of the article?
(A) To announce a contest's winner
(B) To promote a Web site's update
(C) To profile an organization's director
(D) To publicize an upcoming talk

기사의 목적이 아닌 것은?
(A) 대회 우승자를 발표하기 위해서
(B) 웹사이트의 업데이트를 홍보하기 위해서
(C) 협회 이사장의 이력을 설명하기 위해서
(D) 곧 있을 강연을 알리기 위해서

|해설| profile이 동사로 쓰이면 '프로필을 소개하다, 설명하다'의 의미. 이 글에는 협회 이사장에 대한 언급은 전혀 없다.
(D) talk은 앞서 다른 문제 보기에도 등장했듯이, '강연, 연설'의 의미를 가진다. James Haver 박사가 재즈음악 역사에 대한 강연하는 것을 홍보하고 있으므로 (D)는 이 글의 목적 중의 하나. 나머지 보기는 지문에 표시된 내용 확인!

173. What is indicated about Mr. Miller?

(A) He is a painting instructor.

(B) He will rate paintings for a competition in June.

(C) He will be participating in an event at a gallery on August 10.

(D) He works for a cultural institution.

Miller씨에 대해서 언급되어 있는 것은?

(A) 그는 미술 강사이다.

(B) 그는 6월에 그림 대회를 심사 할 것이다.

(C) 그는 8월 10일 갤러리 행사에 참여 할 것이다

(D) 그는 문화단체에서 근무 한다.

|해설| Miller씨는 이번 대회 수상자이기 때문에 8월10일 개회식 때 상을 받기 위해 행사에 참석할 것이다.

---

174. What does the article imply about the gallery?

(A) It provides painting classes to the residents.

(B) Paintings from past contests will be posted on its Web site.

(C) It has recently undergone renovations.

(D) The painting exhibit is the last exhibit for the season.

갤러리에 대해서 기사가 언급하고 있는 것은?

(A) 주민들에게 미술 수업을 제공한다.

(B) 이전 대회의 그림들이 웹사이트에 게재될 것이다.

(C) 최근에 개조를 했다.

(D) 이번 그림 전시회는 이번 시즌 마지막 전시회다.

|해설| 이번 그림전시회는 8월10일부터 28일까지 진행된다. 그리고 8월30일부터 9월28일까지 갤러리가 가을 휴식기에 들어가며 9월30일 새 시즌이 시작된다. 그러므로 이번 전시회가 이번 시즌의 마지막 전시회다.

(A) 수업을 제공하지는 않는다. 전시만 제공할 뿐이다. (B) 웹사이트에 게재되는 그림은 이번 대회의 그림들뿐이다. 과거 대회의 그림들은 게시되지 않는다. (C) 최근 갤러리가 개조작업을 했다는 언급은 없다.

---

175. In which of the positions marked [1], [2], [3], and [4] does the following sentence best belong?

"There is no admission fee to the exhibit, but donations are appreciated to help support LADC."

(A) [1]   (B) [2]

(C) [3]   (D) [4]

[1], [2], [3], [4]로 표시된 자리 중에 다음 문장이 들어가기에 가장 적합한 곳은?

"전시회에 별도 입장료는 없지만 LADC를 후원하는 기부금은 감사히 받겠습니다."

(A) [1]   (B) [2]

(C) [3]   (D) [4]

|해설| '이 전시회'에 대한 입장료가 없다고 했으므로 이 문장은 '전시회'에 대한 내용 뒤에 들어가야 한다. 그러므로 [1]이 정답. 2번째 문단은 '웹사이트'에 대한 내용이므로 적절치 않으며, 3번째 문단은 다음 시즌에 대해 안내하고 있으므로 역시 적절치 않다. 자리찾기 문제의 경우 혼동되는 경우에는 문단 별로 나누어 주제를 정리해본다. '전시회'에 대한 내용은 첫 번째 문단이므로 [1]이 정답.

Mara & Associates
What to Consider When Making a Cover Letter

177 Cover letters are required to be the first page of each packet of surveys that is sent out to potential survey respondents. The cover letter gives the researcher an opportunity to solicit participation in a survey by explaining the value and significance of the participants' responses. Cover letters should be easy to understand, so they must be written in simple language and provide respondents the information listed below.

- The reason the research is being done
- 179c Who is doing the research and made the questionnaire
- The importance of responding to the questionnaire
- 179b How long the survey is (for example, two pages)
- 179d How long it will take to finish the survey
- 179a The date by which the completed survey should be submitted
- 177c Whether the responses will be treated confidentially and for what they will be used

---

Mara & Associates
P.O. Box 564388 · Atlanta, GE 30312

August 6

Lupita Rose
2983 Delouise Drive
Monroe, LA 71212

Dear Ms. Rose:

176, 179c Strong Life Exercise Equipment has employed Mara & Associates to survey customers who bought Strong Life products online. 178 Since you purchased your Strong Life product online on June 18, you have been specially chosen to receive one of these surveys. Your completed survey will help us learn what customers find important when buying exercise equipment online.

Please answer the questions on the 179b two-page survey and 179a return it by the due date of September 30. We have included a pre-paid self-addressed envelope for your convenience. Please do not include any personal information, such as your name or contact details, as all surveys are to be kept confidential. 180 A summary of all responses will be available after November 30. If you wish to receive a copy, please mark the box indicating this on the final page of the questionnaire.

Regards,
Mara & Associates

Enclosure

Mara & Associates
소개표지 만들 때 참고하시길 바랍니다.

설문조사 잠재 응답자에게 배포되는 177 각 설문 조사지의 첫 페이지는 소개표지가 되어야 합니다. 소개표지는 참가자들의 응답의 가치와 중요성을 설명함으로써 설문조사에 참여를 유도할 기회를 조사관들에게 제공합니다. 소개표지는 이해하기 쉬워야 하며, 그래서 쉬운 언어로 작성되어야 하고 응답자들에게 아래 나열된 정보를 제공해야 합니다.

- 조사가 시행되는 이유
- 179c 누가 조사를 시행하고 있으며 질문지를 만들었는지
- 설문지에 응답하는 것의 중요성
- 179b 설문조사가 얼마나 긴지 (예: 2페이지)
- 179d 설문조사를 마치는데 얼마나 걸릴지
- 179a 작성된 설문지가 언제까지 제출되어야 하는지
- 177c 답변이 기밀로 처리될 지의 여부와 무엇을 위해 사용될 지

Mara & Associates
P.O. Box 564388 · Atlanta, GE 30312

8월 6일

Lupita Rose
2983 Delouise Drive
Monroe, LA 71212

Rose씨에게:

176, 179c Strong Life Exercise Equipment는 Strong Life제품을 인터넷에서 구매하는 소비자들을 설문조사하기 위해 Mara & Associates를 고용했습니다. 178 귀하는 6월 18일에 Strong Life 제품을 온라인에서 구매하셨기 때문에 이 설문지 중 하나를 받아보시도록 특별히 선정되셨습니다. 귀하가 작성해주신 설문지는 인터넷 상에서 운동기구를 구매할 때 고객분들은 무엇이 중요하다고 생각하는지를 저희가 배울 수 있게 도와줄 것입니다.

179b 2페이지 짜리 설문지에 있는 질문에 답하시고 179a 기한인 9월 30일까지 돌려보내주세요. 귀하의 편의를 위해 저희 주소가 적힌 요금별납 봉투를 동봉하였습니다. 모든 설문조사는 기밀로 유지될 것이기 때문에 귀하의 이름이나 연락처와 같은 개인정보는 기재하지 말아주세요. 180 모든 설문응답에 대한 요약본이 11월 30일에 공개될 것입니다. 만약 (요약본의) 인쇄본을 받아보시길 원하신다면 설문지 마지막 페이지에서 이 사항을 표시하는 박스에 표시해주시기 바랍니다.

Mara & Associates
동봉

176. What kind of company is Mara & Associates most likely?

(A) A biological research group

(B) A maker of exercise products

(C) A consumer research agency

(D) A business training consulting firm

Mara & Associates는 어떤 종류의 회사일 가능성이 높은가요?

(A) 생물학 연구 단체

(B) 운동 제품 제조사

(C) 소비자 리서치 기관

(D) 기업 교육 컨설팅 회사

|해설| Strong Life Exercise Equipment라는 회사가 고객 설문조사를 위해 Mara & Associates를 고용했다고 했으므로 Mara & Associates는 소비자들의 설문조사를 시행하는 리서치 회사임을 알 수 있다.

(B)는 Strong Life Exercise Equipment사에 해당.

난이도
★★★

177. What do the guidelines imply about cover letters written by Mara & Associates employees?

(A) They are one page long.

(B) They can be made available in multiple languages.

(C) They usually contain confidential information.

(D) They relate Mara & Associates mission statement.

지침서는 Mara & Associates 직원들에 의해 작성된 소개 표지에 대해 무엇을 암시하고 있는가?

(A) 소개표지는 한 페이지로 구성된다.

(B) 소개표지는 다양한 언어로 제공될 수 있다.

(C) 소개 표지는 일반적으로 기밀 정보를 포함한다.

(D) Mara & Associates의 조직강령을 전달한다.

|해설| Cover letter는 각 설문조사의 '첫 페이지'가 되어야 한다고 했다. 첫 페이지라는 것으로 보아 cover letter는 표지로써 제일 앞장 한 페이지로 구성될 것임을 유추할 수 있다.

(C) 지침서의 마지막 항목을 보면 '답변이 기밀로 처리될 지 여부'를 밝히라고 했다. 이는, 만약 기밀로 처리되는 설문조사라면 그 사실을 소개표지에서 명시해야 한다는 의미다. 소개표지 자체에 기밀정보가 포함된다는 의미는 아니다. 보기의 주어가 이 문제와 같이 대명사(they)인 경우 오답률이 매우 높다. 주어가 누구인지를 망각하게 되어 정확한 의미파악을 하지 못하기 때문이다. 보기에 주어자리에 나온 대명사는 문제에 등장한 명사를 받아온다. 여기서는 cover letters를 받아온다. 항상 대명사가 누굴 받아오는지 파악하면서 읽는 것을 습관 들이자.

(D) mission statement는 '강령'이라고 해석한다. 그 회사가 설립되고 운영되는 취지. 희사의 사명 등을 담은 글이다. 설문조사 소개표지에서 Mara & Associates의 강령을 소개할 이유는 없다.

178. According to the letter, what did Ms. Rose do recently?

(A) She submitted an application for an opening.

(B) She complained about a faulty product

(C) She purchased goods on the Internet.

(D) She hired a marketing agency.

서신에 따르면 Rose씨는 최근에 무엇을 했나요?

(A) Rose씨는 공석에 대한 지원서를 제출했다.

(B) Rose씨는 잘못된 제품에 대해 항의했다.

(C) Rose씨는 인터넷에서 제품을 구매했다.

(D) Rose씨는 마케팅 회사를 고용했다.

|해설| 6월 18일 인터넷에서 Strong Life사 제품을 구매했다고 했으므로 (C)가 정답.

179. What information mentioned in the guidelines is NOT included in the letter?

(A) The time by which a form should be returned

(B) How many pages are in the survey

(C) The business that made the survey

(D) How long it will take to complete the questionnaire

지침서에 언급된 정보 중 서신에 포함되어 있지 않은 것은?

(A) 양식이 제출되어야 하는 마감 일자

(B) 설문조사가 몇 페이지로 구성되어 있는지

(C) 설문조사를 제작한 업체

(D) 설문지를 작성하는데 걸리는 시간

|해설| (A)의 경우 지침서의 6번째 항목이며 마감일이 9월 30일임을 명시하고 있다. (B) 지침서의 4번째 항목이며 2페이지 짜리임을 밝히고 있다. (C)는 지침서의 2번째 항목이며 Mara & Associates가 고용되어 설문조사를 진행하고 있음을 명시하고 있다. (D)의 경우 지침서의 5번째 항목이지만, 두 번째 지문에서는 작성하는데 걸리는 소요시간을 명시하지 않았다.

180. According to the letter, what can Ms. Rose request?

(A) A discount on future purchases

(B) The results of a survey

(C) A copy of her receipt

(D) A product catalog

서신에 따르면 Rose씨는 무엇을 요청할 수 있나요?

(A) 향후 구매에 대한 할인

(B) 설문조사의 결과

(C) 영수증의 사본

(D) 제품 카달로그

|해설| 마지막 줄에서 설문조사 결과에 대한 요약본을 받아보고 싶으면 표시하라고 했으므로 고객은 설문조사 결과를 요청할 수 있다.

Inglewood University's Department of Architecture on the Road to Success Again
By Marilyn Nedson

Inglewood (January 10) - For five consecutive years, an Inglewood University project has been nominated for one of the prestigious Mitchell-McBrien medals. The new Ballard Building, which was designed by students of the Department of Architecture, was announced as a candidate for the award in the Best Design category.

181 The medals have been awarded to young architects throughout the world to celebrate their achievements in the field of architecture. The organization that awards the medals was set up primarily to encourage architects who are new to the field. The medals are highly sought-after.

The dean of students at Inglewood University, Ian Neighbors, stated that he thinks the reason that Inglewood students have been nominated so many times is partly because of the university's mentoring program, Inglewood Mentors. 182 The aim of the program is to team up architecture students with architects who are already in the field to assist them with projects over the course of a year. "Working with real professionals in their field helps students get valuable experience and see what the career they strive for is like in real life. The results have been very satisfactory," stated Neighbors.

The Ballard Building, as with the projects that were previously nominated from Inglewood, was made by students who were participating in the program. The mentor for the group of students, Nia Varice, an architect from Polysum Design, has been working with them since the beginning of the project. 183 She has been generous enough to donate her time to the program since its beginning, but this is the first time that her protégées have been considered for the award. "Usually, my reward is just working with young minds," stated Varice. "Having them nominated for this award is even more exciting."

The recipients for the awards will be announced on March 5. Those interested in seeing the completed designs for the Ballard Building are invited to visit the Inglewood University library, where they are on display until the end of February.

To: Nia Varice <nvarice@polysumdesign.com>
From: Jerry Ling <jling@somemail.com>
Subject: Great news

Date: March 6

Dear Nia,

184 I just read the article about the Ballard Building in the Lancing Herald today and I just wanted to say congratulations. I know that the architectural department at Inglewood is very happy and I'm sure that your company must be thrilled as well. I hope we can get together soon to catch up. I heard that Polysum is working on the new Sonitor Planetarium. 185 It would be great to hear how that's going and to get some advice about mentoring from you whenever you're available.

Regards,
Jerry

Inglewood University 의 건축과 다시 성공가도 를 달리다
Marilyn Nedson 기자

Inglewood (1월 10일) – 5년 연속 Inglewood University의 프로젝트가 명망 있는 Mitchell-McBrien 메달 중 하나에 후보로 선정되었습니다. 건축학과 학생들에 의해 설계된 Ballard Building이 Best Design 카테고리에 후보로 발표되었습니다.

181 이 메달은 건축분야에 업적을 기리기 위해 전 세계 젊은 건축가들에게 수여됩니다. 이 메달을 수여하는 기관은 건축분야에 신예 건축가들을 독려하려는 주목적을 가지고 설립되었습니다. 이 메달은 모두가 받고 싶어하는 메달입니다. Inglewood University의 학장인 Ian Neighbors씨는 Inglewood 학생들이 여러 번 후보로 선정된 이유가 이 대학의 멘토링 프로그램인 Inglewood Mentors에 기인한다고 생각하고 있습니다. 182 이 프로그램의 목적은 건축과 학생들을 이미 현장에서 일하고 있는 건축가들과 연결시켜서 1년의 기간 동안 프로젝트와 관련하여 학생들을 지원해주는 것입니다. "현장에 있는 실제 전문가들과 함께 작업하는 것은 학생들이 소중한 경험을 쌓게 해주고 학생들이 추구하는 직업이 실제 어떤 모습인지를 볼 수 있게 해줍니다"라고 Neighbors씨가 얘기합니다.

Ballard Building은 이전에 후보로 올랐던 Inglewood의 다른 프로젝트와 마찬가지로 이 프로그램에 참여했던 학생들에 의해 만들어졌습니다. 183 이 학생들의 멘토인, Polysum Design의 건축가 Nia Varice씨는 이 프로젝트의 시작 때부터 학생들과 함께 작업해왔습니다. Nia Varice씨는 프로그램 초창기부터 그녀의 시간을 할애해 줄 만큼 너그러웠지만 그녀의 제자들이 후보지명이 된 것은 이번이 처음입니다. "보통 저에게 보상은 젊은이들과 일을 한다는 것 자체였습니다(젊은이들과 일하는 것만으로 보람 있었습니다)" Varice씨가 말합니다. "이상에 그들이 후보지명이 된 것은 훨씬 더 신이 나네요". 수상자들은 3월 5일에 발표될 예정입니다. Ballard Building의 완성된 설계를 보고 싶은 분들은 Inglewood University 도서관에 방문해주시기 바랍니다. 그 곳에서 2월말까지 전시될 것입니다.

수신자: Nia Varice <nvarice@polysumdesign.com>
발신자: Jerry Ling <jling@somemail.com>
주제: 굉장한 소식
날짜: 3월 6일

Dear Nia,

184 오늘 Lancing Herald에 난 Ballard Building 관련 기사를 읽었습니다. 축하 드립니다. Inglewood의 건축과도 매우 기쁘겠지만 당신 회사도 마찬가지로 매우 기쁘겠네요. 여러 얘기도 나눌 겸 곧 한번 만났으면 합니다. Polysum사가 새로운 Sonitor Planetarium 작업을 하고 있다는 소식도 들었습니다. 언제든 시간 나시면, 어떻게 진행되고 있는지도 들어보고 그리고 185 멘토링에 대해서도 당신에게 조언을 들어보면 좋을 것 같습니다.

Jerry

181. What is suggested about the Mitchell-McBrien Medals?
(A) They are awarded every three years.
(B) They are currently on display at Inglewood University's library.
(C) They can be given to students from any country.
(D) They are awarded to exceptional mentors.

Mitchell–McBrien Medals에 대해 언급된 것은?
(A) 이 메달은 3년마다 수여된다.
(B) 이 메달은 현재 Inglewood University 도서관에 전시되어 있다.
(C) 이 메달은 국적을 가리지 않고 전세계 학생들에게 수여된다.
(D) 이 메달은 훌륭한 멘토에게 수여된다.

|해설| 이 메달은 전세계 젊은 건축학도들에게 수여된다고 했으므로 국적을 가리지 않음을 알 수 있다.
(B) 도서관에서 전시되고 있는 것은 '메달'이 아니고 이 메달 후보로 선정된 작품. 보기 주어자리에 나온 대명사(they)는 문제에 언급된 명사(the Mitchell–McBrien Medals)를 받아옴을 잊지 말자.

---

182. What is mentioned about the Inglewood Mentors program?
(A) It allows students to have professional assistance.
(B) It provides grants for students.
(C) It allows students to act as mentors to other students.
(D) It partners students from multiple universities for joint projects.

Inglewood Mentors 프로그램에 대해 언급된 것은?
(A) 학생들이 전문가의 지원을 받게 해준다.
(B) 학생들에게 자금을 지원해준다.
(C) 학생들이 다른 학생들에게 멘토 역할을 하게 해준다.
(D) 공동 프로젝트를 위해서 다양한 대학의 학생들을 연결해준다.

|해설| 이 프로그램은 학생들과 실제 현장에서 일하는 건축가들을 연결해줌으로써, 학생들이 현업에서 일하는 전문가들의 전문적인 도움을 받게 만드는 것이다. 그러므로 (A)가 정답.
(B) grant는 재정적 지원을 의미한다. 이 프로그램에서 학생들에게 자금을 지원한다는 언급은 없었다.
(D) 학생들이 서로 멘토가 되는 것이 아니고 현장 전문가가 학생들의 멘토역할을 하는 것이다.

---

183. What is indicated about Ms. Varice?
(A) She got her degree from Inglewood University.
(B) She established her own architectural business.
(C) She was a mentor for all projects that were considered.
(D) She has mentored students in the program since it began.

Varice씨에 대해 언급된 것은?
(A) Varice씨는 Inglewood University에서 학위를 받았다.
(B) Varice씨는 그녀 자신의 건축회사를 설립했다.
(C) Varice씨는 심사 받은 모든 프로젝트의 멘토역할을 했다.
(D) Varice씨는 프로그램이 시작했을 때부터 멘토역할을 해왔다.

|해설| Varice씨는 이 프로그램 초창기 시절부터 멘토역할을 해왔다고 했으므로 (D)가 정답.
(B) Varice씨는 Ploysum Design의 건축가라고 했으므로 이 회사에 고용된 건축가다. 건축회사를 직접 설립했다면 회사의 창립자라고 소개되었을 것이다.
(C) 보기 중에 나온 consider 해석 주의. consider는 3형식으로 쓰이면 '심사하다'의 의미로 가장 많이 등장한다. '심사 받은 모든 프로젝트의 멘토'일리는 없다. 심사를 받은 프로젝트라면 이 대학뿐만 아니라 전세계 수 많은 대학들에서 참여한 모든 프로젝트를 의미한다.

184. Why did Mr. Ling most likely congratulate Ms. Varice?

(A) She was a highlighted architect in a journal.

(B) She was given a raise.

(C) A prize was given to students with whom she worked.

(D) Her company received a large grant.

Ling씨가 Varice씨를 축하하는 이유는?

(A) Varice씨는 잡지에서 주목 받은 건축가였다(잡지에 그녀에 대한 집중 기사가 났다)

(B) Varice씨가 연봉인상을 받았다.

(C) Varice씨와 함께 작업한 학생들에게 상이 수여되었다.

(D) Varice씨의 회사가 큰 규모의 지원금을 받았다.

|해설| Ling씨는 Ballard Building에 대한 신문기사를 보고 나서 축하메일을 보냈다. Ballard Building은 이번에 메달 후보로 선정된 작품이다. 또한 첫 번째 지문에서 최종 수상자가 3월5일에 발표될 것이라고 언급했는데, 이 이머 일은 3월 6일에 쓰여졌다. 그러므로 Ballard Building이 최종 수상자로 선정된 기사를 보고 축하인사를 하고 있음을 유추할 수 있다.

(A) Ling씨는 Ballard Building에 대한 기사를 읽었다고 했다. 이 기사에서 Varice씨를 언급하고 있는지는 알 수 없다.

(D) Varice씨의 회사가 새로운 Sonitor Planetarium 작업을 하고 있다고 했다. 아마도 Sonitor Planetarium 건축일을 맡아서 진행하고 있다는 의미일 것이다. grant는 자금을 지원받았다는 의미이므로 전혀 상관이 없다.

185. Who most likely is Mr. Ling?

(A) Ms. Varice's supervisor

(B) Ms. Varice's student

(C) An employee of Polysum Design

(D) A volunteer for an Inglewood Mentors

Ling씨는 누구일까요?

(A) Varice씨의 감독관

(B) Varice씨의 학생

(C) Polysum Design의 직원

(D) Inglewood Mentors의 자원봉사자(멘토)

|해설| 시간될 때 만나서 멘토링에 대한 조언을 듣고 싶다고 했으므로, Ling씨도 멘토링에 참여하고 있는 건축가일 것이다. (D)가 정답.

(A), (C) '당신의 회사도 매우 기쁠 것이다'라고 했으므로 Ling씨는 Varice씨와 같은 회사에 다니지 않고 있음을 알 수 있다. 그러므로 Varice씨의 상사도 아니고 Polysum Design의 직원일 수도 없다.

The Society for Arts Preservation
invites you to its premiere presentation of
A Night with the Stars

Featuring Bradley Kowalski

On Thursday, June 13 at 8 p.m.
at The Candlelight Theater

186 Renowned film actor, Bradley Kowalski will talk about his 45 year long career, including traveling to many countries, working with respected directors, and his partnership with musician Sheila Son.

Admission fee - 187© $12.00
Student price - $9.00

Reception following the presentation: 9:30 p.m. – 11 p.m. (Must be reserved in advance)
188© Reservations can be made by calling The Society for Art Preservation support advisor at 1-800-555-8663

Support The Society for Arts Preservation (TSAP) by becoming a member today!

Supporters enjoy these benefits:
No charge for admission to TSAP events (187© excluding A Night with the Stars presentations)
No reservations required for receptions following events
190© Our monthly journal, Arts Preservation Now, delivered directly to your home

Individual memberships are $40 per year and family memberships are $60 per year.
Name _____
Address _____
Phone number _____
Membership choice and payment _____

Send your completed form to the following address:
188© Barbara Lueck, Support Advisor, The Society for Arts Preservation, 808 Washington Street, Portland, OR 97211

The Society for Arts Preservation은
'A Night with the Stars'의
첫 발표에 귀하를 모시고자 합니다.

출연 Bradley Kowalski

6월 13일 목요일 오후 8시
Candlelight Theater

186 유명 영화배우인 Bradley Kowalski는 여러 나라로의 여행과 존경 받는 감독들과의 작업 그리고 음악가 Sheila Son과의 협력작업 등을 포함한 그의 45년간의 배우생활에 대해 이야기를 할 것입니다.

입장료 – 187©12불
학생요금 – 9불

프레젠테이션 이후 리셉션: 오후 9시 30분부터 오후 11시(사전예약 필수)
188©The Society for Arts Preservation의 지원담당자에게 1-800-555-8663로 전화하셔서 예약하세요.

오늘 회원으로 가입하셔서 The Society for Arts Preservation(TSAP)를 후원해 주세요.

후원자들은 아래와 같은 혜택을 누릴 수 있습니다.
TSAP 행사에 입장료 면제(187© A Night with the Stars 프레젠테이션은 제외)
행사 이후에 열리는 리셉션에 별도 예약이 필요 없습니다.
저희 월간지 Arts Preservation Now가 귀하의 가정으로 직접 배송됩니다.

개인 회원은 연회비가 40불이며 가족 회원은 연회비가 60불입니다.
이름 _____
주소 _____
전화번호 _____
회원등급선택 및 결제 _____

작성된 양식은 다음 주소로 보내주세요:
97211 OR, Portland, Washington 가 808, TSAP,
188©지원 담당자, Barbara Lueck

A Wonderful Night with Bradley Kowalski
- By Cooper Cohn, 190© editor-in chief of Arts Preservation Now

This month's "A Night with the Stars" was TSAP's biggest event yet thanks 189 largely to our supporting members. Bradley Kowalski told many wonderful stories during his talk, with a story about director Andrew Geddes drawing a lot of laughs. Mr. Kowalski stated that he really enjoyed the talk and reception and would be happy to do it again sometime in the future. It is thanks to the support of our members that TSAP is able to offer these events. Members should remember to re-register for membership as our members are given preference for events such as receptions for "A Night with the Stars" and many other events.

Bradley Kowalski씨와의 멋진 밤
— 190© Arts Preservation Now 수석 편집장, Cooper Cohn

이번 달 "A Night with the Stars"는 우리 멤버들 덕분에 TSAP의 지금껏 가장 큰 행사가 되었습니다. Bradley Kowalski씨는 많은 웃음을 자아내면서 그의 강연 중에 Andrew Geddes과의 얘기 등 많은 멋진 얘기들을 들려주었습니다. Kowalski씨는 강연과 리셉션이 너무 즐거웠고 향후에 다시 한번 출연하고 싶다고 얘기했습니다. TSAP가 이런 행사를 마련할 수 있는 것은 우리 회원들의 지원 덕분입니다. 저희 회원들은 "A Night with the Stars"의 리셉션이나 다른 많은 행사에 우대권을 받게 되므로 저희 회원들은 다시 회원가입 재등록을 하실 것을 잊지 마시기 바랍니다.

|어휘| preservation 보존, 보호 premiere 초연, 개봉 renowned 유명한, 저명한 respected 존경 받는

---

186. What is this advertisement about?
(A) A film
(B) A theater opening
(C) A talk
(D) A concert

이 광고는 무엇에 대한 것인가?
(A) 영화
(B) 극장 개장
(C) 강연
(D) 콘서트

|해설| 유명영화배우가 자신의 커리어에 대해 얘기할 것이라 했으므로 정답은 (C).

난이도
★★☆

187. What is indicated about the event on June 13?
(A) The Society for Arts Preservation members have to pay $12 for entry.
(B) Reservations can be made on the TSAP Web site.
(C) It will include a question and answer session.
(D) It is only available to TSAP supporters.

6월 13일 이벤트에 관해서 언급되어 있는 것은?
(A) The Society for Arts Preservation회원은 강연 입장료 12불을 내야 합니다.
(B) 예약은 TSAP 웹사이트에서 가능합니다.
(C) 질의 응답시간이 있습니다.
(D) TSAP 후원자들만 참여 할 수 있습니다.

|해설| Combined Question. 회원은 TSAP 행사에 무료로 입장할 수 있지만 excluding이라는 단서가 붙는다. A Night with the Stars 발표회는 예외라고 했다. 6월13일에 열리는 행사가 A Night with the Stars 발표회이기 때문에 정상요금인 12불을 내야 한다.

(C) a question and answer session은 질의응답시간으로, 개인적으로 쉬는 시간에 다가가서 질문을 하는걸 의미하는 것이 아니고, 공식적으로 객석으로부터 질문을 받고 연사가 대답을 하는 시간이다. 질의응답시간이 있다는 언급은 없었다. 본문에 언급된 reception은 일종의 '뒤풀이 모임'이다. 질의응답시간하고는 전혀 다른 개념이다.

188. What should people do if they want to go to the reception after the event on June 13?
(A) Talk to Bradley Kowalski's secretary
(B) Purchase a ticket at the Candlelight Theater
(C) Talk to Sheila Son
(D) Phone Barbara Lueck

6월 13일 행사 이후에 리셉션에 참여를 원하면 어떻게 해야 합니까?
(A) Bradley Kowalski의 비서에게 얘기를 해야 한다.
(B) Candlelight Theater에서 표를 구매해야 한다.
(C) Sheila Son에게 얘기해야 한다.
(D) Barbara Lueck에게 전화해야 한다.

|해설| Combined Question. 두 지문에서 공통된 직함이 나올 때는 항상 표시해두자! 첫 번째 지문에서 리셉션 예약을 하려면 support advisor에게 전화하라고 했다. 그리고 두 번째 지문에서 support advisor의 이름이 Barbara Lueck이라고 나와 있다. 그러므로 리셉션 예약을 하려면 Barbara Lueck에게 전화해야 한다.

189. In the article, the word "largely" in paragraph 1, line 2 is closest in meaning to
(A) spaciously
(B) primarily
(C) sizably
(D) sparsely

기사문. 첫 번째 문단. 두 번째 줄의 "largely"가 의미상 가장 가까운 것은?
(A) 널찍하게
(B) 주로
(C) 크게
(D) 듬성듬성하게

|해설| largely는 '크게(X)'가 아니고 '주로(O)'의 의미. primarily와는 사전적 의미로도 동의어다. 동의어로 묶어서 외워두자. 파트5에서 부사어휘 문제로도 자주 등장한다.

난이도
★☆☆
190. Where most likely does the article appear?
(A) A national arts newspaper
(B) A theater's Web site
(C) An organization's monthly journal
(D) A pamphlet about an event

이 기사는 어디에 등장했을 가능성이 가장 높은가?
(A) 전국 예술관련 신문
(B) 극장의 웹사이트
(C) 조직의 월간 잡지
(D) 행사에 관한 팜플렛

|해설| 2개의 글을 종합해서 풀어줘야 하는 Combined Question. 2번째 지문에서 회원가입 혜택 중에 이 기관에서 출간하는 월간지 Arts Preservation Now가 배송될 것임이 언급되어 있다. 3번째 기사에서 제목 바로 밑에 이 기사를 쓴 사람이 언급되어 있는 Arts Preservation Now의 수석편집장이라고 언급되어 있다. 그러므로 이 글은 이 기관에서 발행하는 월간지에 수록된 기사임을 알 수 있다. 이러한 문제에 대응하기 위해서는 지문을 읽으면서 대문자로 시작한 모든 고유명사들을 표시하는 습관이 중요하다. 그리고 다중지문의 경우. 고유명사가 중복적으로 등장할 때 항상 문제의 단서가 되므로 잘 표시해두어야 한다. article에서는 이 기사를 쓴 기자의 이름을 제목 아래 명시하는 경우가 많다. 'by XX'로 보통 표시한다.

From: Suda Hunsuk <shunsuk@portmobile.com>
To: Paj Poonpratin <ppoonpratin@tomindustries.com>
Date: 19 November
Subject: Your Order

Dear Mr. Poonpratin

We at Port Mobile greatly appreciate your choosing us as your mobile service provider.
The details of your phone and service purchases are below:

Product Name	Number ordered	Service
Patti	6	National Advantage
Moody	12	Country Light
194© Phatta	6	Fast Lane
Hoot	2	Top Speed

We will send the phones from our Chiang Rai supply center within five business days. After you have received them, 191 you will need to activate the devices by calling (+66 351) 555-4868 using the phone. Your Tom Industries credit card will be charged for recurring charges as you requested. 194©Phones that have prepaid service will receive a message on the phone when the balance is below 4 USD. More credit can be charged, on our Web site, by phone.

Thank you again for your business and we look forward to serving you.

Regards,

Suda Hunsuk
Port Mobile

발신: Suda Hunsuk ⟨shunsuk@portmobile.com⟩
수신: Paj Poonpratin ⟨ppoonpratin@tomindus-tries.com⟩
날짜: 11월 19일
제목: 귀하의 주문

Poon트`게

저희 Port Mobile사는 귀하의 이동통신 서비스 제공 업자로써 저희 회사를 선택해 주셔서 대단히 감사합니다. 귀하의 휴대폰과 서비스에 관한 자세한 구매 내역은 아래와 같습니다.

제품명	주문량	서비스
Patti	6	National Advantage
Moody	12	Country Light
194©Phatta	6	Fast Lane
Hoot	2	Top Speed

저희는 저희 Chiang Rai 대리점에서 5일 이내게 전화를 보내드릴 것입니다. 전화를 받으시면, 191이 전화를 사용해서 (+66 351) 555−4868로 전화 주셔서 기기를 활성화 시키셔야 합니다. 고객님이 요청 하신 대로 월정액은 귀하의 Tom Industries 신용카드로 청구됩니다. 194©선결제 서비스를 이용하는 전화들은 잔액이 미 달러 4불 이하로 떨어지면 전화로 문자를 받게 될 것입니다. 추가 적립은 웹사이트나 전화를 통해 충전될 수 있습니다.

거래에 다시 한번 감사의 말씀 전하며 앞으로도 계속해서 귀하에게 서비스를 제공할 수 있게 되기를 희망합니다.

Suda Hunsuk
Port Mobile

192 The mobile service plans for business accounts are listed below. 193 Customers using plans with unlimited data usage and unlimited national calls are allowed to call abroad free of charge during the weekend.

192 **Service features**

Service	Phone Calls		Data	Charges (Monthly)
	National	**Abroad**		
193Top Speed	No limit	600 minutes	No limit	60 USD
National Advantage	No limit	200 minutes	6 GB	40 USD
Country Light	250 min	0 min	12 GB	25 USD
194ⓒFast Lane (prepaid)	0 min	0 min	0 GB	0 USD

Extra Charges (charged if the usage exceeds monthly plan time or data)

Additional Abroad Calls	Additional Data	Additional National Calls
0.25 USD per minute	195ⓒ5.00 USD per gigabyte	0.10 USD per minutes

To: Paj Poonpratin <ppoonpratin@tomindustries.com>
From: Country Light <customerservice@countrylight.com>
Date: January 7
Subject: Re: Service change

Dear Mr. Poonpratin,

Thank you for contacting us about upgrading the service on your phone. From January 10, your service will be upgraded to National Advantage. To show our appreciation for your business, 195ⓒ 10.00 USD for the extra gigabytes used on your plan last month will be waived. This will be reflected on your next invoice. Thank you again for your patronage.

Sincerely,
Leonard Magnotta
Country Light Customer Service Associate

192 법인 고객 분들을 위한 이동 통신 서비스 상품들은 아래와 같습니다. 193무제한 데이터 용량과 무제한 국내 전화 통화의 혜택이 있는 상품을 이용하시는 고객들은 주말에는 무료로 해외 전화 이용이 가능합니다.

192서비스 특징

서비스	통화량		데이터	요금 (월별)
	국내	해외		
193Top Speed	무제한	600 분	무제한	60 불
National Advantage	무제한	200 분	6 GB	40 불
Country Light	250 분	0 분	12 GB	25 불
194ⓒFast Lane (prepaid)	0 분	0 분	0 GB	0 불

추가 요금(시간과 데이터의 월간 이용량 초과시 청구됨)

추가 해외 전화	추가 데이터	추가 국내전화
분당 0.25 불	195ⓒ기가바이트당 5.00 불	분당 0.10 불

수신자: Paj Poonpratin 〈ppoonpratin@tomindustries.com〉
발신자: Country Light 〈customerservice@countrylight.com〉
날짜: 1월 7일
주제: 회신: 서비스 변경

Poonpratin씨에게.

귀하의 전화에 서비스를 업그레이드 하는 것과 관련하여 저희에게 연락주셔서 감사합니다. 1월 10일부터 귀하의 서비스는 National Advantage로 업그레이드될 것입니다. 귀하의 거래에 대한 감사의 뜻으로, 195ⓒ 지난 달 귀하의 계정에 사용된 추가 기가바이트에 대한 10불의 요금은 공제될 것입니다. 이는 다음 청구서에 반영될 것입니다. 저희 서비스를 애용해주셔서 다시 한 번 감사 드립니다.

Leonard Magnotta
Country Light 고객지원 직원

|어휘| activate 활성화 시키다. 작동시키다 device 장치 recurring 되풀이하여 발생하는 recurring charge 반복되는 월정액 prepaid service 요금을 미리 지불하고 사용하는 서비스 (미리 특정 요금을 지불하고, 잔금이 떨어질 때까지 전화를 사용하는 서비스) Balance 잔액, 잔고 plan 상품(통신이나 금융업계에서는 상품의 의미로 잘 쓰인다) business accounts 법인 고객 account가 고객을 뜻함.

---

191. How is Mr. Poonpratin instructed to activate the devices?
(A) By bringing them to a shop
(B) By dialing a number on the phone
(C) By submitting a message by text
(D) By going to an online store

Poonpratin씨는 어떻게 기기를 활성화시키라고 지시 받았는가?
(A) 기기를 매장에 가지고 옴으로써
(B) 전화로 번호를 누름으로써
(C) 문자 메시지를 보냄으로써
(D) 인터넷 상점을 방문함으로써

|해설| 배송 받은 전화기로 특정 번호를 눌러 활성화시키라고 했으므로 (B)가 정답.

192. What is provided in the information?

(A) Charges for service

(B) Device specifications

(C) Delivery options

(D) Company information

정보문(두 번째 지문)에서 제공된 것은 무엇인가?

(A) 서비스 별 요금

(B) 기기 사양

(C) 배송 옵션

(D) 회사 정보

|해설| Service features 도표를 보면, 각 서비스마다 전화를 몇 분간 사용할 수 있고, 데이터는 얼만큼 사용할 수 있는지, 그리고 요금이 얼마인지가 나와있다. 각 서비스의 요금을 안내하고 있으므로 (A)가 정답.

(B) device는 '기기'이므로 전화기를 의미한다. 첫 번째 지문에서는 전화기의 이름 정도가 언급되었지만, 두 번째 지문에는 전화기에 대한 언급이 전혀 없다. 무선통신 이용서비스에 대한 설명만 나와있다.

---

193. What plan allows customers to make free international calls on weekends?

(A) Top Speed

(B) National Advantage

(C) Country Light

(D) Fast Lane

고객들이 주말에 무료 해외 전화를 걸 수 있도록 허용하는 것은 어떤 상품인가?

(A) Top Speed

(B) National Advantage

(C) Country Light

(D) Fast Lane

|해설| 무제한 데이터와 무제한 전화사용 옵션을 가지고 있는 서비스는 주말에 무료해외전화를 이용할 수 있다. Service Features 도표에서 확인해보면 무제한 데이터와 전화사용이 허용되는 서비스는 Top Speec.

---

194. Who will automatically receive text messages with account information?

(A) Patti phone owners

(B) Moody phone owners

(C) Phatta phone owners

(D) Hoot phone owners

누가 자동으로 계정 정보에 대한 문자 메시지를 받게 되는가?

(A) Patti 전화기 소유자

(B) Moody 전화기 소유자

(C) Phatta 전화기 소유자

(D) Hoot 전화기 소유자

|해설| Combined Question. prepaid(선결제) 서비스를 이용하는 전화는 적립금이 4불 이하로 떨어지면 문자로 공지를 받게 된다. 두 번째 지문에 있는 Service Features 도표 마지막 줄에 보면 prepaid 서비스는 Fast Lane 사용자에게 제공된다. 첫 번째 지문으로 다시 돌아가 보면 Fast Lane 서비스를 이용하는 전화기는 Phatta.

---

195. What is indicated about Mr. Poonpratin's service usage last month?

(A) He used Fast Lane service before.

(B) He used 2 GB of extra data.

(C) He was not charged for service.

(D) He made additional national calls.

지난 달 Poonpratin씨의 서비스 사용에 대해 언급된 것은?

(A) Poonpratin씨는 이전에 Fast Lane 서비스를 사용했다.

(B) Poonpratin씨는 추가 데이터 2GB를 사용했다.

(C) Poonpratin씨는 서비스에 대해 요금을 청구 받지 않았다.

(D) Poonpratin씨는 국내 전화를 추가로 사용했다.

|해설| 두 개의 지문을 종합해서 풀어야 하는 Combined Question. 3번째 지문에서 고객이 지난달 데이터를 추가로 사용하여 10불의 추가요금이 발생했다고 언급했다. 2번째 지문을 보면 추가로 사용된 1 기가바이트에 대해 5불의 요금이 청구됨을 알 수 있다. 이 고객은 10불의 요금이 발생했으므로 2 기가바이트를 사용했음을 유추할 수 있다.

Gorland Business Innovation Convention – Presenter Guideline

Submitting a proposal:
Submit a proposal using the submission form on our Web site
The proposal should have:
– a summary of a presentation or talk
– a profile of the presenter
– how to contact the presenter

Keep in mind:
– 199◎Convention proposals will be accepted from April 4 and the deadline for submission is April 23. There is no exception to this.
– No marketing presentations for certain products will be accepted.
– You will be contacted within three weeks if your proposal is accepted.

Presenters must:
– Give an expert-level presentation concerning the topic described in your proposal.
– 197Speak with a convention organizer to arrange audio or visual equipment that you need for your presentation at least three weeks before the presentation.

Submission Form for Presentation Proposal

Presenter Name: Frank Conning   Occupation: 198 Senior Marketing Director
Company: 198 Electron Corp.   Date: 199◎ April 29
E-mail: fconning@electroncorp.com   Telephone: 683-555-8863
Profile: See attached file
Proposed Title for Presentation: Success in the Digital Generation

Abstract: Many consumers visit company Web sites and this makes an initial impression of companies. Many firms, however, lack the knowledge of how to make the best use of their Web sites to promote their goods and services. 200◎This presentation will show how companies can use the Internet to attract customers successfully.

Session Type: __ Discussion Panel   __ Pre-Convention Seminar
 _X_ **Convention Presentation**   _X_ **I have reviewed the presenter's guide.**

Gorland Business 혁신 Convention
– 발표자 안내서

제안서 제출하기:
웹사이트에 있는 제안서 양식을 이용해서 기획서 보내기
제안서는 다음 같은 사항을 갖추어야 합니다.
 – 프레젠테이션이나 강연 요약
 – 발표자의 프로필
 – 발표자와 연락하는 방법

기억하세요:
 – 컨벤션 제안서는 199◎4월 4일부터 접수 받으며 접수 마감은 4월 23일 입니다. 이 규정에 예외는 없습니다.
 – 특정 상품에 대한 마케팅 발표(마케팅을 위한 발표)는 용납되지 않습니다.
 – 귀하의 제안서가 수락되면 3주 이내에 연락이 갈 것입니다.

발표자들이 반드시 지켜야 할 사항:
 – 귀하의 제안서에 설명된 주제에 관해서 전문가 수준으로 발표해 주세요.
 – 197귀하의 발표를 위해 필요하신 시청각 장비를 준비하기 위해 적어도 발표 3주 전에 행사 주최자와 상의하세요.

프레젠테이션 제안서 제출 양식

발표자 이름: Frank Conning
직업: 198선임 마케팅 이사
회사: 198Electron Corp.
날짜: 199◎4월 29일
E–mail: fconning@electroncorp.com
전화번호: 683–555–8863
프로필: 첨부된 파일을 참고하세요
발표 주제: 디지털 세대의 성공

발표요약: 많은 고객들은 회사의 웹사이트를 방문하며 이것이 그 기업에 대한 첫 인상을 만들어줍니다. 하지만 회사들은 상품과 서비스를 홍보하는데 웹사이트를 어떻게 하면 최대한 이용할 수 있는지에 대한 지식이 부족합니다. 200◎이번 발표는 어떻게 기업들이 인터넷을 이용해서 고객들을 성공적으로 유치 하느냐를 보여 줄 것입니다.

발표 형식: __ 패널 토론   __ 컨벤션 이전 세미나
 _X_ 컨벤션 발표   _X_ 나는 발표자 안내서를 검토해 봤다.

To: Frank Conning <fconning@electroncorp.com>
From: Jill Avery <javery@gbi.org>
Date: May 2
Subject: Your proposal

Dear Mr. Conning,

While we are unable to accept your presentation proposal request for this year's convention, the Gorland Business Innovation Association still finds its subject matter prescient and interesting. If possible, 200ⓒ we would like to include you in an upcoming panel discussion that will be held at an expo that the GBIA is organizing in August, one month after the convention. One advantage to the panel discussion at the expo is that you will be able to freely promote your company during the discussion if you so wish. If you would be interested in this, please respond back to me at this email.

Regards,

Jill Avery
Coordinator
Gorland Business Innovation Association

수신자: Frank Conning 〈fconning@electroncorp.com〉
발신자: Jill Avery 〈javery@gbi.org〉
날짜: 5월 2일
주제: 당신의 제안서

Conning씨에게,

저희가 올해 컨벤션을 위해 귀하의 발표제안서를 수락할 수 없음에도 불구하고, Gorland Business Innovation Association는 여전히 이 제안서의 주제가 선견지명이 있고 흥미롭다고 생각합니다. 만약 가능하다면, 200ⓒ 저희는 컨벤션 한달 후인 8월에 GBIA에서 개최를 준비하고 있는 엑스포, 공개토론에 귀하를 포함시키고 싶습니다. 엑스포 공개토론에 한 가지 장점은, 당신이 원한다면 토론 중에 귀하의 회사를 자유롭게 홍보할 수 있다는 점입니다. 관심 있으시면 본 메일로 저에게 답장해주시기 바랍니다.

Jill Avery
총괄매니저
Gorland Business Innovation Association

|어휘| proposal 제안서 summary(=abstract) 요약 submission 제출 keep s.t in mind ~을 기억하세요 exception 예외 restriction 제한사항, 규제 사항 audio and visual equipment 시청각 장비 in electronic form 전자 양식으로(인쇄본이 아닌 컴퓨터 파일로) occupation 직업 abstract 요약 initial 초기의 impression 인상 make the best use of s.t ~을 최대한으로 이용하다 approach to ~에 대한 접근법 promote 홍보하다

난이도
★☆☆

196. What is the purpose of the guideline?
(A) To list what companies need to do to sell goods at a convention
(B) To offer recommendations for making presentations better
(C) To provide an explanation for convention registration
(D) To instruct possible presenters on convention requirements

지침서의 목적은 무엇인가?
(A) 컨벤션에서 회사가 상품을 팔려면 무엇을 해야 하는지 목록을 작성하려고
(B) 발표를 더 잘 하기 위한 조언을 하기 위해서
(C) 컨벤션 등록 설명을 하기 위해서
(D) 장래 발표자에게 컨벤션 요건에 대해 설명해주기 위해서

|해설| 컨벤션에서 발표하기 위해서 어떻게 제안서를 내고, 어떤 점을 유의해야 하며, 요구사항이 무엇인지를 설명해주고 있으므로 (D)가 정답. possible presenter는 '가능한 발표자 ⇒ 발표자 후보'. 이 지침서를 받고 제안서를 제출한다고 해도 발표자로 채택되지 않을 수 있기 때문에 possible이라는 형용사를 붙여준 것.
(C) convention registration은 발표자로써 등록한다는 의미가 아니라, 발표를 듣기 위해 참석하는 참석자로써 등록한다는 의미. 그러므로 오답.

---

197. What are convention presenters required to do?
(A) Have a talk with a convention organizer
(B) Go to an orientation
(C) Send a signed copy of the guideline
(D) Submit a list of recommendations

컨벤션 발표자들은 무엇을 하도록 요구되는가?
(A) 컨벤션 주최자와 협의하는 것
(B) 오리엔테이션에 가는 것
(C) 안내서의 사본에 서명해서 보내는 것
(D) 추천 목록을 제출 하는 것

|해설| 시청각 자료를 사용하는 경우 주최자와 상의하라고 했으므로 (A)가 정답.

198. Who is Mr. Conning?

(A) A staff at the Gorland Business Innovation Convention

(B) A director at a corporation

(C) A seminar participant

(D) An Electron Corp client

Conning씨는 누구인가?

(A) Gorland Business Innovation Convention 직원

(B) 한 기업에 이사

(C) 세미나 참가자

(D) Electron Corp 회사 고객

|해설| Conning씨는 Electron사에 재직중인 직원으로써 직급은 **Senior Marketing Director**라고 양식에 기입되어 있다. 그러므로 한 회사에 이사.

(D) Electron사에 직원이므로 이 회사의 고객일 수 없다.

---

199. Why will Mr. Conning's proposal probably be rejected?

(A) It advertises his company's products.

(B) It does not have some required information.

(C) It was submitted past the deadline.

(D) It was presented at last year's convention.

왜 Conning씨의 제안서가 아마도 거부될까요?

(A) 그의 회사 상품을 광고해서

(B) 요구된 정보를 담고 있지 않아서

(C) 마감이 지나서 제출되어서

(D) 작년 컨벤션에 제출된 것이어서

|해설| Combined Question. 첫 번째 글에서 제안서는 4월4일부터 4월 23일 사이에 제출하라고 했고, 이 규정에 예외는 없다고 강하게 못박아두고 있다. 그런데 두 번째 글에서 보면, 날짜가 4월 29일로 적혀있다. Conning씨의 제안서는 마감시한을 넘겼기 때문에 올해 컨벤션 대상자로써 심사 받지 못할 것이다.

---

200. What will be the topic of a panel discussion in August?

(A) Improving the usage of Internet marketing

(B) Improving presentations to potential clients

(C) Presenting a business in an expo setting

(D) Employing environmentally safe business practices

8월에 열릴 공개토론에 주제는 무엇일까요?

(A) 인터넷 마케팅의 사용을 개선하는 것

(B) 잠재고객을 대상으로 한 발표의 질을 개선하는 것

(C) 엑스포 환경에서 업체를 선보이는 것

(D) 환경 친화적인 사업관행을 사용하는 것

|해설| Combined Question. 3번째 글에서 8월 공개토론에 Conning씨를 초대하고 싶다고 했다. 초대하는 것으로 보아 8월 공개토론의 주제와 Conning씨 발표가 연관성이 깊을 것임을 유추할 수 있다. 2번째 글에서 Conning씨의 발표는 기업들이 고객유치를 위해 인터넷을 어떻게 활용하는지를 설명한다는 rjt을 알 수 있다. 그러므로 정답은 (A).

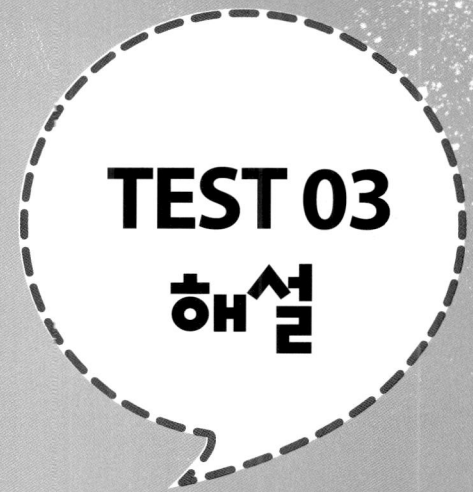

TEST 03
해설

동시토익 CONTEMPORARY **TOEIC**

TEST 03

101	D	102	C	103	D	104	B	105	A	106	C	107	D	108	B	109	C	110	A
111	A	112	C	113	B	114	D	115	B	116	D	117	D	118	C	119	C	120	B
121	B	122	D	123	A	124	C	125	B	126	D	127	B	128	C	129	C	130	A
131	C	132	B	133	A	134	D	135	B	136	C	137	D	138	A	139	B	140	D
141	A	142	A	143	B	144	D	145	C	146	A	147	C	148	B	149	C	150	A
151	C	152	B	153	A	154	A	155	C	156	C	157	C	158	C	159	C	160	C
161	B	162	A	163	C	164	B	165	A	166	D	167	B	168	A	169	B	170	C
171	C	172	C	173	C	174	B	175	A	176	A	177	B	178	A	179	C	180	D
181	C	182	A	183	A	184	B	185	C	186	D	187	A	188	C	189	D	190	C
191	A	192	C	193	C	194	B	195	B	196	A	197	B	198	D	199	D	200	B

101 **Elling Web Radio is excited** (to offer its new online music service to music lovers on the Internet).
　　　　　　　 S　　 V　 C　　　　　　　　　　　　　　　　　 준동사구-부

난이도
★☆☆

|오답| excite, excites, excitedly

Elling Web Radio는 온라인을 통해서 음악 애호가들에게 온라인 음악 서비스를 제공하게 되어서 흥분됩니다.

|해설| excite는 사람의 감정을 묘사하는 감정동사로써, 감정동사에 ing/ed를 붙이면 형용사가 된다. 감정동사에서 파생된 형용사의 경우, '사람'명사를 수식하면 ed, '사물'명사를 수식하면 ing형태가 된다.

> 사람수식 ⇨ 감정동사+ed　[ex] I am excited, disappointed students
> 사물수식 ⇨ 감정동사+ing　[ex] an exciting movie, disappointing scores

문제에서 형용사는 be동사 뒤에 '보어'자리에 나왔고, 보어는 주어의 상태를 설명해주므로, 주어가 '사람'이면 ed, '사물'이면 ing가 된다. 이때, 회사나 부서 같이 '사람'이 모인 단체는 사람과 똑같이 감정을 느끼는 주체가 되므로 '사람명사'로 간주한다. 주어(Elling Web)는 회사이름이므로 정답은 excited. ❂ Reading교재 vol.1 p109 참고

|심층분석| be동사 뒤에 감정형용사가 나오면 그 뒤에 to부정사구가 잘 따라 붙는다. 이때 to부정사는 감정을 느낀 이유가 되므로 "~하게 되어서"로 해석한다. [ex] I am pleased to see you – 너를 만나게 되어서 기쁘다.

102 **Sherley Banking Services provides** Internet banking [and] lets customers receive a variety of support services online.
　　　　　　 S　　　　　 V1　　　 O2　　and V2　　 O2　　　 OC

|오답| either, for, after

Sherley Banking Services는 인터넷 뱅킹을 제공하고 고객들이 온라인으로 다양한 지원 서비스를 받을 수 있도록 하고 있습니다.

|해설| 보기 중에 접속사가 1개라도 있다면, 접속사 자리인지 아닌지부터 따져본다. 2개의 동사(provides/lets)가 나왔으므로 빈칸은 접속사 자리. either는 부사나 형용사, for는 전치사이므로 탈락. after와 and 중에서 골라야 하는데, after는 부사절접속사. 부사절 접속사 뒤에는 완전한 절 (S+V+O)이 오거나, 아니면 ing/p.p형태의 준동사가 와야 한다. [ex] after letting customers~. 주어가 생략되고 ing/p.p형태의 동사가 바로 나온 형태를 '부사절축약형'이라고 한다. 빈칸 뒤에는 주어 없이 본동사(lets) 형태가 나왔으므로 after도 탈락.

빈칸 뒤에는 주어만 생략되어 있고, 생략된 주어는 앞 절의 주어인 Sherley Banking이므로 빈칸은 등위 접속사 자리. 등위접속사가 연결하는 절에서는 앞 절과 뒤 절에 동일한 어휘가 나온 경우 생략이 가능하다.

|어휘| a variety of(=a number of = a wide collection of = a wide selection of = a wide range of = a wide array of = a host of) 다양한

103 **Cold Rock's latest line of winter jackets were all purchased (almost immediately after being released in stores).**
　　　　　　　　　　　　　　　　　S　　　　　be p.p　　　　　　　　　　　　　전+명사구 or 부사절 축약형

|오답| slightly, briefly, truly

Cold Rock사의 최신 겨울 신상 재킷은 가게에 거의 출시되자 마자 모두 품절 되었습니다.

|해설| immediately after는 짝꿍. '〜하자마자 바로'. 짝꿍으로 외워두면 3초짜리 문제.

|심층분석| 'the line of jackets were' 여기서 jackets이 주어이므로 동사는 복수동사(were)가 쓰였다. the line of products는 사실 단수로 받기도 하고 복수로 받기도 한다. 제품군(line) 자체가 중요한 게 아닐 경우, 'the line of'를 일종의 형용사로 간주하게 되며, 주어는 products가 된다. 'the line of products: 일련의 제품들'. 만약 the line 자체가 중요하다면 단수동사로 받아오기도 한다.

|어휘| immediately after(= shortly after = soon after = right after) 〜하자마자 바로

핵심 'after being released'에 being은 왜 나왔나요?

> **after jackets were released in stores** 　　　　　[부사절]

> **Being released in stores** 　　　　　[부사구]

부사절을 줄여서 부사구를 만들 때, '접속사'와 '주어'를 생략하고, 본동사인 were는 준동사인 being으로 바뀐다. 이때 being은 마저 생략되기도 하는데 남아있는 경우도 종종 있다.

> **Being released in stores** 　　　　　[부사구]

> **after being released in stores** 　　　　　[부사절 축약형]

의미상의 정확도를 높이기 위해 부사구 앞에 '부사절 접속사'를 복귀시키는 것이 부사절 축약형. 그러므로 부사절 축약형의 경우도 접속사 뒤에 being이 남아있는 경우가 종종 있다. being p.p가 나오면 당황하지 말고, '수동태구나!'라고 인지하면된다.

104 **The paperwork (for the construction grant) was mistakenly submitted (before all of the items had been completed).**
　　　　　S　　　　　　　　　　　　　　　　　be p.p　　　　　　　　　부사절

|오답| mistake, mistook, mistaken

공사 보조금을 받기 위한 서류 작업은 모든 항목들이 작성되기 전에 실수로 제출 되었습니다.

|해설| 3초짜리 어형문제. [be ___ p.p] 동사구 사이는 동사 를 꾸며주는 부사자리.

|어휘| paperwork 서류작업 grant(=subsidy) 보조금, 지원금 item 양식 안의 항목 complete 작성하다 mistakenly 잘못해서, 실수로

105 **Holbrook Books Online became one (of the most popular online booksellers) (after only a short time).**
　　　　　　　　　　　　S　　　V　　C

|오답| popular, long, low

Holbrook Books Online은 아주 단기간에 가장 인기 있는 온라인 서점 중 하나가 되었습니다.

|해설| time과 어울리는 형용사를 고르는 어휘문제. short/long 2개가 가능한데, 빈칸 앞에 나온 부사 only가 단서. only는 '작다'는 의미를 강조하는 부사. "단지 많이(×)", "단지 조금(○)". 그러므로 short가 정답.

TEST 03

106 **Many employees** (at Isen Industries) **began** <u>their</u> **careers** (as interns) (before being offered full-time positions).
      S   V   O   전+명사구 or 부사절 축약형

|오답| them, theirs, they

Isen Industries사의 많은 직원들은 정규직 일자리를 제공 받기 전에 인턴으로 경력을 시작했습니다.

|해설| 명사 앞에서 소유격을 고르는 문제는 2달에 한번은 출제된다! 3초짜리 문제.

|심층분석| 'before being offered full-time positions'은 4형식 수동태. being p.p는 수동태인데, 뒤에 명사가 또 나왔다. 수동태 뒤에 명사가 또 나오면 '4형식 수동태'로 인지한다. 4형식은 목적어가 2개인 구조이므로, 수동태로 전환할 때 하나의 목적어가 주어자리로 이동해도, 여전히 뒤에 목적어가 하나 더 남아있다. [ex] I gave him a book ⇨ He was given a book. 4형식 수동태는 항상 '~을 받다'로 해석한다. 'before being offered full-time positions: 정규직을 제공받기 전에'. ● Reading교재 vol.1 p204 참고

|어휘| full-time position 정규직 part-time position 비정규직

107 <u>**Allow**</u> **two to three weeks** (for processing of your application for the Headley Credit Card).
      V   O

|오답| Allows, To allow, Allowing

Headley Credit Card에 대한 당신의 신청서를 처리하는 것을 위해 2주 내지 3주 정도를 허용하세요 ⇒ 감안하세요.

|해설| 동사어형문제. 동사어형문제 접근법 p10 참고 1) 구조. 문장 내에 다른 본동사가 없으므로 본동사 자리. to allow, allowing 탈락. 그런데 주어 없이 동사원형으로 시작하는 명령문이므로 동사원형인 allow가 정답. allow는 일반적으로 5형식 구조로 잘 쓰이는 동사이지만, 여기서는 일반 3형식으로 쓰인 구조. '~을 허용하다'.

|어휘| two to three weeks 2내지 3시간

108 **You** **have** (until the end of next week) to **turn in** your <u>revised</u> project **proposal** (to the head of marketing).
      S   V   O

|오답| revise, revising, revision

귀하는 다음주 말까지 수정된 사업 계획서를 마케팅 팀장에게 제출해 주셔야 합니다.

|해설| [one's ___ n.] 소유격은 관사와 위치가 똑같다. 관사/소유격과 명사 중간에 삽입될 수 있는 품사는 명사를 수식해주는 형용사뿐이다. '관형명'이라고 순서를 외워두면 문제 풀 때 아주 요긴해진다. 분사형 형용사는 의미상 관계만 따져보면 된다. 자세한 설명은 TEST02 105번 설명 p68 참고. 동사(revise)의 의미를 기준으로 수식 받는 명사와 의미상의 관계를 따져본다. "프로젝트 제안서를 고친다", 의미상 'O-V' 관계이므로 p.p가 정답.

|어휘| turn in(=hand in, submit) 제출하다 revised 수정된, 개정된 proposal 제안서, 계획서

핵심 'have until+날짜 to do~: 언제까지 ~ 해야 한다'

여기서 until은 아주 이례적으로 쓰인 표현.

※ by vs. until: '완료' vs. '계속'

일반적으로 "까지"라는 의미로 해석될 때 by나 until 둘 중의 하나를 사용하는데, 함께 쓰인 동사의 의미가 '완료'의 의미일 때는 by, '계속'의 의미일 때는 until을 쓴다.

> **You have to submit it by Friday.** 금요일 전에 한번 제출하면 완료되는 상황 ⇒ '**by**'
> **You have to wait until Friday.** 금요일까지 계속 기다려야 하드로 ⇒'**until**'

그런데 'have until ___ to do'는 이렇게 따져보면 혼동하기 쉽다.

> **You have until the end of next week to turn in your proposal.**

turn in은 '제출하다'의 의미이므로 한번 하면 끝나는 '완료'의 개념. 그렇지만 'have ___ to do~' 사이에서는 항상 until을 사용한다. 여기서는 의미를 결정하는 동사가 turn in이 아니고 have to이기 때문. have to는 '~해야 한다'의 의미. 다음주 주말까지 '해야 하는' 상황은 계속 지속된다. 그러므로 'have ___ to do~' 사이에서는 뒤에 나오는 동사에 상관없이 항상 until. 관용표현으로 외워두자.

> **You have until Friday to register.**
> 당신은 금요일까지 등록해야 합니다

---

 109 The Kitchen Appliance **Expo has been postponed** (as many presenters' schedules conflicted **with** the Expo's timetable).
　　　　　　　　　　　　S　　　be p.p　　　　　　　　　　　　　　　　　　　　　　부사절

|오답| down, against, inside

여러 발표자들의 일정이 Expo 일정과 겹치기 때문에 **Kitchen Appliance Expo**가 미뤄졌습니다.

|해설| conflict는 자동사로써 전치사 with와 짝꿍. 명사로 쓰일 때도 with와 짝꿍으로 잘 쓰인다. [ex] Its schedules are in conflict with the Expo's timetable – 일정이 엑스포의 일정과 충돌한다, 겹친다.

|어휘| postpone 미루다, 연기하다 conflict with 겹치다, 충돌하다

 110 (According to the recent study), **approximately** one million **deaths** every year in China **are caused** (by tobacco).
　　　　　　　　　　　　　　　　　　　　　　　　　　　　　S　　　　　　　　　　　　be p.p

|오답| approximate, approximated, approximation

최근 연구에 따르면, 중국에서 해마다 대략 백만 명의 사망 건이 담배로 야기되고 있다.

|해설| 숫자(one)는 명사 앞에 나오면 명사를 꾸며주는 형용사 역할. 형용사를 꾸며주는 ㅈ리이므로 부사자리. 숫자 앞에서 부사를 고르는 문제는 부사어휘문제로도 매우 자주 출제된다! 빈출 유형이므로 숫자를 수식하는 부사는 반드시 모두 외워둔다.

핵심 숫자 수식하는 부사

almost = nearly		거의 세 시간
approximately = around = about	three hours	약 세 시간
over = more than		세 시간 이상
up to		최고 세 시간 까지

111 Mrs. Nelson will take a train [to ensure (she arrives in time <u>for</u> the shareholders' meeting)].
　　　　　　　S　　　　 V　　 O　 준동사구–부　　　　　　　　명사절(that생략)

|오답| there, soon, while

Nelson씨는 주주 총회에 맞춰 도착하는 것을 확실히 하기 위해서 기차를 탈 것입니다.

|해설| 3초짜리문제. 보기 중에 접속사가 하나라도 있다면, 반드시 접속사 자리인지 아닌지를 먼저 확인한다. 빈칸 뒤에는 명사만 나와있으므로 빈칸은 명사를 연결하는 전치사자리. there, soon은 부사, while은 접속사이므로 탈락.

|어휘| take a train 기차를 타다 ensure 보장하다. 확실히 하다 in time for ~에 딱 맞춰서 shareholder meeting 주주총회

 핵심 in time vs. on time

둘 다 "제시간에"라고 해석된다.
차이점은, on time은 단독으로 쓰이고 in time 뒤에는 항상 부연설명이 붙는다.

　　He arrived <u>on</u> time.
　　He arrived <u>in</u> time for the meeting. / He arrived <u>in</u> time to attend the meeting.
　　미팅을 위해 제시간에 도착했다　　　　　　　　미팅에 참석하기 위해 제시간에 도착했다.

in time 뒤에는 항상 'for+n.' 혹은 to부정사구가 따라붙는다.

 112 (When you want to run your business efficiently), you need (to consult with your accountant).
　　　　　　　　　　　　부사절　　　　　　　　　　　　　　S　　V　　O (준동사구–명)

|오답| consult, consultant, consultative

당신의 사업을 효율적으로 운영하고 싶을 때는, 당신의 회계사와 협의할 필요가 있습니다.

|해설| need는 to부정사를 목적어로 취하는 동사. 물론 need 뒤에는 일반명사 목적어도 올 수 있다. 그러나 보기 중에 유일한 명사인 consultant는 사람명사. 사람명사는 항상 셀 수 있는 '가산명사'이므로 복수형으로 쓰이거나 앞에 관사가 있어야 한다. 관사가 없으므로 오답. 자세한 설명은 TEST02 119번 해설 p75 참고.

|어휘| run business 사업을 운영하다 consult with ~와 협의하다

 113 Anyone (who wishes to apply for the supervisor position) should speak (to his or her direct supervisor) [to find out
　　　S　　　　　　　　형용사절　　　　　　　　　　　　　　　 V　　　　　　　　　　　　　　　 준동사구–부
(if they can be considered)].
　　　명사절

|오답| Whichever, Other, Themselves

감독직에 지원을 원하는 어떤 사람도 그들이 심사 대상이 되는지 여부를 알아내기 위해서 직속 상관에게 얘기해야 한다.

|해설| 빈칸 뒤에 관계대명사 who가 있으므로 빈칸은 형용사절의 수식을 받는 명사자리. 유일한 명사인 anyone이 정답. whichever는 접속사, other는 형용사, themselves는 재귀대명사로 재귀대명사는 절대로 주어자리에는 나올 수 없다.

|어휘| apply for 지원하다 direct(=immediate) 직접의, 직속의 find out 알아내다 consider 3형식으로 쓰일 때 '심사하다'의 의미로 가장 많이 쓰인다.

 114
난이도
★☆☆
Dolton Tech's new line (of laptop computers) has seen increased popularity (due to their eye–catching ad campaign).
　　　　　　　S　　　　　　　　　　　　　　　　　 V　　　　　　　 O

|오답| popularize, popular, popularly

Dolton Tech사의 신상 휴대용 컴퓨터들은 사람들의 눈을 사로잡는 광고 캠페인 때문에 상승된 인기를 목격했습니다.

|해설| 어형문제. 빈칸 앞에 나온 increased가 형용사임을 파악하는 것이 key. increased는 본동사(have seen) 바로 뒤에 나왔으므로 동사일 수는 없다. increased는 분사형 형용사. have seen은 현재완료시제 능동태이고, see동사는 타동사이므로 반드시 뒤에 목적어가 나와야 한다. 빈칸은 목적어 역할을 하는 명사자리. '상승된 인기를 목격해왔다'.

|어휘| popularity 인기 popularize 대중화 하다 due to ~때문에 eye–catching 눈을 사로잡는. 이색적인

115 (As of January 1), all managers will be required (to attend at least three professional development seminars).

　　　　　　　　　　　　S　　　　　be p.p　　　　　　　　　　CC (준동사구—기타구)

|오답| every, as, next

1월 1일부로, 모든 매니저들은 적어도 세 번의 직업개발세미나에 참석하도록 요구되는 바입니다 ⇒ 참석해야 합니다.

|해설| 명사 앞자리이므로 명사를 꾸며주는 형용사자리. as는 전치사나 접속사이므로 탈락. next는 형용사이지만, '다음 매니저들'로 의미상 어색하므로 탈락. 결국 수량형용사인 all과 every 중에 고르는 문제. 수량형용사 문제는 제일 먼저 뒤에 나온 명사에 's'가 붙어있는지 확인! every 뒤에는 가산명사 단수형 [ex] every book 만 나올 수 있다. managers는 's'가 붙은 복수형이므로 탈락. 복수명사를 수식하는 all이 정답.

수량형용사의 자세한 설명은 TEST01 107번 설명 p16 참고.

|어휘| as of+날짜 그 날짜를 기점으로, 그날 부로 be required to do ~해야 한다 at least 적어도, 최소한

 **116** The marketing department's latest attempt (to increase consumer's interest in the new digital camera) has been

　　　　　　　　　　　　　　　　　　S　　　　　　　　　　　　　　　　　　　　　　　　V

난이도 ★☆☆

partially successful.

　　　　C

|오답| conclusion, container, industry

신상 디지털 카메라에 대한 고객 관심을 높이고자 하는 마케팅 부서의 최근 시도는 부분적으로는 성공적이었습니다.

|해설| 명사어휘문제. 전체 문장을 해석해서 의미상 접근할 수도 있지만, 결정적인 단서는 빈칸 뒤에 나온 to부정사. 아래 자세한 설명을 참고하자.

|어휘| attempt 시도 partially 부분적으로 conclusion 결론 container 그릇, 용기

 핵심 to부정사의 수식을 받을 수 있는 명사는 정해져 있다!

to부정사는 앞에 있는 명사 뒤에 나와서, 앞에 있는 명사를 꾸며주는 형용사구 역할을 한다. 그런데 모든 명사 뒤에 to부정사 형용사구가 나올 수 있는 것은 아니다. 앞에 나온 명사와, to부정사에 쓰인 동사가 특정한 의미상의 관계를 가질 때 to부정사 형용사구가 나온다.

[1] 'S-V' 관계일 때
He is a candidate to fill the position. "그 후보가 자리를 채운다" 'S-V'관계.
그는 그 자리를 채울 후보다

[2] 'O-V'관계일 때
This is a file to copy. "파일을 복사하다" 'O-V'관계.
이것은 복사할 파일이다

위의 두 가지 경우를 제외하고 to부정사의 수식을 받을 수 있는 명사들은 정해져 있다. 이 경우 "~할"로 해석한다.

[3] 'S-V', 'O-V' 관계가 아니지만 to부정사의 수식을 받을 수 있는 명사.
I have a plan to study. "계획이 공부하다(X)" "계획을 공부하다(X)"
나는 공부할 계획을 가지고 있다

opportunity, right, authority, plan, time, attempt, ability: to부정사의 수식을 받는 명사들

그러므로 명사어휘문제에서 명사 뒤에 to부정사가 나온 경우, 이들 명사 중에 하나가 답이 된다. 최근에는 자주 출제되지 않으므로 참고만 해두자.

117 **Children** two years and younger **are free** and **are** not **required** (to show a membership card or a guest pass **for**
S　　　　　　　　　　　　　　　　V1　C　and　V2　　　　　　　　　　　　　OC (준동사구-기타구)

admittance to aquatic facilities).

|오답| near, from, between

두 살이나 그 미만의 아이들은 물놀이 시설에 입장이 무료이고 회원카드나 손님용 입장권을 제시할 필요가 없습니다.

|해설| 전치사문제. "입장을 위한 카드나 입장권"이므로 for가 정답.

|어휘| free 무료의 guest pass 손님용 입장권 admittance(=admission) 입장 aquatic 물과 관련된 aquatic facilities 물놀이 시설

118 **All reservations** (**booked** through the TravelSmart Web site) **are eligible** (for a discount at the Landing Hotel's restaurant).
S　　　　　　　준동사구-형　　　　　　　　　　　V　　C

|오답| book, are booked, will book

TravelSmart 웹사이트를 통해서 예약된 모든 예약은 Landing Hotel 음식점에서 할인 혜택을 받을 자격을 갖춥니다 ⇒ 웹사이트에서 예약 하면 할인을 받을 수 있습니다.

|해설| 동사어형문제. 동사어형문제 접근법 p10 참고 1) 구조. 본동사(are)가 뒤에 있으므로 빈칸은 준동사자리. 그런데 보기 중에 준동사는 하나뿐! 3초짜리 문제. 모든 동사어형문제는 반드시 '본동사냐 준동사냐'를 따지는 것에서 출발한다. 이것만 따져보면 3초짜리인데, 이걸 간과해서 틀려오 는 경우가 굉장히 많다! 가장 먼저 '본동사 vs. 준동사'를 따지는 습관을 들이자!

|어휘| be eligible for(=be entitled to) ~에 자격이 있는

119
난이도
★☆☆

The table shows expenses (for business trips) (made by executives **over** the last year).
S　　V　　O　　　　　　　　　　　　　준동사구-형

|오답| about, between, toward

이 도표는 지난 한해 동안에 회사 간부들에 의해 수행된 출장의 비용을 보여주고 있다 ⇒ 회사 간부들이 사용한 출장 경비를 보여주고 있다.

|해설| 기간전치사문제. 시간전치사 문제는 시간명사가 '기간 vs. 시점'인지를 가장 먼저 따져본다. 그런데 시간 단위(year, month, day..) 앞에 the 가 붙으면 항상 '기간명사'! [ex] the day, the year, the month. 이것만 파악했다면 3초짜리 문제. 보기 중 유일한 기간전치사인 over가 정답. 기간전치사 6개(for, during, in, within, over, throughout)는 반드시 외워둔다. ◐Reading교재 vol.2 p124 참고

> **over** the last year = **in** the last year = **for** the last year = **during** the last year '지난 한해 동안에'

|어휘| table 표, 목록 expense(=expenditure) 비용, 경비 business trip 출장 executive 간부, 임원

120 난이도 ★☆☆

(**When making a time—off request**), **make sure** (**that your employee ID number is printed clearly on the form**).
　　　부사절 축약형　　　　　　　　　　V　OC　　　　　　　O (명사절)

|오답| In order to, So that, As

휴가 요청을 할 때, 귀하의 사원증 번호가 서류 상에 분명히 인쇄되도록 확인해 주세요.

|해설| 부사절 축약형. [___ ing] ing앞에는 전치사와 접속사가 모두 나올 수 있다. 전치사 뒤에 명사대신 명사구가 나오는 경우에는 ing형태가 나오며, 부사절을 줄여서 부사절 축약형을 만들면 접속사 뒤에 ing/p.p 준동사 형태가 나오기 때문이다. 그러므로 전치사, 접속사를 막론해서 의미상 어울리는 것을 골라야 한다. in order to는 절대불가. in order to의 'to'는 전치사가 아닌 to부정사. 그러므로 in order to뒤에는 반드시 동사원형이 나와야 한다. [ex] in order to succeed – 성공하기 위해서.

|오답해설|| so that은 ing/p.p 앞에 나올 수 없다. 자세한 사항은 아래 설명 참고.

as의 경우는 좀 더 복잡하다. as는 접속사로써 3가지 뜻을 가진다. 1) ~따, 2) ~때문에, 3) ~듯이, ~대로. 여기서 1), 2)번의 의미로 쓰일 때는 축약형이 불가능하다. 3)번의 의미일 때만 축약형이 가능하다. [ex] as discussed earlier – 앞서 논의되었듯이.

이유부사절접속사 Because, Since, As는 축약형이 불가능! 이유부사절의 경우는 시제가 의미상 굉장히 중요한 비중을 차지한다. 축약형의 경우는 동사의 형태가 ing/p.p로 전환되기 때문에 시제정보는 유실되고 '태' 정보만 남게 된다. 그러므로 이유부사절은 축약형을 만들지 않는다.

|어휘| make a request 요청하다 time—off 휴가, 휴식 make sure that ~that이하를 확실히 해라

핵심 **that으로 끝나는 접속사는 '부사절 축약형'을 만들 수 없다!**

so that과 같이 that으로 끝나는 접속사들은 완전한 부사절접속사는 아니다. 부사절 접속사와 같은 위치에 쓰이기 때문에 많은 문법책들이 편의상 부사절접속사로 분류하고는 있으나, 엄밀히 말하면 that은 명사절이다. 그러므로 that으로 끝나는 접속사들은 부사절 축약형을 만들 수 없고, 반드시 'S+V'가 갖춰진 완전한 절이 나와야 한다.

　so that, now that, in case that, given that, provided that, assuming that + 완전절
　⇨ 부사절축약형(when reading a book)의 형태로 쓸 수 없다.

부사절 축약형에 대한 자세한 설명은 ◐ Reading교재 vol.2 p44 참고

121 난이도 ★★☆

The new <u>procedure</u> (regarding overtime pay) will **be put** (into effect) (in the new fiscal year).
　　　S　　　　　　　　　　　　　　　　　be p.p

|오답| likelihood, instruction, capacity

초과근무 수당에 대한 새로운 절차는 내년도 회계연도에 시행될 것 입니다.

|해설| 명사어휘문제. 주어자리에 쓰였으므로 동사와 어울리는 명사를 골라야 한다. 그런데 동사자리에 좀 특이한 동사구가 왔다. 'put s.t into effect: ~을 시행하다, 발효하다 ⇨ s.t is put into effect: ~이 시행된다, 발효된다'. 수동태로 잘 쓰이는 표현이므로 수동태 형태로 외워두자! '절차가 시행된다, 발효된다'이므로 procedure가 정답. 'likelihood: 가능성이 시행된다(×', 'instruction: 지시가 시행되다(×)', 'capacity: 용량이 시행된다(×)'.

|어휘| regarding ~에 관한 fiscal year 회계연도 likelihood 가능성 procedure 절차 instruction 지시, 설명 capacity 용량, 능력

122 난이도 ★☆☆

The <u>widening</u> (of Main Street) (to include a bicycle lane) will **be completed** (in April).
　　　S　　　　　　　　　　　　　　　　　　　be p.p

|오답| widest, wider, widely

자전거 도로를 포함시키는 Main Street의 확장은 4월에 완료 될 것입니다.

|해설| 어형문제. [the ___ 전] 빈칸은 명사자리. 보기 중에 명사가 없다면 ing형태를 골라오자. 영어에는 'ing'로 끝나는 명사들이 많다. [ex] meeting 회의, building 건물.

|어휘| widening 명 확장 widest 가장 넓은(형용사의 최상급) wider 더 넓은(형용사의 비교급) widely 폭넓게, 매우

123

난이도
★★★

(**To fund its continuing research in solar energy**), **Upton Laboratories was** <u>**presented**</u> (**with a grant**) (**from the Earth**
　　　　준동사구-부　　　　　　　　　　　　　　　　　　　　　　　　　S　　　　　　be p.p
First Association).

|오답| committed, related, attracted

태양 에너지의 지속적인 연구를 지원하기 위해서, Upton Laboratories에서는 Earth First Association 협회로부터 보조금을 지원 받았습니다.

| **해설**| 동사어휘문제. present, supply와 같이 '주다'의 의미를 가진 동사들은 provide와 같은 구조로 잘 쓰인다. 'provide s.b with s.t: ~에게 ~
을 제공하다'. 여기서는 수동태로 전환된 형태. 'presented s.b with s.t ⇨ s.b was presented with s.t: ~가 ~을 수여 받았다.'
나머지 오답보기는 모두 전치사 to와 짝꿍. 'be committed to ~ing/n.: ~에 최선을 다하다', 'be related to: ~에 관련되다', 'be attracted to:
~에 매료되다, 끌리다'.

|**어휘**| fund 자금을 대다 solar energy 태양 에너지 present s.b with s.t ~에게 ~을 수여하다, 주다 s.b is presented with s.t ~가 ~을 수
여 받다 grant(=subsidy) 보조금, 지원금

124

(**Besides** **being a beautiful modern hotel**), **it has** **tremendous staff** (**that provide very pleasant service**).
　　전명구 (전치사사+명사구)　　　　　　　　　　　　S　V　　　　　　　O

|오답| Consisting of, In view of, Seeing that

아름다운 현대식 호텔일 뿐만 아니라 이 호텔은 기분 좋은 서비스를 제공하는 훌륭한 직원을 보유하고 있습니다.

|**해설**| [___ ing] ing 앞에는 전치사와 부사절 접속사가 모두 들어갈 수 있다. 보기 중에 부사절 접속사는 없으므로 전치사 중에서 의미상 어울리
는 전치사를 고르는 문제. '~뿐만 아니라'의 의미로 쓰이는 전치사 besides, in addition to, on top of 뒤에서는 명사도 나올 수 있지만 특히 동
명사가 잘 나온다는 것도 기억해두자. 'ing' 앞에서 besides나 in addition to를 고르는 문제는 매우 자주 출제된다.

|**어휘**| tremendous 굉장한 pleasant 유쾌한, 기분 좋은

125

Detailed figures (**for this fiscal year**) (**the financial department has compiled**) **may** **be found** (**in the annual report**)
　　　S　　　　　　　　　　　　　　　　　　　형용사절 (목적격 관계대명사 생략)　　　　　　　be p.p
(**released on March 1st**).
　　준동사구-형

|오답| Vacant, Experienced, Responsive

재무부서에서 취합해 둔 올해 회계연도의 자세한 수치들은 3월 1일에 공개된 연례 보고서에서 찾아 보실 수 있을 것입니다.

|**해설**| 형용사어휘문제. figures(수치)와 어울리는 형용사는 detailed뿐. experienced와 responsive는 '사람명사'만 수식할 수 있다.

|**어휘**| detailed figures 자세한 수치들 fiscal year 회계연도 compile 취합하다, 모아서 정리하다 vacant 비어 있는 experienced 경험 있는
responsive to ~에 반응이 좋은, ~에 대응하는

126

난이도
★☆☆

(**In advance of** the ceremony for its re-opening), the Jarling Community **Center underwent inspection** (by state and
                                                       S   V   O

federal safety commissions).

|오답| As long as, While, As opposed to

재 개장 행사에 앞서서, Jarling Community Center는 주와 연방 안전 위원회에 의한 검사를 받았습니다.

|해설| 보기 중에 접속사가 하나라도 있다면, 반드시 접속사 자리인지 아닌지를 먼저 확인한다. [___ n. S+V+O] 뼈대구조만 보면, 빈칸 두에는 명사만 나와있고, 콤마 뒤에 주절이 나왔다. 빈칸은 명사를 연결하는 전치사자리. 접속사인 while, as long as는 탈락. as opposed to에서 to는 전치사이므로 구조상은 가능하나 의미상 탈락. '재 개장을 위한 행사와는 반대로(×)'. in advance of는 전치사(of)로 끝났으므로 전치사 기능. '~에 앞서서'로 해석한다.

|어휘| in advance of ~보다 앞서, 미리 ceremony 행사 undergo ~을 겪다. 받다 inspection 검사 state 주 federal 연방의 safety commission 안전 위원회 as long as ~하는 한 as opposed to ~에 반대로

127

More than one-third of **respondents indicated** (that HIV **research** had **contributed substantially** to advances in
                                  S   V   O (명사절)

diagnostics and drug and vaccine development).

|오답| substantial, substantive, substantiate

응답자의 3분의 1 이상이 HIV 연구가 진단법과 의약 및 백신 개발의 발전에 상당히 기여했다고 말했습니다.

|해설| 어형문제. 빈출 유형 [자동사 _____ 전치사] 빈칸은 부사자리. 'S+자동사'는 완벽한 뼈대구조고, 그 뒤에 추가로 나올 수 있는 품사는 부사. contribute은 to와 짝꿍인 자동사. 보자마자 자동사임을 알아봤다면 3초자리 문제! [contribute ___ to] 사이에 나올 수 있는 품사는 부사뿐이다.

|어휘| more than ~이상(=over) respondent 응답자 indicate 암시하다. 나타내다 contribute to ~에 기여하다 advance n. 진전, 발전 diagnostics (병의) 진단법 substantially 상당히 substantial 상당한, 중요한 substantive 실질적인 substantiate v. 입증하다

[명사절 분석]

HIV research had **contributed** substantially to advances in [diagnostics] and (drug and vaccine development).
        S   V   A   and   B

 핵심 자동사와 전치사 사이는 부사자리!

초빈출유형이므로 특정 전치사랑 짝꿍이 되는 자동사는 반드시 외워두자!

They rely heavily on the tourism. 그들은 관광산업에 지나치게 의존한다

comply with 준수하다 **interfere with** 간섭하다 **contribute to** 기여하다 **proceed with** 진행하다
proceed to ~로 이동하다 **result in** ~의 결과를 초래하다 **result from** ~로부터 결과가 초래되다
inquire about 문의하다 **refer to** 참고하다, 조회하다 **dispose of** 버리다 **agree on/to/with** ~에 동의하다
consist of ~로 구성되다 **fill out** 작성하다 **subscribe to** (잡지를) 구독하다 **participate in** 참석하다
enroll in 등록하다 **register for** 등록하다 **respond to** ~에 답하다, 대응하다 **reply to** ~에 답하다
react to ~에 반응하다 **deal with** 다루다 **rely on** ~에 의존한다 **depend on** ~에 의존하다
account for 1) ~을 설명해주다. 2) (수치와 함께) ~를 차지하다

이 자동사들과 관련한 문제는 매달 최소 한 문제는 반드시 출제된다! 필암기!

128
난이도
★★☆

(<u>Like</u> other employees in the marketing department), director Sylvia **Gorn has attended** every marketing **conference**
                                                   S   V   O

(held in the region).
준동사구-형

|오답| Similarly, For example, Altogether

마케팅 부서의 다른 사원들처럼, 이사인 **Sylvia Gorn**은 이 지역에서 열린 모든 마케팅 회의에 참석해왔습니다.

|해설| [____ n, S+V+O] 뼈대구조만 보면, 빈칸 뒤에는 명사만 나와있고, 콤마 뒤에 주절이 나왔다. 빈칸은 명사를 연결하는 전치사자리. 보기 중 유일한 전치사인 like가 정답! 구조만 따져봤으면 3초짜리 문제! 보기 중에 부사나 전치사 등이 섞여 나왔다면 반드시 해석이 아닌, 구조부터 따져 본다. 나머지 보기는 전부 부사이므로 탈락.

|어휘| region 지역 like ~처럼, ~같이 similarly 유사하게, 비슷하게 for example(=for instance) 예를 들어, 가령 altogether 전적으로, 아예

129
난이도
★★☆

All restaurant **staff** should **make sure** (to inspect their work area closely) (in **preparation** for the examination from
               S   V   OC   O (명사구)

the Health Department).

|오답| prediction, operation, exception

모든 레스토랑 직원들은 보건부의 검사에 대비하여 자신의 근무 지역을 면밀히 점검하는 것을 확실히 해야 합니다 ⇒ 꼭 점검해야 합니다.

|해설| 'in preparation for n.: ~을 준비하여, ~에 대비하여'로 preparation이 정답. prepare는 동사로 쓰일 때도 역시 for하고 짝꿍. operation이 오답 1순위. operation을 두리뭉실하게 '시행'정도로 기억하는 친구들이 많다. 이런 의미는 가지지 않는다. 제대로 외워두자. operation은 2가지 의미를 가진다. 1) (기계 등의) 작동, 2) (회사나 사업 등의) 활동. 특히 in operation은 숙어표현으로 '작동하는, 사용 중인'의 의미. [ex] the machine is in operation – 이 기계는 돌아가고 있다, 사용 중이다.

|어휘| inspect 검사하다, 점검하다 closely 면밀히 examination 시험, 조사 prediction 예측 operation 운영, 활동, 작동 exception 예외, 제외

130
난이도
★☆☆

(After your payment is received), the total **amount** (due on your online invoice) will **be adjusted accordingly**.
               부사절   S   형용사구   be p.p

|오답| typically, immeasurably, implicitly

귀하의 대금이 받아진 후에(귀하의 대금을 받고 나서) 귀하의 온라인 청구서 상에 있는 지불되어야 할 총 금액은 그에 상응하게 조정될 것입니다.

|해설| 부사어휘문제. 돈이 입금되고 나면, 청구서 상에 지불금액은 '이 입금된 금액을 차감한 금액으로' 조정될 것이다. 입금된 돈을 뺀 금액에 맞게, 즉 '그에 상응하게' 조정된다는 의미이므로 accordingly가 정답.

|심층분석| due는 be동사 뒤에 잘 나오는 형용사로써, 명사 뒤에도 잘 나온다. the amount (which is) due on the invoice 이와 같이 '관계대명사+be'가 생략된 구조로 보면 된다. 더 자세한 설명은 TEST02 122번 문제 p76 참고.

|어휘| payment 결제, 지불 total 총 amount 총액 due 지불기한인, 지불해야 하는 adjust 조정하다, 조절하다 accordingly 그에 맞게, 그에 상응하게 typically 전형적으로, 일반적으로 immeasurably 헤아릴 수 없을 정도로 implicitly (겉으로 분명하게 들어나지 않으면서) 함축적으로, 내재적으로

Question 131-134   이메일

Dear Mr. Eisen,

The Sacramento Small Business Society (SSBS) has ------- your application
to join our organization.
131.
We have approved your membership because your shop's reputation
for customer service, commercial performance, and current member's
recommendations were excellent. To finalize your membership, please
------- register your account on our Web site at www.ssbs.org.
132.
Your account ID is Sacramento Attire and your password is SA9866 until
you change it. Your benefits as a member will be activated immediately
after registering. -------.
133.
SSBS is sure that you'll find your membership to our organization quite
-------.
134.

Mr. Eisen 에게

Sacramento Small Business Society (SSBS)는 저희
협회에 대한 귀하의 지원을 수락하였습니다.
귀하의 가게가 고객서비스에 대한 명성, 상업적 성과,
현재 회원의 추천 등이 좋았기 때문에 귀하의 입회를
승인했습니다.
당신의 회원 가입을 확정하기 위해서는 저희 웹사이
트 www.ssbs.org에서 즉시 당신의 계정을 등록해 주
세요.
귀하가 변경하기 전까지 귀하의 계정 ID는 Sacramento
Attire이고 패스워드는 SA9866입니다. 등록 직후에
바로 회원으로서 혜택이 활성화될 것입니다 ⇒ 혜택
을 받으실 수 있습니다. **회원들에게 저희가 제공하는
서비스에 대한 세부 사항은 웹사이트에서 찾아 보실
수 있습니다.**
귀하의 저희 협회 회원가입이 매우 보람 있다고 귀하가
생각하게 될 것임을 SSBS는 확신합니다.

|어휘| accept 수락하다, 받아 들이다 approve 승인, 인가하다 reputation for ~에 대한 명성 commercial 상업적인 performance 성과
recommendation 추천 finalize 마무리하다 register 등록하다 account 계정 activate 활성화하다, 가동시키다 be sure that 반드시 ~
하다 quite 부 아주, 꽤 rewarding 보람 있는

131. (C) accepted |오답| (A) submitted (B) started (D) revised

|해설| Context Question. 아래 내용을 계속 읽어보면 협회에서 한 업체를 회원으로 가입시켜주는 절차를 소개하고 있다. 그러므로 이 협회는 신
청서를 '받았다'가 정답.

132. (B) immediately |오답| (A) nevertheless (C) elsewhere (D) further

|해설| 부사어휘문제. 의미상 어울리는 부사는 immediately뿐이다. 'nevertheless: 그럼에도 불구하고 등록하세요(×)', 'elsewhere: 기타 다른 곳
에서 등록하세요(X)', 'further: 더 등록하세요(×)'.

133. (A) You will find details about services we provide to our members on the Web site.	(A) 회원들에게 저희가 제공하는 서비스에 대한 세부 사항은 웹사이트에서 찾아 보실 수 있습니다.
(B) Please return the attached application form at your earliest convenience.	(B) 당신이 편한 시간 중 가급적 빠른 시간에 이 첨부된 지원서를 돌려보내주세요.
(C) We will let you know our decision after contacting your references.	(C) 당신은 추천인들에게 연락해보고 나서 우리의 결정을 알려드리겠습니다.
(D) We ask that you closely review the terms and conditions of the agreement.	(D) 이 계약서의 조건을 면밀히 검토해보실 것을 저희는 요청 드립니다.

|해설| 앞서 회원가입이 승인되었음을 알리고 있으므로 회원들에게 제공되는 서비스 안내가 뒤따라 나올 것이다.
(B) 이미 회원가입이 수락된 상황에서 지원서를 다시 제출할 이유는 없다.
(C) 역시 회원가입이 수락된 상황에서 추천인들에게 연락을 해보지는 않을 것이다.
(D) 회원가입과 agreement(계약서)는 어울리지 않는다.

난이도 ★★☆ **134. (D) rewarding** |오답| (A) reward (B) rewardingly (C) rewards

|해설| 어형문제. 일단 앞에 나온 동사 find가 5형식 동사임을 파악하는 것이 단서. find는 형용사를 목적보어로 취하는 5형식 동사로 이때는 절
대 '찾다, 발견하다'로 해석해서는 안 된다. 5형식 find는 '~이 ~하다고 생각한다, 느낀다'. [ex] I find it easy – 나는 그것이 쉽다고 생각한다.
◐ Reading교재 vol.1 p176 참고 빈칸 앞에 quite은 부사로써 뒤에 나올 형용사 목적보어를 꾸며주는 역할. '꽤, 매우'로 해석한다. 보기 중에 형용
사가 없으므로 분사형태를 골라오면 된다. 분사는 형용사 역할을 잘한다 분사형 형용사에 대한 자세한 설명은 TEST02 103번 설명 p69 참고.
rewarding은 ing형태의 형용사로써 '보람 있는'의 의미.

Visit scenic Shireton and take one of our five walking tours to see the sights of our beautiful city. Provided by the Shireton Tourism Commission, ------- tour is conducted by an experienced guide and shows attendees **135.** remarkable parts of the city.

Our most popular tour goes through Selby Plaza, part of the city's art ------- . Selby Plaza has three independent galleries as well as the **136.** city's municipal art museum and several hotels known for their striking architecture. Overall, the tour takes about three hours and ------- with **137.** dinner at one of the spectacular restaurants in the plaza. ------- . Make **138.** sure to ask your tour guide which restaurants participate in this discount program.

Sign up for a tour today by visiting the Shireton Tourism Commission office or by calling 555-3756.

경치 좋은 Shireton을 방문하셔서 저희 아름다운 시의 모습을 볼 수 있도록 다섯 개 중의 하나의 도보 여행을 떠나보세요. Shireton 관광청에 의해 제공되면서, 각각의 투어는 경험 많은 가이드에 의해 진행되며, 여행객들께 도시의 환상적인 곳을 보여드릴 것입니다. 가장 많이 선택 되는 투어는 이 도시의 문화 예술지구 중의 한 곳인 Selby Plaza를 지나는 것입니다. Selby Plaza에는 시립 예술 박물관과 빼어난 건축양식으로 유명한 몇 개의 호텔뿐만 아니라 세 개의 독자적으로 운영되는 화랑들이 있습니다. 전체적으로 이 투어는 약 세 시간 가량 걸리며, Plaza에서 가장 큰 식당 중의 하나에서 저녁식사를 하는 것으로 마무리가 됩니다. **몇몇 식당들은 투어 참가자들에게 할인을 제공하기도 합니다.** 어떤 식당이 할인행사에 참여하는지를 가이드에게 꼭 물어보세요.

|어휘| scenic 경치가 좋은 conduct a tour 투어를 진행하다 attendee 참가자 remarkable 두드러진, 훌륭한 district 지역, 지구 independent 독자적인, 독자적인 known for ~로 알려진, 유명한 striking 눈에 띄는, 빼어난 architecture 건축술, 건축양식 cf. architect 건축가 overall 전체적으로 conclude with ~으로 끝맺다 sign up for 등록하다

난이도 ★★☆ **135. (B) each** |오답| (A) either (C) whose (D) this

|해설| this가 오답 1순위. 앞서 5개의 투어가 있다고 언급되어 있다. 그러므로 '이 투어'라고 지시형용사를 쓰려면, 5개의 투어이므로 these tours라고 복수형을 써줘야 한다. 여기서는 tour가 단수명사로 쓰였으므로 each가 정답. 수량형용사 중에서 each/every 뒤에는 항상 가산명사 단수형이 나온다.

난이도 ★☆☆ **136. (C) district** |오답| (A) actors (B) programs (D) school

|해설| Selby Plaza와 part of the city's art district는 동격의 관계. 영어는 고유명사 뒤에 그 고유명사를 설명해주는 '동격의 명사'를 잘 쓴다. 그러므로 빈칸은 Selby plaza와 동격이 되는 명사자리. plaza는 '광장'이며 장소를 지칭하는 표현이므로, 장소의 의미를 가지는 district가 정답. programs는 plaza와 동격이 될 수 없다.

137. (D) concludes |오답| (A) exits (B) orders (C) reserves

|해설| 동사어휘문제. 일단 빈칸 뒤에 전치사가 있으므로 자동사자리. order, reserve는 타동사이므로 탈락. exit는 '나가다, 퇴거하다' 의미로, 의미상 안 어울리므로 탈락.
그렇지만 conclude는 타동사로도 잘 쓰이는 동사. 자동사로 쓰일 때는 with와 짝꿍이다. '~으로 끝맺다'의 의미.

138. (A) Some restaurants offer discounts for tour participants.	(A) 몇몇 식당들은 투어 참가자들에게 할인을 제공하기도 합니다.
(B) The plaza is one of the most popular tourist destinations. (C) The Shireton Tourism Commission plans tours all year long. (D) Taking pictures in the museum is strictly prohibited.	(B) 플라자는 가장 인기 있는 관광명소중의 하나입니다. (C) Shireton Tourism Commission 일년 내내 관광을 계획하고 있습니다. (D) 박물관에서 사진을 찍는 것은 엄격히 금지되어 있습니다.

|해설| 빈칸 뒤 문장에 나온 'this discount program'이 핵심단서. 할인 프로그램이 언급된 문장이 정답이므로 정답은 (A).

Question 139-142 이메일

From: customercare@webshop.com
To: hcollins@kld.com
Date: April 24
Subject: Purchase #684633

Dear Mr. Collins,

Your purchase (#684633) has been _____. We have shipped two items of
                                 139.
your purchase to the address listed on your account and they should arrive
within seven business days. _____, we were unable to ship the third item
                            140.
of your purchase.

The Lansing Bluetooth Headset in silver color will not be _____ for shipping
                                                          141.
until May 14. We are sorry for any inconvenience you may experience
because of this. If you would like to cancel this part of your order before it
is available, please contact our customer service department at service@
jollystore.com. _____.
                142.
We greatly appreciate your patronage.

Regards,

Georgia Smith
Customer Care Associate, Web Shop

발신: customercare@webshop.com
수신: hcollins@kld.com
날짜: 4월 24일
제목: 구매 #684633

Collins씨에게

귀하의 구매(#684633)가 처리 되었습니다. 귀하의 계정에 적혀있는 주소로 구매하신 두 개의 품목을 발송했으며 7영업일 이내에 도착할 것입니다. 유감스럽게도, 당신의 세 번째 구매품은 발송하지 못했습니다. 은색의 Lansing Bluetooth 헤드셋은 5월 14일 이후에야 배송 가능합니다. 이로 인해 당신이 겪을지 모르는 어떠한 불편에 대해서도 우리는 사과를 드리는 바입니다. 이 제품이 나오기 전에 당신 주문에서 이 부분을 취소하고 싶다면 service@jollystore.com으로 저희 고객 지원부서에 알려주시기 바랍니다. **그렇지 않다면, 재고가 들어오는 데로 당신 주문의 이 마지막 부분을 발송할 것입니다.**
귀하의 애용에 대단히 감사 드립니다.

Georgia Smith
Customer Care Associate, Web Shop

|어휘| purchase 명 구매, 구매품 process 동 처리하다, 가공하다 business day (휴일을 제외한) 영업일 be sorry for ~에 죄송하다, 유감이다 patronage 1) 애용, 단골거래, 2) 후원

핵심 not until 구문 : ~가 되어서야 비로서 ~하다.

It will not be available for shipping until May 14.
5월 14일까지는 배송을 위해 이용 가능하지 않을 것이다 ⇒ 5월 14일이 되어서야 비로소 배송이 가능할 것이다.

not until 구문은 '~까지 ~않다'와 같이 부정으로 해석하면 오히려 0-색한 경우가 많다. '~가 되어서야 비로소 ~하다'와 같이 긍정문으로 해석한다.

난이도 **139. (B) processed** |오답| (A) delivered (C) canceled (D) repaired
★★★
|해설| Context Question 뒤에 내용을 파악해야만 풀 수 있는 문제. deliver와 ship은 우리말로 둘 다 '배송하다'로 해석하지만, 엄밀히 따지면 의미가 전혀 다른 동사다. deliver는 수신자에게 도달했다는 의미이고, ship은 발신자의 손을 떠났다는 의미다. 바로 뒤에 문장을 보면 'shipped', 즉 발송이 되었고, 7일 안에 도착할 것이라고 언급하고 있다. 그러므로 아직 수신자가 받지는 못한 상태이므로 deliver는 오답. 주문이 처리되었고 발송됐다는 의미이므로 process가 정답.

140. (D) unfortunately |오답| (A) whereas (B) consequently (C) rather
|해설| [____]. S+V 쉼표를 동반하며 문장 제일 앞에 쓰였으므로 빈칸은 부사자리. (A) whereas는 접속사이므로 구조상 탈락. (B), (C), (D)는 모두 부사. 빈칸 뒤에 배송이 불가하다는 안 좋은 소식을 전하고 있으므로 부정적인 뉘앙스의 unfortunately(유감스럽게도)가 정답.

|오답보기| (A) whereas 접속사 '반면에' (B) consequently 부사 '결론적으로' (C) rather 부사 '오히려, 차라리'.

141. (C) available |오답| (A) availability (B) availabilities (D) availably

|해설| 어형문제. 빈칸은 be동사 뒤이므로 형용사 자리. be동사 뒤에 명사보어가 쓰이려면, 주어와 의미상 동격이 되어야 한다. '헤드셋은 이용가능성이다(X)' 성립하지 않으므로 명사는 탈락.

142. (A) Otherwise, we will send out the last part of your order as soon as it is in stock.	그렇지 않다면, 재고가 들어오는 데로 당신 주문의 이 마지막 부분을 발송할 것입니다.
(B) We will ship your entire order after the last part has arrived. (C) Lansing Bluetooth Headsets have consistently received favorable reviews. (D) Our customer service department will be closed over the weekend.	마지막 부품이 도착하고 나면 당신의 전체 주문품을 발송할 것입니다. Lansing Bluetooth Headsets 지속적으로 긍정적인 평가를 받아왔습니다. 우리 고객서비스부서는 주말 동안 닫혀있을 것입니다.

|해설| 고객 주문 중 일부 제품이 재고가 없어서 별도로 향후 보내질 일정에 대해 앞서 소개하고 있다. 너무 늦어져서 취소하고 싶다면 회사에 알려달라고 했다. 정답에 otherwise는 앞 문장과 잘 연결해주고 있다. '그렇지 않다면', 즉 '취소하지 않는다면' 회사에서는 마지막 부분을 발송할 것이다. (B) 이미 일부 제품을 발송한 상태이므로 (B)는 앞선 내용과 모순된다.

Question 143-146 발표문

The Bradford Gallery will hold an exhibition of Belinda Hartness' latest collection titled 'Humans of Brasilia'. The exhibition shows vivid images of _____ life and the people who live it and will be on display at the gallery
143.
from February 12 to March 1.

Large cities are a major focus of Ms. Harness' _____, due largely to her
144.
youth spent in New York, Paris, and Bangkok.

Ms. Hartness works as a curator at the Score Museum in Chicago. Ms. Hartness has had her work _____ for her unique camera angles, displayed
145.
in museums all around the world. _____.
146.

Bradford Gallery는 Humans of Brasilia라는 제목이 붙은 Belinda Hartness의 최신 콜렉션 전시회를 개최할 것입니다. 이번 전시회는 도시 생활과 도시 생활을 살고 있는 사람들의 생생한 이미지를 보여줄 것이며 2월 12일부터 3월 1일 까지 화랑에서 전시될 것입니다. 그녀가 뉴욕, 파리, 방콕에서 보낸 그녀의 젊은 시절 때문에 대도시들은 Harness씨 사진의 주 초점이 되고 있습니다.

Hartness씨는 시카고에 있는 Score Museum에서 큐레이터로 근무하고 있습니다. Hartness씨는 그녀의 독특한 카메라 앵글로 유명세를 타면서, 전 세계 박물관에서 그녀의 작품을 전시해왔습니다. 프랑스 파리에서 열린 그녀의 마지막 전시회는 비평가들의 찬사를 받았습니다.

|어휘| exhibition(=exhibit, display, exposition) 전시회 vivid 생생한 urban(↔rural 시골의) 도심의 due largely to 주로 ~ 때문에 unique 독특한, 특이한

|심층분석| 'the people who live it'에서 live는 특이하게 타동사로 쓰였다. it은 앞서 언급된 urban life를 받아온다. live가 타동사로 쓰일 때는 life와 짝꿍. [ex] I want to live a happy life – 나는 행복한 삶을 살고 싶다.

143. (B) urban |오답| (A) traditional (C) marine (D) agricultural

|해설| Context Question 다음 문장에서 대도시가 작품의 초점이 되고 있다고 했으므로, urban이 정답.

난이도 **144. (D) photographs** |오답| (A) poems (B) performances (C) sculptures
★☆☆
|해설| Context question 다음 문장에서, Hartness씨는 독특한 카메라 앵글로 유명하다고 언급하고 있으므로 그녀의 작품은 사진작품.

145. (C) known |오답| (A) knowing (B) know (D) knew

|해설| 동사어형문제. 동사어형문제 접근법 p 10 참고 1) 구조. 이미 앞에 본동사(works)가 나와있고 접속사는 없으므로 빈칸은 준동사 자리. (B) know, (D) knew는 탈락. 2) 빈칸 뒤에 목적어 없이 바로 전치사가 나왔으므로 수동태. 준동사이면서 수동태이므로 p.p가 정답.

146. (A) Her last exhibition held in Paris, France garnered critical acclaim.	프랑스 파리에서 열린 그녀의 마지막 전시회는 비평가들의 찬사를 받았습니다.
(B) Humans of Brasilia has received many positive reviews.	Humans of Brasilia는 많은 긍정적인 평가를 받아왔습니다.
(C) Ms. Hartness prefers to open her exhibitions in large cities.	Hartness씨는 대도시에서 전시회를 여는 것을 선호합니다.
(D) Ms. Hartness has decided to move into the field of sculpture.	Hartness씨는 조각부문으로 옮기기로 결정했습니다.

|해설| 앞 문장에서 '전세계에서 전시회를 열었다'고 했으므로 그 뒤에서 구체적인 사례, 즉 파리에서의 전시회를 소개하는 것은 자연스러운 흐름이다.
(B) Humans of Brasilia는 최근 작품의 이름이다. 이에 대한 설명은 첫 둔단에 등장한다. 3번째 문단은 Hartness씨의 전반적인 작품활동에 대해 설명하고 있으므로 구체적인 최신작에 대한 설명은 어울리지 않는다.

Gardening Company	원예 회사
Our company in Acorn Valley 147 is looking for a skilled and competent receptionist. This person will have a variety of duties including greeting customers, 148c receiving and forwarding phone calls, and taking messages. Excellent 148a file organization skills are required, as are some skills in dealing with copy and fax machines and other office machinery. It is necessary for the candidate to have a 148d background in graphic design. The hourly wage for this position is $14 – 16 per hour.	Acorn Valley에 있는 저희 회사는 숙련되고, 유능한 147접수계원을 모집하고 있습니다. 지원자는 손님을 맞이하기, 148c전화를 걸고 받기, 메시지를 남기기 등과 같은 다양한 업무를 해야 할 것입니다. 복사기나 팩스 및 다른 사무 기계를 잘 다루는 기술뿐만 아니라 148a 뛰어난 파일 정리 기술이 반드시 있어야 합니다. 지원자는 148d그래픽 디자인 경력자라야 합니다. 시급은 14불에서 16불입니다.

|어휘| gardening 원예 look for(=seek) ~을 구하다, 찾다 competent 유능한 greet (사람을) 맞다, 환영하다 forward 보내다, 전달하다
deal with 다루다 machinery 기계류 candidate(=applicant) 지원자 have a background in ~에 경력이 있다 hourly wage 시급

---

147. What position is available?
(A) Service associate
(B) Landscaper
(C) Receptionist
(D) Secretary

어떤 일자리가 나왔는가?
(A) 서비스 직원
(B) 조경사
(C) 접수계원
(D) 비서

|해설| 첫 줄에 접수계원이 필요하다고 명시하고 있다.

---

148. What kind of experience is NOT required for the job?
(A) Document filing
(B) Gardening skills
(C) Phone operation
(D) Graphic design

이 자리에는 어떤 경험이 요구되지 않는가?
(A) 서류 파일 정리
(B) 원예 기술
(C) 전화 활용
(D) 그래픽 디자인

|해설| 원예회사이지만, 원예 작업을 담당할 직원이 아니라 접수계원을 뽑고 있다. 나머지 보기는 지문에 표시된 내용 확인!

Nightingale
Messages by Song

Nightingale Singing Telegram Artists have been
helping people to celebrate their special days
or send congratulations in a fun manner.
Our Nightingales have been a great way to send messages
with songs to a wide range of occasions such as
birthday parties, anniversary celebrations,
graduation parties, and more. 150 We also provide service of
surprise appearances by our entertainers.

149**Think that you could be a Nightingale?**

Applicants that can play instruments like guitar or accordion
are very likely to succeed. Just send us a short video showing
your abilities. Videos should be sent with contact information
to Gerald Silver, p.o. box 43, Rockford, IL 61101

Nightingale
노래 메시지
Nightingale Singing Telegram 소속 예술가들은
사람들의 특별한 날을 축하해 주거나
재미있는 방식으로 축하를 전해 주는 일을 해왔습니다.
저희 Nightingale은 생일 파티, 기념행사, 졸업파티 등
아주 다양한 행사에
노래로 메시지를 전달할 수 있는 아주 좋은 방법입니다.
저희는 또한 150소속 엔터테이너들이
깜짝 등장하는 서비스도 제공합니다.

149**당신도 Nightingale이 될 수 있다고 생각하세요?**
기타나 아코디언과 같은 악기들을 연주 할 수 있는
지원자들은 뽑힐 가능성이 아주 높습니다.
그냥 저희에게 당신의 능력이 담긴 짧은
비디오 영상을 보내주세요. 비디오 영상은 연락처와
함께 61101 IL, Rockford, Gerald Silver
사서함 43번으로 보내주세요.

|어휘| celebrate 축하하다, 기념하다 congratulation 축하 in a fun manner 재미있는 방식으로, 재미있게 a wide range of 아주 다양한 occasion 행사 appearance 1)등장, 출현, 2) 외관, 겉모습 instrument 악기 be likely to do ~하기 쉽다 contact information 연락처

---

149. What is the purpose of the advertisement?
(A) To advertise a special event
(B) To profile an acting troupe
(C) To solicit more staff
(D) To promote a new company

광고의 목적은 무엇인가?
(A) 특별행사를 광고하기 위해서
(B) 연극단을 소개하기 위해서
(C) 지원자를 모집하기 위해서
(D) 신규 회사를 홍보하기 위해서

|해설| 첫 문단만 봐서는 풀 수 없는 문제. 첫 문단에서는 Nightingale을 소개하고 있지만, 두 번째 문단에서는 지원방법을 설명하고 있으므로 이 글의 진짜 목적은 지원자를 모집하는 것.

|보기어휘| troupe 연단, 극단

난이도
★☆☆ **150.** What is indicated about the artists who work at Nightingale?
(A) They travel to work at various work sites.
(B) They have to buy work outfits.
(C) They will graduate from university soon.
(D) They record videos at parties.

Nightingale에서 일하는 예술가들에 대해서 언급된 것은?
(A) 그들은 여러 현장으로 일하러 갑니다.
(B) 그들은 근무복을 구입해야 합니다.
(C) 그들은 곧 대학을 졸업할 것입니다.
(D) 그들은 파티에서 비디오 녹화를 합니다.

|해설| Nightingale은 행사현장에 깜짝 등장하는 서비스를 제공한다고 했으므로, 이 곳에서 일하게 되면 행사장에 직접 방문해야 한다. travel 은 '여행하다'는 의미 말고도 '이동하다'의 의미로 잘 쓰인다.
(D) 본문에서 언급된 video는 지원자들의 연주 능력을 보여주기 위한 동영상을 의미한다. 행사에서 비디오 촬영을 한다는 언급은 없었으므로 오답.

NOTICE

To: Staff members
From: Accounting
Date: August 8
Subject: Reporting hours

In order to make salary payments more efficient and timely, 151 the accounting department will implement a new system for reporting hours online. From September 3, employees will have to report the hours they have worked every week on a Web site managed by our company. The human resources department 152 will train all staff on how to enter the information in the system on August 23 in Conference Room 24. Please choose a session from the list posted outside near the door of Conference Room 24.

공지

수신: 직원들
발신: 회계부서
날짜: 8월 8일
제목: 근무시간 보고

급여 지급을 좀더 시간 내에 원활하게 할 수 있도록, 151경리부에서는 온라인으로 근무시간을 보고하는 새로운 시스템을 시행하고자 합니다. 9월 3일부터 직원들은 매주마다 근무한 시간을 회사에서 관리하는 웹사이트에 보고해야 합니다. 인사과에서는 1528월 23일 회의실 24호에서 전 직원에게 정보를 시스템에 어떻게 입력하는지를 교육 할 것입니다. 회의실 24호 근처에 외부에 게시된 목록에서 교육 시간을 선택해 주십시오.

|어휘| efficient 효율적인 timely 제때의, 시간에 맞는 implement 시행하다 manage 관리하다 human resources department(HR) 인사과 enter 1) 입력하다. 2) 들어가다. 3) 참가하다

---

151. What is the purpose of the notice?
(A) To confirm that a payment has been received
(B) To inform members of a postponed delivery
(C) To tell staff about a new procedure
(D) To ask staff to register on a Web site

이 공지의 목적은 무엇입니까?
(A) 지급을 받았음을 확인하기 위해서
(B) 직원들에게 연기된 배송에 대해서 알려주기 위해서
(C) 직원들에게 신규 절차를 알리기 위해서
(D) 직원들에게 웹사이트 등록을 요청하기 위해서

|해설| 근무시간을 보고하는 절차가 변경되어서 새로운 시스템을 소개하는 글이다.

---

152. Why should employees go to the conference room on August 23?
(A) To have a conference with the accounting department
(B) To take a class about a new system
(C) To enroll in a direct deposit program for paychecks
(D) To learn about a new process for promotions

왜 직원들은 8월 23일에 회의실로 가야 합니까?
(A) 경리부와 회의를 갖기 위해서
(B) 신규 시스템에 대한 수업을 듣기 위해
(C) 급여 자동 입금 프로그램에 등록하기 위해
(D) 승진을 위한 새로운 프로세스를 배우기 위해

|해설| 변경된 시스템에서 정보를 입력하는 방법을 회의실에서 설명해줄 것이므로 (B)가 정답.

Question 153-155 광고

Donna's Donuts

89 Main Street in Havelin

635-555-4684

After your first bite of a donut from Donna's Donuts, you won't want to get a donut anywhere else. Our shop is right in the middle of Main Street, and offers treats and beverages for people of all ages. We also have private study rooms for students from local schools.

At Donna's Donuts, you can find:

- Over 50 different kinds of 153 donuts made in our store with ingredients from local businesses.
- A flavorful selection of coffee and tea.
- Healthy breakfast items like whole grain muffins and cereal bars
- Free access to wireless Internet for our customers.

Open from Monday to Saturday from 8 a.m. to 8 p.m.

154 Open until 9:30 p.m. during the summer, from June to September.

155 On Thursdays, children under 5 can get a free small juice at 50% off the normal price.

Donna's Donuts

Havelin시 Main Street 89번지

635-555-4684

당신이 Donna's Donuts에서 도넛을 한 입 먹은 후라면 결코 다른 가게에서는 도넛을 사고 싶어하지 않을 것입니다. 저희 가게는 Main Street 바로 중심에 위치하며, 모든 연령대가 즐기는 먹을 거리, 마실 거리를 제공합니다. 우리는 지역 학교 학생들을 위한 개인 스터디룸 또한 갖추고 있습니다.

Donna's Donuts 가게에서 아래와 같은 것들을 찾아 보실 수 있습니다.

- 현지 업체들의 재료들로 153우리 가게에서 만들어진 50여 종 이상의 다양한 도넛들
- 다양한 향을 가진 커피와 차
- 곡물 머핀과 시리얼 바와 같은 건강한 아침 식사 메뉴
- 모든 고객들께 제공되는 무선 인터넷 무료 접속

월요일부터 토요일, 오전 8시부터 오후 8시까지 영업.

1546월부터 9월까지 하계기간 동안 9시 30분 까지 영업.

155매주 목요일, 5세 미만 아이들은 정상가에서 50% 할인된 가격에 무료 주스를 제공받을 수 있어요.

|어휘| treat 특별한 것, 대접 (본문에서는 대접을 받을 수 있는 먹거리를 의미) ingredient 재료 flavorful 풍미 있는, 향이 있는 a selection of 다양한 healthy 건강한

---

153. What is mentioned about Donna's Donuts?

(A) Its donuts are produced in the shop.

(B) Its food is available in local grocery stores.

(C) It is operated by a family.

(D) It has opened a new branch.

Donna's Donuts에 대해서 언급된 것은 무엇인가?

(A) 도넛은 매장에서 만들어진다.

(B) Donna's Donuts의 음식은 지역 식료품가게에서 구입가능 하다.

(C) Donna's Donuts는 가족이 운영한다.

(D) Donna's Donuts는 신규 지점을 오픈 했다.

|해설| 현지 업체의 재료들을 가지고 가게에서 직접 도넛을 만든다.

---

154. According to the advertisement, what happens in June?

(A) The hours of operation change.

(B) The study rooms are not available.

(C) The store employs university students.

(D) The beverage choices change.

광고에 따르면, 6월에는 무슨 일이 있겠는가?

(A) 영업 시간이 변경된다.

(B) 스터디 룸을 더 이상 이용 할 수 없다.

(C) 가게는 대학생들을 고용한다.

(D) 음료 메뉴가 바뀐다.

|해설| 6월부터 9월까지 하계기간 동안은 영업시간이 연장된다.

---

155. What is indicated about the discount?

(A) It applies to breakfast items.

(B) It is good for any kind of donut.

(C) It is only for returning customers.

(D) It is available just for one day every week.

할인에 대해서 언급된 것은?

(A) 할인은 조식에만 적용된다.

(B) 어떤 종류의 도넛도 할인된다.

(C) 할인은 재방문 하는 고객들에게만 적용된다.

(D) 일주일에 하루만 할인된다.

|해설| 5세 미만의 어린이에게 목요일에만 할인이 제공되므로, 할인은 일주일에 한 번 저공되는 것.

|보기어휘| returning customers 돌아오는 고객들 ⇒ 재방문 하는 고객들

TERRY CLAYBURGH	9:13 AM
Hey, Kali. 156 Are you all ready to move your office?	

KALI KEMPER	9:14 AM
Not yet, but I'm off to a good start.	

TERRY CLAYBURGH	9:15 AM
Start? The movers are supposed to be there at 10.	

KALI KEMPER	9:16 AM
10? I thought they weren't coming till the afternoon.	

KALI KEMPER	9:17 AM
There's no way I can finish by then.	

TERRY CLAYBURGH	9:18 AM
157 I've got my hands full now.	

TERRY CLAYBURGH	9:19 AM
But I can come by in 20 minutes to help you pack.	

KALI KEMPER	9:20 AM
I'd really appreciate that. Thanks, Terry.	

TERRY CLAYBURGH	9:13 AM
Kali, 156 당신 사무실로 옮길 준비가 다 됐나요?	

KALI KEMPER	9:14 AM
아직이요, 그렇지만 일단 시작은 잘 했습니다.	

TERRY CLAYBURGH	9:15 AM
시작이요? 이사하시는 분들이 10시까지 거기로 갈 예정이에요.	

KALI KEMPER	9:16 AM
10시요? 저는 오후나 되어서야 오는 줄 알았어요.	

KALI KEMPER	9:17 AM
그때까지는 도저히 끝낼 수가 없는데요.	

TERRY CLAYBURGH	9:18 AM
157 저도 지금은 완전히 바쁜 상태예요.	

TERRY CLAYBURGH	9:19 AM
그렇지만 20분 후에는 짐 싸는 걸 거들기 위해 갈 수 있습니다.	

KALI KEMPER	9:20 AM
정말 고마워요, Terry.	

156. What is indicated about Kali Kemper?
(A) She is changing her workspace location.
(B) She is a subordinate of Mr. Clayburgh.
(C) She is currently working on a presentation.
(D) She lost her schedule book.

Kali Kemper에 대해 언급된 것은?
(A) Kemper씨는 근무하는 자리를 옮길 것이다.
(B) Kemper씨는 Clayburgh의 부하직원이다.
(C) Kemper씨는 현재 발표문 작업을 하고 있다.
(D) Kemper씨는 일정표를 잃어버렸다.

|해설| 이삿짐센터가 10시에 들어오는데, 현재 어느 정도 준비되고 있는지를 묻고 있다. 이로 보아 Kemper씨가 근무장소를 옮길 것임을 알 수 있다.

157. At 9:18 AM, what does Terry Clayburgh mean when he writes, "I've got my hands full now"?
(A) He is carrying a moving box.
(B) He is talking on the phone.
(C) He is very busy at the moment.
(D) He is on his way to Ms. Kemper's office.

9시 18분에 Terry Clayburgh씨가 "I've got my hands full now"라고 쓸 때 무엇을 의미하고 있는가?
(A) Clayburgh씨는 이사 박스를 옮기고 있다.
(B) Clayburgh씨는 전화로 얘기 중이다.
(C) Clayburgh씨는 그때 매우 바쁘다.
(D) Clayburgh씨는 Kemper씨의 사무실로 가고 있는 중이다.

|해설| '손이 꽉 찼다' 즉 매우 바쁘다는 의미. 또한 'but'을 통해 유추할 수도 있다. but으로 시작하는 문장에서 20분 후에는 도울 수 있다고 했다. 그러므로 그 전 문장은 '역접'의 관계가 되어야 하므로 '도울 수 없는 상태'임을 전달했을 것이다. 도울 수 없는 상태이므로 바쁜 상태.

Question 158-160 이메일

From: fredad@fredassandwiches.com
TO: aaronlee@webpost.com
Date: April 15
Subject: This week

Dear Mr. Lee.

159 Since you're a frequent visitor to our restaurant, you'll be happy to hear that next week, Freda's Sandwiches 158 will have the "$5 Hero Special" return. This means you can get a large hero sandwich, which is normally $9, from our shop for only $5.

This special includes all of the sandwiches below:

Chicken	Beef	Vegetarian
Five Alarm Chicken Indian Chicken Curry Chinese Chicken	Blue Cow Classic Cheesesteak The Bullhorn Cow Over the Moon	Mondo Avacado. Artichoke Avalanche Cheesy Cheese and Such.

160 To make a reservation during our busy lunch time, you can visit our Web site at www.fredassandwiches.com. This deal is only available from April 20 to April 26.

See you next week!

Freda Dee
Owner & Head Cook

Freda's Sandwiches

발신: fredad@fredassandwiches.com
수신: aaronlee@webpost.com
날짜: 4월 15일
제목: 이번 주

Lee씨에게

159당신이 저희 레스토랑을 자주 찾는 단골이기 때문에, 다음 주에 Freda's Sandwiches에서 158"5불의 Hero Special"을 다시 선보인다는 소식을 들으시면 기뻐하실 것입니다. 이것은 당신이 정상가 9불짜리 큼직한 hero sandwich를 단돈 5불에 먹을 수 있다는 것을 의미합니다.

이번 특별가에는 아래 모든 종류의 샌드위치가 다 포함됩니다.

닭고기	소고기	채식
Five Alarm Chicken Indian Chicken Curry Chinese Chicken	Blue Cow Classic Cheesesteak The Bullhorn Cow Over the Moon	Mondo Avacado. Artichoke Avalanche Cheesy Cheese and Such

160 손님들이 많은 점심시간에 예약을 하려면 저희 www.fredassandwiches.com를 방문해 주세요. 이 할인가는 4월 20일부터 4월 26일 까지만 유효합니다.

다음 주에 뵙겠습니다!

Freda Dee
주인 겸 수석 요리사

Freda's Sandwiches

|어휘| frequent visitor 빈번한 방문객 ⇒ 단골고객 head cook 수석요리사

---

158. Why was the email sent?
(A) To advertise a newly released cookbook
(B) To publicize a new sandwich
(C) To give directions to a restaurant
(D) To provide details about a promotion

왜 이메일을 보냈는가?
(A) 새롭게 출간되는 요리책을 홍보하려고
(B) 신 메뉴 샌드위치를 홍보하려고
(C) 레스토랑으로 오는 길을 안내하려고
(D) 판촉 행사에 대한 세부사항을 제공하려고

|해설| 이전에 제공했던 '$5 Hero Special'을 다시 도입한다고 했고, '$5 Hero Special'는 할인상품이므로 판촉 행사를 알리는 것이 목적. (D)가 정답.

159. What is suggested about Mr. Lee?

(A) He used to work at Freda's Sandwiches.

(B) He recommended Freda's Sandwiches to his friend.

(C) He is a regular customer of Freda's Sandwiches.

(D) He made a reservation for lunch at Freda's Sandwiches.

Lee씨에 대해서 언급된 것은?

(A) 그는 Freda's Sandwiches에서 일한 적이 있다.

(B) 그는 Freda's Sandwiches를 친구에게 추천했다.

(C) 그는 Freda's Sandwiches의 단골 고객이다.

(D) 그는 Freda's Sandwiches에서 점심을 예약했다.

|해설| frequent visitor라고 했으므로 단골 고객. regular customer 역시 단골고객의 의미.

---

160. What is indicated about Freda's Sandwiches?

(A) It is not open in the morning.

(B) It has extensive seating.

(C) It can accept reservations on its Web site.

(D) It is famous for its quality.

Freda's Sandwiches에 대해서 언급된 것은?

(A) 오전에는 열지 않는다.

(B) 넓은 좌석이 있다.

(C) 웹사이트에서 예약을 받는다.

(D) 품질로 유명하다.

|해설| 점심시간에는 웹사이트에서 예약하라고 했으므로 (C)가 정답.

Sharpton Commercial Consultation

May 19
Lawrence Sturdevant
8655 Heights Avenue
Atlanta, GE 30003
Dear Mr. Sturdevant,

This letter is to confirm the presentation that you will be giving at the conference hosted by Sharpton Commercial Consultation from September 10 to September 12 in Tulsa, Oklahoma. 162d Your presentation will be on September 11.

I wish to also extend an invitation to a 162b dinner and reception following the conclusion of the conference 161 at the Hollings Grace Convention Hall at 7 p.m., on the second floor of where the conference will be held. —[1]—.

My secretary, Gloria Bingham, has 170c made an arrangement for your accommodations during the visit to Tulsa. —[2]—. The Plaza Hotel is a convenient and comfortable lodging. It is within walking distance from the conference hall.

Please remember that our legal and our public relations departments will have to authorize the content of your presentation before the conference. —[3]—.

Our company has heard many good things about your work in online marketing techniques, so I am looking forward to getting to meet you and find out more about your work. —[4]—.

Sincerely,

Harriet Manning
Harriet Manning
Senior Director, Employee Advancement Techniques.

Sharpton Commercial Consultation

5월 19일
Lawrence Sturdevant
30003 GE, Atlanta
Heights Avenue 8655번지

Sturdevant씨에게

귀하가 9월 10일부터 9월 12일까지 오클라호마 Tulsa에서 Sharpton Commercial Consultation이 주최하는 컨퍼런스에서 발표할 프레젠테이션을 확인하고자 이 편지를 보냅니다. 162d귀하의 발표는 9월 11일 입니다.

161 컨퍼런스가 열리는 곳의 2층에 위치한 Hollings Grace Convention Hall에서 컨퍼런스 끝난 후 오후 7시에 있는 162b 저녁식사와 환영회에 당신을 초대를 하고 싶습니다. —[1]—.

제 비서인 Gloria Bingham씨가 Tulsa에 머무르는 동안 162c 귀하의 숙소를 준비해 놓았습니다. —[2]—. Plaza Hotel은 편리하고 편안한 숙소입니다. 회의장에서 걸어 갈 수 있는 거리에 있습니다.

저희 법무부와 홍보부에서 발표 전에 당신의 프레젠테이션 내용을 인가해야 함을 잊지 마세요. —[3]—.

저희 회사는 온라인 마케팅 기술에 관한 당신의 작업에 대해서 좋은 얘기를 많이 들었습니다. 따라서 당신을 직접 만나서 당신의 작업에 대해서 좀 더 알고 싶습니다. —[4]—.

Harriet Manning
Harriet Manning
선임 이사, Employee Advancement Techniques.

|어휘| confirm 확인하다 host 주최하다 extend 1) 연장하다(=prolong), 2) 주다, 보내다 extend an invitation 초대장을 주다, 초대하다 conclusion 결론, 끝 make an arrangement 준비하다 accommodations 숙소, 숙박 lodging 숙소 within walking distance 걸어서 갈 수 있는 거리에 feel free to do 주저하지 말고 ～하다 authorize 인가하다 content 내용물 complete 1) 완전한, 온전한, 2) 끝난 look forward to ～ing ～하기를 고대하다, 바라다

161. Where will Mr. Sturdevant be giving a presentation?
(A) At a hotel
(B) At a convention center
(C) At the main office of a company
(D) At a law firm

Sturdevant씨는 어디에서 발표를 할 것인가?
(A) 호텔에서
(B) 컨벤션 센터
(C) 회사 본사에서
(D) 법률회사에서

|해설| 발표 후에, 발표가 진행되는 건물 2층에 위치한 컨벤션 홀에서 만찬이 있다고 했다. 그러므로 발표가 열리는 공간은 컨벤션 홀을 가지고 있는 건물, 즉 컨벤션 센터.

162. What is NOT mentioned in the letter?

(A) A conference timetable
(B) A social gathering
(C) A place to stay
(D) A date of the presentation

편지에서 언급되지 않은 것은?

(A) 컨퍼런스 일정
(B) 친목 모임
(C) 머무를 곳
(D) 발표 날짜

|해설| 컨퍼런스의 **timetable**이라고 하면, 몇 시에 어떤 발표가 진행되는 등의 상세한 시간표를 의미한다. 이러한 시간표에 대한 언급은 없으므로 (A)가 정답.
(B) **social**은 '사교의, 친목도모의' 의미로 잘 쓰인다. 만찬과 환영식이 열린다고 했으므로 친목 모임은 언급되어 있는 것. 나머지 보기는 지문에 표시된 내용 확인!

---

163. In which of the positions marked [1], [2], [3], and [4] does the following sentence best belong?

"Please send a complete copy of what you plan to present to our office as soon as you can."

(A) [1]   (B) [2]

(C) [3]   (D) [4]

[1], [2], [3], [4]로 표시된 자리 중에 다음 문장이 들어가기에 가장 적합한 곳은?

"가능하면 빨리 저희 사무실로 귀하가 발표할 내용의 완성된 사본을 보내주세요."

(A) [1]   (B) [2]

(C) [3]   (D) [4]

|해설| [3]번 빈칸 앞에서 '법무팀과 홍보부서에서 미리 발표내용을 승인해야 한다'고 했으므로, 그 다음 자리에 '발표문의 복사본을 보내라'가 가장 잘 어울린다.

 광고

Borland Career Development Center

If you'd like to get valuable experience and training for your career, the Borland Career Development Center offers seminars and courses from February 2 for those on a tight schedule.

- 164 Newly added: Two-day seminars on weekends
- Newly added: 165 Online classes that can be accessed any time
- Additional evening classes available all week

Borland is 166a the best place for career advancement for jobs in the finance, management, and marketing fields. We offer courses 166c taught by experienced, qualified instructors 166b for beginner, intermediate, and advanced individuals at competitive prices.

Borland has won several awards for its classes, including this year's Most Inventive Course from the Committee for Post-Secondary Education.

167 You can find more details about class offerings, tuition, and costs by visiting www.borlandcenter.edu. Or simply register by calling (684)555-0686.

Borland 직업개발소

만일 귀하가 경력을 위해서 가치 있는 경험과 교육을 받고 싶으시면, Borland Career Development Center에서는 2월 2일부터 바쁜 일정이 있는 분들을 위한 세미나와 강의를 제공합니다.

- 164신규 강좌: 주말 이틀 일정의 세미나들
- 신규 강좌: 아무 때나 접근 가능한 165온라인 강의
- 추가 저녁 강의는 주중, 주말 모두 가능함

Borland는 166a금융, 경영, 마케팅 분야의 일자리를 위한 직업개발의 최고의 장소입니다. 우리는 경쟁력 있는 가격에 166b초보자, 중급자, 고급자를 위한 166c경험 있고, 자격이 있는 강사들이 강의하는 수업을 제공합니다.

Borland는 올 해 고등교육 위원회로부터 받은 창의력이 있는 강의 대상을 포함하여 여러 상을 수상한바 있습니다.

제공되는 수업, 167수업료, 비용에 관한 추후 세부사항은 www.borlandcenter.edu에 방문함으로써 찾아 보실 수 있습니다. 아니면 간단히 (684)555-0686로 전화해서 등록하시면 됩니다.

|어휘| valuable 귀중한 tight 빡빡한 advancement 진전, 승진, 발전 experienced 경험 있는 qualified 적격인, 자격을 갖춘 instructor 강사 beginner 초보자, 입문자 intermediate 중급의 advanced 고급의 competitive price 경쟁력 있는 가격, 저렴한 post-secondary education 고등학교 이후의 고등교육 (대학교육과 직업교육을 모두 포함) tuition 등록금

핵심 those '~하는 사람들'

those는 "사람들"의 의미로 잘 쓰이는 대명사로, 항상 뒤에 수식어구를 수반한다.

those who wish to study 공부하기를 원하는 사람들	[형용사절 수식]
those wishing to study 공부하기를 원하는 사람들	[형용사구 수식]
those in charge 담당하는 사람들 ⇒ 담당자	[전명구 수식]

those on a tight schedule 빡빡한 일정을 가진 사람들

---

164. What is the purpose of the advertisement?

(A) To advertise an updated schedule
(B) To announce lower tuition costs
(C) To search for new instructors
(D) To explain recent managerial changes

이 광고의 목적은 무엇인가?

(A) 새로운 일정을 홍보하기 위해서
(B) 저렴해진 등록비를 알려주기 위해서
(C) 신입 강사를 모집하기 위해서
(D) 최근 경영진의 교체를 설명하기 위해서

|해설| 신규강좌를 소개하는 글이므로 (A)가 정답. (B)의 경우 lower는 비교급이므로 '더 낮아진'의 의미. 강좌가 저렴하다는 언급은 있지만, 더 저렴해졌다는 언급은 없으므로 오답.

165. How has Borland been changed?

(A) By changing all class schedules to the evening

(B) By offering Web-based classes

(C) By concentrating only on managerial programs

(D) By arranging seminars at various companies

Borland는 어떻게 변화 되었는가?

(A) 모든 수업 일정을 야간으로 변경함으로써

(B) 웹사이트에 기반한 수업을 제공함으로써

(C) 경영관리 프로그램들에만 집중함으로써

(D) 다양한 회사에서 세미 나를 준비함으로써

|해설| 신규강좌로 소개된 두 번째 항목을 보면 인터넷 강좌가 소개되어 있다. 즉 인터넷 강좌가 신규강좌라는 의미이므로 Borland의 변화 중 하나는 인터넷 상의 수업이 생긴 것.

(C) 경영관리 외에도 재무, 마케팅 분야가 언급되어 있으므로 경영관리만 제공하는 것은 아니다.

|보기어휘| web-based = Internet = online 웹에 기반하고 있는, 인터넷 상의

난이도
★☆☆

166. What is NOT indicated about Borland?

(A) It offers classes related to business.

(B) It helps students of multiple levels.

(C) It employs professional instructors.

(D) It assists students in finding jobs.

Borland에 대해서 언급되지 않은 것은?

(A) 비즈니스와 관련된 수업을 제공한다.

(B) 다양한 수준의 학생들을 돕는다.

(C) 전문 강사들을 고용한다.

(D) 학생들이 일자리 찾는 것을 도와준다.

|해설| 일자리를 찾는 사람들이 수업을 통해 자질을 연마하도록 강좌를 제공하고 있지만, 일자리 찾는 것을 도와주지는 않는다. 나머지 보기는 지문에 표시된 내용 확인!

---

167. What reason for visiting the Web site is mentioned in the advertisement?

(A) To enroll in seminars during the weekend

(B) To find fees for classes

(C) To receive the center's awards

(D) To review teachers' qualifications

웹사이트를 방문하는 이유로 이 광고에서 언급된 것은?

(A) 주말 동안 세미나에 등록하기 위해서

(B) 수업료를 찾아보기 위해서

(C) 센터가 제공하는 상을 받기 위해서

(D) 강사들의 자질을 검토하기 위해서

|해설| 웹사이트에서 찾아볼 수 있는 정보에는 강좌, 수업료, 비용 등이 언급되어 있다. 그러므로 (B)가 정답. 개인적인 유추로 (D)를 고르지 않도록 주의! 상식적으로 강사들의 자질에 대한 소개가 있을 것이라고 생각하기 쉽지만, 지문 중에는 언급된 바가 없다. 지문 안에서만 정답을 찾아오도록 주의!

파트7
공략 TIP

지문 안에서만 찾자! 상상은 금물!

예전에 '자전거 제품소개'에 대한 지문이 출제된 적이 있다. 그리고 문제에서는 자전거의 효능에 대해 물어봤다. '자전거를 타면 당연히 다이어트에 효과가 있겠지'라고 생각해서 '체중 감량에 도움이 된다'를 골라서 많이들 틀렸다. 지문에는 이와 같은 내용이 언급되지 않았다. 우리가 유추를 할 때는 반드시 지문 안에 소개된 정보를 기반으로 해야 한다! 나도 모르게 나의 상식이나 나의 개인소견이 끼어들지 않도록 주의하자!

Salkin Publications
896 Harroldson Road
Portland, OR 97220

September 15

Dear Investors:

Salkin Publications' executive committee has decided to accept the merger deal offered by the Cole Publishing Company. In order for the merger to happen, a majority of our investors as well as the Federal Communications Agency, which makes regulations for publishers and communications companies, have to also approve the merger. —[1]—.

168 The executive committee is sure that the merger would be beneficial for our company. Even though our company has not been as profitable as planned over the last two years, we think it is possible to turn this around with this merger. —[2]—. Cole Publishing Company is a successful non-fiction publishing company and has had its multiple titles on best-seller lists alongside our own. 169 They have also started endeavors in electronic publishing, as we have, which have been successful. Salkin Publications will hold a meeting for our investors on November 14 at our main office to decide whether to approve the merger. —[3]—.

We have enclosed a copy of the agreement with Cole Publishing Company and 170 the results of a financial and marketing examination of Cole Publishing conducted by an outside consulting firm with this letter. —[4]—. We ask that you look these over prior to making your decision.

On behalf of the entire board of directors, thank you for your actions in this matter.

Regards,

Bill Carlin
Executive Committee Director

Enclosure

Salkin 출판사
97220 OR, 포틀랜드, Harrodson로 896번지
9월 15일

친애하는 투자자들에게

Salkin 출판사의 경영위원회는 Cole Publishing사에 의해 제안된 합병 안을 수락하기로 결정했습니다. 합병이 성사되려면, 출판과 통신업계에 규제를 만드는 연방 통신위원회뿐만 아니라 저희 투자자 대다수가 이 합병을 승인해야 합니다. —[1]—.

168 경영위원회는 이번 합병이 회사에 도움이 될 것이라고 확신합니다. 비록 회사가 지난 2년간 예상했던 만큼 수익이 나지는 않았지만, 우리는 이번 합병을 계기로 상황을 반전시킬 가능성이 있다고 믿고 있습니다. —[2]—. Cole Publishing사는 비소설 부문에서 성공한 출판사이며 저희 회사와 나란히 베스트 셀러에 여러 책을 올리고 있습니다. 169 그리고 그들은 우리가 해왔던 것처럼 전자출판분야에도 노력을 기울이기 시작했고 성공적입니다. Salkin 출판사는 11월 14일 본사에서 투자자들의 합병 승인 여부를 결정하기 위해서 우리 투자자들을 위한 회의를 열 것입니다. —[3]—.

우리는 Cole Publishing사와의 합병 계약서 사본과 외부 컨설팅 업체에서 실시한 170 Cole Publishing의 재무 및 마케팅 조사 결과도 이 편지와 함께 동봉했습니다. —[4]—. 우리는 귀하가 결정을 내리기 전에 이 자료들을 살펴보실 것을 요청합니다.

전체 이사회를 대표해서 이 문제에 대한 귀하의 참여에 감사 드립니다.

Bill Carlin
경영위원장

동봉물

|어휘| a majority of n. 대다수의 ~들 investor 투자자 as well as ~뿐만 아니라 reputation for ~에 대한 평판 approve 승인하다 beneficial(=helpful, useful) 도움되는 profitable 수익이 생기는, 이익이 되는 turn around (경기, 재무상황 등을) 호전시키다, 호전되다 as planned 계획대로 (부사절 축약형) multiple 다양한 alongside with ~와 함께 endeavor 명 노력 (=effort) 동 endeavor to do(=try to do) ~하도록 노력하다 decide whether to do ~할지 어떨지 결정하다 prior to(=before) ~전에 on behalf of ~대신에, 대표해서

핵심 in order for n. to do

'in order to do' 사이에 의미상의 주어 'for+n.'가 종종 삽입된다.

in order **for the merger** to happen 합병이 발생하기 위해서

have/be/do 동사로 갑자기 절이 끝나는 경우, 앞 절과 동일한 내용이 뒤에 생략된 것으로 간주하면 된다.

They have started endeavors in electronic publishing, as we have (started endeavors in electronic publishing).
그들은 우리가 해왔던 것처럼(전자 출판에 노력을 기울이기 시작한 것처럼) 전자출판에 노력을 기울이기 시작했다.

---

168. What does the letter recommend?

(A) Challenging a new competitor

(B) Approving a merger with a company

(C) Discussing online voting

(D) Increasing a division's work

이 편지가 권고하는 것은?

(A) 새로운 경쟁사에 도전하는 것

(B) 타 회사와의 합병을 승인하는 것

(C) 온라인 투표를 논의 하는 것

(D) 부서의 업무를 늘리는 것

|해설| 타 출판사와 합병하는 것의 장점을 소개하면서 투표하는 방법을 안내하고 있으므로 (B)가 정답.
(C) 온라인 투표가 새로 도입되었고 이를 이용할 것을 장려하고 있지만, 온라인 투표 자체에 대해 논의할 것을 권고하고 있지는 않다.

---

169. What is true of both companies?

(A) They have their products in electronic versions.

(B) They have their main offices in Minneapolis.

(C) They have not been successful with their recent publication.

(D) They print fiction novels.

양 측 회사에 대해서 사실은 것은?

(A) 두 회사 모두 전자출판 상품을 가지고 있다.

(B) 두 회사 모두 Minneapolis에 본사를 두고 있다.

(C) 두 회사 모두 최근 출판에 성공을 거두지 못했다.

(D) 두 회사 모두 픽션 소설책을 낸다.

|해설| '생략구문'을 잘 이해하고 있는 지를 물어보는 문제. 위에 구문설명 참고. as we have가 보여주듯이, 두 회사는 모두 전자출판을 시작했고, 성공적이었으므로 전자출판상품을 이미 가지고 있는 상태다.
(B) 미네아폴리스에 본사를 두고 있는 회사는 Cole Publishing 뿐이다. (C) 최근 출판에 성공을 거두지 못한 것은 Salkin 출판사뿐이다.

---

170. What is included with the letter?

(A) Details about Cole Publishing Company's consulting firm

(B) A study of Cole Publishing Company's financial situation

(C) Instructions on how to get to Salkin Publications' main office

(D) A copy of Salkin Publications' latest release

편지와 함께 동봉된 것은?

(A) Cole Publishing의 컨설팅 회사에 관한 세부사항

(B) Cole Publishing의 재무 상황에 대한 조사보고서

(C) Salkin 출판사 본사로 오는 길에 대한 안내

(D) Salkin 출판사의 최신 출간 목록

|해설| 외부 컨설팅 업체가 진행한 Cole Publishing사의 재무 및 마케팅 조사의 결과물이 동봉되어 있으므로 (B)가 정답.

171. In which of the positions marked [1], [2], [3], and [4] does the following sentence best belong?

"A similar decision will be made by Cole Publishing Company, investors at its main office in Minneapolis on November 20."

(A) [1]   (B) [2]

(C) [3]   (D) [4]

[1], [2], [3], [4]로 표시된 자리 중에 다음 문장이 들어가기에 가장 적합한 곳은?

"Cole Publishing의 투자자들도 11월 20일 Minneapolis 본사에서 유사한 결정을 내릴 것입니다."

(A) [1]   (B) [2]

(C) [3]   (D) [4]

|해설| 'a similar decision'이 가장 중요한 연결고리. 유사한 결정이 **Cole Publishing Company** 투자자에 의해서도 내려질 것이라 했다. [3]번 앞 문장에서는 **Salkin Publications**가 결정을 위해 투자자 미팅을 가질 것이라 했으므로 (C)가 정답.

(A) [1]번이 혼동하기 쉬운 오답. [1]번 앞에서도 투자자들이 승인해야 한다는 언급이 나온다. 그렇지만 [3]번 앞의 문장이 장소와 일정도 구체적으로 제시한 면에서 문제의 문장과 댓구를 이루고 있다. 자리찾기 문제를 풀 때는 [1]이 답이 될 가능성이 있다고 판단하더라도, 마지막 [4]번 보기가 끝날 때까지는 최종결정을 내려서는 안 된다. 뒤에서 더 나은 답이 나온다면 정답을 수정할 수 있어야 한다.

TEST 03

Clay Hutchman [4:07 p.m.]	How's the work going on 172 updating the computers in the sales department? 173 We're supposed to get started on computers in accounting tomorrow.
Donna Caviezel [4:08 p.m.]	We had a bit of a problem when we found that one of the computers had a virus on it. It also sent the virus to three other computers before we were able to clear it. We still have to update about 10 more computers.
Clay Hutchman [4:09 p.m.]	10 more? That's going to take at least five hours. Where did the virus come from?
Donna Caviezel [4:10 p.m.]	It looks like 175 Kate Surjik got it sent to her email and opened the message without scanning it first. We made sure to update her anti-virus programs. It's good that we were able to catch it, though. We almost had to go back to square one.
Clay Hutchman [4:12 p.m.]	Still, I'm going to need a few people to stay late to make sure that the sales computers are all updated. Is anyone able to?
Donna Caviezel [4:14 p.m.]	You know I can't. I already had plans to go to a concert with my sister. I have to get out of here right at 5 to get ready.
Omar Hooks [4:16 p.m.]	I don't mind staying, Clay. 174 I can stick it out until at least 10 o'clock tonight. If I'm not able to get all the computers updated by then, I'll get in early tomorrow to finish up.
Clay Hutchman [4:17 p.m.]	Thanks, Omar. I appreciate it. I'll order some pizza. Anything special you want on it?
Omar Hooks [4:18 p.m.]	Pepperoni and sausage is fine with me. Thanks

Clay Hutchman [4:07 p.m.]
172영업부서에 컴퓨터 업데이트 작업이 어떻게 되어 가나요? 173우리는 내일 회계부서 컴퓨터들 시작할 예정입니다.

Donna Caviezel [4:08 p.m.]
약간의 문제가 있었습니다. 컴퓨터 중의 하나가 바이러스에 걸린 걸 발견했습니다. 우리가 바이러스를 제거하기 전에 3개의 다른 컴퓨터에 전염이 되었어요. 아직 컴퓨터 10대 업데이트 작업을 해야 합니다.

Clay Hutchman [4:09 p.m.]
10개나요? 최소 5시간은 걸리겠네요. 바이러스는 어디에서 온 거죠?

Donna Caviezel [4:10 p.m.]
175Kate Surjik씨가 자기 이메일로 바이러스가 온 걸, 먼저 스캐닝을 하지 않고 열었답니다. 그렇지만 우리가 찾아내서 다행이에요. 하마터면 다시 원점으로 돌아갈 뻔 했습니다.

Clay Hutchman [4:12 p.m.]
어쨌건, 영업팀 컴퓨터가 다 업데이트되려면 오늘 야근할 사람이 몇 명 필요하겠네요. 야근할 수 있는 분 있나요?

Donna Caviezel [4:14 p.m.]
아시겠지만, 저는 안되겠네요. 언니(혹은 동생)랑 콘서트에 가기로 했어요. 준비하려면 여기서 5시 정각에는 나가야 합니다.

Omar Hooks [4:16 p.m.]
저는 괜찮아요, Clay. 오늘밤 10시까지는 174남아있을 수 있습니다. 그때까지 모든 컴퓨터를 업데이트할 수 없으면, 전부 끝내기 위해 내일 일찍 오겠습니다.

Clay Hutchman [4:17 p.m.]
고마워요, Omar. 감사 드립니다. 제가 피자를 주문해 놓을게요. 피자 위에 특별히 올리고 싶은 게 있나요?

Omar Hooks [4:18 p.m.]
페퍼로니하고 소시지만 있으면 됩니다. 감사해요.

|어휘| business card 명함 set up 설정하다, 준비하다 printing company 인쇄소 beat 이기다 go by

172. Which department do the writers most likely work in?

(A) Sales

(B) Accounting

(C) Information technology

(D) Distribution

이들은 어느 부서에서 일할 가능성이 가장 높은가?

(A) 영업부서

(B) 회계부서

(C) IT(정보통신) 부서

(D) 물류부서

|해설| 이들은 한 부서에서 컴퓨터 작업을 하는 것이 아니고 여러 부서어 서 컴퓨터 업데이트하는 작업을 하고 있다. 이로 보아 컴퓨터 업데이트를 담당하는, 즉 IT부서 소속임을 유추할 수 있다.

173. What is indicated about the computers in accounting?

(A) They downloaded a virus.

(B) They were recently purchased.

(C) They have yet to be updated.

(D) They are faster than the computers in sales.

회계부서에 있는 컴퓨터에 대해 언급된 것은?

(A) 이 컴퓨터들이 바이러스를 다운받았다.

(B) 이 컴퓨터들은 최근에 구매되었다.

(C) 이 컴퓨터들은 아직 업데이트 작업을 해야 한다.

(D) 이 컴퓨터들은 영업부서 컴퓨터보다 빠르다.

|해설| 회계부서 컴퓨터 작업은 내일 시작할 것이라 했으므로 아직 업데이트가 되지 않은 상태다.

(A) 바이러스를 다운 받은 컴퓨터는 영업부서다.

174. At 4:16 p.m., what does Omar Hooks mean when he writes, "I can stick it out"?

(A) He will fix a problem with a damaged computer.

(B) He is able to keep working into the evening.

(C) He can start working on the accounting computers now.

(D) He is able to remove a stuck computer component.

4시 16분에 Omar Hooks씨가 "I can stick it out"라고 쓸 때 무엇을 의미하고 있는가?

(A) Hooks씨는 파손된 컴퓨터의 문제를 고칠 것이다.

(B) Hooks씨는 저녁까지 계속 일할 수 있다.

(C) Hooks씨는 지금 회계부서 컴퓨터 작업을 시작할 수 있다.

(D) Hooks씨는 잘못 끼어있는 컴퓨터 부품을 제거할 수 있다.

|해설| 앞 문장에서 '야근하는 것을 꺼리지 않는다'고 했으므로 10시까지 계속 일을 할 수 있다는 의미임을 유추할 수 있다. 'stick it out'의 사전적 의미는 '일을 지속하다, 계속 해나가다'의 의미.

175. What is most likely true about Kate Surjik?

(A) She works in the sales department.

(B) She recently began working at the company.

(C) She receives many email messages.

(D) She doesn't have an anti-virus program on her computer.

Kate Surjik씨에 대해 사실일 가능성이 가장 높은 것은?

(A) Surjik씨는 영업부서에서 일한다.

(B) Surjik씨는 최근에 이 회사에서 일하기 시작했다.

(C) Surjik씨는 많은 이메일을 받는다.

(D) Surjik씨는 자기 컴퓨터에 바이러스 백신이 설치되어 있지 않다.

|해설| Hutchman씨는 첫 대화에서 상대에게 영업부서의 컴퓨터 작업 상황에 대해 물어봤고, Caviezel씨의 2번째 대화부터는 영업부서에 대한 얘기가 이어지고 있다. Kate Surjik씨는 영업부서에서 발생한 바이러스 감염의 첫 전파자로 지목되고 있으므로 영업부서 직원임을 유추할 수 있다.

Singer Publications
883 Alameda Street
Norman, OK 73070

June 19
Diana Ballard
144 Switzer Canyon Drive
Flagstaff, AZ 86001

Dear Ms. Ballard,

We are very pleased to work with you as a new contributor to our 179⊙ Singer Tour Guide Series. Based on the contract that you signed, 176 you will need to send an invoice detailing 177c, 179⊙ work that has already been approved by the tour guide's senior editor. Please include your contact information, the series and edition of the guide you're working on, and your direct editor's name in the invoice. Please 177a send the invoice to me and I'll forward it to our accounting department. You'll have to talk to Mr. Lafferty about 176 how to submit an invoice for 177d your photographs since our imaging department has a different invoice form that they use. I 178 suspect they will send this to you soon if they haven't already.

Regards,
Amanda Neeson

Singer Publications

Teams for Ongoing Projects

Series Titles	Travel & Tales Picture Diaries	179⊙ Singer Tour Guide Series	** Around the Globe Series
Senior Editor	Kelly Daniels	179⊙ Eva Gideon	Roy Becker
180Image Editor	Melissa Franco	Damon Lafferty	180Melissa Franco
Office Coordinator	Harriet Barry	Amanda Neeson	Samuel Coogan

** Please remember that 180 we will be hiring a new employee to work with Mr. Becker and Mr. Coogan so that Ms. Franco will have more time to focus on the other publication, Travel & Tales Picture Diaries, which involves the release of another issue soon.

Singer Publications
883 Alameda Street
Norman, OK 73070

6월 19일
Diana Ballard
144 Switzer Canyon Drive
Flagstaff, AZ 86001

Ballard씨에게,

우리의 179⊙ Singer Tour Guide Series에 당신이 새로운 기고가로 함께 일하게 되어 기쁩니다. 당신이 서명한 계약서에 근거하여, 177c 당신은 여행가이드 179⊙ 상급 에디터에 의해 이미 승인된 작업을 자세하게 설명해주는 176 청구서를 전송해야 합니다. 청구서에 당신의 연락처, 당신이 작업하고 있는 시리즈명, 그리고 담당에디터의 이름을 기재하시기 바랍니다. 177a 저에게 청구서를 보내주시면 제가 회계부서로 전달하겠습니다. 176 저희 이미지 부서가 사용하는 별도의 청구서 양식이 있기 때문에 177d 당신의 사진에 대한 청구서를 제출하는 방법에 대해서는 Lafferty씨에게 상의하셔야 합니다. 부서에서 아직 안 보냈다면 곧 당신에게 이 양식을 보낼 거라 178 생각합니다.

Amanda Neeson

Singer Publications
기 진행 중인 프로젝트 팀

시리즈 명	Travel & Tales Picture Diaries	179⊙ Singer Tour Guide Series	** Around the Globe Series
상급 에디터	elly Dan- iels	179⊙ Eva Gideon	Roy Becker
180 이미지 에디터	Melissa Franco	Damon Lafferty	180Melissa Frano
행정 관리자	Harriet Barry	Amanda Neeson	Samul Coogan

** 180 Franco씨가 다른 출판물, 즉 곧 새로운 호가 출시될 Travel & Tales Picture Diaries에 집중할 수 있도록, Becker씨 및 Coogan씨와 함께 일할 신규직원을 뽑을 예정임을 다시 한번 알려드립니다.

176. What does the letter explain?

(A) **How to receive compensation**
(B) How to turn in tour pictures
(C) How to publish assigned articles
(D) How to apply for project positions

이 편지는 무엇을 설명하고 있는가?

(A) **작업료를 받는 방법**
(B) 여행 사진을 제출하는 방법
(C) 배정된 기사를 출판하는 방법
(D) 프로젝트 자리에 지원하는 방법

|해설| 이미 완료한 작업에 대해 청구서 보내는 방법을 설명하고 있으므로 (A)가 정답. compensation의 의미를 몰랐다면 잘 정리해두자. 일에 대한 모든 대가, 월급이건 보너스건, 또한 정규직원에게 주는 급여건, 일일 계약직에게 주는 대가건, 모든 대가, 보상을 총칭해서 compensation이라고 한다.
(B) 관광사진을 제출하는 방법이 아니고, 사진작업에 대한 청구서를 제출하는 방법에 대해 설명하고 있다.

177. What is NOT mentioned about in the letter?

(A) Ms. Neeson receives invoices from contracted writers.
(B) **Ms. Neeson supervises projects for travel pictures.**
(C) Ms. Ballard recently completed a writing project.
(D) Ms. Ballard took pictures for her written work.

서신에서 Ballard씨에 대해 언급되지 않은 것은?

(A) Neeson씨는 계약직 작가들로부터 청구서를 받는다.
(B) **Neeson씨는 여행사진을 위한 프로젝트를 감독한다.**
(C) Ballard씨는 최근에 집필 프로젝트를 마쳤다.
(D) Ballard씨는 자신이 쓴 글을 위한 사진을 찍었다.

|해설| 1000제 1쇄에서 수정사항이 있음을 알려드립니다. 문제와 보기 중에 다소 수정된 사항이 있습니다. 상기 문제와 보기를 다시 한번 확인해주시기 바랍니다.
Neeson씨는 첫 번째 편지를 쓴 발신인이며 2번째 지문 도표에서 확인해보면 행정 관리자임을 알 수 있다. 그러므로 사진을 위한 프로젝트를 감독하는 담당자는 아니다.
(A) 1번째 서신에서 Ballard씨에게 청구서를 자신에게 보내라고 했으므로 Neeson씨가 기고가들의 청구서를 받고 있음을 알 수 있다.
(C) 이미 상급에디터가 승인한 작업에 대해 청구서를 보내라고 요청하는 걸로 보아, Ballard씨가 최근에 작업을 마쳤음을 유추할 수 있다.
(D) 사진에 대한 청구서도 보낼 것을 요청 받는 것으로 보아 사진작업에도 참여했음을 알 수 있다.

178. In the letter, the word "suspect" in paragraph 1, line 7 is closest in meaning to

(A) **believe**
(B) hope
(C) distrust
(D) accuse

서신의 첫 번째 문단, 일곱 번째 줄에서 "suspect"가 의미상 가장 가까운 것은?

(A) **믿는다**
(B) 희망한다
(C) 불신한다
(D) 비난한다

|해설| 문맥 상 '추측하다, 생각하다'의 의미임을 알 수 있다. 가장 비슷한 중립적인 의미를 가진 단어는 (A) believe.

179. What is most likely true about Ms. Gideon?

(A) She recently began working at Singer Publications.

(B) She cooperates with Ms. Franco on many projects.

(C) She has already approved an agreement with Ms. Ballard.

(D) She trained the office coordinators.

Gideon씨에 대해 사실인 것은?

(A) Gideon씨는 최근에 Singer Publications에서 일하기 시작했다.

(B) Gideon씨는 많은 프로젝트에서 Franco씨와 함께 일한다.

(C) Gideon씨는 이미 Ballard씨와의 계약을 승인했다.

(D) Gideon씨는 행정관리자를 교육시킨다.

|해설| Combined Question. 1번째 지문에서 '상급 에디터'가 승인한 작업에 대해 청구서를 보내라고 했다. 2번째 지문 도표를 통해 Ballard씨의 상급 에디터 이름을 확인할 수 있다. Ballard씨가 참여한 작업은 'Singer Tour Guide Series'이므로 2번째 팀. 2번째 팀의 상급 에디터는 Eva Gideon. 그러므로 Gideon씨는 이미 Ballard씨와의 계약을 승인했음을 알 수 있다.

180. According to the information provided with the table, how are project assignments going to be changed?

(A) The Travel & Tales Picture Diary team will work on a new project.

(B) The senior editors for each team will rotate to new projects.

(C) A fourth project team is being created.

(D) One of the teams will have a new image editor.

도표와 함께 제공된 정보에 따르면 프로젝트 배정이 어떻게 바뀔까?

(A) The Travel & Tales Picture Diary팀이 새로운 프로젝트를 맡을 것이다.

(B) 각 팀의 총괄 에디터가 새로운 프로젝트에 돌아가며 투입될 것이다.

(C) 네 번째 프로젝트 팀이 결성되고 있다.

(D) 팀들 중 한 팀은 새로운 이미지 에디터를 맡을 것이다.

|해설| 원래 Melissa Franco씨는 2개 작업에 모두 투입되어 있었는데, Travel & Tales Picture Diaries에 집중할 수 있도록 Around the Globe Series에서는 빠질 예정이다. 그리고 Around the Globe Series에는 새로운 직원이 투입될 예정이다.

Policy and Procedure for Borrowing Materials

Materials housed in the Bolivian Institute of Arts (BIA) can be loaned for the purposes of exhibitions or research 181 exclusively to other museums, universities, and institutions. 183© To request loans of materials, a written request must be sent to the senior curator of BIA. Additionally, 185© any organization borrowing materials must properly cite BIA as the lending institution for the materials. Loans are made for a maximum of twelve months.

182a The institute's collections committee thoroughly reviews all requests for borrowing materials before making recommendations to the general director, who then make a final decision. Loan applications can 182b take up to four weeks to process. As BIA receives the significant amount of requests and there are a lot of preparatory work generally required to transfer items, applicants should submit their requests at least six months before the materials are needed.

The Portuguese Museum of Fine Arts
948 R. da Liberdade
Lisbon, Portugal

23 March

Ms. Camila Amparo
P.O. Box 67336
Cochabamba, Bolivia

Dear 183© Ms. Amparo,

The Portuguese Museum of Fine Arts plans to hold an exhibition entitled South American Modern Art and we are hoping that your organization will grant approval to our museum for borrowing some pieces of fine art that are housed in the Bolivian Institute of Arts so that we can display them along with other pieces of fine art we already hold in our collection. Some local businesses are providing funding for the exhibition. 185© We'd also like to make some poster-sized prints of the pieces that we borrow so that we may sell them in our gift shop.

Below are the pieces we wish to borrow as we believe they are wonderful examples of Bolivian artistic endeavors.

1. Ascension, 184 photograph by Veronica Baros
2. Rios Blanco Y Negro, 184 watercolor painting by Jose Ochca
3. Chiquitos, 184 Sculpture by Arturo Francisco

182c According to the requirements on your Web site, we have included information regarding physical attributes of our facility, including building dimensions, temperatures and humidity levels of each wing, security protocols and equipment, storage, and lighting. Please contact me if you have any questions or need more information.

Regards,

Adriana Mendes, Senior Director
Adriana Mendes, Senior Director

작품 대여를 위한 정책과 절차

181 Bolivian Institute of Arts(BIA)에 소장되어 있는 작품들은 박물관, 대학 및 기관들에 한해서만 전시 및 연구의 목적을 위해 대여가 가능합니다. 183© 작품의 대여를 신청하기 위해서는 서면 요청서가 BIA의 상급 큐레이터에게 전달되어야 합니다. 또한 185© 작품을 대여하는 어떤 기관도 작품을 대여해주는 기관으로써 BIA를 적절하게 표기하여야 합니다. 대여는 최대 12개월까지 가능합니다.

182a BIA의 소장 위원회는 작품대여를 위한 모든 신청서를 철저하게 검토하고 나서 총괄이사에게 추천을 할 것이며, 총괄이사는 그리고 나서 최종 결정을 내릴 것입니다. 대여 신청의 처리는 182b 최고 4주까지 소요될 수 있습니다. BIA가 상당한 양의 (대여) 신청을 받고 있으며, 물품을 이송하기 위해 보통 요구되는 준비작업이 굉장히 많기 때문에, 작품이 필요로 되는 시점에서 최소 6개월 전에 신청서를 제출하셔야 합니다.

The Portuguese Museum of Fine Arts
948 R. da Liberdade
리스본, 포르투갈

3월 23일

183© Ms. Camila Amparo
P.O. Box 67336
코차밤바, 볼리비아

Amparo씨에게,

The Portuguese Museum of Fine Arts는 South American Modern Art라는 제목으로 전시회를 준비하고 있으며, 저희가 이미 소장하고 있는 예술작품과 함께 Bolivian Institute of Arts에 소장되어 있는 작품들을 전시할 수 있도록 작품 대여를 위해 저희 박물관에게 승인을 해주시기를 희망하는 바입니다. 몇몇 현지 기업들이 전시회를 위한 자금을 제공할 것입니다. 또한 저희는 기념품점에서 판매하기 위해서, 185© 저희가 대여하는 작품에 대한 포스터 크기의 인쇄물을 제작하고 싶습니다.

저희가 대여하고자 하는 작품은 아래와 같으며, 저희는 이들이 볼리비아의 예술활동을 보여주는 훌륭한 본보기라고 믿고 있습니다.

1. Ascension, Veronica Baros의 184 사진작품
2. Rios Blanco Y Negro, Jose Ochoa의 184 수채화 작품
3. Chiquitos, Arturo Francisco의 184 조각품

182c 박물관의 웹사이트에 나와 있는 요구조건에 따라서, 건물 규모, 각 별관의 온도 및 습도 수준, 보안규정 및 설비, 보관, 조명을 포함한 저희 시설의 물리적 특성에 관한 정보를 기재하였습니다. 질문이 있으시거나 추가 정보가 필요하시면 저에게 연락 주시기 바랍니다.

Adriana Mendes, 상급 디렉터

181. According to the information, what is true about the Bolivian Institute of Arts?

(A) It receives very few requests for borrowing materials.

(B) It makes loans of a maximum of three pieces.

(C) It does not lend materials to individuals.

(D) It makes loans for up to six months only.

정보에 따르면, Bolivian Institute of Arts에 대해 사실인 것은?

(A) BIA는 작품대여에 대한 신청을 별로 많이 받지 않는다.

(B) BIA는 최대 3개의 작품을 대여해 준다.

(C) BIA는 개인에게 작품을 대여해주지 않는다.

(D) BIA는 최대 6개월간 대여를 해준다.

|해설| 박물관, 대학 및 기관들에게만 대여해준다고 했으므로 개인에게는 대여해주지 않음을 알 수 있다. exclusively는 '~만'으로 해석하자.

---

182. What is NOT indicated about the loan decisions?

(A) They involve multiple people.

(B) They take less than a month to make.

(C) Information about the borrowing organization is taken into account.

(D) Priority is given to exhibits focusing on Bolivia.

대여 결정과정에 대해 언급되지 않은 것은?

(A) 결정과정은 다수의 사람을 거친다.

(B) 결정하는데 한달 미만의 시간이 걸린다.

(C) 대여하는 기관에 대한 정보가 고려된다.

(D) 볼리비아에 초점을 맞추는 전시회에 우선권이 주어진다.

|해설| 오답들을 정리해보자. (A) 대여신청서를 제출하면 위원회에서 검토한 후에 총괄이사에게 넘기고, 그러면 총괄이사가 최종결정을 한다. 그러므로 결정과정이 여러 사람을 거친다는 것을 알 수 있다.
(B) 최고4주가 걸린다고 했으므로 결정과정은 한달 미만이 걸릴 것이다.
(C) 2번째 지문을 보면 웹사이트에 명시된 요구조건을 충족시키기 위해서 Portuguese Museum의 박물관 정보를 제공하고 있음을 알 수 있다. 웹사이트에 기재된 요구조건이라고 했으므로, 역시 대여 기관에 대한 정보도 의사결정에 영향을 미칠 것임을 유추할 수 있다.

난이도 ★★☆

183. Who is Ms. Amparo?

(A) The senior curator

(B) The institute's committee member

(C) The general director

(D) An official of the business funding the exhibition

Amparo씨는 누구인가?

(A) 상급 큐레이터

(B) 기관의 위원회 멤버

(C) 총괄 이사

(D) 전시회에 자금을 지원하는 업체 관계자

|해설| Combined Question. 1번째 지문에서 대여신청서를 상급 큐레이터에게 보내라고 했다. 2번째 글은 대여를 신청하는 글이다. 그런데 수신인이 Amparo. 그러므로 Amparo씨가 상급 큐레이터임을 유추할 수 있다.

184. What is mentioned about the special exhibition?

(A) It will include only borrowed pieces.

(B) It will include various types of art.

(C) It will feature artists' profiles.

(D) It will be open for twelve months.

특별전시회에 대해 언급된 것은?

(A) 이 전시회는 대여작품만을 선보인다.

(B) 이 전시회는 다양한 종류의 예술작품을 선보인다.

(C) 이 전시회는 작가들의 프로필을 선보인다.

(D) 이 전시회는 12개월간 열린다.

|해설| 대여를 희망하는 작품 목록을 보면, 사진, 수채화, 조각 등 다양한 미술작품임을 확인할 수 있다.

185. 난이도 ★★☆ What will mostly likely be printed on the posters?

(A) Pictures of Portugal

(B) Instructions on taking care of pieces of art

(C) Recognition of the lending museum

(D) A map of South America

포스터에는 무엇이 인쇄될까요?

(A) 포르투갈 사진

(B) 예술작품 관리에 대한 설명

(C) 대여해주는 박물관에 대한 언급

(D) 남미의 지도

|해설| 쉽게 얘기하면 '저작권'을 명시하라는 의미. 1번째 글에서 대여한 기관들은, BIA에서 작품을 대여할 경우 대여했다는 사실을 명시해야 한다고 밝히고 있다. 2번째 글에서 Portuguese Museum은 대여하는 작품들을 사진으로 찍어서 포스터를 만들어 판매하고 싶어한다. 그렇다면, 당연히 저작권이 누구에게 있는지를 밝혀야 할 것이다. 그러므로 포스터에는 BIA가 대여해준 업체, 이 작품의 원래 주인임을 명시해야 할 것이다.

August 10

Dear Mr. Arkson,

Since you are a senior member of the Serene Astronomy Society (SAS), we request your participation in making choices that may alter the way our society is managed. Later next week, 186 we will send a voting form to you to decide whether funds that we now use for the publication can be used to buy a new telescope. Clayton Planetarium is no longer able to offer us time on the Mount Aster Telescope. Therefore, unless our proposal is approved, the Mount Aster Discussions will consist solely of guided discussions.

A new telescope will greatly benefit our group, even though we would need to 189© temporarily cease printing our magazine, Galaxy Visions, for six months to allocate funds for the purchase. We appreciate your help in the matter which 188 concerns how our organization will run.

Haley Franz
Director, Serene Astronomy Society

Serene Astronomy Society
Services for Members

• The Astronomer's Friend – Our email newsletter features news about SAS, a monthly schedule, and current events about the field of astronomy.

• Galaxy Visions – Our magazine is delivered to you every month, featuring advice about star gazing, stories relating to astronomical science, and 189© reviews of books about astronomy.

• 190© Mount Aster Discussions – Gladys McDonald, a researcher at the Clayton Planetarium, hosts weekly discussions at the Mount Aster Telescope at the planetarium for talking about and looking at astronomical objects.

To: SAS Members <members@sereneastronomysociety.org>
From: Steve Azzara <sazzara@ sereneastronomysociety.org>
Date: September 2
Subject: New host

Dear Members,

We regret to inform you that Gladys McDonald has informed us that she will no longer be a member of our organization. The reason for her departure is because she is moving across the country and will no longer be able to fulfill her duties in our association.

However, we are happy to say that 190© Taylor Vasquez, a co-worker of Ms. McDonald, has volunteered his services and will be taking on Ms. McDonald's duties at the SAS Research Center from September 5.

Sincerely,

Steve Azzara
Associate Director, Galactic Study Association

8월 10일

Arkson씨에게

당신은 Serene Astronomy Society (SAS)의 원로회원이기 때문에, 우리 학회가 관리 되는 방식을 바꿀 수 있는 선택을 하는데 당신의 참여를 요청합니다. 다음 주 후반에 우리는 현재 출판을 위해서 운용하는 자금이 새 망원경을 구입하는데 사용 될 수 있는지 여부를 결정 짓는 186 투표 용지를 당신에게 보낼 것입니다. Clayton 천문관은 더 이상 저희에게 Mount Aster 망원경을 이용할 시간을 제공해줄 수 없습니다. 그러므로 우리 제안서가 승인되지 않으면 Mount Aster 토론은 인솔자에 의한 토론으로만 구성될 것입니다.

우리가 이 자금을 망원경 구매에 할당하기 위해서는 189© 6개월 동안 임시적으로 잡지 Galaxy Visions 인쇄를 중단해야 하지만, 새 망원경은 우리 단체에게는 대단히 도움이 될 것입니다. 우리 단체가 어떻게 운영될 것인가와 188관련된 이 문제에 대한 귀하의 도움에 감사합니다.

Haley Franz
이사, Serene Astronomy Society

Serene Astronomy Society
회원들을 위한 서비스들

• The Astronomer's Friend – 저희 이메일 소식지는 SAS에 관한 뉴스, 월간 일정, 천문학 분야의 시사문제들을 전해드립니다.

• Galaxy Visions – 저희 잡지는 매달 당신에게 배달되며 별자리 관찰에 관한 조언, 천문과학과 관련된 소식들, 천문학에 관한 189© 신간 서적 서평들을 주요내용으로 다룹니다.

• 190© Mount Aster Discussions – Clayton 천문관에 연구원으로 있는 Gladys McDonald씨가 천문관의 Mount Aster Telescope에서 천체를 관찰하고 이야기를 나누기 위한 토론을 매주 주최합니다.

수신자: SAS Members <members@sereneastronomysociety.org>
발신자: Steve Azzara <sazzara@ sereneastronomysociety.org>
날짜: 9월 2일
주제: 새로운 진행자

회원 여러분들께,

Gladys McDonald씨가 저희 기관의 멤버로써 탈퇴할 것을 저희에게 알려왔음을 공지하게 되어 유감입니다. 그녀의 탈퇴이유는 다른 먼 지역으로 이주함에 따라서 저희 협회에서 그녀의 의무를 이행할 수 없을 것이기 때문입니다.

그러나 190© McDonald씨의 동료인 Taylor Vasquez씨가 이 역할을 자청하였으며 9월 5일부터 SAS Research Center에서 McDonald씨의 임무를 맡을 예정임을 알려드리게 되어 기쁩니다.

Steve Azzara
Galactic Study Association 이사

|어휘| senior 고위의, 나이가 많은 (명사 앞에서 형용사의 역할을 할 경우 '직위가 높은, 나이가 많은'의 의미로 쓰인다) society 학회(vs. association 협회) foundation 재단) astronomy 천문학 alter 수정, 변경, 수선하다 voting form 투표 용지 decide whether ~인지 아닌지 결정하다 publication 출판 telescope 망원경 deliberation 심사 숙고 feature 선보이다, 특징으로 하다, ~을 주요내용으로 하다 temporarily 일시적으로 cease ~ing ~하기를 멈추다 allocate(=allot) (자금 등을) 할당하다 sacrifice 희생하다, 희생시키다

star gazing 별자리 관찰 relating to(=pertaining to) ~에 관해서 astronomica science 천문 과학 current events 시사 문제 planetarium 천문관 astronomical object 천체

핵심 the way + 완전한 절

the way 뒤에서는 how(관계부사)가 항상 생략된다. the way how는 절대 함께 사용하지 않는다.
그러므로 the way 뒤에 아무런 접속사 없이 완전한 절이 바로 나오는 문장을 종종 보게 될 것이다.

> This is **the way** I study Toeic.
> This is **how** I study Toeic   이것은 내가 토익을 공부하는 방식이다.

> **We request** your **participation** (in making choices) [that may alter the way (our society is managed)].
>   S   V   O   전+명사구   형용사절   형용사절(관계부사 how생략)

> 우리 협회가 관리되는 방식을 바꿔놓게 될 선택을 하는데 있어서의 당신의 참여를 우리는 요청하는 바입니다

난이도
★★☆

186. What is the purpose of the letter?

(A) To report a change in leadership
(B) To detail a change to a process
(C) To encourage members to subscribe to a publication
(D) To call attention to a vote

편지의 목적은 무엇인가?

(A) 운영진의 교체를 보고하기 위해서
(B) 프로세스의 변화를 설명하기 위해서
(C) 회원들에게 잡지 구독을 권장하기 위해서
(D) 투표에 관심을 불러일으키기 위해서

|해설| 망원경 구매를 위한 투표용지가 발부될 것인데, 망원경 구매에 찬성할 것을 유도하기 위해 원로회원에게 당부하는 글이다. 투표 결정을 하기 전에 심사숙고 할 것을 당부하고 있으므로 정답은 (D).
(B) 프로세스의 변화라는 표현은 이 글에는 적용되지 않는다. 잡지를 출간할지, 망원경을 구매할지, 둘 중 예산편성을 어떻게 할지를 결정하는 상황이므로 프로세스 자체가 변한다고는 볼 수 없다.

---

187. What is Mr. Arkson asked to do?

(A) Support an equipment purchase
(B) Look over a group calendar
(C) Change the date of a meeting
(D) Recommend a new venue for gathering

Arkson은 무엇을 하도록 요구되고 있는가?

(A) 장비 구매를 지지하도록
(B) 단체 캘린더를 훑어 보도록
(C) 미팅 날짜를 변경하도록.
(D) 새로운 회합장소를 추천하도록

|해설| 망원경 구매에 투표를 하도록 설득하고 있으므로 (A)가 정답.

188. In the letter, the word "concerns" in paragraph 2, line 3 is closest in meaning to
(A) complicates
(B) worries
(C) involves
(D) intrigues

편지에서 두 번째 단락, 세 번째 줄의 "concerns"와 의미상 가장 가까운 것은?
(A) 복잡하게 만든다
(B) 걱정하게 만든다
(C) 관련되다
(D) 호기심을 자극하다

|해설| concern은 '1) ~와 관련되어 있다. 2) 걱정시키다' 두 가지 의미를 가지고 있는데 '2) 걱정시키다' 의미로 사용될 때는 목적어 자리에 항상 사람명사가 온다. 본문에서는 '어떻게 우리 조직이 운영될지'라는 명사절 목적어가 나와있으므로 '걱정시키다'의 의미로 볼 수 없다. concern과 involve는 모두 수동태로 더 많이 사용되는 동사로, 능동으로 사용될 때 생소하게 느끼기 쉽다. 능동으로도 종종 쓰이며, 해석은 여전히 수동태스럽게 '관련되어 있다'로 해석한다.

189. What might be unavailable through SAS for six months?
(A) Decreased equipment costs
(B) Reviews of astronomy publications
(C) Details about astronomy researchers
(D) Chances to get together with other members

6개월 동안 SAS를 통해서 이용이 불가해질 가능성이 있는 것은?
(A) 인하된 장비 비용
(B) 천문 잡지들의 서평
(C) 천문학자들에 대한 소식들
(D) 다른 회원들과의 만남의 기회

|해설| Combined Question. 6개월 간 잡지 출간이 잠정 중단될 수 있으므로 Galaxy Visions에 내용들이 이용 불가할 것이다. 이 잡지에는 천문학 책에 대한 서평이 담겨져 있으므로 (B)가 정답.
(D) 다른 회원들과 만나는 기회는 Mount Aster Discussions나 SAS Yearly Convention에 해당되는데. Mount Aster Discussions는 망원경이 구매되지 않는다 하더라도 여전히 모임 자체는 지속할 것이며, SAS Yearly Convention은 망원경 구매와 아무 상관이 없는 행사이므로 (D)는 오답.

190. What will Taylor Vasquez manage from September 5?
(A) The Astronomer's Friend
(B) Galaxy Visions
(C) Mount Aster Discussions
(D) Budget of SAS

Taylor Vasquez씨는 9월 5일부터 무엇을 관리할까?
(A) The Astronomer's Friend
(B) Galaxy Visions
(C) Mount Aster Discussions
(D) SAS의 예산

|해설| Combined Question. 3번째 지문에서 Taylor Vasquez씨가 9월 5일부터 McDonald씨의 일을 인계할 것이라 했다. 2번째 지문에서 찾아보면 McDonald씨가 맡아온 업무는 Mount Aster Discussions. 그러므로 (C)가 정답.

Victorin Rentals

Equipment Rental Agreement   Date: May 10

This contract between Victorin Rentals and The Cornwell Company is for event furniture to be rented on May 29. The furniture will be delivered directly to the location of the event: The Cornwell Company, 668 Heston Avenue, Lawrence, KS 66046. The delivery will be made at 3 p.m. on May 29 and should be ready for return and 193 pick-up by 9 a.m. on May 30. 191 Claire Dinsley, coordinator hired by the company for the event has stated she will be at the location for both delivery and pick up.

Chairs and tables will be set up by employees of Victorin Rentals by 3:30 p.m. at the latest on the day of delivery. The Cornwall Company has agreed to prepare the furniture for pick-up by 9 a.m. at the latest. Extra charges will be incurred if the rented equipment are not cleaned, folded, and stacked on time.

Victorin Rentals
Thank you for choosing us for your service.

Rental Item	Quantity	Cost/unit	Subtotal
Folding chairs	49	$2.00	$98.00
Type LS9 tables	7	$9.00	$63.00
194⊙ Charge for delivery			$40.00
TOTAL:			$201.00
Shipping Address:		520 Heston Ave Gloversville, MA	
Renter : Claire Dinsley		Sales Representative : Steven Finworth	

Victorin Rentals

장비 렌트 계약서   날짜: 5월 10일

Victorin Rentals와 Cornwell Company의 이 계약은 5월 29일에 행사용 가구를 대여 한다는 내용입니다. 가구는 66046 KS Lawrence, Heston Avenue 668에 위치한 Cornwell Company 행사 장소로 직접 배달될 것입니다. 5월 29일 오후 3시에 배달될 것이고 5월 30일 오전 9시에 193 픽업해서 반납할 준비가 되어 있어야 합니다. 그날 행사를 위해서 191회사 측에서 고용한 행사 진행자 Claire Dinsley씨는 배달 및 픽업을 위해 현장에 있겠다고 말했습니다.

의자와 테이블은 Victorin Rentals사의 직원들에 의해 배송 당일 늦어도 오후 3시 30분까지는 설치가 될 것입니다. Cornwall Company는 늦어도 오전 9시에 픽업할 수 있도록 대여 가구들을 준비해 놓기로 합의했습니다. 만약 대여된 장비가 제시간에 청소되어 있지 않거나 접혀지지 않고 쌓아놓지 않았다면 추가 요금이 발생 할 것입니다.

Victorin Rentals
당신의 서비스를 위해 저희를 선택해주셔서 감사합니다.

대여 품목	수량	비용/개당	소계
접이식 의자	49	2불	98불
LS9 타입 테이블	7	9불	63불
194⊙배송료			40불
총계:			201불
배송주소		520 Heston Ave Gloversville, MA	
대여자 : Claire Dinsley		영업 직원: Steven Finworth	

Victorin Rentals

To our patron:

Victorin Rentals greatly appreciates your business. Please take a moment to fill out this questionnaire so we can further improve our services.

	Great	Good	Fair	Poor
Rental items quality		×		
Notes:	The furnishings that were delivered were clean and of good quality			
Delivery and preparation of items				×
Notes:	192 The delivery staff first went to our office on Vine Street instead of the Heston Avenue location. They came to the event location after realizing their mistake, but were 30 minutes late. The delivery supervisor, Nancy Lester, helped everything get prepared quickly, so this was not a big problem. 194© Ms. Lester also said that the charge for that service would be refunded because of the lateness.			
General satisfaction with Victorin Rentals		×		
Notes:	I'll certainly use Victorin Rentals again in July for another event. The service was mostly good and 195 they have the lowest rental prices in the area.			
Patron:	*Claire Dinsley*			

Victorin Rentals

고객님께

Victorin Rentals은 귀하의 거래에 대단히 감사 드립니다. 저희가 서비스를 더욱 향상 시킬 수 있도록 이 질문지를 시간 내서 작성해 주세요.

	매우 좋음	좋음	보통	형편없음
대여 물품 상태		×		
의견:	배달된 가구들은 청결했고 상태도 괜찮았습니다			
배달 및 물품 준비				×
의견:	192처음에 배달 직원들은 Heston Avenue가 아닌 Vine Street 사무실로 갔습니다. 그들은 이 실수를 알아차리고 나서 저희 행사 장소로 왔지만, 30분이 늦었습니다. 배송 담당자 Nancy Lester씨는 모든 것들이 빨리 준비되도록 도왔으므로 이것은 큰 문제가 되지는 않았습니다. 194© Lester씨는 또한 배달이 늦었기 때문에 그 서비스 비용을 환불해 드린다고 말했습니다.			
Victorin Rentals 사에 대한 전반적인 만족도		×		
의견:	저는 분명히 다른 행사를 위해 7월에 Victorin Rentals사를 다시 이용할 것입니다. 서비스는 대체로 좋았고 195이 지역에서 가장 대여료도 저렴합니다.			
고객:	Claire Dinsley			

|어휘| rental 임대, 대여 (우리는 자동차를 렌트한다고 잘 표현하지만, 영어에서는 rental이므로 주의! rent는 동사로 쓰일 때는 '임대하다'의 의미지만 명사로 사용되면 '임대료'를 의미한다) agreement(=contract) 계약 coordinator 종합적으로 관리하는 사람, 진행자, 관리자 pick up 찾아가다 set up(=install) 설치하다 by 날짜 at the latest(=no later than 날짜) 늦어도 언제까지 incur (요금을) 발생시키다 rented equipment 대여된 장비 fold 접다 stack 쌓다 on time 제때에, 정시에 quantity 수량 unit cost 개당 비용 subtotal 소계 take a moment 잠시 시간을 내다

---

191. What is Claire Dinsley's job?

(A) Professional event planner
(B) Furniture mover
(C) Delivery manager
(D) Agent for a rental company

Claire Dinsley의 직업은 무엇인가?

(A) 전문 행사 담당자
(B) 가구 수송업자
(C) 배송 매니저
(D) 장비 대여 회사를 위한 중개인

|해설| Claire Dinsley는 이 행사를 위해 회사에서 고용한 진행자다. 이 행사를 위해 외부에서 고용해온 진행자이므로 전문 행사 기획자일 것이다. (D) Claire Dinsley의 이름은 계약서 제일 하단에 날인한 이름에서 찾아볼 수 있다. renter, 즉 임대하는 회사측의 대표로써 서명을 했으므로 장비대여회사를 위해 일하는 사람이 아님을 알 수 있다.

192. What is suggested about The Cornwell Company?
(A) It has rented from Victorin before.
(B) It plans to buy new furniture.
(C) It has multiple offices.
(D) It is relocating its main office.

Cornwell Company에 대해서 언급되어 있는 것은?
(A) 이전에도 Victorin사로부터 대여 한 적이 있다.
(B) 새 가구를 살 계획이다.
(C) 여러 개의 사무실을 가지고 있다.
(D) 본사를 이전할 것이다.

|해설| 렌트회사 직원들이 처음에 실수로 Conrwell사의 다른 사무실로 갔다고 했다. 그러므로 이 회사는 최소한 2개의 사무실을 가지고 있음을 유추할 수 있다. (C)가 정답.
(A)에 대한 언급은 없다. 렌트비용이 가장 저렴하기 때문에 다음에도 또 이용할 것이라는 의견을 적긴 했으나, 이전에 고용한 적이 있었다는 언급은 없다.

193. In the contract, the word "pick up" in paragraph 1, line 4, is closest in meaning to
(A) break down
(B) follow up
(C) take back
(D) catch up

계약서 첫 번째 문단, 네 번째 줄에 "pick up"이 의미상 가장 가까운 것은?
(A) 고장
(B) 후속조치
(C) 회수
(D) 따라잡기

|해설| pick up은 다양한 의미로 쓰인다. 세탁소에 맡긴 세탁물을 '찾아오는 것', 꽃집에 주문한 꽃을 '찾아오는 것', 차를 타고 가다가 친구를 '태워주는 것' 등 다양한 의미로 쓰인다. 여기서는 빌려준 물건을 업체에서 '찾아가는 것'의 의미이므로 '회수'가 정답.

194. What is the amount of the expected refund?
(A) $9
(B) $40
(C) $63
(D) $98

예상되는 환불 금액은 얼마인가?
(A) 9불
(B) 40불
(C) 63불
(D) 98불

|해설| 렌트회사의 배송담당자는 배송이 늦었기 때문에 '이 비용'을 환불해 주겠다고 했다. 배송과 관련한 비용이므로 배송료가 환불될 것임을 알 수 있고, 청구서 상에 보면 배송료는 40불이다.

195. What is suggested in the questionnaire about Victorin Rentals?
(A) It sent Steven Finworth to manage the Cornwell gathering.
(B) Its supply rental prices are not as expensive as other companies.
(C) Its delivery team was not on time to retrieve the supplies.
(D) It provided supplies that were of low quality.

Victorin Rentals에 대한 설문지에서 언급되어 있는 것은?
(A) Victorin Rentals는 Cornwell사 행사를 관리하도록 Steven Finworth씨를 파견했다.
(B) 물품 대여 가격이 다른 회사만큼 비싸지 않은 편이다.
(C) 배송팀은 물품들을 회수하는데 정시에 오지 않았다.
(D) 질이 좋지 않은 물품들을 제공했다.

|해설| 대여가격이 가장 저렴하다고 했으므로 (B)가 정답.
(C)의 retrieve는 '회수하다'의 의미. 배송할 때 늦은 것이지, 물건을 찾으러 올 때 늦게 됐다는 언급은 없다.

TEST 03

From	:	Michael Higgins
To	:	Development Division Employees
Date	:	March 27
Subject	:	Business Innovation Convention

I'm writing this to remind the staff from our development division who are working at our exhibit at the Business Innovation Convention in Maldives next month that the 197 block of rooms for our staff at the Blue Clam Hotel must be reserved by the end of next week. The final deadline for making reservations is Tuesday, April 4. Employees who have access to a company credit card should make their reservations as soon as possible.

196, 198© If we don't complete all of our reservations by April 4, then the nightly rate for the hotel rooms will increase greatly, from $110.00 to $220.00.

Michael Higgins, Operations Director
Atlas Laboratories

- -

Thank you for staying at Blue Clam Hotel. If there's anything we can do to make any future stays better, please let us know.

Guest name: Robert Paulson
Date of stay: April 21 – April 23

How was the cleanliness of your room?
_____Very Satisfied __X__ Satisfied _____Dissatisfied _____Very dissatisfied
How were the hotel's facilities?
_____Very Satisfied _____ Satisfied __X__ Dissatisfied _____Very dissatisfied
How was the service of our hotel staff?
_____Very Satisfied _____ Satisfied _____Dissatisfied __X__Very dissatisfied

Additional comments:
I stayed here during a convention and was pleased with my room. However, during my stay, the business center was being renovated and there were no options for printing documents. I had to use a print shop down the street. The worst part is that I was charged the wrong rate for my room and the check-in staff didn't know how to change this. 200© The manager was not available, so I asked to be contacted later to resolve the problem. I don't think I'll be staying here again.

발신: Michael Higgins
수신: 개발부 직원들
날짜: 3월 27일
제목: Business Innovation Convention

저는 다음달 Maldives의 Business Innovation Convention에서 저희 전시를 담당할 개발부 스텝들에게 Blue Clam Hotel에서 197단체로 머무를 방을 다음 주말 까지 예약해야 한다는 것을 상기시키고자 이 이메일을 보냅니다. 예약 최종 일은 4월 4일 화요일입니다. 법인카드를 이용할 수 있는 직원들은 가능한 빨리 예약해 주세요. 법인카드를 가지고 있지 않은 분들께서는 제 비서인 Shelly Banes씨에게 도착 및 출발 날짜를 알려주시면, 그녀가 예약 업무를 처리할 것입니다.

196, 198© 4월 4일까지 예약을 완료하지 못하면 호텔 객실 요금이 $110에서 $220으로 큰 폭으로 오를 것입니다.

Michael Higgins
Atlas Laboratories 사 전무 이사

- -

Blue Clam Hotel에 묵어주셔서 감사합니다. 다음 번 방문을 더 좋은 체류로 만들기 위해 저희가 할 수 있는 것이 있다면 알려주시기 바랍니다.

투숙객 이름: Robert Paulson
체류 날짜: 4월 21일 – 4월 23일

객실이 청결정도는?
___ 매우 만족 _X_ 만족 ___ 불만족 ___ 매우 불만족
호텔 시설의 만족도는?
___ 매우 만족 ___ 만족 _X_ 불만족 ___ 매우 불만족
호텔 직원들의 서비스는?
___ 매우 만족 ___ 만족 ___ 불만족 _X_ 매우 불만족

기타 사항:
저는 컨벤션 기간중에 여기에 묵었으며 저의 방에 만족했습니다. 그러나 체류기간 동안 비즈니스 센터가 공사중이었고 서류를 인쇄할 방법이 없었습니다. 길을 따라 내려가서 인쇄소를 이용해야 했습니다. 최악은 제가 객실에 대해 잘못된 요금을 청구받았는데, 체크인 담당 직원이 이것을 어떻게 수정해야 할지 몰라 했다는 점입니다. 200© 관리자가 자리에 없었기 때문에 저는 이 문제를 해결하기 위해 나중에 연락을 달라고 요청했습니다. 다시 이곳에 머물지 않을 것 같습니다.

Blue Clam Hotel

April 29

Robert Paulson
Development Division
Atlas Laboratories
289 DeLuca Drive
Sacramento, CA 94246

Dear Mr. Paulson,

I am very sorry for the mistake we made in processing your invoice. 198© You are right that your room rate should have been the Business Innovation Convention room rate and we charged the normal rate to your company credit card. Some of our new front desk staff were not familiar with the process for checking in a guest with the Convention room rate.

199 I have included a corrected copy of your invoice, as you requested, so that you may file it with your expense report at your company's accounting division. Please contact me if you need anything else. Thank you again for staying at the Blue Clam Hotel.

Regards,

200© Fatima Benzi
Manager
Blue Clam Hotel

Blue Clam 호텔

4월 29일

Robert Paulson
개발부
Atlas Laboratories
94246 캘리포니아, 세크라멘토
DeLuca Drive 289번지

Paulson씨 에게

귀하의 청구서를 처리하는데 발생한 실수에 대해서 매우 유감스럽게 생각합니다. 198© 귀하의 말처럼 귀신의 객실료가 the Business Innovation Convention 특별객실료가 되어야 하는데 저희가 귀사의 신용카드에 일반 요금으로 결제해 버렸습니다. 일부 신입 프론트 직원들이 Convention 객실료로 손님을 체크인하는 일에 익숙치 않아서 일어난 실수입니다.

199 귀하가 요청한 대로 귀사의 회계부서 경비보고서에 기록할 수 있도록 정정된 청구서를 보내드립니다. 기타 다른 것도 필요하시면 저에게 연락주세요. 다시 한번 the Blue Clam Hotel에 묵어 주신 것 감사드립니다.

200© Fatima Benzi
매니저

|어휘| block of rooms 단체로 예약하는 방 make reservations 예약하다 have access to ~에 접속(접근)하다, 사용하다 departure 출발 take care of 처리하다, 취급하다 nightly rate 일박 요금 (우리가 보통 1박 2일이라고 하면 1박은 night를 의미하고 2일은 day를 의미한다. 혼동을 피하기 위해서 영어권에서는 호텔 예약을 할 때 '몇 박'이냐, 즉 night를 기준으로 계산한다) process v 처리하다 / n 과정 normal rate 정상요금 be familiar with ~에 익숙한, 잘 아는

196. Why did Mr. Higgins ask that hotel reservations be made quickly?
(A) To receive a discount on nightly room rates
(B) To fulfill a contract with Ms. Banes
(C) Because the expiration date on the company credit card will pass
(D) Because the hotel did not have many rooms left

왜 Higgins씨가 호텔 예약을 서둘러 해줄 것을 요청했는가?
(A) 숙박료를 할인 받기 위해서
(B) Banes씨와의 계약을 이행하기 위해서
(C) 회사 신용카드의 유효기한이 지날 것이기 때문에
(D) 호텔에 남아 있는 객실이 많지 않기 때문에

|해설| 4월 4일까지 예약하지 않으면 할인가를 이용하지 못하고 정상가를 내야 하기 때문.

197. In the e-mail, the word "block" in paragraph 1, line 2 is closest in meaning to
(A) barrier
(B) group
(C) design
(D) structure

이메일에서 첫 번째 단락의 두 번째 줄 "block"과 의미상 가장 가까운 것은?
(A) 장애물
(B) 단체
(C) 디자인
(D) 구조

|해설| block of rooms는 단체로 예약하는 한 뭉텅이의 방을 의미하므로 (B)가 정답. block은 장애물의 의미도 가지지만, 본문에서는 이 의미로 사용되지 않았다.

198. What is suggested about Mr. Paulson?
(A) He goes to the Business Innovation Convention yearly.
(B) He works with the Atlas Laboratories accounting division.
(C) He made his payment for the hotel room with his own credit card.
(D) He made a reservation by April 4.

Paulson씨에 대해 언급되어 있는 것은 무엇인가?
(A) 그는 해마다 Business Innovation Convention에 간다.
(B) 그는 Atlas Laboratories사의 회계부에서 근무한다.
(C) 그는 호텔 객실 요금을 자신의 신용카드로 결제 했다.
(D) 그는 4월 4일까지 호텔 예약을 했다.

|해설| Combined Question. 두 번째 지문을 보면 호텔 직원의 실수로 할인가가 아닌 정상가가 잘못 청구되었다. Paulson씨가 할인가를 받을 자격이 된다는 것을 통해, Paulson씨는 4월 4일 전에 예약을 했음을 유추할 수 있다. 4월 4일 전에 예약해야만 할인가를 받을 수 있기 때문이다. (B) Paulson씨가 Atlas Laboratories에서 일하는 것은 맞지만, 회계부서는 아니다. 두 번째 지문에서 보면, '귀사의 회계부서의 경비보고서에 기록할 수 있도록 정정된 청구서를 보내드립니다'라고 언급하고 있다. 만약 Paulson이 회계부서였다면 '귀하가 경비보고서에 기록할 수 있도록'이라고 표현했을 것이다. Paulson이 정정된 청구서를 회계부서에 제출해야 하기 때문에 청구서를 다시 보내준다는 의미.

199. What did Mr. Paulson ask Ms. Benzi to send to him?
(A) Directions for reserving a room on a Web site
(B) A coupon for a free night at the hotel
(C) Details about the hotel's reservation procedure
(D) A summary of his expenses at the hotel

Paulson씨가 Benzi씨에게 무엇을 보내 달라고 요청했나?
(A) 온라인으로 객실을 예약하는 것에 대한 설명
(B) 호텔에 무료 숙박을 위한 쿠폰
(C) 호텔 예약 절차의 세부사항들
(D) 호텔 경비의 요약 자료

|해설| '당신이 요청한 대로 정정된 청구서 복사본을 보낸다'고 했으므로, Paulson이 요청한 것은 청구서. 청구서를 paraphrase한 표현이 (D)의 '경비 요약 자료'.

200. What is indicated about Ms. Benzi?
(A) She also attended the convention.
(B) She was not at the hotel when Mr. Paulson checked in.
(C) She manages multiple hotels in the area.
(D) She responds to all guests' complaints personally.

Benzi씨에 대해 언급된 것은?
(A) Benzi씨 또한 컨벤션에 참가했다.
(B) Paulson씨가 체크인을 할 때 Benzi씨는 호텔에 없었다.
(C) Benzi씨는 이 지역에 많은 호텔을 관리한다.
(D) Benzi씨는 고객의 항의사항에 대해 개인적으로 대응을 한다.

|해설| Combined Question. 2번째 지문에서 보면, 요금지불 상에 문제가 발생했는데, 당시 호텔 매니저가 자리에 없어서 문제를 바로 해결해주지 못했다. 3번째 지문의 발신인이 호텔의 매니저이며, 이 문제에 대한 해결책을 제시하고 있다. 그러므로 3번째 글의 발신인인 Benzi씨가 호텔의 매니저임을 유추할 수 있다.

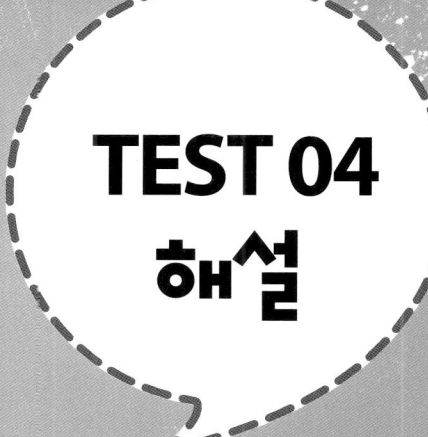

TEST 04
해설

동시토익 CONTEMPORARY **TOEIC**

101	D	102	D	103	C	104	A	105	D	106	A	107	C	108	A	109	B	110	B
111	D	112	A	113	B	114	A	115	D	116	B	117	C	118	C	119	C	120	A
121	C	122	C	123	B	124	A	125	A	126	D	127	A	128	A	129	B	130	A
131	C	132	B	133	C	134	D	135	D	136	A	137	C	138	B	139	B	140	A
141	D	142	B	143	D	144	B	145	A	146	B	147	B	148	D	149	D	150	B
151	B	152	C	153	C	154	A	155	D	156	A	157	B	158	D	159	D	160	D
161	C	162	D	163	B	164	C	165	B	166	D	167	C	168	B	169	B	170	A
171	D	172	D	173	A	174	C	175	A	176	D	177	A	178	C	179	B	180	D
181	A	182	B	183	C	184	C	185	A	186	A	187	A	188	B	189	C	190	D
191	A	192	B	193	D	194	C	195	A	196	A	197	D	198	B	199	B	200	D

101 The **director** (of the new film, *Halfway Down*), **stated** (that the movie is quite <u>different</u> from the book on which it is

      S   V   O (명사절)

based). |오답| differs, differ, difference

신작영화 Halfway Down의 감독은 이 영화가 영화의 기초가 되는 원작과는 아주 다르다고 말했습니다.

|해설| be동사 뒤는 보어자리이므로 형용사가 정답. 중간에 삽입된 부사(quite)에 현혹되지 않도록 주의! 부사는 항상 '살'의 역할이므로 구조를 파악할 때는 항상 걸러내고 문장을 보자. difference는 명사보어가 되므로 주어와 동격의 관계가 되야 한다. '영화는 차이다(×)'.

|어휘| state 말하다 quite 아주, 꽤 be different from ~와 다른 be based on ~에 기초하다

> **핵심**   전치사+관계대명사: on which it is based

'전치사+관계대명사'는 항상 독해할 때마다 애를 먹는 구문.
전치사와 선행사를 뒤로 옮겨서 원래 문장을 복원해 놓은 다음 의미를 파악하자.

1) 전치사를 뒤로 이동

the book `on` which it is based ⇨ the book which it is based `on`

2) 선행사를 전치사 뒤에 붙이기

`the book` which it is based on ⇨ which it is based on `the book`

> **it is based on the book** 이 영화는 그 책에 기반을 두고 있다
> **the book on which it is based** 이 영화가 기반을 두고 있는 그 책

102 Ms. Mayner **easily secured** the **contract** (**with Windhill Distribution and Supply**).
　　　 S　　　　　V　　　　　O

|오답| ease, easy, easiest

Mayner씨는 Windhill Distribution and Supply사와의 계약을 손쉽게 따냈다.

|해설| 어형문제. [S＿＿＿ V] 동사를 꾸며주는 부사자리.

|어휘| easily 손쉽게 secure the contract 계약을 따내다 ease 몡 편안함 [ex] at ease 편안히 됭 용이하게 만들다

---

103 Television chef Carol **Brinn** will **show** (**how to make a vegetarian dinner**) (**that will satisfy your entire family**) (**on**
　　　　　　　　　　 S　　　 V　　　　 O (명사절 축약형)　　　　　　　　　　 형용사절
Thursday).

|오답| write, provide, prohibit

TV 출연 요리사인 Carol Brinn는 당신의 가족 전체를 만족시킬 만한 채식 식사를 어떻게 만드는지를 목요일에 보여줄 것입니다.

|해설| 동사어휘문제. TV에 출연하는 요리가가 목요일에 TV방송에서 요리법을 소개하는 것이므로 'show: 보여주다'가 정답.

|어휘| vegetarian 채식주의자

---

104 (**Provided that the manager's request for the purchase of new equipment receives approval**), the **warehouse** will
　　　　　　　　　　　　　　　　　　　　　 부사절　　　　　　　　　　　　　　　　　　　　　　　 S
increase its **efficiency** (**by up to fifty percent**).
　　 V　　　 O

|오답| approved, approve, approves

새 장비 구매에 대한 매니저의 요청이 승인을 받는다면, 물류창고는 효율성을 최고 50퍼센트까지 높일 것입니다.

|해설| 어형문제. 타동사(receives) 뒤이므로 목적어 역할을 하는 명사가 정답.

|어휘| provided that(that은 생략 가능) 만일 ~라면 request for ~에 대한 요청 approval 승인, 인가 efficiency 효율성 up to+숫자 최고 ~까지

---

105 All **staff** (**at Fulton Enterprises**) **have** the **option** (**to donate all or part of their tax refund to the charity of their choice**).
난이도　　 S　　　　　　　　　　　　 V　　　 O　　　　　　　 준동사구―형
★★☆

|오답| of, on, by

Fulton Enterprises사의 모든 직원은 세금 환급금의 전부나 혹은 일부를 그들이 선택한 자선단체에 기부할 선택권이 있습니다.

|해설| 전치사 문제. 'donate A to B: A를 B에 기부하다'. 전치사 to는 동사와 연결되어 잘 쓰이며 출제빈도가 매우 높다. 보기 중에 전치사 to가 보인다면 앞에 나온 동사와 의미상 연결해 본다. to는 '이동성' 전치사. 1) '~로, ~에'로 해석되는지. 2) 뭔가가 '이동'하는지. 2가지를 확인해본다. 여기서는 환급금을 '자선단체에' 기부하는 것이고, 돈이 자선단체로 이동하므로 to가 정답.

|어휘| donate 기부하다, 기증하다 tax refund 세금 환급 charity 자선 단체

핵심 n. of one's choice: ~가 선택한 무엇

숙어표현이며, choice를 정답으로 고르는 어형문제로도 출제된 바 있다.

charity of their choice 　 그들이 선택한 자선단체
a book of your choice 　 네가 선택한 책

106

Dr. Hovink was given the Bellvue award (for his work in quantum physics).
　　S　　　be p.p　　　　O　　　　　　　　　　　　　　　　　　　 – 4형식 수동태

Hovink 박사가 양자물리학에서의 그의 업적으로 Bellvue상을 수상했다.　　　　|오답| question, science, participant

|해설| 4형식 수동태 구문을 이해하는 것이 가장 중요! 4형식은 목적어가 2개인 구조이므로, 수동태를 만들면 하나의 목적어는 주어자리로 이동하고 나머지 하나는 그대로 be p.p 뒤에 남는다. 4형식의 자세한 설명은 아래 참고. 또 하나의 단서는 전치사 for. '상을 받다, 칭찬을 받다'와 같은 표현이 나오면 그 뒤에는 상이나 칭찬을 받은 이유가 'for+n.' 구조로 따라온다. 여기서도 '양자물리학에서의 그의 업적 때문에'가 상을 받는 이유로 명시되어 있다.

 핵심 　4형식 수동태

> **S + be p.p + n.** : "~을 받다"　　**He was given a book.** 그는 책을 받았다.

> **S + V + O + O**　　I was him a book　　　　　　"~에게 ~을 해주다"
>
> **S + be p.p + O**　　He was given a book　　　"~을 받다"

4형식은 목적어가 2개라서 그 중 하나가 수동태 문장의 주어자리로 내려와도 여전히 뒤에 하나가 더 남는다. 모든 4형식은 "~에게 ~을 해 주다"라고 해석되므로 수동태는 "주다"의 반대인 "받다"로 해석된다.

> **I was offered a job**　　　　나는 일자리를 제안 받았다
> **I was sent the letter**　　　나는 편지를 받았다
> **He was given the award**　　그는 상을 받았다

|어휘| quantum physics 양자 물리학 participant 참가자

 107

We ask (that any inquiries regarding the processing of applications be directed to the human resources department).
　　S　V　　　　　　　　　　　　　　　　　　　　　O (명사절)

　　　　　　　　　　　　　　　　　　　　　　　　　　|오답| regard, regards, regarded

지원서 처리에 관한 어떠한 문의사항도 인사과로 전달될 것을 우리는 요청 드립니다.

|해설| regarding은 전치사로써 빈출어휘! '~와 관련하여, ~에 관하여'. 명사절 안에 문장구조를 보면 [S ＿＿＿ n.+be p.p] 빈칸은 명사를 연결할 전치사자리.

|심층분석| '요청, 제안'의 의미를 갖는 동사 뒤에 that절이 바로 붙어나오면, that절 안에는 항상 should가 쓰인다. 그런데 미국영어에서 이 should는 항상 생략되고 동사원형만 남는다.

> **We ask that inquiries be directed.**
> **They requested that we be on time.**
>
> 이 동사들 뒤에서 동사원형을 고르는 문제가 자주 출제되므로 ask, request, suggest, prefer 4개 동사는 반드시 외워둔다.

|어휘| inquiries(=question, query) 문의, 질문 processing 명 처리, 가공 be directed to ~로 보내지다, 전달되다

108 The **CEO** of Tale Industries, Hillary Long, will **be finalizing** the candidate **list** (for the executive position) **herself**
　　　　S　　　　　　　　　　　　　　　　　　　　　　V　　　　　　O　　　　　　　　　　　　　　　　부사

|오답| she, hers, her

Tale Industries의 CEO인 Hillary Long은 혼자서 임원자리를 위한 후보자 명단을 마무리 할 것입니다.

|해설| [S+V+O+전명구+___] 완벽한 절 끝에 추가로 나올 수 있는 품사는 부사. 대명사 중에 유일하게 부사의 역할을 하는 대명사는 재귀대명사. 재귀대명사가 부사역할을 할 때 '강조용법'이라고 부른다. "직접, 손수"라고 해석하며 앞에 나온 동사를 강조해준다. "그가 직접 마무리 할 것이다". ❍ Reading교재 vol.2 p161 참고

|어휘| finalize 마무리 하다 candidate list 후보자 명단 executive position 임원 자리

---

109 **Hotshop.com will send** an **email** (**verifying your purchase**) (**following the completion of your order**).
　　　　S　　　　　V　　　O　　　준동사구—형

|오답| verification, verifiably, verifies

Hotshop.com사는 당신의 주문 완료 후에 구매를 확인하는 이메일을 보낼 것입니다.

|해설| [명사 ___ 명사] 명사와 명사 사이에 들어갈 수 있는 품사는 동사오- 전치사뿐. 보기 중에 전치사는 없으므로 동사자리다. 그런데 앞에 본동사(send)가 이미 나왔으므로 빈칸은 준동사자리. 유일한 준동사인 **verifying**이 정답.

[명사 ing 명사] 이렇게 명사와 명사 사이에 ing가 들어가는 구문이 오답률이 높다. 이때 ing가 이끄는 준동사구는 형용사구로써 앞에 있는 명사를 꾸며준다. 명사 뒤에서 수식하는 형용사구가 익숙하지 않기 때문에 오답률이 높다. 만줌짜리 문제! 유형을 잘 익혀두자. ing가 이끄는 형용사구는 '~하는'으로 해석한다. '당신의 구매를 확인해주는 이메일'. [ex] students studying Toeic – 토익을 공부하는 학생들. ❍ Reading교재 vol.1 p110 참고

|어휘| verify 확인하다, 증명하다 verification 증명, 확인, 조회 following(=after) 전 ~후에 completion of the order 주문 완료

---

110 Any **expenses** (from meeting with clients at restaurants and other dining establishments) **can be deducted** (when
난이도　　　　　　S　　　　　　　　　　　　　　　　　　　　　　　　　　　　be p.p　　부사절측약형
★☆☆ **filing for a tax refund**).

|오답| deduct, deductive, deducting

레스토랑이나 다른 식당에서 고객과의 미팅으로 인해 나온 어떠한 지출도 세금 환급을 신청할 때 공제받을 수 있습니다.

|해설| be동사 뒤에 나올 수 있는 건 형용사/ing/p.p 3개뿐이다. 이 중에서 ing는 능동태가 되므로, 뒤에 목적어가 없어서 탈락. 남아있는 형용사와 p.p 중에서 골라야 하는데, 여기서는 형용사와 동사의 의미를 알고 있어야만 풀 수 있는 문제. 보통 통계적으로 볼 때, 이러한 문제유형에서 형용사가 답이 되는 빈도가 훨씬 높다. 그렇지만, 처음 본 형용사가 나왔다면 일단 경계하자. deductive는 '연역적인'의 논리학 용어로, deductive method는 '연역법'. 반면에 deduct는 '빼다, 차감하다, 공제하다'의 의미. 고객과 식당에서 쓴 비용은 세금신고할 때 비용처리가 되므로 세금에서 공제된다는 의미이므로 **deducted**가 정답.

|어휘| expense(=expenditure) 지출, 경비 dining establishment 음식점, 식당 deduct 공제하다, 빼다 tax deduction 세금공제 deductive 연역적인 file for 신청하다

---

111 Overtime payment **forms need** (to be submitted) (to Mr. Argyle) (**before the end of the month**).
　　　　　　　　　　S　　V　　O (준동사구—명)

|오답| since, within, over

초과 근무수당 지불 양식은 이달 말 전에 Argyle씨에게 제출 될 필요가 있습니다 ⇒ 제출되어야 합니다.

|해설| 시간전치사문제. the end of the month는 '이번 달 말'로 시점명사. 보기 중에 시점전치사는 since와 before 2개. since가 나오면 항상 주절에는 현재완료시제가 나온다. [ex] I have lived here since 2014. ❍ Reading교재 vol.1 p230 참고 본문에는 현재시제(needs)가 나왔으므로 탈락. 정답은 before.

|어휘| overtime 초과근무

Stalkin Foods has hired more factory **workers** (**to meet the** <u>growing</u> **demand for its new line of instant dinners**).

         S   V   O   준동사구─부

|오답| growth, grow, grew

Stalkin Foods는 인스턴트 먹거리에 높아가는 수요를 맞추기 위해서 더 많은 공장 직원을 고용했습니다.

|해설| 어형문제. [관사 ___ n.] 빈칸은 형용사자리. 관사와 명사 중간에 삽입될 수 있는 품사는 명사를 수식해주는 형용사뿐이다. '관형명'이라고 순서를 외워두면 문제 풀 때 아주 요긴해진다. 보기 중에 형용사가 없으므로 형용사 역할을 하는 분사가 정답. '증가하는 수요'. growing, increasing, rising은 모두 형용사로 잘 쓰이는 분사. 모두 '증가하는'의 의미.

|어휘| meet the demand 수요를 맞추다 instant dinner 즉석 음식. 식사

 (**According to our files**), **Dillon Electronics business** <u>license</u> (**in Spain**) **will** <u>expire</u> (**on January 2**).

                                                 S   V

|오답| cover, combine, install

저희 파일에 따르면, 스페인에서 Dillon Electronics 사업허가증은 1월 2일에 만기 될 것입니다.

|해설| 동사어휘문제. 빈칸 뒤에 목적어가 없으므로 자동사자리. expire는 자동사 중에 출제빈도가 높은 동사. 해석은 '만료되다'로 수동태처럼 해석되지만, 자동사이므로 항상 능동태로 쓰인다. 나머지 동사는 모두 타동사.

|어휘| business license 사업허가증 expire 자동사 만기되다 cover 포함하다. 취재(보도)하다 combine 결합하다 install 설치하다

 Linus Construction is currently **building** a **tower** (**that will become a high─rise apartment complex**).

          S   V   O   형용사절

|오답| nor, yet, unless

Linus Construction사는 현재 고층 아파트 단지가 될 타워를 짓고 있습니다.

|해설| 보기 4개는 모두 접속사들이다. 그러므로 어떤 접속사가 필요한 자리인지 세밀하게 따져야 한다. [a tower ___ will become~] 빈칸 앞에는 명사가 있고, 빈칸 뒤에는 주어가 빠진 불완전한 절이 왔다. 그러므로 빈칸은 '주격관계대명사'자리.

|오답해설| nor – 접속사 중에 유일하게 도치된 문장이 뒤따르는 접속사. [ex] I can read it nor can I send it – 나는 그것을 읽을 수도 없고 보낼 수도 없습니다. 접속사자리인데 뒤에 도치된 문장이 나왔다면 무조건 nor이 정답!

yet – 부사로 더 잘 쓰이지만 접속사 역할도 한다. but과 똑 같은 의미의 등위 접속사. [ex] It is pretty yet it is expensive. – 이것은 예쁘지만 비싸다.

unless – 부사절접속사. 부사절 접속사 뒤에서는 '주어'만 생략될 수는 없다. 주어가 생략된 경우. 부사절 축약형이 되기 때문에 뒤에는 ing/p.p 형태의 준동사가 바로 나온다. [ex] unless becoming ~

|어휘| currently(=presently) 현재 high─rise 고층의 apartment complex 아파트 단지

 Mr. Potter's <u>enthusiasm</u> (**for education**) **was** a key **factor** (**when citizens elected him as mayor of Portville**).

               S   V   C   부사절

|오답| enthused, enthusiastic, enthusiastically

시민들이 그를 Portville의 시장으로 뽑았을 때, Potter씨의 교육에 대한 열정이 주요 요인이었습니다.

|해설| 어형문제. 소유격의 수식을 받는 명사자리.

|어휘| enthusiasm 열정 enthusiastic 열정적인 citizen 시민

116 **Port Industries has been <u>manufacturing</u> waste processing <u>products</u> (for residential application) (for nearly a decade).**
　　　　　　 S　　　　　　　　V　　　　　　　　　　　　　O

Port Industries는 거의 10년 동안 가정용의 쓰레기 처리 제품들을 제조하고 있습니다.

|해설| 동사어휘문제. 동사어휘문제를 풀 때는 가장먼저 목적어를 주목. 목적어와 어울리는 동사를 고른다. '제품을 제조하다'이므로 manufacturing이 정답. function도 동사로 잘 쓰이긴 하지만 자동사다. [ex] It functions properly – 그것은 제대로 작동한다.

|어휘| waste processing 쓰레기 처리 for residential application 가정용으로, 주거용으로 nearly 거의 decade 10년 instruct s.b ⇆ do 지시하다 manufacture 제조하다 function 기능하다

|심층분석| 'for residential application 가정용으로'. apply는 '신청하다' 외에도 '적용되다'의 의미를 갖는다. 명사형인 application도 '신청'외에 '적용, 응용'의 의미를 갖는다. 우리가 스마트폰에서 쓰는 '앱'은 application을 줄인 말로 응용프로그램이라는 의미다. 그러므로 for residential application을 그대로 직역하면 '집에서의 응용을 위해서'. 그래서 '가정용으로'가 된다. 'for automotive application – 자동차 용으로, for commercial application – 상업용으로'.

> ## 핵심 　동사어휘문제 오답단골 practice!
>
> practice는 명사어휘문제로 잘 출제되며, 명사일 때는 다양한 의미를 가진다.
>
> > **put it into practice** – 그것을 실행 안에 가져다 놓다 ⇒ 그것을 실행하다
> > **business practice** – 사업관행
>
> 명사로 쓰이면 '실행', '관행' 등의 다양한 의미를 가지지만, 동사로 쓰이면 '연습하다' 한가지 의미뿐! 동사어휘문제에 practice가 등장하면 일단 제치고 간다!!

 117 **Longview <u>Bank</u> has provided mortgages (to over 100,000 customers) (since its <u>establishment</u> a decade ago).**
　　　　　　　　 S　　　 V　　　 O

Longview Bank는 10년 전 창립이래로 십만 명 이상의 고객들에게 대출을 제공해왔습니다.

|해설| 어형문제. its는 it의 소유격. it's와 착각하지 않도록 주의! it's는 it is 혹은 it has를 줄인 표현. 소유격의 수식을 받는 명사자리. 그런데 보기중에 명사가 2개 나와있다. 하나는 단수형, 또 하나는 복수형. 단/복수를 구분하는 다른 단서는 없으므로 의미상 따져봐야 한다. Longview Bank라는 은행이 10년 전에 설립된 것이므로, 설립이 된 것은 단 한번. 그러므로 단수형태가 정답.

|어휘| mortgage 모기지, 대출, 융자 establishment(=founding) 1) 설립, 창립, 2) 기관, 시설 [ex] dining establishment 음식점

 118 **The <u>success</u> (of the new Helo Ultra sedan) has been attributed (to the unusual <u>marketing</u> campaign) (created by The**
　　　　　 S　　　　　　　　　　　　　　　　 be p.p　　　　　　　　　　　　　　　　 준동사구–형
Lobed Ad Agency.)

신차 Helo Ultra 세단의 성공은 광고대행사 Lobed Ad Agency가 제작한 특별한 마케팅 캠페인의 공으로 돌려졌습니다.

|해설| 어형문제. marketing은 복합명사로 잘 쓰이는 명사. 명사가 명사를 꾸며줄 때 두 명사를 합쳐서 '복합명사'라고 부른다. [ex] marketing campaign – 활동, marketing plan – 마케팅 계획안

|어휘| success 성공 attribute A to B: A를 B의 공으로(탓으로) 돌리다 ⇒ (수동전환) A is attributed to B: A가 B의 공으로(탓으로) 돌려지다 unusual 특이한

119 The **payments** (for the business loan) **have all been received** <u>**and**</u> **processed**.
      S   be p.p1   and   p.p2

난이도 ★★☆

|오답| more, some, any

사업 대출에 대한 상환금은 모두 받았고 처리되었습니다.

|해설| [have ___ been p.p] 동사구 사이에 들어갈 수 있는 품사는 동사를 꾸며주는 부사뿐. 수량형용사 중에서 **all, each, much, a little**은 부사의 기능도 가진다. 최근 이들의 부사용법이 기출에서 2번이나 출제된 바 있다.

> [all, each, much, a little의 부사기능]
>
> we **all** like you – 우리는 모두 너를 좋아해
> they earned $100 **each** – 그들은 각각 100불씩을 벌었다
> it is **much** better now – 지금은 훨씬 더 좋아졌어
> I'm **a little** worried – 나는 조금 걱정이 돼.

|어휘| payment 지급, 지불, 납입 all 閉 모두, 완전히 process 처리하다, 가공하다

120 **Senti Electric Company seems** (to have attained its goals this year), <u>**but**</u> (until all the data have been finalized), **they**
            S1   V1   C (준동사구─기타구)   but   부사절   S2

난이도 ★★★

should be considered only projections.
       V2   OC

|오답| yet, despite, stil

Senti Electric Company사는 올해 목표를 달성한 것처럼 보이지만 모든 데이터가 마무리 될 때 까지는 단지 추정으로 간주되어야 합니다.

|해설| 보기 중에 접속사가 하나라도 있다면, 반드시 접속사 자리인지 아닌지를 먼저 확인한다. 문장 내에 절이 몇 개인지를 먼저 세어본다. 본동사가 3개(seems, have been finalized, should be considered) 쓰였으므로 절이 3개. 그러나 접속사는 but 1개밖에 없다. 그러므로 빈칸은 접속사 자리. yet은 등위접속사 기능을 가지지만 but과 똑 같은 의미이므로 but뒤에 나올 수 없다. despite은 전치사, still은 부사.
접속사 뒤에 접속사가 연달아 나와서 혼동되는 구조! 부사절은 새로운 절 앞에 추가로 삽입될 수 있기 때문에 다른 접속사 뒤에 부사절 접속사가 연달아 나오는 경우가 종종 있다.

 핵심 동사의 수 = 접속사의 수 + 1

> I said **that** (when I come back), I will take care of it. 내가 돌아올 때 그 일을 처리할 것이라고 말했다

역시 명사절접속사 that뒤에 부사절접속사(when)가 연달아 붙어 나온 구조! 그러므로 접속사가 보기 중에 하나라도 나왔다면 반드시! 전체 구조에서 동사와 접속사의 숫자를 세어봐야 한다. '동사의 수 = 접속사의 수 + 1'. 동사가 3개 나오면, 접속사는 2개, 동사가 10개 나왔다면 접속사는 9개 필요하다!

|어휘| seem to do ~하는 모양이다. ~인 것 같다 attain 성취하다 finalize 마무리하다 projection 예상, 추정

121
난이도
★★★

Most readers (of Steven Bilk's latest novel) will find it (to be a very accessible story).
 S   V   O   OC(준동사구—기타구)

|오답| expert, observant, ultimate

Steven Bilk 작가의 최신 소설을 읽는 대부분의 독자들은 매우 이해하기가 쉬운 소설임을 알게 될 것입니다.

|해설| 형용사어휘문제. accessible이 book을 꾸며주면 '접근이 가능한 책 ⇒ 읽기 쉬운 책'의 의미.
observant가 오답 1순위. 생소한 형용사다. 참고만 해두고 가자. 사람명사를 꾸며주면 '관찰력이 뛰어난'의 의미. [ex] observant tourists – 관찰력이 뛰어난 여행객.

|심층분석| find가 5형식구조로 쓰였다. find는 5형식으로 쓰일 때 일반적으로 형용사 목적보어를 취한다. [ex] I find it easy – 나는 그것이 쉽다고 생각한다. 그런데 목적보어 자리에 to부정사가 나오는 경우도 종종 있다. 해석은 동일하다.

> **I find it easy. = I find it to be easy.**
>
> 그런데 본문에서는 목적보어자리에 형용사가 아닌 명사가 왔다. 5형식에서 명사 목적보어가 나오면, 이 명사는 목적어와 동격의 구조가 된다.
>
> **They find it an accessible story. = They find it to be an accessible story**
>
> 그들은 그 소설이 읽기 쉬운 스토리라고 생각한다. (it=a story: 동격관계)
>
> find 뒤에 명사목적보어가 잘 나오지는 않는다. 특이한 구문이므로 참고만 해두고 가자

|어휘| latest 최신의 accessible 접근 가능한, 이해하기 쉬운 expert 전문적인, 숙련된 observant 관찰력 있는 ultimate 궁극적인, 최종의

TEST 04

Employees (at the Stockton News) **can now refer** (to the updated staff directory) [**whenever they are unsure** (**which**
      S   V   부사절

personnel to contact)].

명사절축약형

|오답| by contrast, in summary, rather than

Stockton News사의 직원들은 어떤 직원에게 연락해야 할 지 불확실 때마다 업데이트가 된 사원 주소록을 이제 참고 하실 수 있습니다.

|해설| 굉장히 까다로운 문장이다. 뼈대구조만 살펴보면 [S+V _____ S+V+명사절축약형] 빈칸은 뒤에 나온 절을 연결해 줄 부사절 접속사자리. whenever는 부사절접속사로써 '언제건 간에, ~때마다'라고 해석한다. rather than은 접속사역할을 하지만, 의미상 병렬구조가 되어야 하므로 탈락. 'A rather than B: B라기 보다는 오히려 A - 그들이 어떤 직원에게 연락할지를 확신하지 못하는 것 보다는 오히려 주소록을 볼 수 있다(X)'. by contrast와 in summary는 전명구이므로 부사.

|어휘| refer to 참고하다 directory 주소록 personnel 인사. 인력 by contrast 대조적으로 in summary 요약 하건 데 rather than ~보다는 오히려, 차라리

핵심   which class to take

이 문장을 이해하기 위해 which가 이끄는 명사절 축약형부터 살펴보자.
which가 의문사로써 명사절접속사 역할을 할 때, which는 항상 명사를 꾸며주는 '형용사'기능을 한다.

> **I know which class I should take.** - 나는 어떤 수업을 들어야 할지를 알고 있다. (**which**는 **class**를 꾸며주는 형용사 기능)

원래 class는 take의 목적어로 'take the class - 수업을 듣다'는 표현인데, class가 접속사의 수식을 받기 위해 앞으로 끌려나간 형태.

여기서 다시 축약형을 만들어보자. 명사절 축약형을 만들 때, 주어가 생략되고 동사는 to부정사 형태로 바뀐다.

> **I know which class I should take.**
> **I know which class to take.**

> **which book to read** 어떤 책을 읽을지
> **which friend to meet** 어떤 친구를 만날지
> **which personnel to contact** 어떤 직원에게 연락할지

한가지 더!
sure는 주제파악을 못하는 형용사로, 자신이 동사인 줄 착각하고 있다. 그래서 목적어처럼 뒤에 명사절을 달고 다닌다.

> **I am sure that we'll win.** ↔ **I am unsure that we will win.** 나는 우리가 이길 것을 확신한다 / 확신하지 못한다.

이제, 원래 문장을 다시 해석해보자.

> **They are unsure which personnel to contact**

unsure뒤에 명사절축약형이 온 형태. '그들은 어떤 직원에게 연락할지를 확신하지 못하고 있다'.

Many diners visit Buena Cabeza (for its remarkably wide selection of food items).
        S   V   O

|오답| remarks, remark, remarked

많은 손님들은 굉장히 다양한 음식들 때문에 Buena Cabeza를 찾습니다.

|해설| 어형문제. [___ 형+n.] 빈칸에 들어갈 수 있는 품사는 2개. 형용사와 부사. 뒤에 나온 형용사를 꾸며준다면 부사고 나오고, 더 뒤에 나온 명사를 꾸며준다면 형용사가 나온다. 명사 앞에는 and 없이도 다수의 형용사가 나올 수 있다. 자세한 설명은 TEST01 112번 설명 p18 참고. 보기 중에 형용사는 없으므로 부사가 정답. remarkably는 wide를 꾸며준다. 'remarkably wide – 굉장히 폭넓은'. 그런데 형용사 역할을 하는 분사 (remarked)는 답이 될 수 없을까? 분사는 형용사 역할을 한다. 그런데 p.p형태의 형용사는 수식 받는 명사와 의미상 'O–V'관계가 성립해야 한다. 그런데 remark는 자동사. 자동사는 목적어를 취하지 않는 동사이므로 '독적어–동사'관계가 성립할 수 없다. 분사형 형용사에 대한 자세한 설명은 TEST02 103번 설명 p69 참고.

|어휘| remarkably 두드러지게, 굉장히, 매우 wide selection of 아주 다양한

 **Employees (of Skyhigh Industries) offered helpful suggestions (when interviewed by a consultant from Baker Busi**
난이도   S   V   O   부사절 축약형
★☆☆ **ness Solutions).**

|오답| are, this, from

Skyhigh Industries의 직원들은 Baker Business Solutions사의 컨설턴트와 인터뷰를 할 때 유익한 의견들을 제공했습니다.

|해설| 부사절 축약형 문제. 부사절축약형은 출제빈도가 매우 높으며, 독해할 때도 매우 자주 등장하므로, 아직 잘 파악하고 있지 못하다면 동시토익 Reading교재나, 아니면 여타 소지하고 있는 문법책으로 다시 돌아가서 확실하게 숙지해두고 간다! ○ Reading교재 vol.2 p44 참고 부사절축약형은 부사절과 부사구의 중간 형태다. 부사절접속사 뒤에서 'S+be'가 생략되고 그 뒤에는 ing/p.p/형용사/전명구가 남는다.

[부사절 접속사 + ing / p.p / 형용사 / 전명구]
[ex] when reading a book / as discussed earlier / if possible / while on duty

그러므로 [___ p.p~] 이렇게 빈칸 뒤에 ing/p.p/형용사/전명구가 남아 있다면, 빈칸에 부사절 접속사를 골라와야 한다. 다만, ing 앞에서는 전치사도 나올 수 있으므로, [___ ing~] 이런 구조라면 전치사, 접속사를 막론하고 의미상 어울리는 것을 골라야 한다. 본문에서는 빈칸 뒤예 p.p가 남아있으므로 빈칸은 부사절접속사자리. 보기 중에 유일한 접속사인 when이 정답.

[부사절] when employees were interviewed by a consultant
⇨ [부사절 축약형] when interviewed by a consultant

|오답해설| 여기서 offered를 준동사로 분석해서 are를 골라오는 경우가 있다. 'Employees (offered helpful suggestions) are interviewed (X)'. offered가 준동사라면 p.p형태. 즉 수동태이므로 뒤에 목적어(suggestions)가 나올 수 없다.

|어휘| helpful(=useful) 유익한

TEST 04

125 Travelers (on a tight budget) should be aware (that domestic train travel is much less <u>expensive</u> than traveling by
　　　S　　　　　　　　　　　　　　　V　　C　　　　　　　　　　　명사절
plane).

|오답| expensively, expense, expenses

빡빡한 예산으로 여행하는 여행객들은 국내 기차 여행이 비행기 편으로 여행하는 것보다 훨씬 덜 비싸다는 것을 알고 있어야 합니다.

|해설| 비교급 문장만 나오면 문장구조를 헤매는 경우가 많다. 'much less ~ than'은 비교급을 만들기 위해 삽입된 구문이므로 이들을 걷어내면 문장구조가 훤하게 보일 것이다. 'domestic train travel is _____' 빈칸은 be동사의 보어역할을 하는 형용사자리.

> **domestic train travel is expensive** 국내 기차여행은 비싸다
> **domestic train travel is much less expensive than traveling by plane** 국내 기차여행은 비행기로 여행하는 것보다 훨씬 덜 비싸다.

|어휘| on a tight budget 빡빡한 예산으로 be aware that~ that 이하를 알고 있다 domestic 가정의, 국내의 expensive 값비싼 expense 경비, 지출

|심층분석| aware는 위에 128번 문제에서 설명한 sure과 마찬가지로, 주제파악을 못하는 형용사. 자기가 동사인 줄 착각하고 있기 때문에 항상 뒤에 명사절을 목적어처럼 달고 다닌다. 이렇게 명사절을 추가로 달고 다니는 형용사는 5개. sure, certain, aware, confident, optimistic. 형용사어휘문제에서, 완벽한 문장인데 형용사 뒤에 명사절이 추가로 나왔다면 이 형용사들 중 하나를 골라온다.

 126 Many young people are used (to posting content online) but should be aware (that posting personal information
　　　　　　S　　V1　C1　　　　전+명사구　　　　but　　V2　　C2　　　　　　　명사절
leaves them vulnerable to identity fraud).
　　　S

난이도
★☆☆

|오답| concealed, alarming, obtainable

많은 젊은이들은 콘텐츠를 인터넷에 게재하는 것에 익숙하지만 개인 정보를 게재하는 것이 그들을 신원도용 사기에 취약하게 만든다는 것을 알아둬야 합니다.

|해설| 일단 leave동사의 5형식 구조를 이해하는 것이 가장 중요하다. leave는 make와 같이 형용사를 목적보어로 취하는 5형식 동사.

> **Leave the door open** 문을 열린 상태로 내버려 두어라
> **He makes me happy** 그는 나를 행복하게 만든다

leave동사가 5형식으로 쓰이면 make와 아주 흡사한 의미. '문을 열린 상태로 만들어라'에서 '그리고 그 상태로 내버려두어라'라는 뉘앙스가 추가된 것이다. 그러므로 leave동사를 '내버려두다'로 해석해서 어색하다면 '만들다'로 make와 똑같이 해석해도 된다.

문제에 다시 접근해보면, 우리는 목적보어자리에 들어갈 형용사를 골라야 한다. 목적보어는 목적어를 설명해주는 역할을 하므로 목적어와 어울리는 형용사를 골라야 한다. 앞에 나온 목적어(them)는 'many young people'을 받아오는 대명사. 'vulnerable: 젊은이들이 신원도용 사기에 취약하다(○)'. 'concealed: 젊은이들이 사기에 숨겨진다(X)'. 'obtainable: 젊은이들이 얻을 수 있다(X)'. alarming은 감정형용사로 ing형태의 감정형용사는 '사물명사'만 수식할 수 있으므로 오답.

|어휘| be used to ~ing ~하는데 익숙하다 content 명 내용, 콘텐츠 be aware that~ that이하를 알고 있다(자세한 설명은 바로 위 133번 심층분석 확인) vulnerable to(=susceptible to) ~에 취약한, 영향 받기 쉬운 identity 신분, 신원 fraud 사기 conceal 숨기다 obtainable 얻을 수 있는

127 **Manderly Enterprises has been looking** (for a consultant) (to assist with the company's **expansion** into the European market).

           S   V   준동사구-형

                                                                   |오답| qualification, compensation, assets

Manderly Enterprises사는 회사의 유럽 시장 쪽으로의 확장을 도와줄 컨설턴트를 구하고 있습니다.

|해설| 명사어휘문제. 여기서는 전치사 into가 가장 큰 단서. into는 '(어디) 안으로' 들어가는 '동작'을 강조하는 전치사. 유럽시장 안으로의 '진출, 확장'의 의미로 expansion이 정답. expansion 뒤에서 전치사 into를 고르는 문제도 최근에 출제된 바 있으므로 묶어서 외워두자. 'qualification: 유럽시장 안으로의 자격(×)', 'compensation: 유럽시장 안으로의 보상(×)', 'asset: 유럽시장 안으로의 자산(×)'.

|어휘| look for 찾다, 구하다 assist with ~돕다, 지원하다 expansion into ~로 확장 qualification 자격, 자질 compensation 보상, 수당 asset 자산

128 **The Hillbrook** and **Lakeside football clubs faced** one another (during the playoffs last year), and **will** again (in this

         S1   and   S2   V   O   anc (will 뒤에 face one another이 생략)

year's championship match).

                                                                      |오답| each, its own, other

Hillbrook와 Lakeside 축구 클럽은 작년 플레이오프 동안 서로 만났고 올 해 챔피언 게임에서도 다시 만날 것입니다.

|해설| face동사의 목적어 자리이므로 명사만 정답이 될 수 있다. other는 형용사 기능만 가지므로 탈락. 명사로 쓰일 때는 반드시 복수형으로 쓰이거나 앞에 관사가 붙는다. [ex] another, others, the others, the other (명사는 4가지 형태) ○ Reading교재 vol.2 p167 참고

일단 face동사의 의미를 생각해보자. 'A faced B'라고 하면 A팀이 B팀을 경기에서 만났다는 의미가 된다. 그런데 본문에서는 주어자리에 'A팀과 B팀'이 함께 나왔으므로 'A팀과 B팀이 서로 만났다'가 되야 한다. 그러므로 목적어 자리에는 '서로서로'의 의미를 가지는 one another이 정답. 'one another = each other'는 '서로서로'라고 해석되기 때문에 부사로 착각하기 쉽다! 명사며 동사 뒤에 목적어 자리나 전치사 뒤에 잘 나온다. [ex] they are related to one another – 그들은 서로 연관되어 있다. one another이 정답이 될 때는 항상 오답률이 높으므로 주의!

|오답해설| each은 단연 오답 1순위. each가 안 되는 이유는 설명하기도 매우 까다로운데, 한 번 잘 읽어보자. 'We give $10 to each team'이라고 하면 '우리가 각 팀에게 10불을 준다'. 즉 한 팀, 한 팀.. 결국은 모든 팀에게 10불은 준다는 의미다. A팀과 B팀이 each를 만난다고 하면, A팀도 A팀과 B팀을 각각 만나고, B팀도 A팀과 B팀을 각각 모두 만난다는 의미가 된다. A팀이 경기에서 A팀, 즉 자기 자신을 만날 수는 없다. 그러므로 오답! 자신을 포함하는 경우에는 each other나 one another를 쓴다. 'The man and woman love each other (○)'. 'The man and woman love each (×)'.

its own은 명사 앞에 나오거나, 전치사 on과 짝꿍인 숙어표현으로 쓰인다. [ex] The company has its own warehouse – 그 회사는 자기 자신의 창고를 가지고 있다. The company runs business on its own – 그 회사는 독자적으로 사업을 한다.

|심층분석| will again in this year's championship match. 여기서 부사인 again과 전명구인 'in this year's championship match'를 걷어내고 보면, 조동사 will로 뚝 끝나버린 생략구문. 생략구문의 자세한 사항은 TEST01 149번 위의 설명 p34 참고.

Guitarist Frank Lenster is credited (with **popularizing** the line of electric guitars produced by Excel Instruments).
　　　　　　　　　　S　　　be p.p　　　　　　　　　　　　　　　전+명사구

|오답| popularized, popularize, popularization

기타리스트 Frank Lenster씨는 Excel Instruments사에 의해 생산된 전자기타 제품라인을 대중화시킨 것에 대해 공을 인정 받고 있습니다.

|해설| [전치사 ___ 관사+n.] 빈칸은 동명사자리. 전치사 뒤에 명사가 아닌 ing가 이끄는 명사구가 나온 형태. 'for reserving the table – 자리를 예약하는 것을 위해서'와 같은 구조. 빈칸에 형용사는 절대 들어갈 수 없다. 형용사가 명사를 꾸며줄 때는 반드시 관사보다 뒤에 나와야 한다. '관형명'의 순서. 빈칸은 관사 앞자리이므로 형용사는 들어갈 수 없다. 그러므로 popularized를 '대중화된'으로 해석해서 형용사로 쓴다 하더라도 빈칸에는 구조상 들어갈 수 없다. ● Reading교재 vol.1 p114 참고

|어휘| credit A with B: B에 대해 A의 공을 인정하다 ⇨ (수동전환) A is credited with B: A는 B에 대해 공을 인정받다 instrument 악기 popularize 대중화 하다

 Master Audio's latest MP3 player is sold exclusively (at Portal Electronics store locations).
　　　　　　　　　　　　　　　S　　be p.p

|오답| honorably, physically, keenly

Master Audio사의 최신 MP3 플레이어는 Portal Electronics 전자 대리점에서만 독점 판매 합니다.

|해설| exclusively는 전명구를 잘 수식하는 부사! 전명구 앞에서 부사를 고르는 문제가 나오면 일단 3개 부사 중 하나가 보기에 있는지 확인하자!

Sales increased largely due to your dedication. (=**primarily**) 매출이 주로 당신의 헌신 때문에 증가했다.
Sales increased particularly in Asia. (=**especially**) 매출이 특히 아시아에서 증가했다.
It is available exclusively to its members. 이것은 회원들에게만 이용가능 합니다.

exclusively를 '독점적으로, 배타적으로(×)' 해석하다가 꼬이는 경우가 많다. 해석은 only와 똑같다. '~만'으로 해석한다. 본문에 적용해보면 'PE 매장에서만 판매됩니다'. 'honorably: PE매장에서 명예롭게 판매됩니다(×)', 'physically: PE매장에서 물리적으로 판매됩니다(×)', 'keenly: PE매장에서 강렬하게 판매됩니다(×)'.

|어휘| honorably 명예롭게, 훌륭히 physically 물리적으로, 신체적으로 keenly 강렬하게, 열심히, 빈틈없이

If you want to find the best deal on home appliances and electronics, make your way to the Galactic Home Super Store. For a limited time, free delivery and set-up ------- with the purchase of many home appliances or **131.** large electronic devices, such as HDTVs and projectors.

In order to qualify for this -------, the item that you buy has to have a **132.** total price of at least $200. Customers may receive free delivery only once per week.

If you have any questions about this offer or about any of the fine products we have available for you, please visit our homepage at www. galactichome.com or visit ------- local Galactic Home Super Store. -------. **133.** **134.**

가전제품이나 전자제품에 있어서 최상의 거래를 찾고 있다면, Galactic Home Super Store에 오시기 바랍니다. HDTV나 프로젝터와 같은 대형가전 혹은 전자제품의 구매에 한시적으로 무료 배송과 설치가 제공되고 있습니다.

이 행사에 자격을 갖추려면 귀하가 구입하는 제품은 적어도 총 액수가 200달러는 되어야 합니다. 고객들은 일주일에 한번만 무료 배송을 받을 수 있습니다.

이 행사나 아니면 저희가 보유하고 있는 다른 어떤 제품에 대해서도 질문이 있으시면 www.galactichome.com으로 저희 홈페이지를 방문해주시거나, 당신의 지역에 있는 Galactic Home Super Store 매장을 방문해주세요. 자질이 뛰어난 저희 고객서비스 전문가들이 당신이 가지고 있는 어떤 질문에도 답변해줄 것입니다.

|어휘| best deal 최고의 거래 home appliances 가전 제품 for a limited time 한시적으로 delivery and setup 배송 및 설치 qualify for ~의 자격이 되다

131. (C) are being provided |오답| (A) providing (B) to provide (D) has been provided

|해설| 동사어형문제. 동사어형문제 접근법 p10 참고 1) 구조. 문장 안에 본동사가 없으므로 빈칸은 본동사 자리. (A) providing, (B) to provide 탈락. 2) 태. 빈칸 뒤에 목적어가 없으므로 수동태. (C), (D) 모두 가능. 3) 수일치. 주어자리에 'A and B'가 나왔으므로 복수동사가 필요. (D) has been provided는 탈락. 그러므로 (C)가 정답. 시제상 따져보더라도, 뒤에 내용을 보면 '이 행사에 대해 더 자세히 알아보려면 웹사이트를 방문하라'고 나와있으므로 이 행사는 현재 진행되고 있음을 알 수 있다. 그러므로 현재진행시제가 정답.

|심층분석| 주어자리에 A and B가 나왔다고 항상 복수동사로 받아오는 것은 아니다. 예를 들어 'Selling and buying is~'와 같이 '사고 파는 것'을 하나의 세트로 묶어서 '거래'의 의미로 본다면 단수동사로 받아올 수도 있다. 그러나 본문에 나온 '무료배송과 설치'를 같은 것으로 묶어서 볼 수는 없다. 그러므로 복수동사가 필요하다.

132. (B) offer |오답| (A) claim (C) trade (D) repair

|해설| Context Question. offer는 명사어휘문제 단골손님! 토익에서 offer는 '행사'의 의미로 매우 빈번하게 등장한다. 특히 'special offer – 특별행사' 형태로 짝꿍으로 잘 나온다. 할인행사와 같은 '판촉행사'를 의미. 여기서는 바로 앞 문장에서 설명한 '무료배송과 설치'를 제공하는 행사를 받아온다.

133. (C) your |오답| (A) his (B) her (D) their

|해설| Context Question. 당신이 거래하는 '당신의 지역매장'을 의미하므로 your가 정답. 여기서 지점은 회사의 지점이라고 생각해서 their를 고르지 않도록 주의! 1) '회사의 지점'이라고 본다면, 여기서 언급된 회사는 Stellar Electrics이고, 한 개의 회사이므로 'its branch'가 되어야 한다. 2) 이 글은 광고문이고 Stellar Electrics가 광고를 내는 주체. 그러므로 만약 회사의 지점이라고 한다면 'our branch'가 될 것이다.

134. (D) Our highly qualified customer service specialists will be able to answer any questions you have.	(D) 자질이 뛰어난 저희 고객서비스 전문가들이 당신이 가지고 있는 어떤 질문에도 답변해줄 것입니다.
(A) This sale will start from the beginning of the summer season.	(A) 이번 할인은 여름시즌 초부터 시작될 것입니다.
(B) Delivery and installation can take up to three weeks to be completed.	(B) 배송 및 설치가 완료되는데 최고 3주까지 걸릴 수 있습니다.
(C) We are currently looking to fill positions at many of our retail store branches.	(C) 현재 많은 매장에서 저희는 사람을 뽑고 있습니다.

|해설| 앞 문장에서 질문이 있으면 가까운 매장에 방문하라고 했다. 매장에 오면 직원들이 질문에 답해줄 것이므로 (D)가 정답.
(A) 진행되는 행사는 할인행사가 아니고 무료 배송 서비스이므로 오답.
(B) 배송, 설치에 대한 언급은 첫 문단에 나왔으므로 이 문장은 첫 문단에 들어가야 한다.
(C) 판촉행사 광고문에서 채용정보가 들어가는 것은 어색하다.

January 10	1월 10일
Mr. Kevin Nordic 9784 Lake Street Duluth, MN 55808	Mr. Kevin Nordic 55808 MN, Duluth, lake Street 9784 가
Dear Mr. Nordic	Nordic씨에게
Below is the price for the purchase and ------- of our Hydrolife Water _{135.} Filtration System, which we talked about on Monday, January 6.	아래는 1월 6일 월요일에 우리가 말씀 드렸던 저희 Hydrolife 정수기 제품의 구매 및 설치 가격입니다.
Overall, the cost would be $1,590 to buy the unit including labor for installing it. Please remember that this is just an -------. The actual price _{136.} may be higher or lower depending on actual labor and time spent on the work. -------. _{137.}	전반적으로 설치 인건비용 포함하여 제품을 구입하려면 비용은 1,590불이 될 것입니다. 하지만 이것은 단지 견적비용임을 명심하세요. 실제 가격은 인건비와 설치 작업에 걸리는 시간에 따라 높아질 수도 낮아 질 수도 있습니다. 그렇지만, 가격차이는 견적액 대비 위로건 아래로건 최대 50불 이내일 것입니다.
If you want to ------- with the purchase, feel free to contact me, so that _{138.} we can set up an appointment. Thank you.	구매를 진행하고자 원하신다면, 우리가 약속을 잡을 수 있도록 저에게 연락주세요. 감사합니다.
Pat Gilley Hydrolife Water Filtration System	Pat Gilley Hydrolife Water Filtration System

|어휘| Water Filtration System 정수기 installation 설치, 장착 cf) installment 1) 할부, 2) (시리즈의) 1편 overall 전반적으로 labor 노동력, 수고비, 인건비 estimate(=quote, quotation) 견적(서) depending on ~에 따라 proceed with 진행하다

135. (D) installation |오답| (A) installs (B) installed (C) installer

|해설| 어형문제. 'the purchase and ___' 병렬구조이므로 purchase(구매)와 병렬인 명사가 정답.

136. (A) estimate |오답| (B) investment (C) update (D) attitude

|해설| Context Question. 바로 뒤 문장을 보면 '실제 작업시간에 따라 가격이 바뀔 수 있다'고 했으므로, 이 편지에서 제시한 $1,590은 추정치, 즉 견적비용. investment는 투자, update는 업데이트, 갱신, attitude는 태도.

137. (C) However, the price difference will be within $50 below or above the estimate.	(C) 그렇지만, 가격차이는 견적액 대비 위로건 아래로건 최대 50불 이내일 것입니다.
(A) We will visit your home between the hours of 10 a.m. and 12 p.m. on Thursday.	(A) 저희는 목요일 오전10시에서 오후12시 사이에 당신의 집에 방문할 것입니다.
(B) Your own water filtration system means having the purest water available at home.	(B) 자신의 정수기를 소유한다는 것은 집에서 가장 깨끗한 물을 마실 수 있다는 것을 의미합니다.
(D) Our technicians are highly skilled in the field of installation.	(D) 저희 기술자는 설치 부문에 있어서 매우 기술이 뛰어납니다.

|해설| 앞 문장에서 실제 금액은 견적비용과 다소 차이가 생길 수 있다고 했다. 그렇지만, 그 범위가 최대 50불을 넘지 않을 것이라는 정보는 앞에 문장을 상세하게 설명해주고 있으므로 잘 연결된다.

난이도 ★★☆ **138. (B) proceed** |오답| (A) resign (C) work (D) visit

|해설| 동사어휘문제. 빈칸 뒤에 전치사 with가 있으므로 with와 짝꿍이 되는 자동사자리. proceed는 빈출 자동사이므로 필암기! 'proceed with s.t: (작업을) 진행하다', 'proceed to n.: ~로 이동하다'. proceed는 타동사를 고르는 동사어휘문제에서 오답보기로 매우 자주 등장한다. 보기에서 proceed를 보자마자 '자동사'임을 바로 알아봐야 한다. 여기서는 빈칸 뒤에 with가 있으므로 proceed가 정답. '구매를 진행하기를 원한다면'. resign과 work도 자동사지만 with the purchase와 어울리지 않는다. 'resign: 구매와 함께 은퇴하다 (×)', 'work: 구매와 함께 작업하다 (×)'. visit은 타동사이므로 뒤에 목적어가 있어야 한다. 그리고 역시 with the purchase와 어울리지 않는다. '구매와 함께 방문하다 (×)'.

Question 139-142 기사

JAKARTA (19 October) – From November, Indonesian Architecture Monthly will release a mobile version of their publication. It will include all print edition content, ------- features only available to mobile device subscribers.
139.

The print version of the monthly publication looks at the structure, building, innovation, and other ------- of architecture in Indonesia.
140.

-------. It ------- readers to virtually walk around Indonesia's most
141.   142.
beautiful and intriguing Architectural structures.

The mobile version of Indonesia Architecture Monthly is $4.00. Please visit www.indonesiaarchitecture.com for more information.

JAKARTA (10월 19일) – 11월부터 Indonesian Architecture Monthly는 그들 출판물의 모바일 버전을 출시할 것입니다. 모바일 버전은 휴대폰 이용자들에게만 제공되는 특집 내용뿐만 아니라 인쇄판의 도든 내용을 포함할 것입니다.

이 월간 잡지의 인쇄판은 인도네시아 건축물의 구조, 빌딩, 혁신 및 여타 다른 건축적 요소들을 다룹니다. **모바일 버전은 이 컨텐츠를 한층 더 개선할 것엽니다.** 모바일 버전은 독자들이 가상으로 인도네시아의 가장 아름답고, 흥미로운 건축 구조물들을 걸어 다니며 둘러보게 해 드릴 것입니다.

Indonesia Architecture Monthly 잡지의 모바일 버전은 4불입니다. 추가 정보를 원하시면 www.indonesiaarchitecture.com를 방문하세요.

|어휘| release 출시하다 publication 출판물, 잡지 subscriber 구독자, 이 용자 structure 구조(물) innovation 혁신 element 요소 architecture 건축물(U) – architect 건축가 virtually 가상으로, 실제로 intriguing 흥미로운, 호기심을 자극하는

139. (B) as well as |오답| (A) except for (C) even if (D) as soon as

|해설| 보기 중에 접속사가 하나라도 있다면, 반드시 접속사 자리인지 아닌지를 먼저 확인한다. 빈칸 뒤에 나온 features는 동사가 아닌 명사. 만약 features가 동사로 쓰였다면, 타동사이므로 뒤에 목적어가 나와야 한다. 그런데 뒤에는 명사가 아닌 형용사(available)가 나와있다. 명사 두에 형용사가 나오는 구조는 아래 설명 참고. 빈칸 뒤에는 절이 아닌 명사만 나왔으므로 전치사자리. 모든 접속사(even if, as soon as)는 탈락.

보기에 나온 2개의 전치사 중 고르기 위해서는 의미상 따져봐야 한다. 이 회사는 인쇄용 종지를 만드는 회사인데, 이번에 모바일 잡지를 출시한다. 이 문장에 주어인 it을 '모바일 버전'을 받아오고 있다. 모바일 버전은 '모바일 기기를 사용하는 구독자에게만 제공되는 기능 ____ 모든 인쇄용 잡지의 컨텐츠'를 포함할 것이다. 빈칸에 들어갈 연결어를 골라야 한다. 모바일 버전은 인쇄용 잡지내용을 모두 포함하면서 추가기능도 제공한다는 의미이므로 as well as(뿐만 아니라)가 정답.

> **features (which are) only available to mobile device subscribers.**
> 형용사가 명사 뒤에 붙어나오면 '관계대명사+be'가 생략된 구조. 자세한 설명은 TEST02 122번 설명 p76 참고.

140. (A) elements |오답| (B) statements (C) measurements (D) treatments

|해설| 'A, B, C, and other ____'의 구조로 나왔으므로 빈칸에는 앞에 병렬구조로 나온 A, B, C를 총칭할 수 있는 단어가 나와야 한다. '구조물, 건물, 혁신 및 인도네시아 건축의 다른 요소들'의 의미로 elements가 정답. 즉 구조물, 건물, 혁신은 건축의 요소들이라 할 수 있다.

|오답해설| (B) statements를 두리뭉실하게 '설명'정도로 해석해서 오답으로 고르는 경우가 많다. 설명이라고 하려면 'description'을 써야 한다. statement는 성명, 성명서 혹은 내역서의 의미. (C) measurements는 치수, 측량, (D) treatments는 치료, 처리.

141. (D) The mobile version makes this content even better.

(D) The mobile version makes this content even better.	(D) 모바일 버전은 이 컨텐츠를 한층 더 개선할 것입니다.
(A) Print subscriptions will not be available from the beginning of next year.	(A) 내년 초쿠터는 인쇄판 구독을 할 수 없을 것입니다.
(B) Indonesian Architecture Monthly has won many awards for its print edition.	(B) Indonesian Architecture Monthly는 인쇄판 잡지로 많은 상을 받았습니다.
(C) Indonesia has long been known for its striking architecture.	(C) 인도네시아는 놀라운 건축물들로 잘 알려져 있습니다.

|해설| 문장찾기에서 혼동될 때는 문단별로 주제를 나눠보는 것이 도움이 된다. 1번째 문단은 모바일 버전 출시를 알려주고 있다. 2번째 문단은 인쇄판에 대해 설명하고 있다. 3번째 문단은 모바일 버전의 새로운 기능을 알려주고 있다. 그러므로 3번째 문단에 첫 문장에서는 모바일 버전에 관련한 내용이 등장해야 한다. 문장찾기 문제가 혼동될 때는 문단 별로 주제를 나눠서 정리해보자.

142. (B) will allow |오답| (A) could have allowed (C) has been allowing (D) is allowed

|해설| Context Question. 파트6에 출제되는 동사어형문제는 대부분이 시제문제고, 시제문제는 대부분이 전체 내용을 파악해서 풀어야 하는 Context Question이다. 모바일 버전은 아직 출시되지 않았다. 이 기사가 쓰여진 시점은 **19 October**(10월 19일)이고, 모바일 버전은 **11월**에 출시된다고 제일 첫째 줄에 명시하고 있다. 그러므로 모바일 버전이 독자들에게 가상으로 건축물을 둘러보게 해주는 것은 미래시점. (B) **will allow**가 정답. (C)는 **could have p.p**로 가정법 과거완료시제. '~허용해줄 수 있었을 텐데'라는 의미.

기사문의 서식 주의

기사문은 글 문두에 기사가 발생한 '장소(날짜)'를 표기하는 경우가 많다.
JAKARTA (**19 October**) – 자카르타에서 10월 19일 발생한 일
Seoul (**22 February**) – 서울에서 2월 22일 발생한 일
날짜 관련된 문제가 나오면 이 날짜를 꼭 확인하자!

Barton – May 28 (OH Associated News) – The manager of the Barton branch of Burke Sports Equipment, Steve Lopez has been named one of the best employees of the year by the parent company for his outstanding performance in sales.

To congratulate him on his _____, the Barton branch held a celebration on May 24 at the store. _____, he will go to the company's national convention to be held in Seattle in recognition of award receipients from all around the country.

143.
144.

Lopez has worked at the Barton location since the store opened last year. _____. He is sure that he _____ the trip to Seattle.

145.   146.

Barton – 5월 28일 (OH 연합뉴스) – Burke Sports Equipment사의 Barton 지점, Steve Lopez 매니저는 그의 뛰어난 판매 실적으로 본사에서 선정하는 올 해의 가장 뛰어난 우수사원으로 선정되었습니다.

그의 성과를 축하 하기 위해서, Barton 지점은 5월 24일 가게에서 축하연을 열었습니다. 게다가, 그는 전국의 우수사원 수상자들을 기리는, Seattle 에서 열릴 회사의 전국 행사에 참석 할 것입니다.

작년에 매장이 오픈한 이래로 Lopez는 Barton 지점에서 근무했습니다. **이 지점은 주로 그의 노력 덕분에 성공적으로 운영되어 왔습니다.** 그는 Seattle로의 여행을 분명히 즐기실 거라고 확신하고 있습니다.

|어휘| be named n. ~로 임명되다, 지명되다 parent company 모회사, 본사 outstanding performance 뛰어난 성과 congratulate s.b on s.t 누구에게 ~로 축하하다 in recognition of ~을 인정하여, 표창하여 recipient 수상자, 수취인 thanks to ~덕분에 largely 주로, 대체로

 핵심   He was named a leader – 5형식 수동태

be p.p뒤에 명사가 나오면 4형식수동태를 먼저 생각하기 쉽다. (106번 문제 해설 참고)
4형식 수동태답게 '~을 받다'로 해석했는데 어색하다면 5형식 수동태!

Steve Lopez has been named one of the best employees of the year. 로페즈는 올해의 우수사원으로 선정되었다
⇨ **S has named** Steve Lopez one of the best employees of the year. 누군가 로페즈를 올해의 우수사원으로 선정했다

5형식의 목적보어자리에 명사가 나온 경우, 이 명사는 목적어와 동격의 관계. (Steve Lopez = one of the best employees of the year)
최근 파트5에서도 5형식 수동태가 많이 출제되고 있으니 제대로 파악하고 가자!

He is considered a genius. 그는 천재라고 간주된다
He was elected president. 그는 대통령으로 선출되었다
He was appointed vice president. 그는 부사장으로 지명되었다

elect, appoint, call, name, consider, make: 명사목적보어를 취하는 **5형식 동사**

핵심   n. of the month / n. of the year ⇒ 상 이름

'n. of the 시간단위'가 나오면 '상'의 이름이다!

the employee of the month 이번 달의 우수사원
the designer of the year 올해의 최고 디자이너

TEST 04

143. (D) achievements |오답| (A) studies (B) promotions (C) retirements

|해설| 앞 문단에서 올해의 최고사원으로 선정되었다고 했으므로 승진이 된 것은 아니고, 업무성과에 대해서 표창을 받은 것이다. 그러므로 (B) promotions(승진)은 오답이고, (D) achievements(성과)가 정답.

144. (B) In addition |오답| (A) Provided that (C) Alternatively (D) Consequently

|해설| Context Question. Lopez씨의 시상식은 2번 열린다. 한 번은 이미 가게에서 진행되었고, 또 한 번은 모회사에서 전국규모로 열리는데, 아직 열리지 않은 상태다. 앞에서는 가게에서 축하연이 열렸음을 얘기했고, 빈칸 뒤에서는 전국규모의 기념식을 언급하고 있음으로 부가적인 설명. (A) in addition(또한)이 정답. (C) Alternatively는 '그 대신에, 그 대안으로써'의 의미. 가게 축하연과 전국규모기념식은 둘 중 하나를 선택해야 하는 대안이 아니기 때문에 오답. (A) provided that은 접속사이므로 오답. (D) Consequently는 '결과적으로'.

145. (A) The store has been successful thanks largely to his efforts.	(A) 이 지점은 주로 그의 노력 덕분에 성공적으로 운영되어 왔습니다.
(B) New Burke branches will be opened in the northwest region later this year. (C) He will be unable to take time off during the national convention. (D) Barton is known for its enthusiastic sports community.	(B) Burke 신규지점들이 올해 말 북동부 지역에서 오픈할 것입니다. (C) 그는 전국 행사 동안 휴가를 낼 수 없을 것입니다. (D) Barton 지역은 열정적인 스포츠 지역사회로 잘 알려져 있습니다.

|해설| 전반적으로 능력 있는 직원 Steve Lopez에 관한 글이므로 회사에 대한 정보인 (B)와 (D)는 답이 될 수 없다. Lopez씨는 전국 행사에 참여할 것이므로 (C)도 오답. Lopez씨의 업적에 대해 설명한 (A)가 정답.

146. (B) will enjoy |오답| (A) enjoy (C) have enjoyed (D) had been enjoying

|해설| Context Question. 파트6에 출제되는 동사어형문제는 대부분이 시제문제고, 시제문제는 대부분이 전체 내용을 파악해서 풀어야 하는 Context Question이다. 전국규모의 기념식은 아직 열리지 않은 상태이므로 '즐길 것이다' 미래시제가 정답.

Speed-Up Industries
289 Hadlock Avenue, Trenton, NJ 08650
(609) 555-0852

Invoice #: 984163
Date: April 23
Customer:
Daniel McCormick
55 Paulson Stree
Buffalo, NY 14220
(716) 555-3568

Product	Product No.	Quantity	Cost
147Desktop PC	35796	1	$599.99
Laser printer	98633	1	$49.99
Monitor	76598	1	$329.99

		Subtotal	$979.97
		Sales tax	$63.70
		Shipping	$20.00
		148Down payment	$450.00
		Total due	$613.67

Speed-Up Industries
08650 NJ Trenton, Hadlock Avenue가 289
(609) 555-0852

송장 번호 #: 984163
날짜: 4월 23일
고객:
Daniel McCormick
55 Paulson Stree
Buffalo, NY 14220
(716) 555-3568

제품	제품번호	수량	비용
147Desktop PC	35796	1	599.99 달러
Laser printer	98633	1	49.99 달러
Monitor	76598	1	329.99 달러

	소계	979.97 달러
	판매세	63.70 달러
	운임	20.00 달러
	148계약금	450.00 달러
	총계	613.67 달러

|어휘| down payment 계약금, 착수금

---

147. What does Speed-Up Industries sell?
(A) Security supplies
(B) Computer equipment
(C) Audio systems
(D) Home furnishings

Speed-Up Industries가 판매하는 것은 무엇인가?
(A) 안전 용품들
(B) 컴퓨터 장비
(C) 오디오 시스템
(D) 가정용 가구류

|해설| 청구서에 나와있는 제품명을 살펴보면 컴퓨터장비를 팔고 있음을 알 수 있다.

난이도
★★★

148. What is indicated about Mr. McCormick?
(A) He will have his items delivered on April 23.
(B) He bought an extended warranty from Speed-Up Industries.
(C) He was given a discount on his purchase.
(D) He paid a portion of the total cost.

McCormick씨에 대해서 언급되어 있는 것은?
(A) 그의 물건을 4월 23일에 배송 받을 것이다.
(B) Speed-Up Industries 업체로부터 연장된 보증서를 구매했다.
(C) 구매품에 대해 할인을 받았다.
(D) 총비용에서 일부를 지불했다.

|해설| down payment에 대한 어휘이해가 가장 중요. down payment는 착수금, 계약금의 의미. 이미 계약금을 지불했으므로 전체 금액의 일부를 지불한 상태다.

Barton Municipal Library
298 12th Avenue, Barton VT 05822
(802) 555-2986

Member name: Mr. Felix Grimes   Library ID: 3574668

July 25

Dear Mr. Grimes,

According to our records, you have one overdue book listed below:
Summer Back East by Charles Thorn   Borrowed: April 30
Return date: June 30

150 We have sent two notices about this book. We ask that you return the book to any municipal libraries in the Barton area. We would also like to remind you that there is a late charge of $0.30 for every day that the book is overdue. Your total overdue charges are $7.20 as of July 25. 149 We'd appreciate it if you take care of this matter quickly.

Barton 시립 도서관
05822 VT Barton, 12th Avenue 가 298
(802) 555-2986

회원 이름: Felix Grimes 도서관 아이디: 3574668

7월 25일

Grimes씨에게
저희 기록에 따르면, 귀하께서는 아래 나열된 책 한 권을 반납 하지 않으셨습니다.
Summer Back East by Charles Thorn
대출일: 4월 30일   반납일: 6월 30일

150우리는 이 책에 대해서 두 번의 공지를 보냈습니다. Barton 지역 시립도서관 중 어디건 이 책을 반납해 줄 것을 저희는 요청드리는 바입니다. 또한 책이 연체되는 기간 동안 매일 0.3불씩 가산금이 붙을 것이라는 것을 상기 시켜드리고자 합니다. 당신의 총 연체료는 7월 25일자로 7.20불입니다. 149신속하게 이 문제를 처리 해 주시면 감사하겠습니다.

|어휘| municipal 시의 overdue 연체된, 기한이 지난 late charge 연체금, 연체료 appreciate 1)감사하다, 2)감상하다, 3)이해하다
take care of 다루다, 취급하다

---

149. What is the main purpose of the notice?
(A) To promote community events
(B) To announce differences in borrowing procedures
(C) To advertise the opening of a new library
(D) To request that a member resolve an issue

이 공지문의 주요목적은?
(A) 지역사회 행사를 홍보하기 위해서
(B) 대출절차의 차이점을 발표하기 위해서
(C) 신규 도서관의 개장을 광고하기 위해서
(D) 회원이 문제를 해결할 것을 요청하기 위해서

|해설| 도서관에서 회원에게 연체된 도서를 반납할 것을 권고하는 글이므로, 문제 해결을 요청하는 것이 이 글의 목적.

---

150. What is indicated about the library?
(A) It received funding from Mr. Grimes.
(B) It has tried to contact Mr. Grimes before.
(C) It is considering hiring Mr. Grimes.
(D) It exchanged a purchased item with Mr. Grimes.

도서관에 대해서 무엇이 언급되어 있는가?
(A) Grimes씨로부터 자금을 받았다.
(B) 이전에도 Grimes씨에게 연락하려 했었다.
(C) Grimes씨를 고용할 것을 고려하고 있다.
(D) Grimes씨와 구매제품을 교환했다.

|해설| 연체된 책과 관련하여 두 번의 공지문을 보냈다고 했으므로 이전에도 회원에게 연락하려 했었음을 알 수 있다.
(A) 연체료를 funding으로 받아올 수는 없다. funding은 투자금과 같은 자금을 의미한다. 또한 아직 Grimes씨는 연체료를 지불하지 않았으므로 도서관이 돈을 받은 상태는 아니다.

Morton Grocery
86 Bailey Drive, Boise, ID 83719
(208) 555-6433
www.mortongrocery.com

Morton Grocery is a great choice for finding food and platters for your special event or party. Our platters are perfect for all kinds of events including corporate gatherings, birthday parties, holiday celebrations and many others

Below is a selection of our best-selling platters:

151 **Veggie Party** (for 8 – 10 people) A special mix of freshly-cut vegetables with a variety of delicious dips that are sure to please your guests. $15.00

Crazy Cookies (for 12 – 15 people) A tasty selection of cookies fresh from our bakery. Just let us know what kind of cookies you'd like and we'll arrange them. $12.00

Luxurious Lunch (For 10 – 13 people) Includes a selection of fresh meat, cheese, and gourmet bread. Chips and 152 soft drinks are also included. $35.00

Main Dish Mania (for 7 – 9 people) Features full meals with many choices of beef, chicken, pork, and vegetarian entrees. Dishes can be customized upon request. $38 - $55

153 Orders of 5 or more platters can receive 10% off their order. Orders must be placed two days in advance.

Morton 식료품점
83719 ID, Boise, Bailey 가 86
(208) 555-6433
www.mortongrocery.com

Morton 식료품점은 귀하의 특별 행사와 파티를 위한 음식과 모듬 요리를 구하기 위한 훌륭한 장소입니다. 저희 요리들은 회사 야유회, 생일 파티, 축하 파티, 및 기타 등등의 모든 종류의 행사들에 안성맞춤입니다. 아래 가장 잘 팔리는 다양한 요리들이 있습니다.

151 Veggie Party (8-10인용) 당신의 손님을 만족시킬 것이 분명한, 신선하게 잘라 놓은 채소와 다양하고 맛있는 소스의 특별한 결합. $15

Crazy Cookies (12-15인용) 저희 빵집에서 갓 구어낸 맛있는 쿠키. 당신이 어떤 종류의 쿠키를 원하는지 만 알려주세요. 그러면 저희가 그대로 준비해드립니다. $12

Luxurious Lunch (10-13인용) 여러 가지 신선 육, 치즈, 미식가들이 선택하는 빵을 포함합니다. 칩과 152음료수 또한 포함되어 있습니다. $35

Main Dish Mania (7-9인용) 다양한 종류의 소고기, 치킨, 돼지고기 및 채식용 메인 요리를 갖춘 정식요리. 요청 시에 맞춤형 요리구성도 가능합니다. $38-55

153 5개 이상의 요리를 주문하시면 10% 할인을 받으실 수 있습니다. 주문은 이틀 전에 미리 해주셔야 합니다.

|어휘| platter (음식을 차려 내는 데 쓰는 큰 서빙용) 접시 / 다양한 음식을 한곳에 모은 모듬 요리 a selection of 다양한 tasty 맛있는 arrange 1) 준비하다 2) 배열하다 gourmet bread 고급 빵 feature 특징으로 하다, 선보이다, 등장하다 Pork 돼지고기 vegetarian 채식주의자 entrée 주요리 customize 주문에 맞추다 upon request 요청하자 마자 in advance 미리

---

151. What is the purpose of the advertisement?
(A) To announce a grocery store's grand opening
(B) To explain menu selections for event catering
(C) To promote new entrées at a restaurant
(D) To promote a line of individually packaged meals

광고에 목적은 무엇인가?
(A) 식료품점의 오픈을 알리기 위해서
(B) 행사용 출장 요리의 메뉴 종류를 설명하기 위해
(C) 레스토랑의 새로운 주요리를 홍보하기 위해
(D) 개별 포장된 요리들을 홍보하기 위해

|해설| 행사음식들의 메뉴를 하나씩 소개하고 있으므로 (B)가 정답.
(D) 각각의 메뉴마다 몇 인용인지를 명시한 걸로 보아서 뷔페용 요리이며 개별적으로 포장된 요리는 아니다.

152. What platter includes a beverage?

(A) Veggie Party

(B) Crazy Cookies

(C) Luxurious Lunch

(D) Main Dish Mania

어떤 요리가 음료를 포함하고 있나요?

(A) Veggie Party

(B) Crazy Cookies

(C) Luxurious Lunch

(D) Main Dish Mania

|해설| Luxurious Lunch의 세부설명에 음료가 포함되어 있다고 명시되어 있다.

---

153. How can customers receive a discount at Morton Grocery?

(A) By ordering platters online

(B) By ordering platters before an event

(C) By ordering at least five platters

(D) By ordering one of the main dishes

고객들은 Morton 식료품점에서 어떻게 할인을 받을 수 있나요?

(A) 인터넷으로 요리를 주문함으로써

(B) 행사 전에 요리를 주문함으로써

(C) 최소한 다섯 접시를 주문함으로써

(D) 메인 요리 중 하나를 주문함으로써

|해설| 5접시 이상을 주문하면 할인을 받을 수 있다고 했으므로 (C)가 정답.

핵심 Five or more = more than four

파트7에서 단골로 등장하는 문제유형! 숫자가 나오는 표현들은 모조리 표시해두어야 한다. 항상 문제화 된다. 특히 몇 개 이상을 구매하면 할인된다는 '할인정보'는 단골문제! 이때! 한 가지 주의하자!

five or more = at least five = more than four

다들 숫자가 five인데, 마지막 표현만 four라는 것에 주의!
more than four라고 하면 '4보다 많은', 즉 우리말로 정확히 해석하면 '4를 초과하는'의 의미! 그러므로 'more than four'라고 명시되어 있으면 4개를 구매하는 걸로는 할인을 받을 수 없고, 5개부터 할인이 가능하다는 걸 명심하자!

Moving and Maintenance	이동 및 관리
It is important to exercise caution when moving plants to new location so that the plants get to their destination safely and flourish in their new place. Plants should only be carried by their containers as carrying the plants by their tops can damage the plants or their roots. Different plants will require different watering techniques. 155 Brochures detailing how to water plants you purchased properly are available for free at the store entrance.	식물을 새로운 장소로 옮길 때는 목적지에 안전하게 도착해서 새로운 장소에서 잘 자랄 수 있도록 조심하는 것이 중요합니다. 식물들을 윗부분만 들어서 옮기면 식물 자체나 식물의 뿌리에 피해를 줄 수도 있기 때문에 식물들은 화분과 함께 옮겨져야 합니다. 종이 다른 식물들은 다른 물주기 방식을 요합니다. 155당신이 구매한 식물에 어떻게 물을 줄 지를 자세하게 설명해 주는 안내책자가 가게 정문에서 무료로 제공됩니다.

|어휘| exercise caution(=use caution) 조심하다, 주의하다 get to the destination 목적지에 가다 flourish 번창하다, 잘 자라다 top 식물의 윗부분 container 그릇, 용기, 화분

---

154. For whom is the information primarily intended? / 이 정보는 주로 누구를 위한 것인가?

(A) Customers buying plants / (A) 식물을 구매한 고객
(B) Container salespeople / (B) 컨테이너 판매원들
(C) Shop employees / (C) 가게 직원들
(D) Maintenance staff / (D) 수선 직원들

|해설| 전반적으로 식물을 옮길 때 주의사항과, 식물에 물주는 법에 대허 언급하고 있으므로 식물을 구매한 고객에게 제공하는 정보.

---

155. What is available at no charge? / 무료로 이용가능 한 것은?

(A) Packaging / (A) 포장
(B) Transportation / (B) 운송
(C) Seedlings / (C) 모종
(D) Instructional pamphlets / (D) 안내용 팜플렛

|해설| 물주는 법을 안내하는 책자가 무료로 제공된다고 했다.

To: ⟨list@corpco.com⟩
From: Anna Nanders
Date: May 24 2:40 p.m.
Subject: Computer Assistance Request #35124
Hello, everybody.
157 The manager of the computer assistance department, Greg Kinderman, has told me that multiple employees have had problems with being able to connect to the Internet and e-mail accounts. Many employees have contacted the department about this and technicians have been working on the problem since this morning and it should be fixed by 4:00 p.m. **156** We at the main office have not experienced this issue, but we understand that it has been causing problems for accounting and the marketing department in Porville. **158** please contact any staff in these departments via telephone if you need to. When I hear that the problem has been fixed from Mr. Kinderman, I'll send a message to everyone again.
Sincerely,
Anna Nanders Head secretary

수신: list@corpco.com
발신: Anna Nanders
날짜: 5월 24일 2시 40분
제목: 컴퓨터 지원 요청 #35124

여러분 안녕하세요

157 컴퓨터 지원부 매니저인 Greg Kinderman씨는 많은 직원들이 인터넷이나 이메일 계정에 연결하는 것과 관련해 어려움을 겪고 있다고 저에게 말했습니다. 여러 직원들이 이 문제에 관해서 부서로 연락을 해왔고 기술자들이 오늘 아침부터 문제 해결을 위해서 작업 중에 있으며 오후 4시까지는 해결될 것입니다. **156**본사에 있는 저희는 이런 문제를 겪지 않았지만 Porville에 경리부와 마케팅 부서에게는 문제가 되고 있다는 것을 알고 있습니다. **158**혹시 여러분이 이들 부서의 직원들에게 연락할 필요가 있다면 전화로 연락하시기 바랍니다. Kinderman씨로부터 문제가 해결 되었다는 소식을 들으면 모든 분께 다시 한번 소식을 전하겠습니다.

|어휘| multiple 여러, 수많은 fix 고치다

---

156. Who most likely received the e-mail?
(A) Staff at a main office
(B) Marketing employees in Porville
(C) Managers in computer assistance
(D) Accounting department staff

누가 본 이메일을 받았을 가능성이 가장 높은가?
(A) 본사 직원
(B) Porville의 마케팅 직원들
(C) 컴퓨터 지원부의 매니저들
(D) 회계부서 직원들

|해설| 본사에 있는 '우리들은' 문제가 없지만 Porville에 있는 일부 부서에서 인터넷접속 문제가 있으므로 Porville에 연락할 일이 있으면 전화로 연락할 것을 당부하고 있다. 그러므로 이 글의 대상은 본사직원들.

157. According to the e-mail, what are Mr. Kinderman's staff trying to do?

(A) Contact the main office

(B) Reconnect employees to the Internet

(C) Warn employees about an e-mail virus

(D) Send a package to Porville

이메일에 따르면 Kinderman씨의 직원들은 무엇을 하려고 하는가?

(A) 본사로 연락하기

(B) 직원들을 인터넷에 다시 연결 시키기

(C) 이메일의 바이러스에 대해서 직원들에게 경고하기

(D) 소포를 Porville로 보내기

|해설| Kinderman씨는 컴퓨터지원팀 부장이므로, Kinderman씨의 직원들은 기술자들일 것이다. 기술자들이 오전부터 문제해결을 위해 작업 중이라고 했으며, 현재 문제는 Porville 지점에서 인터넷 연결이 안 된다는 점. 그러므로 Kinderman씨의 직원들은 Proville 지사의 직원들이 인터넷에 연결될 수 있도록 작업 중이다.

난 이 도
★★☆

158. What are recipients of the e-mail advised to do?

(A) Tell Mr. Kinderman about computer problems

(B) Report to accounting to submit documents

(C) Share computers with co-workers

(D) Use alternative ways to communicate

이메일 수신자들은 무엇을 하도록 권고 받고 있는가?

(A) Kinderman씨에게 컴퓨터 문제에 대해 말하기

(B) 서류를 제출하기 위해 회계부서에 보고하기

(C) 컴퓨터를 동료들과 공유하기

(D) 의사소통을 위한 대체 방법 이용하기

|해설| Porville지사에 인터넷이 안되므로, 이곳 직원들과 연락하려면 전화를 사용할 것을 권고하고 있다. 그러므로 communication을 위해서 대체방법을 찾도록 권고 받고 있는 것.

(A) Kinderman씨는 이미 문제에 대해 알고 있으며, 그의 직원들이 문제해결을 위해 작업 중이다. 그러므로 Kinderman씨에게 문제에 대해 다시 알릴 필요는 없다.

파트7 공략 TIP

Please로 시작하는 문장이 나오면 별표!!

Please로 시작하는 명령문이 등장하면 반드시 표시하고 가자! '**What is he asked to do**? / **What is she advised to do**?'와 같이 '무엇을 하도록 요청 받고 있느냐?'라는 질문이 나오면 **Please**로 시작하는 명령문이 정답!

TEST 04

HUGH RUDOLPH	3:15 PM
Excited for your vacation next week, Molly?	

MOLLY CASADO	3:17 PM
I sure am. 160 I can't wait to get to the Bahamas.	

HUGH RUDOLPH	3:18 PM
The Bahamas? Sound exciting!	

HUGH RUDOLPH	3:19 PM
What do you plan to do there?	

MOLLY CASADO	3:20 PM
Just relax. Things have been hectic at work lately.	

HUGH RUDOLPH	3:21 PM
Sounds good. 159 Who's handling your accounts when you're gone?	

MOLLY CASADO	3:22 PM
159 My direct manager.	

MOLLY CASADO	3:23 PM
He said he'll take care of anything urgent while I'm away.	

HUGH RUDOLPH	3:15 PM
Molly. 다음 주 휴가 때문에 신나나요?	

MOLLY CASADO	3:17 PM
그렇습니다. 160 Bahamas에 어서 가고 싶네요.	

HUGH RUDOLPH	3:18 PM
Bahamas요? 신나겠네요!	

HUGH RUDOLPH	3:19 PM
거기서 뭘 할 계획이에요?	

MOLLY CASADO	3:20 PM
그냥 쉬려고요. 최근 회사에서 너무 정신이 없었어요.	

HUGH RUDOLPH	3:21 PM
좋은 생각이네요. 159 휴가가 있는 동안 누가 당신 계정을 관리하나요?	

MOLLY CASADO	3:22 PM
159 저희 직계 이사님이요.	

MOLLY CASADO	3:23 PM
제가 없는 동안 긴급한 사항은 다 처리해 주신다고 했습니다.	

159. What is indicated about Ms. Cadado's accounts?

(A) They will be suspended for a short time.

(B) They are important for the business.

(C) They take a lot of time to manage.

(D) They will be managed by her supervisor.

Cadado씨의 계정에 대해 언급된 것은?

(A) 잠시 계정이 중단될 것이다.

(B) 이 계정들은 사업에 중요하다.

(C) 이 계정을 관리하는 데는 많은 시간이 든다.

(D) 이 계정들은 그의 상관에 의해 관리될 것이다.

|해설| Casado씨의 휴가 동안 직계이사님이 계정을 관리한다고 했으므로 Casado씨의 상사가 그의 계정을 맡을 것이다.

160. At 3:17 p.m., what does Ms. Casado mean when she writes, "I can't wait to get to the Bahamas"?

(A) She will be leaving immediately.

(B) Her vacation has been postponed.

(C) She is unable to find accommodations now.

(D) She is excited about her travel plans.

3시 17분에 Casado씨가 "I can't wait to get to the Bahamas"라고 쓸 때 무엇을 의미하고 있는가?

(A) Casado씨는 곧 출발할 예정이다.

(B) Casado씨의 휴가가 연기되었다.

(C) Casado씨는 지금 숙박시설을 찾을 수가 없다.

(D) Casado씨는 여행계획에 매우 신이나 있다.

|해설| get은 자동사로 쓰인 경우 '도착하다'의 의미로 가장 많이 쓰인다. 바하마에 도착하는 것을 기다릴 수 없다는 것은 몹시 가고 싶고, 휴가에 대해 흥분되어 있다는 의미.

Area Supermarket Introduces New Web Site

PHILADELPHIA (May 10) - Bangles Groceries has created a new Web site for shopping online. The new service is called iMart and will be in service from June.

—[1]—. "iMart is very simple and so convenient to use," said Bangles spokesperson Jake Reiss. "Shoppers can 161b make grocery lists online, look through our weekly specials in our online ad and 161a download coupons from our site." When 161d an order is completed and paid for, shoppers just have to visit the supermarket to receive their items. Bangles will have designated parking places that iMart shoppers can use when picking up their orders. —[2]—.

—[3]—. Laura Kline, who lives in New Hope, says she is really looking forward to it. "This will save me so much time," she said. "It usually takes me over an hour to shop after work. If I use iMart, I can just choose my groceries online and pick them up as I'm heading home." Ms. Kline also would be happy if iMart creates an app for smartphones so she can order with her phone. —[4]—. However, Reiss says Bangles has no plans for a smartphone app yet.

"At this point, we just want to guarantee that our service is running properly before we do anything else," Reiss stated. For now, 162 the company plans to add home delivery to iMart in September.

지역 슈퍼마켓이 새로운 웹사이트를 선보입니다

PHILADELPHIA (5월 10일)— Bangles Groceries사는 온라인 쇼핑을 위한 새 웹사이트를 제작했습니다. 새로운 서비스는 iMart라고 불리며 6월부터 서비스에 들어갈 것입니다.

—[1]—. "iMart는 아주 간단하며 사용도 편리합니다"라고 Bangles 대변인 Jake Resis씨가 말했습니다. "쇼핑객들은 인터넷에서 161b식료품 목록을 만들고, 저희 인터넷 광고에서 주간 특가상품을 살펴볼 수 있으며 사이트에서 161a쿠폰도 다운받을 수 있습니다." 161d주문이 완료 되고 결제가 이뤄지면, 쇼핑객들은 물건을 받아가기 위해 슈퍼마켓에 들리기만 하시면 됩니다. —[2]—.

—[3]—. New Hope에 사는 Laura Kline씨는 이 서비스를 정말 기다려왔다고 얘기합니다. "이 서비스로 인해 저는 상당한 시간을 절약 할 수 있을 거예요"라고 말합니다. "보통 퇴근 후에 쇼핑하는데 한 시간 이상 걸립니다. 제가 iMart를 이용하면, 인터넷에서 식료품을 고르고, 집에 가는 길에 찾아가기만 하면 됩니다." Kline씨는 그녀의 전화로 주문할 수 있도록 iMart가 스마트폰 용 앱을 만들어 준다면 또한 매우 기쁠 텐데요. —[4]—. 하지만 Resis씨는 Bangles사가 아직은 스마트폰 용 앱을 만들 계획이 없다고 밝혔습니다.

"이 시점에서, 우리는 다른 무언가를 시도하기 전에 이 서비스가 제대로 운영되는 것을 확실히 하고 싶습니다"라고 Resis씨가 말합니다. 현재로선 162 9월에 배달서비스를 iMart에 추가할 계획입니다.

|어휘| be in service 서비스 되다 spokesperson 대변인 look through 훑어보다 specials 특별할인가/특별상품/특집방송 weekly specials (매 주 지정되는) 주간 특별 할인가 designate 지정하다, 지명하다

---

161. What is NOT indicated as a feature of iMart?
(A) Receiving discounts on items
(B) Making lists for grocery shopping
(C) Selecting groceries on the phone
(D) Paying for items over the Internet

iMart의 특징으로 언급되지 않은 것은?
(A) 일부 품목에 대해 할인을 받는 것
(B) 식료품 쇼핑의 목록을 만드는 것
(C) 전화로 식료품을 선택하는 것
(D) 인터넷으로 물품 결제를 하는 것

|해설| iMart는 인터넷 서비스이므로 전화로 물품을 선택할 수는 없다. 또한 스마트폰 용 앱개발이 아직 계획에 없다고 후반에 언급되어 있으므로 iMart는 앞으로도 당분간 전화로 이용할 수는 없다. 나머지 보기는 지문에 표시된 내용 확인!

162. When will Bangles Supermarkets begin offering a delivery service?

(A) In May

(B) In June

(C) In August

(D) In September.

Bangles Supermarkets은 언제 배달 서비스를 제공할 것인가?

(A) 5월에

(B) 6월에

(C) 8월에

(D) 9월에

|해설| 제일 마지막 줄에서 9월에 배달서비스를 추가한다고 언급했다.

---

163. In which of the positions marked [1], [2], [3], and [4] does the following sentence best belong?

"Bangles will have designated parking places that iMart shoppers can use when picking up their orders."

(A) [1]   **(B) [2]**

(C) [3]   (D) [4]

[1], [2], [3], [4]로 표시된 자리 중에 다음 문장이 들어가기에 가장 적합한 곳은?

"Bangles는 주문품을 찾아가실 때 고객들이 이용할 수 있는 지정된 주차공간도 마련해놓을 것입니다."

(A) [1]   **(B) [2]**

(C) [3]   (D) [4]

|해설| 우선 이 문장은 매우 구체적인 정보이므로 문단 제일 앞 자리에는 어울리지 않는다. 문단의 앞부분은 **General Information**이 등장하고, 문단 뒷부분에는 **Specific Information**이 등장한다. 자리찾기 문제의 경우, 문단 내에서의 위치도 중요한 단서가 된다. 그러므로 [1], [3]번은 답이 될 수 없다. [4]번의 경우, 바로 앞 문장에서 '모바일 서비스'에 대해 언급했으므로 주차장 얘기가 들어갈 자리는 아니다. [2]번 앞에서는 고객들이 주문해놓고 수퍼에 들러서 바로 찾아갈 수 있다고 했으므로 주차장 얘기와 잘 연결된다.

To: Gregory Tomlin <gtomlin@hertzairways.com>
From: Hillary Kwon <hkwon@ausmail.com>
Subject: My flight in May
Date: January 3

Dear Mr. Tomlin,

164 I'd like to first say that I have had many pleasant experiences with Hertz Airways, which is why the situation I'm writing to you about is so surprising. During my flight from Los Angeles to Seattle (HA242) on May 27, there were some problems which delayed the landing of the plane. 165 When my plane finally landed in Seattle, my connecting flight to Minneapolis had already departed. —[1]—. After speaking with a Hertz Airway representative, I was given a voucher for the Piscine Hotel and transportation was provided.

Even though I stayed for one night at the Piscine Hotel, it was a very annoying and unsatisfactory experience. —[2]—. The voucher given to me was rejected by the restaurant at the hotel because the expiration date had passed. I had to pay $23.97 for the meal. —[3]—. When I went back to my room, bit was freezing and I found that the thermostat was out of order.

I have made sure that I used Hertz Airways because of the great service I have received in the past. However, this experience with the Piscine Hotel has soured my experience and I suggest you terminate any business relations with the hotel. —[4]—.

166 I would appreciate being reimbursed for my dinner at the Piscine Hotel since I could not pay with the voucher that your representative gave me (#6513873). Next time I choose Hertz Airways, I expect that the service will be as it has been with my previous experience.

Sincerely,

Hillary Kwon
2877 Hillside Street
Milwaukee, WI 53051

수신: Gregory Tomlin 〈gtomlin@hertzairways.com〉
발신: Hillary Kwon 〈hkwon@ausmail.com〉
제목: 5월 항공편
날짜: 1월 3일

Tomlin씨에게

164우선 저는 Hertz Airways 항공사와의 기분 좋은 기억들이 많았음을 밝히고 싶으며, 그것이 제가 이 글에서 설명하고 있는 상황이 더욱 놀라웠던 이유입니다. 지난 5월 27일 LA에서 시애틀까지의 비행(HA242) 동안 비행기 착륙을 지연시키는 문제가 있었습니다. 제가 이용한 항공기가 165마침내 시애틀에 착륙했을 때, 제가 갈아타야 하는 Minneapolis행 비행기는 이미 떠난 상태였습니다. —[1]—. Hertz Airway 항공사의 관계자와 얘기를 나눈 후에, 저는 Piscine Hotel 무료 이용권을 받았고, 교통편이 제공되었습니다.

제가 Piscine Hotel에서 겨우 하루를 묵었음에도 불구하고, 굉장히 불쾌하고 불만족스러운 경험이었습니다. —[2]—. 저에게 제공된 이용권은 만료일이 지났다고 하여 호텔 내 식당에서 거부되었습니다. 저는 식사비용으로 23.97불을 결제해야 했습니다. —[3]—. 제 방에 돌아 왔을 때, 너무 추웠고 온도 조절장치는 고장이 나 있었습니다.

저는 제가 과거에 받았던 훌륭한 서비스 때문에 Hertz Airways 항공사를 이용했습니다. 하지만, 이번 Piscine Hotel에서의 경험은 저의 좋았던 기억을 퇴색시켰고 저는 귀하의 항공사가 그 호텔과의 어떠한 사업관계도 중단하기를 제안하는 바입니다. —[4]—.

166항공사 직원이 저에게 준 이용권(#6513873)을 가지고 결제 할 수가 없었기 때문에 Piscine Hotel에서의 저녁 식사에 대해 정산해 주시면 감사하겠습니다. 다음 번 제가 Hertz Airways 항공사를 선택하게 되면 제가 이전에 경험했던 동일한 양질의 서비스가 제공되기를 기대합니다.

Hillary Kwon
53051 WI, Milwaukee
Hillside가 2877번지

|어휘| pleasant 유쾌한 connecting flight 연결 항공편 annoying 성가신, 짜증스러운 unsatisfactory 불만족스러운 reject 거절하다
expiration date(=expiry date) 유효기한, 만기일 thermostat 온도 조절 장치 out of order 고장 난 make sure that ~을 분명히 하다
terminate 종결시키다, 끝내다 reimburse 상환하다, 배상하다

164. What does Ms. Kwon imply in her e-mail?
(A) She usually books her tickets through a travel agency.
(B) She is preparing to reserve a hotel room.
(C) She often flies on Hertz Airways.
(D) She is currently working in a hotel industry.

Kwon씨가 그녀의 이메일에서 암시하고 있는 것은?
(A) 그녀는 보통 여행사를 통해서 항공권을 예약한다.
(B) 호텔 객실을 예약 하려고 준비 중이다.
(C) 그녀는 종종 Hertz Airways 항공사를 이용한다.
(D) 그녀는 현재 호텔 업계에서 근무하고 있다.

|해설| 첫 줄부터 이전에 Hertz Airways를 이용한 적이 많았음을 밝히고 있다.

---

165. Where is the Piscine Hotel located?
(A) In Los Angeles
(B) In Seattle
(C) In Minneapolis
(D) In Milwaukee

Piscine Hotel은 어디에 위치해 있는가?
(A) LA
(B) Seattle
(C) Minneapolis
(D) Milwaukee

|해설| Kwon씨는 LA에서 출발하여 Seattle에서 비행기를 갈아타고 최종 목적지인 Minneapolis로 가는 길이었다. 그런데 LA에서 비행기 이륙이 지연되다 보니, Seattle에 늦게 도착했고, 결국 Minneapolis로 가는 비행기를 놓치고 말았다. 그러므로 Kwon씨는 Minneapolis에 가지 못하고 Seattle에 있는 Piscine Hotel에서 묵게 된 것이다.

---

166. What did Ms. Kwon request from Mr. Tomlin?
(A) An invoice
(B) Transfer information
(C) A suggestion for a restaurant
(D) Compensation for costs at a restaurant

Kwon씨는 Tomlin씨로부터 무엇을 요청했는가?
(A) 청구서
(B) 환승 정보
(C) 음식점 추천
(D) 식당에서의 비용 보상

|해설| 무료이용권이 만료되어 저녁식사 비용을 직접 부담해야 했고, 이 비용을 정산해달라고 요청하고 있다. 나머지 보기는 지문에 표시된 내용 확인!

---

167. In which of the positions marked [1], [2], [3], and [4] does the following sentence best belong?

"After this, I tried to use the hotel's fitness center, but it was undergoing restorations."

(A) [1]   (B) [2]
(C) [3]   (D) [4]

[1], [2], [3], [4]로 표시된 자리 중에 다음 문장이 들어가기에 가장 적합한 곳은?

"이후에 저는 호텔의 fitness center를 이용하려고 했으나, 개조 수리 중이었습니다."

(A) [1]   (B) [2]
(C) [3]   (D) [4]

|해설| 문장에 등장한 'this'가 가장 중요한 단서. 파트6의 문장찾기 문제나, 파트7의 자리찾기 문제에서 this는 항상 핵심단서가 된다. 'after this – 이것 후에'라고 했으므로 '이것', 즉 Kwon씨가 피트니스 센터에 들르기 전에 했던 일이 언급된 부분을 찾으면 된다. [3]번 앞에서 식당에 들렀다가 실망한 얘기를 언급했으므로 [3]번이 정답. 식당에서 실망한 후, 피트니스 센터에 갔는데 공사 중이었고, 다시 방으로 갔는데 방이 너무 추웠다. 이렇게 3가지 불만사항이 나열되고 있다.

http://www.onstopsportshop.com/info

One Stop Sport Shop

Information	Main	Stores	Products	Repairs and maintenance

One Stop Sport Shop Information

171 The first One Stop Sport Shop (OSSS) 168 was 169 established ten years ago at 746 168 David Avenue by Parker Kenny and Steve Stern after playing basketball together for years. 170 The sporting goods stores around them were largely focused on adventure sports goods such as camping gear and rafting equipment, as these were popular among Levart residents. Those with other interests had few options. After the first store's opening, Another OSSS opened at 298 Cork Street. OSSS then found success outside of Levart and has now become 170 the best shop in the nation for people looking for basketball, baseball, and jogging equipment.

Now, OSSS is proud to introduce a new line of clothing designed by Olympian baseball player William Shaugnessy, One Stop Sports Wear. It will be sold at all locations and can be ordered on our Web site.

171 Please note that our original location exclusively offers repair and maintenance services which are not available at other stores. These services include shoe repair, treadmill maintenance, baseball glove conditioning, and more. Click **Repairs and maintenance** for more information or to schedule a service.

One Stop Sport Shop

안내	메인	매장들	제품	수리 및 관리

One Stop Sport Shop 안내

171One Stop Sport Shop(OSSS)의 1호점은 10년 전에 David Avenue 746번지에서 168수년 동안 농구 경기를 함께 했던 Parker Kenny와 Steve Stern씨에 의해 169설립되었습니다. 170그들 주변의 스포츠 용품 가게들은 Levert 주민들 사이에서 아주 인기 있던 캠핑 장비, 래프팅 장비와 같은 어드벤처 스포츠 용품들에 초점을 두었습니다. 그래서 다른 취미를 가지고 있던 사람들은 선택의 폭이 거의 없었습니다. 1호점 오픈 후에 또 다른 가게가 Cork Street 298에 개장했습니다. 그리고 나서 OSSS는 Levert 외곽 지역에서 성공을 하게 되었고, 170지금은 농구, 야구, 조깅 장비를 찾는 사람들에게는 국내 최고의 가게가 되었습니다.

지금 OSSS는 올림픽 야구 선수 출신의 William Shaugnessy씨가 직접 디자인한 신규 의류라인, One Stop Sports Wear를 선보이게 되어 자랑스럽습니다. 전 매장에서 판매가 될 것이며 저희 웹사이트에서도 주문이 가능합니다.

171저희 본점만이 다른 매장에서는 이용 할 수 없는 수리 및 관리 서비스를 제공하고 있음을 참고하세요. 수리 및 보수 서비스는 신발 수선, 러닝머신 보수관리, 야구 글러브 관리 등을 포함하고 있습니다. 추가 정보를 원하시거나 서비스 일정을 잡으시려면 저희 사이트 수리 및 관리를 클릭하세요.

|어휘| inventory 재고 establish 설립하다, 세우다 largely 주로, 대체로 camping gear 캠핑 장비 rafting equipment 레프팅 장비 be proud to do ~하게 되어 자랑스럽다 athletic attire 운동복 note that ~이하를 주목하다 exclusively(=only, solely) 독점적으로, 유일하게, 오로지 treadmill 러닝머신

---

168. What is suggested about the owners of OSSS?
(A) They design athletic attire.
(B) They participated in sporting activities together.
(C) They are avid joggers.
(D) They are planning to sell the OSSS chain.

OSSS의 소유주들에 대해서 언급되어 있는 것은?
(A) 그들이 스포츠 의류를 디자인 했다.
(B) 그들은 스포츠 활동에 함께 참여했다.
(C) 그들은 열렬한 조깅 마니아 들이다.
(D) 그들은 OSSS 체인을 매각할 계획이다.

|해설| OSSS의 소유주는 Parker Kenny와 Steve Stern이며, 이들은 수년간 함께 농구를 했다고 언급되어 있으므로 (B)가 정답.
(A) 스포츠 의류를 디자인한 사람은 올림픽 야구선수 출신인 William Shaugnessy이며 이 사람은 소유주가 아니다.

TEST 04

169. The word "established" paragraph 1, line 1 is closest in meaning to
(A) indicated
(B) competed
(C) introduced
(D) restored

첫 번째 단락, 첫 번째 줄의 "established"가 가장 의미상 가까운 것은?
(A) 나타내다
(B) 경쟁하다
(C) 도입하다
(D) 복구하다

|해설| established는 '설립하다'의 의미로 쓰였으므로, 동의어는 **introduced**. introduce는 '소개하다, 도입하다, (새로운 것을) 시작하다'의 의미로 쓰인다. 회사를 설립한 것은 새로 시작하는 것이므로 **(C)**가 정답.

170. What is suggested about OSSS?
(A) It does not carry adventure sports equipment.
(B) It does not own any stores outside of Levart.
(C) It does not sell its products from its Website anymore.
(D) It has closed the store on Cork Street.

OSSS에 대해서 언급되어 있는 것은?
(A) 어드벤쳐 스포츠 용품을 취급하지 않는다.
(B) Levart 외곽에는 가게를 소유하고 있지 않다.
(C) 웹사이트에서 더 이상 물건을 판매하지 않는다.
(D) Cork Street에 매장은 문을 닫았다.

|해설| OSSS가 설립된 이유를 보면, 당시 다른 스포츠 용품들이 주민들에게 인기 있던 어드벤쳐 용품만 판매했기 때문이다. 그래서 어드벤쳐 용품 외에 다른 스포츠에 관심 있는 사람들을 겨냥하여 가게를 오픈했으므로, **OSSS**가 어드벤쳐 용품을 취급하지는 않을 것이다. 이들은 농구, 야구, 조깅 용품들을 판매한다고 나와있다.
(D) **Cork Street**에 있는 매장은 **OSSS**의 2호점으로 성공을 거둔 매장이다. 매장이 문을 닫았다는 언급은 없다.

171. What is available to OSSS patrons only at the David Avenue Store?
(A) Sports clothing
(B) Athletic footwear
(C) Jogging supplies
(D) Gear repair

무엇이 David Avenue 매장에서만 OSSS 고객들에게 제공되는가?
(A) 스포츠 의류
(B) 선수용 신발
(C) 조깅 용품
(D) 장비 수리

|해설| David Avenue에 있는 매장은 1호점으로써 original location, 즉 본점이다. 본점에서만 수리서비스가 제공된다고 했으므로 **(D)**가 정답.
(A) 의류는 전 매장에서 이용가능하며, 웹사이트에서도 구매할 수 있다.
(C) 조깅용품은 **OSSS**가 취급하는 주 상품이므로 전 매장에서 이용 가능할 것이다.

Elias Reily [10:05 a.m.]	Hey everybody. 172 We have an important client coming into town from Tokyo and he's going to be in town for about a week. I was hoping to set up something special for him to do for at least one evening while he's here. Any ideas?
Penelope Dean [10:07 a.m.]	There's a lot going on next week. Do you know what he's interested in at all? I think there's a few sports matches next week and there's a jazz festival happening in Uptown.
Elias Reily [10:09 a.m.]	You know, he does talk about baseball a lot. I know 173 he's a big fan of the pitcher on the Burton Cobras, Tyler Boone. Are there any baseball games going on next week?
Penelope Dean [10:10 a.m.]	Actually, yes there are, and you're in luck. 173 It looks like there's a game on Thursday where you can see him. I bet you can still get tickets for that if you hurry.
Travis Doran [10:13 a.m.]	Speaking of that jazz festival, my friend is actually one of the organizers. I could get a few free tickets for it just in case.
Elias Reily [10:14 a.m.]	Thanks, Penelope and that would be great, Travis. Do you know what day the jazz festival is on?
Travis Doran [10:16 a.m.]	If I recall correctly, it's a weekend event 175 starting Friday evening and ending Sunday afternoon. I'm pretty sure I can get a few weekend passes.
Elias Reily [10:17 a.m.]	Well, he's leaving Saturday afternoon, so I don't think we need weekend passes. If it's not a problem, 174 can you get a few tickets for just Friday night?
Travis Doran [10:18 a.m.]	Sure. 174 You can count on me.

Elias Reily [10:05 a.m.]
여러분 안녕하세요. 172 중요한 고객이 동경에서 방문하는데요. 일주일 정도 여기에 머물 것입니다. 고객이 여기 머무는 동안, 하루 저녁 정도는 특별한 것을 마련해주고 싶은데요. 좋은 생각 있나요?

Penelope Dean [10:07 a.m.]
다음주에 여러 행사가 있어요. 그 분이 어떤 걸 좋아하는 좀 알고 계시나요? 다음주에 스포츠경기도 있고 Uptown에서 재즈 페스티벌도 있어요.

Elias Reily [10:09 a.m.]
그 분이 야구에 대해 얘기를 많이 하긴 합니다. Burton Cobras팀에 173 투수인 Tyler Boone의 광팬이라고 알고 있어요. 다음주에 야구경기도 있나요?

Penelope Dean [10:10 a.m.]
있고 말고요. 운이 좋으시네요. 173 목요일에 그 투수를 볼 수 있는 경기가 있는 것 같아요. 서두르면 아직 티켓을 구할 수 있습니다.

Travis Doran [10:13 a.m.]
재즈 페스티벌에 대해 말이 나와서 말인데요. 제 친구가 사실 기획자 중의 한 사람이에요. 만약을 대비해서 제가 무료 티켓을 몇 개 구할 수 있습니다.

Elias Reily [10:14 a.m.]
고마워요. Penelope 그리고 Travis. 그것도 좋겠네요. 재즈 페스티벌이 무슨 요일인지 아세요?

Travis Doran [10:16 a.m.]
제가 생각하는 게 맞다면, 주말 행사고, 175 금요일 저녁에 시작해서 일요일 오후에 끝날 거예요. 제가 주말 통행증(티켓)을 몇 개 확실히 구할 수 있습니다.

Elias Reily [10:17 a.m.]
음, 그 분이 토요일 오후에 떠나요. 주말 티켓은 필요 없을 것 같아요. 괜찮다면 174 금요일 저녁 티켓을 구해줄 수 있나요?

Travis Doran [10:18 a.m.]
물론이에요. 174 저를 믿으셔도 됩니다.

172. What is the main topic of the discussion?
(A) Scheduling a company gathering
(B) Organizing a music festival
(C) Making plans for the weekend
(D) Entertaining an important customer

대화의 주제는 무엇인가?
(A) 회사 모임 일정을 잡는 것
(B) 음악 페스티벌을 기획하는 것
(C) 주말 계획을 잡는 것
(D) 중요한 고객을 접대하는 것

|해설| 동경에서 방문하는 고객을 어떻게 접대할 지 논의하고 있다.

---

173. What is suggested about Tyler Boone?
(A) He will be in an athletic match next week.
(B) He is the best pitcher in his league.
(C) He may transfer to Tokyo.
(D) He will be attending a jazz festival.

Tyler Boone에 대해 언급된 것은?
(A) Boone씨는 다음주 운동경기에 출전할 것이다.
(B) Boone씨는 리그에서 최고의 투수다.
(C) Boone씨는 동경으로 전근을 갈지도 모른다.
(D) Boone씨는 재즈 페스티벌에 참석할 것이다.

|해설| 고객이 좋아하는 야구선수인 **Tyler Boone**이 출전하는 경기가 목요일에 있다고 했으므로 (A)가 정답.

---

174. At 10:18 a.m., what does Travis Doran mean when he writes, "You can count on me"?
(A) He will attend a jazz festival.
(B) He will report statistics correctly.
(C) He will procure tickets for an event.
(D) He will meet a client Friday evening.

10시 18분에 Travis Doran씨가 "You can count on me"라고 쓸 때 무엇을 의미하고 있는가?
(A) Doran씨는 재즈 공연에 참석할 것이다.
(B) Doran씨는 통계자료를 정확하게 보고할 것이다.
(C) Doran씨는 행사 티켓을 구할 것이다.
(D) Doran씨는 금요일 저녁에 고객을 만날 것이다.

|해설| 앞서 금요일 티켓을 구해줄 수 있느냐는 질문에 'sure'로 답변을 시작했다. 그러므로 그 다음 문장은 티켓을 구해줄 수 있다는 의미일 것이다.

---

175. What is indicated about the jazz festival?
(A) It takes place over three days.
(B) It attracts many people around the region.
(C) Its tickets are hard to get.
(D) It is the same day as a baseball match.

재즈 페스티벌에 대해 언급된 것은?
(A) 이 공연은 3일 동안 열린다.
(B) 이 공연은 이 지역 주변에서 많은 사람들을 끌어들인다. (이 공연에 많은 사람들이 온다)
(C) 공연 티켓은 구하기 힘들다.
(D) 공연이 야구경기와 같은 날이다.

|해설| 페스티벌이 금요일에 시작해서 일요일에 끝난다고 했으므로 3일동안 열릴 것이다.

guest survey				

The Oak Grove Hotel

176 We would greatly appreciate it if you fill out the short questionnaire below so that we can maintain and improve the quality of our service here.

	superb	above average	fair	unacceptable
1. Hotel appearance		x		
2. 177 Room condition	x			
3. Food		x		
4. Employee service		x		
5. Fitness center and sauna			x	

Notes:

178 On my previous stays at the Oak Grove Hotel while visiting Maine, my experiences have always been very pleasant. This time, though, was not as great. The refrigerator in my room did not have a working freezer. In addition, 180© the clerk took an exceptionally long time to check us out of the hotel, which was frustrating since we had a taxi waiting for us at the entrance.

Guest: Carol Weatherbee
Home address: 755 Steel Street
Pittsburgh, PA 15215
E-mail address: carolw@treemail.com

To: Carol Weatherbee <carolw@treemail.com>
From: Theodore Crimmel <tcrimmel@oakgrovehotel.com>
Date: October 3
Re: Your recent visit

Dear Ms. Weatherbee,

I appreciate you completing our survey and I am sorry to hear about the inconveniences that you experienced. To make up for the problems you experienced, 179 I am sending you a coupon good for staying at our hotel for a night free of charge. The coupon will expire after one year. 180© I also talked with our reception staff about the check-out procedures to make sure they can check guests out properly in the future.

Regards,

Theodore Crimmel
Manager, The Oak Grove Hotel

고객 설문지				

Oak Grove Hotel

176저희 서비스의 수준을 유지하고 개선 할 수 있도록 귀하께서 이 짧은 설문지를 작성해 주시면 감사하겠습니다.

	아주 좋음	평균 이상	보통	아주 나쁨
1. 호텔 외관		x		
2. 177객실 상태	x			
3. 음식		x		
4. 직원 서비스		x		
5. 피트니스 센터와 사우나			x	

의견:

178이전에 Maine주를 방문하는 동안 Oak Grove Hotel에 여러 번 투숙했을 때, 저는 항상 유쾌한 경험을 했습니다. 하지만 이번에는 그리 좋지 않았습니다. 제 방 냉장고의 냉동고가 작동하지 않았습니다. 게다가 180©직원은 저희가 호텔에서 체크 아웃 하는데 유별나게 오랜 시간을 소요했고, 호텔 입구에서 택시가 대기 중이었기 때문에 이것은 매우 짜증스럽기까지 했습니다.

손님: Carol Weatherbee
집주소: 15215 PA, Pittsburgh, Steel Street 755가
이메일 주소: carolw@treemail.com

수신: Carol Weatherbee ⟨carolw@treemail.com⟩
발신: Theodore Crimmel ⟨tcrimmel@oakgroveho-tel.com⟩
날짜: 10월 3일
회신: 귀하의 최근 방문

Weatherbee씨에게

설문지를 작성해 주신 것에 감사 드리며, 귀하가 겪었던 불편에 대해 듣게 되어 죄송합니다. 귀하께서 겪으신 문제에 대해 만회하기 위해, 저희 호텔에서 179무료로 1박을 묵으실 수 있는 쿠폰을 보내드립니다. 이 쿠폰은 1년 뒤에 만기됩니다. 180©저는 또한 앞으로 손님들을 제대로 체크 아웃 시켜드리도록 확실히 하기 위해서 저희 리셉션 직원과 체크 아웃 절차에 대해서 얘기를 나누었습니다.

Theodore Crimmel
Oak Grove Hotel Manager

TEST 04

|어휘| fill out(=fill in, complete) 작성하다 questionnaire 설문지, 질문지 maintain 유지하다 hotel appearance 호텔 외관 fuzzy (화면 등이) 흐린 exceptionally 유난히, 특별히 frustrating 불만스러운, 좌절감을 주는 inconvenience 불편 make up for(=compensate, reimburse) 보상하다 expire 만기가 되다

176. What is the purpose of the questionnaire?

(A) To gather applications for a job opening

(B) To discover which employees deserve a raise

(C) To give managers details about guest activities

(D) To find out customers' opinions of a lodging

질문지의 목적은?

(A) 공석을 위한 지원서를 모으기 위해서

(B) 어떤 직원들이 봉급인상을 받을 만 한지 알아내기 위해서

(C) 고객 활동에 대해 매니저에게 세부사항을 전달하기 위해서

(D) 숙박에 대한 고객들의 의견을 알아보기 위해서

|해설| 고객 설문지이므로 고객들의 숙박경험에 대한 의견을 알아보는 것이 목적.

177. What feature of the hotel did Ms. Weatherbee rate highest?

(A) The state of her room

(B) The condition of the fitness facilities

(C) The restaurant staff

(D) The appearance of the hotel

호텔의 어떤 면을 Weatherbee씨는 가장 높게 평가 했는가?

(A) 그녀가 머문 객실의 상태

(B) 피트니스 시설의 상태

(C) 음식점 직원

(D) 호텔 외관

|해설| 설문지 도표에서 보면 고객은 room condition에 가장 높은 점수를 주었다. 그러므로 객실 상태가 정답.

178. What is indicated about Ms. Weatherbee?

(A) She is employed at another hotel.

(B) She travels every month.

(C) She has been a guest of The Oak Grove Hotel before.

(D) She lives in Maine.

Weatherbee씨에 대해 언급되어 있는 것은?

(A) 그녀는 다른 호텔에 고용되어 있다.

(B) 그녀는 매달 마다 여행을 다닌다.

(C) 그녀는 이전에도 Oak Grove Hotel에 묵었던 손님이다.

(D) 그녀는 Maine 주에 산다.

|해설| 예전에 묵었을 때는 매우 좋았다고 언급했으므로 이전에도 투숙한 적이 있음을 알 수 있다.

179. What did Mr. Crimmel offer Ms. Weatherbee in her e-mail?

(A) A gift certificate for a restaurant

(B) A voucher for a complimentary stay

(C) A paid tour of a Maine state park

(D) A free ticket to the sauna

Crimmel씨는 그녀의 이메일에서 Weatherbee씨에게 무엇을 제공했는가?

(A) 음식점 상품권

(B) 무료 숙박권

(C) Maine 주립 공원 유료 투어

(D) 사우나 무료 이용권

|해설| 하루 무료로 묵을 수 있는 쿠폰을 제공했다. voucher는 무료이용권으로 coupon과 동의어.

---

180. What compliant did Theodore Crimmel talk about with the staff?

(A) The refrigerator was not working.

(B) The key for the room didn't work.

(C) The quality of television pictures was poor.

(D) The check-out took too long to complete.

Theodore Crimmel씨는 직원과 관련하여 어떤 불만에 대해 얘기했는가?

(A) 냉장고가 작동하지 않았다.

(B) 객실 열쇠가 작동하지 않았다.

(C) TV 화질이 형편 없었다.

(D) 체크아웃을 마치는데 너무 오래 걸렸다.

|해설| Combined Question. 첫 번째 글에서 체크아웃 하는데 시간이 오래 걸려서 짜증이 났었다고 언급했고, 두 번째 글에서 직원과 체크아웃 절차에 대해 얘기했다고 했으므로 (D)가 정답.

Aurora Center for Nutrition and Medical Care
605 N Horsecreek Road, Dubois, WY 82513
307-555-2277

Information for New Clients

Thanks for visiting the Aurora Center for Nutrition and Medical Care (ACNMC). For the last three decades, we've been helping Dubois and surrounding areas to be healthier 181 by providing advice on diet and lifestyle to our patients and clients. 183© We also offer culinary classes, which are taught by the former chef at Twilight Garden, Jennifer Church, to help clients improve their eating habits with delicious, healthy food.

You can schedule appointments or register for a class by visiting our Web site at www.acnmc.com. For information about events happening in the area, or for resources about living a healthier life, make sure to visit the online bulletin board. 182 You can also sign up for the ACNMC Healthy Living Card, which you can also use to get discounts of up to 15% at participating restaurants and retailers in Dubois and the surrounding areas.

If you have any questions, feel free to contact ACNMC's senior manager, Zoe Philips.

http://www.acnmc.org/bulletinboard			
Aurora Center for Nutrition and Medical Care Online Bulletin Board			
Home	Bulletin Board	Physicians	Dietitians

183© *Culinary Class: Spicing Up Your Healthy Diet,* 184 *April* 14 at 4 p.m.
Has reducing your salt intake taken the flavor out of your meals? We can help you get it back with herbs and spices that'll put the kick back in your food.

[Please be aware that 183© this class will be held at Apollo's Dining at 184 394 Meckern Street since the center's kitchen class room is undergoing renovations.]

New Takeout Salads now available at Wiseworth Shopping Center

Brett Mars, the owner of Brett's Better Groceries, will begin offering ready-to-eat salads from the beginning of May, giving you a healthy, quick alternative while shopping at the mall.

Marciana Nursery Center Giving Away 185 *Garden Plots*

Growing your own vegetables and flowers is a great way to get healthy food and get mild exercise. Marciana Nursery Center can help you get started with your own gardening plot. 185 Hurry to call Barry Magnuson to reserve yours since these free gardening plots are going fast!

영양관리 및 진료를 위한 Aurora Center
605 N Horsecreek Road, Dubois, WY 82513
307-555-2277

신규고객을 위한 정보

Aurora Center for Nutrition and Medical Care (ACNMC)에 방문해주셔서 감사합니다. 저희는 지난 30년동안 181 환자들과 고객들에게 식이요법 및 생활습관에 대한 조언을 제공함으로써 Dubois지역과 그 주변지역이 더 건강해지도록 도와왔습니다. 183© 저희는 또한 저희 고객들이 맛있고 몸에 좋은 음식으로 식사습관을 개선하도록 돕기 위해 Twilight Garden의 전직 셰프인 Jennifer Church가 이끄는 요리교실도 제공했습니다.

저희 웹사이트 www.acnmc.com하셔서 진료예약을 잡거나 수업에 등록하실 수 있습니다. 이 지역에서 일어나고 있는 여러 행사에 대한 정보나 더 건강한 삶을 살기 위한 정보를 얻기 위해서 저희 인터넷 게시판을 꼭 방문해주시기 바랍니다. 182 여러분은 또한 Dubois 및 주변지역에 있는 여러 식당과 소매점에서 최고 10% 할인혜택을 받기 위해 이용 가능한 ACNMC Healthy Living Card에 가입하실 수 있습니다.

질문이 있으시면 언제든 ACNMC의 매니저인 Zoe Philips에게 연락하시길 바랍니다.

http://www.acnmc.org/bulletinboard			
Aurora Center for Nutrition and Medical Care 인터넷 게시판			
홈	게시판	의사진	영양사

183© 요리교실: 당신의 건강한 식단에 양념을 뿌리세요, 184 4월 14일 오후 4시

소금섭취를 줄이는 것이 당신의 음식으로부터 풍미를 앗아갔나요? 저희가 허브나 양념을 가지고 풍미를 다시 가져오도록 도와드릴 수 있습니다. 이 허브와 양념은 당신의 음식에 강한 맛을 다시 가져다 줄 것입니다. [센터의 키친 교실이 수리 중이기 때문에 183© 이 수업은 184 394 Meckern Street에 있는 Apollo's Dining에서 열릴 것임을 숙지하시기 바랍니다.]

Wiseworth Shopping Center에서 지금 맛볼 수 있는 새로운 테이크아웃 샐러드

Brett's Better Groceries의 사장인 Brett Mars씨는 5월초부터 바로 먹을 수 있는 샐러드를 제공할 것이며, 이는 몰에서 쇼핑하는 동안 여러분들에게 빠르고 건강한 대안책을 제공해줄 것입니다.

Marciana 묘목장이 정원터를 나눠드립니다

자신의 채소나 꽃을 재배하는 것은 건강식품을 구하고 약간의 운동을 할 수 있는 훌륭한 방법입니다. Marciana Nursery Center는 여러분 자신의 정원터를 가지고서 여러분이 직접 시작해볼 수 있도록 도와줄 것입니다. 185 이 무상 정원터는 빨리 사라지므로 여러분의 구획을 예약하기 위해서 Barry Magnuson에게 서둘러 전화하세요.

181. According to the flyer, what is available at Aurora Center for Nutrition and Medical Care?

(A) Tips on making better diet choices
(B) Free community exercise classes
(C) A wide variety of herbs and spices for purchase
(D) Daily vitamin supplements at discounted prices

전단지에 따르면 Aurora Center for Nutrition and Medical Care에서 이용 가능한 것은?

(A) 더 나은 식단선택을 위한 조언
(B) 무료 지역사회 운동 교실
(C) 구매를 위한 다양한 허브와 양념
(D) 할인된 가격에 제공되는 일일 비타민 영양제

|해설| 환자와 고객들에게 식이요법과 생활습관에 대해 조언을 해준다고 했으므로 (A)가 정답.

182. How can ACNMC customers get a discount at certain restaurants?

(A) By shopping frequently at Bret's Better Groceries
(B) By showing a card issued by ACNMC
(C) By visiting a restaurant's grand opening
(D) By receiving a free consultation

ACNMC 고객들은 특정 식당에서 어떻게 할인을 받을 수 있나요?

(A) Bret's Better Groceries에서 자주 쇼핑을 함으로써
(B) ACNMC에 의해 발급된 카드를 보여줌으로써
(C) 식당 개업일에 방문함으로써
(D) 무료상담을 받음으로써

|해설| ACNMC에서 발행하는 카드에 가입하면 식당에서 최고 15%까지 할인을 받을 수 있다. 그러므로 (B)가 정답.

183. Who will lead a session at Apollo's Dining?

(A) Zoe Philips
(B) Brett Mars
(C) Jennifer Church
(D) Barry Magnuson

Apollo's Dining에서 누가 수업을 인솔할까요?

(A) Zoe Philips
(B) Brett Mars
(C) Jennifer Church
(D) Barry Magnuson

|해설| Combined Question. 1번째 글에서 Jennifer가 요리교실을 운영한다고 언급했고, 2번째 글에서는 요리교실이 강의실 수리로 인해 Apollo's Dining에서 진행될 거라 했다. 그러므로 Apollo's Dining에서 수업을 진행하는 사람은 Jennifer.

184. Where will an ACNMC event take place in April?
(A) At a Twilight Garden restaurant
(B) At Wiseworth Street
(C) At a 394 Meckern Street
(D) At 605 N Horsecreek Road

ACNMC 행사는 4월에 어디에서 열릴까요?
(A) Twilight Garden 식당에서
(B) Wiseworth Street에서
(C) 394 Meckern Street에서
(D) 605 N Horsecreek Road에서

|해설| 게시판 일정표를 보면 4월에 열리는 행사는 요리교실. 요리교실은 Apollo's Dining에서 열릴 것이며 구체적인 주소는 394 Meckern Street이라고 명시되어 있다.

---

185. What is suggested about the Marciana Nursery Center's garden plots?
(A) They are popular with Dubois citizens.
(B) They are used to grow vegetables for local businesses.
(C) They can be leased for a nominal charge.
(D) They can be used exclusively for growing flowers.

Marciana Nursery Center의 정원터에 대해 언급된 것은?
(A) Dubois 시민들 사이에서 인기가 좋다.
(B) 현지 기업들을 위한 채소를 재배하기 위해 사용된다.
(C) 명목상의 요금을 내면(아주 싼 값에) 임대 가능하다.
(D) 꽃을 키울 목적으로만 사용될 수 있다.

|해설| 게시판 마지막에 나온 일정을 보면 정원터가 빨리 사라지니까 등록을 서두르라고 했다. 그러므로 정원터가 주민들 사이에서 인기가 높음을 알 수 있다.

Rolfson Family Photo

Make your special event memorable with Rolfson Family Photo!

Your next celebratory events can be made even better with photographer, Dean Rolfson, winner of multiple photography awards. 188© Our prices are reasonable at $500 for five hours or $700 for nine hours, with travel costs included for locations within 20 miles of our studio in Charleston. You'll get thirty printed photographs and all digital copies. 186, 190© Additional editing, enlargements, extra prints, and travel to locations farther than 20 miles are available for additional fees.

For more information, you can visit our Web site. The Web site has 187c examples of our photography and 187d a timetable showing when we are available. You can also find out more about 187b postings from our previous clients about our services and our free monthly photography classes for children.

TO: Henry Lovett <hlovett@lovettaccounting.com>
FROM: Dean Rolfson <dean@rolfsonfamilyphoto.com>
DATE: July 19
SUBJECT: RE: Lovett Accounting Dinner

Dear Mr. Lovett,

Thank you for sending 188© your payment of $500 for your company dinner on July 2.

The photographs from the event are very good. You can choose which thirty pictures you would like printed at our www.rolfsonfamilyphoto.com/pictureselection.

Also, I remember you said you wanted a large print of the group photo to hang in your company lobby. Below are the rates for our large-scale prints.

Dimensions	40×30 cm	65×50 cm	80×60 cm	190© 100 x 85 cm
Price per print	$12.50	$20.00	$30.00	$45.00

Regards,

Dean Rolfson
Owner, Rolfson Family Photo

Rolfson 가족 사진

Rolfson 가족 사진으로 당신의 특별한 행사를 기억에 남게 만드세요!

여러 사진전의 수상자인 Dean Rolfson 사진작가와 함께하시면 귀하의 다음 번 축하 행사는 더욱더 좋아질 수 있을 것입니다. 저희 가격은, 188© Charleston에 있는 저희 스튜디오에서 20마일 이내에 있는 장소의 경우 모든 출장비가 포함된 채로, 5시간에 500불, 9시간에 700불로 저렴합니다. 당신은 30장의 출력된 사진들과 모든 디지털 사진들을 받을 것입니다. 186추가 편집이나, 186, 190© 확대, 추가 출력 및 20마일이 넘는 지역으로 출장도 추가요금을 내시면 이용가능 합니다.

더 많은 정보를 위해 저희 웹사이트에 방문하실 수 있습니다. 방문 웹사이트에는 187c사진 견본들과 저희가 187d언제 서비스가 가능한지를 보여주는 일정표가 있습니다. 당신은 또한 저희 187b이전 고객들이 저희 서비스에 관해 올려주신 게시글이나 어린이들을 위한 무료월간사진수업에 대해 더 찾아보실 수 있습니다

수신: Henry Lovett 〈hlovett@lovettaccounting.com〉
발신: Dean Rolfson dean@rolfsonfamilyphoto.com
날짜: 7월 19일
제목: 회신: Lovett Accounting 저녁모임

Lovett씨에게

7월 2일자 귀사의 저녁모임에 대해 188© 500불의 대금을 보내주셔서 감사합니다.

행사 관련 사진들은 매우 훌륭합니다. 당신은 저희 웹사이트 www.rolfsonfamilyphoto.com/pictureselection에서 어떤 30장의 사진이 출력되기를 원하는지 선택하실 수 있습니다.

게다가 당신이 회사 로비에 걸 대형 단체 사진을 출력해 달라고 말씀하신 것도 기억합니다. 아래 대형 사진 출력에 대한 요금이 나와 있습니다.

치수	40×30 cm	65×50 cm	80×60 cm	190© 100×85 cm
장당 가격	12.50불	20.00불	30.00불	45.00불

Dean Rolfson
Owner, Rolfson Family Photo

To: All staff <staff@lovettaccounting.com>
From: Henry Lovett <hlovett@lovettaccounting.com>
Date: August 3
Subject: Company pictures

Hi everyone.

I'm happy to let you know that we've scanned all of the pictures from our company dinner held at the Beverly Hotel last month and we've uploaded them to our Web site, so you can show them to your friends and family anytime. We've also received our group portrait, which is hanging in the lobby. We 189 opted for 190© the largest size available so you can see everyone clearly in the picture. Some smaller pictures from the dinner are also hanging around the building.

Sincerely,
Henry Lovett

수신자: All staff ⟨staff@lovettaccounting.com⟩
발신자: Henry Lovett ⟨hlovett@lovettaccounting.com⟩
날짜: 8월 3일
주제: 회사 사진

여러분,

지난달 Beverly Hotel에서 열렸던 회사 만찬에서 찍은 모든 사진을 스캔해서, 여러분이 언제든 친구나 가족들에게 보여줄 수 있도록 웹사이트에 올려놓았다는 것을 알려드리게 되어 기쁩니다. 저희는 또한 단체 사진도 받았으며 로비에 걸려있습니다. 여러분들이 사진에서 모든 사람을 잘 볼 수 있도록 190© 가장 큰 사이즈를 189 선택했습니다. 만찬 중에 찍은 작은 사진들도 빌딩 주변에 걸려있습니다.

Henry Lovett

|어휘| memorable 기억에 남는 celebratory events 축하 행사 reasonable 합리적인, 적당한 enlargement 확대 occasion(=event, function) 행사 large-scale 대형의

---

186. According to the advertisement, what service does Mr. Rolfson offer for an extra cost?

(A) Photograph enlargement
(B) Picture-taking classes
(C) Consultation on photography
(D) Digital photographs

광고에 따르면 Rolfson씨는 추가비용을 내면 어떤 서비스를 제공하나요?

(A) 사진확대
(B) 사진촬영 수업
(C) 사진에 대한 상담
(D) 디지털 사진

|해설| 추가요금을 내면 추가 편집, 확대, 인쇄, 출장이 이용가능 하다고 했으므로 정답은 (A).

---

187. What is NOT mentioned in the advertisement as being available on the Rolfson Web site?

(A) A list of awards Mr. Rolfson has won
(B) Reviews from former customers
(C) A gallery of Mr. Rolfson's pictures
(D) Mr. Rolfson's available schedule

Rolfson 웹사이트에서 이용 가능한 것으로 광고에 언급되지 않은 것은?

(A) Rolfson씨가 수상한 모든 상의 목록들
(B) 이전 고객들로부터의 평가들
(C) Rolfson씨의 사진들 갤러리
(D) Rolfson씨의 작업 가능한 일정

|해설| Rolfson씨가 수상이력이 있다는 것은 언급되었으나 웹사이트에 이와 관련한 내용이 올라와있다는 언급은 없다. 나머지 보기는 지문에 표시된 내용 확인!

188. What is indicated about the July 2 party?

(A) It occurred at Lovett Accounting's main office.

(B) It happened within 20 miles of Charleston.

(C) It was coordinated by Mr. Lovett.

(D) It included a video presentation.

7월 2일 파티에 대해서 언급되어 있는 것은?

(A) 행사가 Lovett Accounting의 본사에서 열렸다.

(B) 행사는 Charleston의 20 마일 이내에서 열렸다.

(C) 행사가 Lovett씨에 의해 조율되었다.

(D) 행사는 영상발표를 포함했다.

|해설| Combined Question. 첫 번째 지문에서 Charleston 지역에서 20마일 이내 거리에서 열리는 행사의 경우 따로 출장요금없이 5시간 촬영 요금이 500불이라고 했다. 그리고 두 번째 지문에서 500불을 보내주셔서 고맙다고 했으므로, 이 행사는 20마일 이내 거리에서 열렸음을 유추할 수 있다.

(C) Lovett씨는 이메일의 수신자. Lovett씨에게 보내는 이메일 2째줄에서 'your event coordinator'가 도움이 되었다고 했으므로 이 행사를 coordinate한 사람은 Lovett씨가 아니고 따로 있음을 파악할 수 있다.

---

189. In the second e-mail, the word "opted for" in paragraph 1, line 3, is closest in meaning to

(A) qualified

(B) looked for

(C) chose

(D) considered

두 번째 이메일, 첫 번째 문단, 세 번째 줄에 "opted for" 가 의미상 가장 가까운 것은?

(A) 자격을 줬다

(B) 찾았다

(C) 선택했다

(D) 고려했다

|해설| opt의 명사형은 option. 옵션이라는 명사는 친근할 것이다. 'opt for s.t: ~을 선택하다 = choose'.

(D) consider는 '고려하다', 즉 할까 말까 생각하고 있는 단계이므로 아직 선택을 하거나 결정을 한 단계는 아니다.

---

190. What will most likely be the amount of extra payment made by Mr. Lovett?

(A) $12.50

(B) $20.00

(C) $30.00

(D) $45.00

Lovett씨가 낸 추가 비용은 얼마일까요?

(A) 12.50불

(B) 20.00불

(C) 30.00불

(D) 45.00불

|해설| Combined Question. 1번째 글에서 추가요금을 내면 사진확대가 가능하다고 했다. 3번째 글에서는 로비에 걸어둘 사진으로 가장 큰 사이즈를 선택했다고 했다. 2번째 글에서 가장 큰 사이즈의 요금을 확인해보면 45불임을 알 수 있다.

Stark Grove News
July 20

Lodging Review: The Mallister Hotel
Reviewer: Patrick Stuckey

Having undergone restoration in June, the Mallister Inn has a great location on Central Avenue between 10th Street and 9th Street. 191 The hotel is near a great shopping area and only five minutes on foot from the conference center, making it convenient for guests traveling on business and for pleasure alike. 195© Guests who visit with children will surely 192 value the hotel's swimming pool and playground.

The hotel provides ample parking space in their underground garage and its lobby is beautiful and comfortable.

193 Despite being uncommonly compact, the rooms are moderately priced and pleasantly decorated, with warm color schemes and attractive furniture.

Business travelers may be frustrated as there is currently no wireless Internet connection in the guest rooms. However, the owner of the hotel talked with me during my stay this month and told me that this will be changing. For now, the business center provides the only Internet connection in the hotel.

Even with this small drawback, the Mallister Hotel is a fine hotel that many guests will find more than satisfactory.

Stark Grove News
Letters from Readers

August 2

Dear Editor:

Concerning your recent review in your July 20 edition, I'm very happy that your reviewer seemed overall pleased with our hotel. I'm especially pleased that he enjoyed our designer decorations that are in our rooms and lobby.

194 Your reviewer wrote that the guest rooms had no wireless Internet connection and that business travelers may find this frustrating. This issue is being taken care of and I'm glad to report that all guest rooms will be connected to the Internet via a wireless router from September 1.

Regards,

Simon Greyson
Owner, Mallister Inn

Stark Grove News
195 7월 20일

숙박 리뷰: Mallister Hotel
평가자: Patrick Stuckey

6월에 개조 공사를 한 Mallister Hotel은 10번가와 11번가 사이에 있는 Central Avenue에 아주 좋은 위치를 가지고 있습니다. 191이 호텔은 대형 쇼핑몰 가까이에 있으며, 도보로 5분 거리에 conference 센터도 있어서 사업차 방문하는 혹은 여행을 목적으로 방문하는 고객들에게 매우 편리합니다. 195©아이들을 동반한 고객들은 호텔의 수영장과 놀이터의 192가치를 분명히 높이 살 것입니다.

호텔은 지하 주차장에 충분한 주차공간을 제공하며 호텔 로비는 아름답고 편안합니다. 193이례적으로 좁긴 하지만 객실들은 요금이 저렴하며 실내장식이 따뜻한 색상과 예쁜 가구들로 꾸며져 있어 산뜻합니다.

업무상 묵는 분들은 현재 객실에 무선 인터넷 연결이 되지 않아서 불편할 수도 있습니다. 하지만 호텔 주인이 제가 이번 달 숙박하는 동안 저와 얘기를 나누었는데, 이러한 상황이 개선될 것이라고 말해 주었습니다. 지금은 호텔 내 비즈니스 센터에서만 인터넷 연결이 가능합니다.

심지어 이런 약간의 단점에도 불구하고 Mallister Hotel은 많은 투숙객들이 만족스러운 것 이상이라고 생각할 만한 훌륭한 호텔입니다.

Stark Grove News
독자들에게서 온 편지들

8월 2일

편집장에게

7월 20일자 최근 리뷰에서, 저는 당신의 평가자가 전반적으로 저희 호텔에 만족스러워 한 것으로 보여서 매우 기쁩니다. 특히나 객실과 로비에 있는 우리 디자이너가 한 장식들을 만족스러워 해서 매우 기쁩니다.

194귀사의 평가자는 저희 객실에 무선 인터넷이 연결되지 않아서 업무상 출장 온 분들이 이것을 불편하게 느낄 것이라고 언급했습니다. 이 문제가 지금 처리되고 있고 9월 1일부터 모든 객실이 무선 공유기를 통해 인터넷에 연결 될 것이라는 것을 알리게 되어 저는 매우 기쁩니다.

Simon Greyson
Mallister Inn 사장

Thank you for staying at Mallister Hotel. If there's anything we can do to make your stay better, please tell us in the comments section.

Guest name: Nichelle Faris
Room number: 238

1. How satisfied were you with your room?
___ Very Satisfied _X_ Satisfied ___ Dissastisfied ___ Very Dissatisfied

2. How satisfied were you with the hotel's facilities?
___ Very Satisfied ___ Satisfied _X_ Dissastisfied ___ Very Dissatisfied

3. How satisfied were you with the hotel's breakfast?
_X_ Very Satisfied ___ Satisfied ___ Dissastisfied ___ Very Dissatisfied

4. Comments
My room was very comfortable and clean. However, the signal for the wireless Internet was very weak and rather slow. Also, 195◎ I was disappointed to find that the indoor playground closes at 7 p.m. I think that this is too early and that it should be open later.

Stark Grove News

Mallister Hotel을 이용해주셔서 감사합니다. 여러분의 숙박을 좀 더 낫게 만들기 위해 저희가 할 수 있는 일이 있다면 의견란에 써서 알려주세요.

투숙객 이름: Nichelle Faris
객실 번호: 238

1. 객실 만족도는?
___ 매우 만족 _X_ 만족 ___ 불만족 ___ 매우 불만족

2. 호텔 시설에 대한 만족도는?
___ 매우 만족 ___ 만족 _X_ 불만족 ___ 매우 불만족

3. 호텔 아침식사에 대한 만족도는?
_X_ 매우 만족 ___ 만족 ___ 불만족 ___ 매우 불만족

4. 의견
제 방은 매우 편안하고 깨끗했습니다. 그러나 무선인터넷 신호가 너무 약했고 조금 느렸습니다. 또한 195◎실내 놀이터가 저녁 7시에 폐쇄되는 것을 알게 되어 실망했습니다. 이 시간은 너무 이르다고 생각합니다. 더 늦게까지 오픈했으면 합니다.

|어휘| lodging review 숙박 평 reviewer 평가자 on business 사업차 for pleasure 재미로 value 통 소중히 여기다. 생각하다 ample 충분한 relaxing atmosphere 편한 분위기 be frustrated 좌절하다. 절망하다 drawback 결점. 단점 more than +형용사 매우 ~한

난이도 ★☆☆

191. What does the article mention about the location of the Mallister Hotel?
(A) It is close to a commercial district.
(B) It is close to a university.
(C) It is easy to walk to a bus stop from there.
(D) It is next to a conference center.

이 기사는 Mallister Inn의 위치에 대해서 무엇을 언급하고 있는가?
(A) 상업지구와 근접해 있다.
(B) 대학 근처에 있다.
(C) 버스 정류장까지 걸어가는 것이 용이하다.
(D) 컨퍼런스 센터의 바로 옆에 있다.

|해설| 호텔 근처에 쇼핑지역이 있다고 했으므로 상업지구에 근접해 있는 것. (A)가 정답.
(C) 버스 정류장에 대한 언급이 없었으므로 오답. (D) 보기 문구 중에 'next to' 때문에 오답. 'next to a conference center'라고 하면 회의장 바로 옆 건물이라는 의미. 도보로 5분 지역이라고 했으므로 바로 옆 건물은 아니다.

난이도 ★★☆

192. In the article, the work "value" in paragraph 1, line 7 is closest in meaning to
(A) approximate
(B) appreciate
(C) pay for
(D) participate in

기사에서 첫 번째 단락, 일곱 번째 줄의 "value"와 의미상 가장 가까운 것은?
(A) 비슷하다
(B) 인정하다
(C) 지불하다
(D) 참가하다

|해설| value 자체의 의미는 '소중히 여기다. 가치 있게 생각하다'이다. 정답이 된 appreciate은 '감사하다' 외에도 '진가를 알아보다. 제대로 이해하다'의 의미를 갖는다. 이 두 번째 의미를 몰라서 독해할 때 꼬이는 경우가 많으므로 잘 외워두자!
(D) 본문에서 value자리에 participate in을 넣어보면 '수영장에 참여하다(X)'로 매우 어색하다. 수영장을 이용하는 것이지, 수영장에 참여 할 수는 없다. 동의어 문제를 풀 때는 반드시 보기어휘를 본문의 해당어휘 자리에 넣어보고 확인하자!

193. What characteristic of the guest rooms does the reviewer consider to be uncommon?
(A) Their designs
(B) Their furniture
(C) Their cost
(D) Their size

평가자는 객실의 어떤 특징을 이례적이라고 생각하는가?
(A) 객실의 디자인
(B) 객실의 가구
(C) 객실 비용
(D) 객실 크기

|해설| 객실이 이례적으로 작다고 했으므로 객실크기가 정답. 지문에는 unusually가 등장했고, 질문에서는 uncommon으로 패러프레이즈했다. (A) 객실의 실내장식이 좋다는 언급은 했지만, 이례적이라고는 표현하지 않았으므로 오답.

> **[질문 분석: 평서문으로 전환]**
>
> **What** characteristic of the guest rooms does the reviewer consider to be **uncommon**?
> ⇨ **The reviewer considers some characteristic** of the guest rooms (**to be uncommon**).
>   S   V   O   OC – 5형식
>
> **what**이 명사를 꾸며주는 형용사 역할을 하는 경우(여기서는 **characteristic**을 꾸며주고 있다) **some**으로 전환해서 평서문을 만든다. **consider**동사가 5형식으로 쓰일 때, 목적보어 자리에는 형용사가 바로 나오기도 하고 **to**부정사구가 나오기도 한다. 해석은 똑같다. '평가자는 객실의 어떤 특징이 이례적이라고 생각한다 ⇨ 어떤 특징을 이례적이라고 생각하는가?'

194. What is a purpose of the letter?
(A) To submit a review
(B) To complain about something
(C) To mention new details
(D) To recruit new employees

이 편지의 목적은 무엇인가?
(A) 평가서를 제출하기 위해서
(B) 어떤 것에 대해 항의하기 위해서
(C) 새로운 세부사항을 언급하기 위해서
(D) 신입사원을 채용하기 위해서

|해설| 두 번째 글의 목적을 묻고 있다. 숙박업소 주인이 신문사에 보낸 편지다. 객실에 인터넷 연결이 안 된다는 지적 때문에 주인은 아마도 속이 쓰렸을 것이다. 그 문제가 해결될 것임을 알리기 위해 쓴 글이므로 (C)가 정답. 인터넷 연결을 세부사항이라고 표현했다.
(A) review는 제 3자가 작성하는 평가글이다. 미국이나 유럽에서는 전문 reviewer들이 호텔이나 식당을 돌아다니면서 review를 쓰고 신문에 게재하는 것이 보편화되어 있다. 최근 우리나라에서는 파워블로거들이 이런 역할을 하고 있다. 두 번째 글은 숙박업소 사장이 쓴 글이므로 review일 수는 없다.

난이도
★★☆
195. What is suggested about Ms. Faris?
(A) She was probably staying with children.
(B) She will not stay at Mallister Hotel again.
(C) She used the wi-fi to download movies.
(D) She spoke to the hotel's owner before checking out.

Faris씨에 대해 언급된 것은?
(A) Faris씨는 자녀와 함께 체류한 것 같다.
(B) Faris씨는 Mallister Hotel에 다시 체류할 것이다.
(C) Faris씨는 영화를 다운받기 위해 와이파이를 사용했다.
(D) Faris씨는 퇴실 전에 호텔주인과 얘기를 나눴다.

|해설| Combined Question. 1번째 글에서 자녀를 동반하는 투숙객들은 수영장과 놀이터가 있어서 좋아할 것이라 했다. 3번째 지문에서 Faris씨는 놀이터가 너무 일찍 문을 닫는 것에 대해 불만을 토로했다. 그러므로 Faris씨가 자녀를 동반하여 투숙했을 것임을 유추할 수 있다.

June 16 – The Mulberry Mall in uptown Clarkton will feature a gallery by photographer Kim Taggert in its lobby from the beginning of July to the end of September. 197 Mall owner, Sharon Bittle has supported artists in the area for many years and 200© the lobby has often been a great place to view art.

"The lobby in the mall is a great place for people to gather, so 199© I thought it would be a great place to display the works of gifted artists from Clarkton," said Ms. Bittle. She said everyone is welcome to come and look at the artwork. "198 We've also added some new restaurants to our dining area including a great Thai restaurant called Prai that I think everyone should try to have diverse cultural experience."

To: Sandra Luce <scluce@mullmail.com>
From: Sharon Bittle <sbittle@mulberrymall.com>
Date: September 20
Subject: Your exhibition

Dear 199© Ms. Luce,

I'm so happy to be displaying your paintings in the Mulberry Mall's lobby from October. I thought your works at the community center exhibit were wonderful and I think that even more people will be able to see your work at the mall.

I need to know the dimensions of each piece so that we can plan on arranging them in the lobby. If you let me know before the end of September, I would appreciate it.

Regards,
Sharon Bittle
Owner, Mulberry Mall

Try Thai at Prai
By Ed Bennett

One of the latest restaurants to open at the Mulberry Mall, Prai, gives visitors a taste and cultural experience that are hard to find in any other dining establishments in the area. I am not as experienced with Thai cuisine as I could be and the staff at Prai were very helpful in helping me decide what to try. I highly suggest the Panaeng curry and some sticky rice and mango for dessert. The restaurant is delightfully decorated and from its front window, 200© you can also see some of the paintings on display from local artists. Even if you've never had Thai food before, don't be afraid. Try Thai at Prai!

6월 16일 – Clarkton시 외곽의 Mulberry Mall에서는 7월 초부터 9월 말까지 로비에서 사진작가 Kim Taggert씨의 사진전을 선보일 것입니다. 197 쇼핑몰의 소유주인 Sharon Bittle씨는 수년 동안 이 지역 예술가들을 후원해 왔으며 200© 로비는 종종 예술작품을 감상할 좋은 장소 이곤 했습니다.

"저는 쇼핑몰의 로비가 사람들이 모이기에 좋은 장소라고 생각합니다. 그래서 199© Clarkton 출신의 재능 있는 예술가들의 작품을 전시할 훌륭한 장소가 될 거라 생각했습니다"라고 Bittle씨는 말했습니다. 그녀는 누구든 와서 예술작품을 감상하도록 환영한다고 말합니다. "198우리는 또한 모든 분들이 다양한 문화적 경험을 해보기 위해서 한번쯤 와보셔야 할, Prai라는 태국 음식점을 포함한 몇몇 새로운 식당들을 식당가에 추가로 오픈 했습니다".

수신: Sandra Luce <scluce@mullmail.com>
발신: Sharon Bittle <sbittle@mulberrymall.com>
날짜: 9월 20일
제목: 귀하의 전시회

199© Luce씨에게

저는 10월부터 Mulberry Mall의 로비에서 당신의 그림들을 전시하게 되어서 매우 기쁩니다. 커뮤니티 센터 전시회에서의 당신의 작품들이 매우 훌륭하다고 저는 생각했으며, 심지어 더 많은 사람들이 쇼핑몰에서 당신의 작품을 감상할 수 있을 것입니다.

우리가 로비에서 그림들을 배치하는 것을 기획할 수 있도록 각각의 그림들의 치수를 알아야 합니다. 9월말 전에 저에게 알려주시면 감사하겠습니다.

Sharon Bittle
Mulberry Mall 주인

Try Thai at Prai
By Ed Bennett

Mulberry Mall에서 개점한 가장 최근 식당 중의 하나인 Prai는 이 지역 다른 식당에서는 찾아보기 힘든 맛과 문화적 경험을 방문객들에게 선사합니다. 저는 태국음식에 대해 많은 경험이 없는데, Prai의 직원들은 제가 무엇을 (무슨 음식을) 시도해볼지를 결정하는데 매우 도움이 되었습니다. 저는 Panaeng 카레와 밥을 강력히 추천하며, 디저트로는 망고를 추천합니다. 식당은 기분 좋게 장식되어 있고, 200© 창문으로 현지 예술가들의 작품이 전시되어 있는 것을 볼 수 있습니다. 설사 한번도 태국음식을 먹어본 적이 없다 하더라도 겁먹지 마세요. Prai에서 태국음식을 먹어보시기 바랍니다.

난이도
★☆☆

196. What does the first article explain?
(A) **How a mall's lobby is used**
(B) A new store in a mall
(C) The exhibit of one photographer
(D) A renovated gallery

첫 번째 기사문은 무엇을 설명하는가?
(A) 쇼핑몰의 로비가 어떻게 사용되는지
(B) 쇼핑몰에서의 신규 가게
(C) 한 사진작가의 전시회
(D) 개조된 갤러리

|해설| 현지 예술가들의 활동을 지원하기 위해 쇼핑몰의 원형 홀을 활용하고 있음을 전반적으로 설명하고 있다.
(C) 기사의 첫 문장만 읽고 문제를 풀었다면 오답으로 고르기 쉬운 보기. 주제를 묻는 문제도 반드시 지문을 전체적으로 읽은 후에 풀어야 한다! '이 기사가 무엇을 설명하고 있느냐'가 질문이다. 한 사진작가의 전시회를 설명하고 있다면, 이 작가나 작품에 대한 더 자세한 설명이 뒤따라야 한다. 전시회의 소개는 일정만이 나와있고, 그 이후에는 이 원형몰이 과거에 어떤 전시회를 했는지, 쇼핑몰의 주인은 왜 이런 전시회를 개최하는 지를 설명하고 있으므로 (A)가 정답.

197. What is mentioned about Ms. Bittle?
(A) She is a painter.
(B) She is taking photography classes.
(C) She has commissioned a mural.
(D) **She supports the promotion of local artists.**

Bittle씨에 대해서 무엇이 언급되어 있는가?
(A) 그녀는 화가이다.
(B) 그녀는 사진 수업을 듣고 있다.
(C) 그녀는 벽화 제작을 의뢰했다.
(D) **그녀는 현지 예술가들의 육성을 지원한다.**

|해설| Bittle씨는 쇼핑몰의 소유주이며, 원형 홀을 활용하여 현지 예술가들의 전시회를 열고 있다. 이를 통해 현지 예술가들의 육성을 지원하고 있으므로 (D)가 정답.
(C) 벽화 화가의 작품을 전시한 적이 있을 뿐, 벽화제작을 의뢰한 적은 없다. 보기에 나온 commission은 '의뢰하다, 주문하다'의 의미이므로 벽화를 주문해서 구매했다는 의미가 된다.

198. What does Ms. Bittle invite visitors to do at the mall?
(A) Enjoy free snacks at the lobby
(B) **Dine at a restaurant in the mall**
(C) Come to a reception for Ms. Taggert
(D) Visit the mall's new art supply store

Bittle씨는 방문객들이 쇼핑몰에서 무엇을 하도록 초대하고 있는가?
(A) 로비에서 무료 스낵을 즐길 것
(B) **쇼핑몰에 있는 음식점에서 식사 할 것**
(C) Taggert씨를 위한 축하연에 올 것
(D) 쇼핑몰의 새로운 예술용품 가게를 방문할 것

|해설| Bittle씨는 문화에 관심이 많은 사람으로 보인다. 방문객들이 식당가에 새로 오픈한 타이음식점에 들려서 다양한 문화체험을 해볼 것을 권하고 있다.
(C) Taggert씨는 이번에 전시회를 여는 사진작가다. reception은 '뒤풀이'의 개념인데, 이 전시회의 뒤풀이가 열린다는 언급은 없다.

★★☆

199. What is implied about Ms. Luce?

(A) She has had exhibits at many galleries.

(B) She is a resident of Clarkton.

(C) She is a portrait painter.

(D) She is an acquaintance of Mr. Mills.

Luce씨에 대해 언급되어 있는 것은?

(A) 그녀는 많은 화랑에서 전시회를 열어왔다.

(B) 그녀는 Clarkton 주민이다.

(C) 그녀는 초상화 화가다.

(D) 그녀는 Mills씨의 지인이다.

|해설| Combined Question. Luce씨는 이메일의 수신인. 다음 전시회를 열 작가로 보인다. 이 쇼핑몰은 현지작가들의 작품을 전시하고 있다고 했으므로, Luce씨 역시 현지 작가임을 유추할 수 있다. 그러므로 Clarkton의 지역주민일 것이다.

(C) 오답 1순위. (B)번의 내용을 놓쳤다면 (C)를 고르기가 쉬웠을 것이다. Luce씨는 화가이긴 하지만 초상화 화가라는 언급은 없었으므로 오답.

200. What is suggested about Prai?

(A) It has become very popular.

(B) It gives discounts to new customers.

(C) It has won awards for its curry.

(D) It has a view of the lobby from its window.

Prai에 대해 언급된 것은?

(A) Prai는 매우 인기 있어 졌다.

(B) Prai는 신규고객에게 할인을 제공한다.

(C) Prai는 카레요리로 상을 받았다.

(D) Prai는 창문에서 로비 전망을 가진다.

|해설| Combined Question. 이 쇼핑센터의 로비는 현지 예술가들의 작품을 전시하는 공간들로 활용되고 있다. 그런데 새로 오픈한 Prai 식당의 창문으로 현지 예술가들의 작품을 감상할 수 있다고 했으므로 이 식당 창문에서 로비가 보인다는 것을 유추할 수 있다.

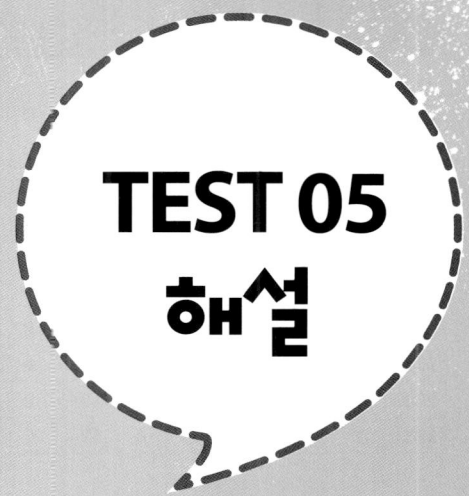
TEST 05
해설

동시토익 CONTEMPORARY **TOEIC**

TEST 05

101	B	102	D	103	A	104	D	105	D	106	A	107	C	108	A	109	D	110	C
111	D	112	C	113	D	114	D	115	C	116	A	117	B	118	A	119	D	120	B
121	A	122	A	123	B	124	A	125	C	126	B	127	D	128	B	129	C	130	C
131	D	132	A	133	B	134	C	135	B	136	C	137	A	138	B	139	C	140	D
141	A	142	C	143	D	144	B	145	D	146	A	147	D	148	B	149	D	150	A
151	C	152	D	153	C	154	D	155	B	156	A	157	D	158	B	159	B	160	D
161	D	162	A	163	D	164	B	165	C	166	D	167	D	168	B	169	B	170	C
171	C	172	B	173	B	174	A	175	B	176	C	177	D	178	A	179	D	180	B
181	C	182	D	183	B	184	B	185	A	186	C	187	B	188	C	189	B	190	B
191	D	192	B	193	A	194	C	195	D	196	D	197	C	198	A	199	B	200	D

101 **You** will **find** **your** **schedule** (**for the workshops**) (**included with this letter**).
　　　　S　　　V　　　O　　　　　　　　　　　　　　　　준동사구─형

|오답| you, yours, yourself

이 편지와 함께 동봉된 워크샵 일정을 당신은 발견할 것입니다 ⇒ 일정을 동봉했으니 확인하세요.

|해설| 명사 앞은 명사를 꾸며주는 소유격 자리.

|심층분석| 형용사구 'included with this letter'가 꾸며주는 명사는 schedule. 수식 받는 명사와 수식하는 '형용사구'나 '형용사절' 사이에 이렇게 전명구가 끼어있는 경우가 종종 있다.

|어휘| find s.t included(≒enclosed/attached) 동봉된(첨부된) ~을 발견할 것이다

102 **Michael Balik's** new **novel** **was released** last week, **and** **critics** **have given** it **very favorable** **reviews**.
　　　　　　　　　　S1　　　　be p.p　　　　　and　　S2　　　V　　　O1　　　　　　O2 (give동사는 4형식)

|오답| or, if, than

Michael Balik의 신간 소설은 지난주에 출간되었고 평론가들은 그 책에게 아주 긍정적인 평을 주었습니다.

|해설| 빈칸은 2개의 절을 연결하는 접속사 자리. 보기는 모두 접속사다. than은 비교급에 쓰이는 접속사이므로 탈락. if는 구조상은 가능하나 의미상 탈락. '만일 좋은 평을 주었다면, 소설이 지난주에 출간되었다(×)'. or도 구조상은 가능하나 의미상 탈락. '지난 주에 출간되었거나, 좋은 평을 주었다(×)'.

|어휘| release 출간하다, 개봉하다, 출시하다 critic 평론가, 비평가 favorable reviews 긍정적인 평, 호평

103 The Shift Supervisor **position requires** excellent **organizational skills** as well as great interpersonal communication **abilities**.
　　　　　　　　　　　S　　　V　　　　　　　　　　　　　　　　O1　as well as　　　　　　　　　　　　　　　　O2

|오답| organizes, organizations, organize

교대 근무 조 책임자 자리는 뛰어난 대인관계 화술뿐만 아니라 뛰어난 조직력을 요구합니다.

|해설| 어형문제. [형 ___ n.] 빈칸은 명사를 수식하는 형용사자리.

> **핵심** 명사 앞에 형용사는 몇 개까지 나올 수 있나요?

무제한이다.
형용사가 be동사 뒤에 나오는 경우는 반드시 and가 있어야 한다.

She is smart and pretty (○).　**She is smart pretty** (×).

그렇지만, 명사 앞에 형용사가 2개 이상 나오는 경우는 and가 있어도 되고 없어도 된다. 또한 콤마가 나와도 되고 안 나와도 된다.

I know smart pretty girls (○).
I know smart and pretty girls (○).
I know smart, pretty girls (○).

|어휘| shift 교대 근무 supervisor 감독자 organizational skill 조직력 A as well as B 3뿐만 아니라 A도 interpersonal communication 대인관계 화술

104

난이도
★★☆

Gilby Hotel **provides** the **cheapest** nightly **rates**, (while still giving guests the best customer service).
　　　　S　　　V　　　　　　　　O　　　　　　　　　　　　부사절 축약형

|오답| cheapness, cheapen, cheaply

Gilby Hotel에서는 여전히 손님들에게 최고의 고객 서비스를 제공하는 동시에 가장 저렴한 숙박비도 제공합니다.

|해설| 어형문제. [the ___ 형+n.] 구조적으로 빈칸에 들어올 수 있는 품사는 2개. 형용사오- 부사. 103번 해설과 마찬가지로, 명사 앞에 올 수 있는 형용사의 개수는 무제한이므로 빈칸에는 명사를 꾸며주는 형용사가 나올 수 있다. 반면에 형용사를 꾸며주는 역할을 한다면 부사도 나올 수 있다. '형용사냐 부사냐'는 의미상 따져봐야 한다. 의미상 형용사(nightly)를 꾸며주면 부사(cheaply)자리, 명사(rates)를 의미상 꾸며주면 형용사자리. '저렴하게 밤의(×), 저렴한 요금(○)'. 의미상 rates를 꾸며주므로 형용사자리이며, 앞에 the가 있으므로 최상급인 cheapest가 정답.

nightly는 부사가 아닌 형용사다. 형용사에 ly를 붙일 때 부사가 되고, 명사에 ly를 붙이면 형용사가 된다. [ex] happy ⇨ happily(행복하게–부사) vs. timely(시기 적절한), friendly(친근한), costly(비싼) 모두 형용사. nightly도 역시 형용사.

cheapness는 명사, cheapen은 동사. 아래 자세한 설명 참조.

|어휘| nightly rate 일박 요금 (우리가 보통 1박 2일이라고 하면 1박은 night를 의미하고 2일은 day를 의미한다. 혼동을 피하기 위해서 영어권에서는 호텔 예약을 할 때 '몇 박'이냐, 즉 night를 기준으로 계산하며 일박요금을 nightly rate라고 표기한다.)

> **핵심** –ness로 끝나면 명사!

'~ness'로 끝나면 '~한 상태, ~함'의 의미를 가지는 명사.

Happy	⇨	**Happiness**	행복함
Fresh	⇨	**Freshness**	신선함
Cheap	⇨	**Cheapness**	저렴함

TEST 05

형용사에 '−en'을 붙이면 동사! 형용사로 착각해서 오답으로 골라오는 경우가 많으므로 주의!!

Short	⇨	**Shorten**	짧게 만들다, 줄이다
Wide	⇨	**Widen**	넓히다
Broad	⇨	**Broaden**	넓히다
Lengthy	⇨	**Lengthen**	길게 만들다, 늘리다
Cheap	⇨	**Cheapen**	싸게 만들다, 가격을 깎다

---

105 **Employees** (of Kindet Technology) will **receive** at least twenty vacation **days** next year.
     S   V   O

|오답| Employs, Employed, Employment

Kindet Technology의 직원들은 내년에 적어도 20일간의 휴가를 받을 것입니다.

|해설| 어형문제. [___ 전치사] 전치사 앞 자리며 주어자리이므로 빈칸은 명사자리. Employment는 명사지만, 의미상 동사(receive)와 어울리지 않으므로 오답. '고용이 휴가를 받다(×), 직원이 휴가를 받다(○)'.

|어휘| at least 적어도, 최소한 vacation days 휴가 employment 고용, 채용

---

106 The **bridge**, (which connects Prince George and Charles City counties), will **remain closed** (until further notice) (due
       S   형용사절   V   C
to possible structural damage).

|오답| during, instead, within

Prince George 카운티와 Charles City 카운티를 연결하는 다리는 구조적 파손 가능성 때문에 추후 통보가 있을 때까지 여전히 폐쇄되어 있을 것이다.

|해설| 'until further notice: 추후 공지가 있을 때까지'는 덩어리로 묶어 외워두자. 빈출숙어표현. until을 물어보는 전치사 문제도 출제된 바 있고, further를 물어보는 형용사 문제도 출제된 바 있다.

|어휘| connect A and B A와 B를 연결하다 until further notice 추후 통보 있기 까지 due to ~때문에 possible structural damage 가능한 구조적 파손(아직은 파손되지 않았으나 파손의 가능성이 있다는 의미. 우리말로는 '파손의 가능성'으로 해석하는 것이 자연스럽다)

---

two weeks' notice	**2**주짜리 통보 ⇒ 2주 전에 통보해주다 (기간이 소유격형태로 명사 앞에 나온다)
at such short notice	그렇게 짧은 통보에도 ⇒ 이렇게 갑작스러운 통보에도
until further notice	추후 통보가 있을 때까지

여기서 notice는 모두 불가산명사!

---

107 The new X90 racing **car was produced** jointly (by Horser Motors and Tolvir Automotive).
                       S   be p.p

|오답| joined, joining, joins

신제품 x90 경주용 차는 Horser Motors와 Tolvir Automotive사에 의해 공동으로 생산되었습니다.

|해설| 어형문제. [S+be p.p ___ 전명구] 완벽한 뼈대구조 뒤에 추가로 나올 수 있는 품사는 부사. 매달 한 문제씩 꼭! 출제되는 유형.

---

108 The **articles** (**in November issue of all investor magazines**) **contain** numerous **quotations** (from Mr. Held), (**several of**
           S   V   O   형용사절 (부분관계대경사)
which were especially interesting).

|오답| another, nothing, who

모든 투자자 전문잡지들의 11월 호 기사들은 Held씨의 많은 인용구를 싣고 있는데, 그 인용구들 중 몇 개는 특히 흥미롭다.

|해설| 완벽하게 구문을 이해해서 풀자면, 굉장히 까다로운 문제이지만, 실제로 문제를 풀 때는 간단하게 풀어올 수 있다. 일단 보기 중이 접속사 (who)가 하나 있으므로 접속사자리인지 확인해본다. 동사가 2개(contain. were) 나왔고 접속사(which)가 1개 있으므로 접속사는 더 이상 필요 없다. who는 탈락. 대명사 중에 골라야 하는데, 빈칸은 주어자리! 주어자리에서 명사를 고를 때는 반드시 동사와의 '수일치'를 확인한다. 복수동사 (were)가 나왔으므로 주어자리에는 '복수명사'만 나올 수 있다. another. nothing은 모두 단수취급이므로 탈락.

several은 '몇몇의' 의미의 수량형용사. 수량형용사 뒤에 나오는 명사는 생략이 가능하며, 그로 수량형용사는 명사역할을 잘 한다. several (quota-tions)의 의미. several은 항상 복수명사를 꾸며주는 수량형용사. 그러므로 명사로 쓰일 때도 항상 복수 취급한다. were하고 짝꿍이 될 수 있는 건 several뿐이므로 정답. 수량형용사에 대한 자세한 설명은 TEST01 107번 해설 p16 참고.

|어휘| issue 잡지의 호 investor 투자자 numerous 수많은 quotation 인용구 especially 특히나 interesting 흥미로운

핵심 **[수량형용사+of+관계대명사] 부분관계대명사**

수량형용사가 'of whom, of which' 앞에 나오는 형태를 부분관계대명사라고 부른다. 수량형용사가 '부분'을 묘사하기 때문에 '부분관계대 명사'라고 부른다. 해석하는 법을 살펴보고 동사의 수일치까지 확인해보자.

There are students, some of whom are smart.

선행사

모든 관계대명사절의 해석과 마찬가지로, 선행사를 관계대명사 자리에 넣고 두 번째 문장을 해석한다.
⇒ 많은 학생들이 있는데, 그 학생들 중의 일부는 열심히 공부한다.

'그 학생들 중의 일부'는 한 명이 아닌, 두 명 이상일 것이다. 그러므로 are(복수동사)로 받아준다.

I have read many books, each of which was great.
나는 많은 책을 읽었고, 그 책들 중의 각각은 훌륭했다

each는 항상 단수 취급하므로 was(단수동사)로 받아준다.

부분관계대명사에서 선행사가 사람이면 관계대명사 whom을 쓰고, 선행사가 사람이면 which를 쓴다.

이렇게 정리하고 나서 위의 문제를 다시 살펴보면, another와 nothing은 수일치를 떠나서 수량형용사가 아니므로 아예 빈칸에 들어갈 수 없다. 빈칸에 들어갈 수 있는 건 '수량형용사'뿐! 수량형용사는 출제빈도도 매우 높고, 문제유형도 매우 다양하다. 수량형용사는 종류별로 반드시 외워둬야 한다! 부분관계대명사의 더 자세한 사항은 ◎ Reading교재 vol.2 p93 참고

 109 (**With the release of their new microwave**), **Dalk Electronics has increased** its **market share** (**over its competitors in the region**).
                                                         S   V   O

|오답| competitive, competitively, competed

새 전자레인지의 출시와 함께, Dalk Electronics사는 이 지역에서 경쟁사들 보다 시장 점유율을 높였습니다.

|해설| 어형문제. 소유격 뒤이므로 명사자리.

|어휘| market share 시장 점유율 over ~을 제치고, ~와 비교하여 (전치사 over는 2개를 비교하는 구문에 잘 사용된다. [ex] select A over B: B를 제치고 A를 선택하다)

TEST 05

110 **The Metropolitan Symphony Orchestra is funded** (primarily through donations from the public).
                S   be p.p

|오답| funds, funding, fund

메트로폴리탄 교향악단은 주로 일반인들로부터의 기부로 자금이 조달됩니다.

|해설| 동사어형문제. 동사어형문제 접근법 p10 참고 1) 구조. be동사 뒤로 준동사자리. 2) 태. 빈칸 뒤에 목적어가 없으므로 수동태. 준동사이면서 수동태이므로 p.p가 정답. fund가 동사로 쓰이면 해석이 까다롭다. '~에 자금을 대다'의 의미. [ex] My uncle is funding my education – 우리 삼촌은 내 교육비를 대주고 있다. 'the orchestra is funded – 이 교향악단은 자금이 조달된다'.

|어휘| Symphony Orchestra 교향악단 primarily(=mainly, largely) 주로 donation 기부, 기증 fund 동 자금을 대다

 111 **Michelle Kim and Daniel Heely interviewed all candidates** (by themselves) (at the Boise Career Fair) (that was held
         S1 and   S2   V   O   형용사절
last month).

|오답| itself, himself, ourselves

Michelle Kim과 Daniel Heely는 지난 달에 열린 Boise 직업 박람회에서 그 둘이서만 모든 지원자들을 면접했습니다.

|해설| 'by oneself = for oneself'는 자주 출제되는 숙어표현이므로 외워두자. 둘 다 '혼자서, 스스로'의 의미. oneself의 인칭은, 동작의 주체가 되는 명사와 일치시킨다. 여기서 동작의 주체는 Kim씨와 Heely씨 둘이므로 '그들–themselves'가 정답.

 112 **Halicart is known** (for having large number of Mexican restaurants in the downtown area of the city).
        S V   C   전+명사구

|오답| amount, distance, plan

Halicart는 시내 중심가에 많은 멕시코 음식점을 가지고 있는 것으로 유명하다 ⇒ 멕시코 음식점이 많기로 유명합니다.

|해설| 명사어휘문제. downtown과 어울리는 명사를 골라야 한다. downtown은 '시내'라는 의미이므로 장소를 의미하는 'downtown area –시내지역'이 정답. 'amount – 시내 금액(×)', 'distance – 시내 거리(×)', 'plan –시내 계획(×)'.

|어휘| be known for ~로 유명한 downtown area 도심 가, 시내 중심가

113 **Library members must pay any fines** (incurred for any overdue or missing books) (before being able to borrow any books).
        S   V   O   준동사구–형   부사절축약형 or 전+명사구

|오답| revolved, incited, comprehended

도서관 회원들은 연체나 분실한 책에 대해서 발생된 벌금을 다른 책을 대출하기 전에 꼭 지불해야 합니다 ⇒ 벌금을 내야만 책을 대출할 수 있습니다.

|해설| 동사어휘문제. 빈칸에 쓰인 동사는 형용사구를 이끄는 p.p. 명사 뒤에 형용사구가 나올 경우 이 명사와 의미상 능동의 관계이면 'ing'를 쓰고, 수동의 관계면 'p.p'를 쓴다. 그러므로 앞에 나오 명사(fines)와 의미상 수동의 관계가 성립하는 동사를 골라야 한다. 수동의 관계를 풀어서 얘기하면 'O–V'관계. 자세한 사항은 아래 설명 참고. incur는 "발생시키다"는 의미로, 항상 목적어 자리에 '비용'과 관련된 목적어가 나온다. [ex] incur the expense – 비용을 발생시키다. 그러므로 fine(벌금)과 짝꿍이 되는 동사는 incur. 'incur fines: 벌금을 발생시키다 ⇨ fines incurred: 발생된 벌금'. 'before being able to~'에서 being의 등장이 생소해 보인다면 TEST 03 103번 해설 p119 참고.

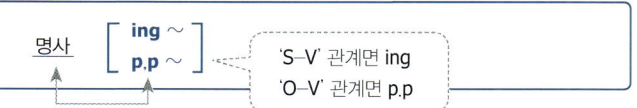

핵심 형용사구의 논리구조

명사 [ing ~ / p.p ~] ┈┈ 'S–V' 관계면 ing
'O–V' 관계면 p.p

형용사구 역할을 하는 준동사구가 앞에 있는 명사를 수식하는 구조에서, 'ing냐 p.p냐'를 따질 때, 앞에 있는 명사와 뒤에 나오는 동사의 '의미상의 관계'를 따져본다. '주어–동사'관계면 ing, '목적어–동사'관계면 p.p. ◐ Reading교재 vol.1 p89 참고

fines [incurred for any overdue or missing books]
연체나 분실한 책에 대해 발생된 벌금들

|어휘| fine(=penalty) 몡 벌금 overdue 기한이 지난, 연체된 missing 분실한 revolve 희전하다 incite 자극, 선동하다 comprehend 이해하다

114
난이도
★★☆

(To receive your free gift), you must first activate your Discover Titanium card (by making a purchase, transfer-ing a
　　준동사구–부　　　 S　　　　　　 V　　　　　　　　　 O 전+명사구 ing1　　 ing2
balance, or making a cash advance).
　　　　 or　 ing3

|오답| Receiving of, Upon receipt, To be received

무료 경품을 받기 위해서, 당신은 구매를 하거나, 잔금을 이체하거나, 혹은 현금인출을 함으로써, 당신의 Discover Titanium 카드를 먼저 활성화시켜야 합니다.

|해설| [___ n.] 빈칸 뒤에 명사가 있고, 그 뒤에는 콤마가 있으므로 부사구를 만들어줘야 한다. 빈칸 뒤에 목적어가 있으므로 to부정사구를 능동태의 형태로 만들어주면 자연스러운 부사구가 만들어진다. 'To receive your free gift: 무료경품을 받기 위해서'.

|오답해설| **Receiving of** your free gift(×): receive는 타동사이므로 뒤에 전치사 of없이 바로 목적어가 나와야 한다.
Upon receipt your free gift(×): 명사(receipt) 뒤에 명사(your free gift)가 나오면 명사충돌. 명사는 연달아 붙어나올 수 없다.
To be received your free gift(×): to be received는 'be p.p' 형태이므로 수동태. 수동태 뒤에는 목적어(your free gift)가 나올 수 없다.

|어휘| activate 활성화 시키다 transfer 1) (돈을) 이체하다, 2) 전근 가다-, 3) 환승하다 cash advance 현금인출

115

Most (of the students) (who visited the financial aid office last week) needed assistance (in completing their applications).
　 S　　　　　　　　 형용사절　　　　　　　　　　　 V　　 O　　　 전+명사구

|오답| which, they, when

지난주 학자금 대출과를 방문했던 학생들의 대부분은 학자금 신청서를 작성하는데 있어서 도움을 필요로 했습니다.

|해설| 보기 중에 접속사가 하나라도 있다면, 반드시 접속사 자리인지 아닌지를 먼저 확인한다. 문장에 사용된 동사는 2개(visited, needed). 절이 2개이므로 빈칸은 접속사 자리. 대명사인 **they**는 무조건 탈락.

[n. ___ 주어가 빠진 불완전 절] 빈칸은 주격관계대명사 자리. 선행사(students)가 사람명사이므로 **who**가 정답. **which**는 '사물' 선행사 뒤에서만 쓰인다. **when**은 부사절접속사이므로 탈락. ◐ Reading교재 vol.2 p75 참고

|어휘| financial aid 원조, 재무지원 assistance 도움, 원조 complete the application 신청서를 작성하다

116
난이도
★★☆

(Much **to** the disappointment of his colleagues and family), Mr. Jackson applied (for early retirement).
　　　　　　　　　　　　　　　　　　　　　　　　　　　　　　　 S　　　　 V

|오답| on, at, in

그의 동료와 가족들에게는 굉장히 실망스럽게도, Jackson씨는 조기퇴직을 신청했습니다.

|해설| disappointment는 감정을 묘사하는 감정명사로써, 감정명사와 전치사 to는 짝꿍으로 묶어서 부사구로 잘 쓰인다. 다음 설명 참조.

 **핵심** much to one's 감정명사 = much to the 감정명사 of s.b

Much to my surprise
= Much to the surprise of me　　　"~에게 ~하게도"

감정명사 앞에 to를 쓰며, 더 강조하고 싶을 때 부사 much를 붙여준다.

Much to my surprise	내가 깜짝 놀라게도
Much to the embarrassment of my teacher	우리 선생님이 당황스럽게도
Much to the satisfaction of our customers	우리 고객들에게 만족스럽게도

|어휘| colleague 동료 early retirement 조기은퇴, 조기퇴직

 117
난이도
★☆☆

The **terms** (of the agreement) **state** (that subscribers must pay a cancelation fee for early termination).
　 S　　　　　　　　　　　　　　 V　　　　　　　　　　　　　　　　 O (명사절)

|오답| files, signs, views

계약서의 조건은 이용자들이 중도 해지를 할 경우 취소 수수료를 지불해야 한다고 명시하고 있습니다.

|해설| 명사어휘문제. terms는 agreement나 contract와 짝꿍. '계약 조건'의 의미. terms and conditions을 붙여서 쓰기도 한다. 역시 '(계약) 조건들'의 의미. 'the files of the agreement – 계약서의 서류들(×)'. agreement는 계약의 의미로도 쓰이지만 '계약서'의 의미도 가진다. 계약서 자체가 서류이기 때문에 '계약서의 서류들'이라고 하면 의미상의 중복이 된다.

|어휘| terms of agreement 계약의 조건 state 명시하다, 진술하다(특히 주어자리에 '문서'에 해당하는 명사가 잘 나오며 '이 문서는 ~라고 명시하고 있다'는 구조로 잘 쓰인다) cancelation fee 취소 수수료 early termination 조기 해지, 중도 해약

 118
난이도
★☆☆

The **fact** (that the sun will be shining all week) **does not mean** (that the temperature will become warmer during
　 S　　　　　　　 동격의 명사절　　　　　　　　　　　　　 V　　　　　 O (명사절)
this cold winter).

|오답| In keeping with, Under the condition that, In regard to

일주일 내내 해가 비칠 것이라는 사실은 이 추운 겨울 동안 기온이 더 따뜻해질 것이라는 걸 의미하지는 않습니다.

|해설| [(___ S+V) + V+O] 빈칸에 들어갈 표현은 뒤에 나온 절을 연결해주는 '접속사' 역할을 하면서, 동시에 두 번째 동사의 주어 역할을 해야 한다. fact는 늘 뒤에 동격의 명사절로 'that 절'과 짝꿍이 되는 명사. the fact that을 빈칸에 넣으면 두 번째 동사(mean)의 주어 역할을 하면서 'the sun will shine'이라는 절을 연결해주는 접속사 역할까지 모두 해결.

|오답해설| In keeping with와 In regard to는 모두 전치사로 끝난 표현이므로 묶어서 전치사 기능. 전치사 뒤에는 절이 올 수 없으므로 탈락. **under the condition that**은 that으로 끝났으므로 접속사의 기능은 할 수 있다. 하지만 주어의 역할을 할 수 없다.
[Under the condition (that the sun will shine) does not mean (that~) (×)] 이런 구조가 되는데, under the conditions은 '전명구'이므로 주어역할을 할 수 없다. mean(동사)의 주어가 없는 잘못된 문장.

|어휘| the fact that ~라는 사실 in keeping with ~와 일치하여 Under the condition that~ 라는 조건 하에 in regard to ~에 관해서

(Because of <u>rising</u> operating costs), Reddon, Inc. will begin (limiting the amount of overtime) (that employees are
　　　　　　　　　　　　　　　　　　　　　S　　　　V　　　　　　O(준동사구—명)　　　　　　　　형용사절

allowed to work).
　　　　　　　　　　　　　　　　　　　　　　　|오답| above, longer, profitable

증가하는 운영비 때문에, Reddon사는 직원들이 일 할 수 있도록 허용도는 추가 근무 시간을 제한하기 시작할 것입니다.

|해설| [전치사 ___ n.] 빈칸은 명사를 꾸며주는 형용사 자리. operating이라는 형용사가 이미 나와있지만, 명사 앞에 형용사는 무제한으로 나올 수 있다. 103번 해설 참고. rising은 형용사로 잘 쓰이므로 반드시 외워두자. above는 전치사나 부사의 기능이므로 탈락. longer과 profitable은 의미상 탈락. 'longer costs: 더 긴 비용(×)', 'profitable costs: 이윤이 나는 비용(×)'.

 핵심　대표적인 자동사 work가 타동사로?

overtime (that employees are allowed to work)
직원들이 일할 수 있도록 허용되는 초과근무시간

that절은 관계대명사절이므로 that뒤에는 불완전한 절이 와야 한다. 그런데 주어(employees)가 존재하고, work는 대표적인 자동사니까 완전한 절이 아닌가? 여기서 work는 타동사로 쓰였다. 토익에서 work가 유일하게 타동사로 쓰이는 경우가 있는데, 이때 목적어 자리에는 '근무시간'이 나온다.

He works eight hours a day. 그는 하루에 여덟 시간을 일한다
They work night shift. 그들은 밤교대조로 일한다

그러므로 work 뒤에 목적어가 빠져있는 불완전절. 관계대명사 뒤에 빠져있는 명사는 항상 선행사와 동일하다. work의 목적어는 선행사인 overtime. 'work overtime: 초과시간을 근무하다'.

|어휘| rising(=increasing, growing) 증가하는 operating costs 운영비 profitable 수익이 나는, 도움이 되는

CEO Paul Settler calmly discussed the decision (to issue a recall on the defective televisions at the shareholder's
　　　　S　　　　　　　V　　　　O　　　　　　　　준동사구—형

meeting).
　　　　　　　　　　　　　　　　　　　|오답| calmer, calming, calms

대표이사인 Paul Settler는 주주총회에서 결함이 있는 TV에 대한 리콜을 발표하는 결정을 침착하게 논의했습니다.

|해설| 어형문제. 어형문제. [S ___ V]빈칸은 동사 앞자리이므로 동사를 꾸겨주는 부사자리.

|어휘| calmly 침착하게 issue a recall 리콜을 발표하다 defective 결함이 있는 shareholder meeting 주주총회

121 **The Victory Coffee Shop has become** the **increasingly** popular **venue** (among youngsters) (**since introducing a new**
         S   V   C   부사절축약형 or 전+명사구
line of fruit smoothies).

|오답| increase, increases, increasing

Victory Coffee Shop은 새로운 과일 스무디를 선보인 이래로 젊은이들 사이에 점점 더 인기 있는 장소가 되었습니다.

|해설| 매우 자주 출제되는 빈출유형으로 increasing은 단연 오답 1순위! 다음 자세한 설명을 참고하자.

 increasingly + 형 + n.

	popular	**venue**
부사 or 형용사	형	n.

빈칸에는 형용사와 부사가 구조상 둘 다 가능하다. 형용사를 꾸며준다면 부사자리. 명사를 꾸며준다면 형용사자리. 그러므로 의미상 따져봐야 하는 문제.

increasing popular venue (×)

increasing을 쓰면 '형용사' 역할이 되므로 의미상 venue를 꾸며줘야 한다. '~ing' 형용사는 수식 받는 명사와 의미상 'S–V'관계가 성립해야 하는데 "장소가 증가하다(X)"는 성립하지 않는다. 장소의 인기가 증가할 수는 있지만, 장소 자체가 증가할 수는 없다.

increasingly는 특히나 '부사+형용사+n.'구조로 잘 쓰이며, increasing이나 increasingly냐를 물어보는 문제는 매우 자주 출제되는 빈출유형! 그러므로 대표적인 예문은 반드시 하나 외워두자. increasingly 뒤에 나오는 형용사는 '동사'처럼 해석해줘야 자연스럽다.

increasingly popular venue	점점 더 인기 있어지는 장소
increasingly competitive market	점점 더 경쟁이 치열해지는 시장
increasingly strong yen	점점 더 강세를 띠는 엔화

|어휘| increasingly 점점 더, 매우 venue 장소

122 The recent **developments** (of the productivity improvement program) **are considered** (to be unprecedented) (by many

難易度
★★★
                S   be p.p   OC (준동사구—기타구)

experts).

|오답| considerably, considering, to consider

생산성 개선 프로그램의 최근 개발은 많은 전문가들에 의해 전례 없는 것으로 간주되고 있다.

|해설| 난이도 최상의 문제. considerably는 오답 1순위. [be ___ 형용사] 형용사 앞 자리이므로 형용사 수식하는 부사를 고르기 쉽다. considerably는 구조상은 가능하나, 의미상 어울리지 않는다. 'considerably unprecedented – 상당히 전례 없는(×)'. considerably는 '(양이 많아서) 상당히'라는 의미이므로 '상당히 증가했다'와 같이 '증가/감소' 의미를 가지는 동사들과 짝꿍으로 쓰인다. '전례 없는'이라는 형용사는 '양'과는 관련이 없기 때문에 어울리지 않는다. 정답 해설은 아래박스를 살펴보자.

>
> **핵심** consider의 5형식 수동태
>
> consider동사는 5형식 동사로, 목적보어자리에 형용사가 오기도 하지만, to부정사가 오기도 한다.
>
>   I consider it <u>necessary</u> ⇨ It is considered <u>necessary</u>.
>   = I consider it <u>to be necessary</u> ⇨ It is considered <u>to be</u> necessary.
>   나는 그것이 필요하다고 간주한다 ⇨ 그것은 필요한 것으로 간주된다
>
> 그러므로 수동태로 쓰이면 'be considered to be + 형용사'의 구조가 가능하다.

|어휘| unprecedented 전례 없는 experts 전문가

123 **Cybob has been one** (of the most **commonly** used operating systems for smartphones) (for the last five years).
       S   V   C

|오답| eligibly, exactly, neutrally

Cybob는 지난 5년간 스마트폰을 위해 가장 널리 사용되는 운영체계중의 하나였습니다.

|해설| 부사어휘문제. 부사어휘문제는 위치를 주의! 해당부사가 누구를 꾸며주고 있는지 구체적으로 파악해서 접근해야 한다. 전체문장을 두리뭉실하게 해석해서 접근하다가 오답을 고르는 경우가 많다. 여기서는 used 앞에 나왔으므로 used와 의미상 어울리는 부사를 고르는 문제. 'the most commonly used – 가장 널리 사용되는'. 'the most **eligibly** used – 가장 적당하게 사용되는(×)', 'the most **exactly** used – 가장 정확하게 사용되는(×)', 'the most **neutrally** used – 가장 중립적으로 사용되는(×)'.

|어휘| commonly 흔하게, 널리 system 운영체계 eligibly 적격하게, 적임으로 exactly 정확히, 틀림없이 neutrally 중립적으로, 애매모호하게

124 (With Lightspeed News' new online service), **subscribers receive** text **messages** (**whenever** a subject of interest to
                                           S   V   O   부사절

them is published).

|오답| therefore, however, furthermore

Lightspeed News의 새로운 온라인 서비스와 함께, 구독자들은 그들에게 흥미로운 주제가 출간될 때마다 문자 메시지를 받습니다.

|해설| 3초짜리문제. 보기 중에 접속사가 하나라도 있다면, 반드시 접속사 자리인지 아닌지를 먼저 확인한다. [전명구, S+V ___ S+V.] 빈칸은 두 개의 주절을 연결해 줄 접속사자리. whenever가 유일한 접속사. 나머지 보기는 모두 접속부사. **○ Reading교재 vol.2 p65 참고**

|어휘| text message 문자메시지 subject of interest 관심분야, 흥미로운 주제 whenever 접 ~할 때마다 therefore 부 그러므로 however 부 하지만, 그러나 furthermore 부 더욱이, 게다가

125

난이도
★☆☆

Latent Software's file transfer **software is compatible** (with Latent smart phones) (produced after March of this year).
                                        S   V   C   준동사구–형

|오답| reportable, reflective, conclusive

Latent Software사의 파일 전송 소프트웨어는 올 3월 이후에 생산된 Latent 스마트폰과 호환됩니다.

|해설| 형용사어휘문제. 'A is compatible with B: A는 B와 호환이 된다'. 전치사 with와 짝꿍.

|오답해설| 오답으로 쓰인 형용사들은 전부 생소한 형용사들이다. 많이 쓰이는 형용사들이 아니므로 참고만 해두자. 대표적인 표현들을 살펴보자. '**reportable** illness – 보고의 의무가 있는 질병', 'A is **reflective** of B – A는 B를 반영한다', '**conclusive** evidence – 결정적인, 확실한 증거'.

|어휘| file transfer 파일 전송

126

난이도
★★☆

Online game distribution **company**, Joinus, **occasionally** **holds** huge **sales** (to arouse consumer interest).
                               S   동격명사   V   O   준동사구–부

|오답| recently, lately, previously

온라인 게임 배급업체인 Joinus는 때로로 고객들의 관심을 불러일으키기 위해서 대대적인 할인행사를 개최합니다.

|해설| 부사어휘문제. 부사 중에는 항상 특정 '시제'와 짝꿍이 되는 부사들이 있다. 보기에 이 부사들이 등장하면 동사의 시제부터 확인한다. occasionally는 현재시제와 짝꿍. 나머지 부사들은 모두 과거, 현재완료와 짝꿍이므로 탈락. 아래 '시제' 짝꿍 부사는 반드시 외우고 가자! 빈출유형!

|어휘| distribution 배급, 유통 arouse 불러 일으키다 consumer interest 소비자 관심

핵심 특정시제와 늘 짝꿍이 되는 부사

현재 짝꿍	과거, 현재완료	과거
usually 늘, 보통 **normally** 보통 **typically** 일반적으로 **customarily** 일반적으로 **frequently** 빈번하게 **occasionally** 가끔 **regularly** 정기적으로	**recently** 최근에 **lately** 최근에 **previously** 이전에 **formerly** 이전에	**once** 한때 (once가 '한 번'으로 해석될 때는 시제와 상관 없다) **ago** 전에
	현재, 현재진행	미래
	currently 현재	**soon** 곧

초빈출 유형으로써, 오답률이 높은 문제! 보통 해석을 할 때, 동사의 뜻 만보고, 시제는 간과하는 경우가 허다하다. 그러므로 시제가 단서가 될 때 오답률이 높아진다. 위의 부사들은 반드시 외워두고, 보기에 이들이 등장하면 시제부터 확인하자. ○ Reading교재 vol.2 p207 참고

127 The temporary waiting **area is located** (slightly past the airport entrance) (on the right side of the roadway).

                 S   be p.p

|오답| into, over, among

임시 대기실은 도로 오른편 공항 출입문을 약간 지나서 위치해 있다.

|해설| past는 전치사 기능도 가지고 있다. 시간, 장소 명사와 함께 쓰이며 '~을 지나서'의 의미. 'ten past six: 6시를 지나서 10분 => 6시 10분'.

---

128 **Invoices are mailed** (on a monthly **basis**) (to all Grove Cable Services customers).

     S   be p.p

|오답| base, based, basing

송장들은 한달 기준으로 모든 Grove Cable Services 고객들에게 우편으로 보내집니다.

|해설| 어형문제. [전치사+관사+형용사 ____] 빈칸은 명사자리. basis는 늘 on과 짝꿍이므로 묶어서 외워두자.

> **on** a regular **basis** 정기적으로 **on** a part-time **basis** 파트타임으로

|어휘| invoice 송장 on a monthly basis 한달 기준으로, 월 단위로 be based on ~에 기초하다, 근거하다 base 기반, 기초, 본사

  핵심 monthly는 형용사도 되고, 부사도 되고

시간단위에 ly를 붙이면, 형용사/부사 2가지 기능을 모두 가진다.

a **monthly** meeting   [형용사] 월간 미팅
We have a meeting **monthly**.   [부사] 우리는 매달 미팅을 가진다

daily, weekly, yearly..

---

129 Sales (of Morton Refrigerators) **have improved** (since it **launched** innovative advertising campaign in May).

난이도
★☆☆
     S   V   부사절

|오답| educated, participated, appeared

5월에 혁신적인 광고 캠페인을 시작한 이래로 Morton Refrigerators사의 판매량은 향상되어 왔습니다.

|해설| 동사어휘문제. 빈칸 뒤에 명사(목적어)가 있으므로 자동사는 모두 탈락. 'it appears effective – 그것은 효과적이어 보인다(2형식 자동사)', 'participate in the meeting – 미팅에 참석하다(자동사)'. 둘 다 자동사이므로 탈락. 목적어와 의미상 어울리는 동사는 launch. '광고활동을 시작하다'. launch는 '출시하다' 외에도 '시작하다'의 의미로 잘 쓰인다. educated의 목적어는 항상 '사람명사'.

|어휘| launch 출시하다, 시작하다 innovative 혁신적인 educate 교육하다 participate (in) ~에 참여하다 appear 등장, 나타나다, ~처럼 보이다

TEST 05

130
난이도
★★☆

(**Despite** the issues) (**many users reported**) (**when it was first launched**), **Norse Playbox has been rated** the best video
　　　　형용사절(목적격 관계대명사 생략)　　　　　부사절　　　　　S　　　　be p.p
game console (of all time).
　　　OC

|오답| On the other hand, As a matter of fact, Eventually

처음 출시되었을 때 많은 이용자들이 신고했던 문제점들에도 불구하고 Norse Playbox는 지금껏 최고의 비디오 게임기로 평가 받았습니다.

|해설| [＿＿＿ +n.+형용사절+부사절.] 형용사절과 부사절은 모두 '살'에 해당하는 수식어구이므로 걷어내고 나면, 빈칸은 명사를 연결하는 전치사 자리. 보기 중에 전치사는 하나뿐이므로 **despite**가 정답. **On the other hand**와 **as a matter of fact**는 전명구이므로 모두 '부사구'가 된다. 부사구는 명사를 연결할 수 없다. **eventually**도 부사이므로 명사를 연결할 수 없다.

|심층분석| 여기서 **rate**는 5형식으로 쓰였다. 앞서 **TEST 04 143~146**번 해설에서 명사목적보어를 취하는 5형식 동사들을 살펴봤다. **p183** 참고. **rate**는 동사어휘문제로 잘 출제되는 동사는 아니다. 혹시 독해할 때 이런 구조로 나오면 해석만 잘 해주면 된다.

> **S rated Playbox the best video console** ▷ **Playbox was rated the best video console**
> **Playbox**는 최고의 게임기로 평가되었다 (**Playbox** = 최고의 게임기: 동격의 관계)

|어휘| **launch** 출시하다, 착수하다 **rate** 동 평가하다 **game console** 게임기 **of all time** 역대, 지금껏 **despite**(=in spite of) ～에도 불구하고 **on the other hand** 다른 한편 **as a matter of fact** 사실상 **eventually** 궁극적으로, 결국에는

Paulina's Hair Salon and Manicure is holding a community get-together to celebrate our _____ on Saturday, April 16. All members of the community
131.
are welcome to come by our shop from 12 p.m. to 5 p.m. for games (with prizes!), food, drinks, and style advice from our experienced stylists. You'll
also be able to _____ a voucher good for 25% off any hair styling service
132.
such as cuts, perms, and coloring. We will only be able to give out one
voucher _____ visitor. _____. For more details, call us at 555-6833.
133.   134.

Paulina's Hiar Salon and Manicure는 4월 16일 토요일에 기념일을 축하하기 위해 지역모임을 개최할 것입니다. 이 지역의 모든 분들은 (경품이 있는) 게임, 음식, 음료 및 오랜 경력의 저희 전문가로부터 스타일 조언을 받기 위해 오후12시에서 5시까지 저희 매장에 들려주시기 바랍니다. 커트나 파마, 염색과 같은 헤어 서비스에 대해 25% 할인을 받을 수 있는 쿠폰 또한 받아 가실 수 있습니다. 방문객 한 분당 1개의 쿠폰만을 나눠드릴 것입니다. 이번 모임 후 한달 동안 이 쿠폰은 유효할 것입니다. 더 자세한 사항은 555-6833으로 전화 주시기 바랍니다.

|어휘| get-together 모임 come by 들르다, 잠시 방문하다 voucher 무료이용권 good (voucher, coupon 등과 함께 쓰이면) 유효한 coloring 염색 per ~ 당, ~마다

131. (D) anniversary |오답| (A) appointment (B) nomination (C) completion

|해설| 동사 celebrate의 목적어로써 어울리는 명사는 기념일인 anniversary. 'celebrate an anniversary: 기념일을 축하하다'.

난이도
★☆☆

132. (A) pick up |오답| (B) find out (C) pay back (D) keep on

|해설| pick up은 다양한 의미로 쓰인다. 1) (물건을) 받아 가다 [ex] pick up the tickets – 티켓을 찾아가다, pick up the laundry – 세탁물을 수거해가다. 2) (차에 사람을) 태워가다 [ex] I'll will pick you up on my way to work – 회사에 가는 길에 너를 태워갈게. 3) 집어 들다 [ex] pick up the phone – 전화기를 들다 ⇒ 전화를 받다. 본문에서는 '쿠폰을 받아가다' 1)번의 의미.

|오답해설| find out이 오답 1순위. find 혼자 쓰였다면 정답이 될 수 있지만 find out은 전혀 다른 의미. find는 '발견하다, 찾다'. find out은 '알아내다, 알게 되다'의 의미로 보통 목적어 자리에 명사절이 나오거나 혹은 자동사로 쓰인다.

I **found out** that he was fired. 나는 그가 해고됐다는 것을 알게 됐다.
He will **find out** about it. 그는 그것에 대해 알아낼 것이다.

133. (B) per |오답| (A) by (C) each (D) for

|해설| 빈칸은 명사를 연결해 주는 전치사 자리. 그런데 빈칸 뒤에는 사람명사(visitor)가 있다. 사람명사는 항상 셀 수 있는 '가산명사'. 가산명사는 혼자 단독으로 쓰일 수 없다. 반드시 앞에 관사가 있거나, 복수형으로 쓰여야 한다. [ex] a visitor, visitors. 여기서는 관사도 없고 복수형도 아니므로 일반 전치사 by, for는 쓰일 수 없다. per는 특이한 전치사로써, per 뒤에는 항상 가산명사가 단수형태로 나온다. [ex] per person – 한 명당, per song – 노래 하나 당. ❍ Reading교재 vol.2 p196 참고 each는 가산명사 단수형태와 짝꿍이 되지만, 수량형용사이므로 명사를 연결할 수 없다. 'give out one vaucher each visitor(×), give out one voucher for each visitor(○)' 전치사 for가 있어야 가능.

134. (C) It will be valid for one month after the get-together.	(C) 이번 모임 후 한달 동안 이 쿠폰은 유효할 것입니다.
(A) Food and drinks will not be available during later visits.	(A) 늦게 방문하시면 음식과 음료가 제공되지 않을 것입니다.
(B) Our usual hours of operation are from 9 a.m. to 8 p.m. Monday to Saturday.	(B) 저희 일반 영업시간은 월요일부터 토요일까지 오전9시에서 오후8시 입니다.
(D) Winners of the games will be announced at the end of the get-together.	(D) 게임의 승자는 모임이 끝날 때쯤에 발표될 것입니다.

|해설| 빈칸 앞 문장에서 쿠폰에 대해 언급했으므로 쿠폰의 유효기간을 설명한 (C)가 정답. 문장 찾기의 가장 기본은 빈칸 앞, 뒤 문장과 공통된 내용이 들어있는 문장을 찾는 것!

TEST 05

To: Factory Staff
From: Paul Carning, Director of Operations
Date: December 15
Subject: Machine malfunction

The other day, one of our workers on the packing floor noticed that the _____ control knob for the machine that we use to seal the bags of cereal
135.
doesn't seem to be working properly.

The display shows that the machine is much hotter than it actually is. Even with this problem, the machine itself seems to be _____.
136.

We have scheduled a machine technician to come and take a look at the machine and fix the problem with the knob. _____. Until the repairs are
137.
complete, please _____ every bag closely so that we can be sure they are
138.
being sealed properly.

If you find any bags that have not been properly sealed, please set them aside so the cereal can be repackaged later.

수신: 공장 직원들
발신: Steve McGintley, 관리 이사
날짜: 6월 11일
제목: 내부 기기 이상 문제

일전에 포장담당 층에 있는 저희 직원 중 한 명이 우리가 시리얼 봉투를 밀봉하기 위해 사용하는 기계에 온도조절기가 제대로 작동하지 않는다는 것을 알아챘습니다.

계기판은 그 기계가 실제보다 더 뜨거운 것처럼 보여주고 있습니다. 이 문제에도 불구하고 기계 자체는 제대로 작동하는 것으로 보입니다.

장비 기술자가 방문해서 기계를 살펴보고 조절기 관련 문제를 해결하도록 일정을 잡았습니다. 그는 오늘 오후 3시쯤에 현장에 도착할 것입니다. 수리가 끝날 때까지 봉투가 제대로 밀봉되고 있는지 확실히 하기 위해 모든 봉투를 면밀히 검사해주시기 바랍니다.

제대로 밀봉되지 않은 봉투를 보시면, 시리얼이 나중에 다시 포장될 수 있도록 이 봉투들을 따로 분리해주시기 바랍니다.

|어휘| the other day 이전에, 며칠 전에 (관용표현–전치사 없이 부사구 역할) knob 손잡이 temperature control knob 온도조절기 seal 밀봉하다 function 작동하다 functional 작동하는, 기능적인 inspect 검사하다 closely 면밀히, 꼼꼼히 set s.t aside 따로 떼어놓다. 비축하다

135. (B) temperature |오답| (A) speed (C) timing (D) pressure
|해설| Context Question. 다음 문단에 보면, 계기판이 보여주는 것만큼 뜨겁지 않다고 언급했으므로, 문제가 되는 것은 온도관련 조절기다.

난이도 ★★☆ **136. (C) functional** |오답| (A) outdated (B) familiar (D) replaceable
|해설| 앞에 나온 'Even with this problem'을 제대로 이해했는지 물어보는 문제. 'even with s.t'은 '양보'적으로 해석된다. '~가 있음에도 불구하고, ~인데도'. 'even with this problem – 이러한 문제가 있음에도 불구하고'라고 했으므로 뒤에는 긍정적인 의미가 나와야 한다. 'functional – 이러한 문제에도 불구하고 기계는 작동된다(○)'. 'outdated – 이러한 문제에도 불구하고 기계가 낡았다(×)'. outdated는 '낡은, 시대에 뒤떨어진'의 부정적인 의미이므로 오답.

137. (A) He will arrive on site around 3 p.m. this afternoon.	(A) 그는 오늘 오후 3시쯤에 현장에 도착할 것입니다.
(B) The machine has be taken to the repair center and will come back next week.	(B) 기계는 수리센터로 보내졌고 다음주에 돌아올 것입니다.
(C) The packing floor will close until the repairs have been carried out.	(C) 포장 층은 수리가 진행될 때까지 폐쇄될 것입니다.
(D) We will be offering any resealed bags of cereal to customers at a discount.	(D) 다시 밀봉된 봉투의 시리얼들은 고객들에게 할인 가격에 제공될 것입니다.

|해설| 빈칸 앞 문장에서 기술자가 방문할 것이라고 했고, 뒤 문장에서는 수리가 끝날 때까지의 주의사항을 설명하고 있다. 그러므로 빈칸에는 수리작업을 할 기술자와 관련된 문장이 들어가야 한다. 기술자에 대해 언급한 유일한 문장인 (A)가 정답.

138. (B) inspect |오답| (A) are inspecting (C) to inspect (D) inspected
|해설| 주어 없이 please 뒤에 바로 동사가 나왔으므로 명령문. 명령문 앞에는 부사 please가 잘 따라 붙는다. 명령문은 항상 동사원형으로 시작한다.

To: Employees
From: Haley Griggs
Re: Workshops
Date: March 4

The system used by the human resources department is currently being updated. Since it is essential that all affected managers using the system understand the changes, ------- in charge of reporting staff members' working hours will have to attend one of our training sessions.
139.

These ------- for March 9, 8, and 10 from 2 p.m. to 3 p.m. Let the
140.
information technology department supervisor know which date would be best for you via e-mail at inftech@preeton.com.

Should you be ------- during these dates, please e-mail me at hgriggs@
141.
preeton.com. -------.
142.

수신: 직원들
발신: Haley Griggs
제목: Workshops
날짜: 3월 4일

인사과에서 사용중인 시스템이 현재 업데이트 중입니다. 이 시스템을 사용중인 모든 관련 매니저들이 이 변경 사항을 숙지하는 것은 매우 중요하기 때문에, 직원들의 근무시간을 보고하는 일은 담당하는 분들은 교육 세미나 중 하나에 참석해 주셔야 합니다.

세미나는 3월 8일부터 10일까지 3일 동안 오후 2시부터 3시까지로 예정되어 있습니다.

저희 IT 관리자에게 어느 날짜가 귀하에게 가장 좋은지를 inftech@preeton.com으로 알려주세요. 당신이 이 날짜에 오실 수가 없으면 hgriggs@preeton.com으로 저에게 이메일을 주세요. 단체 교육에 참여하지 못하는 분들은 제가 직접 개별적으로 교육 시킬 것입니다.

핵심 Should~ 가정법 미래 도치구문

Should you be unavailable during these dates, please e-mail me
⇨ **If you should be** unavailable during these dates, please e-mail me
혹시라도 이 날짜에 시간이 나지 않으신다면, 저에게 이메일을 보내주세요.

가정법 미래 시제는 if절에 항상 should가 나온다. '(그럴 가능성은 별로 없겠지만) 혹시, 행여라도'라는 뉘앙스. 그런데 가정법 미래시제는 도치구문으로도 잘 쓰인다. 파트5 문제로도 출제되므로 잘 익혀두자. should뒤에서 'ㅈ어와 동사'의 자리가 바뀌어 있다면 '가정법 미래구나'라고 알아보면 된다. ● Reading교재 vol.1 p244 참고

|어휘| human resources department 인사과 essential 필수적인 in charge of 담당하는 be scheduled for +날짜/시간 ~로 예정되다

139. (C) those |오답| (A) that (B) this (D) them
|해설| those는 항상 뒤에 수식어구를 수반하면서 '~하는 사람들'이라는 의미로 잘 쓰이는 대명사.

> **those** who wish to study hard 공부하기를 원하는 사람들   [형용사절 수식]
> **those** wishing to study hard 공부하기를 원하는 사람들   [형용사구 수식]
> **those** in charge 담당하는 사람들 = 담당자   [전명구 수식]

특히 수식어구 중에 전명구가 나올 때 오답률이 높아진다. 뒤에 전명구가 나왔는데 해석해보니 '~하는 사람들'이 된다면 **those**가 정답! them은 인칭대명사. 인칭대명사는 수식어구를 수반할 수 없으며 항상 단독으로 쓰인다. 'them who~ (×), them in charge(×)'. ● Reading교재 vol.2 p158, 164 참고

140. (D) have been scheduled |오답| (A) schedule (B) are scheduling (C) were to be scheduled

|해설| 동사어형문제. 동사어형문제 접근법 p10 참고 1) 구조. 빈칸은 본동사 자리이며, 보기의 동사들은 모두 본동사. 2) 태. 빈칸 뒤에 목적어가 없으므로 수동태. (A), (B) 탈락. (C)는 'be to' 용법으로 의미상 탈락. 'be to'용법은 아래 참고. 그러므로 (D)가 정답.

141. (A) unavailable |오답| (B) interested (C) inattentive (D) concerned

|해설| Context Question. 다음 문장에서 '참석할 수 없는 사람들은 본인이 개별지도 한다'고 언급했으므로 빈칸은 '올 수 없다'는 의미가 되어야 한다. 사람주어와 함께 unavailable이 쓰이면 '시간이 나지 않는, 바쁜, 올 수 없는'의 의미.

142. (C) I will train those who cannot participate in a group session myself individually.	(D) 단체 교육에 참여 하지 못하는 분들은 제가 직접 개별적으로 교육 시킬 것입니다.
(A) Working hours should be reported to your supervisor at the end of the week. (B) The human resources department will notify us when the update has been completed. (D) Training sessions have been considered quite successful by many participants.	(A) 근무시간이 이번주 말에 상관에게 보고되어야 한다. (B) 인사과는 업데이트가 완료될 때 우리에게 알려줄 것입니다. (C) 많은 참석자들에 의해 교육과정은 매우 성공적이었던 것으로 평가되었습니다.

|해설| 빈칸 앞의 내용을 보면, 새로운 시스템이 도입되었고, 이를 위한 교육세미나 일정이 잡혀있다고 했다. 바로 앞 문장에서는 '이 날짜에 올 수 없는 분들은 저에게 연락해주세요'라고 했다. 그러므로 이 날짜에 올 수 없는 사람들은 어떻게 해야 하는지에 대한 설명인 (C)가 정답.

Question 143-146 기사

Red Hot Barbecue Increases the Heat in Omaha

The best barbecue restaurant in Alabama, Red Hot Barbecue ------- a huge selection of their spicy dishes to Omaha.
143.

-------. For the new design, the owners took inspiration from the street
144.
vendors in the uptown region. The new Omaha Red Hot Barbecue branch opened two weeks ago at 89 Wimbley Drive and is ------- small that all
145.
food is served for takeout only.

The delicious barbecue sandwiches and meat platters are sure to please any barbecue fanatics and spice-lovers. -------, the restaurant has a
146.
variety of specialty salads, side dishes, and more.

Red Hot Barbecue 오마하에 열기를 끌어올리다
알라바마에 있는 최고의 바비큐 식당인 Red Hot Barbecue가 그들의 다양한 자극적인 음식을 오마하에 가지고 왔습니다.

원래 식당의 배치도가 변경되어야 했습니다. 새로운 디자인을 위해서 식당 주인들은 업타운 지역의 노점상으로부터 영감을 얻어냈습니다. 새로운 오마하 Red Hot Barbecue 지점은 Wimbley Drive 89번지에서 2주전에 오픈했으며 너무 작아서 모든 음식은 테이크아웃만 가능합니다.

맛있는 바비큐 샌드위치와 고기 모둠요리는 바비큐 매니아들과 자극적인 음식을 좋아하는 사람들을 분명히 만족시킬 것입니다. 또한 이 식당은 다양한 전문 샐러드와 사이드 메뉴 등을 가지고 있습니다.

|어휘| a hug selection of(= a collection of, a variety of, a range of, an array of) 다양한 layout 배치, 설계 inspiration 영감 street vendor 노점상 take out 테이크 아웃(포장해서 음식을 가지고 가는 것) platter 모둠 요리(다양한 요리법으로 요리된 음식을 모아놓은 것) fanatic (∼에) 광적인 사람, 매니아

난이도 **143.(D) has brought** |오답| (A) will bring (B) was bringing (C) to bring
★★☆
|해설| Context Question. 파트6에 등장하는 대부분의 동사어형문제는 시제문제이고, 더부분이 Context Question이다. 그러므로 문맥을 잘 파악해서 풀어야 한다. 두 번째 문단을 보면 '가게가 2주전에 오픈했다'고 언급되어 있다. 그러므로 이미 시카고에 진출한 상태. '이 식당은 시카고에 다양한 음식을 가져다 주었다'가 되야 하므로 과거나 현재완료시제가 나와야 한다. 미래시제인 (A)는 오답. (B) was bringing은 과거진행으로 '시카고에 가지고 오는 중이었다(×)'는 의미상 어색하다.

144. (B) The original layout of the restaurant had to be changed.	(B) 원래 식당의 배치도가 변경되어야 했습니다.
(A) Residents of Omaha have never experienced such spicy barbecue.	(A) Omaha의 주민들은 이렇게 맛이 강한 바비큐를 경험해본 적이 없습니다.
(C) Some food critics gave rave reviews for the food.	(C) 몇몇 비평가들은 음식에 대해 호평을 했습니다.
(D) Making a reservation is recommended as seating is limited.	(D) 자리가 제한적이라서 예약을 하는 것이 권고됩니다.

|해설| 뒤 문장은 가게의 디자인에 대한 구체적인 언급을 하고 있다. 그러므로 빈칸에도 가게 디자인과 관련된 문장이 정답. 문장찾기 문제는 항상 의미상 연결된 내용을 찾아오는 것이 Key!

145. (D) so |오답| (A) truly (B) very (C) such
|해설| 'so that' 용법. [ex] It is so dark that I can't see you – 너무 어두워서 당신을 볼 수가 없다. so가 형용사나 부사를 수식하면 뒤에 that절이 추가적으로 나온다. '너무 ∼해서 ∼한다'로 해석. ◑ Reading교재 vol.2 p21 참고 very는 부사이므로 small을 수식할 수는 있지만, very를 쓴다면 뒤에 that절이 추가로 나올 수 없다. 그러므로 보기 중에 so가 등장한 경우, 뒤에 that절이 추가로 또 나왔는지를 반드시 확인한다. that절이 추가로 등장하면, very와 같은 일반 부사는 정답이 될 수 없다.

146. (A) In addition |오답| (B) On the contrary (C) Therefore (D) instead
|해설| Context Question. 접속부사문제. 앞 절과 뒤 절을 의미상 연결해주어야 한다. '다양한 메인 요리를 판다 ____ 그 밖의 다른 요리도 있다'. 부가적인 내용을 소개하고 있으므로 '또한, 게다가'의 의미인 in addition이 정답. 'on the contrary 반대로', 'therefore 그러므로', 'instead 대신에'.

NOTICE

TO: Staff of Hill County Hospital
FROM: Sylvester Trent, Building Superintendent
TIME: 148March 7
SUBJECT: Construction in the near future

147The East Side parking garage will undergo construction from April 2 to April 7 and will not be available for use. Staff who usually park on the East Side parking garage are asked to use the public parking lot on Vern Avenue. Complimentary parking vouchers will be given to all staff from Hill County Hospital. A shuttle bus will also run from the parking lot to the South Wing of the hospital. 148To obtain the vouchers, please bring your employee registration cards and your car's registration cards to the accounting office in the Haverson Building tomorrow between 8 a.m. and 4 p.m.

공지

수신: Hill County 병원 직원
발신: Sylvester Trent, 건물 관리소장
날짜: 1483월 7일
제목: 임박한 공사

1474월 2일부터 4월 7일까지 동문 주차장에 공사가 있어서 이용할 수 없습니다. 평상시에 동문 주차장에 주차를 하셨던 직원들은 Vern Avenue에 공영 주차장을 이용해 주시기 바랍니다. Hill County Hospital 직원들께는 무료 주차권을 발급해 드립니다. 또한 셔틀버스가 주차장에서 병원 남동 별관까지 운행됩니다. 148 무료 이용권을 받으시려면, 내일 오전 8시와 오후 4시 사이 사원 등록증과 차량등록증을 Haverson Building 내 경리부로 가져오시기 바랍니다.

|어휘| superintendent 감독관 in the near future(=in the foreseeable future) 가까운 미래에 undergo 겪다, 경험하다
[ex] undergo construction/renovation/repair 공사/개조/수리를 하다 voucher 무료이용권 usually(=normally, generally, typically, customarily) 보통, 일반적으로 complimentary 무료의 obtain 얻다, 획득하다, 따다

---

147. What is being announced?
(A) The shutdown of a street in an area
(B) The ending of a complimentary shuttle bus
(C) An enrollment procedure for employee registration cards
(D) A temporary change in parking areas

무엇이 안내 되고 있는가?
(A) 지역의 도로 폐쇄
(B) 무료 셔틀 버스의 종결
(C) 사원 등록증의 등록 절차
(D) 주차장의 임시 변화

|해설| 주차장이 공사로 인해 임시 폐쇄될 것이므로 셔틀버스를 이용하는 등의 대안 서비스를 소개하고 있다.

---

148. When will parking vouchers be given out?
(A) On March 7
(B) On March 8
(C) On April 2
(D) On April 7

언제 주차 이용권이 배포되는가?
(A) 3월 7일
(B) 3월 8일
(C) 4월 2일
(D) 4월 7일

|해설| 무료이용권을 받으려면 내일 8시에서 4시 사이에 방문하라고 지시하고 있다. 이 글을 쓴 날짜가 3월 7일 이므로, 내일은 3월 8일.

Question 149-150 편지

Riverton Library
September 2
Kim Burns
982 Valley Drive
Reno, NV 89503

Dear Ms. Burns:

According to our records, as of October 3, your membership will no longer be valid. 149 If you would like to continue borrowing books from our library for one more year, please renew your membership by 150 bringing your library card and an identification card with your present address to the information desk. You will have to change your 5-digit personal identification number, but your membership number will not be changed. If you have any outstanding overdue charges for books or other items, they must be paid upon renewal.

Regards,

Steven Kimball, Riverton Library Membership Services

Riverton 도서관
9월 2일
Kim Burns
Valley Drive 982번지
89503 NV Reno

Burns씨에게

저희 기록에 따르면, 10월 3일 자로, 귀하의 회원자격이 더 이상 유효하지 않습니다. 149향후 1년 더 저희 도서관에서 책을 대출하기를 원하시면, 도서관 카드와 150현주소가 있는 신분증을 들고 안내데스크로 오셔서 회원 자격을 갱신하십시오. 귀하는 비밀번호 다섯 자리를 변경해야 하지만, 회원번호는 변경되지 않을 것입니다. 책이나 기타 물품에 미지급된 연체금이 있다면, 갱신 시에 납부되어야 합니다.

Riverton 도서관 회원 관리부 Steven Kimball 드림

|어휘| as of 날짜 ~로부터 valid(=good = effective = in effect) 유효한 renew 갱신하[]다 personal identification number 개인 신원조회 번호, 비밀번호 present address 현 주소 digit 숫자의 자릿수 [ex] five-digit 다섯 자리의 outstanding 1) 미지급된, 2) 뛰어난 overdue charges 연체료 upon renewal 갱신 시에

---

149. Why was this letter written?

(A) To promote a new library program
(B) To verify a new identification number
(C) To explain procedures for starting a membership
(D) To explain how to renew membership

이 편지는 왜 쓰여졌나요?

(A) 신규 도서관 프로그램을 홍보하기 위해서
(B) 신규 비밀번호를 확인하기 위해서
(C) 회원 가입을 위한 절차를 설명하기 위해서
(D) 회원 갱신 방법을 설명하기 위해서

|해설| 회원가입이 만료되므로 신분증을 가지고 와서 갱신하도록 방법을 설명해 주고 있다.

난이도
★☆☆

150. What is Ms. Burns instructed to bring to the information desk?

(A) Evidence of her current residence
(B) A recent picture of herself
(C) Any overdue library items
(D) Her new membership number

Burns씨는 안내데스크에 무엇을 가져오도록 지시 받고 있는가?

(A) 그녀의 현 주거지 증명서
(B) 그녀의 최근 사진
(C) 연체된 도서관 물품
(D) 그녀의 신규 회원 번호

|해설| 회원갱신을 위해서 현 주소가 적혀있는 신분증을 가지고 오라고 요구하고 있다.

JESSICA HEIDECKER	1:16 PM
Frank, are you available to meet some clients tomorrow?	

JESSICA HEIDECKER	1:17 PM
151 PLR Labs liked your magazine ad and wanted some online ad ideas.	

FRANK DURDEN	1:19 PM
Tomorrow? I thought we were meeting them Thursday.	

FRANK DURDEN	1:20 PM
I can't come up with a whole ad proposal by tomorrow.	

JESSICA HEIDECKER	1:21 PM
Not an entire proposal.	

JESSICA HEIDECKER	1:22 PM
They just want to bring some ideas back to their director.	

FRANK DURDEN	1:23 PM
Just some ideas? 152 No sweat.	

JESSICA HEIDECKER	1:24 PM
Great. We'll meet them tomorrow at 2 in the lobby.	

JESSICA HEIDECKER	1:16 PM
Frank, 내일 고객들과 만날 시간이 있나요?	

JESSICA HEIDECKER	1:17 PM
151 PLR Labs이 당신의 잡지 광고를 마음에 들어 해서 인터넷 광고를 위한 아이디어를 받기를 원합니다.	

FRANK DURDEN	1:19 PM
내일이요? 저는 목요일에 만난다고 생각했는데요.	

FRANK DURDEN	1:20 PM
내일까지는 전체 광고안을 만들 수가 없는데요.	

JESSICA HEIDECKER	

JESSICA HEIDECKER	1:22 PM
그들은 단지 아이디어를 좀 얻어서 그들의 이사에게 전달하고 싶어합니다.	

FRANK DURDEN	1:23 PM
아이디어 일부요? 152 문제도 아니죠.	

JESSICA HEIDECKER	1:24 PM
좋아요, 내일 2시에 로비에서 그들과 만납시다.	

151. What is indicated about Frank Durden's magazine ad?
(A) It took up the whole page.
(B) It won an award.
(C) A client found it pleasing.
(D) It can be completed by Thursday.

Frank Durden씨의 잡지 광고에 대해 언급된 것은?
(A) 이 광고는 페이지 전면을 차지했다.
(B) 이 광고는 상을 받았다.
(C) 고객들은 이 광고가 좋다고 생각했다.
(D) 이 광고는 목요일까지 완성 가능하다.

|해설| 첫 대화에서 Frank씨에게 고객을 만날 수 있냐고 물어봤고, 2번째 대화에서 PLR Labs가 Frank씨의 잡지광고를 좋아한다고 했다. 그러므로 PLR Labs가 고객임을 알 수 있다.

152. At 1:23 PM, what does Mr. Durden mean when he writes, "No sweat"?
(A) The temperature is very cool.
(B) He hasn't been working hard today.
(C) He doesn't have any new ideas.
(D) He will have no problems with the request.

1시 23분에 Durden씨가 "No sweat"이라고 쓸 때 무엇을 의미하고 있는가?
(A) 온도가 매우 차갑다.
(B) Durden씨는 오늘 열심히 일하지 않았다.
(C) Durden씨는 새로운 아이디어를 전혀 가지고 있지 않다.
(D) Durden씨는 그 요청과 관련하여 전혀 문제가 없다.

|해설| no sweat은 no problem과 비슷한 의미. 문맥상 따져보아도, 다음 문장에서 Great이라는 반응을 얻어낸 걸로 보아 긍정적인 의미임을 알 수 있다.

Join in on the fun!

Event: The world premiere of Hawk's Ascent, 153 the new movie from director Hans Mixler

Location: Gaverton Theater, Portland, OR

Time: Sunday, August 14. A bus leaves employee parking lot at 4:00 p.m.

Tentative time of return: 11:30 P.M.

Price: $30.00 per guest 155 includes transportation, dinner, and admission to the 7:00 showing. 154 Guests must pay when boarding the bus before departure. Guests will enjoy dinner at Chez Rouge. Snacks and beverages can be purchased at the concession stand before the movie begins.

Notice: If you'd like to join, please sign up using the sheet placed in the east break room. The sheet will be posted until 4:30 p.m. or August 8.

즐거운 행사에 참여하세요!

행사: Hans Mixler 감독의 153신작 영화 Hawk's Ascent 전세계 첫 상영

장소: 오리건 주 Portland, Gaverton 극장

시간: 8월 14일 일요일. 버스가 오후 4시에 사원 주차장을 출발합니다.

잠정 복귀 시간: 오후 11시 30분

가격: 일인당 30불이며 1557시 공연에 교통비, 저녁 식사비, 입장료가 포함된 가격입니다. 154출발 전 버스에 탑승 할 때 지불해 주셔야 합니다. Chez Rouge에서 저녁식사를 할 수 있고 스낵 및 음료는 영화 시작 전 구내 매점에서 구입 할 수 있습니다.

공지: 함께 보실 분들은 동쪽 휴게실에 놓여진 서식을 사용해서 등록하시면 됩니다. 서식은 8월 8일 오후 4시 30분까지 게재 될 것입니다.

|어휘| premiere 초연, 첫 상연 tentative 잠정적인 admission 입장, 입학 concession stand 구내 매점 break room 휴게실

153. What type of event is being publicized?
(A) A sightseeing tour
(B) A camping excursion
(C) A movie viewing
(D) A hiking trip

어떤 종류의 행사가 홍보되고 있는가?
(A) 관광 여행
(B) 캠핑 여행
(C) 영화 상영
(D) 하이킹

|해설| 사내주차장에서 버스를 타고 단체 영화상영을 위해 가는 것이므로 관광이라 할 수는 없다. 신작 영화 제목도 소개되고 있으므로 정답은 영화상영.

|보기어휘| excursion 짧은 단체 여행

154. Where should participants submit payment for the event?
(A) At the Gaverton Theater
(B) In the east break area
(C) At the reception desk
(D) On the bus

참가자들은 어디에서 행사를 위한 결제를 해야 하나요?
(A) Gaverton Theater에서
(B) 동쪽 휴게실에서
(C) 접수처에서
(D) 버스에서

|해설| 버스에 탑승할 때 지불해야 한다. 동쪽 휴게실은 행사에 신청하는 장소. 신청하고 나서 버스를 탈 때 결제를 해야 한다.

155. What is included in the price of the outing?
(A) Lunch
(B) Dinner
(C) Beverages
(D) Snacks

여행 가격에 포함 되어 있는 것은?
(A) 점심
(B) 저녁
(C) 음료
(D) 스낵

|해설| 여행가격에는 교통비와 저녁식사비, 입장료가 포함되어 있다. 음료와 스낵은 구내매점에서 구매할 수 있다고 했으므로 별도 구매.

Question 156-158   이메일

Zimmerman Furniture	Zimmerman Furniture
The best supplier of high quality home and office furniture for 30 years	30년 간 최고급 사무, 주택 가구 공급처

To register for a Zimmerman Furniture online account, click here.

156 There are many advantages of registering, such as:
- 157c Updates on sales sent via e-mail
- 157b Discount codes sent only to registered members
- 157a Faster order processing on our Web site

Entering your registration information is easy and takes only a few minutes. Just enter your contact information and your credit card information. Please be assured that we protect our customers' information securely 158 by using the latest encryption technology.

Zimmerman Furniture 온라인 계정에 등록하고자 하시면 여기를 클릭하세요.
156 등록하시면 많은 혜택들이 있습니다. 가령
- 157c 이메일로 발송되는 할인 행사에 대한 최신 소식
- 157b 가입고객에게만 제공되는 할인 코드
- 웹사이트에서의 보다 157a 빠른 주문 처리

귀하의 등록 정보를 입력하는 방법은 쉽고 겨우 몇 분이 소요됩니다. 단지 귀하의 연락처와 신용카드 정보를 입력하시면 됩니다. 저희는 158 최신 암호 기술을 사용해서 저희 고객 정보를 안전하게 보호해 드린다는 점을 안심하셔도 좋습니다.

|어휘| supplier 공급업자 register for(=sign up for, enroll in) 등록하다 advantage(=benefit) 이점, 혜택 such as ~와 같은 registered 등록된 processing 처리, 가공 enter 입력하다 be assured that ~이하를 보장받다, 분명히 확신하다 securely(=safely) 안전하게 / 단단히 [ex] Fasten your seat belt securely 안전벨트를 단단히 메 주세요 latest 최신의 encryption 암호

---

156. What is the reason for the Web page?

(A) **To encourage customers to register**
(B) To announce the opening of a new store
(C) To confirm the date of a delivery
(D) To request information about a purchase

웹 페이지의 목적은 무엇인가?

(A) **고객이 등록하도록 장려하기 위해서**
(B) 새로운 가게 오픈 소식을 알리고자
(C) 배송 날짜를 확인하기 위해서
(D) 구매 정보를 요청하기 위해서

|해설| 등록을 하면 여러 가지 혜택이 있음을 설명해주고 있으므로 (A)가 정답.

---

157. What is NOT mentioned as a benefit of membership?

(A) A quick process for ordering
(B) Special codes for discounted prices
(C) Notices about sales
(D) **Discounted delivery charges**

회원의 혜택으로 언급되지 않은 것은?

(A) 빠른 주문 처리
(B) 할인가를 위한 특별 코드
(C) 할인 소식 공지
(D) **할인된 배송 서비스**

|해설| 배송서비스 할인에 대한 언급은 없다. 나머지 보기는 지문에 표시된 내용 확인!

난이도
★☆☆

158. What is suggested about Zimmerman Furniture?

(A) It is a family-owned company.
(B) **It uses current security measures.**
(C) It ships items around the world.
(D) It has high reputation for quality.

Zimmerman Furniture사에 대해서 언급된 것은?

(A) 가족 소유의 회사다.
(B) **최신 보안 조치를 사용하고 있다.**
(C) 전세계로 배송한다.
(D) 품질에 대한 높은 평판을 가지고 있다.

|해설| 최신 암호기술을 사용해서 고객정보를 보호한다고 했으므로 (B)가 정답.

TEST 05

동시토익 05   241

To: Chris Barrett, Marketing Director.
From: Tricia Wallace, Chief Financial Officer
Subject: Aaron Copsy
Date: August 27

Dear Chris,

I heard that your division has secured multiple new contracts over the last month and that your team is short-handed.

159 I want to recommend Aaron Copsy for a position as a campaign designer on your marketing team. He is very diligent and intelligent, and I know it because 160 I have had him as an intern in my office for the last six months. He is very creative and works well with groups, as well as individually.

Mr. Copsy recently graduated from university with a degree in marketing and is hoping to start his career in that field with us at Carnet, Inc. I'm sure he would be a great asset to your team. If you have any questions, please contact me at any time.

Regards,

Tricia Wallace
Chief Financial Officer
Carnet, Inc.

수신: Chris Barrett 마케팅 이사
발신: Tricia Wallace CFO
제목: Aaron Copsy
날짜: 8월 27일

Chris씨에게

저는 최근에 귀하의 부서가 지난 한달 동안에 여러 신규 계약을 따냈으며 귀하의 팀이 일손이 부족하다는 것을 들었습니다.

159저는 당신의 마케팅 팀에 캠페인 디자이너 직책에 Aaron Copsy씨를 추천하고자 합니다. 160제가 지난 6개월간 그를 인턴으로 고용했기 때문에 그가 매우 부지런하고 지적이라는 것을 저는 알고 있습니다. 그뿐 아니라 그는 독창성이 뛰어나고 혼자서 뿐만 아니라 팀으로도 일을 잘 수행합니다.

Copsy씨는 최근에 마케팅 학위를 따고 대학을 졸업했으며 저희 Carnet 회사 내 그 분야에서 일을 시작해보고 싶어합니다. 그가 귀하의 팀에 유용한 인재가 될 것임을 저는 확신합니다. 혹시 궁금한 질문이 있으면 언제라도 저에게 연락 주세요.

Tricia Wallace
CFO
Carnet, Inc.

|어휘| multiple 여러 개의, 다수의 short–handed(= understaffed) 일손이 부족한 graduate from ~에서 졸업하다 asset 자산, 인재
at any time 아무 때나, 언제라도

---

159. What is reason for sending the e-mail?
(A) To explain a new recruitment procedure
(B) To make a recommendation
(C) To ask for details about new contracts
(D) To recommend a meeting place

이메일을 보낸 이유는 무엇인가?
(A) 신규 채용 절차를 설명하기 위해서
(B) 추천을 하려고
(C) 신규 계약에 대한 세부 사항을 요청하기 위해서
(D) 미팅 장소를 추천하려고

|해설| 본인이 인턴으로 채용했던 직원을 마케팅부서에 추천하고 있다.

---

160. What does the e-mail suggest about Ms. Wallace?
(A) She will work on a project with the marketing division.
(B) She works for Mr. Barrett.
(C) She is planning to change her career.
(D) She has worked with Mr. Copsy for six months.

이메일에서 Wallace씨에 대해 언급하고 있는 것은?
(A) 그녀는 마케팅 부서와 프로젝트 작업을 할 것이다.
(B) Barrett씨 밑에서 일한다.
(C) 그의 직업을 바꿀 계획이다
(D) 6개월간 Copsy씨와 함께 근무 했었다.

|해설| Wallace씨는 이메일을 쓴 발신인. Copsy를 6개월간 인턴으로 채용해봐서 그를 잘 알고 있다고 했으므로 (D)가 정답.

|보기어휘| work for s.b ~를 상사로 모시다, ~밑에서 일한다

DISCOVER THE AUSTRALIAN OUTBACK
With
Steve Shores

If you're interested in seeing the wild beauty of the Australian outback and learning about the lives of the natives, sign up for one of Koala Tours Outback Discovery Tours today. Our agency offers 161 year-round tours of Mungo National Park, Ayers Rock, and other 164 attractions throughout Australia. Every tour is conducted by a professional, experienced guide. We also provide meals from 163c our professional chefs. Below are some of our tour options.

Walking Expedition: 162 Accommodations at the base camp lodge
                       5 days, 4 nights - from AU$800
                       8 days, 7 nights - from AU$1150

Outback Experience: 162 Nightly accommodations in tents across the
                       savannah
                       5 days, 4 nights - from AU$600
                       8 days, 7 nights - from AU$800

It is also possible to book your entire trip with us with a safari package, where 163b you will be flown from your location to Australia. 163a Advance registration for popular expeditions is recommended. More details and pictures can be found on our Web site at www.koalatours.co.au.

Steve Shores와 함께
호주 오지를 탐험하세요!

호주 오지의 야생미를 보고 싶고, 원주민의 생활을 알고 싶으시면, 오늘 Koala Tours의 오지 탐험 투어 가운데 하나를 신청하세요. 저희 여행사에서는 161일년 내내 Mungo 국립공원, Ayers Rock, 다른 호주 전역 164 명소들의 투어를 제공합니다. 모든 투어는 전문적이고 경험이 많은 가이드에 의해 진행됩니다. 우리는 또한 163c우리의 전문 셰프들이 준비하는 요리를 제공해 드립니다. 아래 몇 가지 투어 상품이 소개되어 있습니다.

도보 탐험: 162베이스 캠프 산장에서 숙박
          4박 5일– AU 800달러부터
          7박 8일– AU 1150달러부터

오지 탐험: 162초원 전역에 텐트 숙박
          4박 5일 – AU 600달러부터
          7박 8일 – AU 800달러부터

귀하의 전체 여행을, 귀하가 계신 곳에서부터 163b비행기를 타고 호주까지 오는 것까지 책임져 주는 사파리 패키지상품으로 예약하셔도 됩니다. 인기 있는 탐험에는 163a사전 등록을 권합니다. 좀더 세부사항과 사진들은 저희 웹사이트 www.koalatours.co.au게서 보실 수 있습니다.

|어휘| outback 오지 native명 원주민 형~ 토종의, 원산지인 year-round 연중 attractions 명소 conduct a tour 투어를 실시하다
expedition 탐험, 탐사 accommodations(=lodging) 숙소 advance registration 사전 등록

161. What is suggested about the Mungo National Park?
(A) It is near Ayers Rock.
(B) The tour guides live there.
(C) The base camp lodge is located there.
(D) It is open to guests all year.

Mungo 국립공원에 대해서 언급되어 있는 것은?
(A) Ayers Rock 근처이다.
(B) 여행 가이드가 거기 살고 있다.
(C) 베이스 캠프 산장이 거기에 위치해 있다.
(D) 일년 내내 손님들에게 개장된다.

|해설| 여행사는 Mungo 국립공원과 Ayers Rock, 그리고 그 밖의 관광명소에 투어를 제공한다. year-round tours라고 했으므로 일년 내내 국립공원 투어를 제공하고 있다. 그러므로 국립공원은 일년 내내 입장이 가능함을 유추할 수 있다.
(C) 도보탐험을 Mungo 국립공원에서 한다는 언급은 없었으므로 베이스 캠프가 어디에 위치해 있는지는 알 수 없다.

162. According to the advertisement, what does Koala Tours offer?

(A) Selection of lodging

(B) Training for tour guides

(C) One day expeditions

(D) Outback cooking classes

광고에 따르면, Koala Tours에서 제공 하는 것은?

(A) 숙소의 선택

(B) 가이드에 대한 교육

(C) 하루 동안의 탐험

(D) 오지 요리 수업

|해설| 도보탐험과 오지탐험으로 나뉘어져 있으며, 도보탐험은 산장에서, 오지탐험은 텐트에서 숙박하는 것이므로 고객은 숙박시설의 종류를 선택할 수 있다.

---

163. What is NOT indicated about Koala Tours?

(A) It recommends registering in advance.

(B) It provides flights with tour packages.

(C) It hires professional chefs.

(D) It is looking for a new manager.

Koala Tours에 대해 언급되지 않은 것은?

(A) 사전 등록을 권고한다.

(B) 투어 패키지에 비행편도 제공한다.

(C) 전문 셰프를 고용한다.

(D) 신규 매니저를 찾고 있다.

|해설| 신규매니저에 대한 언급은 없다. 나머지 보기는 지문에 표시된 내용 확인!

---

164. In the advertisement, the word "attractions" in paragraph 1, line 3 is closest in meaning to

(A) fascination

(B) tourist sites

(C) luring power

(D) treatment

광고에서 1번째 문단, 3번째 줄의 "attractions"이 의미상 가장 가까운 것은?

(A) 매혹적임

(B) 관광지

(C) 매력

(D) 대우

|해설| attractions는 관광명소의 의미. 관광객들이 즐겨 찾는 곳이므로 tourist sites가 동의어.

Question 165-167　기사

One of Bayden's wonderful historic landmarks, The Sphere Theater, has become severely deteriorated and is in need of restoration. The performing arts center has been in the city of Bayden for nearly 100 years and is a part of the town's history with many remarkable old theater features. —[1]—. The beautifully designed lobby features artistic stonework reminiscent of the time when the theater was first built. Beautiful murals also adorn the walls, as well as **166** photographs of the famous performers who have performed in The Sphere over the years, such as Deidre Mallister and Mark Hintz. —[2]—.

The number of tourists used to be much higher, as did the number of productions in the theater, but these have fallen dramatically. The theater needs a lot of restoration to make sure that it can continue to be used. To accomplish this restoration, The Sphere Theater Revival Society, made up of Bayden citizens, business owners, and community leaders, came together to develop a plan. —[3]—. **165** This preservation project will be carried out over the next six months and the society is trying to raise enough money to restore The Sphere Theater to the state of its former glory.

The Sphere Theater Revival Society will hold special information sessions for citizens of Bayden and the surrounding areas who are interested in the restoration. —[4]—. These meetings will take place monthly on the first Thursday of the month at the Bayden Community Center. Information about restoration plans, making a donation, and more can be found at www.sphere theaterrevival.com.

Bayden 지역의 아름다운 역사적 랜드마크 중에 하나인 Sphere Theater는 심각하게 훼손되었고 복원이 필요합니다. 공연 문화 센터는 무려 100년이나 우리 도시에 있었으며 많은 훌륭한 오래된 극장 시설을 갖춘 이 지역 역사의 일부분입니다. —[1]—. 아름답게 디자인된 로비는 극장이 처음 건립되었을 때를 떠올리게 해주는 예술적인 석조물을 특징으로 합니다. Deidre Mallister나 Mark Hintz와 같은, **166**수년 동안 Sphere 극장에서 공연을 해왔던 유명 공연가들의 사진들과 아름다운 벽화들이 벽을 장식하고 있습니다. —[2]—.

관광객의 수가 과거에는 훨씬 많았으며, 극장의 공연물 수도 마찬가지로 많았으나, 이 숫자는 현격하게 하락했습니다. 극장은 지속적으로 사용가능 하도록 하기 위해서 대대적인 복원이 필요합니다. 대대적인 복원을 위해서, Bayden 시민, 사업주들, 그리고 지역 대표들로 구성된 Sphere Theater Revival Society가 계획을 수립하게 위해 함께 모였습니다. —[3]—. **165**이 복원 프로젝트는 향후 6개월 간 진행될 것이며, 이 Society는 Sphere Theater 극장을 이전 영광스런 모습으로 복원하기 위한 기금 마련에 애쓰고 있습니다.

Sphere Theater Revival Society는 Bayden과 이 복원 사업에 관심이 있는 주변 지역의 시민들을 위한 특별 설명회 열고자 합니다. —[4]—. 복원 계획, 기부 방법 및 기타 정보는 www.sphere theaterrevival.com에서 찾아 보실 수 있습니다.

|어휘| landmark 주요 지형물, 랜드마크 severely 심하게 deteriorate 훼손시키다 in need of ~가 필요한 restoration 복원, 복구 remarkable 주목할만한, 뛰어난 reminiscent of ~가 연상되는, ~을 회상하게 하는 mural 벽화 adorn 꾸미다, 장식하다 dramatically 극적으로 be made up of(=be composed of, be comprised of, consist of) ~로 구성되다, 이루어지다 preservation project 존존 프로젝트 carry out 수행하다 state 상태 former glory 예전의 영광 surrounding area 주변 지역 make a donation(=contribution) 기부하다, 기증하다

---

165. What is the article mainly about?

(A) The tour of a city's unique buildings
(B) The outcome of a recently held election
(C) The description of an upcoming city project
(D) The schedule for a play at a theater

이 기사문은 주로 무엇에 관한 것인가?

(A) 도시의 독특한 건물 투어
(B) 최근 열린 선거의 결과
(C) 곧 있을 도시 사업에 관한 설명
(D) 극장에서의 공연 일정

|해설| 이 도시의 랜드마크인 Sphere 극장의 복원사업에 대해 전반적으로 설명하고 있으므로 (C)가 정답.

166. What is implied about The Sphere Theater?

(A) It is the most famous building in Bayden.

(B) It provides complimentary tickets to supporters.

(C) It is not used for performances anymore.

(D) It featured several well-known performers before.

Sphere Theater에 대해서 유추 할 수 있는 것은?

(A) Bayden에서 가장 유명한 건물이다.

(B) 후원자들에게 무료 티켓을 제공한다.

(C) 더 이상 공연을 위해 사용되지 않는다.

(D) 이전에 유명 예술가들이 출연했다.

|해설| 수년간 극장에서 공연해왔던 유명한 공연가들의 사진이 걸려있다고 했으므로 (D)가 정답.

(C) 주의. 공연물이나 관광객의 숫자가 현격히 떨어졌다고 했으므로 극장이 쇠퇴기로 접어들긴 했으나, 여전히 상연을 하고는 있는 것. '더 이상 사용되지 않는다'는 오답.

---

167. In which of the positions marked [1], [2], [3], and [4] does the following sentence best belong?

"These meetings will take place monthly on the first Thursday of the month at the Bayden Community Center."

(A) [1]   (B) [2]

(C) [3]   **(D) [4]**

[1], [2], [3], [4]로 표시된 자리 중에 다음 문장이 들어가기에 가장 적합한 곳은?

"이 미팅들은 Bayden Community Center에서 이달 첫 번째 목요일을 시작으로 매달 열릴 예정입니다."

(A) [1]   (B) [2]

(C) [3]   **(D) [4]**

|해설| these meetings가 핵심 단서. 미팅에 대해 언급된 문장 뒷자리가 정답. [4]번 앞 문장에서 주민들을 위한 특별 설명회를 개최할 것이라 했으므로 [4]번이 정답.

Celia Ashforth [9:32 a.m.]

Does anyone happen to have a copy of last month's sales numbers on hand for the line of children's clothing that we recently released? 168 I have a presentation this afternoon and I need to include them.

Marisa Dawkins [9:33 a.m.]

I'm pretty sure that the sales reports are all available on the company's shared online hard drive. You just need a log-in ID and password. Do you have those?

Celia Ashforth [9:35 a.m.]

I do, but I keep getting a message that my ID and password don't match. I don't know why it happens. I've used the same ID and password since I started.

Kevin McClure [9:37 a.m.]

That explains it. Didn't you get the email about the new security protocols? 169 Everyone has to change their password every three months. If you don't change it, your ID only gets limited access, meaning you can't use the online hard drive.

Celia Ashforth [9:38 a.m.]

Oh, I do remember that. I just kept putting it off and then 170 it completely slipped my mind. So, how can I change my password now?

Kevin McClure [9:40 a.m.]

You'll have to file a password reset request with the IT department. They'll process it and send you an email with a temporary password in about a day.

Celia Ashforth [9:42 a.m.]

That's annoying. And I still need a copy of last month's sales report this afternoon. Is anyone able to help me get a copy?

Marisa Dawkins [9:43 a.m.]

I'll come by your cubicle and log into the online hard drive with my account and then you can download the reports that way. You may want to download any other documents you might need over the next couple of days.

Celia Ashforth [171 9:45 a.m.]

171 Thanks, Marisa. Can you come by in about 15 minutes? I'm going to head to IT to take care of my password first.

Celia Ashforth [9:32 a.m.]

우리가 최근에 출시한 아동복에 대한 지난달 매출수치 복사본 가지고 있는 분 있나요? 168오늘 오후에 제가 발표가 있는데요. 이 수치들을 넣어야 해서요.

Marisa Dawkins [9:33 a.m.]

회사의 인터넷 공유 하드드라이브에 매출보고서가 전부 다 있습니다. 로그인 ID와 비밀번호만 있으면 됩니다. 있으세요?

Celia Ashforth [9:35 a.m.]

가지고는 있는데요. 제 ID하고 비밀번호가 일치하지 않는다는 메시지가 계속 뜹니다. 왜 그러는지 모르겠어요. 저는 회사에 입사한 이래로 같은 ID와 비번을 사용해 왔거든요.

Kevin McClure [9:37 a.m.]

그래서 그런 거예요. 새 보안규정에 대해 이메일 못 받으셨어요? 169모두 다 3개월마다 비밀번호를 변경해야 해요. 당신이 비밀번호를 변경하지 않았다면 당신 ID는 제한된 접근권한만 가지게 되고, 그렇게 도면 인터넷 하드드라이브를 사용할 수 없게 됩니다.

Celia Ashforth [9:38 a.m.]

맞아요, 기억이 나네요. 제가 계속 미뤄오다가 170완전히 잊어버렸네요. 그러면, 지금 비밀번호를 변경하려면 어떻게 해야 하나요?

Kevin McClure [9:40 a.m.]

비밀번호 재설정 요청서를 IT부서에 제출해야 합니다. IT부서에서 처리하고 나서 대략 하루 뒤에 은시 비밀번호를 당신에게 이메일로 보내줄 거예요.

Celia Ashforth [9:42 a.m.]

아주 성가시네요. 저는 오늘 오후에 지난달 매출 보고서가 필요한데요. 제가 복사본을 구할 수 있게 도와주실 수 있는 분이 있나요?

Marisa Dawkins [9:43 a.m.]

제가 당신 자리로 가서 제 계정을 가지고 인터넷 하드드라이브에 접속을 할게요. 그러면 당신이 보고서를 다운받을 수 있으니까요. 앞으로 몇 일 동안 필요할지 모르는 다른 서류들도 다 다운받으시면 되겠네요.

Celia Ashforth [171 9:45 a.m.]

171고마워요. Marisa. 한 15분쯤 후에 와주실 수 있나요? 먼저 비밀번호를 처리하기 위해 IT부서에 가려고 합니다.

168. What is indicated about Celia Ashforth?

(A) She is attending a conference in the afternoon.

(B) She is presenting later today.

(C) She works in the IT department.

(D) She can't access her email.

Celia Ashforth에 대해 언급된 것은?

(A) Ashforth씨는 이날 오후 회의에 참석할 것이다.

(B) Ashforth씨는 오늘 늦게 발표를 할 것이다.

(C) Ashforth씨는 IT부서에서 일한다.

(D) Ashforth씨는 자기 이메일에 접속할 수가 없다.

|해설| 첫 대화에서 오늘 오후에 발표를 해야 한다고 언급했다. 발표를 위한 자료를 구하기 위해 동료들에게 도움을 요청하고 있는 중이다.

---

169. What protocols changed in the last three months?

(A) Employees must wear ID badges at all time.

(B) Staff have to update passwords regularly.

(C) Workers may not log in for other workers.

(D) Visitors must be accompanied by employees.

지난 3개월 동안 어떤 규정이 변경되었는가?

(A) 직원들은 항상 ID 배지를 착용해야 한다.

(B) 직원들은 정기적으로 비밀번호를 업데이트해야 한다.

(C) 직원들은 다른 직원을 위해 로그인할 수 없다.

(D) 방문객들은 반드시 직원과 동행해야 한다.

|해설| 새로운 보안규정에 따라서 전 직원은 3개월에 한번씩 비밀번호를 변경해야 한다.

---

170. At 9:38 a.m., what does Celia Ashforth mean when she writes, "it completely slipped my mind"?

(A) She cannot remember her password.

(B) She doesn't know where the IT department is.

(C) She forgot to follow a new procedure.

(D) She didn't write down an appointment.

9시 38분에 Celia Ashforth씨가 "it completely slipped my mind"라고 쓸 때 무엇을 의미하고 있는가?

(A) Ashforth씨는 자기 비밀번호를 기억하지 못한다.

(B) Ashforth씨는 IT부서가 어디 있는 지를 모른다.

(C) Ashforth씨는 새로운 절차를 따라야 한다는 것을 잊어버렸다.

(D) Ashforth씨는 약속을 기재할 수 없다.

|해설| 'slim one's mind: 마음에서 미끄러지다 => 잊어버리다'의 의미. 새로운 정책을 듣긴 했지만 비밀번호 바꾸는 것을 계속 미뤄오다가 잊어버렸다고 했으므로 (C)가 정답.

---

171. What will Marisa Dawkins most likely do at 10:00 a.m.?

(A) Speak with an IT employee

(B) Download files from a shared hard drive

(C) Assist a colleague by accessing files

(D) Update her company password

Marisa Dawkins씨는 오전 10시에 무엇을 할 가능성이 가장 높은가?

(A) IT직원과 얘기를 나눌 것이다.

(B) 공유 하드드라이브에서 자료를 다운받을 것이다.

(C) 파일에 접근함으로써 직원을 도와줄 것이다.

(D) 자신의 회사 비밀번호를 업데이트할 것이다.

|해설| 밑에서 2번째 대화에서 Marisa는 Celia 자리에 직접 방문해서 도와주겠다고 제안했다. 그리고 마지막 대화에서 Celia는 15분 후에 방문해달라고 했으며, 마지막 대화가 기록된 시간은 9시 45분. 그러므로 10시에 Marisa는 동료의 자리로 이동해서 동료가 파일을 이용할 수 있도록 도와주고 있을 것이다.

What does music in bookstores do for sales?
Sander Magrue
Jamestown School of Business

Ever wondered if the music played in a bookstore changes how you shop? Does the music somehow cause customers to look around the store more or even buy more books? Research done by students at the Jamestown School of Business studied the actions of customers in 12 bookstores using different music playlists, one with fast music, one with mid-range tempos, and one with slower music, 172 over a span of a month. —[1]—.

The bookstores were all franchises that had stores in every province. —[2]—. In an effort to make the results consistent, each of the stores selected for the study were located near colleges where the areas were highly populated with people in their twenties.

The study looked at how much time customers spent in each of the stores with the different playlists. After their shopping was done, the customers were surveyed to find out how many books they bought. —[3]—. 173The study was supervised by faculty of the Jamestown School of business, including myself, to make sure the data was collected accurately and the statistics were analyzed properly.

—[4]—. 174 The findings of the study showed that patrons of the stores that played music with fast tempos spent a shorter amount of time shopping, while stores playing mid-range and slow tempo music exhibited no remarkable difference in the time customers do shopping. Additionally, patrons of the stores playing high-tempo music bought more books on average. Sophomore Jenny Baek has made a hypothesis that the high-tempo music makes customers shop for books more quickly and therefore spend less time deliberating individual purchases. This results in less shopping time and more purchases.

서점에서의 음악이 판매에 어떤 영향을 미치는가?
Sander Magrue
Jamestown 경영대학

서점에서 나오는 음악이 당신이 어떻게 쇼핑을 하는지를 변화 시킬지 궁금해 한 적이 있는가? 과연 음악이 고객에게 서점을 좀 더 둘러보게 한다던가 혹은 심지어 책을 더 사게 만들까? Jamestown 경영대학교 학생들에 의한 연구는 서로 다른 음악 곡목 표를 사용하는 12개 서점에서, 하나는 빠른 곡조의 음악, 하나는 중간 템포의 음악 그리고 하나는 느린 음악을 틀어주면서 172 한달 동안 고객들의 행동을 조사 했습니다. —[1]—.

서점들은 모든 지역마다 지점을 갖고 있는 프랜차이즈 형태였습니다. —[2]—. 연구 결과를 일관성 있게 만들려는 노력의 일환으로써, 연구용으로 선정된 각 서점들은 20대 청년들이 밀집된 대학가 근처에 위치했습니다.

이 연구는 고객들이 서로 다른 곡목 표를 사용하는 각각의 서점에서 얼마나 많은 시간을 보내는지를 살펴보았습니다. 쇼핑이 끝나고 난 후 고객들은 얼마나 많은 책을 구입했는지를 알아보는 질문을 받았습니다. —[3]—. 그리고 정확하게 자료를 수집하고 제대로 통계를 분석했는지 확인하기 위해서 173저 자신을 포함한 Jamestown 경영대학교의 교직원들이 이 연구를 감독했습니다.

—[4]—. 174연구 결과에 따르면 빠른 템포의 음악을 트는 서점의 고객들은 쇼핑하는데 더 짧은 시간을 썼으며, 반면에 중간 템포와 느린 템포의 음악을 들려주는 서점들은 쇼핑 시간에 별반 차이를 보이지 않았습니다. 게다가 높은 템포의 음악을 들려주는 가게 손님들이 평균적으로 더 많은 책을 구매했습니다. 2학년에 재학중인 Jenny Baek 학생은 높은 템포의 음악은 소비자들로 하여금 책 쇼핑을 더 빨리 하게 만들고, 따라서 하나하나의 구매를 심사숙고 하는 데는 시간을 덜 쓰게 만든다는 가설을 도출했습니다. 이것이 결국 쇼핑시간은 덜 쓰고, 더 많은 구매를 하는 결과를 내는 것입니다.

TEST 05

|어휘| wonder if ~인지 아닌지 궁금해 하다 somehow 어떻게든, 그럭저럭 look around 둘러보다 mid-range 중간 급의 over a span of a month 한달 기간 동안에 province 지방 in an effort to do ~하기 위한 노력의 일환으로 consistent 일관된 supervise(=oversee) 감독하다 faculty 교직원 statistics 통계 수치 analyze 분석하다 properly 제대로 findings(=results) 연구결과 patron 단골 손님 on average 평균적으로 hypothesis 가설 deliberate 심사 숙고하다, 고민하다

172. What information is stated in the article?

(A) How many customers were questioned

(B) How much time was spent collecting data

(C) How many items each customer bought

(D) How loud the music was played in the store

이 기사문에 무슨 정보가 언급되어 있는가?

(A) 얼마나 많은 고객들이 조사 받았는지

(B) 얼마나 많은 시간이 자료를 수집하는데 소요되었는지

(C) 각 고객이 몇 권의 책을 구매했는지

(D) 가게에서 음악이 얼마나 시끄럽게 틀어졌는지

|해설| 첫 문단에서 한달 동안 서점에서 고객행동을 조사했다고 했으므로 (B)가 정답.

(C) 이 연구는 각 고객이 몇 권의 책을 구매했는지 구체적으로 조사했을 것이다. 그렇지만, 이 기사에는 구체적인 수치가 언급된 바는 없다. 이 질문은 이 기사에서 언급된 내용이 무엇인지를 묻고 있으므로 (C)는 오답.

(D)주의. 음악의 템포, 속도가 달랐을 뿐이지, 음악을 얼마나 시끄럽게 트느냐, 즉 음악의 볼륨은 언급된 바가 없다.

173. What role did the author play in the research?

(A) He surveyed customers.

(B) He managed students.

(C) He shopped at the stores.

(D) He came up with a hypothesis.

저자는 이 연구에서 어떤 역할을 했는가?

(A) 그는 고객들을 설문 조사했다.

(B) 그는 학생들을 관리했다.

(C) 그는 가게에서 쇼핑했다.

(D) 그는 가설을 세웠다.

|해설| 이 저자는 다른 교직원들과 함께 학생들이 진행하는 연구를 감독했다. 그러므로 (B)가 정답.

(A) 연구를 위해 실제 설문조사를 한 것은 학생들이지, 교수들이 아니다. 그러므로 (A)는 오답.

174. According to the article, what is affected by the tempo of music in the shop?

(A) The amount of time customers stay in a shop

(B) The sections most frequented by customers

(C) The interactions between customers and staff

(D) The degree of customer satisfaction

기사문에 따르면, 가게에서 무엇이 음악의 템포에 의해 영향을 받는가?

(A) 고객들이 가게에 머무르는 시간

(B) 고객들이 가장 많이 찾는 섹션

(C) 고객과 직원 사이에 상호관계

(D) 고객만족의 정도

|해설| 음악의 템포는, 고객들의 쇼핑시간과 구매한 책의 수에 영향을 미쳤으므로 (A)가 정답.

175. In which of the positions marked [1], [2], [3], and [4] does the following sentence best belong?

"All stores comprised a shopping area of 5000 to 7000 square meters."

(A) [1]   **(B) [2]**
(C) [3]   (D) [4]

[1], [2], [3], [4]로 표시된 자리 중에 다음 문장이 들어가기에 가장 적합한 곳은?

"모든 가게는 쇼핑 구역이 5000에서 7000 평방미터의 규모입니다."

(A) [1]   **(B) [2]**
(C) [3]   (D) [4]

|해설| 가게의 면적에 대한 문장이므로 가게의 특징을 설명해 놓은 부분에 들어갈 문장이다. 첫 문단은 연구조사의 주제를 다루고 있고, 2번째 문단이 연구대상이 된 가게에 대해 설명하고 있다. 3번째 문단은 조사내용을 설명하고 있으며 4번째 문단은 연구결과를 얘기하고 있다. 자리찾기 문제가 혼동될 때는 문단 별로 주제를 나누어 생각해보자.

Dear 180ⓒ Mr. Smithson,

We are very happy that you have contracted Eco Consulting to assist with your auditing process. We guarantee that your company will be up to date with environmental protection protocols by the end of the audit.

As we discussed, we will audit the procedures of your company to ensure that they comply with current government standards which regulate air quality, water conservation, and disposal of waste. We will be inspecting four sections: general practices, exhaust output, water filtration, and garbage disposal and recycling procedures. 177 We will rate your company's performance in these sections, as well as grade the overall management of your company.

When you requested our services, 176 you asked that the audit be conducted over the first three weeks of August. This timetable works for us. Unless we are notified otherwise, we will proceed with the audit process based on this schedule.

Regards,
Ms. Hines
Eco Consulting

TO: Dean_Smithson@coltautoparts.com
FROM: Alan_Shore@coltautoparts.com
SUBJECT: Third quarter timetable
DATE: July 18
ATTACHMENT: tentativetimetable.pdf

Dear 180ⓒ Mr. Smithson:

The draft for the company schedule for the months of August, September and October is attached to this e-mail. 178 It looks like the transportation division employees will need to do some overtime work over these months depending on the orders from MTK Automotive. We expect the orders to come in by Friday, at which time we should be able to confirm the timetable.

During our last talk, you said that we may have to change the timetable to add time for the September safety seminars. I have entered it on the schedule already, but 180ⓒ is there anything else you'd like to put in? 179 I'd like to have the completed timetable ready to send to the district managers at the start of next week.

Alan Shore

180ⓒSmithson씨에게

당신의 감사 프로세스를 지원하도록 Eco Consulting 사와 계약을 체결하셔서 저희는 매우 기쁩니다. 우리는 감사가 끝날 무렵에는 귀사가 환경 보호 조항에 있어서 최신수준으로 업데이트 되어 있을 것을 보장해 드립니다.

논의한 바대로, 귀사의 절차가 대기 환경과 물 절약, 쓰레기 처리를 규제하는 현 정부 기준을 잘 준수하도록 확인하기 위해서 감사작업을 할 것입니다. 저희는 일반 관행, 배기 가스 배출량, 수질 정화, 쓰레기 처리 및 재활용 절차, 이 네 가지 부분을 검사할 것입니다. 177 우리는 귀사의 전반적인 관리에 등급을 매길 뿐만 아니라 이 네 가지 부문에서의 실적을 평가 할 것입니다.

176당신이 저희 서비스를 요청했을 때 8월 첫 3주 동안 감사가 진행될 것을 요청했습니다. 이 일정은 우리에게 적당합니다. 우리가 달리 통보 받는 게 없다면, 이 일정에 맞춰 감사를 진행할 것입니다.

Ms. Hines
Eco Consulting

수신: Dean_Smithson@coltautoparts.com
발신: Alan_Shore@coltautoparts.com
제목: 3분기 일정
날짜: 6월 18일
첨부: 잠정 일정표 pdf

180ⓒSmithson씨에게

8월, 9월, 10월의 회사 일정에 관한 초안이 이 이메일에 첨부되어 있습니다. 178운송부서 직원들은 MTK 자동차사의 주문량에 따라 이 세달 동안 초과근무를 해야 할 수도 있을 것 같습니다. 저희는 금요일까지 주문이 들어 올 거라 예상하고 있으며, 금요일에 이 일정을 확인해 드릴 수 있을 것입니다.

지난 대화에서, 당신은 9월에 안전 세미나 시간을 추가하고자 일정을 변경 할 수도 있을 거라 말씀하셨습니다. 그래서 저는 일정표에 이미 그 사항을 입력했습니다만 180ⓒ더 추가하고 싶은 것이 있으십니까? 179다음 주 초에 지역 매니저들에게 완성된 일정표를 보낼 수 있도록 준비하고자 합니다.

Alan Shore

|어휘| audit 감사, 검사 up to date 최신의 protocol 조항 comply with(=adhere to, conform to, abide by, observe) 따르다, 준수하다 regulate 규제하다 air quality 대기 water conservation 물 절약 disposal of waste 쓰레기 처리 inspect 검사하다 exhaust output 배기 가스 배출량 water filtration 물 정화, 여과 rate 평가하다, 등급을 매기다 overall 전반적인 달리 통보를 받다 proceed with 진행하다 based on ~에 기반하여, 기초하여 tentative 잠정적인 draft 초안, 원고 look like(=seem like) ~처럼 보이다 overtime work 초과근무 depending on ~에 따라

TEST 05

We expect the orders to come in by Friday, at which time we should be able to confirm the timetable.
우리는 금요일까지 주문이 들어올 것으로 예상하고 있으며, 그 시간에(금요일에) 우리는 일정을 확인할 수 있을 것이다

여기서 which는 관계대명사가 아니고 관계형용사. time을 수식하는 형용사 기능이다. 복잡해 보이지만, which time을 한꺼번에 묶어서 관계대명사와 똑 같은 기능으로 이해하면 별로 어렵지 않다. 앞에 선행사가 '시간명사'인 경우 at which time을 잘 쓰고, 해석할 때는 which time자리에 선행상(시간명사)를 넣고 해석하면 된다.

관계형용사를 사용하는 이유는, 앞에 선행사에 따라 전치사를 바꿀 필요가 없어서 사용이 편리하기 때문이다. 관계대명사를 쓸 경우 아래처럼 선행사에 따라 전치사가 변경된다. 관계형용사를 쓸 경우 전치사는 항상 at으로 고정!

You have to submit it by Friday, on which we will finish our work. [관계대명사]
You have to submit it by Friday, at which time we will finish our work. [관계형용사]
당신은 금요일까지 그것을 제출해야 한다. 금요일에 우리도 우리의 작업을 끝낼 것이다

You have to submit it by July, in which we will finish our work. [관계대명사]
You have to submit it by July, at which time we will finish our work. [관계형용사]
당신은 7월까지 그것을 제출해야 한다. 7월에 우리도 우리의 작업을 끝낼 것이다

관계형용사가 문법문제로 출제되지는 않는다. 다만, 독해에 간혹 등장할 때 해석만 잘해주면 된다.

---

176. Why did Ms. Hines write the letter?
(A) To draw a possible customer
(B) To respond to an information request
(C) To verify a tentative schedule
(D) To report changes to a procedure

Hines씨는 왜 편지를 썼는가?
(A) 유망 고객을 끌어들이기 위해서
(B) 정보 요청에 답장하려고
(C) 잠정적인 일정을 확인하기 위해서
(D) 절차상의 변경을 보고하기 위해서

|해설| 컨설팅회사에서 진행할 작업을 요약해서 설명해주고 있으며, 마지막 문단에서는 일정에 대해 확인하고 있다. 그러므로 (C)가 정답.

난이도
★☆☆

177. What service does Eco Consulting provide?
(A) Recruiting transportation and shipping employees
(B) Planning financial practices for businesses
(C) Disposing of harmful chemicals and waste
(D) Grading companies' compliance with government regulations

Eco Consulting사는 어떤 서비스를 제공하는가?
(A) 운송 및 선적부서에서 일할 직원 채용하기
(B) 업체의 재무 관행 기획하기
(C) 해로운 화학물질과 쓰레기의 처리
(D) 기업들의 정부 규제 준수여부에 등급 매기기

|해설| 업체가 정부규제를 잘 따르고 있는지 확인하기 위해, 여러 분야의 업무관행을 검사하고 최종적으로 등급을 매기는 일을 한다.

178. According to the e-mail, what will likely happen next month in the transportation division?

(A) **Some staff will work more hours than usual.**
(B) Some vehicles will undergo maintenance.
(C) Employees will undergo training for disposal procedures.
(D) The company timetable will be distributed to staff.

이메일에 따르면 다음 달에 운송부서에서 무슨 일이 일어날 가능성이 높은가?

(A) **일부 직원들이 평상시 보다 많은 시간 근무를 할 것이다.**
(B) 일부 차량들이 점검을 받을 것이다.
(C) 직원들은 처리 절차에 대해 교육을 받을 것이다.
(D) 회사 일정표가 직원들에게 배포될 것이다

|해설| MTK사로부터 들어오는 주문에 따라서 초과근무를 해야 할 수도 있다고 했으므로 직원들은 보다 많은 시간을 근무할 수 있다.

---

179. What does Mr. Shore hope to do before the week ends?

(A) Look over Eco Consulting's contract
(B) **Finish the official company timetable**
(C) Start an audit of environmental procedures
(D) Order supplies from MTK Automotive

Shore씨는 그 주가 끝나기 전에 무엇을 하기를 희망하고 있는가?

(A) Eco Consulting사와의 계약서를 검토하기
(B) **공식적인 회사 일정표를 마무리 하기**
(C) 환경 절차에 대한 감사를 시작하기
(D) MTK Automotive사로부터 물품을 주문하기

|해설| 다음주 초에 지역매니저들에게 일정표를 보낼 수 있도록 준비해놓고 싶다고 했으므로, 이번 주가 끝나기 전에 일정표를 마무리 하고 싶어할 것이다.

(D) 주문이 금요일까지 들어올 것이라고 했는데, 이것은 MTK사가 주문을 하는 것이지, Shore씨의 회사가 주문을 하는 것이 아니다. 주체가 바뀌었으므로 오답.

난이도
★★☆

180. What will Mr. Smithson probably say in his response to the e-mail?

(A) Production plants should get ready for increased operation
(B) **The company audit needs to be put in the timetable.**
(C) Safety seminars need to be scheduled for September.
(D) The procedure for changing the timetable should be improved.

Smithson씨는 이 이메일에 대한 답장에서 아마도 무엇을 언급하겠는가?

(A) 생산 공장들이 공장가동을 늘릴 준비가 되어 있어야 한다.
(B) **회사 감사가 일정표에 들어가야 한다.**
(C) 안전 세미나가 9월로 일정이 잡혀야 한다.
(D) 일정을 변경하기 위한 절차가 개선 되어야 한다.

|해설| 언뜻 보면, 첫 번째 지문과 두 번째 지문이 연관성이 없어 보인다. 이 두 지문이 어떻게 연결되어 있는지를 찾는 것이 더블지문에서는 가장 중요하다. 일단 두 글의 공통점은 수신인이다. 두 글은 모두 Smithson씨에게 보내지고 있다. 첫 번째 지문에서 감사를 시행할 일정게 대해서 확인해달라고 Smithson에게 요청하고 있으며, 두 번째 지문에서는 일정표에 추가할 사항이 있는 지를 Smithson에게 묻고 있다. 그러므로 Smithson은 아마도 일정표에 감사 시행 일정을 넣도록 요청할 것이다.

따토7 공략 TIP 더블지문에서 두 글이 모두 편지나 이메일인 경우, 수신인과 발신인 중에 공통된 사람이 누구인자를 반드시 확인하자! 두 지문의 연관성을 찾아내는데 가장 중요한 열쇠가 된다.

TO	Danielle McCourt <dmccourt @ femail.com>
FROM	Service Representative <customerservice @ malachibusinessservices.com>
DATE	August 17
SUBJECT	Recent order

Dear Ms. McCourt,

At Malachi Business Services, our 182 aim is to give the best selection of office products and services to our customers. To the end, 181 we routinely ask our customers about their experience in dealing with us. According to our records, you purchased a product from us on August 3. The survey only takes about five minutes to complete. 183© If you complete the survey by August 31, we will also be happy to give you a voucher good for 20% off your next purchase with us.

To complete the survey, please click the link below:
www.malachibusinessservices.com/questionnair

Thank you very much.

---

www.malachibusinessservices.com/questionnaire

We greatly appreciate you taking the time to complete this questionnaire.

1. 183© Date of submission : August 3

2. How satisfied were you with the navigation on the Web site?
☐ Very Satisfied ☑ Satisfied ☐ Dissastisfied ☐ Very Dissatisfied

3. How frequently do you shop on malachibusinessservices.com?
☐ Once a day ☐ Once a week ☑ Once a month ☐ Once every three months ☐ Once a year

4. What was your last purchase?
☑ Printers ☐ Stationery ☐ Shipping supplies
☐ Computers ☐ Computer accessories ☐ Desk organization

Comments :
I was extremely satisfied with the purchase I recently made with malachibusinessservices.com. 185 Normally, I just use the site to buy pens and paper for our office a few times a year. However, we had a problem with our printer and we needed to get a new one quickly. 184 I consulted with one of your online representatives and he suggested a printer based on the information I gave about our office activities. The printer she suggested is working much better than our previous one. The next day delivery was also great since we were able to get back to work quickly.

수신자	Danielle McCourt ⟨dccourt @ femail.com⟩
발신자	서비스 직원⟨customerservice @ malachibusinessservices.com⟩
날짜	8월 17일
주제	최근 주문

McCourt씨에게,

Malachi Business Services에서 저희 182 목표는 저희 고객에게 최고의 사무용품과 서비스를 제공하는 것입니다. 이 목적을 위해 181 저희와 거래를 하는데 있어서의 고객들의 경험을 주기적으로 물어봅니다. 저희 기록에 따르면 귀하는 8월 3일 저희로부터 제품을 구매하셨습니다. 이 설문조사는 작성하는데 단 5분정도가 소요됩니다. 183© 8월 31일까지 설문조사를 작성해 주시면 저희가 다음 구매금액에서 20% 할인을 받으실 수 있는 무료이용권을 기쁘게 보내드리겠습니다.

설문조사를 작성하기 위해서 아래 링크를 클릭해주세요:

www.malachibusinessservices.com/questionnair
감사합니다.

---

www.malachibusinessservices.com/questionnaire

이 설문을 작성하기 위해 시간을 내주셔서 대단히 감사합니다. malachibusinessservices.com에서 가장 최근에 한 주문건에 대해 가장 적절한 답변을 선택해주세요.

1. 183© 제출일: August 3

2. 웹사이트 이용의 만족도는?
☐ 매우 만족 ☑ 만족 ☐ 불만족 ☐ Very Dissatisfied

3. 얼마나 자주 malachibusinessservices.com에서 쇼핑을 하나요?
☐ 하루에 한번 ☐ 한 주에 한번 ☐ 한 달에 한번
☑ Once every three months ☐ Once a year

4. 당신의 마지막 구매품은?
☑ 프린터 ☐ 문구용품 ☐ Shipping supplies
☐ 컴퓨터 ☐ 컴퓨터 부품 ☐ Desk organization

의견란 :
저는 최근 malachibusinessservices.com에서의 구매에 매우 만족했습니다. 185 보통 저는 일년에 몇 번 정도 사무실 펜이나 종이를 구매하기 위해 사이트를 이용합니다. 그런데 이번에 우리 프린터에 문제가 생겨서 빠르게 새것을 구매해야 했습니다. 184 저는 사이트의 직원 중 한 명과 상담을 했고 제가 저희 사무실 상황에 대해 알려준 정보를 기반으로 직원분이 프린터를 추천해주었습니다. 그녀가 추천해준 프린터는 이전 것보다 훨씬 잘 작동합니다. 익일배송도, 저희가 빠르게 업무에 복귀할 수 있었기 때문에 매우 좋았습니다.

181. What is stated about Malachi Business Services?

(A) It has recently updated its Web site.

(B) It has multiple branches in the region.

(C) It asks for customer feedback on a regular basis.

(D) It has the lowest prices among its competitors.

Malachi Business Services에 대해 언급된 것은?

(A) 최근에 웹사이트를 업데이트했다.

(B) 이 지역에 많은 지점을 가지고 있다.

(C) 정기적으로 고객 의견을 묻는다.

(D) 경쟁사들 사이에서 가장 저렴한 가격을 가지고 있다.

|해설| 고객에게 최고의 제품과 서비스를 제공하기 위해서 정기적으로 그객들의 경험을 물어본다고 했으므로 (C)가 정답.

182. According to e-mail, the word "aim" in paragraph1, line 1 is closest to in meaning to,

(A) set

(B) direction

(C) requirement

(D) intention

이메일에 따르면 첫 번째 문단, 첫 번째 줄에 "aim"이 의미상 가장 가까운 것은?

(A) 세트

(B) 지시

(C) 요구조건

(D) 의향, 의도

|해설| aim은 '목표'. 우리의 목표는 최고의 제품을 제공하는 것이다. 이 문장에서 '목표' 대신 들어가기에 가장 적절한 어휘는 '의향, 의도'일 것이다.

(B) direction을 '방향'으로 해석해서 오답으로 골라오는 경우가 많다. 방향과 목표는 왠지 비슷하게 느껴진다. 이렇게 혼동될 때는 aim의 자리에 direction을 넣고 해석을 해보자. '우리의 방향은 최고의 제품을 제공하는 것이다(✗)'. 대입해보면 방향보다는 '의도, 의향'이 aim의 자리에 더 잘 어울린다.

183. What is most likely true about Ms. McCourt?

(A) She updated her account information.

(B) She will get a discount on her next order.

(C) She hadn't shopped at Malachi Business Services before August 3.

(D) She received her order later than expected.

McCourt씨에 대해 사실인 것은?

(A) McCourt씨는 그녀의 계좌정보를 변경했다.

(B) McCourt씨는 다음 주문건에 대해 판촉행사 혜택을 받을 것이다.

(C) McCourt씨는 8월 3일 전에는 Malachi Business Services에서 쇼핑한 적이 없다.

(D) McCourt씨는 주문품을 예상보다 늦게 받았다.

|해설| Combined Question. 1번째 지문에서 8월 31일까지 설문지를 제출하면 20% 할인쿠폰을 줄 것이라 했다. 2번째 지문에서 제출일이 8월 31일 이전임을 알 수 있다. 그러므로 설문조사를 제출한 McCourt씨는 다음 주문 시에 이 쿠폰을 통해 할인을 받을 것이다.

184. What does Ms. McCourt suggest about her latest order?

(A) It took too long to receive it.

(B) She was appreciative of the recommendation.

(C) It was delivered to the wrong location.

(D) She was pleased with the free delivery.

McCourt씨가 그녀의 최근 주문에 대해 언급하고 있는 것은?

(A) 주문품을 받는데 너무 오래 걸렸다.

(B) McCourt씨는 추천해준 것에 대해 매우 감사하고 있다.

(C) 주문품이 다른 주소로 배송됐다.

(D) McCourt씨는 무료배송에 대해 만족해 했다.

|해설| 이번 프린터는 상담을 해준 회사 직원이 추천해준 제품이며, 이 제품에 매우 만족하고 있다. 그러므로 (B)가 정답.

---

185. What does Ms. McCourt regularly purchase?

(A) Stationery products

(B) Printers

(C) Desk organization

(D) Computers

McCourt씨는 정기적으로 무엇을 구매하는가?

(A) 문구 용품

(B) 프린터

(C) 책상 정리 용품

(D) 컴퓨터

|해설| 보통은 일년에 몇 차례 종이나 펜을 주문한다고 했다. 종이나 펜은 문방용품이므로 (A)가 정답.

This Month

186, 189c,d New Releases for Young Adults from Alley Cat Books

To the Lighthouse, My Friend by 190© Patrick Fox
The first in this mysterious thriller series about a group of friends is set in a coastal town with unexpected plot twists.

190© Giant Heads and More Below by Martin Glint
With his wonderfully readable prose, Glint recounts travels to Easter Island and his experience with the island's inhabitants. Includes a guide for classroom discussion.

Not My Crown by 190© Sally Alex
After the king of Alimar disappears, his only son has to take over the kingdom with hilarious results. Readers will find themselves incapable of holding their laughing.

Oceanside Blues by Leila Moody
A thought-provoking book shows how the past affects us in a story about acquaintances and friends by 189a the winner of the Layton Award for Fiction.

Friday, 187 July 10

188 Marshall Cartman, senior editor at Writers Monthly Magazine will moderate a panel discussion to be held at Darland Booksellers (229 Forest Drive) with authors Patrick Fox, Martin Glint, and Sally Alex. All authors recently had their first books released by Alley Cat Books earlier this year and 187 will talk about their experiences being published. The three writers will have a question and answer session with the audience and sign books afterwards.

이번 달

186, 189c,d Alley Cat Books에서 젊은이들을 위한 신간 소식

To the Lighthouse, My Friend, 190© Patrick Fox 지음
한 그룹의 친구들에 대한 미스터리 스릴러 시리즈 중 첫 1편은 해안 마을을 배경으로 펼쳐지며 예상치 못한 반전을 담고 있다.

190© Giant Heads and More Below, Martin Glint 지음
작가의 아름답게 읽혀나가는 문체로 Glint는 Easter Island 여행과 그 섬 원주민들과의 경험 대해서 이야기 한다. 수업 토론을 위한 가이드도 들어있음.

Not My Crown, 190© Sally Alex 지음
Almiar왕이 사라지고 난 후에, 그의 외아들이 왕위를 이어받는데 우스꽝스러운 결과로 이어진다. 독자들은 자신이 웃음을 참을 수 없음을 발견하게 될 것이다.

Oceanside Blues, Leila Moody 지음
생각하게 만드는 이 책은 소설부분 189a Layton 상을 수상한 작가가 지인들과 친구들에 관한 이야기를 통해서 어떻게 과거가 우리에게 영향을 미치는 지를 보여준다.

----

187 7월 10일 금요일

Writers Monthly Magazine 잡지사의 수석 에디터 188 Marshall Cartman씨는 Darland Booksellers (Forest Drive 229)작가들, Patrick Fox, Martin Glint, Sally Alex와 함께 하는 패널 토론을 진행할 것입니다. 이 작가들은 올해 초 Alley Cat Books에서 첫 작품들을 출판했고, 187 출판하기까지의 경험에 대해서 이야기를 나눌 것입니다. 세 명의 작가들은 관객과의 질의 응답 시간을 가질 것이며 그 이후에 책 사인회도 가질 것입니다.

To: Marshall Cartman <mcartman@writersmagazine.net>
From: Daniella Quintero <dquintero@alleycatbooks.com>
Date: Tuesday, July 2
Subject: Schedule issues

Dear Mr. Cartman,

I apologize for informing you about this so close to the event, but one of our authors, 190ⓞ Martin Glint, will be unable to attend your upcoming panel discussion next Friday. He informed us that he had previously scheduled a reading at a university at that time and that he is contractually-bound to that appointment. However, 190ⓞ we are happy to offer a substitute author, Victor Smallwood, who recently published his book entitled, Loathsome Balance. This is also Mr. Smallwood's first publication, so he should be able to contribute to the topic of the panel discussion. If I can assist you with anything else regarding the event, please feel free to contact me.

Sincerely,

Daniella Quintero
Public Relations Director, Alley Cat Books

수신인: Marshall Cartman <mcartman@writers-magazine.net>
발신인: Daniella Quintero <dquintero@alleycat-books.com>
날짜: 7월 2일 화요일
주제: 일정 문제

Cartman씨에게,

행사가 얼마 남지 않은 시점에서 이 사항에 대해 알려드리는 것에 대해 죄송합니다만 저희 작가 중 한 분인 190ⓞ Martin Glint씨가 다음주 금요일 열릴 다가오는 당신의 공개토론에 참석하지 못할 예정입니다. 그 시간대에 한 대학에서 낭독회 일정을 이전에 잡아놨었고, 이 일정에 계약상 묶여있는 상황이라고 그는 저희에게 알려왔습니다. 그러나 저희는 190ⓞ Loathsome Balance 라는 제목의 책을 최근에 출간한 대체 작가, Victor Smallwood를 제안하게 되어 기쁩니다. 이 책도 Smallwood씨의 첫 번째 출판이며 이번 공개토론의 주제에 기여할 수 있을 것입니다. 이번 행사와 관련하여 어떤 일이건 제가 지원할 수 있다면 언제든 저에게 연락 주시기 바랍니다.

Daniella Quintero
Alley Cat Books 홍보이사

|어휘| new release 신간 unexpected 예상치 못한 plot twist 시나리오 반전 prose 문체 inhabitant 원주민 take over 인수하다, 맡다 hilarious 유쾌한 find oneself +형용사/분사/전명구 (예상치 못한) 상황에 자신이 빠져있는 것을 발견하다 incapable of ~할 수 없는 hold one's laughing 웃음을 참다 thought – provoking 생각하게 만드는, 생각을 유발하는 acquaintance 지인 moderate동 (회의, 토론에서) 사회를 보다, 진행하다 panel discussion 패널 토론회 afterwards 이후에 question and answer session 질의응답 시간

난이도
★☆☆

186. What do all of the books in the announcement have in common?
(A) They are works of fiction.
(B) They are from a publisher on Easter Island.
(C) They are written for young adults.
(D) They are each author's first published work.

안내문의 모든 책들의 공통점은 무엇인가?
(A) 소설 작품들이다.
(B) Easter Island지역 출판사에서 출간되었다.
(C) 젊은이들을 겨냥한 책들이다.
(D) 각 작가들의 첫 작품들이다.

|해설| 제일 위에 제목을 보면 '젊은이들을 위한 신간'이라고 나와있다. 그러므로 이 모든 책은 젊은이들을 겨냥한 것.
(D) 마지막 Oceanside Blues는 첫 작품이 아니다. 저자는 소설부문 수상경력이 있는 것으로 보아 어느 정도 경력이 있는 작가임을 유추할 수 있다. 패널 토론에 참가하는 작가들이 첫 작품을 내놓은 작가들이고, 네 번째 작품의 작가는 이 토론에 참여하지 않는다.

187. What is the topic of the July 10 event?
(A) How bookshops can increase sales
(B) How writers can have their work published
(C) How to get a job of editing a magazine
(D) How to create lesson plans for classes

7월 10일 행사의 주제는 무엇인가요?
(A) 어떻게 서점들이 책 판매고를 높일 수 있을 것인가
(B) 어떻게 작가들이 책을 출판할 수 있는가
(C) 어떻게 잡지 에디터의 직업을 구하는가
(D) 어떻게 수업 계획표를 짜는가

|해설| 이 행사에서, 첫 작품을 출판한 작가들이 그들의 출판경험을 이야기할 것이라 했으므로 (B)가 정답.

188. What will Mr. Cartman do at the event?

(A) Sign books for readers

(B) Provide tips for classroom management

(C) Conduct a discussion with a group

(D) Manage security

Cartman씨가 이벤트에서 무엇을 할 것인가?

(A) 독자들에게 책 사인을 해 준다.

(B) 수업 관리의 조언을 제공한다.

(C) 패널들과 토론을 진행한다.

(D) 보안을 관리 한다

|해설| Cartman씨는 패널토론을 moderate할 것이다. moderate은 '사회를 보다, 진행하다'의 의미.

(A) 책 사인을 해주는 것은 작가들. Cartman씨는 작가가 아닌 사회자.

---

189. What is NOT suggested about the author, Leila Moody?

(A) She is an award-winning author.

(B) She will sign the books in the event.

(C) She had her book published by Alley Cat Books.

(D) She has recently written a book for young people.

Leila Moody에 대해 언급되지 않은 것은?

(A) Leila Moody씨는 수상경력이 있는 작가다.

(B) Leila Moody씨는 행사에서 책 사인회에 참여할 것이다.

(C) Leila Moody씨는 Alley Cat Books를 통해 책을 출간했다.

(D) Leila Moody씨는 최근에 젊은사람들을 위한 책을 출간했다.

|해설| Combined Question. 2번째 글에서 토론회에 참석하는 작가 이름에 Leila Moocy의 이름은 빠져있다. 토론회가 끝나고 나면 작가들의 사인회가 열릴 것이므로 Leila Moody씨는 사인회에 참석하지 않을 것임을 알 수 있다

난이도
★☆☆

190. What book will NOT have its author present at the event?

(A) To the Lighthouse, My Friend

(B) Giant Heads and More Below

(C) Not My Crown

(D) Loathsome Balance

어떤 책의 작가가 행사에 참석하지 못할까?

(A) To the Lighthouse, My Friend

(B) Giant Heads and More Below

(C) Not My Crown

(D) Loathsome Balance

|해설| Combined Question. 2번째 글에 따르면, 행사에 참석하는 저자들의 책은 1번째 지문에 소개된 상위 3개의 책이다. 그런데 3번째 지문에서 2번째 책의 저자인 Martin Glint씨가 다른 일정 때문에 참석하지 못할 것이라 했다. Glint씨 대신 Victor Smallwood가 대신 참가할 것이고 이 작가의 작품이름은 Loathsome Balance이다. 그러므로 Giant Heads and More Below의 저자인 Martin Glint씨는 행사에 참석하지 못할 것이다.

(D) Loathsome Balance의 작가인 Victor Smallwood씨는 Glint씨를 대신해서 행사에 참석할 것이다.

To: William Harvest <wharvest@zeamail.co.nz>
From: Katie Simm <ksimm@nzaw.org>
Re: Auckland Convention
Date: June 2
Attachment: Seminar timetable

Dear Mr. Harvest,

Your registration for the 5th Annual Writer's Convention brought to you by the New Zealand Author's Association has been completed. However, there have been some changes made to the schedule and we need you to respond to this e-mail with the requested information by June 20.

Unfortunately, one of the seminars that you registered for, 193© "Relatable Character Creation" presented by Belinda Corrs was canceled. This has been replaced with "Making Characters Readers Like" presented by Victor Hines. If you would like to attend this seminar, please confirm what you want 192 via e-mail.

There is also a scheduling conflict between two of your seminars. Dylan Burgers' seminar has now been moved to Saturday afternoon instead of Saturday Morning. This means it is at the same time as Evelyn Praymore's presentation, which you also registered for. Please decide which seminar you would prefer to attend and let us know.

Regards,
Katie Simm, Convention organizer

New Zealand Author's Association (NZAA)
5th Annual Convention – 15 – 16 July
Auckland, New Zealand

Saturday Seminars		
Time	Seminar Name	Hosted by
11:15 – 12:10	Setting the tone of New Zealand	Odette Lafleur, author
	Self-publishing and how to start	Alvin Bright, publisher
	12:30 – 1:30 Lunch Break	
1:50 -3:00	New Zealand in the Literary Universe	Evelyn Praymore, novelist
	Writing for a Broad Audience	Dylan Burgers, television writer

수신: William Harvest〈wharvest@zeamail.co.nz〉
발신: Katie Simm 〈ksimm@nzaw.org〉
제목: Auckland Convention
날짜: 6월 2일
첨부: 세미나 일정표

Harvest씨에게

뉴질랜드 작가 협회에 의해 여러분에게 제공되는 5주년 연례 Writer's Convention에 귀하의 등록이 완료되었습니다. 하지만 일정상에 몇 가지 변경 사항이 생겨서 6월 20일까지 필요한 정보와 함께 이 이메일에 응답해 주셔야 합니다.

유감스럽게도 당신이 등록한 세미나 중에 하나인, 193© Belinda Corrs에 의해 발표될 "Relatable Character Creation"이 최소되었습니다. 이 세미나는 Victor Hines씨에 의해 발표될 "Making Characters Readers Like"으로 대체 되었습니다. 이 세미나에 참석을 원하시면 이메일을 192통해서 당신이 원하는 바를 확인해 주세요.

또한 귀하의 두 개의 세미나 일정이 겹쳤습니다. Dylan Burgers씨의 세미나는 지금 토요일 오전 대신에 토요일 오후로 옮겨졌습니다. 이것은 당신이 이미 등록한 Evelyn Praymore씨의 발표와 시간이 겹친다는 것을 의미합니다. 그러니 어떤 세미나를 참석하는 것을 선호하시는지 결정하셔서 저희에게 알려 주세요.

Katie Simm, Convention 기획자

뉴질랜드 작가 협회(NZAA)
5주년 연례 Convention(7월 15 ~16일)
뉴질랜드, 오클랜드

토요 세미나		
시간	세미나 명	추최 측
10:00 – 10:50	뉴질랜드 풍 만들기 셀프 출판 및 입문과정 국가 서사시	Odette Lafleur 작가 Alvin Bright 출판업자 Calvin Link 극작가
11:15 – 12:10	픽션의 역사적 인물들	Thomas Gaines 역사학 강연자
	12:30 – 1:30 점심 휴식	
1:50 –3:00	뉴질랜드 문학세계 광범위한 독자층을 위한 글쓰기	Evelyn Praymore 소설가 Dylan Burgers TV 극작가

193© Sunday Seminars		
Time	Seminar Name	Hosted by
10:00 – 1:00	Stories that Sell	Mallory Stonch, literary sales analyst
	Lightening Lexicons Lessens Likeability	Liz Trill, poet
	1:15 – 2:15 Lunch Break	
2:40 – 5:00	193© Making Characters Readers Like	Victor Hines, English professor
	195©Gaining an Audience Online	Sally Gosh, journalist

To: Berta West <bwest@jawharppublications.com>
From: William Harvest <wharvest@zeamail.co.nz>
Date: July 18
Subject: Thanks again

Hi Berta.

194 I wanted to thank you and Jaw Harp Publications for paying for me to attend the author's convention. 195© I really learned a lot there that I think I can use in writing my novel. In addition to my novel, I've decided to start using some of what I learned at the convention to spark some interest in my writing using the Internet. I plan to start a blog as well as contribute some of my short stories to online literary Web sites. If you have any ideas, please let me know.

Regards,
William Harvest

193© 일요 세미나		
시간	세미나 명	추최 측
10:00 – 1:00	독자에게 먹히는 스토리	Mallory Stonch 문학 판매 분석가
	가벼운 어휘를 쓰면 호감도를 떨어뜨림	Liz Trill 시인
	1:15 – 2:15 점심 휴식	
2:40 – 5:00	193©독자가 선호하는 캐릭터 만들기	Victor Hines, 영문학 교수
	195©온라인 독자 확보하기	Sally Gosh, 기자

수신인: Berta West 〈bwest@jawharppublications.com〉
발신인: William Harvest 〈wharvest@zeamail.co.nz〉
날짜: 7월 18일
주제: 다시 한번 감사 드립니다

Berta씨,

194 제가 작가 학회에 참석할 수 있도록 당신과 Jaw Harp Publications에서 등록비를 내주신데 대해 감사 드립니다. 195© 저의 소설을 쓰는 데 제가 사용할 수 있을 것 같은 많은 것을 그곳에서 배웠습니다. 제 소설뿐만 아니라, 인터넷을 사용해 저의 글에 대한 관심을 불러일으키기 위해서 학회에서 배웠던 것들 중 일부를 써먹어 보리라 결심했습니다. 인터넷 문학 사이트에 단편 소설 중 일부를 기고하는 것뿐만 아니라 블로그도 시작해볼 계획입니다. 아이디어가 있으시면 저에게 알려주세요.

William Harvest

|어휘| be replaced with ~로 교체되다. 대체되다

191. What is the purpose of the e-mail?
(A) To verify attendance at an association event
(B) To advertise an upcoming convention
(C) To invite people to join a committee
(D) To announce changes made to a convention timetable

이메일의 목적은 무엇인가?
(A) 협회 행사에 참석을 확인하기 위해서
(B) 곧 있을 컨벤션 홍보를 위해서
(C) 위원회 가입을 유도하기 위해서
(D) 컨벤션 일정상의 변경을 알려주기 위해서

|해설| 전반적으로 발표일정의 변경사항들을 구체적으로 설명해주고 있다.

---

192. In the first e-mail, the word "via" in paragraph 2, line 3, is closest in meaning to
(A) for
(B) through
(C) toward
(D) regarding

첫 번째 이메일에 2번째 단락, 3번째 줄의 "via"와 가장 의미상 가까운 것은?
(A) 위해서
(B) 통해서
(C) 향해서
(D) 관해서

|해설| via는 특정 사람이나 시스템을 '통하여'의 의미. 'via fax: 팩스를 통해서', 'via map: 지도를 통해서'.

난이도
★☆☆

193. What workshop was originally scheduled for Sunday?
(A) Relatable Character Creation
(B) New Zealand in the Literary Universe
(C) Historical characters in fiction
(D) A Nation of Narratives

어떤 워크숍이 원래 일요일로 예정되어 있었는가?
(A) Relatable Character Creation
(B) New Zealand in the Literary Universe
(C) Historical characters in fiction
(D) A Nation of Narratives

|해설| Relatable Character Creation이 취소되면서 Making Character Readers Like로 대체하게 되었는데, Making Character Readers Like의 일정을 찾아보면, 일요일 2:40으로 잡혀있다. 그러므로 Relatable Character Creation는 원래 일요일로 예정되어 있었던 세미나다. (B) New Zealand in the Literary Universe는 일정의 변화가 전혀 없다. Writing for a Broad Audience가 토요일 오전에서 오후로 시간이 변경되면서, 두 세미나가 겹치게 되었다고 언급되었다. 그러므로 두 세미나를 모두 신청한 신청자에게 둘 중하나를 택할 것을 요청하고 있다. 그러므로 New Zealand in the Literary Universe의 경우는 시간이 전혀 변경되지 않았으며, 원래 토요일로 일정이 잡혀있었던 세미나다.

194. What is indicated about Mr. Harvest in his email?

(A) He was unable to attend all the presentations he wanted to.

(B) He is currently sending his book out to publishers.

(C) He didn't pay the fee for the convention himself.

(D) He was disappointed by some presentations.

이메일에서 Harvest씨에 대해 언급된 것은?

(A) Harvest씨는 자기가 원했던 모든 발표에 참석할 수는 없었다.

(B) Harvest씨는 현재 출판사들에게 자신의 책을 보내고 있다.

(C) Harvest씨는 학회 등록비를 직접 지불하지 않았다.

(D) Harvest씨는 몇몇 발표자에 대해 실망했다.

|해설| 3번째 지문에서 Harvest씨는 컨벤션 등록비를 내준 것에 대해 출판사에 감사 인사를 전하고 있다. 그러므로 직접 등록비를 내지 않았음을 알 수 있다.

(A) 첫 번째 이메일을 보면 Harvest씨가 처음에 원했던 발표들이 시간이 변경되거나 취소되어 일부 참석이 불가능함을 알 수 있다. 그러나, 이 문제에는 'in his email'이라고 명시되어 있다. '그의 이메일', 즉 3번째 지문에서 언급된 것을 묻고 있다. 이 이메일을 쓰는 시점에서 Harvest씨가 어떤 발표를 듣기를 원했고, 또 그 발표를 들었는지는 알 수 없으므로 (A)는 오답. (A)에 대한 확실한 단서가 없고, (C)에 대한 확실한 단서는 있으므로 (C)가 정답이 된다. 실제 토익시험에서 이런 상황을 종종 만나게 될 것이다. 이것도 답이 되고 저것도 되는 것 같을 때는, 그 중 더 확실한 것을 정답으로 골라오자. the best answer가 아니고 better answer를 찾아야 한다.

195. Whose presentation did Mr. Harvest most likely attend at the convention?

(A) Alvin Bright

(B) Thomas Gaines

(C) Liz Trill

(D) Sally Gosh

Harvest씨는 학회에서 누구의 발표에 참석했을 가능성이 가장 높은가?

(A) Alvin Bright

(B) Thomas Gaines

(C) Liz Trill

(D) Sally Gosh

|해설| Combined Question. Harvest씨는 이번 발표에서 배운 것을 실제로 활용해 볼 거라고 하면서, 인터넷을 활용하고 블로그를 시작하겠다고 언급했다. 그러므로 인터넷 관련 발표를 들었음을 유추할 수 있다.

Chrosin
MEDICAL MACHINERY

Places of Operation

Pittsburgh, Philadelphia

Pittsburgh is where Chrosin started and is still 198© the home of the company's main office. Over 600 staff are employed in the product testing, development, public relations, sales, and management departments at this location.

Portsmith, Maine

Our newly renovated production plant is located in Portsmith with over 250 employees who manufacture our products and ship them all over the globe.

Paris, France

The office in Paris is the 196 hub for our business in Europe. Over 400 people work outside of North America for Chrosin and most of these employees are in Paris.

Hong Kong, Hong Kong

Hong Kong is our latest place of operations for our business in the Pacific for Asian markets. 197 The Hong Kong office will become more important as we expand our markets in the region.

TO: Becca Neilsen
FROM: Pierre Dumont
DATE: August 2
SUBJECT: Transfer

Dear Becca,

I'm happy that you'll begin working with us here in Europe. I'm sure that you'll be a great asset to our office. 200©On August 4, we'll have a staff meeting at 3:00 p.m., or 9:00 a.m. at your location. I want to call you during this meeting so that we can talk about the marketing plans for our new products. Please tell me if you're available for this.

If there's anything we can do to make 198© your transfer from the main office easier, feel free to let me know and we'll be happy to help.

Pierre

Chrosin
의료기기
영업점

필라델피아 주 피츠버그

피츠버그는 Chrosin사가 시작된 곳이고 198© 여전히 회사 본사가 위치한 곳이기도 합니다. 이 지점에 600명 이상의 직원들이 제품 검사 및 개발, 홍보, 판매, 관리부에 고용되어 있습니다.

메인 주 포츠머스

저희의 새롭게 개조된 생산 공장이 Portsmith시에 위치하며 제품을 제조하고 전세계로 선적하는 일을 담당하는 250명의 직원들을 보유하고 있습니다.

프랑스 파리

파리 지사는 유럽 사업의 196허브역할을 합니다. 400명 이상의 직원들이 북미 이외의 지역에서 근무하고 있으며 그들 중 대부분이 파리에서 일하고 있습니다.

홍콩 홍콩

홍콩은 환태평양의 아시아 시장을 위해서 가장 최근에 생긴 영업 지점입니다. 197홍콩 사무소는 우리가 이 지역에서 시장 확대를 꾀하고 있기 때문에 앞으로 더욱 중요해 질 것입니다.

수신: Becca Neilsen
발신: Pierre Dumont
날짜: 8월 2일
제목: 전근

친애하는 Becca씨에게

저는 귀하가 유럽 지사에서 저희와 함께 근무 할 것이라는 소식에 기쁩니다. 저는 귀하가 저희 사무소에 유용한 인재가 될 것이라고 확신합니다. 200©8월 4일 오후 3시에, 당신이 있는 지역시간으로는 오전 9시에 직원 미팅이 있습니다. 저는 신상품에 대한 마케팅 계획안에 대해서 이야기를 나누고자 이 미팅 동안 당신에게 전화를 드리고 싶습니다. 이 시간이 가능한지 알려주세요.

198© 귀하가 본사에서 전근 오는 것을 원활하게 하도록 저희가 할 수 있는 일이 있으면, 거리낌없이 저에게 말씀해 주시면 기꺼이 돕겠습니다

<table>
<tr>
<td>

Memo to all branch employees:

The farewell get-together for Becca Nielsen will be held 200ⓒ next Friday, September 2, two days before she leaves for Europe. The Paris office has been very appreciative of the assistance she has already given them and are looking forward to her joining their team. We will certainly miss her enthusiasm and commitment. 199We know she is excited to lead her own team directly rather than assisting in management. We wish her the best of luck in her new position. Make sure to come to the farewell party and say goodbye to Ms. Nielsen.

</td>
<td>

모든 지사 직원들에게 보내는 메모:

Becca Nielsen씨를 위한 송별회가 유럽으로 떠나기 이틀 전인 200ⓒ다음 금요일, 9월2일에 열릴 예정입니다. 파리지사는 Nielsen씨가 이미 그들에게 제공해준 지원에 대해 감사하고 있으며 그녀가 그들의 팀에 합류할 것을 고대하고 있습니다. 우리는 분명히 그녀의 열정과 헌신을 그리워할 것입니다. 199 그녀가 경영진에서 지원업무를 하는 것 대신에 직접 자신의 팀을 이끌게 되어 매우 흥분되어 있다는 것을 우리는 알고 있습니다. Nielsen씨에게 작별인사를 하기 위해 꼭 송별파티에 와주시기 바랍니다.

</td>
</tr>
</table>

|어휘| medical machinery 의료기기 expand(=enlarge) 확장하다, 확대하다 transfer 1) 전근, 2) 이체, 3) 환승 asset 자산, 유용한 인재 feel free to do 마음껏 ~해도 좋다

---

196. In the information, the word "hub" in paragraph 3, line 1, is closest in meaning to
(A) distribution
(B) remedy
(C) plant
(D) center

정보에서, 세 번째 문단, 첫 번째 줄의 "hub"가 의미 상 가장 가까운 것은?
(A) 배포
(B) 해결책
(C) 공장
(D) 중심

|해설| hub는 '중추, 중심지'의 의미.

---

197. What is implied about the company's Asia-Pacific business?
(A) It is more successful than European operations.
(B) It is managed by Mr. Dumont.
(C) It is expected to increase.
(D) It is not very successful.

회사의 아시아 태평양 사업에 대해 유추될 수 있는 것은?
(A) 유럽 사업보다 더 성공적이다.
(B) Dumont씨가 관리를 맡고 있다.
(C) 사업이 성장 할 것이다.
(D) 매우 성공적이지는 않다.

|해설| 아시아 태평양 지사는 홍콩지사다. 홍콩지사의 설명을 보면, 이 지역에 사업이 확장될 것이기 때문에 중요도가 커질 것이라고 언급되어 있다.

---

^{난이도}
★★☆
198. Where is Ms. Neilsen currently working?
(A) In Pittsburgh
(B) In Portsmith
(C) In Paris
(D) In Hong Kong

Neilsen이 현재 근무 하는 곳은 어디인가?
(A) 피츠버그
(B) 포츠미스
(C) 파리
(D) 홍콩

|해설| Combined Question. 두 번째 지문에서 '본사로부터의 당신의 전근'이라고 했으므로 Neilsen씨는 현재 본사에서 일하고 있다. 첫 번째 지문에서 보면, 피츠버그에 여전히 본사가 있다고 했으므로 Neilsen씨는 현재 피츠버그에서 근무하고 있는 것.
(C) 파리는 Neilsen이 전근 올 곳이다. 두 번째 지문에서 보면, 화상회의에 대한 얘기가 나오는데, 회의시간을 얘기하면서 your location에서는 9시라고 얘기하고 있다. 아직은 피츠버그에서 근무하고 있으므로 파리와 시간차가 발생한다는 것을 유추할 수 있다. Neilsen이 현자 머무르고 있는 곳은 피츠버그.

199. What does the memo indicate about Ms. Nielsen?

(A) She is dissatisfied with her new position.

(B) Her transfer includes a promotion.

(C) Her travel expenses will be reimbursed.

(D) She is changing departments.

Nielsen씨에 대해 메모가 언급하고 있는 것은?

(A) Nielsen씨는 그녀의 새로운 직책에 대해 불만이다.

(B) Nielsen씨의 전근은 승진을 내포한다.

(C) Nielsen씨의 출장비는 정산이 될 것이다.

(D) Nielsen씨는 부서를 바꾸고 있다.

|해설| 파리로 전근을 가기 때문에 송별회를 준비하고 있다. 또한 Nielsen씨는 팀을 이끌게 되어 매우 신나있다고 했다. 팀을 이끈다는 것은 팀장의 직책을 맡는다는 의미. 이미 팀장이었다면 그렇게 신나있지는 않을 것이다. 그러므로 파리로 전근을 가면 팀장으로 승진을 하게 될 것임을 유추할 수 있다.

(D) 현재 Nielsen씨가 어느 부서에서 일하는지는 알 수 없기 때문에 부서가 바뀌는지는 알 수 없다.

200. How long has Ms. Nielsen been assisting the Paris office?

(A) 1 week

(B) 2 weeks

(C) 3 weeks

(D) 4 week

Nielsen씨는 얼마 동안 파리지사를 지원해왔는가?

(A) 1주

(B) 2주

(C) 3주

(D) 4주

|해설| Combined Question. 2번째 지문에서는 파리 지사가 Neilsen씨에게 화상회의에 참석해줄 것을 요구하고 있다. 미팅 일자는 8월 4일이다. 3번째 지문에서는 Neilsen씨가 해온 지원, 협조에 대해 파리지사에서 매우 감사해 하고 있다고 했다. 3번째 지문이 쓰여진 시점은, 다음 주 9월2일에 송별회가 열린다는 것으로 보아 8월 말 정도임을 알 수 있다. 그렇다면, Neilsen씨는 8월초부터 말까지 파리지사에 협력해온 것임을 유추할 수 있다. 그러므로 4주가 정답.

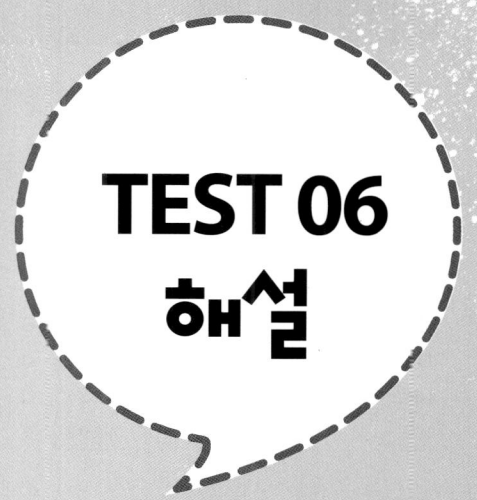
TEST 06
해설

동시토익 CONTEMPORARY **TOEIC**

101	D	102	D	103	D	104	C	105	A	106	D	107	B	108	A	109	A	110	B
111	C	112	D	113	C	114	A	115	A	116	A	117	C	118	D	119	D	120	D
121	B	122	A	123	C	124	D	125	B	126	B	127	D	128	B	129	C	130	D
131	A	132	C	133	D	134	B	135	B	136	C	137	A	138	D	139	A	140	A
141	D	142	B	143	B	144	D	145	B	146	A	147	A	148	C	149	C	150	A
151	C	152	B	153	C	154	C	155	C	156	C	157	B	158	C	159	A	160	C
161	B	162	B	163	A	164	D	165	C	166	D	167	C	168	C	169	C	170	C
171	C	172	C	173	B	174	D	175	A	176	C	177	D	178	A	179	C	180	B
181	D	182	B	183	D	184	C	185	C	186	A	187	C	188	C	189	C	190	D
191	A	192	A	193	C	194	A	195	A	196	A	197	B	198	C	199	C	200	D

101 **Mr. DeLay has finished** his law school, **but** Ms. Dylan **has** **not yet** **finished** **hers**.
　　　　 S1　　　　 V1　　　　　　 O1　 but　 S2　　　　　　　　 V2　 O2

|오답| her, herself, she

Delay씨는 그의 법대과정을 끝냈지만, Dylan씨는 아직 그녀의 법대과정을 끝내지 못했다.

|해설| 대명사문제. but이 연결하는 병렬구조. 앞 절에서 Delay씨는 그의 법대과정을 끝냈다고 했으므로 뒤 절에서도 '그녀의 법대과정'이 목적어 자리에 들어가야 한다. '그녀의'라는 소유격과 '법대과정'이라는 명사를 합쳐준 것이 소유대명사 hers. '그녀의 것'이라고 해석한다.

|오답해설| 'her – 그녀는 그녀를 끝냈다(×)'. 'herself – 그녀는 그녀 자신을 끝냈다(×)'. 재귀대명사는 '주어=목적어', 즉 주어와 목적어가 동일한 것을 지칭하는 경우에만 쓸 수 있다. she는 주격이므로 주어자리에만 사용한다.

102 **You** **will** **enhance** **your simple** **woodwork** (**by implementing several different finishes**) (**we offer**).
　　　　 S　　　 V　　　　　　 O　　　　　　　　　 전+명사구　　　　　　　 형용사절 (that생략)

|오답| differs, difference, differently

저희가 제공하는 여러 다른 마감재를 사용함으로써 당신의 단순한 목공작업을 향상시키실 수 있습니다.

|해설| 어형문제. [수량형용사 ___ n.] 빈칸은 형용사자리. 수량형용사는 관사와 같은 기능이다. 관사와 명사 중간에 삽입될 수 있는 품사는 명사를 수식해주는 형용사뿐이다. '관형명'이라고 순서를 외워두면 문제 풀 때 아주 요긴해진다. 수량형용사와 명사 중간에도 역시 형용사자리! finish는 특히 파트7에서 명사형태로 자주 등장한다. '마감처리, 마감재'의 의미로 잘 쓰인다.

|어휘| enhance 향상시키다 woodwork 목공작업 implement 실행하다 finish 몡 1) 마무리, 2) 마감재

103 (**Formerly a renowned surgeon**), **Dr. Capuano** now **divides** his **time** between **caring for patients** and **teaching future doctors**.
난이도   부사구   S   V   O   between   A   and   B
★☆☆

|오답| forward, soor, far

과거 유명한 외과의사였던 Dr. Capuano은 이제 그의 시간을 환자를 돌보는 것과 미래의 의사들을 교육하는 데 나눠 쓰고 있습니다.

|해설| 부사어휘문제. 앞에 나온 부사 formerly(이전에는)가 단서. 앞에서 '이전'의 상황을 얘기했으므로 주절에서는 '현재'상황을 설명하는 것이다. '과거에는 유명한 의사였고, 지금은 시간을 나누어 쓴다'. now가 정답.

|오답해설| forward – '(좋은 결과를 향하여) 앞으로'의 의미. 대표적인 예문을 통으로 외워두자. [ex] This is a big step forward – 이것은 앞으로 나아가는 큰 전진이다.

soon은 '곧, 머지않아'의 의미로 시제를 주의하자! soon은 항상은 아니지만, 대부분 미래시제와 잘 쓰인다. [ex] He will soon leave – 그는 곧 떠날 것이다. 현재시제와는 어울리지 않기 때문에 오답. '그는 곧 시간을 나눈다(×)'.

far는 '훨씬'의 의미로 비교급을 꾸며주는 부사. [ex] far better – 훨씬 더 좋은.

|어휘| formerly(= previously) 이전에는 renowned(= famous, well known, notable, noted) 유명한, 저명한 surgeon 외과의사 care for 돌보다 future doctor 미래의 (잠재적인) 의사

핵심 '부사+명사'도 부사구가 될 수 있나요?

자주 보게 되는 형태는 아니지만 간혹 등장한다. 일단, 부사는 명사를 꾸며줄 수는 없다. 명사 앞에 부사가 등장했다는 건, 동사가 있었는데 생략되었음을 의미한다.

(**While he was**) **formerly a renowned surgeon, Dr. Capuano now divides his time**.

원래는 부사절이었는데 '접속사+주어+be'가 생략된 구조. 여기서 formerly는 be동사를 꾸며주는 부사. 부사는 일반동사보다는 앞에 나오지만, 조동사보다는 뒤에 위치한다. be동사는 조동사급으로 대우받는 동사이기 때문에 be동사를 꾸며주는 부사는 be동사 뒤에 위치한다. 이때 be동사 뒤에 명사보어가 나오면, 마치 부사가 명사를 꾸며주는 것 같은 '착시현상'을 일으키므로 주의! [ex] He is definitely a hero – 그는 분명히 천재다. 여기서도 definitely는 be동사를 꾸며준다. '부사+명사'가 문두에 나오면 부사구로 인식하자!

104 **The Lim & Kim Group is committed** (**to helping people make investments**) (**that can earn the rate of return**) (**they**
           S   be p.p   전치사+명사구   형용사절
need for retirement).
형용사절 (that생략)

|오답| invests, invested, investing

Lim & Kim Group은 사람들이 은퇴를 위해 필요로 하는 수익율을 얻을 수 있는 투자를 하도록 돕는 일에 최선을 다하고 있습니다.

|해설| 어형문제. 타동사 뒤는 목적어자리이므로 명사가 정답. 'make investments: 투자하다'.

|어휘| be committed(= devoted, dedicated) to ~ing ~에 최선을 다하다, 전념하다 earn (돈을) 벌다, (수익을) 올리다 rate of return 수익율 retirement 은퇴

[help 동사의 5형식 구조]

help people make investments = help people to make investments

help는 매우 자주 등장하는 동사! 대부분 5형식으로 쓰이므로 이 구조에 아주 익숙해져야 한다. 목적보어 자리에는 동사원형이 나오기도 하고 to부정사가 나오기도 한다. 해석은 똑같다. 5형식의 포인트는 '목적어'를 '주어'처럼 해석하는 것. ⇨ '사람들이 투자하는 것을 돕다'.

TEST 06

105 **Seven other specialists will be available (for consultation at an hourly rate).**
　　　　　　　　S　　　　　V　　C

|오답| while, than, as

7명의 다른 전문가들이 시간제 요금으로 상담에 응할 것입니다.

|해설| 보기 중에 접속사가 하나라도 있다면, 반드시 접속사 자리인지 아닌지를 먼저 확인한다. [___ n] 빈칸 뒤에는 절이 아닌 명사만 나왔으므로 전치사자리. 모든 접속사(while, than)는 탈락. as는 전치사, 접속사 기능을 모두 가지는데 전치사로 쓰이면 '~로써'의 의미. [ex] as a student – 학생으로써. 의미상 이 자리에는 어울리지 않는다. available은 for와 짝꿍으로 잘 쓰이므로 묶어서 외워두자. [ex] it is available for sale – 판매가 가능하다.

|어휘| specialist 전문가 consultation 상담, 상의 hourly rate 시간제 요금(시간 당 돈을 받는 요금)

 106 **The efficiency (of solar energy utilization) needs (to be regularly verified by a suitable method).**
　　　　　S　　　　　　　　　　　　　　　V　　　　　　O (준동사구―명)

|오답| regularity, regular, regularize

태양열 에너지 활용의 효율성은 적절한 방식으로 정기적으로 확인될 필요가 있습니다.

|해설| 3초짜리 어형문제. [be ___ p.p] 빈칸은 동사구 사이이므로 동사를 꾸며주는 부사자리. 동사구 사이에 빈칸이 나오면 예외 없이 100% 부사자리다. 두 달에 한번 가량 출제된다. 이런 문제는 보너스 문제!

|어휘| solar energy 태양열 utilization 활용 verify 확인하다, 입증하다 suitable 적절한, 알맞은

 107
난이도
★★☆
(Even though the number of disasters has more than tripled since the 1970s), the reported death toll has decreased
　　　　　　　　　　　　　부사절　　　　　　　　　　　　　　　　　　　　　　　　　　　　　S　　　　　V
(to less than half).

|오답| the third, a third, three times

재해의 발생 수는 70년대 이래로 3배이상 증가했음에도 불구하고, 보고된 사망자수는 반 이하로 줄었습니다.

|해설| 빈칸 앞에 나온 'more than'을 이해하는 게 Key! more than을 붙여서 쓰면 묶어서 '부사'가 된다. '~이상으로'의 의미. 보통 숫자 앞에 잘 나온다. 'more than three hours – 세 시간 이상'. 그 다음 중요한 포인트는 triple의 동사기능이다. triple이 형용사로 쓰이면 '3배의', 동사로 쓰이면 '3배 증가하다'의 의미. more than 앞에 has가 나왔으므로 현재완료시제로 쓰였다. 'has more than tripled – 3배 이상 증가했다'.

'has more than three times – 3배 이상을 가지다(×)'. three times는 more than과 함께 쓰일 수는 있지만 앞에 나온 has동사와 연결해보면 의미상 어색하므로 탈락.

|어휘| disaster 재해, 재난 triple 3배 증가하다 death toll 사망자 수 less than half 반 이하

 핵심　more than 빈출 표현!

more than three hours 세 시간 이상
more than doubled 두 배 이상 증가했다

두 개 예문은 통으로 외워두자! more than은 정답으로 매우 자주 출제된다. 첫 번째 예문처럼 숫자 앞에서 고르는 문제가 가장 많이 출제되며, double 동사 앞에서 고르는 문제도 2번이나 출제된 바 있다. 'more than doubled'는 짝꿍표현으로 입에 붙을 정도로 외워두자!

108

Reports (about the explosion) (which seemed to cause a great deal of damage to the factory) **have** just **been released**.
S   형용사절   be p.p

|오답| Report, To report, Reporter

그 공장에 상당한 손실을 야기한 것처럼 보이는 폭발에 대한 보고서들이 막 발표되었습ㄴ다.

|해설| 어형문제. 주어자리이므로 명사자리. 이때 주의해야 할 것은, 주어자리에 명사를 고르는 문제가 나오면 반드시! 동사와의 수일치를 확인해 봐야 한다는 것 주어와 동사의 자리가 멀면 멀수록 오답률이 높아지므로 꼭! 확인하는 습관을 들이자. 동사자리에 **have**가 나왔으므로 주어자리에는 반드시 복수명사만 나올 수 있다. [ex] a report has / reports have. report와 reporter는 둘 다 가산명사이므로 단수형으로 쓰려면 앞에 관사를 수반해야 한다. 그렇지만 이 문제에서는 이와 상관없이 단수명사이므로 수일치 상 무조건 탈락.

|어휘| explosion 폭발 a great deal of 형 상당한 damage to n. ~에 더한 피해

Our firm continues (to **assist** you in maintaining the accounting system).
S   V   O (준동사구-명)

|오답| tell, lend, explain

저희 회사는, 당신이 회계 시스템을 유지관리하도록 지속적으로 지원할 것입니다.

|해설| 동사어휘문제. 동사어휘문제에서는 목적어가 가장 중요하다. 빈칸 뒤에는 사람명사(you)가 나왔다. '사람명사'를 목적어로 취하는 동사는 많지 않다. 일반 타동사들은 '~을'로 해석되며 '사물명사'를 목적어로 취한다. 그러므로 동사어휘문제에서 목적어 자리에 '사람명사'가 나오면 의미상 접근하면 안되고, 보기에 나온 동사의 용법들을 세밀하게 알고 있어야 한다. 'assist s.b in ~ing: ~하는데 있어서 ~를 지원하다', 'assist s.b with s.t: ~을 가지고 ~를 지원하다'. assist 2가지 용법. 전치사 in, with와 묶어서 외워두자.

|오답해설| 'lend you - 당신을 빌리다(X)', 'explain you - 당신을 설명하다(×)'. 이 두 동사는 일반3형식 동사들로 '사람명사'를 목적어로 취할 수 없다.

tell은 항상 '사람명사'를 목적어로 취하는 특이한 동사다. 그러나 전치사 in과 함께 쓰이지는 않는다. 아래 3가지 구조를 익혀두자.

[3형식] **Tell me about it**.   그것에 대해서 나에게 얘기해봐
[4형식] **She told me that she would come.**   그녀는 나에게 올 거라고 알려줬다
[5형식] **She told me to do it.**   그녀는 내가 그것을 할 것을 지시했다

tell은 어떤 구조로 쓰이건 항상 목적어 자리에는 '사람'이 나오며, 4형식일 때는 '알려주다', 5형식일 때는 '지시하다'의 의미가 강하다.
❏ Reading교재 vol.1 p167 참고

|어휘| firm(= company, corporation) 회사 accounting system 회계 시스템 continue to do ~ ~하는 것을 지속하다, 지속적으로 ~하다 (continue동사는 to부정사와 함께 잘 쓰이는데 이때 '~하는 것을 지속하다'로 해석하면 거색하다. continue를 부사처럼 '지속적으로 ~하다'라고 해석하자!)

TEST. 06

(To be considered for a nurse position at Ralf Reed Memorial Hospital), applicants must be available (to work any shift).
　　　준동사구-부　　　　　　　　　　　　　　　　　　　　　　　　S　　V　　C　　　　준동사구-부

|오답| necessary, obvious, common

Ralf Reed 기념 병원의 간호사직을 위해 심사를 받기 위해서는 지원자들은 어떤 교대근무시간에도 근무할 수 있어야 합니다.

|해설| available이 사람주어와 함께 쓰이면 '시간이 나는, ~할 수 있는'의 의미.

|오답해설| 형용사 자리는 크게 두 가지다. 1) 명사 앞. 2) be동사 뒤. 명사 앞에서 형용사를 고르는 문제는 비교적 난이도가 낮고, be동사 뒤 보어자리로 문제가 나오면 난이도가 높아진다. 특히 형용사 중에서 보어자리에 잘 쓰이는 형용사들 중에는 특정 구조로 쓰이는 형용사들이 있다. 이들이 보기에 등장하면 오답률이 높아진다. 이 문제의 보기 중 necessary, obvious가 특수구조로 쓰이는 형용사. 이 들이 보기에 등장하면 해석에만 의존해서는 안되고 문장구조를 살펴봐야 한다. 아래 자세한 설명을 참고하자.

|어휘| consider 고려하다 / 심사하다 nurse 간호원 shift 교대근무시간, 교대조

 핵심 늘 특정구조로 쓰이는 형용사

It is necessary for you to get there on time.　　네가 제시간에 오는 것은 필요하다 ⇒ 너는 제시간에 와야 한다
It is obvious that he is a student.　　　　　　그가 학생인 것은 분명하다

necessary는 일반명사 주어를 취하지 않고 주어자리에는 항상 가주어(It), 진주어자리에는 to부정사구를 쓴다.
obvious도 항상 주어자리에 가주어(It)가 나오는데, 주어자리에는 that절이 나온다. ● Reading교재 vol.2 p233 참고

[It is ___ to do~ 구조] necessary, possible, easy, difficult, hard
[It is ___ that~ 구조] obvious, clear, apparent, evident

Listed cement firms saw an increase (in profits in the first half of this year), (compared to the same period last year).
　　　　　　　　　S　　　　V　　O　　　　　　　　　　　　　　　　　　　　　　　　　　　　　　준동사구-부

|오답| array, effort, insert

작년 동기간과 비교할 때, 상장된 시멘트 업체들은 올 상반기에 수익증가를 경험했습니다.

|해설| 명사어휘문제. '증가, 감소'에 해당하는 명사들은 전치사 in과 짝꿍. 'an increase in profits – 수익의 증가'. in 뒤에는 증가한 것의 주체가 나온다. '수익의 증가'라고 해석해서 'an increase of profits(X)' of를 고르지 않도록 주의! 전치사 문제로도 빈출!

|심층분석| '회사의 수익이 올랐다, 내렸다'고 표현할 때 see, witness 동사를 잘 쓴다.

[ex] The company **saw** an increase in profits / The company **witnessed** a fall in sales.

영어 식의 표현이라 우리말로 해석해보면 어색하다. '그 회사는 매출의 하락을 목격했다'. 종종 보게 될 표현이므로 익혀두자!

|어휘| listed 상장된 (회사 앞에 listed가 붙으면, 증권거래소에 거래목록에 올라와있는, 즉 상장된 회사라는 의미) the first half of this year 올해의 상반기 compared to s.t ~에 비교할 때

---

112 난이도 ★★☆

We asked (**that guests <u>be seated</u> a half hour prior to commencement of the ceremony**).
S V   O (명사절)

|오답| seat, to sit, seated

우리는 내빈 여러분들이 기념식이 시작하기 30분전에 착석하실 것을 요청했습니다.

|해설| 동사어형문제. 동사어형문제 접근법 p10 참고 1) 구조. 동사가 1개(asked), 접속사도 1개(that) 나왔으므로 빈칸은 본동사 자리. to sit은 탈락. 2) 태. 뒤에 목적어가 없으므로 수동태. 본동사면서 수동태이므로 be p.p형태가 되야 한다. 보기 중 유일한 be p.p형태인 be seated가 정답. ask 동사 뒤에 that절이 바로 붙어나오면 that절에는 should가 생략되고 동사원형이 남는다. 자세한 설명은 TEST 04 107번 문제 해설 p168 참고.

|어휘| seat (자리에) 앉히다. (자리로) 안내하다 be seated 앉힘을 당하다 ⇒ 착석하다 commencement 시작

> **핵심** a half hour를 목적어로 볼 수는 없나요?
>
> a half hour가 아무런 전치사 없이 홀로 쓰였다. 의미상 목적어일 수는 없고 prior to어 붙어있는 표현! before, prior to, after 앞에는 시간명사가 잘 붙어 다닌다.
>
> > **Take a medication an hour after a meal.** 식사 한 시간 후에 약을 드세요
> > **You have to arrive an hour before a meeting.** 미팅 한 시간 전에 도착하셔야 합니다
> > **You have to arrive an hour prior to a meeting.** 미팅 한 시간 전에 도착하셔야 합니다
>
> after앞에 시간명사가 붙어 있으면 '얼마 후에'라고 해석해준다. prior to, before 앞에 붙으면 '얼마 전에'.

113

Professor Withrow advised students [**to check** (**if the plan is concise and realistic**)] (**before submitting the business plan**).
S   V   O   OC (준동사구-기타구)   명사절   전+명사구 or 부사절축약형

|오답| just as, except for, regarding

Withrow 교수는 사업기획서를 제출하기 전에 기획서가 간결하고 현실성이 있는 지 학생들이 확인할 것을 당부했습니다.

|해설| [___ ing] ing 앞에는 전치사와 부사절접속사가 모두 나올 수 있다. 그러므로 의미 상 따져봐야 한다. 다만 just as는 축약형을 쓰지 않으므로 구조상 탈락. as가 접속사로 쓰일 때는 여러 가지 의미를 가진다. 1) ~때, 2) ~때문에 3) ~듯이, ~대로. 이 중에서 3) ~듯이, ~대로 의미일 때만 축약형을 쓸 수 있다. [ex] as discussed earlier(○) – 앞서 논의되었듯이. 본문에서는 '제출할 때', 즉 1)번의 의미로 해석해줘야 하는데 1)번 '~때' 의미로 쓰이는 경우 as는 축약형을 만들지 못한다. 'as submitting the plan(X)', 'as they submit the plan(○)'. 그러므로 탈락. 나머지 보기 중에서 의미상 가능한 것은 before.

[___ ing] 구조에서 before, when을 고르는 문제는 초 빈출! 2개 예문을 입에 딱 붙을 정도로 외워두자!

> **Before leaving home** 집을 떠나기 전에
> **When reading a book** 책을 읽을 때

|어휘| concise 간결한 realistic 현실적인

114 **Funn Sports will be expanding its sporting goods business (into emerging markets next year).**
　　　　　　　S　　　　　　V　　　　　　　　　　O

|오답| cooperating, reserving, selecting

Funn Sports는 내년에 스포츠 상품 사업을 신흥시장으로 확장할 것입니다.

|해설| 동사어휘문제. 빈칸 뒤에 목적어가 있으므로 자동사인 cooperate은 탈락. 목적어랑 어울리는 동사를 고르려니 다 될 것 같아 헷갈린다면 그 다음 단서는 전치사. [___ 목적어 into n.] expand는 전치사 into와 짝꿍. 'expand A into B: A를 확장하여 B안으로 들어가다'. 전치사 문제로 expand 뒤에서 into를 고르는 문제가 출제된 적도 있다. 'reserve – 신흥시장 안으로 사업을 예약하다(×)', 'select – 신흥시장 안으로 선택하다(×)'.

|어휘| emerging 부상하는 emerging market 신흥시장

 115 **The $500 security deposit (you gave us) will be returned (to you) (only when the apartment passes inspection).**
　　　　　　S　　　　형용사절 (that 생략)　　be p.p　　　　　　　　　　부사절

|오답| there, whether, though

당신이 우리에게 준 $500의 보증금은, 아파트가 검사를 통과했을 경우에만 당신에게 반환될 것입니다.

|해설| 보기 중에 접속사가 하나라도 있다면, 반드시 접속사 자리인지 아닌지를 먼저 확인한다. [S+V ___ S+V.] 빈칸은 두 개의 완전한 절을 연결해 줄 부사절접속사자리. there는 접속사가 아니므로 탈락. whether는 부사절접속사 기능을 할 때 반드시 or를 동반해서 쓴다. [ex] Whether you like it or not, you have to do it – 네가 그것을 좋아하건 아니건 상관없이, 너는 반드시 그것을 해야 한다. 그러므로 부사절 접속사 문제에서 whether가 오답으로 등장하면 쉽게 제칠 수 있다. 뒤에 or가 없으면 무조건 탈락. though는 구조상 가능하나 의미상 탈락. '검사를 통과했음에도 불구하고 보증금이 반환될 것이다(×)'.

|어휘| deposit 보증금 pass (검사, 시험 등을) 통과하다 inspection 검사

 116 **(In order to better serve our customers), we plan (to increase our inventory by 20 percent), [which means (that we**
　　　　　준동사구-부　　　　　　　　　　　S　V　　　O (준동사구-명)　　　　　　형용사절　　명사절
need more space)].

|오답| increasing, increases, increase

고객들에게 보다 나은 서비스를 제공하기 위해서, 저희는 재고량을 20% 증가시킬 계획이며, 이는 우리에게 더 많은 공간이 필요하다는 것을 의미합니다.

|해설| plan은 to부정사를 목적어로 취하는 동사. 은근히 자주 등장하는 문제유형! to부정사를 목적어로 취하는 동사 13개는 반드시 외워두고 가자!

> **want, wish, hope, would like** [원하다, 희망하다]
> **need, decide, agree, plan, intend** [미래지향적 의미]
> **try, aim** [노력하다]
> **fail, refuse** [부정적이 의미] ◐ Reading교재 vol.1 p45 참고

|어휘| inventory 재고 more space (much space의 비교급) 더 많은 공간

117 Most high income **earners** <u>**are likely to**</u> **say** (they intend to boost their property investment portfolios <u>**over**</u> the next
　　　　　　　　　　S　　　　조동사 대용　V　　　　　　　　　　　　O (명사절 – that 생략)

few months).

|오답| upon, against, between

대다수의 고소득자들은 향후 수개월간 그들의 부동산투자 포트폴리오를 확장할 작정이라고 말할 가능성이 크다.

|해설| 3초짜리 기간전치사문제. 시간전치사 문제는 시간명사가 '기간 vs. 시점'인지를 가장 먼저 따져본다. 그런데 시간 단위(year, month, day..) 앞에 **the**가 붙으면 항상 '기간명사'! [ex] the day, the year, the month. 보기 중 유일한 기간전치사인 over가 정답.

기간전치사는 6개(for, during, in, within, over, throughout)는 반드시 외워둔다. ➡ Reading교재 vol.2 p124 참고

> **over** the next few months = **in** the next few months = **for** the next few months = **during** the next few months
> '향후 몇 달 동안에'

|어휘| income 소득 earner (돈을, 수익을) 버는 사람, 소득자 be likely to do ~할 것 같다, ~할 가능성이 높다 boost 확장하다, 늘리다 property 부동산

118 **Scandi Household is** currently **offering** a **promotion** (to new customers) (that gives them 25% off their purchase)
　　　　　S　　　　　　　　　　V　　　O　　　　　　　　　　　　　형용사절

난이도
★☆☆

|오답| realization, destination, contribution

현재 Scandi Household는 신규고객들에게 구입품의 25% 할인을 제공하는 판촉행사를 제공하고 있습니다.

|해설| 명사어휘문제. promotion은 다양한 의미를 가진다. 1) 홍보, 판촉행사, 2) 승진, 3) 육성, 장려. 여기서는 1)번의 의미로 쓰였는데, '홍보'의 의미는 친근하지만 '홍보행사, 판촉행사'의 의미로 쓰이는 것은 생소한 사람들이 많을 것이다. 'special promotion = special offer 특별 판촉행사' offer와 같은 의미로 쓰인다.

|오답해설| realization은 1) 깨달음, 자각, 2) (목표의) 실현, 두 가지 의미를 가진다. 어느 쪽이든 이 문장과는 어울리지 않는다.
destination은 '목적지'이므로 역시 의미상 어울리지 않는다. contribution은 전치사 to와 짝꿍으로 쓰이기 때문에 오답으로 가장 많이 고르는 보기. 1) 기여, 2) 기부, 기부금, 3) 기고, 3가지 의미 중 어떤 것도 본문의 문장과 어울리지 않는다. '신규고객에게 기여를 준다, 기부를 준다(×)'.

119 (To help your business succeed), we also **provide** the training **course** (that will help you provide <u>**distinctive**</u> customer
　　준동사구-부　　　　　　S　　　　　V　　　　　O　　　　　　　　형용사절

service).

|오답| distinctly, distinctively, distinction

당신의 사업이 성공할 수 있도록 지원하기 위해서, 저희는 당신이 특별한 고객서비스를 제공하도록 도와줄 교육과정도 제공합니다.

|해설| 어형문제. [타동사 ___ n.] 빈칸은 명사를 꾸며주는 형용사자리. 부사는 명사를 수식할 수 없으므로 명사 앞에 쓰일 수 없다.

|어휘| distinctive 특별한, 독특한, 구별되는

120
난이도
★☆☆

(While Mr. Karst is away from work), please **have** every **letter** and **package** (for him) **delivered** (to his assistant).
　　　부사절　　　　　　　　　　　　　　　　　　V　　　O1　and　O2　　　　　　　　　　　OC – have는 사역동사/5형식

|오답| upon, of, on

Mr. Karst가 자리를 비운 동안에는 그에게 온 모든 편지와 소포를 그의 비서에게 보내주시기 바랍니다.

|해설| 전치사문제. 전치사 for는 '(~가 갖게 하기) 위한'의 의미를 가진다. [ex] a book for children (어린이들을 위한, 어린이들이 갖게 하기 위한 책), a letter for me (나를 위한, 내가 갖게 하기 위한 편지).
of가 오답1순위. '그의 편지, 그의 소포'라고 생각해서 of를 많이 골라온다. 그런데, 의미를 한번 따져보자. '그의 편지'라고 하면, '그에게 온 편지'일까, '그가 쓴 편지'일까. '그가 쓴 편지'에 가깝다. 본문에서는 Karst씨가 부재중인 동안 Karst씨에게 온 편지를 비서에게 전달하라고 했으므로 'Karst씨가 쓴 편지'는 아니다. 그리고 '그의 편지'라고 표현하려면 'his letter'이라고 쓴다. 소유격이 있기 때문에 'of him'을 쓰지는 않는다.

|심층분석| We will **have** every letter delivered to his assistant. 여기서 have동사는 사역동사. have동사가 사역동사로 쓰이면 5형식 구조로, 목적보어 자리에 동사원형이나 p.p형태가 나올 수 있다. have동사를 그대로 직역하면 '(누군가를 시켜서) ~하게 만들다'. 그대로 적용해보면 '우리는 (누군가를 시켜서) 모든 편지가 그의 비서에게 전달되도록 만들 것입니다'. 의역하면 '모든 편지가 그의 비서에게 전달되도록 조치를 취할 것입니다'. ◑ Reading교재 vol.1 p178 참고

|어휘| be away from 떨어져있는, 부재중인 assistant 조수, 비서

121

Ronald Charities, (**whose** purpose is to create and support programs for children in need), **is an independent nonprofit**
　　S　　　　　　　　　　　　　　　　　　형용사절　　　　　　　　　　　　　　　　　　　　　V
organization.
　　C

|오답| what, which, who

도움이 필요한 아이들을 위해 프로그램을 만들고 지원하는 것을 목표로 하는 Ronald Charities은 독립적인 비영리 조직입니다.

|해설| 관계대명사문제는 반드시 문장구조부터 확인한다! 1) 빈칸 앞에 품사를 확인. '명사' 뒤에 나온 절은 관계대명사절. 2) 빈칸 뒤에 명사가 하나 빠져있는 불완전한 절이 있는지 확인. 본문에 적용해보면 빈칸 앞에 명사(Charity)가 나와있고, 빈칸 뒤에는 빠진 명사 없이 완전한 절이 왔다. [명사 ___ 완전절] 빈칸에는 일반 관계대명사 'who, which, that'은 들어 들어갈 수 없다. 뒤에 완전절이 나온 경우 들어갈 수 있는 접속사는 3가지. 소유격(whose), 전치사+관계대명사(in which, for which..), 관계부사(where, when). 3가지 중에 보기 중에 있는 것은 소유격뿐. whose가 정답. 아래 표를 꼭 숙지해두자!

|어휘| in need 필요한 independent 독립된, 독자적인 nonprofit organization 비영리 단체, 조직

핵심 관계대명사 총정리

명사 (who / whick / that) 불완전한 절 (명사가 하나 빠져있는 절)

명사 (whose / 전치사 + 관계대명사 / 관계부사) 완전한 절

동사 (what) 불완전한 절 (명사가 하나 빠져있는 절)

소유격(whose)을 고를 수 있는 결정적인 단서 하나 더!

I met a girl whose hair was black 나는 머리가 까만 여자를 만났다

whose 앞에 나온 명사(girl)와 뒤에 나온 명사(hair)는 항상 의미상 '소유격'의 관계가 성립한다. '그 여자의 머리'.
본문에도 적용해보면 'Ronald Charities whose purpose ~ : 로날드 자선단체의 목적, 목표' 소유격관계가 성립하므로 whose가 정답.
◑ Reading교재 vol.2 p78 참고

Ultimately, it is **Mr. Goodwill** who has to **make** a final **decision** [on (who will be laid off in the next three months)].
                                 S   V   O   전치사+명사절   ―강조구문

|오답| Timely, Permanently, Widely

결국, 향후 3개월 동안 누가 정리해고될 지 최종 결정을 해야 하는 사람은 Goodwill씨입니다.

|해설| 부사어휘문제. 문두(문장 제일 앞)에 나온 부사는 문장 전체를 수식해 준다. ultimately(궁극적으로, 결국)는 문두에 잘 나오는 부사.

timely는 부사어휘문제 단골오답이므로 주의! timely는 부사가 아닌 형용사! 형용사에 ly를 붙일 때 부사가 되고, 명사에 ly를 붙이면 형용사가 된다. [ex] happy ⇨ happily(행복하게―부사) vs. timely(시기 적절한), friendly(친근한), costly(비싼), orderly(질서정연한). timely가 부사어휘문제에 나오면 자동탈락!

|어휘| ultimately 궁극적으로, 결국 permanently 영구적으로 widely 널리, 폭넓게 make a final decision 최종 결정을 하다 be laid off 실직을 당하다, 해고되다

 핵심   It is ＿＿ that / It is ＿＿ who 강조구문

It is **Mr. Goodwill** who has to make a final decision. 최종 결정을 해야 하는 것은 **Goodwill**씨이다

Mr. Goodwill은 문장의 주어다. 그런데 강조하기 위해서 'it is ＿＿ who' 사이에 넣어준 것. 좀 더 자세하게 살펴보자.

I met him in the park.

이 중에서 강조하고 싶은 것을 골라 'it is ＿＿ that' 빈칸 안에 넣어주면 된다.

It is I that met him in the park. 공원에서 그를 만난 건 나다
It is him that I met in the park. 내가 공원에서 만난 건 그 사람이다
It is in the park that I met him. 내가 그를 만난 건 공원에서다

이때 빈칸에 들어가는 명사가 '사람명사'면 that 대신 who를 쓸 수 있다. [ex] It is I who met him in the park.
빈칸에 들어가는 명사가 '장소명사'일 때는 that 대신 where를 쓸 수도 있다. [ex] It is in the park where I met him.

난이도
★☆☆

(By the time Jerry Hairston was promoted to CEO), the **company had begun** (reorganizing its capital structure).
　　　　　　　　　　부사절　　　　　　　　　　　　　　　　　　　　　　　S　　　V　　　　　　　O (준동사구–명)

|오답| begins, will begin, having begun

Jerry Hairston이 CEO로 승진했을 때 즈음에는, 회사가 자본 구조를 재조정하는 작업을 이미 시작한 상태였습니다.

|해설| 동사어형문제. 동사어형문제는 일반적으로 4가지 순서로 풀어준다. 다만, 시간부사나 시간부사절이 있는 경우는 시제먼저 따진다. by the time이 이끄는 시간부사절이 등장했으므로 시간부사절과 주절의 시제를 맞춰주면 된다. 자세한 설명은 TEST 01 101번 해설 p14 참고. 부사절에 과거시제(was promoted)가 나왔으므로, 주절에도 '과거류'가 나와야 한다. 유일한 과거류 본동사는 had begun.

그런데 by the time은 굉장히 특이한 접속사다! by the time이 나오면 주절에는 항상 '완료시제'가 나온다. by the time은 '~때 즈음에'라고 해석되며, 주절에서는 항상 그 이전 상황을 묘사하게 된다. 기준 시점보다 더 이전상황을 묘사하는 시제가 완료시제이므로 항상 완료시제와 짝꿍이 된다. ◑ Reading교재 vol.1 p235 참고 아래 예문을 살펴보자.

|어휘| by the time ~할 때 즈음에는 reorganize 재조정하다 capital 자본의

핵심 By the time 완료시제랑 짝꿍

[부사절: 과거 / 주절: 과거완료]　　　　　　　　**By the time I arrived, the client had already left.**
[부사절: 현재(미래대신) /주절: 미래완료]　　　**By the time I arrive, the client will have already left.**

1) 내가 도착했을 때 즈음에는 그 고객이 이미 떠나고 없는 상태였다 (내가 도착한 건 '과거', 고객이 떠난 건 그 이전이므로 '과거완료')
2) 내가 도착할 때 즈음에는 그 고객은 이미 떠나고 없는 상태일 것이다 (내가 도착하는 건 '미래', 고객이 떠나는 건 내가 도착하는 것보다 조금 전 미래이므로 '미래완료') ※ 시간부사절에서는 미래시제는 쓰지 않는다. 미래대신 '현재'를 쓴다.

[____ S + 현재동사, S + will have p.p] 빈칸에 by the time을 고르는 문제가 출제된 적도 있다. 주절에 과거완료나 미래완료시제가 등장하면, 접속사 by the time이 정답 1순위!

124 Many **entrepreneurs** (from all areas of business) will **join** the seminar this year, and **some are** today's top business **leaders**.
S1   V1   O   and S2 V2   C

모든 사업부문의 많은 기업가들이 금년 세미나에 참석할 것이며, 그 중 일부는 현시대 초고의 비즈니스 리더들입니다.

|해설| 주어자리에 들어가는 명사를 고를 때는 반드시 '동사 수일치' 확인! 복수동사(are)가 쓰였으므로 주어자리에는 복수명사만 들어갈 수 있다. 유일한 복수명사인 some이 정답. other는 형용사 역할만 한다. 명사로 쓰일 때는 반드시 앞에 관사가 붙거나, 복수형으로 쓰여야 한다.

> **another** 또 다른 하나 (불특정 단수)   **others** 다른 것들 (불특정 다수)
> **the other** 나머지 하나 (특정 단수)   **the others** 나머지 다른 것들 (특정 다수)

최근 수량형용사를 명사자리에서 고르는 문제가 매우 자주 출제된다. 수량형용사는 문맥상 파악이 가능할 경우, 뒤에 나올 명사를 생략해줄 수 있다. 본문에서도 some (entrepreneurs)가 생략된 구조. 수량형용사에 대한 자세한 설명은 TEST 01 107번 해설 p16 참고.

|어휘| entrepreneur 기업가 area 1) 분야. 2) 지역

125 (In her new book), a leading **financier**, **Ms. Blanchett writes** (about the instability of global capitalism).
동격의 명사   S   V

재계의 거물인 Blanchett씨는 그녀의 새 책에서 세계 자본주의의 불안정성에 대해 썼습니다.

|해설| 영어는 고유명사를 사용할 때, 이 고유명사를 설명해 주는 동격의 명사를 그 앞뒤에 잘 붙여 쓴다. Ms Blanchett와 동격이 되야 하므로 사람명사인 financier가 정답.

|어휘| leading 앞서는. 선두의 financier 자본가, 금융업자 finance 명 금융, 재무 financial 형 금융의, 재무의 instability 불안정 capitalism 자본주의

126 **Ms. Sienna decided** (to start her own business last month) and has since **been preparing** (for it).
S   V1   O (준동사구—명)   and   부사   V2

Sienna씨는 지난 달에 자기 자신의 사업을 시작하기로 결심했고, 그 이후로 사업시작을 준비해오고 있습니다.

|해설| [타동사 ___ n.] 빈칸은 명사를 꾸며주는 형용사 자리. 형용사 역할을 하는 대명사는 소유격. own은 소유격과 함께 짝꿍으로 쓰이 며, 소유격을 강조해주는 표현이다. [ex] my house: 나의 집 vs. my own house: 나 자신의 집. ❍ Reading교재 vol.2 p162 참고 hers는 '그녀의 것'이므로 명사자리에만 나올 수 있다. she는 주격이므로 주어자리에만 나올 수 있고, herself는 재귀대명사로 목적어자리에 나오거나 부사역할을 한다. 명사를 꾸며줄 수는 없다.

|어휘| since 문 이래로, 이후로 ('have since p.p'와 같이 항상 현재완료시제와 함께 쓰인다)

127

Health boards must take strong security measures (so that digital patient records may remain confidential).
　　　　　S　　　　　V　　　　　　　　O　　　　　　　　　　　　　　　　부사절

|오답| confidence, confidentially, confidentiality

보건국은 환자에 관한 디지털 정보가 기밀로 유지될 수 있도록 하기 위해서 강력한 보안조치를 취해야 합니다.

|해설| 어형문제. remain은 be동사와 똑 같은 2형식 동사. remain뒤에는 보어가 나오며, 형용사, 명사가 보어역할을 할 수 있다. 명사보어는 주어와 동격이 되어야 하는데 'confidence: 환자기록은 신뢰다(×)', 'confidentiality: 환자기록은 기밀유지다(×)', 모두 동격의 관계가 성립하지 않으므로 탈락. ◐ Reading교재 vol.1 p153 참고

|어휘| take security measures 보안조치를 취하다 so that ~may ~할 수 있도록, 하기 위해서 remain confidential 기밀로 유지하다

Togo Food Company guarantees (that only the highest quality ingredients are used for their products).
　　　　S　　　　　　　V　　　　　　　　　　　　　O (명사절)

Togo Food Company는 최상의 품질의 재료만이 그들 제품에 사용됨을 보장합니다.

|해설| 보기 중에 접속사가 하나라도 있다면, 반드시 접속사 자리인지 아닌지를 먼저 확인한다. 동사가 2개(guarantees, are used) 쓰였고, 접속사는 1개(that) 나와있으므로 완벽한 문장. 접속사는 더 이상 나올 수 없으므로 모든 접속사(when, once)는 탈락. only와 ever는 모두 최상급을 강조하는 부사다. 그런데 ever는 최상급 뒤에 위치하고 only는 최상급 앞에 위치한다. 위치가 단서! 본문은 최상급 앞에 빈칸이 위치하므로 only가 정답. 최상급을 수식하는 부사는 모두 4개!

We offer **only** the best product.　　　　　우리는 최고의 제품만을 제공한다
This is the biggest house I have **ever** seen.　　이것은 내가 지금껏 본 가장 큰 집이다
He answered **even** the most difficult question.　그는 심지어 가장 어려운 질문에도 대답했다
She is **by far** the most promising member of our team.　그녀는 단연코 우리 팀의 가장 유망한 멤버다

※ **ever**는 항상 최상급 보다 뒤에 위치하고, 나머지는 모두 최상급 앞에 위치한다.

|어휘| guarantee 보장하다 quality [형] 질 좋은 ingredient 재료

129

난이도
★☆☆

Please **affix** an annual parking **permit** (with your name) (<u>directly</u> to the lower left hand corner of the windshield)
　　　　　　 V　　　　　　　O
(at the time of purchase).

|오답| direction, directing, directs

당신의 이름이 쓰여진 연간 주차권을 구입시에 자동차 창문의 왼쪽 아랫부분에 직접 부착하세요.

|해설| 어형문제. [S+V+O ___ 전명구] 완벽한 뼈대구조 뒤에 추가로 나올 수 있는 품사는 부사. 문장의 끝, 즉 문미에 '부사'를 고르는 문제는 매달 1문제는 꼭! 출제된다. directs는 본동사. affix(동사원형)로 시작한 명령문이고 문장에 접속사가 없으므로 본동사는 추가로 나올 수 없다. directing은 준동사로써 능동태이기 때문에 뒤에 목적어가 나와야 한다. 빈칸 뒤에는 전치사가 바로 나왔으므로 목적어가 없는 상태.

|어휘| affix A to B A를 B에 부착하다 parking permit 주차권, 주차 허가증 directly 직접, 바로 windshield (자동차의) 앞 창문
at the time of purchase 구매 시

130

(Due to the time constraints) (in evaluating workshops) (conducted this year), we need (to receive immediate feedback
　　　　　　　　　　　　　전+명사구　　　　　　　　준동사구-형　　　S　　V　　　O (준동사구-명)
on December workshop from the attendees).

|오답| mutual, determined, probable

올해 진행된 워크샵을 평가하는 데 있어서의 시간상의 제약 때문에, 우리는 참석자들로부터 12월 워크샵에 대한 신속한 피드백을 받을 필요가 있습니다.

|해설| 형용사어휘문제. immediate은 '(시간상, 공간상, 관계상) 아주 가까이에 있는'의 의미. [ex] immediate reaction – 즉각적인 반응, immediate future – 가까운 장래, immediate supervisor – 직속 상관.
feedback을 최근 한국사람들이 잘못 사용하는 걸 종종 본다. feedback은 무언가를 보고 나서 느낀, 그것에 대한 '의견'이다. '내 글 읽어보고 나서 feedback을 좀 줘'. 본문의 내용을 보면 회사는 시간이 부족하기 때문에 참가자들이 워크샵에 참석하고 나서 느낀 의견을 빨리 제출해줄 것을 종용하고 있다.

|오답해설| 'mutual feedback: 서로의 피드백(×)'. mutual은 '서로의, 상호의' 의미이기 때문에 관련된 양 측이 명시되어 있을 때만 사용할 수 있다. 'mutual benefits: 상호이익 (너와 나에게 모두 이익이 되는)', 'mutual friend: 공통의 친구 (내 친구이기도 하고, 너의 친구이기도 한)'.
'determined feedback: 결정된 피드백(X)'. 'probable: 개연성 있는 피드백(X)'. probable은 자주 보는 형용사는 아니다. 부사(probably) 형태를 더 많이 봐왔을 것이다. 형용사로는 '개연성이 높은, 가능성이 높은'의 의미. 'probable cause: 가능성이 높은 원인'과 같이 쓰인다.

|어휘| time constraint 시간 제약 evaluate(=estimate) 평가하다 conduct a workshop 워크숍을 실시하다 immediate 즉각적인, 신속한 attendee 참석자

TEST 06

Gerald Art Gallery to Display Works of Graduating Seniors

June 4 - The Gerald Art Gallery at the College of the Holy Cross _____ its **131.** annual "Senior Artwork" display.

Student artists participating in this annual event attended the course taught by Michael Beatty, associate professor of visual arts. _____. **132.**

Advance tickets to the _____ may be purchased online at www.geraldag. **133.** com. Online ticketing closes four hours before the event. If not sold out, tickets will be available at the box office. For information pertaining to _____ admission fee for groups of ten or more, please call 714-555-2401. **134.**

Gerald Art Gallery 졸업생 작품 전시

6월 4일– Holy Cross 대학의 Gerald Art Gallery에서 연례 "4학년생의 미술작품" 전시회를 열 예정입니다.

이 연례 전시회에 참석하는 미대생들은 시각 예술학부 부교수인 Michael Beatty 교수가 강의하는 수업을 들었습니다. **그는 작년 Visual Art Award의 수상자로써 잘 알려져 있습니다.**

전시회 사전 티켓은 www.geraldag.com에서 인터넷으로 구매 할 수 있습니다. 인터넷 티켓 판매는 행사 4시간 전에 끝납니다. 만약에 매진되지 않는 다면, 티켓은 현장 매표소에서 구입 할 수 있습니다. 10인 이상의 단체 할인권에 대한 정보는 714–555–2401로 전화주세요.

|어휘| associate professor 부교수 visual art 시각 예술 pertaining to ~에 관하여 admission fee 입장료

난이도 **131. (A) will be hosting** |오답| (B) would host (C) had been hosting (D) is hosted
★☆☆

|해설| Context Question. 파트6에 출제되는 동사어형문제는 대부분이 시제문제고, 시제문제는 대부분이 전체 내용을 파악해서 풀어야 하는 Context Question이다. 3번째 문단을 보면 티켓이 어떻게 판매될 것인지를 설명하고 있으므로 아직 열리지 않은 상태. 그러므로 미래시제가 정답. (B) would host는 미래시제를 대신해서 사용할 수 없다. would는 동사어형문제에 오답으로 자주 등장한다. 오답단골이므로 아래 설명한 2가지 경우를 제외하고는 무조건 제치자!

핵심 would를 쓸 수 있는 2가지 구조

1) 가정법과거

If I were you, I would study hard. 내가 너라면 공부를 열심히 하겠다

2) 목적어 역할을 하는 명사절 안에서

He will go.
⇨ **He told me that he would go.** 그는 갈 거라고 나에게 말했다

원래는 단순미래시제인 'will go'였는데, 그가 나한테 말한 시점이 과거(told)이므로 과거시제로 맞춰준다.
위의 2가지 경우가 아니라면 would는 바로 오답처리!

132. (C) He is well-known as a recipient of the Visual Art Award last year.	(C) 그는 작년 Visual Art Award의 수상자로써 잘 알려져 있습니다.
(A) The Gerald Art Gallery is closed every Monday and on holidays. (B) Students are encouraged to send their submissions to the art committee. (D) Admission to the event is free for all residents.	(A) Gerald Art Gallery는 매주 월요일과 공휴일에 문을 닫습니다. (B) 학생들은 예술위원회에 작품을 보내도록 장려되는 바입니다. (D) 모든 주민들에게 행사 입장은 무료입니다.

|해설| 앞 문장에서 이번 행사에 참여하는 학생들은 모두 Beatty교수의 학생들이라고 했다. 그러므로 Beatty교수에 대한 설명 글인 (C)가 정답. 나머지 오답들은 행사나 갤러리에 관한 설명이므로 앞 문장과 연결되지 않는다.

133. (D) exhibit |오답| (A) banquet (B) concert (C) tournament

|해설| Context Question. 앞서 '미술작품 전시회'를 소개했으므로 전시회에 대한 티켓을 판매할 것이다. (A) banquet은 연회, (C) tournament는 (스포츠) 경기

난이도 ★★☆ **134. (B) reduced** |오답| (A) reduce (C) reduction (D) reduces

|해설| 'pertaining to' 표현을 알고 있는지 물어보는 만점짜리 문제. pertain은 자동사로 전치사 to와 짝꿍이다. 'pertaining to'는 묶어서 일종의 전치사로 보면 된다. 의미는 regarding, concerning과 똑같이 '~에 관한'. to부정사로 착각해서 (A) reduce를 가장 많이 골랐을 것이다. to는 전치사이므로 [전치사 ___ n.] 빈칸은 명사를 꾸며주는 형용사자리. '줄여진 입장료 ⇒ 할인된 입장료'의 의미로 reduced가 정답.

From: Elizabeth Warren
To: All staff
Date: August 16
Subject: Larry Page

-------.. As most of you know, he has -------. an offer from Community
135.   **136.**
Health Charities of Iowa (CHCI) for the position of Corporate Relations
Manager.

It has been his long-cherished dream to contribute to the community in a
meaningful way. -------., we all know we will miss him when he is gone.
                  137.
A lovely farewell banquet will be held Friday, 30 August in the main
conference room ------- his 23 years of hard work and dedication at
                     138.
Kaufmann, Inc. We are looking for speakers for the event who would like
to congratulate Mr. Page as well as share personal stories about their
experiences with him. If you are interested in this, please contact your
supervisor.

We wish Mr. Page all the best with his future career.

Regards,
Elizabeth Warren

발신: Elizabeth Warren
수신: 전직원
날짜: 8월 16일
제목: Larry Page

Larry Page씨는 지난주에 CEO 자리를 사임하겠다고
밝혔습니다. 여러분 대부분이 알다시피 그는 CHCI에
고위 기업 홍보관 자리를 수락했습니다.

의미 있는 방식으로 지역사회에 기여하는 것이 그가 오
랫동안 품어왔던 꿈이었습니다. 심지어 그렇다 할지라
도, 그가 떠나면 우리 모두는 그를 그리워할 것이라는
것을 잘 알고 있습니다.

Kaufmann에서의 그의 23년간의 노고와 헌신을 기
리기 위해서 멋진 송별회가 8월 30일 금요일에 주 회
의실에서 있을 것입니다. 우리는 Page씨와의 추억에
대한 개인적인 이야기를 나누는 것뿐만 아니라 Page
씨를 축하해주기를 원하는, 행사에 참여할 연사를 찾
고 있습니다. 관심 있으시면 저희 상관에게 연락 주시
기 바랍니다.

우리는 Page씨의 앞으로의 커리어에 있어서 성공과
행운을 기원합니다.

Elizabeth Warren

|**어휘**| step down 사임하다 long-cherished 오랫동안 소중히 해온 meaningful 의미 있는 dedication 헌신, 전념

135. (B) Larry Page announced last week that he will step down from his role as CEO.	(B) Larry Page는 지난주에 CEO 자리를 사임하겠다고 밝혔습니다.
(A) Our organization will be holding its annual charity later this month. (C) Congratulations to Larry Page on his latest promotion in our organization. (D) Thank you all for contributing your time to the farewell banquet for Larry Page.	(A) 저희 조직은 이번 달 말에 연간 자선행사를 개최할 예정입니다. (C) 저희 조직에서 Larry Page가 최근에 승진한 것을 축하해주세요. (D) Larry Page를 위한 송별회에 여러분의 시간을 내주신 것에 대해 모두 감사 드립니다.

|**해설**| 문단의 제일 앞 부분이므로 뒤에 나오는 내용을 포괄할 수 있는 **General Information**이 필요하다. 전체적으로 Larry Page씨의 송별회에
대한 얘기이므로 Larry Page씨가 사임한다는 언급이 가장 앞에 나와야 할 것이다. (B)가 정답.

난이도
★☆☆ **136. (C) accepted** |**오답**| (A) advertised (B) supported (D) indicated

|**해설**| 동사어휘문제. 동사어휘문제를 풀 때는 가장먼저 목적어를 주목. 목적어와 어울리는 동사를 고른다. an offer는 '제안'의 의미. 'accepted
an offer: 그는 (기업홍보관 자리에 대한) 제안을 수락했다'.

|**오답해설**| 'advertised an offer: 그는 일자리 제안을 광고했습니다(X)', supported an offer: 그는 일자리 제안을 지원했습니다(X)'. 이 자리에 '
입사지원을 하다'의 의미로 생각했다면 apply for를 써야 한다. 우리말로는 똑같이 '지원하다'이지만 구체적인 의미는 전혀 다르다. support는 '
돕다, 지지하다, 지원해주다'의 의미. 혹은 Larry Page씨가 이 직책을 봏좌해줄 것이라는 의미로 support를 골랐다면, 시제상 불가능하다. 이 직
책은 Larry Page씨가 앞으로 맡게 될 새로운 직책이므로 미래시제를 써야 한다. 보기는 과거시제이므로 올답. 'indicated an offer: 일자리 제안
을 표시했다(X)'.

난 이 도
★★★ **137. (A) Even so** |오답| (B) Besides (C) Similarly (D) After that

|해설| Context Question. Even so 자체가 생소한 표현일 것이다. 기출로 한 번 출제된 바 있다. '심지어 그렇다 하더라도'의 의미. 연결어 문제는 앞 절과 뒷 절의 내용을 요약해서 두 절의 논리적 관계를 따져봐야 한다. '지역사회에 기여하는 것이 그의 꿈이었으니 잘된 일이다 ___ 으리는 그를 그리워할 것이다'. 빈칸에 들어갈 표현은 (A) Even so.

|오답해설| **Besides** – '그의 오랜 꿈이었다. 게다가 우리는 그리워할 것이다(X)'. besides는 부가적인 내용이 추가될 때 연결해주는 부사.
Similarly – '마찬가지로 우리는 그리워할 것이다(X)'.
After that – '그의 오랜 꿈이었다. 그 후에 우리는 그를 그리워할 것이다(X)'. 여기서 that은 지시대명사로 쓰인 것인데, 앞에서 받아올 내용이 없다. '뭐 후에'인지가 불분명하므로 오답.

난 이 도
★☆☆ **138. (D) to recognize** |오답| (A) has recognized (B) is recognizing (C) would recognize

|해설| 동사어형문제. 동사어형문제 접근법 p10 참고 1) 구조. 문장에 동사가 1개(will be held) 쓰였고, 접속사는 없다. 그러므로 완전한 문장. 추가로 나올 수 있는 동사는 준동사. 보기 중에 유일한 준동사인 to recognize가 정답! 3초짜리 문제. 모든 동사어형문제는 반드시 '본동사냐 준동사냐'를 따지는 것에서 출발한다. 이것만 따져보면 3초짜리문제인데, 이걸 간과해서 틀려오는 경우가 굉장히 많다! 가장 먼저 '본동사 vs. 준동사'를 따지는 습관을 들이자!

The Best Services for Your Business at Terwilliger Financial

If you want the best service possible for your business from your financial services company, look no further than Terwilliger Financial. _____ employee of our company does his or her utmost to provide exactly the kind of service our clients desire to help build their business and _____ their company's stability.
139.   140.

Among the client services we offer are financial consultation, efficiency consulting, and filing taxes. _____. Our online services offer greater flexibility and convenience to our clients.
141.

Contact _____ to learn how to strategically manage capital and transactions in a changing world.
142.

당신의 사업체를 위한 Terwilliger Financial의 최상의 서비스

당신의 회사를 위해 금융서비스 회사로부터 받을 수 있는 최상의 서비스를 원하신다면, Terwilliger Financial보다 더 멀리 보실 필요가 없습니다(먼 곳에서 찾을 필요 없이 Terwilliger Financial에게 맡기시면 됩니다). 회사를 키우고 회사의 안정성을 도모하기 위해 저희 고객들이 필요로 하는 바로 그 서비스를 제공하기 위해 저희 회사의 모든 직원들은 최선을 다하고 있습니다.

저희가 제공하는 고객 서비스 가운데는 재무 컨설팅, 효율성 컨설팅 및 세금처리 등이 있습니다. **저희 서비스를 좀 더 개선하기 위해 저희는 최근에 웹사이트를 업그레이드했습니다.** 저희 인터넷 서비스는 더 큰 유연함과 편리성을 고객들에게 제공하고 있습니다.

이 변화 무쌍한 세상에서 어떻게 전략적으로 자금과 거래를 관리하는지 알고 싶으시면 우리에게 연락주세요.

|어휘| enhance 개선하다, 향상시키다 stability 안정성 flexibility 유연함 strategically 전략적으로 manage 관리하다 capital 자금

139. (A) Every |오답| (B) All (C) Whole (D) Multiple
|해설| employee는 '사람명사'이므로 '가산명사'. 가산명사는 홀로 쓰일 수 없고, 반드시 앞에 관사가 나오거나, 관사가 없으면 복수형으로 쓰여야 한다. ex) an employee / employees. 그런데 여기서는 관사도 없이 단수형으로 나 홀로 쓰였다. 그러므로 every가 정답. 수량형용사 every와 each 뒤에는 가산명사가 항상 단수형으로 나온다.

140. (A) enhance |오답| (B) enhancement (C) enhances (D) enhancing
|해설| 동사어형문제. 빈칸 앞에 and가 나왔으므로 병렬구조를 파악하는 것이 Key.

> to help **build** their business and **enhance** their company's stability.

Help동사 뒤에는 동사원형이 바로 나올 수 있다. 여기서 build and enhance 2개 동사가 병렬구조. '그들의 사업을 구축하고 그들 회사의 안정성을 도모하는 것을 돕다'.

141. (D) We have recently upgraded our Web site to improve our service further.	(D) 저희 서비스를 좀 더 개선하기 위해 저희는 최근에 웹사이트를 업그레이드했습니다.
(A) More details can be found on our company Web site.	(A) 더 자세한 내용은 저희 회사 웹사이트에서 찾아보실 수 있습니다.
(B) Our office is conveniently located in the business district.	(B) 저희 사무실은 상업지역에 교통이 편리한 곳에 위치해 있습니다.
(C) A complete list of our services can be obtained by visiting any of our branches.	(C) 저희 서비스에 대한 전체 목록은 지점에 방문하셔서 받아보실 수 있습니다.

|해설| 빈칸 뒤 문장에서 온라인 서비스에 대해 언급했으므로 빈칸에도 웹사이트에 관한 문장이 들어올 것이다. (A)와 (D)중 하나가 정답. 기 중 (D)가 정답이 되는 이유는, 뒷문장에서 'greater'이라는 비교급을 사용해서 디들의 웹서비스가 개선될 것임을 시사하고 있기 때문이다. 그러므로 웹사이트를 업그레이드했다는 (D)가 정답. (A)의 경우는 웹사이트에서 더 많은 정보를 찾아볼 수 있다는 의미이므로 웹사이트가 더 나은 서비스를 제공한다는 뒷문장과 연결고리가 더 약하다.

142. (B) us |오답| (A) theirs (C) me (D) it

|해설| 회사에 대한 광고 글이고 글을 쓰는 '화자'는 앞에서도 '우리'로 언급되어왔다. 'our online services~'. 그러므로 'contact us – 우리에게 연락해주세요'가 정답.

Beginning on April 1, the University of Victoria will host a poster design competition sponsored annually by GOMA Art Gallery. The competition is open only to college students currently attending schools. All entries must be the ------- work of the entrant. Any entries which are determined to be
143.
copies or not the work of the applicant will be disqualified.

The ------- will be won by the students whose posters depict the theme
144.
of "Naturally digital".

Students interested in participating should register by sending an email to the competition organizers by April 20. -------. Entries ------- at the
145.   146.
upcoming International Digital Forum in Hong Kong on May 20.

4월 1일부터 Victoria 대학은 GOMA Art Gallery에서 해마다 후원하는 포스터 디자인 경연대회를 주최할 것입니다. 경연대회는 현재 대학을 다니는 재학생들에게만 참가 자격이 주어집니다. 모든 출품작들은 참가자의 원본 작품이어야 합니다. 복사본이거나, 혹은 지원자의 작품이 아니라고 판단되는 참가작품은 참가 자격이 박탈될 것입니다.

"Naturally digital"이라는 주제를 잘 표현한 포스터를 제출하는 학생이 대회를 우승할 것입니다.

참가에 관심이 있는 학생들은 4월 20일까지 대회 주최 측에게 이메일을 보냄으로써 등록하셔야 합니다. 출품작품 제출 마감 시한은 5월 10일 입니다. 참가작들은 5월 20일 홍콩에서 열리는 다가오는 국제 디지털 포럼에서 심사 될 것입니다.

|어휘| competition 시합, 대회, 경쟁 entries 1) 참가작품, 2) 등록, 참가 entrant 참가자 disqualified 자격이 상실되는 depict 묘사하다 judge 심사하다

143. (B) original |오답| (A) commercial (C) collaborative (D) partial

|해설| original은 1) 원래의, 본래의, 2) 독창적인, 2가지 의미를 갖는다. 둘 다 유사한 의미이긴 한데, 여기서는 2)번의 의미와 가깝다. 독창적인 작품이라는 의미는 '남의 것을 베끼지 않은', 스스로 만든 작품이라는 의미.

|오답해설| 'commercial work: 상업적인 작품(X). 대학생들이 출품하는 작품이 상업적인 작품일 수는 없다.
'collaborative work of the entrant: 참가자의 공동의 작품(X). 최근 우리나라 사람들이 '콜라보' 작품이라는 말을 외래어로 많이 쓴다. 영어 표현이 바로 collaborative다. 이 어휘는 '두 사람 이상이 공동으로 작업한'의 의미. 그러므로 공동의 작품이라면 'of the entrant'와 같이 작품을 만든 사람이 '단수'일 수는 없다. 'collaborative work of the entrants(O)'.
'partial work: 부분적인 작품(X). 그림작품을 출품하는데, 그 그림을 반으로 나누거나 할 수는 없을 것이다. 작품과 partial은 어울리지 않는다. [ex] partial payment – 전체 대금 중의 일부의 지불.

난이도 ★☆☆ 144. (D) contest |오답| (A) picture (B) argument (C) race

|해설| 수동태의 문장이라 혼동될 수 있다. 보기 쉽게 능동태로 전환해서 살펴보자.

> The _____ will be won by the students ⇒ The students will win the contest .

win의 목적어를 찾는 문제. win이 타동사로 쓰이면 '~에서 이기다'의 의미. 'win the game: 게임에서 이기다'. 마찬가지로 'win the contest: 대회에서 이기다, 대회에서 우승하다'. contest가 정답.

|오답해설| 'win the picture: 그림을 이기다, 그림을 타다(X)', 'win the argument: 논쟁에서 이기다(X)', 'win the race: 경주에서 이기다(O)'. race는 win의 목적어로 쓰일 수는 있다. 그렇지만 문맥상, 예술경진대회를 'race(경주)'로 받아올 수는 없다.

145. (B) The deadline for submission of entries is May 10.	(B) 출품작품 제출 마감 시한은 5월 10일 입니다.
(A) Tickets for the event may be purchased online next week.	(A) 행사 티켓은 다음주 인터넷에서 구매될 수 있습니다.
(C) The schedule of the competition will be finalized soon.	(C) 대회 일정이 곧 확정될 것입니다.
(D) The contest is open to all Hong Kong residents.	(D) 모든 홍콩 주민들은 대회에 참여할 수 있습니다.

|해설| 앞 뒤 문장에서 참가신청 및 심사의 일정에 대해 언급하고 있으므로 출품마감일 일정에 대한 (B)가 잘 연결된다.

(A) 이 글은 행사 참가자들에게 보내는 글이므로 행사 티켓에 대한 설명은 어울리지 않는다. 행사 티켓은 관람객들에게 전달해야 할 정보.

(C) 대회 일정은 이미 확정된 상태이므로 오답.

(D) 앞서 현 대학생들이 참가 대상임을 밝히고 있으므로 참가 대상에 대해 조 다른 언급을 하는 것은 적절치 않다.

146. (A) will be judged |오답| (B) have been judging (C) will have judged (D) Had been judging

|해설| Context Question. 파트6에 출제되는 동사어형문제는 대부분이 시제문제고, 시제문제는 대부분이 전체 내용을 파악해서 풀어야 하는 Context Question이다. 바로 앞 문장에서 5월 10이 제출 마감일이라고 했다. 그리고 시상식은 5월 20일에 열리므로 당연히 미래시제가 정답. (C) will have judged는 미래완료시제이므로 시제상도 오답이지만, 능동태이기 때문에 또한 오답. 빈칸 뒤에는 목적어가 없으므로 수동태를 골라야 한다.

From: Ellen Ting
14:10 p.m. January 21

148 My train just got to the station, but the driver isn't at the station. Do me a favor and contact him to see if he will be here to pick me up soon. I'd like to know if I have to wait long. Thank you and I'll see you at work.

From: Ellen Ting
1월 21일, 오후 2시 10분

148 제 열차가 막 기차역에 도착했는데 기사가 역에 없네요. 부탁 좀 들어주세요. 기사가 저를 데리러 곧 올 것인지 알아보기 위해 기사에게 연락 좀 해주세요. 제가 오래 기다려야 하는지 알고 싶습니다. 감사합니다. 회사에서 뵐게요.

147. What is the purpose of the text message?
(A) To find out transportation arrangements
(B) To inquire about a building's location
(C) To postpone a meeting with a client
(D) To report a travel itinerary

이 문자 메시지의 목적은?
(A) 교통편 준비에 대해 알아보기 위해서
(B) 건물 위치에 대해 문의하기 위해서
(C) 고객과의 미팅을 연기하기 위해서
(D) 여행 일정을 보고하기 위해서

|해설| 기차역에 데리러 오는 기사가 아직 도착하지 않아 상황을 파악하고 있는 중이므로 교통편을 정리하는 글.

148. From where did Ms. Ting send the message?
(A) An airport bus
(B) Her house
(C) A train station
(D) Her workplace

Ting씨는 어디에서 문자를 보냈나요?
(A) 공항 버스
(B) 자신의 자택
(C) 기차역
(D) 직장

|해설| 기차역에 방금 도착했다고 했으므로 기차역에서 문자를 보내고 있을 것이다.

BUSINESS FOR SALE	사업체 매물
149 Brenda's Bakery and Cakery is being sold by the owner at a price of $500,000 or best offer. 149 The successful eatery is 150b visited daily by many customers as it is located in the highly-populated area of uptown Headerton. 150c It is in very close proximity to the Martin Shopping Center, as well as many other restaurants and parks. All supplies, furniture, and equipment are included with the business. 150d The store's profitability can increase further, by making a larger seating area for customers and 151 adding more area for retail sales. Adding a patio for customers is also an option. You can get more information and pictures from the real estate agency by contacting Peter Lydon at Atlas Business Realty (plydon@atlasbr.ca).	149Brenda's Bakery and Cakery는 매물가 50만 달러 혹은 최고 제시가에 매물로 나와 있습니다(50만 달러에 매물로 나와있지만, 이 보다 높은 가격을 제시하는 사람이 있을 경우 그 가격에 매각하겠다는 의미). 149 이 성공적인 식당은 Headerton 외곽의 아주 인구밀도가 높은 지역에 위치하고 있기 때문에 150b많은 고객들이 매일마다 찾아옵니다. 많은 식당과 150c공원뿐만 아니라, Martin 쇼핑 센터와 매우 가까이에 있습니다. 모든 자재, 가구 그리고 장비들도 상점과 함께 (매물에) 포함되어 있습니다. 고객들을 위한 더 넓은 좌석을 만들고 151소매영업을 위한 더 많은 공간을 추가함으로써 150d이 상점의 수익성은 한층 더 상승될 수 있습니다. 고객을 위한 테라스를 추가하는 것 또한 옵션입니다. Atlas Business Realty에 Peter Lydon(plydon@atlasbr.ca)에게 연락함으로써 부동산이 가지고 있는 더 많은 정보와 사진들을 받아보실 수 있습니다.

|어휘| best offer 최고 제시가 highly-populated area 인구 밀도가 높은 지역 proximity to ~에 근접함 profitability 수익성 patio 테라스 real estate agency 부동산 중계소

---

149. What kind of store is for sale?

(A) A grocery store
(B) A coffee shop
(C) A baked goods shops
(D) A cooking supplies store

어떤 종류의 상점이 매물로 나왔는가?

(A) 식료품 상점
(B) 커피 상점
(C) 제과점
(D) 요리 용품 판매점

|해설| 상점의 이름 Brenda's Bakery and Cakery가 가장 큰 단서. Bakery이므로 제과점임을 알 수 있다. 토익에는 이렇게 대부분 회사나 가게의 이름에서 업종을 유추할 수 있게 이름을 만든다. 또 하나의 단서는 eatery. eatery는 '먹는 곳'이므로 식당의 의미. 보기 중에 음식을 먹을 수 있는 곳은 (C)뿐이므로 (C)가 정답.

(D) 모든 자재, 가구, 장비가 매물로 포함되어 있다는 설명 때문에 (D)가 빈번한 오답이 된다. 제과점을 부동산에 내놓으면서, 가게 안에 있는 장비들도 함께 양도한다는 의미이므로 매물의 대상은 제과점이 된다.

150. What is NOT stated about Brenda's?

(A) It opens early in the morning.

(B) It has a lot of customers.

(C) It is near parks.

(D) It is a profitable store.

Brenda's 에 대해 언급되지 않는 것은?

(A) 아침 일찍 문을 연다.

(B) 많은 고객들을 가지고 있다.

(C) 공원들 가까이에 있다.

(D) 수익성이 높은 상점이다.

|**해설**| 아침 일찍 문을 연다는 언급은 없다. 나머지 보기는 지문에 표시된 내용 확인!

151. What possible change for the store is suggested in the announcement?

(A) The ingredients could be improved.

(B) The advertising could be spread wider.

(C) The sales area could be made larger.

(D) The goods could be changed.

이 안내문에 상점을 위한 가능한 변화는 어떤 것이 제안되어 있는가?

(A) 재료가 개선될 수 있다.

(B) 광고가 더 넓게 퍼질 수 있다.

(C) 판매 구역은 더 넓어 질 수 있다.

(D) 상품이 변경될 수 있다.

|**해설**| 좌석을 놓는 자리, 판매 구역을 넓히거나, 테라스를 추가할 수 있다고 했으므로, 이에 해당하는 (C)가 정답.

Question 152-153 잡지의 목차

<table>
<tr><td colspan="3">Table of Contents
Volume 24, March</td><td colspan="3" align="right">목 차
24번째, 3월호</td></tr>
<tr><td>9</td><td>In-Grow-Diets</td><td>Bob Treston gives ideas for ₁₅₂ growing your own herbs.</td><td>9</td><td>In-Grow-Diets</td><td>Bob Treston은 여러분만의 152 허브를 키우는 것을 위한 아이디어를 제공해준다.</td></tr>
<tr><td>13</td><td>Treats from Trees</td><td>Guest contributors provide advice on which kind of ₁₅₂ fruit tree is best for you</td><td>13</td><td>Treats from Trees</td><td>객원 기고가들이 어떤 종류의 152과일 나무가 당신에게 최선이 될지에 대한 조언을 준다.</td></tr>
<tr><td>21</td><td>Tips and Hints</td><td>Helen Nguyen shows how to get the most out of ₁₅₂ compost.</td><td>21</td><td>Tips and Hints</td><td>Helen Nguyen는 어떻게 152퇴비를 십분 활용하는지를 보여준다.</td></tr>
<tr><td>24</td><td>Essentials</td><td>Nick Rogerson details the way to ₁₅₂ make your yard the greenest.</td><td>24</td><td>Essentials</td><td>Nick Rogerson은 152당신의 마당을 최대한 푸르게 만드는 방법을 자세히 설명해 준다.</td></tr>
<tr><td>₁₅₃ 28</td><td>Chef Glenda Anore</td><td>Southside Kitchen's gourmet chef shows you how to make a delicious pasta dish with vegetables you can grow at home.</td><td>₁₅₃ 28</td><td>Chef Glenda Anore</td><td>Southside Kitchen의 요리사는 집에서 키울 수 있는 채소들을 가지고 어떻게 맛있는 파스타 요리를 만들 수 있는지를 보여준다.</td></tr>
<tr><td>32</td><td>Coming Up</td><td>A look at what will be in our April issue</td><td>32</td><td>Coming Up</td><td>다음 4월호에 무엇이 실릴 것인지 살펴본다.</td></tr>
</table>

|어휘| table of contents 목차, 차례 compost 퇴비 issue 잡지의 호

---

152. What is the topic of the magazine?
(A) Cooking
(B) Gardening
(C) Fitness
(D) Cameras

이 잡지의 주제는 무엇인가?
(A) 요리
(B) 정원 가꾸기
(C) 운동
(D) 카메라

|해설| 허브를 키우는 방법, 과일나무 선정하는 법, 퇴비주기, 옥상정원 등이 기사 내용들이므로 '정원 가꾸기'가 잡지의 주제.

---

153. On what page would a reader most likely find a recipe?
(A) On page 13
(B) On page 21
(C) On page 28
(D) On page 32

어느 페이지에서 아마도 독자들이 요리법을 찾을 수 있을까?
(A) 13쪽
(B) 21쪽
(C) 28쪽
(D) 32쪽

|해설| 28 페이지에서는 집에서 키운 야채를 가지고 파스타를 만드는 법을 소개하므로 요리법을 볼 수 있을 것이다.

TIM HARDEN	8:40 AM
Do you know what time the airport bus stops in front of our building?	

EMMY BOWEN	8:41 AM
Usually every half hour. Why?	

TIM HARDEN	8:41 AM
I've been waiting for 15 minutes and it hasn't shown up.	

EMMY BOWEN	8:42 AM
It's late pretty often.	

EMMY BOWEN	8:43 AM
What time is your flight?	

TIM HARDEN	8:44 AM
12:15, but 154 I have to check my baggage.	

TIM HARDEN	8:45 AM
And I heard security checks take quite a time lately.	

EMMY BOWEN	8:46 AM
Yeah, but you'll make it. I'm sure 155 the bus will be there in a second.	

TIM HARDEN	8:40 AM
공항버스가 우리 건물 앞에서 몇 시에 정차하는지 아세요?	

EMMY BOWEN	8:41 AM
보통 30분마다요. 왜요?	

TIM HARDEN	8:41 AM
제가 15분째 기다리고 있는데 아직 나타나질 않네요.	

EMMY BOWEN	8:42 AM
버스가 종종 늦어요.	

EMMY BOWEN	8:43 AM
비행은 몇 시 인데요?	

TIM HARDEN	8:44 AM
12시 15분이요. 154 그런데 제가 짐을 맡겨야 해요.	

TIM HARDEN	8:45 AM
그리고 요즘 보안검열이 시간이 꽤 걸린다고 들었거든요.	

EMMY BOWEN	8:46 AM
맞아요. 그런데 시간 맞출 수 있을 거예요. 155 버스가 분명 금방 올 거예요.	

154. What is suggested about Mr. Harden?
(A) He is taking time off.
(B) He will call for a taxi.
(C) He is carrying luggage.
(D) He will meet Ms. Bowen at the airport.

Harden씨에 대해 언급된 것은?
(A) Harden씨는 휴가를 내고 있다.
(B) Harden씨는 택시를 부를 것이다.
(C) Harden씨는 짐을 가지고 이동하고 있다.
(D) Harden씨는 공항에서 Bowen씨를 만날 것이다.

|해설| 공항에서 짐을 check한다는 것은 짐이 너무 커서 수하물 칸에 실을 수 있도록 짐을 따로 맡긴다는 의미. baggage check-in이라는 표현은 토익에서 매우 자주 등장한다. 작아서 기내에 가지고 탈 수 있는 짐은 carry-on luggage라고 한다. Harden씨는 짐을 맡겨야 한다고 했으므로 현재 짐을 가지고 이동중임을 알 수 있다.

155. At 8:46 AM, what does Ms. Bowen mean when she writes, "the bus will be there in a second"?
(A) The bus requires reservations.
(B) The bus will arrive shortly.
(C) The bus drives very fast.
(D) Mr. Harden needs to flag down the bus.

8시 46분에 Bowen씨가 "the bus will be there in a second"라고 쓸 때 무엇을 의미하고 있는가?
(A) 버스는 예약을 요한다.
(B) 버스가 곧 도착할 것이다.
(C) 버스가 굉장히 빨리 달린다.
(D) Harden씨는 손을 흔들어서 버스를 세워야 한다.

|해설| 'in a second: 일초 후에 ⇒ 곧'. 버스가 곧 거기에 올 걸이라고 했으므로 곧 도착할 것이라는 의미.

LandWorks Yard Services
14 Philip Road
Perth, Austrlia

15 February

Nelson Foley
New Sun Networks
768 Kings Street
Perth, Australia

Dear Mr. Foley,

We appreciate your continued patronage with LandWorks Yard Services. With the season changing, please remember that we offer services all year round, even during winter. LandWorks Yard Services provides various services during winter, including:

- Removal of snow and ice from lawns and paved areas
- Sheltering outside plants and shrubberies from cold temperatures
- 157 Collection and storage of plants susceptible to low temperatures in our indoor nursery

For more details on prices and other information, feel free to contact us.

Regards,

Larry Green
LandWorks Yard Services

LandWorks Yard Services
14 Philip Road
Perth, Austrlia

2월 15

Nelson Foley
Australia, Perth, Kings Street 768번지
New Sun Networks

Foley씨에게,

LandWorks Yard Services와의 지속적인 거래에 감사 드립니다. 계절이 바뀌는 가운데, 저희는 모든 서비스를 연중 내내, 심지어 겨울에도 제공한다는 것을 기억해주세요. LandWorks Yard Services는 겨울 동안 다음과 같은 다양한 서비스를 제공합니다.

- 잔디나 포장된 구역으로부터 눈과 얼음 제거하기
- 실외식물과 관목들을 추위로부터 보호하기
- 157 저온에 민감한 식물들을 모아서 우리 실내 묘목장에 보관하기

가격과 다른 정보에 대한 보다 자세한 내용을 원하시면 주저 말고 저희에게 연락 주세요.

Larry Green
LandWorks Yard Services

|어휘| continued patronage 지속적인 이용. 애용. 후원 all year round 일년 내내 removal 제거 sheltering 보호하기 shrubbery 관목 susceptible to(=vulnerable to) ~에 취약한. 영향 받기 쉬운 indoor nursery 실내 묘목장

156. Why was the letter written?
(A) To ask about a yard care service
(B) To detail new equipment for removing snow
(C) To encourage continued patronage from a customer
(D) To offer an estimate for a purchase of yard care supplies

이 편지는 왜 쓰여졌는가?
(A) 정원관리 서비스에 대해 물어보기 위해서
(B) 눈 치우는 새 장비를 설명하기 위해
(C) 고객들의 지속적인 거래를 장려하기 위해
(D) 정원관리 자재의 구매를 위한 견적서를 제공하기 위해

|해설| 겨울철에도 여전히 서비스를 제공함을 강조하고 있음으로, 고객들이 겨울철에도 지속적으로 거래할 것을 장려하는 것.
(A) 정원관리 서비스에 대해 물어보는 것은 '주체'가 고객이 된다. 이 글은 업체가 쓴 글이므로 (A)는 오답.

157. What is indicated about LandWorks Yard Services?
(A) It is preparing to expand its business.
(B) It maintains a storage facility.
(C) It has three locations in Australia.
(D) Its building is undergoing restoration.

LandWorks Yard Services에 대해 유추할 수 있는 것은?
(A) 사업을 확장할 준비 중이다.
(B) 보관 시설을 관리하고 있다.
(C) 호주에 3개의 점포를 가지고 있다.
(D) 그들의 빌딩이 리모델링 중이다.

|해설| 겨울철 서비스에 대해 3가지 나열한 부분에 마지막 항목을 보면, 추위에 약한 식물들을 수거해서 업체의 실내 묘목장에 보관해준다고 했다. 그러므로 보관시설을 가지고 있는 것.

			June		6월

Monday	Tuesday	Wednesday	Thursday	Friday	Saturday
2 160Monday Night Movie 7:00 p.m. The 70s in Pictures	3	4 Kids' Time 4 p.m. "Exciting Earth"	5	6	7
9 Monday Night Movie 7:00 p.m. Art in the Dark Ages	10 Presentation 2 p.m. Tien Trahn Postmodern Gallery Curator	11	12 Staff Gathering (Every 158exhibit will be closed)	13	14
16 Monday Night Movie 7:00 p.m. The Battle of Modern Photography	17 18 Kids' Time 4 p.m. "Freaky Fossils"	18	19	20 Presentation, 5 p.m. Praja Khan Fresco Restoration Expert	21
23 Monday Night Movie 7:00 p.m. The Masters of the Renaissance	24	25 158Sculpting Seminar, 6 p.m. (Beginners welcome)	26 Workshop 11 a.m. "Impressionist 158Painting Techniques" (159Seats must be reserved)	27	28 Donors' Luncheon 11:30 a.m.

월	화	수	목	금	토
2 160 월요일 밤 영화 오후 7:00 70년대 영화	3 기부자들의 오찬 오전 11:30	4 아이들의 시간 오후 4시 "신나는 지구"	5	6	7
9 월요일 밤 영화 오후 7:00 암흑기의 예술	10 발표 오후 2시 Tien Trahn Postmodern 갤러리 큐레이터	11 직원 모임 (모든 158 전시는 마감됨)	12	13	14
16 월요일 밤 영화 오후 7:00 현대 사진 전쟁	17 아이들의 시간 오후 4시 "희한한 화석들"	18	19	20 발표, 오후 5시 Praja Khan Fresco 복원 전문가	21
23 월요일 밤 영화 오후 7:00 르네상스 시대의 장인들	24	25 158조각 기법 세미나 오전 11시. 오후 6시. (초보자 환영)	26 워크샵 오전 11시. "인상파 158화법" (159좌석 예약 필수)	27	28 기부자들의 오찬 오전 11:30

|어휘| exhibit(=exhibition, display, show, exposition) 전시회 freaky 기이한, 이상한 fossils 화석 expert 전문가 sculpting 조각 기법 impressionist 인상주의 학파 donor 기부, 기증자

---

158. What organization most likely released the calendar?

(A) A graduate school
(B) A conference center
(C) A museum
(D) A library

어떤 단체가 이 일정표를 공개했을까?

(A) 대학원
(B) 회의장
(C) 박물관
(D) 도서관

|해설| 일정표에 적인 일정들을 살펴보면 exhibit(전시), sculpting seminar(조각 세미나), painting techniques(화법) 등이 나와 있다. 예술에 관련된 내용들이며 전시회가 열리는 곳이므로 박물관.

159. For what occasion must attendees register in advance?

(A) **A painting workshop**

(B) A scientific activity for kids

(C) A lecture about postmodern art

(D) A sculpting seminar

어떤 행사를 위해 참석자들이 사전에 등록해야 하는가?

(A) **그림 워크샵**

(B) 아이들을 위한 과학 활동

(C) 포스트 모던 예술에 대한 강의

(D) 조각 기법 세미나

|해설| 26일 일정 소개 하단을 보면 괄호 안에 '좌석을 예약해야 한다'고 적혀있다. 예약을 해야하므로 사전등록이 필요한 일정.

난 이 도
★☆☆

160. What happens once a week?

(A) A presentation

(B) A staff gathering

(C) **A showing of a film**

(D) An educational time for kids

일주일 1번씩 무엇이 열리는가?

(A) 발표

(B) 직원 모임

(C) **영화 상영**

(D) 아이들을 위한 교육 시간

|해설| 매주 월요일에 '월요일 밤 영화상영'이 있다. 그러므로 매주 열리는 일정은 (C) 영화상영.

(B) 상식적으로 '직원모임은 매주 하지 않나?'라고 생각해서 (B)를 고르지 않도록 주의! 항상 답을 고를 때는 지문 안에서만 찾자! 지문에 없는 내용을 상상하는 것은 금물! 일정표에 직원모임에 대한 언급은 12일 단 한번.

Frank Noonan [10:13 a.m.] Hey everyone. 162 Dennis Bonifant was recently assigned to lead a project for creating a marketing campaign for 161 our new line of beverages. 162 I was hoping to find some volunteers to work on his team.

Angela Viracola [10:14 a.m.] How many people are you looking for? I'd do it, but 163 I'm up to my neck in other projects right now. I think that Larry Carrol worked with Dennis on a project before, though.

Larry Carrol [10:16 a.m.] Yeah, I did. Dennis and I made a presentation together at the National Soft Drink Convention last year. I'd be happy to work with him on another project.

Frank Noonan [10:18 a.m.] Alright, that's great news. Denis actually asked about working with you again on this. I was hoping to get at least two more people to work with him on the campaign.

Larry Carrol [10:19 a.m.] I think that Linda McAvoy and Rose Condor might be good choices to help on the campaign. I haven't seen Rose in the office today, though.

Linda McAvoy [10:21 a.m.] I'd be happy to help with the marketing campaign, although I really haven't had much experience with that kind of project. If Larry thinks I'd be able to help, I'll trust him. Also, Rose is at a meeting with a client this morning, but she'll be back in the afternoon.

Frank Noonan [10:23 a.m.] Actually, 164 I just got a call from Rose and her client had to postpone the meeting to this afternoon, so she's going to stay on site and see them this afternoon. She'll be back at the office tomorrow. Larry, would you want to talk to her about the marketing campaign then?

Larry Carrol [10:25 a.m.] Yeah, alright. I'll talk to her first thing in the morning.

Frank Noonan [10:13 a.m.]
모두들 안녕하세요? Dennis Bonifant씨가 최근에 161 저희 신규라인 음료 162 마케팅활동을 구축을 위한 프로젝트를 이끌도록 배정되었습니다. 그의 팀에서 함께 일할 자원자를 저는 찾고 있습니다.

Angela Viracola [10:14 a.m.]
몇 명이나 찾고 있나요? 제가 하고 싶지만 지금은 163 다른 프로젝트로 너무 바빠서요. Larry Carrol이 이전에 Dennis와 프로젝트 작업을 같이 했다고 생각되는데요.

Larry Carrol [10:16 a.m.]
맞아요, 제가 했었어요. Dennis는 저와 함계 작년 전국 음료 컨벤션에서 함께 발표를 했었어요. 저는 기꺼이 그와 함께 다른 프로젝트를 맡아서 하고 싶습니다.

Frank Noonan [10:18 a.m.]
좋아요. 잘됐네요. Denis도 사실 이번 건에 대해 당신과 다시 한번 작업하고 싶다고 물어왔어요. 저는 최소 두 분 정도 더 확보하려고 했었는데요.

Larry Carrol [10:19 a.m.]
Linda McAvoy와 Rose Condor가 이번 활동을 도울 적임자일 것 같은데요.

Linda McAvoy [10:21 a.m.]
제가 이쪽 프로젝트에 경험이 많지는 않지만, 마케팅 활동을 기꺼이 돕고 싶습니다. Larry가 생각하기에 제가 도울 수 있다고 한다면, Larry의 판단을 믿겠습니다. Rose는 오늘 아침에 고객과 미팅 중인데, 오후에는 돌아올 거예요.

Frank Noonan [10:23 a.m.]
164 사실 제가 방금 Rose에게 전화를 받았는데요, 고객이 미팅을 오후로 미뤘답니다. 그래서 현장에 머물렀다가 오후에 고객을 만날 거라고 합니다. 사무실에는 내일 돌아온다고 합니다. Larry씨, 그때(내일) 마케팅활동에 대해 Rose에게 얘기해주시겠어요?

Larry Carrol [10:25 a.m.]
네, 좋습니다. 내일 아침 오자마자 Rose에게 얘기하겠습니다.

161. What industry do the chat participants most likely work in?

(A) Advertising

(B) Soft drink production

(C) Hospitality

(D) Social networking

이들은 어떤 업계에서 일할 가능성이 가장 높은가?

(A) 광고

(B) 음료수 생산

(C) 환대(호텔)

(D) SNS

|해설| 'our new line of beverages'가 핵심 단서. '우리 음료'라고 했으므로 음료 제조업체에 근무하는 직원들이다.

(A) 이들이 광고에 대해 말하는 것으로 보아 이들은 마케팅 부서의 직원들일 것이다. '우리 음료'라고 했으므로 이들은 광고회사 직원들은 아니다.

---

162. What does Frank Noonan want to find?

(A) A convention schedule

(B) Assistance for a campaign

(C) A client's phone number

(D) An office location

Frank Noonan씨가 찾고자 하는 것은?

(A) 컨벤션 일정표

(B) 마케팅 활동을 위한 지원

(C) 고객의 전화번호

(D) 사무실 위치

|해설| 마케팅 프로젝트를 도와 줄 지원자를 찾고 있으므로 (B)가 정답.

---

163. At 10:14 a.m., what does Angela Viracola mean when she writes "I'm up to my neck in other projects"?

(A) She is deeply involved in other work.

(B) She may lose her job.

(C) She would like to work on additional projects.

(D) She won't be able to meet a deadline.

10시 14분에 Angela Viracola씨가 "I'm up to my neck in other projects"라고 쓸 때 무엇을 의미하고 있는가?

(A) Viracola씨는 다른 작업에 깊게 관여하고 있다.

(B) Viracola씨는 그녀의 직업을 잃을 지도 모른다.

(C) Viracola씨는 추가 프로젝트를 맡고 싶어한다.

(D) Viracola씨는 마감시한을 맞출 수 없을 것이다.

|해설| 문맥상 따져보자. 다음 문장에서 마케팅 프로젝트를 지원해줄 사람으로 자신이 아닌 다른 사람을 추천하고 있다. 그러므로 본인은 참여할 수 없는 형편임을 유추할 수 있다. 다른 프로젝트 때문에 바쁘다는 의미로 유추할 수 있을 것이다. 'up to one's neck in s.t.' ~에 푹 빠져있다'는 의미. 다른 프로젝트에 빠져있다는 의미로 (A)가 정답.

(C) 문맥상 다른 프로젝트 때문에 이 마케팅 프로젝트를 지원할 수 없다는 의미다. 이미 바쁜데 또 다른 프로젝트를 맡고 싶어하지는 않을 것이다.

---

164. What is suggested about Rose Condor?

(A) She has worked with Denis Bonifant before.

(B) She has worked on other marketing campaigns.

(C) She will be out of the office all week.

(D) She had a meeting rescheduled.

Rose Condor씨에 대해 언급된 것은?

(A) Condor씨는 Denis Bonifant씨와 전에 일해본 적이 있다.

(B) Condor씨는 다른 마케팅 활동 작업을 해본 적이 있다.

(C) Condor씨는 일주일 내내 사무실 밖에 있을 것이다.

(D) Condor씨는 미팅 일정이 재조정되었다.

|해설| Rose의 고객미팅이 오늘 오후로 미뤄졌다고 했으므로 (D)가 정답.

From: Simon Locklear, head administrative assistant
To: Company staff
Subject: Yearly conference
Date: September 15

Alternative Automotive's annual conference will be held this coming Monday, September 22. There are many people who want to come to this conference considering the growth that our company has seen over the last 12 months. —[1]—. With the increase in people coming, the company has decided to 165 **move this year's conference from the Alternative Automotive headquarters to the Oak Grove Convention Hall.** —[2]—.

An event that should not be missed by any employee is the post-conference socialization that will start around 7:00 p.m. Company chairperson Amanda Fealy will be mingling with guests, and snacks and beverages will be freely available. —[3]—. 166 **Staff will need to show their identification cards at the reception desk,** so make sure you bring them along. —[4]—. Please contact me if you need more information.

발신: Simon Locklear, 행정 비서장
수신: 회사 직원들
제목: 연례 회의
날짜: 9월 15일

Alternative Automotive의 연례 회의가 9월 22일 다가오는 월요일 개최될 예정입니다. 우리 회사가 지난 12개월 동안 보아온 성장을 감안하면 이 회의에 오고 싶어하는 많은 사람들이 있습니다. —[1]—. 예상 참석자가 많은 관계로, 회사는 165올해의 회의를 Alternative Automotive 본사에서 Oak Grove Convention Hall로 옮기기로 결정했습니다. —[2]—.

직원들이 놓치면 안 될 행사는 오후 7시경 시작할 컨퍼런스 후에 친목모임입니다. 회사 회장인 Amanda Fealy는 손님들과 어울릴 것이며 다과와 음료도 무료로 제공될 것입니다. —[3]—.166직원들은 안내데스크에서 신분확인증을 보여줘야 하므로 꼭 신분증을 함께 챙겨오세요. —[4]—. 더 많은 정보가 필요하다면, 저에게 연락주세요.

|어휘| considering(=given) 전 ~을 고려하면, 감안하면 arrangement 약속, 준비 socialization 사교 모임
mingle with 한데 어울리다. 섞다

---

165. Why was the notice sent?
(A) To change the order of a conference timetable
(B) To request the presence of company shareholders
(C) To advise staff about a change in location of an event
(D) To give directions to a company event

왜 이 공지가 발송되었는가?
(A) 회의 일정표의 순서를 변경하기 위해서
(B) 회사 주주들의 참석을 요청하기 위해서
(C) 행사장소 변경에 대해 직원들에게 알리기 위해서
(D) 회사 행사로 오늘 길을 알리려고

|해설| 회사가 최근 성장했기 때문에 연례회의에 참여할 인원이 늘어날 것으로 예상하고 있다. 그래서 회의 장소를 옮기게 됐음을 공지하는 글.
(B) 글의 상단에 있는 수신자 정보를 보면 회사직원들에게 보내는 편지임을 알 수 있다. 주주들에게 보내는 편지가 아니므로 오답.
(D) 'a direction to n.: ~로 가는 약도'의 의미. 이 글은 변경된 장소를 공지하고 있을 뿐, 그 곳으로 오는 길을 설명하고 있지는 않다.

166. What are conference attendees asked to do?

(A) To elect candidates for the management committee

(B) To specify how many people will be in their party

(C) To contact Ms. Fealy for more information

(D) To present identification at a reception desk

회의 참석자들이 요청 받은 것은 무엇인가?

(A) 경영진 위원회를 위한 후보자를 선출하는 것

(B) 얼마나 많은 사람들이 그들의 일행에 포함되는지 명시하는 것

(C) 더 많은 정보를 위해 Fealy씨에게 연락 하는 것

(D) 안내 데스크에서 신분증을 보여주는 것

|해설| 안내데스크에서 신분증을 제시해야 하므로 직원들이 반드시 신분증을 지참할 것을 글의 마지막 부분에서 당부하고 있다.

---

167. In which of the positions marked [1], [2], [3], and [4] does the following sentence best belong?

"The rest of the conference arrangements will stay the same, including the timetable that I sent to everyone on August 30."

(A) [1]　　　　　　　　　**(B) [2]**

(C) [3]　　　　　　　　　(D) [4]

[1], [2], [3], [4]로 표시된 자리 중에 다음 문장이 들어가기에 가장 적합한 곳은?

"8월 30일 제가 모두에게 보낸 일정표를 포함한 나머지 회의 일정은 동일합니다."

(A) [1]　　　　　　　　　**(B) [2]**

(C) [3]　　　　　　　　　(D) [4]

|해설| 일정의 나머지는 그대로 유지된다고 했으므로 앞 문장에서는 일정의 변화가 소거될 것이다. [2]번 앞 문장에서 회의 장소를 변경한다고 했으므로 [2]가 정답.

PEM at the Head of the Industry
By Gerald Shall, Economics Report

SHEFFIELD (June 10) - The statistics from industry reports compiled by the research division of Progressive Electronics Multinational (PEM) 168, 169 indicate that the company will become the leader of the MP3 player field for the first time. As a result, the corporation, originally founded in Sheffield, will take the place of its primary rival, 170 Technological Marvels, LLC (TML), which was established fifteen years ago and has unarguably been at the top of the MP3 player market for the last two years. —[1]—.

—[2]—. PEM's profits have increased over the last 5 years by 15 percent on average. With the designation of Jillian Carter as the chairwoman of the board three years ago, the corporation's sales increased even more.

—[3]—. The increase in profits is not related to PEM's release of any brand-new products. The corporation has only released three completely new players over the previous year. The corporation actually had an advantage when its rivals cut back costs on advertising. —[4]—. By finding ways to lower production costs with the use of advanced equipment, PEM was able to maintain their advertising budget at the same rate as previous years.

업계 선두인 PEM
작성자: Gerald Shall, 경제 기사

SHEFFIELD (6월 10일) – Progressive Electronics Multinational(PEM)의 연구 부서가 취합한 업계 보고서 통계자료는 168, 169이 회사가 처음으로 MP3 플레이어 분야에서 선두가 될 것이라는 것을 보여줍니다. 그 결과, 원래 Sheffield에 설립된 이 회사는, 주요 라이벌인 170 Technological Marvels, LLC(TML), 15년 전에 설립되었으며 지난 2년간 명실 상부한 MP3 플레이어 업계 1위를 수성했던 이 회사의 자리를 차지하게 될 것입니다. —[1]—.

—[2]—. PEM의 수익은 지난 5년 동안 평균 15% 증가 했습니다. 3년 전 이사회의 의장으로써 Jillian Carter를 지명한 덕분에, 회사의 판매는 한층 더 상승 했습니다.

—[3]—. 회사는 지난 1년간 완전히 새로운 플레이어는 고작 3개만을 출시 했을 뿐입니다. 사실 그들의 경쟁사들이 광고비를 삭감했을 때, 이 회사는 반사이익을 얻게 되었습니다. 첨단 장비를 사용해서 생산 비용을 낮추는 방법을 찾음으로써 PEM은 이전 해와 동일한 광고 예산을 유지할 수 있었습니다.

|어휘| statistics 통계수치 compile(=gather) 모으다, 수집하다 take the place of ~의 자리를 차지하다 unarguably 논란의 여지 없이 on average 평균적으로 designation 지명 net (통) 순이익을 올리다 brand-new 신상의 cut back costs 비용을 절감하다 lower 낮추다

---

168. What is the reason for the article?
(A) To predict managerial changes at an organization
(B) To advertise a new MP3 player
(C) To declare the accomplishments of a corporation
(D) To explain how an electronic device functions

이 기사의 목적은 무엇인가?
(A) 조직의 경영상의 변화를 예상하기 위해서
(B) 새로운 MP3 플레이어를 광고하기 위해서
(C) 회사의 성과를 발표하기 위해서
(D) 어떻게 전자 기기가 작동하는지 설명하기 위해서

|해설| PEM사가 경쟁사를 제치고 1위를 차지하게 되었음을 알리고 있으며, 그렇게 할 수 있었던 상황을 설명하고 있다. 그러므로 (C)가 정답.

---

169. What is indicated about PEM's profits?
(A) They were declared by Ms. Carter.
(B) They have been low over the last five years.
(C) They are expected to be the highest in the industry this year.
(D) They will be published later than usual this year.

PEM의 수익에 대해서 언급되어 있는 것은?
(A) Carter씨에 의해 발표되었다.
(B) 지난 5년 동안 낮았었다.
(C) 올해 업계에서 가장 높을 것이라고 예상된다.
(D) 올해 평소보다 더 늦게 발표될 것이다.

|해설| 처음으로 MP3 플레이어 업계의 leader가 되었으며, 1위 자리를 수성하던 LLC의 자리를 차지하게 되었으므로 업계에서 가장 높은 수익을 기록할 것이다.

170. According to the article, how long has TML been in business?
(A) Two years
(B) Three years
(C) Five years
(D) Fifteen years

기사에 따르면, 얼마나 오래 TML은 사업을 해오고 있는가?
(A) 2년
(B) 3년
(C) 5년
(D) 15년

|해설| TML사는 15년 전에 설립되었다고 했으므로 사업을 해 온 기간도 15년.
(C) 5년의 기간은 PEM사의 매출이 평균 15%씩 상승해온 기간. 질문은 PEM사의 경쟁사-인 TML에 대해 묻고 있다.

---

171. In which of the positions marked [1], [2], [3], and [4] does the following sentence best belong?

"The increase in profits is not related to PEM's release of any brand-new products."

(A) [1]   (B) [2]
(C) [3]   (D) [4]

[1], [2], [3], [4]로 표시된 자리 중 다음 문장이 들어가기에 가장 적합한 곳은?

"수익 증가는 PEM의 신제품 출시와 무관합니다."

(A) [1]   (B) [2]
(C) [3]   (D) [4]

|해설| [3]번 뒤 문장에서 신제품은 단지 3개였다고 설명하고 있으므로 [3]번 앞 자리가 정답.

TEST 06

The Daesung Z22 Automatic Assembly Apparatus: Components

172 The Daesung Z22 Automatic Assembly Apparatus can lift and accurately install parts as part of an assembly line in a manufacturing facility. The automatic assembly apparatus is similar to a human appendage with 173 two joints; one at its base and one in the middle. Both joints are able to move left and right. At the end of the arm is a rod that is able to move up and down (i.e. the vertical axis), as well as rotate (i.e. the rotary axis) to make sure parts are put in place accurately. The ends of the rod can have many 174 assorted tools attached, such as grips or suction cups to ensure proper assembly in any factory setting.

The Z22 is able to lift up to five kilograms and move at a speed of 50 centimeters per second. The total reachable diameter is 200 centimeters. The Z22 also includes 175 a cover which can be fitted to the robot to keep any materials safe from contamination, fulfilling requirements of the safety guidelines.

The Daesung Z22 Automatic Assembly Apparatus: Specifications

Joints	Rotation
Base	180 degrees
Middle	180 degrees
Axis	Limits
Vertical	50 centimeters per second
Rotary	360 degrees

Daesung Z22 자동화 조립 장치: 부품들

172Daesung Z22 자동화 조립 장치는 제조 시설의 조립라인의 일부분으로 부품들을 들어올리거나 정확하게 설치할 수 있습니다. 자동화 조립 장치는 2개의 관절을 가진 사람의 신체 일부와 유사한데, 173조인트가 하나는 아래에 하나는 중간에 있습니다. 두 개의 조인트는 왼쪽과 오른쪽으로 움직일 수 있습니다. 팔 끝에 있는 것은 부품이 정확하게 자리를 잡도록 확실히 하기 위해 회전할 수도 있을 뿐만 아니라(회전축), 아래 위로 움직임이 가능한 막대입니다(수직 축). 막대의 끝에는 어떠한 공장 환경에서도 적절한 조립이 가능하도록 손잡이나 흡입 컵 같은 174 여러 가지의 도구들이 붙여질 수 있습니다.

Z22는 최대 5kg까지 들어 올리기가 가능하고 초당 50cm의 속도로 이동이 가능합니다. 총 도달 가능한 거리는 직경 200cm 입니다. 175Z22는 또한 안전 지침을 충족시켜주면서 어떤 자재들도 오염되는 것을 막도록 로봇에 딱 맞춰질 수 있는 덮개를 포함합니다.

Daesung Z22 자동화 조립 장치: 사양

연결부위	회전
아래 부분	180도
중간	180도
축	한도
수직	초당 50cm
회전	360도

|어휘| assembly apparatus 조립 장치 components 부품, 구성요소 appendage 부속물 rod 막대기 rotate 회전하다 assorted 다양한 grip 손잡이 suction cup 흡입 컵 diameter 지름, 직경 be fitted to ~에 딱 적합한, 들어맞는 safe from ~로 부터 안전한 contamination 오염 safety guidelines 안전 지침 degree 각도 axis (중심) 축 vertical 수직의, 세로의

---

172. Where would a Daesung Z22 most likely be used?
(A) In a vocational school
(B) In a sewage treatment plant
(C) In a manufacturing facility
(D) In a power plant

Daesung Z22는 어디에서 사용될 가능성이 가장 높은가?
(A) 직업 학교에서
(B) 하수 처리 시설에서
(C) 제조 공장에서
(D) 발전소에서

|해설| 첫 문장에서, 제조시설 조립라인의 부품을 옮기는 역할을 한다고 했으므로 제조공장에서 사용될 것이다.

173. How many joints does the automatic assembly apparatus have?

(A) One

(B) Two

(C) Three

(D) Four

자동화 조립 장치는 얼마나 많은 연결부위를 가지고 있는가?

(A) 1

(B) 2

(C) 3

(D) 4

|해설| 조인트(연결부위)가 하나는 아래에, 하나는 중간에 있다고 했으므로 총 2개.

---

174. The word "assorted" in paragraph 1, line 5 is closest in meaning to?

(A) Classified

(B) Advanced

(C) Secure

(D) Various

1번째 문단, 5번째 줄에 있는 "assorted"가 의미상 가장 가까운 것은?

(A) 분류된

(B) 발전된

(C) 안전한

(D) 다양한

|해설| assorted는 '여러 가지의, 갖은'의 의미. a box of assorted chocolates라고 하면 갖은 초콜릿이 다 들어 있는 종합세트를 연상하면 된다.

---

175. What is stated about the cover?

(A) It helps follow safety guidelines.

(B) It is 200 centimeters in diameter.

(C) It can be used to store additional tools.

(D) It closes with a zipper.

덮개에 대하여 언급되어 있는 것은?

(A) 안전 지침을 준수하는 것을 돕는다.

(B) 지름이 200cm 이다.

(C) 추가 도구를 보관하는데 사용될 수 있다..

(D) 지퍼로 잠근다.

|해설| 덮개가 오염을 방지해주므로 안전지침을 충족시키게 해준다고 했으므로 (A)가 정답.

(B) 200cm의 지름은 이 장비를 쭉 뻗었을 때 닿을 수 있는 최대 길이.

To: Department Supervisors
From: Oliver Martin
Date: August 2
Subject: Advancement Seminars

178◎ Advancement Seminars that can help employees who were hired in the last six months find out more about SecuriPath Logistics have been set up by the personnel department. 176 We would like all supervisors to make sure your staff know the benefits of attending a seminar that is led by employees outside of their own department.

We'd also be thankful if those employees who attend a seminar hand in a completed evaluation sheet after attending their last session. These forms will be near the exit of each of the seminar rooms after the seminar has been concluded.

Below is the timetable for the seminars, which will all be held in the second floor conference room in the Beek Building. 177 There will be a complimentary lunch served for all attending employees.

Department	Presenter	Date	Time
Accounting	Michelle Patton	August 18	12:00 p.m. – 12:45 p.m.
180◎ Advertising	Nigel Kent	August 25	11:30 a.m – 12: 15 p.m.
179◎ Research & Development	Nam Sudara	September 5	12:00 p.m. – 12:45 p.m.
Sales	Betty Sebastian	September 11	11:30 a.m – 12: 15 p.m.

Sincerely,

Oliver Martin
Personnel Director

Advancement Seminar Evaluation Sheet

Staff name: 178◎ Anita Berkin

To which seminars did you go?
V Accounting   V Advertising   V Research & Development   ___ Sales

Which seminar did you find the most interesting? Please explain.
179◎ **The conductor of the research and development handed out examples of new products** that we could try out. It made the seminar much more engaging and easy to understand how that department works.

Is there any way the seminars could be improved?
180◎ A few of my co-workers and I weren't able to get to the August 25 seminar on time since our department has a meeting until 11:30 on the last Wednesday of the month. Personnel should try to make sure that employees of all departments don't have conflicting schedules when setting up the next sessions.

수신: 부서장들
발신: Oliver Martin
날짜: 8월 2일
제목: 자기 개발 세미나

178◎지난 6개월 동안 고용된 직원들이 SecuriPath Logistics에 대해 더 깊은 이해를 도울 수 있는 자기 개발 세미나가 인사부에 의해 만들어 졌습니다. 176다른 부서의 직원들이 이끄는 세미나에 참석하는 것의 장점을 당신 직원들이 숙지하도록 모든 부장님들이 확실히 해 주시기를 바랍니다.

세미나에 참석하는 직원들이 그들의 마지막 교육에 참석하고 나서 작성한 평가서를 제출해 주신다면 또한 감사하겠습니다. 이 양식은 세미나가 종료된 후에 각 세미나실의 출구 가까이에 있을 것입니다.

아래는 세미나의 시간표로, 모든 세미나는 Beek 빌딩의 2층 회의장에서 열릴 것입니다. 177모든 참석한 직원들에게는 무료 점심이 제공될 것입니다.

부서	발표자	날짜	시간
회계	Michelle Patton	8월 18일	오후12:00 – 오후12:45
180◎광고	Nigel Kent	8월 25일	오전11:30 – 오후12:15
179◎연구개발	Nam Sudara	9월 5일	오후12:00 – 오후12:45
영업	Betty Sebastian	9월 11일	오전11:30 – 오후12:15

Oliver Martin
인사부장

자기개발 세미나 평가지

직원 성명: 178◎ Anita Berkin

어느 세미나에 참석하였나요?
V 회계   V 광고   V 연구개발   ___ 영업

당신은 어느 세미나가 가장 흥미롭다고 생각했습니까? 이유도 설명해주세요.
179◎연구개발의 진행자는 우리가 써볼 수 있도록 신제품의 샘플을 나누어 주었습니다. 그것은 세미나에 훨씬 더 관심이 가게 만들었으며, 어떻게 저 부서가 일을 하는지를 쉽게 이해하게 해 주었습니다.

세미나가 개선될 수 있는 어떤 방법이 있을까요?
상당수의 저희 동료들과 저는 180◎우리 부서가 이달 마지막 수요일 11시 30분까지 미팅을 가졌었기 때문에 8월 25일 세미나에 제시간에 갈 수 없었습니다. 인사부는 다음 세미나를 정할 때 모든 부서 직원들의 스케줄이 겹치지 않도록 꼭 확인해 주셨으면 합니다.

|어휘| advancement seminar 자기개발 세미나 completed 작성된

176. Why was the e-mail sent?
(A) To request supervisors to participate in an evaluation
(B) To report the relocation of a conference room
(C) To ask supervisors to encourage staff to attend an event
(D) To announce new listings for open positions

왜 이 이메일이 보내졌는가?
(A) 부장들이 평가에 참석하도록 요청하기 위해서
(B) 회의장의 변경을 알리기 위해서
(C) 직원들이 행사에 참석하도록 장려할 것을 부장들에게 요청하기 위해서
(D) 공석의 새로운 리스트를 발표하기 위해서

|해설| 모든 부장들은 그들의 직원들이 이 세미나의 장점을 제대로 인지하고 있는지 확인해줄 것을 요청하고 있으므로, 직원들이 참여할 것을 장려해달라고 요청하는 것.
(A) 참석자들이 세미나 후에 평가서를 작성하는 것이므로 세미나에 참석하는 것도 신입사원이고, 세미나를 평가하는 것도 신입사원들이다. 부장들이 평가에 참여하지는 않는다.

177. What is true about all of the seminars?
(A) Supervisors must go to all seminars.
(B) Staff have to sign up before attending.
(C) They all start at 11:30 a.m.
(D) Attending staff will be treated to a meal.

이 모든 세미나에 대해 사실인 것은?
(A) 부장님들은 반드시 모든 세미나에 참석해야 한다.
(B) 직원들은 참석 전에 등록을 해야 한다.
(C) 세미나는 모두 오전 11시30분에 시작한다.
(D) 참석하는 직원들은 음식을 제공 받을 것이다.

|해설| 모든 참석자들에게 무료 점심이 제공될 것이므로 (D)가 정답.
(B) 이미 초대장이 발송된 상태. 신입사원들은 이미 초대장을 받은 상태이며, 따로 등록을 하라는 언급은 없었다.

난이도
★★☆

178. What is implied about Anita Berkin?
(A) He has worked at SecuriPath Logistics for less than a year.
(B) Her supervisor is Oliver Martin.
(C) She is part of the accounting department.
(D) She works in the Beek Building.

Anita Bekin에 대해 언급되어 있는 것은?
(A) 그는 1년이 안 되는 기간 동안 SecuriPath Logistics에서 일을 했다.
(B) 그녀의 상사는 Oliver Martin이다.
(C) 그녀는 회계 부서 소속이다.
(D) 그녀는 Beek 빌딩에서 일한다.

|해설| Combined Question. Anita Bekin은 두 번째 지문, 즉 평가서를 작성한 직원이다. 세미나에 참석하고 나서 평가서를 작성했다. 첫 번째 지문에서 이 세미나는 지난 6개월동안 고용된 직원, 즉 신입사원을 대상으로 한다고 했으므로, Anita Bekin는 입사한지 1년이 채 안된 상태임을 유추할 수 있다.
(B) Oliver Martin은 첫 번째 이메일을 보낸 발신인이므로 세미나를 기획한 인사과 직원일 것이다. Oliver Martin은 각 부서에 부서장들에게 그들의 신입사원을 세미나에 보낼 것을 당부하고 있으므로, 이 세미나에 참석한 Anita Bekin은 인사과가 아닌 타 부서의 직원일 것이 다.

179. Who handed out examples during a seminar?

(A) Michelle Patton

(B) Nigel Kent

(C) Nam Sudara

(D) Betty Sebastian

세미나 기간에 누가 샘플을 나누어 주었는가?

(A) Michelle Patton

(B) Nigel Kent

(C) Nam Sudara

(D) Betty Sebastian

|해설| Combined Question. 연구개발부서에서 샘플을 나누어 주었다고 했다. 첫 번째 글에 세미나 일정표를 보면, 3번째 칸에 연구개발부서가 적혀있고, 발표자의 이름은 바로 그 옆 칸에 나와있다. **Nam Sudara**가 정답.

180. To what seminar did Anita Berkin arrive late?

(A) The accounting seminar

(B) The advertising seminar

(C) The research & development seminar

(D) The sales seminar

Anita Berkin은 어느 세미나에 늦게 도착하였는가?

(A) 회계 세미나

(B) 광고 세미나

(C) 연구 개발 세미나

(D) 영업 세미나

|해설| Combined Question. 8월 25일에 부서회의와 겹쳐서 제시간에 도착하지 못했다. 세미나 일정표에서 확인해보면 8월 25일에는 '광고' 부서에서 세미나를 개최했다.

http://www.fittonflavor.com/ads

| Home | Contact | Order | Testimonials |

181 Promote your business on FittonFlavor.com!
FittonFlavor.com is one of the most popular Web sites for residents and visitors to Fitton and the surrounding areas, providing information and tips about grocery shopping and restaurants in Fitton.

We offer four designs to advertise your business on our site:

Design 1	Design 2
This design features 182 a banner advertisement at the top of a page, so readers see your business' name before anything else (No image or sound can be included).	Your advertisement appears in a small size in the center of a featured article with one sound and one image possibly included along with text.
Design 3	**Design 4**
This design is a banner advertisement promoting your business placed vertically alongside a featured article (No image or sound can be included).	This is the largest design, giving your business 183©half a page for promoting your business with text and several image and sound options.

From:　Priya Latesh <priyalatesh@bombayeatery.com>
To:　　Troy Bauer <tbauer@fittonflavor.com>
Subject:　Promotion of Bombay Restaurant
Date:　　March 14

Dear Mr. Bauer,

I would like to ask about using your promotional services on FittonFlavor.com again. I want to post 183©a half-page design 184 once more. I will send two new photographs showing the recent remodeling of our restaurant, but please include the same text and sound as on our previous ad. 185 Please tell me how big the pictures should be before I submit them.

Regards,

Priya Latesh
Proprietor
184 Bombay Eatery

http://www.fittonflavor.com/ads

| 홈 | 연락 | 주문 | 사용후기 |

181당신의 회사를 FittonFlavor.com에서 홍보하세요! FittonFlavor.com은 Fitton지역에 주민들과 주변지역에서 Fitton에 방문하시는 분들에게 가장 인기 얻는 웹사이트 중에 하나이며, Fitton의 식료품 쇼핑과 식당에 대한 조언과 정보를 제공해 드리고 있습니다.

우리는 당신의 사업을 우리 사이트에 광고할 4가지 디자인을 제공합니다:

디자인 1	디자인 2
이 디자인은 182페이지 상단에 배너 광고형식으로 독자들이 다른 어떤 것보다 당신의 업체 이름을 먼저 보게 됩니다. (이미지나 사운드는 포함할 수 없음)	당신의 광고가 특집기사의 중앙에 작은 사이즈로 게재되며, 하나의 사운드와 이미지가 텍스트와 함께 조합가능 합니다.
디자인 3	**디자인 4**
이 디자인은 당신의 업체를 홍보하는 배너광고가 특집기사 옆에 세로로 놓여지는 형태입니다. (이미지나 사운드는 포함할 수 없음)	이것은 가장 큰 디자인으로 183©한 페이지의 반을 당신의 업체를 홍보하도록 할당해드리며, 텍스트와 함께 여러 개의 이미지와 사운드 옵션을 사용할 수 있습니다.

발신: Priya Latesh <priyalatesh@bombayeatery.com>
수신: Troy Bauer <tbauer@fittonflavor.com>
제목: Bombay 레스토랑의 홍보
날짜: 3월 14일

Bauer씨에게

FittonFlavor.com에서 다시 한번 당신의 광고 서비스를 이용하기 위해 물어볼 것이 있습니다. 저는 184다시 한번 183©절반의 페이지 디자인을 게시하길 원합니다. 최근 저희 레스토랑의 리모델링을 보여주는 2개의 새로운 사진을 보낼 것인데, 텍스트와 사운드는 우리의 이전 광고와 동일하게 넣어주세요. 제가 사진을 제출하기 전에 185사진이 얼마나 커야 하는지 저에게 알려주시기 바랍니다.

Priya Latesh
주인
184 Bombay Eatery

|어휘| vertically 수직으로, 세로로 alongside ~와 나란히

TEST 06

181. Where does Mr. Bauer work?

(A) At a restaurant supplies distributor

(B) At an advertising consulting company

(C) At a bakery

(D) At online site related to food

Bauer씨는 어디에서 일하고 있는가?

(A) 식당 자재 유통업체

(B) 광고 컨설팅 회사

(C) 제과점

(D) 음식과 관련된 인터넷 사이트

|해설| Bauer씨는 두 번째 이메일을 받는 사람이다. 그러므로 첫 번째 글을 게시한 업체 측의 사람이다. 첫 번째 글은 웹페이지이며, 이 지역에서 꽤나 유명한 웹사이트인 걸로 보인다. 이 지역의 식당과 식료품 쇼핑에 대한 정보를 제공하는 웹페이지이다. 그러므로 Bauer씨는 음식과 관련된 인터넷 사이트에서 일하고 있는 것.

(B) 단연 오답 1순위! 광고를 실어주는 곳은 광고회사가 아니다. 광고회사는 신문이나 웹페이지나 방송국에 낼 광고를 만들어주는 곳이다. Bauer씨가 일하는 곳은 광고를 실어주는 웹사이트를 운영하는 회사.

182. What is indicated about Design 1?

(A) It is cheap.

(B) It is prominently placed.

(C) It can contain the most text.

(D) It can be downloaded by visitors.

디자인 1에 대하여 언급되어 있는 것은?

(A) 저렴하다.

(B) 눈에 띄는 곳에 위치해 있다.

(C) 가장 많은 텍스트를 포함할 수 있다.

(D) 방문객들이 다운로드 받을 수 있다.

|해설| Design 1은 페이지 상단에 노출이 되고, 웹사이트에 들어온 사람들이 다른 어떤 것보다 이 배너를 가장 먼저 보게 될 것이라고 했으므로 (B)가 정답. prominently는 '눈에 띄게'.

핵심 the most text '**the most + 명사**'

처음에 이런 표현을 보면 '명사가 왠 최상급?'하면서 당황하게 된다.

many books ⇨ more books ⇨ the most books
많은 책들   → 더 많은 책들   → 가장 많은 책들

many의 비교급과 최상급은 위와 같이 변화한다. 앞으로 명사 앞에 more, the most가 붙어있으면 '더 많은, 가장 많은'으로 해석하자!

more information 더 많은 정보 more students 더 많은 학생들
the most information 가장 많은 정보 the most students 가장 많은 학생들

183. In what ad design is Ms. Latesh most likely interested?

(A) Design 1

(B) Design 2

(C) Design 3

(D) Design 4

Latesh씨는 어떤 광고 디자인에 관심이 있을 가능성이 가장 높은가?

(A) 디자인 1

(B) 디자인 2

(C) 디자인 3

(D) 디자인 4

|해설| Combined Question. 두 번째 지문에서 Latesh씨는 '반 페이지'짜리 광고를 다시 한번 하고 싶다고 했고, 첫 번째 지문 Design 4의 설명을 보면 반 페이지를 할당 해준다고 했다. 그러므로 (D)가 정답.

---

184. What is indicated about Bombay Eatery?

(A) It is being moved to a new location.

(B) It currently has a discounted menu.

(C) It has been promoted previously by FittonFlavor.com.

(D) It will be open during a construction project.

Bombay Eatery에 대하여 언급되어 있는 것은?

(A) 새로운 점포로 옮기고 있다.

(B) 현재 할인된 메뉴가 있다.

(C) 이전에 FittonFlavor.com가 광고를 해 준 적이 있다.

(D) 공사하는 동안 계속 영업할 것이다.

|해설| Bombay Eatery는 두 번째 이메일 제일 하단에 나와있다. 즉 Latesh씨의 식당 이름. 183번 단서와 동일한 곳에 답이 있다. 반 페이지짜리 광고를 '다시 한번'하고 싶다고 했으므로, 이전에도 이 사이트에서 광고를 한 적이 있다는 의미.

---

185. What does Ms. Latesh inquire concerning the images?

(A) How they should be sized

(B) Who will photograph them

(C) How many she should send

(D) What should be in the pictures

Latesh씨는 이미지와 관련하여 무엇에 관해 문의하고 있는가?

(A) 이미지의 크기를 어떻게 정할지

(B) 누가 사진을 찍을 것인지

(C) 몇 개의 이미지를 보내야 하는지

(D) 사진 안에 무엇이 있어야 하는지

|해설| 사진이 얼마나 커야 할지 알려달라고 했으므로 이미지의 크기에 대해 문의하고 있다.

DETROIT (September 4)-Marlon Automotive 186 will stop making its long-popular Skylark coupe next month, according to a press release from the company.

The car, released ten years ago, has unique design and cherished safety features, which made it one of the highest selling automobiles in the country.

However, the vehicle has not been selling as well in recent years and Marlon also decided to cut two other automobiles from its lineup this year.

Marlon CEO, Lars Storch, stated that 187 more consumers are looking for larger cars that are more comfortable with more storage space, so smaller models are not selling as well. "Car buyers are demanding more space in general and we need to provide customers with what they want," Mr. Storch said recently.

Marlon's dealerships are expected to 188 mark down prices in the near future to clear out existing inventory and make room for 190 the new models for next year, including the Halo.

From: Evelyn Carson, Regional Director <ecarson@marlon.com>
To: Marlon Automotive Sales Directors <saleslist@marlon.com>
Date: October 15
Subject: Clearance sale

Dear Sales Directors and Supervisors:

I trust that you are all having no problems getting ready for the year-end clearance sale. The sale will be starting on the first of next month. Please remember that 189 prices for the Skylark, Crimson, and Laker models will be discounted by 25 percent. Some branches will also have test models of next year's vehicles. 189 Make sure to review the TV and radio commercials to be aired around the country. They are currently on the Marlon Automotive Web site.

Please remember to put next year's models in the middle of your showrooms.

Thanks,

Evelyn

DETROIT (9월 4일)-회사의 언론보도에 따르면, Marton 자동차는 다음 달부터 186 오랫동안 인기를 얻어온 Skylark 쿠페 생산을 중단할 것입니다.

10년 전에 출시된 이 차는 독특한 디자인과 많은 사랑을 받아온 안전 기능을 가지고 있으며, 이러한 점들은 이 차를 국내에서 가장 잘 팔리는 차 중 하나로 만들어주었습니다.

하지만 이 차도 최근 몇 년간 역시 판매가 부진 했으며 Marton사는 추가로 두 개의 다른 차종도 단종 시키기로 결정했습니다. Marton의 대표이사인 Lars Storch씨는 187 더 많은 고객들이 더 넓은 공간을 갖춘 편안한 큰 차를 찾고 있어서 소형차들의 판매가 부진하다고 말했습니다. "자동차 구매자들이 대체로 더 넓은 공간을 요구하고 있으며 우리는 고객들에게 원하는 것을 제공 해야 할 필요가 있습니다"라고 최근에 Storch씨가 말했습니다.

Marlon 대리점들은 기존 재고를 처리하고 190 내년도 Halo를 포함한 신차를 위한 공간을 마련하기 위해서 조만간 가격 188 인하를 할 것으로 예상됩니다.

발신자: Evelyn Carson 지사장 ecarson@marlon.com
수신자: Marlon Automotive 영업 이사들 〈saleslist@marlon.com〉
날짜: 10월 15일
제목: 재고 정리 세일

영업 담당 이사와 감독관에게

저는 당신들 모두가 연말 재고정리 세일을 준비하는 데 아무런 문제가 없을 거라고 확신합니다. 이번 세일은 다음 달 1일에 시작될 것입니다. 189 Skylark, Crimson, and Laker 차종들에 대한 할인 폭이 25퍼센트임을 기억하세요. 몇몇 지점들은 또한 내년 차량(내년 출시될 신차)의 테스트 모델을 구비할 것입니다. 189 그리고 반드시 전국적으로 방송될 TV 와 라디오 광고들을 검토하세요. 광고들은 현재 Marlon Automotive 웹사이트에 올려져 있습니다.

그리고 내년도 신차들을 전시장 중앙에 두어야 하는 것을 꼭 기억하시기 바랍니다.

Evelyn

Marlon's End of the Year Clearance Sale

The Janesville Marlon Dealership will be holding its end of the year clearance sale from November. Come on down and see the great deals we have on this year's models.

Skylark	25% off
Crimson	25% off
Laker	25% off

190◎ We are also the only dealership in the region that has next year's models available for a test drive. Our location can also be seen in Marlon's national TV commercials. For the best selection of new Marlon vehicles, visit the Janesville Marlon Dealership today!

Marlon사의 연말 재고정리 세일

Janesville Marlon 대리점은 11월부터 연말 재고정리 세일을 개최할 것입니다. 오셔서, 올해 모델에 대해 저희가 제공하는 저렴한 가격을 직접 보시기 바랍니다.

Skylark	25% 할인
Crimson	25% 할인
Laker	25% 할인

190◎ 저희는 또한 이 지역에서 시승을 할 수 있도록 내년도 모델을 구비하고 있는 유일한 대리점입니다. 저희 지점은 Marlon의 전국적인 TV광고에서도 등장합니다. Marlon사의 최상의 신규 차량을 보시려면 오늘 바로 Janesville Marlon을 방문하세요!

|어휘| as much as 25 percent 25퍼센트나 (as much as가 숫자 앞에 나오면, 그 숫자가 크다는 것을 강조해주는 기능)

---

186. Why was the article written?

(A) To announce a car maker's product line changes
(B) To give a profile of a company executive
(C) To report a company's cutbacks
(D) To release the outcome of a survey

왜 기사문이 쓰여졌는가?

(A) 자동차 제조사의 차종 변경을 발표하기 위해서
(B) 회사 간부의 프로필(신상)을 알리기 위해서
(C) 회사의 삭감을 보고하기 위해서
(D) 설문조사 결과를 발표하기 위해서

|해설| 3개 모델을 단종하는 것을 알리는 글이므로 제품라인의 변화를 발표하는 글.

(C) cutback은 '삭감'의 의미로 직원 수를 줄이거나 예산을 줄일 때 많이 사용한다. 게다가 여기서는 이전 차종들을 단종시키지만, 새로운 모델들이 또 출시되므로 제품의 수가 줄지 유지될지는 알 수 없다.

---

187. According to the article, why have sales for the Skylark sedan declined?

(A) Because consumers have different desires for designs
(B) Because the vehicles cost too much
(C) Because competitors have more dealerships in the area
(D) Because the cars are not as safe as they could be

기사문에 따르면, 왜 Skylark 세단 판매량이 감소하였는가?

(A) 고객들이 디자인에 대한 다른 바램을 가지고 있기 때문에
(B) 차가 너무 비싸서
(C) 경쟁사들이 이 지역에 더 많은 대리점을 가지고 있기 때문에
(D) 차들이 그리 안전하지 않기 때문에

|해설| 대표이사가 언급한 내용을 보면, 고객들이 더 크고, 공간이 넓은 편안한 차를 원하고 있다. 그러므로 (A)가 정답.

188. In the article, the word "mark down" in paragraph 4, line 1 is closest in meaning to
(A) scratch
(B) identify
(C) cut
(D) evaluate

기사에서 네 번째 문단, 첫 번째 줄에 "mark down"이 의미상 가장 가까운 것은?
(A) 긁다
(B) 파악하다
(C) 깎다
(D) 평가하다

|해설| 문맥상 따져보면, 기존 재고를 정리하는 것이 목적이라고 했으므로 가격을 낮추려 한다는 것을 유추할 수 있다.

---

189. What is indicated about the 25 percent discount?
(A) It will be advertised around the country.
(B) It will be increased in following months.
(C) It is being given for every vehicle model.
(D) It will be given at the end of each year.

25퍼센트 할인에 대해서 언급 되어 있는 것은?
(A) 전국적으로 광고가 나갈 것이다.
(B) 앞으로 몇 달 후에 할인율이 더 높아질 것이다.
(C) 모든 차종에 대해 할인이 제공되고 있다.
(D) 매년 연말에 할인이 이루어질 것이다.

|해설| 할인판매에 대해 전국적으로 TV광고와 라디오광고가 나갈 것이라고 두 번째 지문에서 지부장이 밝히고 있다.
(B) 첫 번째 기사문에서 곧 할인행사가 열릴 것이라고 예측하고 있다. 바로 이 예상했던 할인이 두 번째 지문에 나온 25%의 할인이다. 이 할인행사 외에 추가로 또 할인이 진행될 것이라는 언급은 없다.

---

190. What is indicated about the Janesville Marlon Dealership?
(A) It sells both new and used Marlon vehicles.
(B) Buyers receive a discount on insurance.
(C) It is the largest dealership in the region.
(D) Shoppers can test drive a Halo there.

Janesville Marlon 대리점에 대해 언급된 것은?
(A) 이 대리점은 Marlon의 신차와 중고차를 모두 판매한다.
(B) 구매자들은 보험에 대해 할인을 받는다.
(C) 이 대리점은 이 지역에서 가장 큰 대리점이다.
(D) 쇼핑객들은 그곳에서 Halo차를 시승할 수 있다.

|해설| Combined Question. 3번째 지문에서 이 대리점은 이 지역에서 유일하게 신차 시승을 할 수 있는 대리점이라고 소개했다. 1번째 지문에서 Halo가 신차의 이름임을 알 수 있다. 그러므로 이 대리점에서는 Halo 시승을 할 수 있을 것이다.
(C)를 골라오지 않도록 주의. 대리점의 광고가 거창하다 보니 왠지 굉장히 큰 대리점일 것이라는 인상을 받는다. 그러다가 (C)를 골라 실수하는 경우가 많다. 가장 큰 대리점이라는 구체적인 명시는 지문 상에 들어있지 않다. 절대 상상하지 않도록 주의하자! 지문에 나온 내용만이 정답이 된다.

http://www.joycewei.ma

191 Book Information	Author Information	Appearances and Presentations	Praise for Ms. Wei's Work

Canada Schedule

• October 2 - 3: Wendtz Theater – Halifax
Both lectures will commence at 8:00 p.m. Visit www.wendtztheater.com to purchase tickets and find more information.

• October 5: Upton College – Ottawa
The lecture will commence at 6:00 p.m. and Ms. Wei will 191 sign books at 7:30 p.m.

• October 7: 193© Onyx Auditorium – Calgary
Information for this appearance can be obtained by calling the box office at (403) 555-7716.

• October 16: Porthal Hotel and Convention Hall – Victoria
195© Guests of PHCH who reserve a room by September 24 will receive a 20% discount on their room if they purchase a ticket for attending Ms. Wei's lecture. Call Darryl Nern at (250) 555-1164 to receive the discount.

If you are interested in scheduling an 192 appearance by Ms. Wei, please write to Stephanie Pool at spool@joycewei.ma.

From: tnguyen@traverse.edu
To: spool@joycewei.ma
Date: October 10
Subject: Conference in January

Dear Ms. Pool,

193© I was able to meet Ms. Wei at her latest appearance at the Onyx Auditorium. When we met, 194 I asked if she could possibly lecture at a conference that I am organizing. She was very interested, but said that I need to talk to you to make sure she is available.

This year's Science and Technology Conference is going to be held from January 14 to 17 at the Wendel Hotel in Montreal, Quebec and its sponsors are Audacious Industrial. Would it be possible for Ms. Wei to give a presentation on the afternoon of January 15, as the focus for that day is the future of robotics in business.

Audacious Industrial would be able to pay for any travel and accommodation costs for Ms. Wei as well as pay her a small gratuity for her participation. Please let me know if it is possible for Ms. Wei to present by November 10 at the latest and feel free to ask any questions you may have.

Sincerely,

Tien Nguyen

http://www.joycewei.ma

191도서 정보	작가 정보	출연과 발표	Wei씨의 작품에 대한 칭찬

캐나다 일정

10월 2 – 3일: Wendtz 극장 – Halifax
2개의 강의 모두 오후 8시에 시작될 것입니다. 티켓을 구매하거나 더 많은 정보를 찾기 위해 www.wendztheater.com을 방문하세요.

10월 5일: Upton 대학 – Ottawa
이 강의는 오후 6시에 시작될 것이고, Wei씨는 오후 7시 30분에 191책 사인회를 가질 것입니다.

10월 7일: 193©Onyx 대강당 – Calgary
이 출연에 대한 정보는 매표소에 (403) 555-7716으로 전화함으로써 얻을 수 있습니다.

10월 16일: Porthal 호텔과 컨벤션 홀 – Victoria
195© 9월 24일까지 객실을 예약한 PHCH의 투숙객들은 만약 그들이 Wei씨의 강의에 참석하기 위한 티켓을 구매한다면, 객실에 대한 20%의 할인을 받을 것입니다. 할인을 받기 위해서는 Darryl Nern에게 (250) 555-1164으로 전화 하세요.

Wei씨의 192출연일정을 잡는 것에 관심이 있으시다면 spool@joycewei.ma로 Stephanie Pool에게 이메일을 보내 주세요.

발신: tnguyen@traverse.edu
수신: spool@joycewei.ma
날짜: 10월 10일
제목: 1월 학회

Pool씨에게,

193©저는 Onyx 대강당에서 열린 Wei씨의 최근 강연에서 그녀를 만날 수 있었습니다. 우리가 만났을 때, 194제가 기획하는 학회에 그녀가 강의할 수 있는지 물어보았습니다. 그녀는 아주 흥미로워 했지만, 그녀가 시간이 나는지 확인하기 위해 당신과 얘기해보라고 말했습니다.

올해의 Science and Technology 학회는 1월 14일부터 17일까지 Quebec의 Montreal에 있는 Wendel 호텔에서 열릴 예정이며 학회의 스폰서는 Audacious Industrial사 입니다. Wei씨가 1월 15일 오후에 발표를 하는 것이 가능할까요? 그날의 강연 주제가 마침 업계에서의 로봇공학의 미래라서요.

Audacious Industrial는 그녀의 참석에 대한 소정의 사례비뿐만 아니라 Wei씨를 위한 여행경비와 숙소비용을 모두 부담할 수 있을 것입니다. 늦어도 11월 10일까지 Wei씨의 강연이 가능한지 여부를 저에게 알려주시고 궁금하신 점은 무엇이든 편안하게 물어주세요.

Tien Nguyen

To: 195© Harold Kim <hkim@mail4you.com>
From: Porthal Hotel <service@porthalhotel.com>
Date: September 20
Subject: Your reservation

Dear Mr. Kim,

We are pleased to confirm your reservation at the Porthal Hotel for October 14 to October 17. We have applied a 20% discount to your nightly rate according to the voucher number you entered when making your reservation. Your ticket for the event in our convention hall has also been reserved. If there is anything we can do to make your stay more comfortable, please don't hesitate to let us know.

Sincerely,
Hayden Burrell
Manager, Porthal Hotel and Convention Hall

수신인: 195© Harold Kim 〈hkim@mail4you.com〉
발신인: Porthal Hotel 〈service@porthalhotel.com〉
날짜: 9월 20일
제목: 귀하의 예약

Kim씨에게,

저희는 10월 14일부터 10월 17일까지 Porthal Hotel에 귀하의 예약을 확인해드리게 되어 기쁩니다. 귀하가 예약하실 때 입력하신 무료이용권 번호에 따라서 귀하의 객실요금에 20%할인을 적용해드렸습니다. 저희 컨벤션홀에서 열리는 행사에 대한 당신의 티켓 또한 예약되었습니다. 당신의 방문을 더욱 편안하게 만들어드리기 위해 저희가 할 수 있는 일이 있다면 언제든 알려주시기 바랍니다.

Hayden Burrell
Porthal Hotel 및 컨벤션홀 매니저

|어휘| appearance 출연, 등장, 참석 / 외모 commence 시작하다 A be followed by B A는 B에 의해 따라와 진다 ⇒ A에 이어서 B하다 gratuity 강연료

난이도
★☆☆

191. Who most likely is Ms. Wei?

(A) A writer
(B) A scientist
(C) An advertiser
(D) A convention organizer

Wei씨는 아마도 누구인가?

(A) 작가
(B) 과학자
(C) 광고주
(D) 컨벤션 기획자

|해설| 첫 번째 지문은 Wei씨를 소개하는 웹사이트다. 제일 상단에 메뉴를 보면, '책 정보, 작가의 정보, 출연 및 발표, Wei씨 작품에 대한 칭찬', 이렇게 4개의 메뉴가 있다. Wei의 작품, 즉 책에 대한 정보와 Wei씨의 강연 일정을 소개하는 사이트다. 게다가 지문에서는 여러 행사에 출연하며 책 사인회를 갖는다고 했으므로 작가임을 유추할 수 있다. 미국이나 유럽에서는 작가들이 자신의 책을 홍보하기 위해서 전국을 돌아다니며 강연회를 하는 것이 보편적인 홍보 방식이다.

192. In the website, the word "appearance" in paragraph 5, line 1, is closest in meaning to

(A) presentation
(B) look
(C) impression
(D) figure

웹사이트에서 5번째 문단, 1번째 줄의 "appearance"가 의미상 가장 가까운 것은?

(A) 발표
(B) 외관
(C) 인상
(D) 인물, 수치

|해설| appear 동사는 '~으로 보이다'와 '등장하다, 출연하다'의 의미를 갖는다. 그러므로 appearance 명사는 '외모, 겉모습'의 뜻과 '출연'의 의미를 둘 다 가진다. 여기서는 작가가 자신의 책을 홍보하기 위해 강연도 하고 여러 행사에 출연하는 것을 의미한다. 그러므로 강연과 같은 의미로 쓰일 수 있는 presentation이 정답.

193. Where did Ms. Nguyen meet Ms. Wei?

(A) In Halifax

(B) In Ottawa

(C) In Calgary

(D) In Victoria

Nguyen씨는 어디에서 Wei씨를 만났는가?

(A) Halifax에서

(B) Ottawa에서

(C) Calgary에서

(D) Victoria에서

|해설| Combined Question. 두 번째 지문에서 Onyx Auditorium에서 만났다고 했다. 첫 번째 지문 일정표에서 찾아보면 Onyx Auditorium은 Calgary에 있음을 확인할 수 있다.

194. What is the purpose of Ms. Nguyen's e-mail?

(A) To request a presentation at an event

(B) To arrange payment for members of a committee

(C) To ask for a hotel reservation to be changed

(D) To pay for admission to a forthcoming event

Nguyen씨의 이메일의 목적은 무엇인가?

(A) 행사에서 프리젠테이션을 요청하는 것

(B) 위원회 멤버를 위해 결제를 처리하는 것

(C) 호텔 예약이 변경될 것을 요청하는 것

(D) 곧 있을 행사에 입장을 위해 결제하는 것

|해설| 자신이 준비하는 학회에 Wei씨가 출연해서 강연해줄 것을 요청하고 있으므로 (A)가 정답.

195. What is suggested about Harold Kim?

(A) He spoke with Darryl Nern.

(B) He emailed Stephanie Pool.

(C) He is a colleague of Tien Nguyen.

(D) He will attend a conference in January.

Harold Kim에 대해 언급된 것은?

(A) Kim씨는 Darryl Nern씨와 얘기를 나눴었다.

(B) Kim씨는 Stephanie Pool에게 이메일을 보냈다.

(C) Kim씨는 Tien Nguyen의 동료다.

(D) Kim씨는 일월에 학회에 참석할 것이다.

|해설| Combined Question. 3번째 지문의 수신인은 Porthal Hotel이다. 1번째 지문에서 소개된 행사 중에 4번째 행사가 개최되는 장소가 바로 이 Porthal Hotel이다. 그 행사에 대한 설명을 보면, Wei씨의 강연에 참석하는 사람들은 호텔 요금을 20% 할인 받을 수 있고, 할인을 받기 위해서는 Darryl Nern에서 연락을 하라고 했다. 3번째 지문 내용을 보면 Harold Kim씨가 20% 할인을 받았다는 것을 알 수 있고, 이를 통해 우리는 Harold Kim씨가 할인을 받기 위해 Darryl Nern씨와 연락을 취했을 것임을 유추할 수 있다.

(B) Stephanie Pool에게 이메일을 쓰는 사람은 Wei씨를 강연에 초대하고 싶은 사람이다. 'schedule a lecture'는 강의 일정을 잡는 것이므로 행사를 주최하는 측에 해당하는 일.

Essence
Warranty concerning repairing and / or replacing your MP3 player

Every Essense MP3 player includes 198ⓒ a warranty valid for 12 months from the initial date of purchase. 196 Should you experience any defects or damage during this time, it is possible for you to repair or replace your item.

198ⓒ Customers who wish to extend their warranty for an additional year may purchase the Essense Premium Guarantee Package within one year of purchasing your MP3 player. Prices for the Essence Premium Guarantee Package 197 vary from model to model.

More information can be found at www.essenseaudio.com/premium or by calling 1-800-555-1122.

To: maintenance@essenseaudio.com
From: gbeakman@speedcom.net
Date: May 18
Subject: Claim #1865BU651

I'd like to know what is going on with the replacement of my MP3 player (claim #1865BU651).

I filed the claim at an Essense store on May 15 and the clerk told me that 198ⓓ my device would be replaced at no cost because of my Premium Guarantee Package. He also mentioned that someone would send me an e-mail to let me know that my claim is being processed the next day. It has now been four days since my player was sent from the store, and I haven't gotten an e-mail about it being processed. 200ⓒ Please let me know what is happening with my MP3 player and give me an estimate for when the device will be delivered to my house.

Thanks,

Gloria Beakman

Essense
MP3 플레이어 수리 및 교체 관련 보증

모든 Essense MP3 플레이어는 198ⓒ구매한 날짜로부터 12개월 동안 사용할 수 있는 품질보증을 포함하고 있습니다. 196만약 이 기간 동안 어떠한 결함이나 손상을 경험 한다면, 상품을 교체하거나 수리하는 것이 가능합니다.

198ⓒ추가 1년 더 품질 보증 기간을 연장하고 싶은 고객들은 MP3 플레이어를 구매한지 1년 이내에 Essense Premium Guarantee Package를 구매하실 수 있습니다. Essence Premium Guarantee Package의 가격은 모델 별로 197 다양합니다.

더 많은 정보는 www.essenseaudio.com/premium 에서 찾아보시거나 1-800-555-1122에 전화하시면 됩니다.

수신: maintenance@essenseaudio.com
발신: gbeakman@speedcom.net
날짜: 5월 18일
제목: 청구번호 #1865BU651

저는 제 MP3 플레이어 교체가 어떻게 진행되고 있는지 알고 싶습니다. (청구번호#1865BU651)

저는 5월 15일 Essense 매장에서 청구서를 제출했고, 점원은 198ⓓPremium Guarantee Package 때문에 제 기기가 무료로 교체될 것이라고 전해 주었습니다. 그는 또한 누군가가 저에게 클레임 청구가 처리 되고 있음을 알려주는 이메일을 그 다음날 보낼 것이라고 언급했습니다. 매장으로부터 저의 플레이어가 발송된 지 지금 4일이 지났고 저는 처리가 되고 있는지에 대한 어떠한 이메일도 받지 못했습니다. 200ⓒ제 MP3 플레이어가 어떻게 되고 있는지 저에게 알려주시고, 대략 언제 저의 집으로 배송되는지 예상일을 알려주세요.

감사합니다.

Gloria Beakman

To: 199 gbeakman@speedcom.net
From: maintenance@essenseaudio.com
Date: May 18
Subject: Re: Claim #1865BU651

Dear Ms. Beakman,

I apologize for the inconvenience of having to email us. 199 The reason you did not receive an email notifying you of your repair status is that the email address on the repair request form was listed as gbeakman@speedcom.com. We apologize if this was done by our technician.

200○ Your MP3 player has been repaired and is currently ready for delivery. The problem was with a connection to the headphone jack. The repairs made are guaranteed for 90 days after completion, so if you have any issues with your Essence device again, please let us know.

Sincerely,
Paul Astin
Essence Audio Customer Service Representative

수신인: 199 gbeakman@speedcom.net
발신인: maintenance@essenseaudio.com
날짜: 5월 18일
제목: 회신: 청구번호 1865BU651

Beakman씨에게,

저희에게 이메일을 보내셔야 했던 수고에 대해 사과 드립니다. 199 귀하의 수리 상태에 대해 알려주는 이메일을 귀하가 받지 못한 이유는 수리 신청서에 이메일 주소가 gbeakman@speedcom.com로 적혀있었기 때문입니다. 만약 이 사항이 저희 기술자에 의해 행해진 것이라면 저희가 사과 드립니다.

200○ 귀하의 MP3 플레이어는 수리가 되었고 현재 배송 준비 단계입니다. 문제는 해드폰 잭과의 연결과 관련되어 있었습니다. 이번에 진행된 수리건은 완료 후 90일간 보증되므로 만약 다시 Essence 기기에 문제가 생기면 알려주시기 바랍니다.

Paul Astin
Essence Audio 고객지원 직원

|어휘| defect 결함 vary 동 다양하다, 다르다 estimate 추정, 추측 Should you experience ~ 가정법 미래 (도치된 구문, 자세한 사항은 TEST 05 139번 지문 해설 p233 참고)

---

196. Whom is the information most likely intended for?
(A) People who recently bought Essense MP3 players
(B) Essense Audio technicians
(C) Customers who wish to buy Essense MP3 players
(D) Essense Audio store clerks

이 정보는 아마 누구를 위한 것인가?
(A) 최근에 Essense MP3 플레이어를 구매한 사람들
(B) Essense 오디오 기술자들
(C) Essense MP3 플레이어를 구매하길 원하는 고객들
(D) Essense Audio 가게 점원들

|해설| 한 제품의 품질보증에 대해 설명하고 있으므로 이 제품을 구매한 사람이 이 글의 대상일 것이다.
(C) '문제가 발생하면 당신은 물건을 교체하거나 수리를 받을 수 있다'고 했으므로 구매하기를 희망하는 고객이라기 보다는 이미 구매한 고객을 대상으로 하고 있다.

---

197. In the information, the word "vary" in paragraph 2, line 3, is closest in meaning to
(A) excel
(B) differ
(C) spread
(D) reflect

정보에서 2번째 문단, 3번째 줄의 "vary"가 의미상 가장 가까운 것은?
(A) 탁월하다
(B) 다르다
(C) 퍼뜨리다
(D) 반영한다

|해설| vary는 '다르다, 다양하다'의 의미로 'from A to B' 구문과 함께 잘 쓰인다. 'vary from place to place: 지역마다 다르다', 'vary from time to time: 시간대에 따라 다르다'.

198. What is most likely true about Ms. Beakman?

(A) She was employed by Essense Audio.

(B) She bought her MP3 player less than a year ago.

(C) The initial warranty for her device is no longer valid.

(D) Her device was replaced over a month ago.

Beakman씨에 대해 사실일 가능성이 가장 높은 것은?

(A) 그녀는 Essense Audio에 채용이 되었다.

(B) 그녀는 1년이 안 되는 기간 전에 MP3를 구매했다.

(C) 그녀 기기의 첫 번째 품질보증은 기간이 만료되었다.

(D) 그녀의 기기는 한 달도 더 전에 교체 되었다.

|해설| Combined Question. 일단 두 지문에서 공통으로 언급된 부분은 Essense Premium Guarantee Package. 항상 두 지문에서 공통으로 언급된 부분은 연필로 표시해두고 눈 여겨 봐 두어야 한다! 첫 번째 지문에서 보면, MP3의 일반 보증기간은 1년이다. 이 기간 이후에 보증기간을 연장하고 싶으면 Essense Premium Guarantee Package를 구매하면 된다. 두 번째 지문에서 이 고객은 Essense Premium Guarantee Package를 가지고 있기 때문에 무상으로 제품을 교체할 수 있다고 했다. 그러므로 이 고객의 원래 보증기간인 1년은 이미 만료되었음을 유추할 수 있다. 그래서 (C)가 정답.

(B) 단연 오답 1순위! 제품을 구매한지 1년이 채 되지 않았다면, 그녀는 Essense Premium Guarantee Package가 아닌, 처음에 제품을 구매할 때 제공되는 보증서에 의해 수리를 받았을 것이다. 기존의 보증서가 1년동안 유효하고, 제품을 구매한지 1년 이내에 Essense Premium Guarantee Package를 구매할 수 있다고 했는데, 여기서 '일년 이내'가 함정. Essense Premium Guarantee Package를 구매하는 것 자체는 일년 이내에만 가능하다. 그렇지만, Essense Premium Guarantee Package를 구매했다고 해서, 구매하자마자 이전에 가지고 있던 보증서의 효력이 없어지는 것은 아니다. 구매할 수 있는 기간은 1년 이내지만, Essense Premium Guarantee Package를 사용하는 것은 이전 보증기간인 1년이 지난 시점일 것이다. Essense Premium Guarantee Package로 청구를 한다는 것 자체가 1년이 이미 지났음을 의미한다.

199. What is indicated about Ms. Beakman's repair request form?

(A) It was lost by the technician.

(B) It will be returned to Ms. Beakman.

(C) It had some incorrect information.

(D) It was sent to the wrong department.

Beakman씨의 수리 신청서에 대해 언급된 것은?

(A) 신청서가 기술자에 의해 분실되었다.

(B) 신청서는 Beakman에게 다시 보내질 것이다.

(C) 신청서가 일부 부정확한 정보를 가지고 있었다.

(D) 신청서가 다른 부서로 발송되었다.

|해설| 신청서 상에 고객의 이메일 주소가 gbeakman@speedcom.com라고 적혀있기 때문에 이메일이 전달되지 않았다고 했다. 다시 말해서, 이메일 주소가 잘못되었음을 알려주고 있는 것이다. 실제 이메일 주소를 상단에서 확인해보면 .com이 아닌 .net임을 확인할 수 있다. 그러므로 신청서에 기재된 정보가 잘못되어 있었던 것.

(D) 잘못된 이메일 주소는 고객의 이메일 주소다. 그러므로 다른 부서로 보내진 것은 아니다. 부서에서는 제대로 받았으나 고객에게 발송되는 데 오류가 발생한 것.

200. What requested information was NOT given to Ms. Beakman?

(A) The status of her repairs

(B) The name of the technician

(C) The store she should visit

(D) The arrival date of a delivery

요구된 어떤 정보가 Beakman씨에게 제공되지 않았는가?

(A) 수리 상태

(B) 기술자의 이름

(C) Beakman씨가 방문해야 하는 매장

(D) 배송 도착 날짜

|해설| Combined Question. 2번째 지문에서 고객은 자신의 MP3가 어떻게 되었는지에 대한 설명, 그리고 배송날짜에 대한 견적을 요청하고 있다. 3번째 지문에서 MP3의 수리가 완료되었다고 설명해주었으므로 (A) 수리 상태에 대해서는 정보가 제공된 것이다. 그렇지만 구체적으로 언제 배송될 지에 대해서는 정보가 빠져있다. 그러므로 (D)가 정답. (B)와 (C)는 고객이 요청한 정보가 아니므로 고려 대상이 아니다. 문제는 고객이 요청한 정보 중에서 제공되지 않은 정보를 묻고 있다.

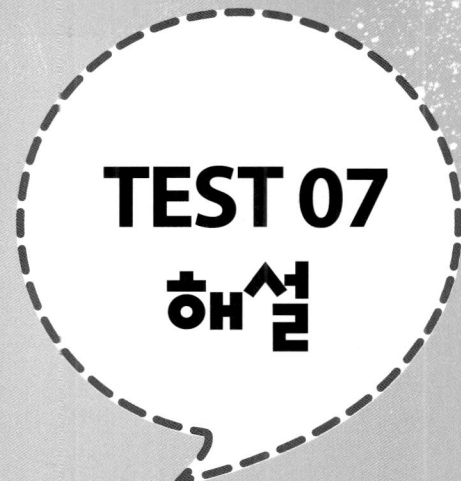

**TEST 07
해설**

동시토익 CONTEMPORARY **TOEIC**

TEST 07

101	B	102	C	103	A	104	C	105	B	106	D	107	A	108	B	109	B	110	B
111	C	112	B	113	C	114	A	115	C	116	B	117	C	118	A	119	B	120	D
121	A	122	D	123	D	124	B	125	C	126	A	127	B	128	C	129	C	130	C
131	C	132	A	133	D	134	B	135	D	136	C	137	A	138	B	139	B	140	D
141	B	142	A	143	D	144	B	145	C	146	D	147	C	148	A	149	A	150	B
151	B	152	C	153	D	154	C	155	A	156	B	157	C	158	A	159	C	160	C
161	C	162	D	163	A	164	D	165	C	166	B	167	C	168	C	169	C	170	C
171	D	172	D	173	C	174	A	175	C	176	D	177	B	178	A	179	C	180	D
181	A	182	C	183	D	184	C	185	B	186	A	187	D	188	B	189	B	190	D
191	D	192	C	193	A	194	D	195	B	196	B	197	B	198	C	199	A	200	B

 101   Please **take** a **moment** [**to let us know** (what you thought about our services) **and to leave suggestions** for improvements].
      V   O   준동사구–부 1   명사절   and 준동사구–부 2

|오답| suggest, suggests, suggesting

저희 서비스에 대해 어떻게 생각하시는지 알려주시고 개선사항에 대한 제안사항을 남겨주시기 위해서 잠시 시간을 내주시기 바랍니다.

|해설| 어형문제. [타동사 ___ 전치사] 빈칸은 목적어 자리이므로 명사가 정답. 명사자리에 'ing'를 고르지 않도록 주의! ing형태의 명사가 많이 존재하긴 하지만, 내가 따로 외워두지 않았다면 무턱대고 명사자리에 ing를 골라와서는 안 된다. 'building, meeting'처럼 명사로 굳어진 표현이 아니라면 ing는 준동사로 간주하자. ing는 능동태이므로 뒤에 목적어가 나와야 한다. 본문에서는 빈칸 뒤에 목적어(명사)가 아닌 전치사가 나와있으므로 ing형태는 들어갈 수 없다. 앞으로 빈칸 뒤에 전치사가 있는 경우, '명사 vs. ing' 보기 중에 2개가 함께 나온 경우, 반드시 '명사우선'으로 답을 골라오자! ◑ Reading교재 vol.1 p69 참고

|어휘| take a moment to do ~하기 위해서 시간을 내다, 시간 내서 ~하다 suggestion 의견, 제안사항 improvement 개선점, 향상

102   (**If** any refreshments at the snack bar are **nearly** gone), please **let** one (of our kitchen staff) **know**.
              부사절   V   O   OC

|오답| nearest, neared, nears

스낵바에 있는 어떤 음식물이든 거의 떨어져 가면, 주방직원 중 한 명에게 알려주시기 바랍니다.

|해설| 3초짜리 어형문제. [be ___ p.p] 빈칸은 동사구 사이이므로 동사를 꾸며주는 부사자리. 동사구 사이에 빈칸이 나오면 예외 없이 100% 부사자리다. 두 달에 한 번 가량 출제된다. 이런 문제는 보너스 문제!

|심층분석| 'are gone'은 수동태가 아니고 'be+형용사'구조. go동사는 자동사이기 때문에 수동태를 만들 수 없다. 'gone: 사라진'. p.p형태 중에 형용사로 굳어진 또 다른 표현을 살펴보면 'I'm done: 나 다 끝났어'. 'He is undecided: 그는 아직 결정하지 않았어'. 모두 수동태로 볼 수 없다. 'done, undecided' 모두 형용사로 굳어진 표현.

|어휘| nearly 거의 let s.b know 누구에게 알려주다

103 **Workers** (who **operate** forklifts) **may be injured** (by the machine), **so they** must b | 오답 | operates, to operate, are operated
　　S　　　　　　　　　　　　　　be p.p　　　　　　　　so　S　　V　　　　　C

지게차를 작동하는 작업들은 그 기계에 의해 부상을 당할 수 있으므로, 항시 매우 주의를 기울여야만 합니다.

| 해설 | 동사어형문제. 동사어형문제 접근법 p10 참고 1) 구조. 관계대명사 뒤에는 본동사만 나올 수 있다. 부사절이나 명사절은 축약형의 형태가 가능하기 때문에 부사절접속사 뒤에서, 그리고 명사절 접속사 뒤에서는 준동사가 나올 수 있다. [ex] when reading a book, how to study. 그러나 관계대명사가 이끄는 형용사절은 축약형의 형태가 존재하지 않는다. 그러므로 관계대명사(who, which, that) 뒤에서 동사를 고르는 문제가 나오면 항상 본동사! to operate은 탈락. 2) 태. 빈칸 뒤에 목적어(forklifts)가 있으므로 능동태. are operated 탈락. 3) 수일치. 관계대명사절이 나오면 동사 수일치를 간과하는 경우가 많으므로 주의. 선행사(workers)가 복수명사이므로 operates 탈락. 정답은 operate.

| 어휘 | operate 작동시키다 forklift 지게차 be injured 부상당하다 cautious(=careful) 조심하는 all the time 항상

104
난이도
★★★
Personnel staff review the **applications** (in a very thorough manner), (which **generally** takes two weeks).
　　　　S　　　V　　　　　O　　　　　　　　　　　　　　　　　　　형용사절
　　　　　　　　　　　　　　　　　　　　　　　　　　　　　| 오답 | totally, quickly, lightly

인사과 직원들은 매우 철저하게 지원서를 검토하는데, 이는 일반적으로 2주가 소요됩니다.

| 해설 | 부사어휘문제. 부사어휘문제는 위치를 주의! 해당부사가 누구를 꾸며주고 있는지 구체적으로 파악해서 접근해야 한다. 전체문장을 두리뭉실하게 해석해서 접근하다가 오답을 고르는 경우가 많다. 여기서는 takes 앞에 나왔으므로 take를 꾸며주는 부사. '일반적으로 (2주가) 걸린다'. generally가 정답.

| 오답해설 | totally는 오답1순위! '전체적으로(×)'라고 해석해서 오답으로 많이 골라온다. '전체적으로'라고 표현하려면 'in total'이나 'as a whole'을 써야 한다. totally는 in total과는 다른 의미. '전적으로, 완전히'의 의미. [ex] it is totally different – 완전히 다르다 / I totally agree – 나는 전적으로 동감합니다. 회화에서 많이 쓰는 표현이므로 2개의 표현을 통째로 외워두자!
'quickly – 빨리 걸린다(×)', 'lightly – 가볍게 걸린다(×)'.

| 심층분석 | staff는 '집합명사'로써 's'가 붙지 않아도 복수취급 할 수 있다. 그래서 review 뒤에는 's'가 붙지 않음.

| 어휘 | in a ~ manner ~한 방식으로 thorough 철저한 generally(= usually, normally, typically) 일반적으로

 핵심　which의 선행사가 안보여요!!

'which takes two weeks'에서 which의 선행사는? which뒤에는 주어가 빠져있으므로 which는 주격관계대명사다. 빠진 명사는 항상 선행사와 똑같다. manner를 선행사로 본다면 '방식이 2주 걸린다(×)', 어울리지 않는다. applications를 선행사로 본다면 '지원서가 2주 걸린다(×)', 역시 어울리지 않는다. 이 경우, 선행사는 앞 문장 전체. 콤마를 동반하면서 which가 나온 경우. 이렇게 앞 절 전체가 선행사인 경우가 종종 있다. '직원들이 철저하게 지원서를 검토하는데, 이것은 보통 2주가 걸린다'.

105 **The hotel kindly requests** (**that** all guests check in after 2 p.m. and check out before 11:00 a.m.)
　　　S　　　　　V　　　　　　　　　　　O (명사절)
　　　　　　　　　　　　　　　　　　　　　　| 오답 | or, if, which

호텔은 모든 투숙객들이 오후 2시 이후에 체크인하고, 오전 11시 이전에 체크아웃해줄 것을 정중히 요청합니다.

| 해설 | 보기는 모두 접속사. [동사 ___ S+V+O] 동사 뒤에 나온 절이므로 목적어 역할을 하는 명사절이다. or는 등위접속사, which는 형용사절 접속사(관계대명사)이므로 탈락. that과 if 중에서 if는 '~인지, 아니지'의 의미가 되므로 의미상 탈락. that이 정답.

| 어휘 | kindly 정중히 request 요청하다

106 **Marketers** (in a complex and unpredictable market) **must be able to both plan** ahead **and react promptly** (to changes
　　　S　　　　　　　　　　　　　　　　　　　　　　　　　　　　　　　　　　　　　　V1　부사　and　V2
in its surroundings).

|오답| prompt, promptness, prompting

복잡하고 예측 불가능한 시장에서의 마케팅 담당자들은, 미리 계획할 수 있어야 하며, 또한 주변환경의 변화에 신속하게 대처할 수 있어야 합니다.

|해설| 어형문제. 빈출 유형! [자동사 ____ 전치사] 빈칸은 부사자리. 'S+자동사'는 완벽한 뼈대구조고, 그 뒤에 추가로 나올 수 있는 품사는 부사. react는 to와 짝꿍인 자동사. 자동사와 전치사 사이에서 부사를 고르는 문제는 빈출유형! react를 보자마자 자동사인지 알아봤다면 3초짜리 문제가 된다. '특정전치사와 늘 짝꿍이 되는 자동사'는 반드시 외워두자! 20여개의 자동사들을 앞에서 외워두지 않았다면 다시 돌아가서 반드시 외워두자! TEST 03 127번 해설 p127 참고

|어휘| complex(≒complicated) 복잡한 unpredictable 예측 불가능한 plan ahead 미리 계획하다 react to ~에 대응하다 promptly(≒immediately) 즉각, 즉시 surroundings 주변환경

107 **Tomorrow's job interview starts** (at 10:00 am sharp), **so interviewees should be punctual**.
　　　　　　　　S　　　V　　　　　　　　　부사　　　　　S　　　　　V　C
난이도
★☆☆

|오답| advanced, instant, sudden

내일 있을 취업면접은 오전 10시 정각에 시작되므로, 면접자들은 시간을 엄수해야 합니다.

|해설| 형용사어휘문제. be동사 뒤에 보어자리에 쓰인 형용사는 앞에 있는 주어를 설명해준다. 주어자리에 '사람명사'가 나왔으므로 punctual이 정답. '시간을 엄수하는, 잘 지키는'. 나머지 형용사들은 '사람명사'를 수식할 수 없다. '**advanced** technology – 첨단 기술', '**instant** food – 즉석 식품', '**sudden** attack – 갑작스러운 공격'.

|어휘| at 10:00 am sharp(≒prompt) 오전 10시 정각에 interviewee 면접자 punctual 시간을 지키는, 엄수하는

108 **I did not have a chance** (to look closely at my hotel bill) (when I received it) (due to a hectic schedule that day).
　　S　　V　　　O　　　　준동사구-형　　　　　　　　　부사절

|오답| since, as for, among

상황이 급해서 제가 호텔 청구서를 받았을 때 꼼꼼하게 살펴 볼 기회가 없었습니다.

|해설| 전치사문제. 보기는 모두 전치사이므로 의미상 접근해보자. 'a hectic schedule – 정신 없이 바쁜 일정'. 전체적으로 보면 '호텔청구서를 보지 못했다 ____ 정신 없이 바쁜 일정'. 바쁜 일정은 호텔 청구서를 보지 못한 것의 이유가 되므로 'due to – 때문에'가 정답. since뒤에는 시간명사가 와야 하므로 탈락. as for는 주제를 전환할 때 사용한다. 'as for Toeic. – 토익에 대해 말하자면'. 전치사 문제 오답단골이므로 주의하자! among 뒤에는 항상 복수명사가 와야 한다! 빈칸 뒤에 단수명사가 나왔다면 among은 무조건 오답! [ex] among buildings (○), among a building (×).

|어휘| a chance to do~ ~할 기회 closely 주의 깊게, 면밀하게 hectic 정신 없이 바쁜 hectic schedule 빡빡한 일정 that day 그 날

109 **Our grocery store will offer baked beans** (imported from the UK) (for only six dollars a can).
　　　　　　S　　　　V　　　　　O　　　　　준동사구-형

|오답| import, importer, importing

저희 식료품점은 한 캔 당 겨우 6불에 영국에서 수입된 구운 콩을 제공할 것입니다.

|해설| 동사어형문제. 동사어형문제 접근법 p10 참고 1) 구조. 문장 중에 동사가 1개(will offer) 나왔고 접속사는 없다. 완벽한 절이므로 추가로 나올 수 있는 동사는 준동사. import, importer 탈락. 2) 태. 빈칸 뒤에 목적어 없이 바로 전치사가 나왔으므로 수동태. 정답은 p.p형태인 imported.

|어휘| baked beans 구운 콩 import 수입하다

핵심 per의 의미를 가지는 부정관사 'a'

for only six dollars **a** can = for only six dollars **per** can 한 캔 당 겨우 **6**쿨에

난데없이 관사 'a'가 왜 나왔지?'라는 생각이 들면 'per'의 기능을 떠올리자!
특히 그 앞에는 숫자를 포함하는 표현이 나오므로 알아보기는 쉽다.

The membership fee is $**100 a** year 회원권은 **1**년 당 **100**블입니다

---

 110 (In a study) [to explore (how meditation enhances concentration)], a <u>combination</u> (of quantitative and qualitative
　　　　　준동사구—형　　　　　명사절 (explore의 목적어)　　　　　　S
methods) **was used**.
　　　be p.p

|오답| combine, combines, combined

명상이 어떻게 집중력을 강화하는지를 연구하는 연구조사에서 정량적 및 정성적 방법이 함께 사용되었습니다.

|해설| 어형문제. [관사 ___ 전치사] 빈칸은 명사자리. 게다가 주어자리이므로 명사만이 나올 수 있다.

|어휘| explore 연구하다 meditation 명상 enhance 강화하다. 높이다 concentration 집중력 combination 혼합, 복합
a combination of ~의 혼합, 복합체 quantitative 양적인 qualitative 질적인 method 방법

---

111 **Those** (who complete a customer—focused training program) may **be considered** (for management positions afterward).
난이도　　S　　　　　　　　　　형용사절　　　　　　　　　　be p.p
★☆☆

|오답| Ours, Them, Anyone

소비자 중심 교육 프로그램을 이수한 사람들은 추후에 관리직에 심사대상이 될 수 있습니다.

|해설| [___ who~] 빈칸은 관계대명사 who의 선행사가 되야 하므로 '사 람'을 지칭하는 대명사만 올 수 있다. 이중에서 them은 불가능. them은
인칭대명사다. 인칭대명사는 수식어구를 수반할 수 없으며 항상 단독으로 쓰인다. 'them who~ (×), them in charge(×). 수식어구의 수식을 받
을 수 있는 대명사는 이 중, those와 anyone 2개. those는 항상 뒤에 수식어구를 수반하면서 '~하는 사람들'이라는 의미로 잘 쓰이는 대명사다.
TEST 05 139번 해설 p233 참고. anyone도 사람을 지칭하며 수식어구를 수반할 수 있다. 둘 중 정답을 고르는 단서는 '동사 수일치'. anyone은
단수명사이므로 동사가 현재시제라면 's'를 붙여줘야 한다. 뒤에는 'complete', 동사에 s가 붙지 않았으므로 those가 정답.

> **Those** who complete a program
> **Anyone** who completes a program

|어휘| be considered for a position ~직책을 위해 심사 받다 (consider가 3형식으로 쓰이면, 1) 생각해보다. 2) 심사하다. 2가지 의미 로 쓰이
며 토익에서 '심사하다' 의미로 자주 등장한다) management position 관리직 자리 afterward 추후

---

 112 (By <u>replacing</u> butter or margarine with other ingredients), **you** can **eliminate** saturated fat (from your baked goods).
　　　　　　전+명사구　　　　　　　　　　　　　　　　　　　　　　　S　　　V　　　O

|오답| replace, replacement, replaced

버터와 마가린을 다른 재료로 대체함으로써, 당신은 당신이 만든 제과제품에서 포화지방산을 제거할 수 있습니다.

|해설| [전치사 ___ n.] 구조적으로 빈칸에 나올 수 있는 형태는 2가지. 1) 동명사. 2) 형용사. 그런데 by는 특히 동명사와 친한 전치사! 'by ~ing:
~함으로서. by가 나오면 일단 동명사를 넣고 해석해보자. '버터를 교체 함으로써', 자연스러우면 정답! 동명사 앞에서 by를 고르는 문제도 빈출유
형! 형용사로 봐서 replaced를 넣게 되면 해석상 어색하다. 'by replaced butter: 교체된 버터에 의해서(×)'.

|어휘| by ~ing ~함으로써 replace A with B(=substitute B for A) A를 B와 교체하다. 대신하다 eliminate 제거하다 saturated fat 포화지방산

TEST 07

(Although team members worked on the budget summary all the weekend)**, it is** not **good** enough **(to meet our**
　　　　　　　　　　부사절　　　　　　　　　　　　　　　　　　　　　　　　S V　　C　　부사　준동사구—enough와 연계

standards).

|오답| Why, Whether, Unless

팀원들이 주말 내내 예산 요약표 작업을 하긴 했지만, 예산 요약표가 우리 기준을 충족시킬 만큼 충분히 좋지는 않았습니다.

|해설| [___ S+V, S+V] 빈칸은 부사절 접속사 자리. 두 개의 절을 연결해 줄 접속사자리이며, 첫 번째 절 뒤에 '콤마'가 나왔으므로 부사절임을 쉽게 알아볼 수 있다. 부사절이 주절보다 앞에 나올 때는, 항상 부사절 뒤에 콤마를 찍어주기 때문에 알아보기 쉽다. why는 명사절 접속사이므로 탈락. whether는 부사절 접속사 역할을 할 때, 반드시 'or'이 함께 나온다. 부사절에서 빈칸 뒤에 절을 살펴봤는데 or가 없다면 whether는 무조건 탈락! 이제 unless와 although 중에서 의미상 어울리는 것을 골라야 한다. 'unless – 주말 내내 일하지 않았다면 충분하지 않다(×)'. 'although – 주말 내내 일했음에도 불구하고, 충분하지 않다(○)'. although가 정답.

|어휘| summary 요약 [형용사 + enough to do] ~할 정도로 충분히 ~한 meet the standards 조건을 충족시키다

핵심 good enough to do~: ~하기에 충분히 좋은

enough는 '부사'로써 형용사를 꾸며줄 때, 항상 형용사 뒤에서 '후치수식'을 하며, to부정사와 짝꿍으로 잘 쓰인다.

He is good enough to be a leader 그는 리더가 되기에 충분히 훌륭합니다.

enough 뒤에 to부정사가 따라나오면 연결해서 해석해 준다. '~하기에 충분히'.

최근 enough를 응용하여 이런 문제가 출제된 적이 있다.

It is _____ enough.
(A) sweet　(B) sweetly

enough는 형용사 역할도 한다. '그것은 충분하다'라고 해석해서 빈칸에 부사를 골라왔다면 오답. '달콤하게 충분하다(×)'. 의미상 말이 되지 않는다. 'It is sweet enough: 그것은 충분히 달다'. 형용사가 정답! enough가 형용사를 꾸며줄 때 형용사 뒤에 나오는지를 알고 있어야 풀 수 있는 문제! enough 뒤에 to부정사는 항상 나오는 것은 아니다. 따라 나오는 경우에는 묶어서 잘 해석해주면 된다.

 Sales (of our new mobile phone) **have grown** (at the **steady** rate of 5 percent a month over the past five months)**.**
　S　　　　　　　　　　　　　　　　V

|오답| steadily, steadies, steadiness

우리 신형 휴대전화 판매량은 지난 5개월에 걸쳐서 월 5%의 꾸준한 비율로 증가해 왔습니다.

|해설| 어형문제. [관사 ___ n.] 빈칸은 형용사자리. 관사와 명사 중간에 삽입될 수 있는 품사는 명사를 수식해주는 형용사뿐이다. '관형명'이라고 순서를 외워두면 문제 풀 때 아주 요긴해진다. steadiness는 명사. 'ness'는 명사 접미어다. '~한 상태'의 의미를 만들어주므로 steadiness는 '꾸준함, 꾸준한 상태'. TEST 05 104번 해설 p219 참고

|어휘| steady rate 꾸준한 비율

115 **Fresh Scent's soap lasts** (for quite some time), (making them less expensive than other **leading** brands).

                       S   V   준동사구―부

|오답| to lead, had led, was leading

Fresh Scent의 비누는 꽤 오랫동안 사용할 수 있어서, 다른 일등 브랜드들보다 가격이 덜 비싼 셈입니다.

|해설| 어형문제. 보기에 동사형태들이 함께 나와서 동사문제로 착각하기 쉽지만 빈칸은 형용사자리다. [other ___ n.] other는 brands를 꾸며주는 형용사. '다른 브랜드들'. 그러므로 빈칸은 명사를 꾸며주는 형용사자리. leading은 ing형태의 분사형 형용사로 '잘나가는, 선두의' 의미. ing 형태의 분사형 형용사들은 출제빈도가 높은 편이다. 아래 14개는 반드시 외워두자. 최근 들어 이 14개 틀을 벗어나는 ing형용사도 간혹 등장한다. 그러므로 공부하면서 새롭게 ing형 형용사를 발견하게 되면 잘 정리해두자!

|어휘| quite 꽤, 아주 leading brand 일류 브랜드, 선두 브랜드

> **반드시 외워둬야 하는 빈출 ing형 형용사**
>
> | | |
> |---|---|
> | **lasting** impact 지속적인 영향 | **promising** candidate 전도 유망한 후보 |
> | **existing** system 기존의 시스템 | **challenging** project 어려운 프로젝트 |
> | **remaining** seats 남아있는 자리 | **understanding** people 이해심이 많은 사람들 |
> | **missing** files 없어진 파일 | **leading** company 선두 기업 |
> | **opposing** views 반대 의견 | **demanding** boss 까다로운 상사 |
> | **rewarding** job 보람 있는 일 | **encouraging** news 고무적인 뉴스 |
> | **mounting** pressure 쌓여가는 압력 | **misleading** information 오해하게 만드는 정보 |

 116 **Northampton Community college is inviting** local residents (to a free course) (designed to help individuals) [who enjoy

난이도 ★☆☆   S   V   O   준동사구―형   형용사절

(helping **others** with mental health issues)].

       준동사구―명 (enjoy의 목적어)

|오답| ones, any, that

Northampton Community college는 정신 건강 문제와 관련하여 다른 사람들을 돕는 것을 즐기는 사람들을 지원하기 위해 만들어진 무료 과정에 현지 주민들을 초대하고 있습니다.

|해설| 우선 'help s.b with s.t. ~와 관련하여 ~를 돕다'는 구조부터 으 혀놓자. '정신건강문제와 관련하여 다른 사람들을 돕다'의 의미가 된다. others는 '다른 것들'의 의미. '불특정 다수'를 지칭할 때 쓰는 대명사다. 앞에서 individuals(개인, 사람들)를 돕기 위해 무료강좌를 만들었다고 했다. 이 사람들이 다른 사람들을 도와준다는 의미이므로 others가 정답.

ones는 오답 1순위. ones는 수식어구를 잘 동반하는 대명사. 그런데 'ones with mental health issues: 정신건강에 관한 문제를 가지고 있는 사람들(×)로 볼 수 없는 이유는, ones 뒤에 수식어구가 따라 나오는 경우, ones는 특정한 명사가 되기 때문에 앞에 반드시 관사 the를 동반해야 하기 때문. [ex] the ones who study hard, the ones with mental issues. the가 나오지 않기 때문에 ones는 오답!

any는 일단 긍정문에서는 우선순위 꼴찌로 보자! 긍정문에서 any가 쓰인 경우는 '어떤~든'라고 해석이 되어야 한다. TEST 01 116번 해설 p19 참고. that은 단수이므로 의미상 어색하다. 복수형으로 those를 쓰면 정답이 될 수 있다.

|어휘| designed to do ~하도록 만들어진 mental health 정신 건강

117 (As an emergency light), the energy efficient LED bulb activates automatically (when power goes out), so you don't need
　　　　　　　　　　　　　　　　　　　　　　　　　　 S　　V　　　　　　　　　　　　　　부사절　　　　so　S　　　V

(to turn it on).
O (준동사구―명)

|오답| potentially, ultimately, simultaneously

비상등으로써 에너지 효율성이 좋은 LED 전구가 정전 시 자동으로 작동하므로, 당신은 전구를 켤 필요가 없습니다.

|해설| 부사어휘문제. activate을 꾸며주는 부사를 찾아야 한다. 단서는 앞뒤로 즐비하다. '비상등'이며 '굳이 켤 필요가 없다'고 했으므로 이 전구는 정전 시에 '자동으로' 활성화 된다는 의미. automatically가 정답.

|어휘| emergency light 비상등 energy efficient 에너지 효율성이 좋은 activate 작동시키다, 활성화시키다 automatically 자동적으로 turn on 켜다 potentially 잠재적으로 ultimately 궁극적으로 simultaneously 동시에

118

난이도
★☆☆

Small―business owners (seeking advice about tax law) can consult one (of our accountants).
　　　　　　　　　S　　　　　　준동사구―형　　　　　　　　　V　　　O

|오답| attempting, resolving, intending

세법에 관한 자문을 구하는 소기업주들은 저희 회계사들 중 한 명과 상담하실 수 있습니다.

|해설| 동사어휘문제. 일단 구조먼저 파악해보자. 여기 들어갈 동사는 owners를 꾸며주는 형용사구 역할을 한다. 그리고 형태는 ing다. ing형용사구가 앞에 있는 명사를 수식할 때, 이 명사와 해당 동사는 의미상 'S-V'관계가 성립해야 한다. 자세한 설명은 TEST 05 113번 해설 p223 참고. 그리고 빈칸 뒤에 나온 목적어(advice)와 어울려야 한다.

Owners _____ advice.

Owners와 'S-V'관계고, advice가 목적어이므로 결국 빈칸에 들어갈 수 있는 동사를 고르는 문제. 'seek - 사장들은 자문을 구한다(○)'가 되므로 seeking이 정답. 'attempt - 사장들은 자문을 시도한다(×)', 'resolve - 사장들은 자문을 해결한다(×)'. resolve의 목적어 자리에는 '문제'에 해당하는 명사가 와야 한다. 'resolve a problem - 문제를 해결하다(○)'. 'intend - 사장들은 자문을 의도한다(×)'.

|어휘| small―business owner 소기업 오너 seek advice 조언을 구하다 tax law 세법 consult 상담하다

119 [If customers experience any product faults or flaws and ask us (to get the money refunded)], we offer a full refund
　　　부사절　S　　　V1　　　　　　　　O　or　O　and　V2　O2　　　　OC (준동사구―기타구)　　 S　　V　　　　O

(within 30 days of purchase).

|오답| every, whenever, notwithstanding

고객분들이 제품의 하자나 결함을 경험하시고 저희가 돈을 환불해줄 것을 요청하신다면, 저희는 구입일로부터 30일 이내에 전액 환불을 해드릴 것입니다.

|해설| 보기 중에 형용사와 접속사, 전치사가 섞여 나왔으므로 구조부터 파악하자. [___ n. 전명구.] 빈칸은 명사를 연결해 줄 전치사자리. 게다가 빈칸 뒤에는 '기간명사'가 나와 있으므로 3초짜리문제다. 유일한 기간전치사인 within이 정답. 기간전치사는 단 6개뿐. (for, during, in, within, over, throughout) ◐ Reading교재 vol.2 p124 참고

every는 형용사, whenever는 접속사이므로 탈락. notwithstanding은 전치사다. 아주 격식을 갖춘 표현에서만 사용되므로 자주 보게 될 전치사는 아니다. '~에도 불구하고'의미이므로 의미상 탈락.

|어휘| product fault(=flaw, defect) 제품 하자, 결함 refund 환불하다 full refund 전액 환불

The Project Secretary will provide support (related to organization of events), (ensuring high quality of work and
　　　　　　　S　　　　　V　　　O　　　　　　　준동사구ー형　　　　　　　　준동사구ー부

accuracy).

|오답| organizes, organizer, organized

프로젝트 비서는, 작업의 높은 질과 정확성을 보장해주면서, 행사 조직과 관련된 지원을 제공할 것입니다.

|해설| 어형문제. [전치사 ___ 전치사] 빈칸은 명사자리. 보기 중에 명사는 organizer, organization, 2개다. 그런데 organizer는 'er'로 끝났으므로 사람명사. 사람명사는 항상 셀 수 있는 '가산명사'이므로 복수형으로 쓰이거나 앞에 관사가 있어야 한다. 문장에 관사가 없으므로 organizer는 탈락, organization이 정답. 명사어형 문제에서 '추상명사와 사람명사'가 보기 중에 함께 등장하는 유형은 빈출 유형! 사람명사는 'er'과 같은 접미어를 통해 쉽게 구분할 수 있다. 사람명사가 나오면 반드시 앞에 관사가 있는지 확인하자! 자세한 설명은 TEST 02 119번 해설 p75 참고

한가지 더! organization이 '조직, 단체'의 의미일 때는 역시 가산명사다. 여기서는 다른 의미로 쓰였다. '준비, 조직, 구성'의 의미일 때는 불가산명사. '행사의 조직, 준비'의 의미로 쓰였다.

|어휘| related to ~와 관련된 ensure 보장하다 accuracy 정확성

(**With** gas prices continuing to rise), **analysts predict** (that consumers will cut back on spending in other areas).
　　　　　　　　　　　　　　　　　　　S　　　V　　　　　　O (명사절)

|오답| To, For, By

휘발유 가격이 계속해서 증가하는 가운데, 분석가들은 소비자들이 다른 분야에서 지출을 줄일 것이라고 예상하고 있습니다.

|해설| 전치사문제. with의 아주 특이한 구문이다. 아래 자세한 설명을 참고하자. 10년동안 출제되지 않았던 구문인데, 최근 들어 이 구문이 파트 5에 간혹 등장하고 있다. 잘 익혀두자!

|어휘| analyst 분석가 predict 예측하다 cut back on 줄이다, 삭감하다

핵심 with + n. + 형/ing/p.p/전명구: '~가 ~한 채로, ~가 ~한 가운데'

'with+명사' 뒤에 형용사나, 형용사 역할을 하는 다른 표현들이 붙어나오면 부대상황을 설명해 주는 특이한 전명구가 된다. 부대상황이라 함은, 어떤 동작이 발생할 때, 그 배경상황을 의미한다. 아래 예문을 통해 살펴보자. '~가 ~한 채로, ~가 ~한 가운데'로 해석한다.

Don't speak with your mouth full
너의 입이 가득 찬 채로 말하지 말아라 ⇒ 밥 먹으면서 말하지 말아라

With Hurricane approaching, people are buying things up.
허리케인이 다가오는 가운데 사람들이 사재기를 하고 있다

※ 분사의 형태(ing/p.p)는 앞에 나온 명사와의 관계로 결정. "허리케인이 다가온다" 'S-V'관계이므로 ing!

I'll give it to you with no condition attached
아무 조건을 붙이지 않은 채로 나는 너에게 이걸 줄 것이다

※ 분사의 형태(ing/p.p)는 앞에 나온 명사와의 관계로 결정. "조건을 붙이다" 'O-V'관계이므로 p.p!

You have to do it with this in mind
이것을 염두에 두고서 그것을 해야 한다

122 All **luggage** must **be checked in** (for your flight) (at least 60 minutes prior to your scheduled **departure**).
  S   be p.p

|오답| exception, efficiency, progression

모든 짐들은 당신의 출발예정시간으로부터 최소 60분 전에 탑승수속이 되어야 합니다.

|해설| 명사어휘문제. 문제자체는 어렵지 않으나 문장구조가 까다롭다. 구조부터 살펴보자. 일단 check in이 '공항' 상황에서 등장하면 '탑승 수속을 하다', 더 자세히 얘기하면 '화물칸에 실을 짐을 탑승 수속대에서 맡기다'의 의미. 항상 in과 짝꿍으로 쓰이는 자동사. 자동사는 원칙적으로는 수동태를 만들 수 없지만, '자동사+전치사'를 묶어서 하나의 타동사로 간주한다면 수동태가 가능하다. 자동사의 수동태는 딱 봐도 티가 난다. 자동사의 수동태는 항상 전치사로 끝나기 때문이다. [ex] it is checked in / the waste is disposed of / it is dealt with. 'be p.p +전치사' 이렇게 수동태 뒤에 전치사가 따라붙고, 전치사 뒤에 명사가 없다면 '아, 자동사의 수동태구나'라고 인식하면 된다! ○ **Reading교재 vol.1 p201 참고**

prior to 앞에는 시간명사가 잘 따라 붙는다. '얼마 전'인지를 알려주는 표현. TEST 06 112번 해설 p273 참고. '60 minutes prior to your departure – 출발하기 60분 전에'. at least는 숫자 앞에 잘 나오는 부사. '60'을 꾸며주고 있다. '출발하기 최소 60분 전에'. 전반적으로 항공, 탑승에 관련된 얘기가 나와있으므로 'departure – 예정된 출발 전에'가 정답.

|어휘| prior to (=before, previous to) ～전에 scheduled 예정된 departure 출발, 떠남

123 This recent **study suggests** (that there is no longer a **sizable** market for Mr. Kang's proposed business).
  S   V   O (명사절)

|오답| size, sized, sizing

이 최근 연구는 Kang씨가 제안한 사업을 위한 대규모 시장이 더 이상 존재하지 않음을 보여줍니다.

|해설| 어형문제. [관사 ____ n.] 빈칸은 형용사자리. 관사와 명사 중간에 삽입될 수 있는 품사는 명사를 수식해주는 형용사뿐이다. '관형명'이라고 순서를 외위두면 문제 풀 때 아주 요긴해진다. 보기 중에는 형용사도 있고, 형용사 역할을 하는 분사도 존재한다. 통계적으로 따지면, 이럴 경우 분사형 형용사가 아닌 일반 형용사가 답이 되는 경우가 90%이상이다. 그렇지만, 10%의 위험부담을 걸고 찍을 필요는 없다. 분사형 형용사는 의미상 관계를 따져보기만 하면 된다. 자세한 설명은 TEST02 103번 설명 p69 참고. size는 동사의 기능을 가지고는 있으나 동사로 잘 쓰이는 어휘는 아니다. 그러므로 분사형태로도 잘 쓰이지는 않는다. 동사로 쓰이면 '사이즈를 표시하다, 사이즈를 바꾸다'의 의미. 'sized'가 되려면 market하고 'O–V'관계가 성립해야 하는데 '시장의 사이즈를 표시하다. 시장의 사이즈를 바꾸다(X)'의미가 성립하지 않는다. 'sizing'이 되려면 'S–V'관계가 성립해야 하는데 '시장이 사이즈를 표시한다. 사이즈를 바꾼다(x)' 모두 성립하지 않으므로 오답. sizable은 '상당한 크기의, 꽤 큰'의 의미. 'a sizable increase – 상당한 증가'와 같이 쓰인다.

|어휘| suggest 암시하다, 보여주다, 제안하다 no longer 더 이상 ～아니다 sizable 상당히 큰 proposed 제안한

124
난이도
★★☆
(Before beginning construction), make sure [that all architectural designs (you are working on) comply (with the
전+명사구 or 부사절축약형   V   OC   O (명사절)   S   형용사절 (that생략)   V
building codes)].

|오답| compliance, compliant, compliantly

공사를 시작하기 전에 당신이 작업하고 있는 모든 건축설계들이 건축법을 준수하고 있는지 확인하세요.

|해설| 어형문제. '전치사 뒤니까 명사'라고 실수하기 쉬운 난이도 높은 문제. that절 안의 구조를 살펴보면, designs가 주어고 그 뒤에 목적격 관계대명사가 생략된 구조다. 여기서 you로부터 시작한 관계대명사절을 어디까지 끊느냐가 중요하다. 관계대명사절은 항상 명사가 하나 빠져있는 불완전한 절이 온다. work는 자동사이므로 'you are working'으로 끊어주면 '완전한 절'이 된다. 그러므로 관계대명사절은 'you are working on'까지. on 뒤에 명사가 빠져있는 불완전한 절이며, 관계대명사절에 빠진 명사는 항상 선행사(designs)와 일치한다. 그러므로 원래는 'you are working on designs – 당신은 그 설계 작업을 하고 있는 중이다'. 이렇게 끊어주면 이제 전체 구조가 보인다.

[designs (you are working on) ____ with the codes] 형용사절을 묶어주면, 빈칸은 주어 뒤에 나온 동사자리. comply는 with와 짝꿍인 자동사. '당신이 작업해온 디자인이 건축법을 준수하고 있다'는 의미.

'make sure that～'의 5형식 구문이 확실히 이해되지 않는다면 TEST 02 105번 해설 p70 참고.

|어휘| make sure (that) that이하를 확실히 하다 architectural design 건축 디자인 comply with(= follow, observe, obey, conform to, adhere to, abide by) ～따르다, 준수하다

125 (Starting on Wednesday, May 12), renowned Sculptor, Robert Maki exhibits (at Bellevue City Art Gallery at City Hall).

동격의 명사　　S　　　V

|오답| estimated, founded, allocated

5월 12일, 수요일부터, 유명한 조각가인 Robert Maki는 시청 안에 있는 Bellevue City Art Gallery에서 전시회를 가질 것입니다.

|해설| 형용사어휘문제. sculptor는 '조각가'이므로 사람을 수식하는 형용사를 골라야 한다. renowned는 '유명한, 저명한'의 의미로 정답. 나머지 형용사들은 모두 사람을 수식할 수 없다. 'estimated – 추산되는 조각가(×), estimated expense – 예상되는 비용(○)', 'founded – 설립된 조각가(×), founded organization – 설립된 기관(○)', 'allocated – 할당된 조각가(×), allocated budget – 할당된 예산(○)'.

|어휘| starting(= beginning, effective, as of)+날짜 ~부터 renowned(= famous, well-known, noted, notable) 유명한, 저명한 sculptor 조각가 exhibit 전시하다

126 The operating system (we use) is not compatible (with the new software) and therefore needs (to be updated).

난이도
★☆☆

S　형용사절(that생략) V1　C　　　　　　　　　　and　　　V2　O (준동사구–명)

|오답| however, since, rather

우리가 사용하는 운영 체제는 새로운 소프트웨어와 호환이 되지 않는다. 따라서, 업데이트할 필요가 있습니다.

|해설| [S+V and ___ V+O] 동사가 2개(is, needs)나왔으므로 2개의 절이며, and가 두 절을 연결하고 있다. 빈칸에 추가로 나올 수 있는 품사는 부사. 보기는 모두 부사역할을 하므로 의미상 따져야 한다. '호환되지 않는다 ___ 업데이트해야 한다'. 원인과 결과로 이어지는 인과관계이므로 therefore가 정답! therefore는 문두에 나오는 부사로 '접속부사'라고 부르는데 특히 and와 잘 짝꿍이 된다. and와 함께 잘 쓰이는 접속부사는 therefore 외에도 then이 있다. and와 묶어서 외워두자. 각각 2번씩 출제된 바 있다.

> I usually get up early and then go straight to a library. 나는 보통 일찍 일어난다. 그리고 나서 바로 도서관에 간다.
> I am late and therefore need to hurry. 나는 늦었다. 따라서 서둘러야 한다.

|어휘| operating system 운영체계 be compatible with ~와 호환되는 therefore 따라서

127 Our DIY furniture comes (with detailed instructions manual) (so that any buyer can assemble all of the furniture

S　　　　V　　　　　　　　　　　　　　　　　　　　　　　　부사절

on their own).

|오답| in addition, just as, in case

어떤 구매자든지 직접 모든 가구를 조립할 수 있도록 하기 위해서, 당사의 DIY 가구에는 자세한 제품 설명서가 딸려 나옵니다.

|해설| 보기 중에 접속사가 하나라도 있다면, 반드시 접속사 자리인지 아닌지를 먼저 확인한다. [S+V ___ S+V.] 2개의 완벽한 절을 연결해줘야 하므로 빈칸은 부사절 접속사자리. in addition은 '전명구'이므로 부사. 접속사가 아니므로 탈락. 나머지 접속사들 중에서 의미상 접근해야 한다.

'so that: ~하기 위해서', '누구든 조립할 수 있도록 하기 위해서 설명서가 딸려 나온다(○)'.
'just as: ~처럼', '누구든 조립할 수 있는 것처럼 설명서가 딸려 나온다(×)'.
'in case: ~을 대비하여', '누구나 조립할 수 있을 때를 대비해서 설명서 딸려 나온다(×)'.

|어휘| come with ~가 따라나온다 detailed instructions 자세한 설명서 assemble 조립하다, 모이다, 집합하다
on one's own(= by oneself, alone) 혼자서, 홀로

128 Extremely high **demand** (for the Model T) **prompted** Chalm Corporation (to move its operations to a larger plant in
　　　 S　　　　　　　　　　　　　　 V　　　　　 O　　　　　　　　 OC (준동사구→기타구)
Detroit).

|오답| occurrence, percentage, population

Model T에 대한 상당히 높은 수요가 Chalm Corporation을 디트로이트에 있는 보다 큰 공장으로 옮기도록 촉발했습니다.

|해설| 명사어휘문제. demand는 '수요'의 의미로 전치사 for와 짝꿍이다. 'high demand for our products: 우리 제품에 대한 높은 수요'. population을 '인기'로 생각해서 골라오는 경우가 많다. population은 '인구', popularity가 '인기'.

|어휘| high demand for ～에 대한 높은 수요 prompt + 목적어 + to do ～에게 ～하도록 촉발하다, 유도하다

129 You should address constant stress (with the help of professionals), [which, (unless properly handled), can bring
난이도　 S　　　 V　　　　 O　　　　　　　　　　　　　 형용사절　　　　 부사절축약형
★★☆ about a prolonged depression].

|오답| who, what, whom

전문가의 도움을 받으면서 지속적인 스트레스를 관리해야 합니다. 지속적인 스트레스는 제대로 관리되지 않으면, 장기적인 우울증을 야기할 수 있습니다.

|해설| 중간에 부사절축약형이 삽입되어 더 혼동되는 구조. 부사절축약형(unless properly handled)을 걷어내고 나면 훨씬 쉽게 구조가 보인다. [professionals, ___ can bring about a depression.] 빈칸 앞에는 명사가 있고, 빈칸 뒤에는 '주어'가 빠진 불완전한 절이 나왔으므로 빈칸은 '주격관계대명사' 자리. 그렇다면 who와 which 중에 하나가 정답. 그런데 바로 앞에 나온 명사가 professionals(전문가), 사람명사인 것이 함정이다. 관계대명사 바로 앞에 나온 명사가 선행사인 경우가 제일 많긴 하지만, 본문처럼 선행사와 관계대명사 사이에 '전명구'가 삽입되어, 선행사가 멀리 떨어져있는 경우도 종종 있다.

선행사

There are students (in the class) who study hard. 우리 반에는 공부를 열심히 하는 학생들이 있다

여기서도 선행사는 students. 그러므로 관계대명사는 which가 아닌 who가 쓰였다. in the class가 중간에 삽입된 형태.
선행사가 students냐, class냐를 구분하는 첫 번째 방법은 해석이다. 선행사는 항상 관계대명사 뒤에 빠진 명사와 일치한다. '선행사 = 빠진 명사'. 관계대명사(who) 뒤에는 주어가 빠져졌다. 그렇다면 주어자리에 어울리는 명사가 누구인지 따져보면 된다. [___ study hard] 이 자리에 들어갈 명사는 class가 아닌 students.

두 번째 방법은 '수일치' 확인. 선행사가 class였다면, class는 단수명사이므로 'who studies hard'와 같이 동사에 's'가 붙어야 한다.

똑같이 본문에 적용해보자. 일단 which 뒤에는 can(조동사)이 나왔으므로 '수일치'는 따질 수 없고, 해석에 의존해보자. [___ can bring about a depression] 빈칸에 들어갈 주어를 의미상 따져보면, '전문가는 우울증을 야기할 수 있다(×)', '스트레스는 우울증을 야기할 수 있다(○)'. 선행사는 stress임을 확인할 수 있다! 그러므로 관계대명사 which가 정답!

|어휘| address 관리하다, 해결하다, 다루다 constant(= continual, steady, ceaseless) 지속적인 professional 전문가 properly 제대로 bring about 야기시키다, 일으키다 prolonged 지속적인, 장기적인 depression 우울증

핵심 관계대명사 앞에 콤마가 나와도 되나요?

관계대명사 앞에 콤마가 나오는 경우는 상당히 많다. 있는 경우와, 없는 경우를 비교해보자.

[1] I know a girl who is pretty.
[2] I know a girl, who is pretty.

[1] 나는 예쁜 여자를 알고 있다. [2] 나는 한 여자를 아는데, 그 아이는 예쁘다.

큰 차이는 없다. 첫 번째 경우는 형용사절이 매우 중요하다. 내가 예쁘게 생긴 여자를 알고 있다고 아마도 자랑을 하고 있는 것 같다. 두 번째 경우는 '예쁘다'는 것이 그리 중요해 보이지 않는다. 내가 어떤 여자애를 아는데, 부수적으로 그 아이가 예쁘다는 것을 설명해주고 있다. 관계대명사 앞에 콤마가 붙으면, 그 뒤에 나온 형용사절은 '부차적인 설명'이 된다. 그러므로 콤마가 있는 경우, 앞에 절을 먼저 해석하고 순차적으로 뒷 절을 해석해주는 것이 좀더 어감이 산다.

약간의 뉘앙스의 차이일 뿐 큰 차이는 없다! 그러므로 관계대명사 문제를 풀 때 콤마는 아무 영향을 미치지 않는다는 것을 명심하자!

130
난이도
★★☆

The **opening** (of five more stores on the east coast) will also further **solidify** Mega Office's **position** (as the leader in
         S   V   O

office supplies).

|오답| accomplish, incline, administer

동부해안에 다섯 개의 상점을 더 개점한 것은, 사무 용품 분야 선두업체로써의 Mega Office의 위치를 또한 더욱 확고하게 해줄 것입니다.

|해설| 동사어휘문제. 동사어휘문제를 풀 때는 가장먼저 목적어를 주목. 목적어와 어울리는 동사를 고른다. 'solidify MO's position: 회사의 입지를 굳히다, 확고히 하다'가 되므로 정답. 형용사 형태는 **solid**. 'built a solid reputation: 견고한 평판을 쌓았다'. 형용사도 자주 출제된다.

|오답해설| 'accomplish MO's position: 회사의 입지를 달성하다(×)'. 'accomplish a goal: 목표를 달성하다(○)'. accomplish는 goal(목표)과 짝꿍으로 외워두자!

incline은 '~쪽으로 마음이 기울다'의 의미. 'I'm inclined to go there: 나는 거기에 가는 쪽으로 마음이 기울어 있습니다'. 보통 수동태로 잘 쓰인다. 'incline MO's position: 회사의 입지를 기울게 한다(×)'.

'administer MO's position: 회사의 입지를 운영하다(×)'. 'administer a school: 학교를 운영한다(○)'.

|어휘| further 좀 더 solidify 견고하게 하다, 확고하게 하다 office supplies 사무 용품

November 2

Dear ticket holders,

We are sorry to inform you that we are forced to change the August ------- **131.** series in Central Park.

The weather forecast says that a strong storm is coming next week. We will ------- **132.** be postponing next week's outdoor performances in the park until a later day for better weather.

Ticket holders have ------- **133.** options: You can get a full refund or use your tickets for the later performance. -------. **134.** Please contact one of our customer service representatives at (213) 555-1234 for a full refund.

Sincerely,

David Drummond
Manager

11월 2일

티켓을 소지하신 분들께

센트럴파크에서 열릴 예정인 8월 콘서트 시리즈를 변경 할 수 밖에 없다는 사실을 귀하에게 알리게 되어 저희는 매우 유감스럽습니다.

일기예보에 따르면 강력한 폭풍이 다음주에 몰려온다고 합니다. 따라서 저희는 다음주 공원에서 있을 야외공연들을 나중에 기상 상태가 좋아 질 때까지 연기하려고 합니다.

콘서트 티켓을 소지하신 분들은 두 가지 옵션이 있습니다: 전액 환불을 받거나 추후 공연에 티켓을 사용하실 수 있습니다. 공연 일정을 다시 잡는 대로 정확한 공연 날짜를 알려드리겠습니다. 전액 환불을 원하시면 (213) 555-1234로 저희 직원 중 한 명에게 연락주세요.

David Drummond
매니저

|어휘| **be forced to do** 어쩔 수 없이 ~하게 되다 **weather forecast** 일기 예보

131. (C) concert |오답| (A) cinema (B) lecture (D) theater

|해설| Context Question. Context Question에서 단서가 문제 앞에 나오지 않고 문제 뒤에 나온 경우, 오답률이 훨씬 높다. 본 문장까지 읽었는데 답이 보이지 않는다면 섣불리 판단하지 말고 뒤에 문장까지 읽고 나서 판단하자! 뒤에 내용을 살펴보면 'performance'가 반복적으로 나오고 있다. '공연'이므로 영화나 강연은 정답이 될 수 없다. 정답은 (C) 콘서트.

난이도 ★☆☆ **132. (A) therefore** |오답| (B) otherwise (C) since (D) likewise

|해설| Context Question. 연결어 문제는 앞 절과 뒷 절의 내용을 요약해서 두 절의 논리적 관계를 따져봐야 한다. '강력한 폭풍이 몰려온다고 한다 (따라서) 야외공연을 연기할 것이다.' 원인과 결과를 설명하는 '인과'관계. 그러므로 **therefore**가 정답.

|오답해설| otherwise – '강력한 폭풍이 몰려온다고 한다 (그렇지 않다면) 야외공연을 연기할 것이다(X)'. otherwise는 앞 절을 부정하는 의미다. '그렇지 않다면, 즉 폭풍이 몰려오지 않는다면' 그렇다면 야외공연을 연기할 필요가 없다. 논리가 성립하지 않는다.

since는 부사기능도 가진다. 그런데 항상 '현재완료' 시제와 함께 쓰인다. 본문은 미래시제이므로 오답.

likewise – '강력한 폭풍이 몰려온다고 한다 (마찬가지로) 야외공연을 연기할 것이다(×)'.

133. (D) two |오답| (A) either (B) twice (C) doubled

|해설| 바로 뒤에서 2개의 옵션을 설명해주고 있다. 환불을 받거나 다음 공연 때 사용하거나. 그러므로 **two**가 정답. **either**는 '둘 중 하나'의 의미이므로 오답. **twice**는 '두 배의 옵션'이 되므로 말이 되지 않는다. **doubled**는 '두 배로 증가된 옵션'이 되므로 역시 오답.

134. (B) We will let you know the exact performance date as soon as we reschedule it.

(A) We look forward to seeing you all at next week's concert.
(C) The relocated venue for the concert will be announced later this week.
(D) Our most sincere thanks go to Central Park for hosting the concert.

(B) 공연 일정을 다시 잡는 대로 정확한 공연 날짜를 알려드리겠습니다.

(A) 저희는 여러분 모두를 다음주 콘서트에서 뵙기를 고대합니다.
(C) 콘서트의 변경된 장소가 이번 주 말에 발표될 것입니다.
(D) 저희의 가장 큰 감사를 콘서트를 주최해준 Central Park 게게 보내는 바입니다.

|해설| 폭우로 인해 콘서트가 취소 되었고, 이미 티켓을 구매한 고객들에게 환불을 받던가, 아니면 이 티켓으로 다음 공연에 오던가 선택할 수 있음을 설명해주고 있다. 게다가 2번째 문단에서 이번 공원 콘서트를 날씨가 좋아질 때를 기다려서 다음으로 미룬다고 설명했다. 그러므로 'ㄷ-음 공연 날짜'에 대한 설명이 의미상 잘 연결된다.

(A) 취소 되었으므로 콘서트는 열리지 않는다.
(C) 2번째 문단에서 날짜가 연기된다고 했으므로, 공연장소가 변경되는 것은 아니다.
(D) 콘서트는 아직 열리지 않기 때문에 지금 공원 측에 감사하는 것은 적절치 않다.

To: dunger@mapleglademc.org
From: gcandell@biolectric.com
Date: December 2

Dear Ms. Unger,

I appreciate your _____ me this morning. Speaking with you was
135.
extremely informative and helpful to me.

I believe that the venture that we discussed will have very wide-reaching
_____ for not only the medical industry in the region, but other fields as
136.
well. I firmly believe working together with us _____ beneficial for Maple
137.
Glade Medical Center. I've already spoke with several directors from both
companies and they also believe we can work together in a positive way.
_____. Please let me know if there is anything that you'd like me to add
138.
to the proposal.

Best regards,

George Candell
R&D Director
Biolectric, Inc.

수신: dunger@mapleglademc.org
발신: gcandell@biolectric.com
날짜: 12월 2일

Unger씨에게

오늘 아침에 전화 주셔서 감사합니다. 당신과의 대화는 아주 유익하고 저에게 많은 도움이 되었습니다.

우리가 논의한 벤쳐사업은 이 지역 의료계뿐만 아니라 다른 분야에까지 광범위한 파급효과를 가질 것이라고 저는 믿습니다. 저희와 함께 일하는 것은 Maple Glade Medical Center에게 도움이 될 것이라고 저는 확신합니다. 저는 이미 두 회사의 여러 임원들과 얘기를 나눴고, 그들도 또한 우리가 매우 긍정적인 방향으로 함께 공조할 수 있을 거라 믿고 있습니다. 제가 공식적인 제안서의 초안을 당신에게 보낼 것입니다. 제가 제안서에 추가하길 원하는 사항이 있으시면 알려 주시기 바랍니다.

George Candell
연구개발팀 이사, Biolectric

|어휘| informative 유익한 have implications for ~에 영향을 미치다 beneficial(=helpful) 도움이 되는

 핵심 동명사 앞에 one's가 나오면 의미상의 주어

I appreciate your calling me this morning.
'당신이' 오늘 아침에 나에게 전화해 주신 것을 감사 드립니다

to부정사의 의미상의 주어는 'for+n.'를 쓰고 동명사의 의미상의 주어는 소유격, one's를 사용한다.

135. (D) calling |오답| (A) assigning (B) recommending (C) paying

|해설| Context Question. 바로 뒤에서 '당신과 나눈 대화가 매우 도움이 되었다'고 했다. 대화를 나누기 위해서는 만나거나 전화를 했을 것이다. 그러므로 **calling**이 정답.

136. (C) implications |오답| (A) implicate (B) implicating (D) implicated

|해설| 어형문제. [소유격 ___ 전치사] 빈칸은 명사자리. implication이 만약 명사어휘문제로 나오면 만점짜리 문제! '파급효과'의 의미까지 잘 챙겨두자.

137. (A) will be |오답| (B) being (C) has been (D) would have been

|해설| Context Question. 파트6에 출제되는 동사어형문제는 대부분이 시제문제고, 시제문제는 대부분이 전체 내용을 파악해서 풀어야 하는 Context Question이다. 전반적인 내용을 보면, 두 조직이 협력관계를 도모하고 있고, 앞으로의 기회와 가능성에 대해 얘기하고 있다. 그러므로 '함께 일하는 것이 도움이 될 것이다'라는 미래시제가 정답. (B) being은 준동사이므로 오답. 빈칸은 본동사 자리다. 해당 문장만 뼈대를 발라보자.

I firmly **believe** [(working together with us) will **be beneficial** (for Maple Glade Medical Center)].
S   V   O(명사절–that생략) S (준동사구–명)   V   C

우리와 함께 일하는 것이 Maple Glade Medical Center에 도움이 될 것이라고 저는 굳게 믿습니다.

believe 뒤에서 명사절 접속사 that이 생략된 구조. 동사 뒤에서 명사절 접속사 that은 항상 생략이 가능하다. 그러므로 빈칸에는 준동사가 아닌 본동사 자리.

138. (B) I will be sending you a draft of the official proposal.	(B) 제가 공식적인 제안서의 초안을 당신에게 보낼 것입니다.
(A) I look forward to visiting you at your office later this week.	(A) 저는 이번 주 말 당신 사무실을 방문하는 것을 기대하고 있습니다.
(C) There are many benefits to working closely with Bioelectric.	(C) Bioelectric과 긴밀히 협력하는 것에는 많은 장점이 있습니다.
(D) I am also discussing our collaboration with professionals in other fields.	(D) 저는 다른 분야 전문가들과의 공조작업에 대해서도 논의하고 있습니다.

|해설| 빈칸 뒤 문장에서 '제안서에 추가할 사항이 있다면 알려달라'고 했으므로 그 앞에서는 제안서에 관한 얘기가 나와야 한다. 그러므로 정답은 (B).

16 February	2월 16일
Zack Greinke NZ Enterprise PO Box 2376 Wakatipu 9349, New Zealand	Zack Greinke NZ Enterprise New Zealand, Wakatipu 9349 우편번호 2376
Dear Mr. Greinke,	Greinke씨에게
I am writing this letter as a token of appreciation for the outstanding customer service provided by one of your employees, Mary Smith. She was so ------- to work with that I was able to complete the transaction within seconds. 139.	저는 이 편지를 귀사의 직원 중에 한 명인 Mary Smith 씨가 저에게 제공했던 훌륭한 서비스에 대한 감사의 표시로서 쓰고 있습니다. 그녀는 상대하기에 너무나 유쾌했고, 그래서 저는 몇 초 만에 거래를 마무리 할 수 있었습니다.
She provided timely and helpful advice regarding the brand of the machine I was purchasing. -------. She ------- ensured that I received all the information regarding the mode of payment to the company and the time by which I would expect the machine to be shipped to Australia. 140. 141.	그녀는 제가 구매하려는 기계 브랜드에 대해서 시간에 맞게 유익한 조언을 제공해 주었습니다. **그녀는 저에게 제품에 관한 모든 중요한 정보도 알려주었습니다.** 그리고 나서 그녀는 회사에 결제 수단과, 그 기계가 호주에 언제까지 배송될 것으로 예상하면 되는지에 관련하여 모든 정보를 제가 제대로 챙겼는지를 확인해주었습니다.
I would like to commend Mary for her exceptional -------. 142.	저는 그녀의 이례적인 수고에 대해서 Mary를 칭찬하고자 합니다.
Best regards, Clayton Kershaw	Clayton Kershaw

|어휘| as a token of ~의 표시로 appreciation 감사 outstanding(=exceptional, excellent, superb, superior) 뛰어난 transaction 거래 timely 시간이 적절한 commend(=praise, compliment) 칭찬하다

난이도 ★★★ **139. (B) pleasant** |오답| (A) challenging (C) familiar (D) sensitive

|해설| 형용사어휘문제. 형용사가 보어자리에 쓰였으므로 주어(she)와 어울리는 형용사를 골라야 한다. 주어자리에 사람명사가 나왔으므로 사람명사와 어울리는 형용사를 골라보면 pleasant와 sensitive. pleasant는 '상냥한', sensitive는 '감성적인, 예민한'. 이 글은 친절한 직원을 칭찬하기 위해 쓴 글이므로 친절한 직원에게 어울리는 형용사를 골라야 한다. 그러므로 pleasant가 정답.

familiar를 '친근한'으로 해석하게 되면 정답처럼 느껴진다. 그런데 familiar는 사람의 성격을 묘사하는 형용사가 아니다. '(잘 알고 있어서) 친근한, 친숙한'의 의미. 'his voice is familiar – 그의 목소리는 낯이 익다'.

challenging은 '도전적인, 힘든'의 의미. 'challenging project – 까다로운 프로젝트'.

140. (D) She let me know all the important information regarding the product.	(D) 그녀는 저에게 제품에 관한 모든 중요한 정보도 알려주었습니다.
(A) She sent a catalog with suitable products to my place of work. (B) I hope that we can resolve the issue with my transaction quickly. (C) I understand that international shipping can be very expensive.	(A) 그녀는 제 사무공간에 적절한 제품들이 들어있는 카탈로그를 보내주었습니다. (B) 저의 거래와 관련된 문제를 빨리 해결할 수 있기를 바랍니다. (C) 해외 배송은 매우 비쌀 수도 있음을 저도 이해합니다.

|해설| 빈칸 앞 문장에서 제품구매에 대해 얘기하고 있으므로 제품과 관련한 문장이 이어져야 한다. 가능한 보기가 (A)와 (D)정도. 뒷문장에서 '그녀는 제가 필요한 모든 정보를 받았는지 확인했다'라고 했으므로 그 앞에는 '그녀가 중요한 모든 정보를 주었다'가 가장 잘 어울린다.

(A)의 경우 카탈로그를 보냈다고 했는데, 이미 고객은 사고자 하는 제품을 정한 상태다. 바로 앞문장에서 '내가 사려고 하는 기계'라고 언급했다. 이미 제품을 결정한 고객에게 카탈로그는 도움이 되지 않는다. 카탈로그는 제품을 선택하는 단계에서 필요할 것이다. 그러므로 오답.

141. (B) then |오답| (A) again (C) almost (D) instead

|해설| 친절한 직원이 본인에게 어떤 도움을 주었는지를 순차적으로 얘기하고 있다. '이것도 해주고, 저것도 해주고, (그리고 나서) 이것도 해주었다' 의 의미이므로 **then**이 정답. (A) **again**이 오답 1순위! **again**은 '다시'라는 의미이므로 동일한 일을 반복적으로 할 때 사용한다. 본문에서는 '1) 브랜드에 대해 알려줬고, 2) 제품정보를 알려줬고, 3) 결제정보를 받았는지 확인했다'와 같이 서로 다른 내용을 나열하고 있기 때문에 **again**은 정답이 될 수 없다.

142. (A) efforts |오답| (B) effortful (C) effortless (D) effortlessly

|해설| 어형문제. [소유격+형용사 ＿＿] 빈칸은 명사자리.

Long Beach, June 15 - Doris Florist has just opened their new store at 233 Long Beach Road, which is down the road from her old store and is in a new and more spacious building.	Long Beach, 6월 15일 – Doris Florist는 막 Long Beach Road 223가에 새로운 가게를 오픈 했으며, 그 곳은 그녀의 이전 점포에서 조금 아래로 내려오는 곳이고 새로 생긴 좀더 넓은 빌딩에 위치해 있습니다.
Doris Kresky, the owner of the store said that she didn't want to ------- 143. the opportunity to lease the conveniently located store and expand her business.	가게 주인인 Doris Kresky는 편리한 곳에 위치한 가게자리를 임대하고 사업을 확장할 기회를 놓치고 싶지 않았다고 말했습니다.
While the Long Beach Road store is already -------, 144. the grand opening ceremony will be held on Saturday, July 1, at 11:00 a.m. with a big discount.	Long Beach Road 가게는 이미 영업 중이지만 정식 개원식이 7월 1일 토요일 오전 11시에 대박 할인행사와 함께 열릴 예정입니다. 다양한 식물들이 당일 배송이 가능합니다. 과일 선물 바구니, 풍선 부케와 다른 선물용 상품들을 포함한 새로운 품목들이 새 가게에 진열되어 있습니다.
-------. New items ------- fruit and gift Baskets, balloon bouquets and 145. 146. other gifts are on display at the new shop.	

|어휘| storefront 상점. 점포 spacious 넓은 pass up 거절하다. 포기하다 operational 가동중인. 운영되는. 작동되는 a wide array of 다양한

143. (D) pass up |오답| (A) go after (B) look into (C) sort out

|해설| 'pass up a chance'. 'pass up an opportunity'는 짝꿍으로 외워두자. '기회를 놓치다'의 의미.

(A) go after는 '뒤쫓다. 추구하다', (B) look into는 '조사하다', (C) sort out은 '정리하다'.

난이도 ★★☆ **144. (B) operational** |오답| (A) operationally (C) operation (D) operated

|해설| 어형문제. [be + 부사 + ___] 중간에 삽입된 부사(already)를 걷어내고 나면 빈칸은 be동사의 보어자리. be동사 뒤에서는 기계적으로 '형용사 보어'를 먼저 떠올리자. be동사 뒤에서 형용사가 답이 되는 문제는 매달 최소 2문제씩은 출제되는 유형! 형용사가 보어자리에 나오면 '동사처럼' 해석된다. 'be happy – 행복하다'. 여기서도 '가게가 이미 운영되고 있다'의 의미로 'be operational'이 정답. operational은 be동사 뒤에 보어자리에 잘 나오며 형용사 어휘문제로도 잘 출제된다.

물론 be동사 뒤에는 p.p형태도 가능하다. 그런데 통계적으로 따져보면 형용사가 정답이 되는 경우가 압도적으로 많다는 것은 참고해두자. 여기서 p.p형태가 구조상은 가능하나 의미상 어색하므로 탈락. operate은 'work'동사와 유사한 대표적인 자동사다. 자동사이므로 수동태가 불가능하다. operate이 타동사로 쓰이는 유일한 경우는 '(기계, 작전 등을) 가동하다, 운행하다'의 의미일 때. 그러므로 'the machine is operated(○)'은 가능하지만 'the store is operated(×)'는 불가능하다.

145. (C) A wide array of plants are available for same-day delivery.	(C) 다양한 식물들이 당일 배송이 가능합니다.
(A) Doris Florist recently won the award for its floral display. (B) The closing of the store will be sad news to many in the community. (D) Doris Florist will open its doors for the first time later this week.	(A) Doris Florist는 최근에 꽃 전시로 상을 받은바 있습니다. (B) 가게 문을 닫는 것은 이 지역 많은 사람들에게 슬픈 소식일 것입니다. (D) Doris Florist는 이번 주 말에 처음으로 문을 열 것입니다.

|해설| 앞서 개점행사 일정을 소개했으므로 뒤에서는 개점 일에 진열될 상품에 대한 설명이 따라올 수 있다. 게다가 빈칸 뒤 문장에서도 여러 상품에 대한 설명이 나오기 때문에 (D)번이 가장 자연스럽게 연결된다.

(A) 개점 행사에 대한 설명을 하다가 상을 받은 이력을 소개하는 것은 전혀 연관성이 없다.

(B) 이전 매장을 폐쇄하는 얘기를 하고 있었다면 (B)가 어울릴 수 있지만, 바로 앞에서 새 매장의 개점행사를 설명하고 있으므로 어울리지 않는다.

(D) 앞서 이미 운영 중(is already operational)이라고 했으므로 오답.

146. (D) including |오답| (A) includes (B) inclusion(C) inclusive

|해설| 어형문제. including은 일종의 '전치사'로 정리해두자. 뒤에 나올 명사를 연결해줘야 하므로 빈칸은 전치사 자리. 의미는 'such as'와 동일하다. 'flowers **such as** roses and tulips = flowers **including** roses and tulips: 장미나 튤립과 같은 꽃들'. including 뒤에는 'example'에 해당하는 명사가 나오고, including 앞에는 'exmple'들을 총칭할 수 있는 명사가 나온다.

Timetable for Room C, June 14 – 18				
	Monday June 14	Tuesday June 15	Wednesday June 16	Thursday June 17	Friday June 18
9:00 a.m.		Kids' Reading Together Time	Children's **148** Storybook Making Activity	Kids' Reading Together Time	
10:00 a.m.	Presentation by Head Librarian Susan Pakowski				Fantasy Book Club Gathering
11:00 a.m.			**147,148** Library Fundraising Book Sale	Summer Reading Program Party	
12:00 p.m.		Kids' Reading Together Time			Young Poets Get-Together
1:00 p.m.				Staff conference	
2:00 p.m.	Free Career Counseling Workshop				

6월 14 – 18일 C룸의 시간표				
	월요일 6월 14일	화요일 6월 15일	수요일 6월 16일	목요일 6월 17일	금요일 6월 18일
오전 9:00		아이들의 함께 책 읽는 시간	어린이들의 **148**이야기책 제작 활동	아이들의 함께 책 읽는 시간	
오전 10:00	수석 사서 Susan Pakowski 의 발표				공상 소설 클럽 모임
오전 11:00			**147,148** 도서관 기금모금 도서 판매	도서 판매 여름 독서 프로그램 파티	
오후 12:00		아이들의 함께 책 읽는 시간			젊은 시인 모임
오후 1:00				직원 회의	
오후 2:00	무료 경력 컨설팅 워크샵				

147. Where is Room C probably located?

(A) In career counseling office

(B) In a theater

(C) In a community library

(D) In a children's care center

C룸은 아마 어디에 위치 하는가?

(A) 경력 컨설팅 사무실

(B) 극장

(C) 지역사회 도서관

(D) 어린이 보육 센터

|해설| 달력에 적힌 일정을 보면 책에 관한 것들이 대부분이며 결정적으로 수요일 오전11시 일정을 보면 '도서관 기금모금 도서판매'가 나와있으므로, 이 도표는 도서관의 일정임을 알 수 있다.

148. What event is scheduled on the same day as the book-making Activity?

(A) Library Fundraising Book Sale

(B) Kids' Reading Together Time

(C) Young Poets Get-Together

(D) Fantasy Book Club Gathering

책 만들기 활동과 같은 날에는 무슨 행사가 잡혀있나요?

(A) 도서관 기금모금 도서 판매

(B 아이들의 함께 책 읽는 시간

(C) 젊은 시인 모임

(D) 공상 소설 클럽 모임

|해설| 책 만들기 활동은 수요일 오전9시 일정이다. 수요일에 잡힌 다른 일정을 찾아보면, 도서관 기금모금 도서판매.

From:	Ellen Funt <ellenf@currentcooking.com>
To:	<subscribers@currentcooking.com>
Subject:	New Features for Our Members!
Date:	November 2

Hello, CurrentCooking.com subscribers!

I'm happy to tell you that 149 we at Current Cooking online magazine have made our website even more helpful to our subscribers. Starting from today, subscribers can watch online instructional videos for exciting 151d cooking recipes by well-known chefs. You can also see demonstrations and 151c reviews of state-of-the-art kitchen equipment. 151a Interviews of famous cooks and gourmets are also featured. And of course, you'll still be able to access news and information in articles on our site as well.

Check out CurrentCooking.com for all your cooking and kitchen needs today!

Sincerely,

Ellen Funt
Editor-In-Chief

발신:	Ellen Funt <ellenf@currentcooking.com>
수신:	<subscribers@currentcooking.com>
제목:	회원들을 위한 새로운 기능
날짜:	11월 2일

안녕하세요, CurrentCooking.com의 구독자 여러분!

Current Cooking 인터넷 잡지사에 있는 저희들은 149 우리 웹사이트를 구독자들에게 더 도움이 되게 개선했다는 것을 알려드리게 되어 매우 기쁩니다. 오늘부터 구독자들은 유명 요리사들의 151d흥미로운 요리법을 인터넷 교육용 비디오로 보실 수 있습니다. 당신은 또한 최첨단 151c 주방 장비의 시연과 평가도 보실 수 있습니다. 유명 요리사들과 미식가들의 151a인터뷰 또한 선보입니다. 그리고 물론 여러분들은 여전히 우리 사이트에서 기사에 나와 있는 정보와 뉴스를 보실 수 있습니다.

여러분들의 모든 요리와 주방의 니즈를 위해서 오늘 CurrentCooking.com에 들어오셔서 확인해보세요!

Ellen Funt
편집장

|어휘| helpful(=useful, beneficial) 도움되는 instructional video 교육용 비디오 demonstration 시연, 시범 설명 state-of-the-art(=latest, advanced, cutting edge) 최첨단의, 최신의

난이도
★☆☆

149. What is the purpose of the e-mail?

(A) To announce upgraded services
(B) To advertise a new website
(C) To recruit applicants for a job
(D) To ask for members' opinions

이 이메일의 목적은 무엇인가?

(A) 업그레이드된 서비스를 알리기 위해서
(B) 새로운 웹사이트를 광고하기 위해서
(C) 일자리를 위한 지원자들을 모집하기 위해서
(D) 회원들의 의견을 요청하기 위해서

|해설| 웹사이트에서 이용할 수 있는 새로운 서비스를 알리고 있으므로 (A)가 정답.
(B) '새로운' 웹사이트가 아니므로 오답. 웹사이트를 더 도움이 되게 만들었다고 했으므로, 웹사이트를 새로 만든 것은 아니다. 기존의 웹사이트가 업그레이드된 것이다.

150. To whom is the email most likely directed?

(A) Webmasters

(B) chefs

(C) photographers

(D) Magazine writers

이 이메일은 누구를 겨냥해서 쓰여졌는가?

(A) 웹 마스터

(B) 요리사

(C) 사진작가

(D) 잡지 기자

|해설| 이 이메일은 잡지 구독자에게 쓴 글인데, 요리법이나 최첨단 주방장비의 시연 등을 소개하고 있으므로 이 잡지의 구독자는 전문요리사로 볼 수 있다. 물론, 전문요리사가 아니라도 요리에 관심 있는 일반인이라면 이 잡지를 구독할 수도 있겠으나, '요리에 관심 있는 사람'이 보기 중에 없으므로 (B)가 정답.

151. What is NOT mentioned as a feature of the Current Cooking website?

(A) Interviews

(B) Advertisements

(C) Product reviews

(D) Recipe instruction

Current Cooking 웹사이트의 기능으로서 언급된 것이 아닌 것은?

(A) 인터뷰

(B) 광고

(C) 제품 평가

(D) 요리법 설명

|해설| 광고에 대한 언급은 전혀 나와있지 않다. 나머지 보기는 지문에 표시된 내용 확인!

Eagle's Place
242 Front Street
Orlando, FL 32789
689-555-0558

March 10	10:05 a.m.
152Science Fiction - paperback	
Galactic Zombie Hunter, Sylvester Stanks	7.99
Non-fiction - hardcover	
Recycling and Home Decoration, Freda Biltz	15.99
Subtotal	23.98
Tax-6.5%	1.55
Total	25.53
Cash received	26.00
Change	0.47

Returns and Exchanges Policy

Refunds and exchanges are only available for new purchases that are brought back to the store within two weeks of the original purchase date. Any damaged items or 13 items without a receipt will not be accepted for return. We do not accept any returns of purchases from the used section, but we will exchange used items with an original receipt brought back within four weeks.

Eagle's Place
32789 FL, 올란도 Front Street 242번지
689-555-0558

3월 10일	오전 10:05
152과학소설 – 페이퍼백	
Galactic Zombie Hunter, Sylvester Stanks	7.99
비소설 – 양장본	
Recycling and Home Decoration, Freda Biltz	15.99
소계	23.98
세금 – 6.5%	1.55
합계	25.53
받은 현금	26.00
거스름돈	0.47

환불 및 교환 정책

환불과 교환은 원래 구매 날짜의 2주 이내에 상점으로 다시 가져온 신규 구매품에 대해서만 적용됩니다. 153손상된 제품이나 영수증이 없는 제품은 일체 반품이 수락되지 않을 것입니다. 중고 코너에서 구매한 제품에 대해서는 어떠한 반품도 받지 않지만 4주 이내에 원래 영수증과 함께 다시 가지고 오신 중고제품의 경우 교환은 가능합니다.

|어휘| paperback 미국이나 유럽에서는 책을 제일 먼저 출간하면 hardcover(표지가 딱딱한 책)를 출시한다. 그리고 책이 어느 정도 판매부수가 증가하면 보급형으로 표지가 얇은 paperback을 출시한다. paperback은 당연히 가격이 더 저렴하다. 그리고 베스트셀러가 되면 염가판으로 더 작은 크기의 책을 출시하는데, 주머니에 넣고 다닐 수 있는 책이라 하여 pocket book이라하며, 가격도 가장 저렴하다. refunds and exchanges 반품 및 교환 receipt 영수증, 접수, 수령 used section 중고 섹션

152. What type of shop is Eagle's Place?
(A) A laboratory supply store
(B) A home decoration shop
(C) A bookseller
(D) A hunting equipment outlet

Eagle's Place는 어떤 종류의 상점인가?
(A) 연구실 자재 상점
(B) 실내 장식 상점
(C) 책방
(D) 사냥 장비 매장

|해설| 영수증에 명시된 제품을 살펴보면 '소설', '비소설'이라고 적혀있으므로 이 영수증을 발행한 곳은 서점임을 알 수 있다.

153. What is true about the store's policy?

(A) All items may be returned within two weeks of purchase.

(B) All purchases being returned incur a 6.5% restocking fee.

(C) All exchanged items must be in brand-new condition.

(D) All exchanged items must be accompanied by a receipt.

상점의 정책에 대해 사실인 것은?

(A) 모든 상품은 구매한지 2주 이내에 반품이 가능하다.

(B) 반품 되는 모든 구매품에는 6.5%의 제품진열 요금이 발생한다.

(C) 모든 교환 품목은 반드시 새것의 상태여야만 한다.

(D) 모든 교환 품목은 반드시 영수증이 동반되어야 한다.

|해설| 파손되었거나 영수증이 없는 제품은 반품이 불가능하다고 했으므로 반드시 영수증이 동반되어야 한다.

(A) 구매일로부터 2주 이내라는 것은 반품의 조건들 중 하나에 불과하다. 2주 이상이면 무조건 반품이 불가하지만, 2주 이내라 하더라도 파손이 되지 않았어야 하며, 또한 영수증이 있어야만 반품이 될 수 있다. 모든 상품이라고 하건 파손된 상품이나 영수증이 없는 상품도 포함할 수 있으므로 오답.

154We appreciate your purchase of an Illuminate T-24A desktop printer, so we have included three sample sizes of ink cartridges with your printer. Buying full-size ink cartridges is recommended soon after the sample-sized cartridges are installed, as they are not designed for long term use. New cartridges are available for direct purchase on the Illuminate Web site at www.illuminateprinters.com. 155 Any orders are guaranteed to be received by the customer within one week of ordering, or the payment will be refunded. When ordering, 156 use the code 28874 during checkout in order to receive a preferred customer discount of 30 percent off your total order charges. Customers are also able to buy replacement ink cartridges at most office supplies stores, but the preferred customer discount will be unavailable.

Please call our support center technicians, open at all hours, at 1-800-555-0152 with any questions or concerns regarding your new printer. Our sales center can be reached on weekdays from 8 a.m. to 8 p.m. at 1-800-555-4845.

154 Illuminate T-24A 프린터를 구매해 주셔서 감사하며 저희는 당신의 프린터와 함께 샘플 사이즈의 잉크 카트리지를 3개 넣어드렸습니다. 샘플 사이즈 잉크는 장기간 사용을 위해 만들어진 것이 아니기 때문에 샘플 사이즈 카트리지가 설치 되자 마자 바로 정식 사이즈 잉크 카트리지를 구매하는 것을 추천합니다. 새로운 카트리지는 Illuminate Web site인 www.illuminateprinters.com에서 직접 구매가 가능합니다. 155어떤 주문도 주문한지 일주일 이내에 고객들이 받아보실 것을 보장해드리며 그렇지 않으면 지불금은 환불될 것입니다. 주문할 때. 총 156주문 금액의 30%에 해당하는 우대고객 할인을 받기 위해서 결제하는 동안 코드 28874를 입력하세요. 또한 대부분의 사무 용품 가게에서 대체 잉크 카트리지를 구매하실 수도 있지만 우대고객 할인은 불가능 합니다.

새로운 프린터에 관한 어떠한 질문이나 우려가 있으시다면 항시 대기중인 우리의 지원센터 기술자들에게 1-800-555-0152로 전화 주세요. 우리 영업점은 주중에 오전 8시부터 오후 8시까지 1-800-555-4845로 연락하실 수 있습니다.

|어휘| preferred customer 단골 고객 office supplies store 사무용품 가게 reach 1) 연락하다. 2) 도달하다. 도착하다

---

154. For whom was the notice written?
(A) Printing technicians
(B) Web site designers
(C) Owners of recently purchased printer
(D) Sales representatives

누구를 위하여 이 공지는 쓰여졌는가?
(A) 인쇄 기술자
(B) 웹사이트 디자이너
(C) 최근 구매한 프린터를 가지고 있는 사람들
(D) 영업 사원

|해설| 제일 첫 문장에서 '구매해주셔서 감사하다'고 했으므로 최근에 프린터를 구매한 고객이 공지의 대상이다.

155. What promise is made about placing orders for ink?

(A) Customers' charges are waived if deliveries are late.

(B) Sales associates are always available.

(C) Ink cartridges supply ink for an entire year.

(D) Technicians call customers back promptly.

잉크 주문에 대하여 무엇을 약속하는가?

(A) 만약 배송이 늦는다면, 고객의 비용은 면제된다.

(B) 영업 사원들은 항시 대기 중이다.

(C) 잉크 카트리지는 1년은 족히 잉크를 공급한다.

(D) 기술자들은 고객들에게 신속하게 답신 전화를 한다.

|해설| 지문 중 단서가 되는 문장에서 'or'의 의미를 제대로 파악하고 있느냐가 key. '~해야 한다, 반드시 ~하다'는 의미의 절이 나오고 그 뒤에 'or'가 나오면 '그렇지 않다면'으로 해석된다. 주문일로부터 일주일 이내 배송을 보장해 준다고 했고, 그렇지 않으면 지불금이 환불 된다고 했다. 그러므로 배송이 늦어지면 고객 청구금이 취소된다는 의미.

보기에 나온 waive 때문에 더 난이도가 높은 문제! waive는 7년 전에 파트5 어휘문제로 출제된 적도 있다. 물론 만점짜리문제. '(요구할 수 있는 권리를) 포기하다'의 의미. [ex] we'll waive the fee라고 하면 '요금을 (청구할 권리를) 포기하다'는 의미가 된다. 즉 '요금을 취소해주다'의 의미. 보기의 경우 '(고객에게 구매비용을 청구할 권리를) 포기한다'가 도므로, 결국 '고객에게 비용을 청구하지 않는다'는 의미가 된다. 'charges are waived': 청구비용이 취소된다 ⇒ 비용이 면제된다.'

> **Any orders are guaranteed to be received by the customer within one week of ordering, or the payment will be refunded**
> 어떤 주문도 주문한지 일주일 이내에 고객에 의해 수령될 것이 보장되는 바이다. 그렇지 않으면(일주일 내에 수령되지 않으면) 지불금은 환불될 것이다.

(B) 정답 보기 중에 나온 waive를 해석하지 못해서 (A)를 정답으로 고르지 못한 경우, 차선책으로 (B)를 골라서 틀리는 경우가 많다. 항시 대기 중인 직원은 기술지원팀 직원이다. 영업사원들은 항시 대기하지 않는다. 영업센터의 경우는 주중 오전8시부터 오후8시까지 연락할 수 있다고 했으므로 영업사원이 항시 대기중인 것은 아니다.

156. How can shoppers receive a discount?

(A) By phoning a support center

(B) By using a code in an online store

(C) By going to a local office supplies shop

(D) By sending a voucher

어떻게 고객들은 할인을 받을 수 있는가?

(A) 지원 센터에 전화 함으로써

(B) 인터넷 상점에서 코드를 사용함으로써

(C) 지역 사무용품점을 방문함으로써

(D) 무료이용권을 보냄으로써

|해설| 웹사이트에서 주문할 때 28874 코드를 사용하면 할인을 받을 수 있다고 했으드로 (B)가 정답.

ROBERT DOMAN	3:12 PM
Hey, I heard you got certified to operate forklift.	

ROBERT DOMAN	3:13 PM
How did you manage that?	

LAURA PAGE	3:15 PM
I had to take a class to learn all the safety procedures.	

ROBERT DOMAN	3:16 PM
158 That must have taken ages.	

LAURA PAGE	3:17 PM
Not really. I did it all online.	

ROBERT DOMAN	3:18 PM
You can do it online? How much was it?	

LAURA PAGE	3:19 PM
It was a bit pricey, but our company offers reimbursement.	

LAURA PAGE	3:20 PM
157 Talk to human resources if you're interested.	

ROBERT DOMAN	3:12 PM
포크리프트 장비 운전 자격증 받았다면서요.	

ROBERT DOMAN	3:13 PM
어떻게 (그렇게 힘든 일을) 해냈어요?	

LAURA PAGE	3:15 PM
모든 안전절차과정을 배우기 위해 수업을 들어야 했어요.	

ROBERT DOMAN	3:16 PM
158 엄청난 시간이 걸렸겠네요.	

LAURA PAGE	3:17 PM
그렇지는 않아요. 인터넷으로 모두 들었습니다.	

ROBERT DOMAN	3:18 PM
인터넷으로 할 수 있어요? 얼마나 들었어요?	

LAURA PAGE	3:19 PM
약간 비쌌지만 회사에서 정산해주었어요.	

LAURA PAGE	3:20 PM
157 관심 있으시면 인사과에 문의해보세요.	

|어휘| certified 인증을 받은, 자격증을 받은 forklift 지게차 take ages 긴 시간이 걸리다

난이도 ★☆☆

157. What is indicated about Laura Page?
(A) She is taking an online class.
(B) She recently started a new job.
(C) She is a colleague of Mr. Doman.
(D) She works in human resources.

Laura Page씨에 대해 언급된 것은?
(A) Page씨는 인터넷 수업을 듣고 있다.
(B) Page씨는 최근에 새로운 일(직장)을 시작했다.
(C) Page씨는 Doman씨의 동료다.
(D) Page씨는 인사과에서 일한다.

|해설| 마지막 대화에서 Page씨는 Doman씨에게 관심이 있으면 인사과에 연락해보라고 했다. 이 대화를 통해 이 둘은 같은 회사에 다니고 있음을 알 수 있다. 그러므로 둘은 회사 동료.
(A) 시제오류. 인터넷 수업을 들은 것은 과거.

---

158. At 15:16 PM, what does Mr. Doman mean when he writes, "That must have taken ages"?
(A) A class took a long time to complete.
(B) Participants have to be a certain age.
(C) He is interested in certification.
(D) He is concerned about costs.

15시 16분에 Doman씨가 "That must have taken ages" 라고 쓸 때 무엇을 의미하고 있는가?
(A) 강의를 수료하는데 오랜 시간이 걸렸다.
(B) 참가자들은 특정 연령이어야 한다.
(C) Doman씨도 자격증에 관심이 있다.
(D) Doman씨는 비용이 걱정된다.

|해설| '시간이 걸리다, 소요되다'를 표현할 때 take를 쓴다. 'ex. it takes an hour to get there: 거기에 도착하는 것은 한 시간을 소요시킨다 ⇒ 거기에 도착하는 데는 한 시간이 걸린다'. age는 '나이'뿐만 아니라 '시대'의 의미로도 잘 쓰인다. 'ex. information age: 정보화 시대'. 그러므로 'take ages'는 '여러 시대가 걸린다'는 뜻으로 시간이 많이 걸린다는 것을 과장되게 표현하는 것. 또한, 'must have p.p'는 과거 사실에 대한 강한 추측. 'It must be true: 그것은 사실임에 틀림 없다(현재사실에 대한 강한 추측)'. 'It must have been true: 그것은 사실이었음에 틀림 없다(과거사실에 대한 강한 추측)'. 그러므로 That must have taken ages: (수업을 들은 것은 과거이므로) 수업을 듣는 것이 엄청난 시간이 걸렸을 것임에 틀림없다'의 의미.

The Gildem Company		
Your name	: Dalek Prapesh	
Item number	: KT55	
Item purchased on	: May 13	

We appreciate your reviewing our products. 159 Your opinion means a lot to us at The Gildem Company and we strive to please our customers with high quality merchandise. After filling out all of the form below, please click the SEND FORM to submit the survey to our customer satisfaction team.

Number of the Gildem items you have bought	☐ 0	☒ 1-3	☐ More than 3
Satisfaction level with the Gildem items you have	☐ High	☒ Adequate	☐ Low
Chances of purchasing other Gildem items in the future	☐ High	☐ Non-existent	☒ Possible
Other comments including details on The Gildem items you have purchased	The 160Gildem speaker that I bought 6 years ago has worked great. My Gildem MP3 player (KT55) that I purchased a few days ago has poor sound quality with the supplied headphones, which I replaced.		

SEND FORM

The Gildem Company		
이름	: Dalek Prapesh	
물품 번호	: KT55	
물품 구매일	: 5월 3일	

고객님의 상품평에 감사드립니다. 159 당신의 의견은 The Gildem Company에 있는 저희들에게 큰 의미를 가지며 저희는 고품질 상품으로 고객들을 만족시키고자 노력하고 있습니다. 아래의 모든 양식을 작성하고 난 뒤, 고객 만족 팀으로 설문지를 제출하기 위해 '양식 보내기'를 클릭해주세요.

당신이 구매한 Gildem 품목의 개수	☐ 0	☒ 1-3	☐ 3개 이상
Gildem 품목의 만족도	☐ 높음	☒ 적절함	☐ 낮음
추후 다른 Gildem 품목을 구매할 가능성	☐ 높음	☐ 가능성 없음	☒ 가능함
당신이 구매한 Gildem 품목에 대한 세부 사항을 포함한 기타 의견	제가 6년전에 구매했던 160Gildem 스피커는 성능이 좋았습니다. 제가 며칠전에 구매한 Gildem MP3 플레이어(KT55)는 같이 딸려 나온 헤드폰으로 들으면 음질이 열악했습니다. 그래서 저는 헤드폰을 교체했습니다.		

양식 보내기

|어휘| review 평가하다, 검토하다 strive to do(=try to do = endeavor to do) ~하도록 노력하다

---

159. What is the reason for the questionnaire?
(A) To review an employee's work
(B) To gather opinions about an advertisement
(C) To enhance a business' merchandise
(D) To rate a website's feature

설문조사의 목적은 무엇인가?
(A) 직원들의 업무를 평가하기 위해서
(B) 광고에 대한 의견을 모으기 위해서
(C) 회사의 제품을 향상시키기 위해서
(D) 웹사이트의 기능을 평가하기 위해서

|해설| 고품질의 제품으로 고객을 만족시키려고 노력한다고 했으므로 제품을 향상시키는 것이 목적.

---

160. What kind of business is The Gildem Company?
(A) A temporary employment agency
(B) A renovation company
(C) A manufacturer of electronics
(D) A design consultation firm

Gildem Company는 어떤 종류의 회사인가?
(A) 일용직 직업 소개소
(B) 개보수 공사 회사
(C) 전자제품 제조사
(D) 디자인 상담 회사

|해설| 고객의 의견을 보면 구매한 제품으로 스피커와 MP3 플레이어가 언급되고 있다-. 그러므로 이 회사는 전자제품회사임을 유추할 수 있다.

City to Implement New Parking Fees
October 22
By Graham Postman

161 As the increase in visitors to the downtown area of Peach Valley has resulted in parking shortages, the transportation board is considering implementing new parking fees. "Every evening, it's becoming more and more difficult to find available parking spots," said board member Travis Heinz. —[1]—. Residents are having trouble finding parking spots as many visitors avoid parking lots which charge by the hour for parking. Visitors looking for free street parking also increase traffic jams as they drive around downtown. —[2]—.

—[3]—. 162 At this time, payment on city streets is only required from 8 a.m. to 5:00 p.m., with no payment needed after these times. "This system makes parking a nightmare in the evenings," Mr. Heinz said. "Adopting a system of payment being required around the clock like other cities can help."

This change in parking regulations would be the second time since last month, when the board upgraded the city's parking meters. —[4]—. The meters now allow motorists to pay with either coins or credit cards.

새로운 주차 요금 시행
10월 22일
Graham Postman

161Peach Valley의 도심지로 오는 방문객의 증가가 주차난의 결과를 초래함에 따라서 도로교통국은 새로운 주차 요금을 시행하는 걸 고려 중에 있습니다. "매일 밤 이용 가능한 주차 공간을 찾는 것이 점점 더 어려워지고 있습니다."라고 위원회 멤버인 Travis Heinz는 이야기 했습니다. —[1]—. 많은 방문객들이 시간당 주차비를 부과하는 유료주차장을 피하려 함에 따라 주민들은 주차 공간을 찾는데 애를 먹고 있습니다. 무료 노상 주차를 찾는 방문객들이 또한 주차공간을 찾아서 시내 지역을 돌아다님에 따라서 교통 체증을 가중시키고 있습니다. —[2]—.

—[3]—. 162현재, 시의 노상주차의 요금은 오전 8시부터 오후 5시까지만 적용되고 있으며 이 시간 이후로는 전혀 요금이 부과되지 않습니다. "이 시스템은 저녁시간의 주차를 악몽으로 만들고 있습니다." Heinz 씨가 말했습니다. "다른 도시들처럼 24시간 내내 요금을 부과하는 시스템을 채택하는 것이 도움이 될 수 있습니다.

이번 주차 규제의 변경은 당국이 주차 미터기를 업그레이드 했던 지난달 이래로 두 번째 입니다. —[4]—. 이 미터기는 현재 운전자들이 동전과 신용카드 중 아무거나 사용해서 요금을 지불할 수 있도록 하고 있습니다.

|어휘| result in 결국 ~하게 되다 shortage 부족 implement 실시, 시행하다 traffic jam(=traffic congestion) 교통 체증 adopt 채택하다 around the clock 하루 종일, 24시간 내내 parking meter 주차 미터기

난이도
★☆☆

161. What is implied about Peach Valley?
(A) Its streets are in poor condition.
(B) It has to raise taxes to fund public transportation.
(C) It has issues with traffic congestion
(D) Its parking garages are free for city-dwellers.

Peach Valley에 대하여 암시되고 있는 것은?
(A) 이곳의 거리는 상태가 열악하다.
(B) 대중교통을 위한 자금을 마련하기 위해 세금을 올려야 한다.
(C) 교통 정체와 관련된 문제를 겪고 있다.
(D) 주차장들은 도시 거주자들에게는 무료다.

|해설| 교통 체증의 문제를 지적하면서 그 문제를 해결하기 위한 시의 노력과 정책에 대해 언급하고 있으므로 (C)가 정답.
(A) 거리가 열악한 상태라고 하면 도로 등이 파손되어 상태가 낙후되었다는 의미다. 교통체증의 문제를 겪고 있는 것을 in poor condition이라고 표현하지는 않는다.

162. What is the transportation board considering?

(A) Increasing the number of parking spaces

(B) Installing upgraded traffic signals

(C) Hiring more parking attendants

(D) Implementing charges for parking in the evening

교통국 위원회는 무엇을 고려하고 있는가?

(A) 주차 공간의 수를 늘리는 것

(B) 업그레이드된 신호등을 설치 하는 것

(C) 더 많은 주차 관리인을 고용하는 것

(D) 저녁에 주차 요금부과를 시행하는 것

|해설| 저녁시간에 노상주차가 무료로 제공되기 때문에, 길거리에 주차하려는 차들이 주차공간을 찾아 돌아다니다 보니 저녁시간에 체증은 악몽수준이다. 그래서 다른 시들에서 도입한 것처럼 노상주차에 대한 미터기 요금을 저녁시 간에도 부과하려 하고 있다.

---

163. In which of the positions marked [1], [2], [3], and [4] does the following sentence best belong?

"Downtown Peach Valley has become more popular with the opening of many new restaurants, cinemas, and shops."

(A) [1]   (B) [2]

(C) [3]   (D) [4]

[1], [2], [3], [4]로 표시된 자리 중에 다음 문장이 들어가기에 가장 적합한 곳은?

"Peach Valley 시내는 많은 새로운 식당, 극장 그리고 상점들이 생겨나면서 점점 사람이 많아지고 있습니다."

(A) [1]   (B) [2]

(C) [3]   (D) [4]

|해설| 자리찾기 문제에서 혼동될 때는 문단 별로 주제를 나눠서 생각해보자. 1번째 문단은 '방문객 증가로 인한 주차난'에 대해 언급하고 있고, 2번째 문단은 '주차요금 청구방법'에 대해, 3번째 문단은 '지난달 시행한 미터기 교체'에 대해 언급하고 있다. 그러므로 'Peach valley'에 식당과 극장이 늘어나서 사람이 많아지고 있다'는 문장은 '방문객 증가'에 관한 얘기이므로 1번째 문단에 어울릴 것이다. 1번째 문단 안에서는 초반부에 방문객이 늘어나고 있다는 원인이 먼저 소개되고, 뒤에서 그 결과로 극심한 주차난이 발생하고 있다는 설명이 뒤따를 것이다. 그러므로 해당문장은 1번째 문단의 제일 마지막 자리에는 어울리지 않는다. 그러므로 [1]번이 정답.

Alexandra Peters [2:44 p.m.]	Hello everyone. The research and development team is going to be 164 revealing their progress on the features of next year's car models at the staff meeting this afternoon. Is anyone interested in going?
Fraser Isaac [2:46 p.m.]	I'd like to see what they've been working on. Also, 165 it'd probably be a good idea if Monique Hardy attended since it's her first week here.
Monique Hardy [2:47 p.m.]	Yeah, I'd love to go. I've already met some of the people in R & D, so it'd be a great chance to see what they're working on. Does anyone know anything about the features they're going to reveal?
Alexandra Peters [2:48 p.m.]	166 Beats me, Monique, but I'm sure that the presentation will help you with your work in the design department. The meeting will be held in Conference Room D at 4:30 p.m.
Monique Hardy [2:49 p.m.]	Ok, great, but I'm not really sure where the conference rooms are.
Fraser Isaac [2:50 p.m.]	167 That's alright, Monique. I can show you where it is. I'm going to be busy right before the meeting, though. Is it alright if I come by now and show you how to get there?
Monique Hardy [2:52 p.m.]	Yes, I'd really appreciate that.
Manuel Hoult [2:54 p.m.]	I'd like to go too, but I have a dinner meeting with a client that I have to prepare for. Is it possible for anyone to take some notes or even record the presentation for me?
Alexandra Peters [2:55 p.m.]	My assistant will be attending the meeting with me and taking notes. I'll make sure to forward a copy of his notes to you after the meeting, Manuel.

Alexandra Peters [2:44 p.m.]
여러분, 안녕하세요. 연구개발팀이 오늘 오후 직원회의에서 164 내년도 신차 기능에 대한 진척사항을 공개할 예정입니다. 가고 싶으신 분 계시나요?

Fraser Isaac [2:46 p.m.]
그들이 해온 작업을 저는 보고 싶습니다. 또한 이번 주가 165 Monique Hardy씨의 여기(우리 회사)에서 보내는 첫 주라서 Monique Hardy씨가 참석하면 좋을 것 같습니다.

Monique Hardy [2:47 p.m.]
맞아요. 저 너무 가고 싶습니다. 이미 연구개발팀 몇 분을 만나봤어요. 그들이 해온 작업을 보는 것은 좋은 기회일 거예요. 그들이 공개할 기능에 대해서 아는 게 있는 분 있나요?

Alexandra Peters [2:48 p.m.]
166 전혀 모르겠어요, Monique. 그렇지만 그 발표가 디자인 부서에서의 당신의 업무에 도움이 될 거라고 확신합니다. 미팅은 오후 4시반에 Conference Room D에서 열릴 거예요.

Monique Hardy [2:49 p.m.]
네, 알겠습니다. 그런데 사실 회의실이 어디 있는지를 제가 아직 몰라요.

Fraser Isaac [2:50 p.m.]
167 상관없어요, Monique. 어디 있는지 제가 안내해 드릴게요. 그런데 미팅 바로 전에는 제가 바쁠 것 같아요. 제가 지금 들러서 회의실 가능 방법을 알려드려도 될까요?

Monique Hardy [2:52 p.m.]
네, 그렇게 해주시면 너무 감사하죠.

Manuel Hoult [2:54 p.m.]
저도 가고 싶지만, 제가 준비해야 하는 고객과의 저녁 미팅이 있네요(제가 고객하고 저녁 미팅이 있어서 준비를 해야해요). 누가 (회의 내용을) 메모해주거나 아니면 저를 위해 발표를 녹음해줄 수 있나요?

Alexandra Peters [2:55 p.m.]
제 비서가 저랑 같이 참석해서 메모를 할 거예요. Manuel, 미팅 끝나고 메모한 복사본을 당신에게 꼭 전달해줄게요.

164. What is the topic of the research and development's presentation this afternoon?
(A) New conference room designs
(B) A recent marketing campaign
(C) A review of yearly sales figures
(D) Characteristics of new automobiles

오늘 오후에 열리는 연구개발팀 발표의 주제는 무엇인가?
(A) 새로운 회의실 디자인
(B) 최근의 마케팅 활동
(C) 연간 매출 수치 검토
(D) 신차의 특징

|해설| 내년도에 출시될 신차의 기능을 발표할 것이므로 (D)가 정답.

---

165. What is indicated about Monique Hardy?
(A) She will move to the R & D department.
(B) She worked with Fraser Isaac in the past.
(C) She recently began to work for the company.
(D) She will meet clients later in the day.

Monique Hardy씨에 대해 언급된 것은?
(A) Hardy씨 연구개발팀으로 옮길 것이다.
(B) Hardy씨는 과거에도 Fraser Isaac과 일했었다.
(C) Hardy씨는 최근에 이 회사에서 일하기 시작했다.
(D) Hardy씨는 오후 늦게 고객을 만날 것이다.

|해설| Hardy씨가 여기서(이 회사에서) 첫 주를 보내고 있다고 했으므로 새로 들어온 직원임을 알 수 있다.

난이도
★☆☆

166. At 2:48 p.m., what does Alexandra Peters mean when she says, "Beats me"?
(A) She will ask the R & D department.
(B) She doesn't know the answer.
(C) She was injured at the workplace.
(D) She has worked on the presentation.

2시 48분에 Alexandra Peters씨가 "Beats me"라고 쓸 때 무엇을 의미하고 있는가?
(A) Peters씨는 연구개발팀에 물어볼 것이다.
(B) Peters씨도 답을 알지 못한다.
(C) Peters씨는 직장에서 부상을 당했다.
(D) Peters씨도 발표작업을 해왔다.

|해설| 문맥상 유추해보자. '오늘 발표될 신차 기능이 어떤 기능인지 아는 분 계세요? Beats me. 그러나 발표가 당신 일에 도움이 될 것은 분명해요.' 혼동이 될 때는 'Beats me'자리에 보기를 넣어 보자.
(A) '저는 연구개발팀에 물어볼 것이다. 그러나 발표가 당신에 도움이 될 것은 분명해요(X)'.
(B) '저도 답을 알지 못해요. 그러나 발표가 당신에 도움이 될 것은 분명해요(O)'.
(C) '저는 직장에서 부상을 당했어요. 그러나 발표가 당신에 도움이 될 것은 분명해요(X)'.
(D) '저도 발표 작업을 해왔어요. 그러나 발표가 당신에 도움이 될 것은 분명해요(X)'.
'그러나'가 가장 큰 단서. '도움이 될 것이다'와 역접이 되어야 하므로 '나도 잘 모른다'는 의미가 가장 어울린다.
'Beats me'는 구어체 표현으로 앞에 주어 'it'이 생략된 구조. '전혀 모르겠다'는 의미. 원라 beat은 '이기다'의 의미로 잘 쓰인다. 'I beat you: 내가 너를 이겼다'. 그런데 'It beats me'라고 하면, 'it−그것, 그 문제'가 너무 어려워서 나를 이긴다' 즉 나로써는 이해할 수가 없다는 의미가 된다.

---

167. What does Fraser Isaac offer to do for Monique Hardy?
(A) Record a presentation for her
(B) Reschedule a client meeting
(C) Take notes at a meeting
(D) Show her a location

Fraser Isaac씨는 Monique Hardy씨에게 무엇을 해줄 것을 제안하고 있는가?
(A) 그녀를 위해 발표를 녹음해줄 것을
(B) 고객 미팅을 조정할 것을
(C) 미팅에서 메모를 할 것을
(D) Hardy씨에게 위치를 알려줄 것을

|해설| Hardy씨는 신규직원이라 회의장 위치를 잘 모른다. Isaac씨가 어디인지 알려주겠다고 했으므로 (D)가 정답.
(A), (C) 대화명 확인 주의! 회의 내용을 기록해주겠다고 한 것은 Alexandra Peters씨가 제안한 사항.

No Strings Attached
by Annie Newfam, reviewer

On Friday night, No Strings Attached, 168 the new musical by Yann Curset, began its run by the Wheaton Theater Company 171 for its annual spring program series. The musical is based on the life of a cellist who overcame multiple obstacles throughout her life to become a world-famous musician.

Hera Constant, who gained worldwide recognition for her performance in the film, Keep Your Chin Up, is very believable as the famous cellist, Aria Nordak. A Wheaton Theater Company regular, Marcus Galiston, also gives an amazing performance as Mrs. Nordak's supportive husband, Jacob Edmond.

169 No Strings Attached is much more dramatic and suspenseful than the light-hearted comedies that Wheaton Theater Company frequently showcased. Even with a running time of two and a half hours, the performers draw the audience into the world of the play. The sparse decorations and low-key wardrobe help the audience get lost in the play as well.

Moira Yarco, the Continent Theatrical Award-winner that grew up in Stewton, is the director of No Strings Attached.

170 The theater box office may be reached at 814-555-1157 for ticket sales and show time information.

No Strings Attached
Annie Newfam, 평론가

금요일 밤, 168Yann Curset의 작품인 새로운 뮤지컬 171No Strings Attached가 연례 봄맞이 프로그램 시리즈로 Wheaton Theater Company에서 상연을 시작했습니다. 이 뮤지컬은 세계적으로 유명한 음악가가 되기 위해 그녀의 인생 내내 많은 장애물을 극복한 첼로리스트의 삶에 기반한 것입니다.

영화 작품 Keep Your Chin Up에서의 연기로 전세계적으로 인정받은 Hera Constant는 유명한 첼로리스트, Aria Nordak의 역할을 아주 실감나게 연기합니다. Wheaton Theater Company의 단골 출연자인 Marcus Galisotn 또한 Nordak의 지원을 아끼지 않는 남편 역할인 Jacob Edmond로써 놀라운 연기를 보여주고 있습니다.

169No Strings Attached는 Wheaton Theater Company가 빈번하게 보여줘 왔던 가벼운 코미디물 보다 훨씬 더 극적이고, 긴장감 넘치는 작품입니다. 심지어 2시간 30분의 공연시간에도 불구하고, 연기자들은 청중들을 극의 세계로 끌어들입니다. 엉성한 무대장식과 절제된 의상 또한 청중들이 연극 속으로 빠져들게 만듭니다.

Stewton에서 성장한 Continent Theatrical Award의 수상자인 Moira Yarco가 No Strings Attached의 연출을 맡았습니다.

170티켓 판매와 상영시간 정보를 원하시면 814-555-1157로 극장 매표소에 연락하시면 됩니다.

|어휘| be based on ~에 바탕을 두다, 기초하다 overcome 극복하다 obstacle 난관, 장애물 performance 공연 light-hearted 유쾌하고 즐거운, 가벼운 코미디의 sparse 드문 low-key 억제하는, 어두운 wardrobe 옷장, 옷

---

168. Who wrote the play?
(A) Hera Constant
(B) Moira Yarco
(C) Yann Curset
(D) Marcus Galiston

누가 이 뮤지컬을 썼는가?
(A) Hera Constant
(B) Moira Yarco
(C) Yann Curset
(D) Marcus Galiston

|해설| Yann Curset이 작가이며, (B) Moira Yarco는 연출자다.

169. How does No Strings Attached differ from the Wheaton Theater Company's usual entertainment?

(A) It is about a world-famous person's life.

(B) It features a full orchestra.

(C) It is more dramatic and serious.

(D) It has an entirely local cast.

No Strings Attached은 Wheaton Theater Company의 보통의 공연들과 어떻게 다른가?

(A) 세계적으로 유명한 실제 인물의 인생에 관한 것이다.

(B) 관현악단 전체가 참여하고 있다.

(C) 훨씬 극적이고 진지하다.

(D) 전부 현지인들이 캐스팅되었다.

|해설| Wheaton Theater Company가 자주 보여줬던 작품들은 가벼운 코미디 물이었다. 이전작품들보다 극적이고 긴장감이 넘친다고 했으므로 (B)가 정답.

170. How can the information about the show times be obtained?

(A) By visiting an online site

(B) By sending an e-mail

(C) By phoning the box office

(D) By picking up a pamphlet

어떻게 상영시간에 대한 정보를 얻을 수 있나?

(A) 인터넷 사이트를 방문함으로써

(B) e-mail 을 보냄으로써

(C) 매표소로 전화함으로써

(D) 팜플렛을 집어감으로써

|해설| 티켓판매와 상영시간정보를 위해 매표소에 전화하라고 했다.

난이도
★★☆

171. What is implied about No Strings Attached?

(A) The musical is performed by trained musicians.

(B) The musical recently won an award.

(C) The actors are vividly dressed.

(D) It is only showing during the spring.

No Strings Attached에 관해 유추할 수 있는 것은?

(A) 뮤지컬은 훈련된 음악가들에 의해 공연된다.

(B) 뮤지컬은 최근에 상을 받았다.

(C) 배우들은 화려한 복장을 하고 있다.

(D) 봄에만 공연을 한다.

|해설| annual spring program series를 위한 공연이므로 이번 봄 동안에만 상영될 것이다.

(A) 이 뮤지컬이 훌륭한 음악가의 인생을 다루고 있지만, 이 뮤지컬 자체이 훌륭한 음악가가 출연한다는 언급은 없다.

August 18 – Glass Tiger Studios, which helped with the advertisements for the Live 4 Health commercials, has been nominated for the esteemed Calenbach Award. The award has been given over the last 25 years to animation companies and art publishing companies for showing innovation. Glass Tiger Studios was the first and only animation company from Bangkok chosen from nearly 1,500 other eligible companies. —[1] —. The award ceremony where [173] all this year's winners will be announced is to be held in Berlin, Germany on September 20.

—[2]—. "We feel very honored to have been nominated, as it shows how talented, creative and skillful our staff members are," said May Pranathat, senior director of Glass Tiger Studios. "We've done work for children's books, fashion magazines, and product packages among others," said Ms. Pranathat, "and we communicate with our customers carefully to ensure our work goes beyond what they expected.

—[3]—. After the list of nominated candidates was made public, Glass Tiger Studios has been sought out for its work. "With all of the new business we're seeing, it's not likely that [174] we'll be able to fulfill the demand without hiring more animators and directors, so we have begun processes for hiring people." —[4]—.

Glass Tiger Studio's website has more details about their company. More information concerning the Calenbach Award can be found at www.calenbachaward.org.

8월 18일 – Live 4 Health 광고에 도움을 준 Glass Tiger Studios는 존경 받는 Calenbach Award의 후보로 지명되었습니다. 이 상은 지난 25년간 혁신을 보여준 애니메이션 회사들과 예술 출판 회사들에게 수여되어 왔습니다. Glass Tiger Studios는 거의 1500개의 자격을 갖춘 업체들 가운데 선택된 방콕에서는 첫 번째, 유일한 애니메이션 회사입니다. —[1]—. [173] 모든 올해의 수상자들이 발표되는 시상식이 9월 20일 독일의 베를린에서 열릴 예정입니다.

—[2]—. "우리는 최종 후보자가 되어 아주 영광스럽습니다. 이것은 우리 직원들이 얼마나 재능 있고 창조적이며 기술력이 뛰어난지를 보여주기 때문입니다." Glass Tiger Studios의 상임이사인 May Pranathat은 이야기 했습니다. "우리는 다른 여러 가지가 있지만, 그 중에서도 아동서적, 패션 잡지, 제품 포장 작업을 해왔습니다."라고 Pranathat씨는 덧붙였습니다. "그리고 우리는 우리 작업이 고객들의 기대를 넘어설 수 있도록 고객들과 주의 깊게 의사소통을 합니다."

—[3]—. 후보자의 명단이 공개되고 나서 Glass Tiger Studios에게 일을 맡기고자 하는 업체들이 줄을 섰습니다. "우리가 지금 보고 있는 이 모든 신규사업들과 관련하여, [174]더 많은 만화영화 제작자와 디렉터들을 고용하지 않고서는 이 수요를 채우는 것이 불가능합니다. 그래서 우리는 사람을 고용하는 작업을 시작 했습니다." —[4]—.

Glass Tiger Studios의 웹사이트는 이 회사에 대한 더 자세한 내용을 담고 있습니다. Calenbach Award 에 관한 더 많은 정보는 www.calenbachaward.org에서 찾아보실 수 있습니다.

|어휘| be shortlisted 최종 명단에 오르다 esteemed 존경 받는 consist of ~로 구성되다 institution 기관, 단체 make public 공개하다 be sought out for work 일을 맡길 업체로 많이 찾음을 받고 있다 ⇒ 인기가 많다 fulfill the demand 수요를 맞추다

172. What is the reason for the article?
(A) To explain a nomination process
(B) To announce an prestigious award ceremony
(C) To advertise an opening for a product packing position
(D) To detail the achievements of a company

이 기사의 목적은 무엇인가?
(A) 지명 절차를 설명하기 위해서
(B) 명망 있는 시상식을 발표하기 위해서
(C) 제품 포장 직의 빈자리를 광고하기 위해서
(D) 한 회사의 성과를 자세히 설명하기 위해서

|해설| 이 글의 주요 포커스는 시상식 자체라기 보다는, 이 시상식에 최종후보로 지명된 Glass Tiger Studios라는 회사다. 이 회사는 방콕 최초로 후보지명이 되었고, 어떤 일을 해오고 있으며, 이번 후보지명으로 회사에 어떤 변화가 생겼는지를 설명하고 있다. 그러므로 정답은 (D).
(B) 앞서 얘기한 바와 같이 이 글의 포커스는 시상식이 아닌 Glass Tiger Studios 회사다. 만약 시상식의 발표가 목적이었다면, Glass Tiger Studios외에 최종 후보로 지명된 다른 회사들도 언급했을 것이다.

173. What is indicated about Calenbach Award?
(A) It was funded by a magazine publisher.
(B) It has been previously given to a Bangkok company.
(C) It is presented to several companies annually.
(D) It was awarded for the first time 20 years ago.

Calenbach Award에 대하여 언급되어 있는 것은?
(A) 이 상은 잡지 출판업자에게 자금을 지원 받았다.
(B) 이 상은 예전에 방콕 회사에게 수여된 적이 있다.
(C) 이 상은 매년 몇몇 회사들에게 수여된다.
(D) 이 상은 20년 전에 처음으로 시상 되었다.

|해설| 독일에서 열리는 이번 시상식에는 올해의 '모든 수상자'들이 발표될 것이라고 했으므로 상을 받는 회사는 하나가 아니라 여러 회사임을 유추할 수 있다.
(D) 25년동안 수여되었다고 했으므로 25년 전에 처음으로 수여되었을 것이다. 보기는 20년이므로 오답.

174. According to the article, what is Ms. Pranathat planning to do?
(A) To employ more staff
(B) To redesign a commercial
(C) To update a company website
(D) To go to a ceremony in Bangkok

이 기사에 따르면, Pranathat씨는 무엇을 계획하고 있는가?
(A) 더 많은 직원을 채용하는 것
(B) 광고를 다시 디자인 하는 것
(C) 회사 웹사이트를 업데이트 하는 것
(D) 방콕의 시상식에 가는 것

|해설| 후보지명 소식과 함께 신규주문이 밀려들어오면서 직원을 더 채용해야 한다고 언급하고 있다.

175. In which of the positions marked [1], [2], [3], and [4] does the following sentence best belong?

"Glass Tiger Studios has received increased attention from a number of clients."

(A) [1]   (B) [2]
(C) [3]   (D) [4]

[1], [2], [3], [4]로 표시된 자리 중에 다음 문장이 들어가기에 가장 적합한 곳은?

"Glass Tiger studios는 많은 고객들로부터 점점 큰 관심을 받아왔습니다."

(A) [1]   (B) [2]
(C) [3]   (D) [4]

|해설| 문장에서 'increased attention from a number of clients: 고객들로부터 많은 관심'을 받고 있다고 했으므로 고객에 대해 언급된 부분을 찾아야 한다. [3]번 뒤 문장에 나온 'sought out'이 핵심 단서. sought의 원형은 seek으로 '구하다'의 의미. 수동태로 쓰여서 'be sought out = be sought after'라고 하면 '많은 사람들이 찾는다 ⇒ 매우 인기가 높다'의 의미. 만약 이 표현을 놓쳤다 하더라도, 그 다음 문장에서 '새로운 비지니스 때문에 더 많은 직원을 뽑아야 한다'고 했으므로 '인기가 높아지고, 일이 많아지고 있음'을 유추할 수 있다. 즉 고객이 늘어나고 있다는 의미이므로 [3]번이 정답.

Fresh Delivery's Cape Town office is currently accepting applications for a warehouse manager position. 176 Fresh Delivery has been the leader in the delivery and handling of high-quality produce in South Africa for over three decades. Our customers include grocery stores, restaurants, and other businesses all around the nation.

The warehouse manager has a variety of duties including training new employees, making a timetable, and ensuring quality work from warehouse staff. Successful candidates should have at least five years of experience in the field, including one year of supervisory experience.

On occasion, the warehouse manager 177 will be required to work evenings and weekends in the case of important deliveries. Applicants also need to have extensive experience using the 179● NPL inventory control system.

Interested candidates who meet these requirements can apply by sending a cover letter, resume, and at least two reference letters to Ms. Lydia Herron, Fresh Delivery, 15 Empire Avenue, Cape Town 8001, South Africa.

---

15 June

Ms. Lydia Herron
Fresh Delivery
15 Empire Avenue
Cape Town 8001

Dear Ms. Herron,

It is my pleasure to write in recommendation of Shelley Moon, who is applying to be the warehouse manager of your facility. 180 Ms. Moon has been under my supervision for six years of her ten years at Fernley, Inc., and she moved from a part-time position to a full-time position seven years ago.

Ms. Moon is extremely qualified for this position, especially regarding knowledge of warehouse procedures and handling delicate cargo. 179●The NPL system has been in use at our company for years and Ms. Moon is very proficient in its use and has helped new employees learn to use it as well. She is also studying to earn her bachelor's degree in administration from Thurston University, with extra classes focusing on technical knowledge.

178 It is my opinion that Ms. Moon would be an asset to your company, as she has all of the requirements needed for the position and is an excellent worker. Please contact me if you would like to ask any questions about Ms. Moon.

Regards,

Charles Robbins

Charles Robbins
Dock manager
Fernley, Inc.

Fresh Delivery의 Cape Town 사무실은 현재 물류창고 관리직을 위한 입사지원을 받고 있습니다. 176Fresh Delivery는 30년 이상 남아프리카에서 고품질의 농산품 배송 및 처리분야에 있어서 선두주자였습니다. 저희 고객에는 전국의 식료품점, 식당 그리고 기타 업체들이 있습니다.

물류 창고 관리자는 신규 직원을 교육하고, 일정표를 작성하고, 창고 직원들의 업무 퀄리티를 관리하는 등의 다양한 임무를 수행합니다. 입사 지원자는 1년 간의 관리직 경험을 포함하여, 이 분야에서 최소 5년의 경력을 보유해야 합니다.

때때로, 중요한 배송이 있는 경우에 177창고 관리자는 야간 및 주말 근무가 요구될 것입니다. 지원자들은 또한 179●NPL 재고 관리 시스템을 사용하는데 있어서 풍부한 경험을 가지고 있어야 합니다.

이러한 요건을 충족하는 관심 있는 지원자들은 자기소개서와 이력서 그리고 최소한 2개의 추천서를 8001 South Africa, Cape Town, Empire Avenue 15번지 Fresh Delivery사의 Lydia Herron씨에게 보냄으로써 지원하실 수 있습니다.

6월 15일

Ms. Lydia Herron
8001 Cape Town, Empire Avenue 15가
Fresh Delivery

Herron씨에게,

귀하의 시설 창고 관리자로 입사 지원하는 Shelley Moon를 추천하며 글을 쓰는 것은 저에게는 큰 기쁨입니다. 180Moon씨는 Fernley에서 근무한 10년 중 6년을 저의 감독하에서 일했으며 7년 전 임시직에서 정규직으로 인사 발령되었습니다.

Moon씨는 특히 창고 절차에 대한 지식과 민감한 화물을 다루는 것과 관련하여 이 자리에 딱 맞는 자격을 갖추었습니다. NPL 시스템은 수년 동안 우리 회사에서 사용 되어왔고, Moon씨는 179●NPL을 사용하는데 아주 능숙하며 새로운 직원들이 NPL 사용을 배우도록 도와왔습니다. 그녀는 또한 Thurston 대학에서 행정학 학사학위를 얻기 위해 공부하고 있으며, 기술적인 지식에 초점을 맞춘 추가 수업도 듣고 있습니다.

178Moon씨는 이 직책을 위해 필요한 모든 요건을 갖추고 있고 훌륭한 직원이기 때문에, Moon씨가 당신의 회사에 자산이 될 것이라는게 저의 의견입니다. Moon씨에 대해 아무 질문이라도 물어보고 싶다면 저에게 연락해 주세요.

Charles Robbins

Charles Robbins
선창 담당 매니저
Fernley, Inc.

176. What is suggested about Fresh Delivery?

난이도
★☆☆

(A) It recently began operating in South Africa.

(B) It provides an extensive variety of computer programs.

(C) It manages a grocery store chain.

(D) It deals primarily with food products.

Fresh Delivery에 대해서 언급되어 있는 것은?

(A) 남아프리카에서 최근에 운영을 시작했다.

(B) 상당히 다양한 컴퓨터 프로그램을 제공한다.

(C) 식료품 체인점을 관리한다.

(D) 주로 식료품을 취급한다.

|**해설**| 고품질의 농산물을 배송, 처리하는 분야에서 선두업체라고 했으므로 음식관련 제품을 다루고 있는 것. 게다가 이 회사의 고객이 식료품점, 식당들인 것으로 보아 음식관련 제품을 취급하고 있음을 확인할 수 있다.

(C) 식료품점이 이 회사의 고객이라고 했으므로, 식료품점을 관리하는 것이 아니고, 식료품점에 음식을 납품하는 일을 하는 것이다.

177. According to the job posting, what must the warehouse manager be willing to do?

(A) To attend a safety seminar

(B) To occasionally work on weekends

(C) To carry heavy objects

(D) To agree to work for one year

구인광고에 따르면, 창고 관리자는 무엇을 기꺼이 해야 하는가?

(A) 안전 세미나에 참석하는 것

(B) 때때로 주말에 근무하는 것

(C) 무거운 물건을 옮기는 것

(D) 1년 동안 근무하는 것에 동의하는 것

|**해설**| 중요한 배송건이 있는 경우 주말이나 야간에 작업해야한다고 했으므로 (B)가 정답.

178. Why does Mr. Robbins write the letter?

(A) To express a positive opinion of an employee

(B) To postpone a job interview

(C) To ask a question about a job applicant

(D) To introduce a new company system

Robbins씨는 왜 편지를 썼는가?

(A) 직원에 대해 긍정적인 의견을 표현하기 위해서

(B) 면접을 연기하기 위해서

(C) 지원자들에 대해 질문을 하기 위해서

(D) 새로운 회사 시스템을 소개하기 위해서

|**해설**| Moon씨는 현재 Robbins씨 밑에서 일하는 직원이며 이 글은 그녀를 위한 추천서이다. 그러므로 직원에 대한 긍정적인 글을 쓰고 있는 것.

TEST 07

179. What is indicated about Ms. Moon?

(A) She has worked previously at Fresh Delivery.

(B) She is a professor at Thurston University.

(C) She is knowledgeable about a inventory control system.

(D) She has applied for part-time employment with Fresh Delivery.

Moon씨에 대해 유추 할 수 있는 것은?

(A) 그녀는 이전에 Fresh Delivery에서 근무했었다.

(B) 그녀는 Thurston 대학의 교수이다.

(C) 그녀는 재고관리시스템에 대해 잘 안다.

(D) 그녀는 Fresh Delivery의 임시직에 지원했다.

|해설| Combined Question. 첫 번째 글에서 NPL 재고관리시스템을 사용해 본 풍부한 경험이 요구된다고 했다. 두 번째 글에서 Moon씨는 NPL 사용에 능숙하며 신입사원들에게 NPL 교육도 시켰다고 했다. 여러분의 문제집에는 두 글의 공통요소인 NPL이 반드시 표시되어 있어야 한다! Moon씨는 NPL에 능숙하다고 했으므로 재고관리시스템에 대해 잘 알고 있는 것.

180. For how long has Ms. Moon worked for Fernley, Inc.?

(A) One year

(B) Five years

(C) Six years

(D) Ten years

Moon씨는 Fernley에서 얼마나 오래 근무 하였는가?

(A) 1년

(B) 5년

(C) 6년

(D) 10년

|해설| Fernley에서 일한 10년 중 6년을 Robbins씨 밑에서 일했다고 했으므로 Fernley에서 일한 기간은 총 10년이다.

To:	Henry Ritter
From:	Marcia Jones
Cc:	Patrick Collins, Roberta Botlin
Date:	November 13
Subject:	Conference calls

You might be aware that 182 I started working with Baron Textiles at the Southeast office four days ago. Part of my duties is to be part of a group telephone meeting about our sales every week. However, this afternoon, 181 I had trouble hearing most of the discussion since the phone kept breaking up. My supervisor told me that 185◎ Patrick Collins and Roberta Botlin have had the same problems at the North office. It's possible that this is a problem at other offices as well.

Is there any way that we can get better equipment for the telephone meetings so that staff in branch offices are able to better participate in meetings with staff at the main office?

Regards,

Marcia Jones
Southeast office, Sales
Baron Textiles

To:	Marcia Jones, Patrick Collins, Roberta Botlin
From:	Henry Ritter
Date:	November 18
Subject:	Update on phones

Dear Marcia, Patrick, and Roberta,

I ordered three new phones yesterday and they should be at your respective offices by November 24. We will test them and collect your feedback. 183 We have allocated additional funds for as many phones as we need if you find them satisfactory. I'm going to visit Marcia's branch on November 30 to train her on how to use the phone before her sales meeting. After the meeting, I'll get her opinion. 185◎ On December 7, I'll go to Patrick and Roberta's office to do the same. Other reviews say the 184 Cleartone telephone is very receptive, meaning noises in your office may also be amplified. After checking the phones, if this issue causes problems, we'll look at other options for telecommunications equipment.

Thanks for being patient while we're trying to fix this problem.

Sincerely,

Henry Ritter
Information Technology Consultant
Baron Textiles

수신:	Henry Ritter
발신:	Marcia Jones
참조:	Patrick Collins, Roberta Botlin
날짜:	11월 13일
제목:	전화 회의

당신은 제가 Baron Textiles의 남동부 사무실에서 182 4일전에 일하기 시작한 것을 알고 있을 거라 생각합니다. 저의 임무 중 하나는 매주 우리 영업에 관련한 전화 회의에 참여하는 것입니다. 그러나 181 오늘 오후 저는 전화가 계속 끊겨서 대부분의 대화내용을 듣는데 어려움을 겪었습니다. 제 상사는 저에게 185◎ Patrick Collins와 Roberta Botlin도 북부 지점에서 동일한 문제를 겪었다고 알려줬습니다. 이것은 다른 지점에서도 마찬가지로 문제가 될 가능성이 있습니다.

지점 사무실의 직원들이 본사 직원들과의 회의에 보다 더 잘 참가할 수 있도록 전화 미팅을 위한 더 좋은 장비를 가질 수 있는 방법이 있을까요?

Marcia Jones
남동부 지점, 영업
Baron Textiles

수신: Marcia Jones, Patrick Collins, Roberta Botlin
발신:Henry Ritter
날짜: 11월 18일
제목 :전화기 관련 업데이트

Marcia, Patrick, Roberta씨에게

저는 어제 새 전화기 3대를 주문했으며 11월 24일까지 당신들의 각각 사무실로 아마 배송될 것입니다. 우리는 이 전화기들을 테스트해보고, 여러분의 의견을 수집할 것입니다. 183 여러분이 이 전화기가 만족스럽다고 생각할 경우, 필요한 만큼의 많은 전화기를 구매 하기 위한 추가적인 자금을 배정해 놓았습니다. 저는 11월 30일 Marcia의 지점에 방문해서 그녀의 영업 회의 전에 전화기를 어떻게 사용해야 하는지 사용법에 대해 그녀에게 알려줄 것입니다. 미팅 이후에 그녀의 의견을 들을 것입니다. 185◎ 12월 7일에는 Patrick과 Roberta의 사무실에도 동일한 이유로 방문할 것입니다. 상품평들을 보면 184 Cleartone 전화기가 수신력이 매우 좋다고 합니다. 이는 사무실의 소음 또한 아마 증폭 시켜 줄 수도 있다는 걸 의미합니다. 전화기를 확인한 후에, 이것이 문제가 된다면, 우리는 통신 장비를 위한 다른 옵션을 찾아 볼 것입니다.

저희가 이 문제를 해결하기 위해 노력하는 동안 인내해 주셔서 감사합니다.

Henry Ritter
IT 컨설턴트
Baron Textiles

181. What is the purpose of the first e-mail?

(A) To report a difficulty

(B) To ask for relocation

(C) To resolve a dispute

(D) To market a communication device

첫 번째 이메일의 목적은 무엇인가?

(A) 문제를 신고하기 위해서

(B) 이전을 요청하기 위해서

(C) 분쟁을 해결하기 위해서

(D) 통신기기를 시판하기 위해

|해설| 전화기의 연결상태가 좋지 않아서 회의에 지장이 있다는 것을 얘기하고 있으므로 (A)가 정답.

난이도
★★☆

182. What is indicated about Ms. Jones?

(A) She is working in Information Technology.

(B) She has had a discussion with Mr. Ritter's supervisor.

(C) She attempted to take part in his first Baron Testiles meeting on November 13.

(D) She took part in a conference call on November 18.

Jones씨에 대하여 언급되어 있는 것은?

(A) 그녀는 IT부문에서 근무하고 있다.

(B) 그녀는 Ritter씨의 상사와 토론을 가졌다.

(C) 그녀는 11월 13일에 Baron Testiles에서의 첫 번째 회의에 참여하려 했었다.

(D) 그녀는 11월 18일에 전화 회의에 참석했다.

|해설| Jones씨는 4일전에 입사했고, 매주 열리는 주간회의에 오늘 참석했다. 그러므로 이 회의는 Jones씨가 입사해서 처음으로 참석한 주간회의임을 유추할 수 있다. (C)가 정답.

(A) Jones는 첫 번째 이메일을 쓴 발신인이다. 전화기 교체를 요청했다고 IT팀이라고 볼 수 없다. 게다가, 서신의 마지막 부분에 발신인 정보를 확인해보면, Jones씨는 Sales(영업)부서에서 일하고 있음을 알 수 있다. 그러므로 오답.

183. What does Mr. Ritter imply that he will do if the Cleartone telephones are satisfactory?

(A) To check their performance with other phone models

(B) To ask for a price reduction from the manufacturer

(C) To discuss changing suppliers with his manager

(D) To purchase more phones for other branches

만약 Cleartone 전화기가 만족스럽다면 Ritter씨는 무엇을 할 것이라고 암시하고 있나요?

(A) 다른 전화기 모델과의 성능을 검사하는 것

(B) 제조회사로부터 가격 할인을 요청하는 것

(C) 그의 매니저와 공급업체를 변경하는 것을 논의하는 것

(D) 다른 지점을 위하여 더 많은 전화기를 구매 하는 것

|해설| 이 전화기를 테스트해보고 만약 좋으면, 필요한 양만큼 전화기를 구매하기 위해 예산을 확보해두었다고 했으므로 (D)가 정답.

184. In the second e-mail, what is stated about the Cleartone telephones?

(A) They are the most popular phone model in the industry.

(B) They are the only phone supplied by a vendor.

(C) They might make background sounds louder.

(D) They might not be available for immediate order.

두 번째 이메일에서 Cleartone 전화기에 대하여 언급되어 있는 것은?

(A) 이 전화기는 그 업계에서 가장 인기 있는 전화기 모델이다.

(B) 이 전화기는 판매처에 의해 공급된 유일한 전화기이다.

(C) 이 전화기는 주변 소리를 더 크게 만들지도 모른다.

(D) 이 전화기는 즉시 주문하기는 불가능할지 모른다.

|해설| 이 전화기가 수신력이 너무 좋아서, 주변 소음까지도 크게 전달이 될지 모름을 우려하고 있다. 그러므로 (C)가 정답.

185. Where will Mr. Henry most likely be on December 7?

(A) At the Southeast office

(B) At the North office

(C) At the main office

(D) At the sales workshop

12월 7일 Henry씨는 아마 어디에 있을까요?

(A) 남동부 사무실

(B) 북부 사무실

(C) 본사 사무실

(D) 판매 워크샵

|해설| Combined Question. 두 번째 지문을 보면 Henry씨는 12월 7일 Patrick과 Roberta 사무실에 방문한다고 했다. 첫 번째 지문에서 Patrick과 Roberta도 북부사무실에서 비슷한 문제를 겪고 있다고 했다. 그러므로 Patrick과 Roberta은 북부사무실에서 근무하는 것이고, Henry씨는 이들을 만나기 위해 북부사무실을 방문할 것이다.

Wentford Industries Newsletter
August 22

We at Wentford Industries are pleased to report that Janet Flanders was named the Manager of the Year and honored at this year's managerial conference in Ottawa. Ms. Flanders rose to a management position quickly from her start as an intern at our Vancouver branch nine years ago due to her diligence and commitment to her work. After receiving her degree from university, 188ⓞ Ms. Flanders accepted a full-time position at our headquarters in Toronto, where she has remained.

Not only has Ms. Flanders proven to be a competent and amiable manager of customer relations, but she also has helped improve the satisfaction of Wentford Industries customers 186by revising our methods of dealing with customer complaints. Because of her efforts, Wentford's reputation with customers has become overwhelmingly positive. She will receive her award with the other recipients on August 25 at the conference, where several developmental presentations will also be given, as well as 190ⓞ a speech about our past given by Wentford's CEO. Congratulations to Ms. Flanders on her accomplishments!

From: Laura Myers <lmyers@wentfordind.com>
To: Janet Flanders <jflanders@ wentfordind.com>
Subject: Hi!
Date: August 26

Dear Janet,

188 I apologize for not being able to come to the conference this year, but I'm sure you'll understand that my transfer to Minneapolis made attendance impossible. Congratulations on your prize! Do you think you could send me any photos from the conference? 189ⓞ I heard that Taylor Cobbin gave a great presentation there. I wish I could have seen it.

My position here is working out, but 187 sales are definitely a difficult department. However, it's wonderful that I finally rose to the position of supervising a whole department.

188ⓞ I'm going to be in your region in September, so why don't you let me buy you lunch to congratulate you on the award.

Sincerely,

Laura

Wentford 산업 사보
8월 22일

Wentford Industries에 있는 우리들은 Janet Flanders가 올해의 매니저로 선정되어 오타와에서 열린 올해의 경영 컨퍼런스에서 상을 받은 것을 알리게 되어 기쁩니다. Flanders는 9년 전 벤쿠버 지점에서 인턴으로 시작해서 그녀의 근면성과 업무에 대한 열의 덕분에 빠르게 경영진의 자리에까지 올라왔습니다. 대학에서 학위를 받고 나서, 188ⓞFlanders는 토론토에 있는 본사에서 정규직을 수락하게 되었고, 그곳에서 지금도 일하고 있습니다.

Flanders는 유능하고 정감 있는 고객관리 매니저라는 것을 입증해왔을 뿐만 아니라, 186고객 불만을 처리하는 우리의 방법을 개선함으로써 Wentford Industries 고객들의 만족도를 높이는데 일조해왔습니다. 그녀의 노력 덕분에 고객들 사이에서 Wentford의 평판은 압도적으로 긍정적인 것이 되었습니다. 그녀는 8월 25일 컨퍼런스에서 다른 수상자들과 함께 상을 받을 것이며 그 곳에서 190ⓞWentford 대표이사님의 우리 과거에 대한 연설뿐만 아니라 몇몇 개발관련 발표도 진행이 될 것입니다. Flanders에게 그녀의 성과에 대해 축하를 보내는 바입니다!

발신: Laura Myers <lmyers@wentfordind.com>
수신: Janet Flanders <jflanders@ wentfordind.com>
제목: 안녕하세요
날짜: 8월 26일

Janet에게,

188올해 제가 컨퍼런스에 갈 수 없는 것에 대해 사과를 드립니다. 하지만 당신도 제가 Minneapolis로 전근을 가게 된 것이 참석을 불가능하게 만들었음을 이해하리라 확신합니다. 수상 축하 드려요! 저에게 컨퍼런스에서 찍은 사진 좀 보내주실 수 있나요? 189ⓞTaylor Cobbin이 그곳에서 굉장한 발표를 했다고 들었습니다. 볼 수 있었다면 좋았을 텐데요.

여기서 저의 일은 자리를 잡아가고는 있지만 187영업은 분명히 힘든 부서네요. 그렇지만 제가 마침내 부서 전체를 감독할 자리에 오르게 되었다는 것은 정말 멋진 일입니다.

188ⓞ저는 9월에 당신이 있는 지역에 갈 예정이예요. 그래서 이번 상도 축하할 겸 제가 점심을 사는 게 어떨까요?

Laura

Wentford Industries Managerial Conference
August 25

Schedule (Subject to Change):
3:00 p.m. – 3:40 p.m.: 190◎ A History of Wentford presented by Gregory Burns
4:00 p.m. – 4:40 p.m.: 189◎ Communicating Effectively with your Staff presented by Taylor Cobbin
5:00 p.m. – 5:40 p.m.: Increasing Productivity through Delegation presented by Sam Warner
5:40 p.m. – 7:00 p.m.: Intermission and Dinner (Catering provided by Sally's Catering)
7:00 p.m. – 8:00 p.m.: Awards Presentation presented by Arthur Sorensen

Wentford Industries 경영 컨퍼런스
8월 25일

일정(변경될 수 있음):
오후 3:00 – 3:40: 190◎ Wentford의 역사 – 발표자 Gregory Burns
오후 4:00 – 4:40: 189◎직원과의 효과적인 의사소통 – 발표자Taylor Cobbin
오후 5:00 – 5:40: 권한위임을 통한 생산성 제고 – 발표자 Sam Warner
오후 5:40 – 7:00: 중간 휴식 및 저녁식사 (Sally's Catering 제공)
오후 7:00 – 8:00: Arthur Sorensen에 의한 시상식

|어휘| commitment to(=devotion, dedication) ~헌신, 전념 prove to do ~임이 입증되다 competent 유능한 amiable 정감있는, 호의적인 overwhelmingly 압도적으로 positive(=optimistic) 긍정적인 accomplishment 업적, 성과, 실적 work out 일 따위가 잘 풀리다

---

186. According to the article, what process did Ms. Flanders improve?
(A) Dealing with unsatisfied customers
(B) Customer satisfaction surveys
(C) Conference enrollment
(D) Ensuring proper communication between departments

기사에 따르면, Flanders씨는 어떤 과정을 개선했는가?
(A) 불만족한 고객들을 다루는 것
(B) 고객 만족 설문조사
(C) 컨퍼런스 등록
(D) 부서간의 적절한 의사소통을 확실히 하는 것

|해설| 고객 불만을 처리하는 방식을 개선했으므로 (A)가 정답.

---

187. What is indicated about Ms. Myers?
(A) She likes taking pictures.
(B) She is moving to another company.
(C) She is in charge of many interns.
(D) She manages a sales department.

Myers씨에 대해 언급되어 있는 것은?
(A) 그녀는 사진 찍는 것을 좋아한다.
(B) 그녀는 다른 회사로 옮길 것이다.
(C) 그녀는 많은 인턴들을 담당하고 있다.
(D) 그녀는 영업부를 관리하고 있다.

|해설| 영업부서가 힘든 부서라는 것을 토로하면서, 그렇지만 한 부서를 담당하는 것은 멋진일이라고 했다. 그러므로 Myers씨는 영업부서를 맡고 있음을 유추할 수 있다.
(B) transfer를 이직으로 오인하지 않도록 주의하자! transfer는 relocation과 같은 의미인데, 다른 회사로 이직하는 것이 아니고, 같은 회사 내에서 다른 지점으로 전근을 가는 것이다. Myers씨는 Minneapolis로 전근을 간 것이지 회사를 옮긴 것은 아니다.

188. To what city will Ms. Myers most likely travel in September?
(A) Minneapolis
(B) Toronto
(C) Vancouver
(D) Ottawa

9월에 Myers씨는 아마도 어느 도시를 방문할까요?
(A) Minneapolis
(B) Toronto
(C) Vancouver
(D) Ottawa

|해설| Combined Question. 두 번째 지문에서 Myers씨는 '9월에 당신 지역에 방문할 것이다'라고 했으므로 Flanders씨가 있는 곳을 방문할 예정이다. 첫 번째 지문에서 보면, Flanders씨는 학위를 받은 후에 본사가 있는 토론토로 옮겼고, 그 곳에서 여전히 머물고 있다고 했으므로 Flanders씨가 현재 있는 곳은 토론토. 그러므로 Myers씨는 9월에 토론토를 방문할 것임을 유추할 수 있다.
(A) Minneapolis는 Myers씨가 현재 근무하는 지역이고 (D) Ottawa는 시상식이 열린 경영 컨퍼런스가 개최된 지역이다.

189. Which presentation did Ms. Myers want to see?
(A) A history of Wentford
(B) Communicating Effectively with Your Staff
(C) Increasing Productivity through Delegation
(D) Awards Presentation

Myers씨가 보고 싶었던 발표는?
(A) Wentford의 역사
(B) 직원과의 효과적인 의사소통
(C) 권한위임을 통한 생산성 제고
(D) 시상식

|해설| Combined Question. 2번째 지문에서 Myers씨는 Taylor Cobbin강의를 들어보고 싶다고 했다. 3번째 글에 찾아보면 Cobbin씨의 강의명은 (B)임을 확인할 수 있다.

|문장분석| I wish I could have seen it
I wish 뒤에서 that이 생략되고 절이 바로 나올 때는 가정법 시제가 등장한다.
★ 가정법 과거 [I wish+S+과거 or I wish+S+could/would+동사원형 ⇒ 현재사실 부정]
'I wish I were taller: 내가 (지금) 키가 더 크다면 좋을 텐데'.
★ 가정법 과거완료 [I wish+S+had p.p or I wish+S+could/would have p.p ⇒ 과거사실 부정]
'I wish I hadn't eaten so much: 내가 그렇게 많이 먹지 않았더라면 좋을 텐데. 너무 많이 먹었다'.
그러므로 본 지문에서 'I wish I could have seen it: 내가 그것을 볼 수 있었더라면 좋았을 텐데'. 아쉽게도 보지 못했다는 의미.

190. Who most likely is Gregory Burns?
(A) A conference organizer
(B) An award recipient
(C) A caterer
(D) A company executive

Gregory Burns는 누구인가?
(A) 컨퍼런스 기획자
(B) 수상자
(C) 출장뷔페 업체
(D) 회사 임원

|해설| Combined Question. 1번째 지문에서 Wentford사의 대표이사가 회사의 과거에 대한 연설을 할 것이라 했다. 3번째 지문인 일정표에서 보면 회사의 역사에 대해 발표하는 발표자 이름이 Gregory Burns라고 명시되어 있다. 그러므로 Gregory Burns는 회사의 대표이사임을 알 수 있다. 대표이사도 임원에 포함되므로 (D)가 정답.

To: Raymond Grace <raygrace@heat.com>
From: Angelo Martinez <amartinez@amazebooks.com>
Date: October 14
Subject: Recommendations
Attachment: Four Titles

Dear Mr. Grace,

191 We believe that you will like the four titles that are described in the attached file. These selections are recommended 192 based on your past history of purchases.

194© Keep in mind that we ship books on the same day they are ordered if they are in stock, and they should arrive at your desired address within four business days. 195© Books which have not yet been released can be pre-ordered at a 10% discount and will be sent to your desired address when they are released.

Keep reading!

Angelo Martinez
Amaze Books

Click here to browse our books.

New Books	
Vegetable Party By Rachel Griggs Publisher: Symphonic Publications Price: $15.60 (plus delivery fees) Dozens of recipes for fresh and healthy vegetable dishes the whole family will love. Status: In stock	**The Trees of National Parks** By Robin Pride Publisher: Natural Birth Publications Price: $32.50 (plus delivery fees) An extensive book featuring identification guides for trees in state and national parks across the country. This guide is 193 fully illustrated to help you identify trees. Status: In stock
The Home Guide to Furniture Restoration By Walter Verus Publisher: Symphonic Publications 195© Price: $23.40(plus delivery fees) The author writes in an easily understandable fashion, making furniture restoration at home easy for even those with no experience restoring furniture. Status: To be released in November. 195© Preorder now.	Antiquing and You By Francis O'Gladdery Publisher: P. Newton Publishing Price: $18.40 (plus delivery fees) Antiquing and You gives you easy-to-follow instructions for finding and purchasing real antiques. Status: In stock

수신: Raymond Grace <raygrace@heat.com>
발신: Angelo Martinez <amartinez@amazebooks.com>
날짜: 10월 14일
제목: 추천
첨부: 4개의 책

Grace씨에게

191첨부파일에 나와있는 4개의 책을 당신이 좋아할 것이라 믿습니다. 이 선정 도서들은 192당신의 과거 구매 기록을 토대로 추천된 것입니다.

194© 당신이 주문한 책이 재고에 있다면 당신이 주문한 책은 당일 발송되며, 영업일 기준으로 4일 이내에 당신이 원하는 주소에 도착할 것임을 기억해 주세요. 195© 아직 출시되지 않은 책들은 10% 할인가에 미리 주문하실 수 있으며 이 책들이 출시될 때 원하는 주소로 배송될 것입니다.

독서를 멈추지 마세요!

Angelo Martinez
Amaze Books

우리 책들을 둘러보려면 여기를 클릭하세요.

신간 도서	
Vegetable Party 지은이: Rachel Griggs 출판사: Symphonic Publications 가격: 15.60달러 (배송비 별도) 전 가족이 좋아할 신선하고 몸에 좋은 수십 가지의 야채 요리의 요리법 상태: 재고 있음	The Trees of National Parks 지은이: Robin Pride 출판사: Natural Birth 가격: 32.50달러 (배송비 별도) 전국의 주립공원과 국립 공원의 나무들을 소개하는 식물도감을 주요내용으로 하는 방대한 책. 당신이 나무를 식별 할 수 있도록 193삽화가 꽉차게 포함되어 있습니다. 상태: 재고 있음
The Home Guide to Furniture Restoration 지은이: Walter Verus 출판사: Symphonic Publications 195© 23.40달러 (배송비 별도) 작가는 쉽게 이해할 수 있는 방식으로 집필을 했으며, 심지어 가구 리폼 경험이 전혀 없는 사람들도 집에서 가고 리폼을 쉽게 할 수 있게 만들어 줍니다. 상태: 11월에 출시됨. 195© 지금 미리 주문 하세요	Antiquing and You 지은이: Francis O'Gladdery 출판사: P. Newton 출판 가격: 18.40달러 (배송비 별도) Antiquing and You는 진짜 골동품을 찾거나 구입하는데 필요한, 쉽게 따라 할 수 있는 설명을 제공해줍니다. 상태: 재고 있음

TEST 07

Online Purchase Receipt

194◎ Date of order: Monday, December 10
Customer's name: Raymond Grace

Item	Price
Vegetable Party	$15.60
The Sailor and the Element	$16.80
195◎ The Home Guide to Furniture Restoration	$23.40
Shipping and handling	$5.60
Total charges	$63.70

Thanks for shopping with Amaze Books!

인터넷 구매 영수증

194◎ 주문일: 12월 10일 월요일
고객명: Raymond Grace

항목	가격
Vegetable Party	$15.60
The Sailor and the Element	$16.80
195◎ The Home Guide to Furniture Restoration	$23.40
배송 및 처리 비용	$5.60
총 금액	$63.70

Amaze Books을 이용해주셔서 감사합니다!

|어휘| in stock 재고가 있는 in a fashion(=in a ~manner) ~한 방식으로

---

191. Why was this e-mail written?
(A) To confirm an order
(B) To notify a customer of a store's relocation
(C) To request a review of a previous order
(D) To promote suggested items

이 이메일은 왜 쓰여졌는가?
(A) 주문을 확인하기 위해서
(B) 고객들에게 가게 이전을 알리기 위해서
(C) 이전 주문품에 대한 평가를 요청하기 위해서
(D) 추천상품을 홍보하기 위해서

|해설| 고객의 과거 구매이력을 근거로 4개의 도서를 선정하여 추천하고 있으므로 추천상품을 홍보하는 것.
(A) 'confirm an order'가 답이 되려면 이메일에서는 '고객님은 ~를 주문하셨습니다'라고 주문내역을 확인해주는 내용이 포함되어 있어야 한다. 이 글은 고객에게 도서를 추천해주면서, 구매를 장려하고 있는 글이다. 그러므로 고객의 주문을 확인해주는 글은 아니다.

---

192. What is suggested about Mr. Grace?
(A) He is a publishing company employee.
(B) He asked for book recommendations.
(C) He has bought books from Amaze Books before.
(D) He is currently waiting for an order to be delivered.

Grace씨에 대해서 언급되어 있는 것은?
(A) 그는 출판사 직원이다.
(B) 그는 책 추천을 요청했다.
(C) 그는 이전에 Amaze Books에서 책을 구매한 적이 있다.
(D) 그는 현재 주문품이 배송되기를 기다리고 있다.

|해설| 과거 구매이력을 토대로 도서를 추천한다고 했으므로 Grace씨는 이전에 이 서점에서 구매한 적이 있음을 유추할 수 있다.
(B) Grace씨가 도서추천을 요청한 것은 아니다. 고객의 의향과 상관없이, 서점에서 마케팅의 일환으로 고객들의 구매이력을 토대로 추천도서를 선정하여 홍보하는 것이다.
(D) 서점이 마케팅 차원에서 추천도서 목록을 만들어 고객의 구매를 장려하고 있을 뿐, 이 중에 Grace씨가 실제로 주문한 도서는 없다. 그러므로 배송을 기다리고 있는 것은 아니다.

193. What is indicated about The Trees of National Parks?

(A) It includes many pictures.

(B) It is signed by the author.

(C) It includes free delivery.

(D) It is part of a series.

The Trees of National Parks에 대해서 언급되어 있는 것은?

(A) 이 책은 많은 그림을 포함하고 있다.

(B) 이 책은 작가의 서명이 들어있다.

(C) 이 책은 무료 배송을 포함한다.

(D) 이 책은 시리즈물의 일부다.

|해설| 'fully illustrated'가 단서. 삽화가 꽉차게 들어있다는 의미이므로 책 안에 많은 그림이 있다는 의미.

---

194. When will Mr. Grace most likely receive his order?

(A) October 18

(B) October 22

(C) December 10

(D) December 14

Grace씨는 언제 주문품을 받을 가능성이 가장 높은가?

(A) 10월 18일

(B) 10월 22일

(C) 12월 10일

(D) 12월 14일

|해설| Combined Question. 1번째 지문에서 주문한 책은 당일 발송이 되며, 영업일 기준 4일이내에 도착할 것이라 했다. 3번째 지문에서 주문일이 12월 10일임을 확인할 수 있다. 그러므로 Grace씨는 아마도 14일에는 책을 받을 것이다.

(C) ship동사와 deliver의 차이 주의! 본문에서 주문 당일 ship될 것이라 했다. ship은 '발송'으로 회사 창고에서 물건이 출발하는 시점이 다. 반면에 deliver는 '배송'으로 고객이 물건을 받는 시점이다. 이 둘을 혼동하여 오답을 고르는 경우가 많으므로 주의! 주문 당일 발송(ship)이 되는 것이고, 도착하는 것은 4일이내이므로 주문당일 고객이 물건을 받을 수 있는 것은 아니다. (C)는 오답.

난이도
★☆☆

195. What is most likely true about Mr. Grace's order?

(A) Its shipping and handling was upgraded.

(B) It wasn't eligible for a pre-ordering discount.

(C) It was made separately from another order.

(D) It will be delivered to his office.

Grace씨의 주문과 관련하여 사실인 것은?

(A) 배송처리가 업그레이드 되었다.

(B) 사전예약주문 할인의 자격을 갖추지 못했다.

(C) 또 하나의 주문과 별도로 이루어졌다.

(D) 그의 사무실로 배송될 것이다.

|해설| Combined Question. 'preorder'는 파트7에 자주 등장하므로 주의해서 봐두자! 1번째 지문에서 아직 출시 전인 책을 미리 주문(preorder)하면 10% 할인된 가격에 주문할 수 있다고 했다. 2번째 지문에 소거된 4개의 도서 중에 좌측 하단의 책이 preorder 대상임을 알 수 있고, 이 책의 제목은 The Home Guide to Furniture Restoration이며 가격은 23.4불이다 미리 주문을 했다면 23.4불에서 10% 할인 받은 가격으로 싸게 구입할 수 있을 것이다. 그런데 3번째 지문에서 고객의 영수증을 보면, 해당 책을 구매했는데 가격이 정가 그대로 23.4불임을 알 수 있다. 그러므로 Grace씨는 preorder 할인을 받지 못했음을, 다시 말해서 책이 출간된 후에 주문한 것임을 유추할 수 있다.

TEST 07

Elevate Financial

News	Accounts	Financing	Jobs

196 The Dream Savings Plan is the newest way for you to save money.

Elevate Financial's newest savings account, the Dream Savings Plan, has more advantages for our customers than our Select Savings Plan. Among its benefits are higher interest rates and more options to transfer money.

During this promotional period, we are offering all customers the chance to change their Select Savings Plan to Dream Savings without our usual account conversion fees. Also, 197 this plan will be available to customers for the annual service charge of $3 for the first year. After the first year, the annual charge will be raised to $5 a year for the Dream Savings Plan. 198ⓒ This special offer is valid until the end of June.

To: accountcare@elevatefinancial.com
From: ktrump@mercurybroadband.com
Subject: Savings account issue
Date: 198ⓒ, 200ⓒ June 17

198ⓓ, 200ⓒ When I opened my Dream Savings Plan a week ago, I was told that the 199 balance I had in my Select Savings Plan would be moved to the new account after the plan was opened. I just logged in to my account, though, and there are no available funds for the Dream Savings Plan. I'd like to know when the money from my Select Savings Plan will be moved to the Dream Savings Plan.

Please let me know what's going on as soon as possible.

Karen Trump

To: ktrump@mercurybroadband.com accountcare@elevatefinancial.com
From: accountcare@elevatefinancial.com
Subject: Re: Savings account issue
Date: June 18

Thank you for contacting us about your issue, Ms. Trump. According to my records, you recently changed your account to Dream Savings Plan. 200ⓒ It normally takes ten days for the funds to be transferred after opening a new account. This is because of account verification and security measures that are taken to help keep our customers' finances safe. If you need to withdraw money, please use the old account for the time being. If you have any other issues, please feel free to contact me.

Sincerely,
Sharon House
Customer Account Specialist
Elevate Financial

Elevate Financial

뉴스	예금	재무	구인

196 Dream Savings Plan은 당신이 돈을 절약 할 수 있는 가장 새로운 방법입니다.

Elevate Financial의 최신 저축 예금인 Dream Savings Plan은 저희 기존 Select Savings Plan보다 고객들에게 더 많은 혜택을 드립니다. 혜택 가운데는 높은 금리와 돈을 이체하는 여러 가지 옵션이 있습니다.

이번 상품 홍보기간에만, 저희는 통상적으로 부과했던 예금전환 요금 없이 전 고객들에게 Select Savings Plan에서 Dream Savings Plan으로 갈아 탈 수 있는 기회를 드리고 있습니다. 또한, 197 이 상품은 첫 1년 동안 연간 서비스 이용료, 3불로 고객들에게 제공 되고 있습니다. 첫 1년 이후에는, 연간 이용료가 Dream Savings Plan의 경우 연간 5불로 인상됩니다. 198ⓒ 이 특별 홍보이벤트는 6월 말까지 유효합니다.

수신: accountcare@elevatefinancial.com
발신: ktrump@mercurybroadband.com
제목: 예금계좌 문제
날짜: 198ⓒ, 200ⓒ 6월 17일

198ⓓ, 200ⓒ 제가 일주일 전에 Dream Savings Plan을 개설했을 때, 제 기존 Select Savings Plan에 남아있는 199 잔고가 상품을 개설한 후에 새 예금계좌로 이동한다고 들었습니다. 하지만 제가 방금 예금 계좌에 로그인 했더니 Dream Savings Plan에 아무런 돈도 남아 있지 않았습니다. 제 Select Savings Plan에서 Dream Savings Plan으로 언제 돈이 이체되는지를 알고 싶습니다.

가급적 빠른 시일 내에 어떻게 된 일인지를 알려주세요.

Karen Trump

수신인: ktrump@mercurybroadband.com
accountcare@elevatefinancial.com
발신인: accountcare@elevatefinancial.com
제목: 회신: 예금계좌 문제
날짜: 6월 18일

Trump씨, 이번 문제와 관련하여 저희에게 연락 주셔서 감사합니다. 저희 기록에 따르면 고객님은 최근 계좌를 Dream Savings Plan으로 변경하셨습니다. 200ⓒ 새로운 계좌를 개설하고 나서 자금이 이체되는 데는 보통 10일 정도가 걸립니다. 이는 고객님의 금융을 안전하게 유지하도록 하기 위해 취해지는 계좌 확인 및 보안조치 때문입니다. 돈을 인출할 필요가 있으시면 당분간 이전 계좌를 이용해주시기 바랍니다. 다른 문제가 있으시면 언제든 연락 주시기 바랍니다.

Sharon House
Elevate Financial 고객 계좌 전문가

196. What is the purpose of the Web site information?

(A) To explain rises in service charges

(B) To publicize a new savings plan

(C) To explain online banking processes

(D) To announce the opening of a new branch

웹사이트 정보의 목적은 무엇인가?

(A) 서비스 요금 인상을 설명하려고

(B) 새로운 저축 상품을 홍보하려고

(C) 온라인 뱅킹 절차를 설명하려고

(D) 신규 지점 오픈을 알리려고

|해설| 새로운 저축상품인 Dream Savings Plan을 홍보하고 있다. Dream Savings Plan으로 전환할 경우에 받을 수 있는 여러 혜택을 설명하고 있다.

---

197. What is stated about the service charge?

(A) Customers must pay it when opening an account.

(B) It will initially be lower than usual.

(C) It is not as high as what other banks charge.

(D) Customers only pay it for two years.

서비스 이용료에 대해서 언급된 것은?

(A) 고객들은 신규 계좌를 개설 할 때 이 이용료를 내야 한다.

(B) 처음에는 이용료가 평상시보다 저렴할 것이다.

(C) 다른 은행이 청구하는 이용료만큼 높지 않다.

(D) 고객들은 2년 동안만 이 이용료를 지불하게 된다.

|해설| 첫 해에는 연간서비스이용료가 5달러가 아닌 3달러라고 했으므로 (B)가 정답.

(A) 서비스 이용료를 어느 시점에 내야 하는지는 언급된 바가 없다.

---

198. What is most likely true about Ms. Trump?

(A) She is looking for a new bank.

(B) Her service charge has risen.

(C) She was not charged for changing accounts.

(D) She cannot currently withdraw money from the Select Savings Plan.

Trump씨에 대해서 사실일 가능성이 가장 높은 것은?

(A) 그녀는 새로운 은행을 찾고 있다.

(B) 그녀의 서비스 요금이 인상되었다.

(C) 그녀는 계좌 변경에 대한 요금을 부과 받지 않았다.

(D) 그녀는 현재 Select Savings Plan으로부터 자금을 인출할 수 없는 상태다.

|해설| Combined Question. 첫 번째 지문을 보면, 이번에 저축상품을 변경하면 '전환요금' 없이 변경할 수 있으며, 이 행사는 6월 말까지 유효하다. 두 번째 이메일은 고객이 작성한 글로, 작성된 날짜가 6월 17일이다. 그리고 첫 번째 문장에서 이 고객은 일주일 전에 Dream Savings Plan을 개설했다고 했으므로, 이 고객은 6월에 상품을 변경했음을 유추할 수 있다. 6월에 변경했으므로 전환요금이 면제되는 혜택을 받았을 것이다. 그러므로 (C)가 정답.

(B) 서비스 이용료는 두 번째 해부터 인상된다고 했다. 그녀는 일주일 전에 상품을 변경했으므로 아직 요금이 인상되지는 않았다.

(D) 이번에 Dream Savings Plan로 갈아탔을 뿐, 이전에도 Select Savings Plan을 이용했으므로 Elevate Financial의 고객이었다. 그러므로 최근에 이 은행을 이용하기 시작한 것은 아니다.

199. In the first email, the word "balance" in paragraph 1, line 1 is closest in meaning to?

(A) amount
(B) harmony
(C) mean
(D) stability

이메일의 첫 번째 단락의 첫 번째 줄 "balance"와 의미상 가장 가까운 것은?

(A) 금액
(B) 조화
(C) 수단
(D) 안정성

|해설| balance는 2가지 의미를 가진다. 1) 조화, 2) 잔금, 잔액. 여기서는 은행계좌와 관련된 '잔액'의 의미. 가장 가까운 단어는 **amount**(금액).

200. When most likely will Ms. Trump's Dream Savings Plan account have funds in it?

(A) June 10
(B) June 20
(C) June 27
(D) June 28

Trump씨의 Dream Savings Plan 계좌는 언제 그 안에 자금이 들어갈까요?

(A) 6월 10일
(B) 6월 20일
(C) 6월 27일
(D) 6월 28일

|해설| Combined Question. 3번째 지문에서 계좌를 옮기고 나면 자금이 이체되는데 10일정도 걸린다고 했다. 2번째 지문에서 보면 이메일을 쓴 날짜가 6월 17일이고, 계좌를 옮긴 것은 일주일 전, 즉 10일이라고 했다. 그러므로 열흘 후인 20일쯤에는 계좌에 자금이 이체되어 들어와 있을 것이다.

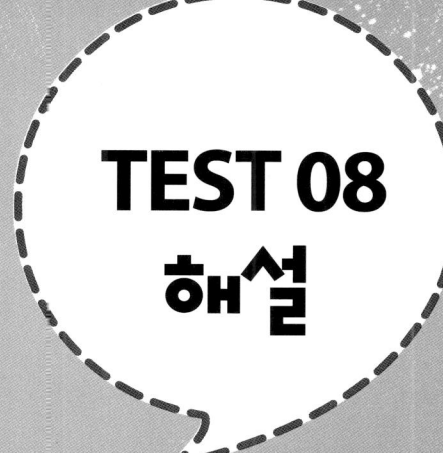
TEST 08
해설

동시토익 CONTEMPORARY **TOEIC**

TEST 08

101	C	102	B	103	B	104	C	105	B	106	C	107	D	108	C	109	B	110	C
111	A	112	C	113	D	114	D	115	A	116	C	117	C	118	C	119	C	120	C
121	D	122	C	123	C	124	B	125	D	126	D	127	A	128	A	129	C	130	A
131	B	132	C	133	D	134	A	135	B	136	A	137	C	138	D	139	C	140	D
141	B	142	A	143	B	144	B	145	A	146	D	147	B	148	C	149	C	150	C
151	D	152	B	153	C	154	D	155	A	156	C	157	C	158	A	159	C	160	D
161	C	162	B	163	C	164	A	165	D	166	A	167	B	168	C	169	B	170	C
171	B	172	B	173	D	174	D	175	A	176	D	177	C	178	B	179	A	180	B
181	B	182	B	183	A	184	D	185	C	186	D	187	C	188	B	189	A	190	C
191	B	192	C	193	A	194	C	195	A	196	A	197	B	198	A	199	A	200	B

 101 **(Because classes are limited only to 12 students), we need a quick response (for you) (to take this course).**
                부사절   S   V   O   의미상의 주어   준동사구-부

|오답| close, sharp, busy

학급이 12명의 학생들로 제한되어 있기 때문에, 당신이 이 과정을 수강하기 위해서는 저희는 빠른 회신을 필요로 합니다.

|해설| 형용사어휘문제. response와 어울리는 형용사는 quick. '빠른 대답, 회신'. 'close – 가까운 회신(×)', 'sharp response – 날카로운 회신 (×)', 'busy – 바쁜 회신'. sharp는 '증가, 감소' 의미의 명사와 짝꿍으로 잘 쓰인다. 'sharp fall – 급락'.

|어휘| be limited to ~로 제한되다 response 회신, 응답

 102 **Please allow at least six business days (for delivery of your order).**
            V   O

|오답| quantity, method, model

당신의 주문 물품 배송을 위해서 최소한 영업일 기준으로 6일을 감안해주시기 바랍니다.

|해설| 명사어휘문제. 전체적으로 해석해보면 6일을 기다려야 한다는 의미이므로 '주문품의 배송'을 기다린다는 의미.

 103 **Ms. Taylor asked (that her people attend both the team building workshop this week and the training session next**
     S   V   O (명사절)   both   A   and   B

month).

|오답| so, either, neither

Taylor씨는 그녀의 부하직원들이 이번 주에 있을 팀 빌딩 워크샵과 다음 달에 있을 교육과정을 모두 참석하도록 요구했습니다.

|해설| 상관접속사문제. 'both A and B: A와 B 둘 다'. both는 and와 짝꿍인 상관접속사.

104 **All the supplies** (you ordered online) **will be shipped** (from our Hong Kong distribution center within 24 hours).
        S   형용사절 (that생략)   be p.p

|오답| replied, stored, arrived

당신이 인터넷으로 주문한 모든 용품들은 홍콩 유통센터에서 24시간 이내에 선적이 될 것입니다.

|해설| 동사어휘문제. 수동태로 쓰였으므로 모든 자동사는 탈락. 목적어를 주어자리로 보내는 게 수동태다. 자동사는 목적어가 없기 때문에 수동태를 만들 수 없다. reply는 전치사 to와 짝꿍인 자동사. arrive도 자동사이므로 탈락. 특정 전치사와 짝꿍인 자동사는 매달 출제되므로 반드시 외워둔다. 자동사 리스트는 TEST 03 127번 해설 p127 참고. store는 '저장하다, 보관하다'기므로 전치사 from과 어울리지 않는다. '물류센터로부터 보관된다(×)'. from과 짝꿍인 동사는 ship. '물류센터로부터 보내진다, 선적된다(O)'.

|어휘| ship 선적하다 distribution center 유통 센터

105 **Tiffy Bath announced** (that **its** products have been removed from duty-free shelves in Japan and China).
        S   V   O (명사절)

|오답| themselves, itself, they

Tiffy Bath는 그들의 제품이 일본과 중국의 면세점에서 철수되었음을 발표했습니다.

|해설| 대명사문제. 명사 앞은 소유격자리. its는 'Tiffany Bath'를 받아온다. 'Tiffany Bath의' 제품들.

|어휘| remove A from B A를 B에서 제거하다 duty-free 면세의 shelves 선반들

106 **Interviewers agreed** (that Ronald Belisario is the most **qualified** of all the applicants for the supervisory position).
        S   V   O (명사절)

|오답| qualify, qualifier, qualifies

Ronald Belisario가 모든 관리직 지원자들 중에서 가장 자격이 뛰어나다는 사실에 면접관들이 동의했습니다.

|해설| 어형문제. [the most ___] 최상급의 형태. 비교급이나 최상급을 만들 수 있는 품사는 형용사나 부사. 보기 중에 부사는 없으므로 형용사 형태인 qualified가 정답.

|어휘| qualified 적격인, 자격이 있는 applicant 지원자 supervisory position 관리직, 감독직

107 **The intended market** (for the book) **is people** (who already have experience and want to develop **their** cooking skills
                   S   V   C   형용사절

further).

|오답| theirs, they, them

그 책이 목표하는 시장은 이미 요리 경험이 있으며 요리 기술을 보다 발전시키고자 하는 사람들입니다.

|해설| 대명사문제. 명사 앞은 소유격자리. '그들의 요리기술'.

|어휘| market 시장 (특정 소비자 층을 지칭하는 경우도 많다) intended 의도된, 예정된 further 图 좀 더

108 **All the facilities** (in the factory) **must be inspected frequently** (to detect signs of excessive wear or damage).
        S   be p.p   준동사구-부

|오답| frequent, frequents, frequency

과도한 마모나 손상의 조짐을 발견해 내기 위해서 공장 내 모든 설비는 자주 점검되어야 합니다.

|해설| 어형문제. [S be p.p ___ 부사구] 완벽한 뼈대구조 뒤에 추가로 나올 수 있는 품사는 부사. 문장의 끝, 즉 문미에 '부사'를 고르는 문제는 매달 1문제는 꼭 출제된다.

|어휘| inspect 검사 하다 detect 감지하다, 알아내다 wear 图 닳음, 마모 damage 파손, 손상

TEST 08

109 Various community **events have been planned** (by cities all over the county) (<u>during</u> the week of May 11 to May 18).
　　　　　　　　　　　　S　　　　　be p.p
|오답| among, under, above

다양한 지역행사가 카운티 전역에 걸쳐서 5월 11일부터 18일까지 일주일 동안 (진행되도록) 시에 의해 계획되어 왔습니다.

|해설| 기간전치사문제. 시간전치사 문제는 시간명사가 '기간 vs. 시점'인지를 가장 먼저 따져본다. 그런데 시간 단위(year, month, day, etc.) 앞에 the가 붙으면 항상 '기간명사'! [ex] the day, the year, the month. 이것만 파악했다면 3초짜리 문제. 보기 중 유일한 기간전치사인 during이 정답.

기간전치사 6개(for, during, in, within, over, throughout)는 반드시 외워둔다. ◐ Reading교재 vol.2 p124 참고

---

110 The **spokesman has specified** (that the chairman will appoint a director this week and wait for approval from the board).
　　　　　S　　　　V　　　　　　　　　　　　　　　　O (명사절)
|오답| specify, to specify, is specified

의장님께서 이번 주에 이사를 임명한 후에 이사회의 승인을 기다릴 것이라고 대변인이 명시했습니다.

|해설| 동사어형문제. 동사어형문제 접근법 p10 참고. 1) 구조. 문장에 본동사가 2개(will appoint, wait), 접속사도 2개(that, and) 쓰였으므로 본동사가 1개 더 필요하다. 빈칸은 본동사자리. to specify는 탈락. 2) 태. 빈칸 뒤에는 that절이 목적어 역할을 하고 있으므로 능동태. is specified는 탈락. 3) 수일치. 주어(spokesman)가 단수명사이므로 현재시제에는 's'가 붙어야 한다. specify 탈락. 정답은 has specified.

|어휘| spokesperson 대변인 specify 명시하다, 규정하다, 밝히다 chairman 의장 approval 승인, 인가

---

111 The best security **advice** would be (to avoid details <u>about</u> personal information) (such as names, birth of date and
　　　　　　　　　　S　　　　V　　　　　　C (준동사구-명)
the like).
|오답| along, until, into

최상의 보안을 위한 조언은, 이름, 생일 등과 같은 개인 정보에 대한 세부사항을 피하라는 것입니다.

|해설| 전치사문제. '개인정보에 관한 세부사항'이므로 about이 정답.

> **about, on, as to, over, regarding, concerning** '관한'이라고 해석되면 이 전치사들 중 하나를 골라오자! 빈출!

|어휘| such as 예를 들어

---

112 **Cardmax** will **expand** regionally (opening a new branch in Boston) (to defend its market share in the east).
난이도　　S　　　V　　　　　　　　　준동사구-부　　　　　　　　　준동사구-부
★★☆
|오답| region, regional, regionalize

Cardmax는 동부지역에서의 시장점유율을 방어하기 위해서 보스턴에 새로운 지점을 개점하면서 지역적으로 확장할 것입니다.

|해설| 어형문제. expand가 자동사로 쓰인 구조. [S+Vi ＿＿＿ 부사구] 완벽한 뼈대구조 뒤에 추가로 나올 수 있는 품사는 부사. 이 문제가 오답률이 높은 이유는 expand가 타동사로도 잘 쓰이기 때문이다. opening을 목적어로 보고 형용사인 regional을 골라오는 경우가 많다. opening이 명사라면, 그 뒤에 'a new branch'라는 명사가 또 나올 수 없다. 'opening a new branch in Boston'은 부사구로써, '새로운 지점을 개점하면서'라고 해석한다. expand의 목적어로써 region을 답으로 고른다면? 2가지 이유 때문에 불가능하다. 첫 번째, region은 '장소명사'다. 모든 장소명사는 셀 수 있는 '가산명사'. [ex] a county, an area, a region. 앞에 관사가 붙거나 복수형으로 쓰여야 한다. 두 번째, 의미상 어색하다. region은 '국가' 개념보다 더 큰 규모의 '지역'을 의미한다. [ex] 태평양 지역 – pacific region, 유럽지역 – European region. 한 회사가 지역을 확장할 수는 없다. '지역'은 '국가'와 마찬가지로 정해져 있는 지리적 공간이다. 회사가 이 지역 내에서 자신의 '입지'를 확장할 수는 있다. 혹은 '시장'을 확장할 수는 있다. 그러나 '지역' 자체를 확장할 수는 없다. 그러므로, 이 문제에서는 '지역적으로 확장하다 – expand regionally'가 정답.

|어휘| expand 확장하다 regionally 지역적으로, 지방으로 defend 방어하다, 막다 market share 시장 점유율

113 **(Whenever customers apply for a mobile phone contract), they will be subject (to a credit check) (before their**
난이도   부사절   S   V   C   부사절
★☆☆ **application is approved).**

|오답| until, once, since

고객들이 휴대전화 약정서를 신청할 때마다, 고객들은 신청서가 승인되기 전에 먼저 신용조회를 받게 될 것입니다.

|해설| 보기는 모두 부사절 접속사이므로 의미상 접근해야 한다. 우선 'be subject to' 구문부터 이해하고 가자. 'A is subject to B: A는 B의 대
상이 된다'. 그대로 적용하면 '그들은 신용조회의 대상이 될 것이다 ⇒ 그들은 신용조회를 받을 것이다'. 신용조회를 받고 통과되면, 승인이 될 것이
다. 그러므로 신용조회를 받는 것은 신청서가 승인되기 이전의 시점이 될 것이다. '승인되기 전에, 조회를 받는다'가 되므로 **before**가 정답. 우리말
로 해석하면 **before**가 어색하게 느껴질 것이다. '영어 식' 표현이다. **before**는 이렇게도 사용한다.

'It will take a week before we can ship your orders: 우리가 당신의 주문품을 발송하기 전에 일주일이 걸릴 것이다'. 우리말로는 다소 어색
하지만, 영어로는 잘 쓰는 표현이다. '일주일이 걸리는' 시점은, '우리가 배송할 수 있는 시점' 보다 이전이 되므로 **before**를 사용한다.

since는 무조건 시제부터 확인하자. **since**가 '이래로' 의미로 쓰이면, 주절에는 항상 현재완료, **since**가 이끄는 부사절에서는 항상 '과거'시제가
사용된다.

> **I have lived here** since **I moved in**. 내가 이사온 이래로 나는 여기에서 살아오고 있습니다.
>
> 이사 온 것은 '과거', 이사온 이래로 여기에 살고 있으므로 여기에 사는 것은 '과거부터 현재'가 되기 때문에 '현재완료'시제를 쓴다.

|어휘| apply for 신청하다 credit check 신용 조회

114 **Mr. Crawford's exhibition (called Boat Stories) has attracted many first-time visitors and he made this his most**
              S   V   O   and S   V   O
popular exhibition to date.
              OC

|오답| popularizes, popularity, must popularize

보트 스토리라는 제목의 Crawford씨의 전시회는 수많은 첫 방문객들을 유치했으며, 그는 이 전시회를 지금껏 가장 인기 있는 전시회로 만들
었습니다.

|해설| 어형문제. [one's __ n.] 소유격의 위치는 관사와 똑같다. 관사/소유격과 명사 중간에 삽입될 수 있는 품사는 명사를 수식해주는 형용사뿐이
다. '관형명'이라고 순서를 외워두면 문제 풀 때 아주 요긴해진다. 보기 중에 유일한 형용사는 **most popular**, 형용사의 최상급. 최상급 앞에는 일반
적으로 **the**가 나오지만, 소유격이 나오는 경우는 관사가 탈락한다. [ex] my best friend.

|어휘| exhibition(=exhibit, show, display, exposition) 전시회 to date 오늘까지, 지금껏

핵심 called는 p.p형태니까 수동태인데, 왜 뒤에 명사가 나왔나요?

call은 명사 목적보어를 취하는 5형식 동사!
명사 목적보어를 취하는 5형식 동사들은 수동태로 쓰이면 'be p.p + n.'와 같이 뒤에 명사가 따라 나온다. 명사보어를 취하는 5형식의 수동
태는 최근 출제빈도가 높아지고 있으므로 잘 챙겨두고 가자. 자세한 설명은 TEST 04 143–146번 해설 p183 참고.

여기서 called는 형용사구를 이끄는 준동사. 준동사이므로 be동사 없이 p.p형태만 남아있다. 명사목적보어를 취하는 동사들이 준동사 역
할을 하면, 이렇게 p.p 뒤에 명사가 바로 따라 나오게 된다.

the exhibition **called** Boat Stories	Boat Stories라고 불리는 전시혁
the book **entitled** Dongsi Toeic	동시토익이라고 이름 붙여진 책
a boy **named** Victor	빅터라고 이름 붙여진 소년

115 The **city** will **offer** | more than twice as | many **jobs** (to young people this year) | as it had offered a year ago |.

        S   V   O   as〜as 원급비교

|오답| as, over, during

이 도시는 1년전보다 두 배 이상 많은 일자리를 올해 젊은이들에게 제공할 것입니다.

|**해설**| 문제는 쉽고 문장은 까다롭다. 일단 'more than'은 묶어서 부사역할. 숫자 앞에 잘 나온다. 'more than twice: 두 배 이상'. TEST 06 107 번 해설 p270 참고. 비교급 문장이 나오면 해석이 꼬이는 경우가 많다. 원급비교는 아래 자세한 설명을 참고하자.

|**어휘**| more than 〜이상 as many 〜as 〜만큼 많은

핵심 '원급비교'와 '차등비교'

'A makes many mistakes: A는 많은 실수를 한다'는 기본문장을 가지고 '원급비교'와 '차등비교'를 만들어 보자.

    [원급비교] **A makes** as **many mistakes** as **B.**   A는 B와 마찬가지로 많은 실수를 한다
    [차등비교] **A makes** more **mistakes** than **B.**   A는 B보다 더 많은 실수를 한다

as를 형용사 앞에 붙여주고, 또 하나의 as는 문장 뒤에 붙인 다음, 그 뒤에 비교대상(B)을 써준다. '〜와 마찬가지로'라고 해석한다. 원급비교는 A와 B를 동등하게 비교해준다. A와 B가 실수하는 수준이 비슷하다는 의미이다. 반면에 차등비교는 '누가 누구보다 낫다, 못하다'라고 우등, 혹은 열등비교를 해준다. 그런데 'as 〜 as' 앞에 twice, three times와 같은 '배수'가 붙으면 'as 〜 as'도 역시 차등비교로 의미가 변환된다.

    [원급비교] **A makes** twice **as many mistakes as B.**   A는 B보다 두 배 더 많은 실수를 한다
    [차등비교] **A makes** twice **more mistakes than B.**   A는 B보다 두 배 더 많은 실수를 한다

그러므로 '배수'의 표현이 추가되면 원급비교와 차등비교의 의미가 똑같아 진다.
본문의 경우도 '시에서 작년에 제공했던 것보다 두 배 더 많은 일자리를 올해 제공한다'와 같이 차등으로 해석된다.

116 North Ridge **College announced** this morning (**that Ms. Rosa Parks**, former dean of St. John's College, **was named the**
                S   V   O (명사절)

new dean).

|오답| named, is named, has named

North Ridge College는 St. John's College의 전 학장이었던 Rosa Parks씨가 신임 학장으로 임명되었음을 오늘 아침에 발표했습니다.

|해설| 동사어형문제. name을 보자마자 5형식 동사임을 알아볼 수 있어야 한다! name은 경사목적보어를 취하는 5형식 동사로, 일반 동사어형문제 접근법을 적용해서는 안 된다. 앞서 117번 문제에서도 설명했듯이, 명사목적보어를 취하는 5형식 동사들(elect, appoint, call, name, consider)은 be p.p 뒤에 목적보어가 남기 때문에 'be p.p +n.'의 특이한 수동태 형태를 가진다. 그러므로 빈칸 뒤에 명사가 있다고 무조건 '능동태'를 골라 와서는 안 된다. 5형식 수동태의 자세한 설명은 TEST 04 143~146번 해설 p183 참고.

일단, 본동사(announced)가 과거시제이므로, 현재류 시제들은 어색하다. is named와 has named를 제치면, '과거시제'인 named와 was named가 남는다. 이 중에서 named는 절대로 답이 될 수 없을까? 모든 5형식 동사들은 기본적으로 타동사이기 때문에 3형식으로도 쓰일 수 있다. 뒤에 명사가 있으므로 목적어로 본다면 능동태도 가능하다.

Ms. Rosa Parks, former dean of St. John's College, **named** the new dean. [3형식 능동태]
Ms. Rosa Parks, former dean of St. John's College, **was named** the new dean. [5형식 수동태]

둘 다 구조상은 가능하다. 의미상 접근해야 한다.

'3형식 능동태'의 경우, '존스대학의 전직 학장이었던 로자팍스는 새로운 학장을 임명했다'가 된다. 그리고 이 사실은 놀스리지 대학에서 발표했다. 상식적으로 A대학의 학장을 B대학의 전직학장이 임명하지는 않을 것이다.

'5형식 수동태'는 '존스대학의 전직 학장이었던 로자팍스가 새로운 학장으로 임명되었다'가 된다. 'B대학의 전직학장이 새로운 학장으로 임명되었음을 A대학이 발표했다'가 자연스럽다.

최근 출제빈도가 계속 높아지고 있으므로 명사 목적보어를 취하는 5형식 동사 5개는 반드시 외워두자. 이 동사들이 보기에 등장하면, 빈칸 뒤에 명사가 있어도 '수동태'가 가능함을 명심하자!

elect, appoint, call, name, consider

|어휘| former 전직의 dean 학장 be named n. ~로 임명되다

117 Make your product readily available (to the general public) (to strengthen the company's recognition in the market).
      V   O   OC   준동사구-부

|오답| recognize, recognizing, recognized

시장 내에서의 회사 인지도를 강화시키기 위해서 귀사의 제품이 일반대중들에게 바로 이용 가능하게 만들어야 합니다 ⇒ 당신의 제품을 대중들이 바로 접할 수 있게 만들어야 합니다.

|해설| 어형문제. [소유격 ___ 전치사] 빈칸은 소유격의 수식을 받는 명사자리.

|어휘| readily 쉽게 make s.t available to 누구에게 제공하다, 공개하다 general public 일반 대중 strengthen(=solidify) 강화시키다 recognition 인지도, 인정

118 **Please be assured** [**that every employee has** <u>until</u> **October 5 to decide** (**whether to attend next month's training session**)].

    be p.p   S   V   O (명사절 축약형)

|오답| along, as, so

모든 직원들은 다음달에 열릴 교육과정의 참석여부를 10월 5일까지 결정하셔야 함을 유념해주시기 바랍니다.

|해설| 'have until+날짜 to do~'는 관용표현. 앞서 자세하게 설명한 바 있다. TEST 03 108번 해설 p121 참고.
have to는 '~해야 한다'는 의미의 조동사. 이 중간에 '~까지'라는 시간부사구가 들어갈 때는 항상 until을 사용한다. 앞으로 돌아가서 'by vs. until'의 의미차이까지 반드시 확인하고 가자!

|어휘| be assured that ~를 유념하다, 안심하다 whether to do ~인지 아닌지, ~여부를

 핵심 Please be assured that ~ 은 특수4형식 구조!

assure 동사는 특이한 용법을 가진 동사로, 동사문제에 출제되면 만점짜리 문제가 된다! 4형식으로 쓰일 때, 두 번째 목적어 자리에는 일반명사가 나오지 않고 항상 명사절이 나온다. 이런 구조를 특수4형식 구조라 부른다.

We assure you **that your privacy will be protected.**
당신의 사생활이 보호될 것임을 당신에게 안심시켜주는 바입니다.

2개의 목적어가 나왔는데, 하나는 사람명사(you), 두 번째는 명사절(that~)이 왔다.
특수4형식 구조를 수동태로 전환해보자.

You are assured that your privacy will be protected.
      be p.p   that~

4형식이므로 'be p.p + n.'의 구조가 가능한데, 이때 be p.p 뒤에는 일반명사가 나오지 않고 항상 명사절이 나온다.
이 구조를 명령문으로 바꾸면!

Please be assured that your privacy will be protected.

예전에 이런 문제가 출제된 적이 있다.

Please be _____ **that your privacy will be protected.**

특수4형식동사의 p.p형태만이 이 자리에 들어갈 수 있다! 만점짜리 문제!
이 구조로 쓰일 수 있는 동사는 6개뿐이다. 반드시 외워두자! 모두 '알리다'의 의미를 갖는다.

inform, notify, assure, remind, tell, advise

앞으로 독해를 하다 보면 이런 구조를 종종 발견할 것이다. '~라는 것을 알아두세요, 참고하세요'라고 해석하면 된다.

Please be informed that~
Please be advised that~

○ Reading교재 vol.1 p167 참고

119
난이도
★★☆

Unexpected glitches (in the system) **have become rare** (due to adequate and regular maintenance).
　　　　　　　S　　　　　　　　　　　　　　　　V　　　　C

|오답| superb, uninterested, jealous

충분하고 정기적인 유지관리보수로 인해서, 예기치 못한 시스템 고장은 보기 드물게 되었습니다.

|해설| become은 be동사와 같은 2형식 동사. 빈칸은 보어자리이므로 주어(glitches)와 더불리는 형용사를 골라야 한다. 일단 glitch가 어려운 어휘라 오답률이 높은 문제. '고장, 오류'라는 의미다. rare는 '보기 드문, 희귀한'이므로 '고장이 드물어졌다(○)'로 정답.

|오답해설| superb - '최고의, 대단히 훌륭한'이라는 뜻으로 최근 어휘문제 정답으로 출제된 바 있다. glitch와는 어울리지 않는다.

uninterested - interested의 반대말. interest는 감정동사. 그러므로 '사물명사'를 수식하려면 ing형태가 되야 한다.

jealous - '질투하는'의 뜻으로 '사람명사'만 수식한다.

|어휘| unexpected 예기치 못한, 뜻밖의 glitch 고장 become rare 드물게 되다 adequate 충분한 maintenance 관리, 보수 유지

 120
난이도
★☆☆

Polynet Corp. announced today [**that it will expand** its international business **further** (by setting up subsidiaries in
　　　　S　　　　　V　　　　　　　O (명사절)S　　V　　　　　　　　　O　　　　　　　　전+명사구
Korea and Japan)].

|오답| closely, over, jointly

Polynet사는 한국과 일본에 자회사를 설립함으로써, 그들의 해외사업을 한층 더 확장시킬 것이라고 오늘 발표했습니다.

|해설| 부사어휘문제. 부사어휘문제는 위치를 주의! 해당부사가 누구를 꾸며주고 있는지 구체적으로 파악해서 접근해야 한다. 전체문장을 두리뭉실하게 해석해서 접근하다가 오답을 고르는 경우가 많다. 여기서는 뼈대구조 뒤, 즉 문미에 나왔다. 문미에 나온 부사는 앞에 있는 동사(expand)를 꾸며준다. further는 '더, 한층 더'라는 의미의 부사. 지금까지도 확장해 왔지만, 이번에 자회사를 설립해서 '한층 더' 확장할 것이라는 의미.

|오답해설| `closely` - '면밀하게 확장하다(×), 'closely examine - 면밀하게 조사하다'(○)'.

over - 부사로 간혹 쓰이긴 하지만 흔하게 사용되지는 않으므로 참고만 해두자. 1) '거리 상으로 먼' [ex] please put it over there - 저쪽에다 두세요, 2) '다시' [ex] you have to do it over - 너는 그것을 다시 해야 해.

`jointly` - 공동으로 확장하다(×)'. 빈칸 뒤에서 '한국과 일본에'라는 표현이 나와서 다소 흔동될 수 있는 오답이다. 만약 한국과 일본이 공동으로 확장한다고 했으면 답이 될 수 있다. 그러나 이때는 '한국과 일본'이 주어가 되야 한다. 'Korea and Japan will expand the business jointly (○)'.

|어휘| set up 설립하다 subsidiary 자회사

 121

Additional materials (relevant to the discussions at the last staff meeting) **will be posted** (on the intranet) (no later
　　　　　S　　　　　　　형용사구 (which are 생략)　　　　　　be p.p
than tomorrow morning).

|오답| relevances, relevantly, relevance

지난 직원 회의에서 논의된 사항들과 관련된 추가자료가 늦어도 내일 오전까지 인트라넷에 게재될 것입니다.

|해설| relevant를 전치사 to와 짝꿍으로 외워뒀다면 잘 풀어왔을 것이고, 그렇지 않다면 고전할 수 밖에 없는 어려운 문제. 형용사는 일반적으로 명사 앞에 나온다. 그러나 형용사가 전명구와 짝꿍이 될 때는 전명구와 붙어 나와야 하기 때문에 명사 앞에 오지 못하고 명사 뒤에서 후치수식을 한다.

> **the list of products available in our store** 우리 가게에서 이용 가능한 제품
>
> 여기서 available은 products를 꾸며준다. 그런데 위치는 명사 뒤. available이 in our store와 짝꿍이 되면서 명사 뒤로 밀려났다. '아무데 서나 이용 가능한 제품'이 아니고 '우리 가게에서 이용 가능한' 제품들이므로 전명구와 함께 붙여서 써줘야 한다. 이렇게 형용사가 전명구와 짝꿍이 되면 '형용사구'가 된다. 형용사구는 길기 때문에 명사 앞에 나오지 못하고 명사 뒤에 온다. 형용사구는 형용사절을 줄인 형태다. 그러 므로 앞에 '관계대명사+be'가 생략된 구조로 보면 이해하기가 더 쉬울 것이다.
>
> **the list of products (which are) available in our store**

relevant는 to와 짝꿍으로 '~와 관련된, ~에 해당하는'의 의미.

오답을 보면 명사와 부사가 나와있다. 문장 구조를 보면 [명사 ___ 전명구]이므로 명사 뒤에 명사가 추가적으로 또 나올 수는 없으며, 부사 또한 꾸며 줄 대상이 없으므로 나올 수 없다. 부사는 형용사, 부사, 동사 앞에 나오거나, 아니면 동사를 꾸며줄 때 '문장 제일 끝'에 나올 수 있다.

|어휘| relevant to(=related to, pertinent to) ~와 관련된

TEST 08

This quarter Mega Tele's exports exceeded 40 billion dollars (for the first time), (thanks to a sharp increase in demand
                        S   V   O

for semiconductors).

|오답| sharpness, sharply, sharpen

반도체에 대한 급격한 수요증가 덕택에, 이번 분기에 Mega Tele의 수출은 처음으로 400억 달러를 초과했습니다.

|해설| 어형문제. [관사 ___ n.] 빈칸은 형용사자리. 관사와 명사 중간에 삽입될 수 있는 품사는 명사를 수식해주는 형용사뿐이다. '관형명'이라고 순서를 외워두면 문제 풀 때 아주 요긴해진다. sharp가 정답. sharpen을 형용사로 착각하지 않도록 주의. 형용사에 en을 붙이면 동사가 된다. TEST 05 104번 해설 p220 참고. 최근 형용사가 정답이 되는 어형문제에 'en'형태의 동사가 자주 등장하고 있으며 오답률이 매우 높다! 주의!

|어휘| export 수출 exceed(=surpass, go beyond) 초과하다, 능가하다 increase in demand for ~에 대한 수요 증가 semiconductor 반도체

 (Starting next month), Nokicell Inc., will be providing affordable smart phones (that will improve the quality and
        준동사구-부   S   V   O   형용사절

난이도
★☆☆ **ease of Internet access).**

|오답| will have provided, has provided, has been providing

다음달부터 Nokicell사는 인터넷 사용 품질과 편의성을 개선해줄 저렴한 가격의 스마트폰을 공급할 예정입니다.

|해설| 동사어형문제. 시간부사나 시간부사절이 등장한 경우는 일반적인 동사어형문제 접근법의 순서를 무시하고 시제부터 따져본다. 앞서 next month가 나왔으므로 미래시제가 정답. 여기서 will have provided는 미래완료시제로 오답단골이므로 주의! 미래완료는 특이한 시제로 많이 보게 되는 시제는 아니다. 그러나 오답으로는 매우 자주 등장한다! 다음의 두 가지를 확인하고, 두 가지 경우가 아니면 무조건 오답으로 제치자! 아래 자세한 설명 참고.

|어휘| affordable 저렴한 access 접근, 접속

 핵심 will have p.p가 보기에 나오면 일단 경계! 아래 2가지를 제외하면 오답이다!

[과거부터 미래까지] **By next month, Mr. Kim will have worked for the company for 10 years.**
내년까지면 김씨는 회사에서 10년째 일한 게 될 것입니다.

김씨가 이 회사에서 일한 10년의 기간은 '9년전부터 내년까지', 즉 '과거부터 미래'까지다. 이때 쓰는 시제가 '미래완료'.

[미래 기준시점보다 더 이전의 미래] **By the time I arrive, the client will have already left.**
내가 도착할 때 즘이면, 고객은 이미 떠나고 없는 상태일 것입니다.

지금 고객을 만나러 가고 있는데 차가 너무 막히는 상황이다. 내가 도착할 때는, 이미 너무 늦은 시간이어서 고객은 떠나고 없을 것이다. 내가 도착하는 시점은 '미래'. 고객이 떠나는 것은 그 '이전'일 것이다. 내가 도착한 것보다 더 일찍 떠났으므로 내가 도착했을 때는 떠나고 없는 상태. 그러므로 도착한 것이 '미래 기준시점', 고객이 떠나는 것은 그 이전의 미래'. 이때 사용하는 것이 미래완료다.

장황하게 설명했는데, 문제를 풀 때는 훨씬 알아보기 쉽다. 왜냐하면 이 의미에서는 항상 접속사 'by the time'이 등장하기 때문. '___ I arrive, the client will have already left.' 빈칸에 by the time을 고르는 문제가 최근 출제된 적도 있다. by the time은 미래완료시제와 짝꿍으로 쓰이므로 묶어서 외워두자! ◎ Reading교재 vol.1 p235 참고

124 Laptops, tablets, or smart phones (provided to you by your employer) should be used (for work-related tasks only).
S   준동사구-형   be p.p

|오답| tasking, tasked, task

회사에서 당신에게 제공한 노트북, 태블릿, 스마트폰은 업무에 관련된 일에만 사용되어야 합니다.

|해설| [전치사+형 ___] 빈칸은 명사자리. 그런데 명사가 task, tasks 2개가 나왔다. 명사어형문제에서 같은 명사가 단수형, 복수형으로 2개 나란히 출제된 경우, '가산명사 vs. 불가산명사'를 묻는 문제다. 가산명사는 단독으로 쓰일 수 없다. 앞에 관사가 붙거나 아니면 복수형으로 써야 한다. task가 가산명사라면 tasks가 정답, 불가산명사라면 task가정답. 아무런 단서 없이 순수하게 '가산이냐 불가산이냐'를 묻는 문제들의 경우, 통계적으로 분석해보면 가산명사의 출제빈도가 80% 가량 된다. 만약 최후에 찍어야 하는 순간이 온다면, 가산명사가 정답이 될 확률이 높다는 것을 참고는 해두자. task는 work와 비슷한 의미이지만, task는 가산명사. work는 대표적인 불가산명사! 가산명사이므로 tasks가 정답! **◎ Reading 교재 vol.2 p188 참고**

|어휘| work-related 업무와 관련된 task 일

 125 Last month, the recreation magazine's readership topped 1 million (for the first time).
난이도   S   V   O
★★☆

|오답| improvement, article, editor

지난 달에, 오락용 잡지의 구독자수가 처음으로 1백만명을 넘어섰습니다.

|해설| 일단 top이 동사로 쓰여서 생소했을 것이다. top이 동사로 쓰이면 '1) 능가하다. 2) 1위를 차지하다'의 의미. 본문에서는 1)번의 의미로 쓰였다. '___이 백만을 넘겼다'고 했으므로 주어자리에 들어갈 명사를 골라야 한다. readership은 '독자 수'라는 의미로 정답.

|오답해설| `improvement` – 개선이 백만을 능가했다(×).

`article` – 기사가 백만을 넘겼다(×). '기사의 수'는 백만을 넘길 수 있으나, '기사' 자체는 백만을 넘길 수 없다. 'the number of articles'가 되어야 주어자리에 쓰일 수 있다.

`editor` – 편집자가 백만을 넘었다(×). 위에 article과 마찬가지로 '편집자의 수'만이 백만을 넘길 수 있다. 'the number of editors'가 되어야 한다.

|어휘| readership 구독자 수 top 图 능가하다. 더 높다 for the first time 처음으로

핵심 '참가자가 늘었어요'는 영어로 틀린 표현!

우리말로는 매우 자연스러운데 영어로는 틀린 표현이다. '사람' 자체는 늘어날 수 없다. '사람의 수'가 느는 것이다.

Attendees increased (×).   참가자가 증가했다 (×)
Attendance increased (○).   참가인원이 증가했다 (○)

Students increased (×).   학생이 증가했다 (×)
The number of students increased (○).   학생의 수가 증가했다 (○)

혹은 이렇게도 표현한다.

Students increased in number (○).

'증가하다. 감소하다' 의미의 동사들은 전치사 in과 짝꿍으로 쓰인다. in 뒤에는 '무엇이' 늘었는지, 증가, 감소의 기준이 되는 것이 나온다. 그러므로 in 뒤에 number를 써주면 맞는 표현!

126 Competitive salaries as well as generous bonuses will be awarded (to sales representatives for big sales).
　　　　 A 　　　 as well as 　　　 B 　　　 be p.p

|오답| so that, even though, by the time

후한 상여금뿐만 아니라 상당히 높은 급여가 큰 판매 건들에 대해 영업사원들에게 수여될 것입니다.

|해설| 보기 중에 접속사가 하나라도 있다면, 반드시 접속사 자리인지 아닌지를 먼저 확인한다. 전체 문장에서 본동사가 1개(will be awarded)밖에 없으므로 접속사는 필요 없다. so that, even though, by the time은 모두 접속사이므로 탈락. as well as는 접속사인 것은 맞는데, and와 같은 등위접속사다. 'A as well as B'의 구조로 쓰이며, A와 B가 병렬구조가 되면 된다. 즉 A가 명사면 B도 명사, A가 절이면 B도 절이 된다. 여기서는 2개의 명사를 병렬구조로 연결해주고 있다.

|어휘| competitive 경쟁력 있는 competitive salary 높은 급여 as well as ~뿐만 아니라 generous 상당한, 큰, 후한 be award 수여되다 sales representative 영업직원

127 Hatter Footwear predicted a 20 percent rise (in the total volume) (produced), (owing to the expansion of the
　　　　 S 　　　 V 　　　 O 　　　　　　　　　　　　　　 준동사구-형
manufacturing facility).

|오답| instead of, even if, provided that

제조시설의 확장으로 인해서, Hatter Footwear는 총 생산량이 20% 증가할 것으로 예측했습니다.

|해설| 보기 중에 접속사가 하나라도 있다면, 반드시 접속사 자리인지 아닌지를 먼저 확인한다. [___ n.+전명구] 빈칸 뒤에는 절이 아닌 명사만 나왔으므로 전치사자리. 모든 접속사(even if, provided that)는 탈락. owing to와 instead of는 모두 전치사이므로 의미상 접근한다. '공장의 확장 때문에 생산량의 증가를 예상했다'이므로 owing to가 정답. 'instead of – 공장의 확장 대신에 생산량의 증가를 예상했다(X)'.

|어휘| predict 예측하다 rise in ~에 있어서 상승 owing to(=due to, because of) ~때문에 expansion 확장 manufacturing 제조 facility 시설, 설비

128 A person or an organization (that sells something) is referred to (as the vendor).
　　　　 S1 　 or 　 S2 　　　 형용사절 　　　 be p.p+전치사 (자동사의 수동태)

|오답| referring, has referred, to refer

뭔가를 판매하는 사람이나 조직은 판매처로 불립니다.

|해설| refer가 자동사임을 알아보는 것이 Key! 일단은 동사어형문제 접근법으로 접근해보자. 1) 구조. 본동사가 1개(sells), 접속사가 1개(that) 쓰였으므로 빈칸은 본동사자리. 그러므로 referring과 to refer는 탈락. 2) 태. 빈칸 뒤에 목적어 없이 전치사 to가 나왔으므로 수동태구나 라고 결론을 내렸다면, 참 쉽게 풀었지만, 위험하게 푼 것! 전치사 to뒤에는 명사가 나오지 않은 파격적인 문장구조다.

자동사는 원칙적으로는 수동태를 만들 수 없지만, '자동사+전치사'를 묶어서 하나의 타동사로 간주한다면 수동태가 가능하다. 그래서 자동사의 수동태는 딱 봐도 티가 난다. 'be p.p + 전치사'의 형태로 쓰이고, 전치사 뒤에는 명사가 나오지 않는다.

> The issue was dealt with. 　　　 그 문제가 다루어 졌습니다
> The waste was disposed of. 　　 쓰레기가 폐기되었습니다
> The date was agreed on. 　　　 날짜가 합의 되었다

이 구조를 알아보려면, 늘 특정 전치사와 짝꿍이 되는 자동사들은 전부 다 외워둬야 한다! 이 자동사들은 다양한 문제유형으로 매달 한 문제씩은 꼭 출제되므로 외우지 않고 시험장에 가는 것은 자살 골이다! TEST 03 127번 해설 p127 참고. 앞으로 문장에서 'be p.p + 전치사'의 구조가 나온다면 '아, 자동사 수동태구나'라고 알아보면 된다.

|어휘| refer to 언급하다, 참조하다 vendor 판매자, 상인

129 **Biowill Chemicals makes plastics, chemicals and energy (derived from renewable crops rather than petroleum).**

           S   V   O1,   O2   and O3   준동사구-형   A   rather than   B

|오답| in case of, only if, as though

Biowill Chemicals사는 석유 대신에 재생 가능한 곡물에서 추출된 플라스틱, 화학제품, 에너지를 생산합니다.

|해설| 보기 중에 접속사가 하나라도 있다면, 반드시 접속사 자리인지 아닌지를 먼저 확인한다. [___ n.] 빈칸 뒤에는 절이 아닌 명사만 나왔으므로 모든 접속사(only if, as though)는 탈락. 빈칸 뒤에 명사만 남아있으므로 빈칸은 구조상 전치사 자리다. 그런데 유일한 전치사인 'in case of'가 의미상 어울리지 않는다. '석유의 경우에는(X)'. 이 문장은 rather than의 병렬구조! 'A rather than B: B대신에/보다는 A'구조다. 여기서 A가 명사면 B도 명사, A가 절이 나오면 B도 절이 나온다. 그런데 rather than은 등위접속사는 아니다. 그러므로 완전한 병렬구조가 만들어지지 않는 경우도 있다.

> **You'd better call her rather than waiting for her here.**
> 여기서 그녀를 기다리는 것 보다는 그녀에게 전화를 하는 편이 낫다

특히 동사가 병렬구조로 나오는 경우, rather than뒤에서는 ing 형태가 잘 나온다. 이때는 call / waiting이 형태가 다르다. 형태상 병렬구조는 성립하지 않는다. 그렇지만, 의미상은 항상 병렬이 되야 한다. '여기서 기다리는 것, 전화하는 것', 이 두 가지가 선택 옵션이 된다. rather than이 나오면, 항상 의미상 '병렬구조'가 되는지를 따져보자!

|어휘| chemical 명 화학제품 be derived from ~에서 비롯되다, 유래되다, 추출되다 renewable 재생 가능한 crop 곡물 petroleum 석유

130 **The amount (of work) (we do) may vary slightly (from week to week).**

난이도
★★☆

          S   형용사절(that생략)   V

|오답| spread, reflect, allow

우리가 하는 업무량은 매주 약간씩 다를 수 있습니다.

|해설| 동사어휘문제. 빈칸 뒤에 목적어가 없으므로 자동사 자리. vary는 differ와 함께 외워두자. 대표적인 자동사로 '다양하다, 다르다'의 의미. vary는 특히 'from n. to n.'구문과 함께 잘 쓰이므로 묶어서 외워두자.

> **Tax rates vary from state to state.**   세금은 주마다 다르다
> **Room rates vary from time to time.**   객실요금은 시기마다 다르다

|오답해설| reflect와 allow는 모두 타동사이므로 탈락.

spread가 오답 1순위. spread는 자/타동사로 모두 쓰인다. '우리 작업량이 한 주 전체에 걸쳐서 골고루 퍼져있다'는 의미로 생각해서 오답으로 많이 선택한다. 일단, 'from week to week'은 '한 주 전체에 걸쳐서(X)'의 의미가 아니다. 이렇게 표현하려면 'throughout the week'을 써야 한다. spread의 예문을 하나 살펴보자. [ex] the rumor has spread throughout the area – 소문이 동네 전체에 퍼졌다. spread는 '퍼지다, 확산되다'의 의미이므로 이 문장에는 어울리지 않는다.

|어휘| vary(=differ) 다양하다, 다르다 slightly 다소, 조금 from week to week 주 마다

To: MichelleDupont@alphamail.com
From: Groberts@stellaraudio.com
Date: June 25
Subject: Purchase #651388

Dear Ms. Dupont,

We have received your order for the Stellar Hi-Fi Home Entertainment Stereo System (Item #651388) but we regret to inform you that Stellar Audio is _____ to ship your purchase at this moment. _____. However, it
131.   132.
is on backorder and we will receive more by July 10. We are sorry that this _____ you. You can cancel your order if you want to. _____, the system
133.   134.
will be delivered to the address you listed by July 25 at the latest. Please feel free to contact me at Groberts@stellaraudio.com for any question.

Sincerely,

Greta Roberts

수신: MichelleDupont@alphamail.com
발신: Groberts@stellaraudio.com
날짜: 6월 25일
제목: 구매번호 651388

Dupont씨에게

저희가 Stellar Hi-Fi Home Entertainment Stereo System (물품번호 651388)에 대한 귀하의 주문을 받았으나 Stellar Audio에서 지금은 귀하의 주문품을 발송할 수 없음을 알려드리게 되어 유감입니다. 귀하가 주문하신 스테레오 시스템은 현재 재고가 없는 상태입니다. 그러나 이 제품이 이월주문 상태에 있으며 7월 10일까지는 저희가 더 많은 물량을 받을 수 있습니다. 이것이 당신에게 불편을 드리게 되어 최송합니다. 원하시면 주문을 취소하실 수도 있습니다. 그렇지 않다면, 이 시스템은 늦어도 7월 25일까지 귀하가 입력하신 주소로 배송이 될 것입니다. 질문 있으시면 주저 마시고 Groberts@stellaraudio.com으로 저에게 연락 주시기 바랍니다.

Greta Roberts

|어휘| inconvenience 동 불편하게 만들다 명 불편 otherwise 1) 그렇지 않으면, 2) 달리, 다르게 by 일정 at the latest 늦어도 ~까지

---

131. (B) unable   **|오답|** (A) about (C) always (D) unexpected

|해설| unable은 be동사 뒤에 쓰이면 항상 뒤에 to부정사를 수반한다. to부정사와 짝꿍이 되는 형용사들은 최근 초빈출유형! 모두 다 외워두자!

He is **able** to go.	~수 있다	He is **reluctant** to go.	~하기를 꺼리다
He is **unable** to go.	~수 없다	He is **eager** to go.	몹시 ~하고 싶어하다
He is **likely** to go.	~할 것 같다, ~할 가능성이 높다	He is **keen** to go.	몹시 ~하고 싶어하다
He is **willing** to go.	기꺼이 ~하다		

|오답해설| (A) about도 'be about to do~'의 구조로 쓰인다. 그런데 의미상 탈락. 'be about to do~: 막 ~하려 하다'의 의미. '우리는 너의 주문을 막 배송하려 한다는 것을 알려주게 되어서 유감이다(×)'. 앞에 나온 regret동사와 의미상 어울리지 않는다.

(C) always는 부사이므로 구조상 무조건 탈락. (D) unexpected는 expected의 반대말이기는 하나 용법은 좀 다르다. 'be expected to do(○)'의 구조는 많이 쓰지만 'be unexpected to do(X)'의 구조는 쓰지 않는다. 명사 앞에 잘 나온다. [ex] an unexpected result – 예상치 못한 결과.

---

132. (C) The stereo system you ordered is currently not in stock.	(C) 귀하가 주문하신 스테레오 시스템은 현재 재고가 없는 상태입니다.
(A) We have begun the process of delivering your order. (B) The item you have ordered is no longer being manufactured. (D) We were unable to process your credit card for payment.	(A) 저희는 귀하의 주문품 배송절차를 시작했습니다. (B) 귀하가 주문하신 물품은 더 이상 제조되지 않습니다. (D) 저희는 결제를 위해 귀하의 신용카드를 처리할 수 없는 상태입니다.

|해설| 빈칸 뒤 문장에 나온 'is on backorder'가 핵심 단서. 제품이 backorder상태라는 것은 '이월 주문', 즉 주문을 해놨지만 현재는 재고가 없어서 받지 못하고, 재고가 생기는 데로 물품을 받기 위해 대기 중이라는 의미. 이 업체는 직접 스테레오 시스템을 제조하는 회사는 아니고, 제조사로부터 물건을 받아서 소비자에게 다시 판매하는 회사일 것이다. 이 회사도 현재 제조업체에 주문을 해놓고 기다리는 상태일 것이다. 그러므로 그 앞에서는 '현재가 재고가 없다'는 의미로 (C)가 정답.

133. (D) inconveniences |오답| (A) inconvenient (B) inconveniencing (C) inconveniently

|해설| inconvenience가 명사가 아닌 동사로 쓰인 특이한 구조. 동사기능이 생소하긴 하나, 문장의 구조를 보면, 오답 중에 답이 될 수 있는 것이 없으므로 난이도가 그리 높지 않았던 문제다. [that S ____ O] 빈칸에 들어갈 수 있는 품사는 동사뿐이다. (B) inconvenient는 형용사. 인칭대명사(you)는 형용사의 수식을 절대 받을 수 없다. (B)는 준동사이기 때문에 탈락. (C)는 부사이므로 '주어-목적어' 사이에 들어갈 수 없다. inconvenience가 동사로 쓰이면 '불편을 끼치다'의 의미.

134. (A) Otherwise |오답| (B) Accordingly (C) Nevertheless (D) Indeed

|해설| Context Question. 연결어 문제는 앞 절과 뒤 절의 내용을 요약해서 두 절의 논리적 관계를 따져봐야 한다. '원하시면 취소할 수 있습니다. ____ 25일에 배송될 것입니다'. 취소를 한다면 배송은 이루어지지 않을 것이다. 그러므로 'otherwise - 그렇지 않다면'이 정답. otherwise는 앞 절을 부정하는 의미다. '그렇지 않다면, 즉 취소하지 않는다면'. (A) accordingly - 그에 상응하게, (B) nevertheless - 그럼에도 불구하고, (D) indeed - 사실.

Dear Client:

We are sending you this message because we are concerned that an error may have occurred during the _____ of your most recent order
135.
with Valentinafashions.com. The on-line store cannot correct a mistyped quantity or determine whether you accidentally ordered the wrong item. _____. If you receive another email like this, your order may _____. If
136.   **137.**
you think you made a mistake when you sent your on-line order, please contact us as soon as possible, so that we do not ship the wrong items. _____ mistake can be corrected by accessing your online account on you
138.
Web site.

고객님께

귀하가 가장 최근 Valentinafshions.com에서 하신 주문의 전송과정에서 에러가 발생했을지도 모른다는 우려 때문에 이 메시지를 보내는 바입니다. 인터넷 상점은 잘못 입력된 수량을 수정해 드릴 수가 없으며, 귀하가 실수로 잘못된 물품을 주문했는지를 판단할 수도 없습니다. 귀하가 주문하신 제품과 수량을 확인해 주시고, 주문을 다시 한번 보내주세요. 본 메일과 같은 종류의 이메일을 또 받게 되시면, 귀하의 주문은 삭제되었을지도 모릅니다. 귀하가 인터넷 주문을 넣을 때 실수했다고 생각되면 저희가 잘못된 물품을 선적하지 않도록 가능한 한 빨리 저희에게 연락을 취하십시오. 어떠한 실수도 웹사이트에서 귀하의 인터넷 계정으로 접속함으로써 수정 하실 수 있습니다.

|**어휘**| transmission 전송, 전달 mistyped 잘못 입력된 quantity 수량 determine whether ~인지 아닌지 판단하다 accidentally 실수로 delete 삭제되다 access 접속하다, 접근하다

135. (B) transmission |오답| (A) motivation (C) review (D) retrieval

|**해설**| Context Question. 전체적인 내용을 살펴보면, 인터넷에서 고객이 주문을 하는 과정에서 뭔가 실수가 있었던 것으로 보인다. 고객이 인터넷으로 입력을 해서, 이 데이터가 보내지는 과정에 생긴 일이므로 'transmission—전송'이 정답. (A) motivation – 동기, (C) review – 검토, (D) retrieval – 회수. retrieval은 뭔가를 다시 찾아온다는 의미. 컴퓨터와 관련해서 retrieval을 쓰면, 저장된 정보를 불러낸다는 의미. 만약 고객의 주문을 '불러 내다가' 실수가 있었다면, 고객의 잘못이 아닌 업체의 잘못이다. 업체의 실수라면, 고객에게 수정요청을 하는 메일을 보내진 않았을 것이다.

136. (A) Please check the quantity and item and resend your order.	(A) 귀하가 주문하신 제품과 수량을 확인해주시고 주문을 다시 한번 보내주세요.
(B) Your satisfaction with your order is guaranteed.	(B) 저희는 귀하가 만족할 것임을 보장합니다.
(C) Please take a moment to review the product that you received.	(C) 시간을 내서 당신이 받은 제품을 검사해보세요.
(D) All transactions are processed using our secure online server.	(D) 모든 거래는 저희의 안전한 인터넷 서버를 통해 처리됩니다.

|**해설**| 앞서 뭔가 문제가 생겼음을 시사하는 언급이 있었다. '온라인 상점은 자체적으로 주문의 오류를 잡아낼 수 없다'고 했다. 그러므로 '네가 직접 확인해보고 주문을 다시 하라'는 의미로 (A)가 정답.
(B) 뭔가 잘못된 상황에서 고객의 만족을 보장한다는 것은 어울리지 않는다.
(C) 주문이 잘못된 상태이므로 아직 제품을 받고 검사할 단계는 아니다.
(D) 앞서 잘못된 상황에 관해 논하고 있으므로 안전한 서버는 흐름상 어울리지 않는다.

137. (C) have been deleted |오답| (A) be deleting (B) to be deleted (D) have been deleting

|해설| 동사어형문제. 동사어형문제 접근법 p10 참고. 1) 구조. 조동사(may) 뒤에 나왔으므로 무조건 동사원형. (B) to be deleted는 탈락. 2) 태. 빈칸 뒤에 목적어가 없으므로 수동태. 만약 delete가 자동사일 수도 있지 않을까 의심된다면 double check해보자. '주문을 삭제하다' 'O−V'관계가 성립하므로 수동태임을 확인할 수 있다. 능동인 (A), (D)는 탈락. 나머지 have been deleted가 정답.

'may have been deleted'는 자주 보는 동사형태는 아니다. 'may have p.p'는 '과거 사실에 대한 추측'을 묘사한다. 반면에 'may+동사원형'은 현재사실에 대한 추측이다. 아래 두 문장의 시제와 의미를 비교해보자.

It may be true.	그것은 사실일지도 몰라
It may have been true.	그것은 사실이었을지도 몰라
Your order may be deleted.	너의 주문이 삭제될지도 모릅니다.
Your order may have been deleted.	너의 주문이 삭제되었을지도 모릅니다.

과거 사실을 추측할 때 might를 쓰지는 않는다. 'It might be true − 그것은 사실일지도 몰라', 'might+동사원형'도 현재사실에 대한 추측이다. 다만 might를 쓰면 좀 더 부드러운 표현이 될 뿐이다. 'may have p.p'가 나오면 '∼이었을지도 모른다'로 해석하면 된다.

138. (D) Any |오답| (A) His (B) Their (C) Other

|해설| (A) his, (B) their는 앞에서 지칭하고 있는 사람이 없으므로 탈락. (C) other 뒤에는 가산명사의 복수형만 나올 수 있다. 'other mistakes(○). other mistake(×)'. any는 일반적으로 부정문, 의문문, 조건문에 쓰이고, 긍정문에는 some을 쓴다. 그러나 any가 '어떤∼ 도'라는 의미로 사용될 때는 긍정문에서도 사용할 수 있다. any가 긍정문에 쓰일 때는 뒤에 단수형 복수형이 모두 나올 수 있다. [ex] any mistake(○), any mistakes(○). 자세한 내용은 TEST 01 116번 해설 p19 참고.

To: Adrian Gonzalez
From: J.P. Howell
Date: March 12
Subject: New Copy Machine

Dear Mr. Gonzalez,

If you purchased or leased your copy machine over three years ago, it may be time to consider trading it in for new technology. We guarantee that our new model, Pro204, will be more _____.
139.

You can reduce your office expenses by replacing your old, less efficient machines with a new one. _____. With a new photocopier, your office
140.
will become more productive as you will be able to get more work done in less time. Pro204 can also perform multiple tasks _____ printing, faxing,
141.
copying and scanning.

If you have any questions about Pro204 or other models, you can _____ the brochure I attached to this e-mail, or contact one of our sales
142.
representatives.

Regards,

J.P. Howell

수신: Adrian Gonzalez
발신: J.P. Howell
날짜: 3월 12일
제목: 새 복사기

Gonzalez씨에게

지난 3년 전에 복사기를 사셨거나 대여하셨다면 새로운 기술을 위해서 보상 판매를 이용하는 것을 고려해 보실 때입니다. 저희는 저희 신규 모델인 Pro204가 더 믿을 만 하다는 것을 보장합니다.

오래되고, 효율성이 떨어지는 기계를 신형 기계로 교체 함으로서 사무실 비용을 절감할 수 있습니다. 복사기가 사무실의 생산성을 위해서는 중요한 도구라는 점에 동의하실 것입니다. 새로운 복사기와 함께라면, 더 적은 시간에 당신은 더 많은 업무를 처리할 수 있을 것이므로 당신의 사무실은 생산성이 높아질 것입니다. Pro204는 인쇄, 팩스, 복사, 스캔과 같은 여러 기능을 수행 할 수 있습니다.

Pro204나 다른 모델에 대해서 질문이 있다면 제가 이 이메일에 첨부한 안내책자를 참고하거나 아니면 저희 영업사원에게 연락주세요.

|어휘| lease 임대하다, 대여하다 **trade something in** 보상 판매하다 **reliable** 믿을 만한 **critical** 1) 중요한, 2) 비판적인 **productivity** 생산성 **multiple** +복수명사 여러 개의 ~들 **such as**(=like) ~와 같은 **consult** ~을 참고하다

난이도 ★☆☆ **139. (C) reliable** **|오답|** (A) achievable (B) portable (D) detectable

|해설| 형용사어휘문제. 사람이나 제품이 '믿을 만한, 신뢰할 만한'이라고 표현할 때 reliable을 잘 쓴다. 특히 '좋은 제품'을 표현할 때 reliable은 자주 쓰는 형용사다. 'reliable product – 믿을 만한 제품, 좋은 제품'은 묶어서 외워두자. '복사기'가 주어이므로 reliable이 정답. (B) portable 은 '이동이 쉬운, 휴대용의' 의미이므로 기계제품과 어울릴 수는 있으나 복사기와는 어울리지 않는다. 전체 내용을 보면, 사무실의 생산성을 논하고 있으므로, 회사에서 쓰는 대형 복사기를 연상할 수 있는데, 복사기를 휴대용으로 만들지는 않는다. 게다가 비교급의 형태로 쓰였기 때문에 더욱 어색하다. 'more portable – 더 휴대용의(×)'. (A) achievable – 복사기는 달성할 수 있다(×), (D) detectable – 복사기는 탐지할 수 있다(×).

---

140. (D) You will agree that copy machines are critical to office productivity.	(D) 복사기가 사무실의 생산성을 위해서는 중요한 도구라는 점에 동의하실 것입니다.
(A) We have sent a technician to assist you in repairing your photocopier.	(A) 당신의 복사기를 수리하는데 있어서 당신을 지원해주도록 저희가 기술자를 파견했습니다.
(B) A catalog of our products can be sent to you upon request.	(B) 요청이 있을 시에 저희 제품 카탈로그가 당신에게 발송될 수 있습니다.
(C) This special offer will be valid by the end of the month.	(C) 이 특별행사는 이번 달 말까지 유효할 것입니다.

|해설| 이 글은 신제품 Pro204를 홍보하는 글로써, 기존의 자회사 제품을 이용했던 고객에게 신제품으로 복사기를 교체해볼 것을 권유하는 글이다. 빈칸 앞에서 '복사기를 교체하면 사무실 운영비용이 줄 것'이라고 했고, 빈칸 뒤에서는 '더 짧은 시간에 더 많은 일을 할 수 있으니 생산성이 올라갈 것'이라 했다. 그러므로 '복사기가 사무실 생산성에 있어서 매우 중요한 도구'라는 (C)가 정답.

(A)는 복사기 수리에 관한 내용이므로 오답.

(B)에서는 제품 카탈로그를 보내주겠다고 했는데, 이 글은 이미 특정 제품 Pro204만을 홍보하는 글이라 어울리지 않는다. 카탈로그는 여러 제품이 소개되어 있는 책자다.

(C) Pro204로 교체하라고 할 뿐, 할인이나 다른 판촉행사를 제안하고 있지는 않으므로 역시 오답.

141. (B) such as |오답| (A) as well (C) of these (D) sort of

|해설| such as는 일종의 전치사로 간주할 수 있다. 'flowers **such as** roses and tulips: 장미나 튤립과 같은 꽃들'. such as 뒤에는 'example'에 해당하는 명사가 나오고, such as 앞에는 'example'들을 총칭할 수 있는 명사가 나온다. '인쇄, 팩스, 복사, 및 스캔과 같은 작업들'이므로 **such as**가 정답.

142. (A) consult |오답| (B) discard (C) approve (D) revise

|해설| consult는 자/타동사로 모두 잘 쓰이며, 두 용법이 모두 출제된다. 타동사로 쓰이던 목적어자리에는 '전문가, 전문자료'가 나온다. 자동사로 쓰이면 '~와 상의하다'의 의미며 with와 짝꿍.

> **consult a doctor** 의사와 협의하세요,   **consult the manual** 설명서를 참고하세요
> **consult with clients** 고객과 협의하다

빈칸 뒤에는 'the brochure'가 나왔으므로 '브로셔를 참고하세요'의 의미. (B) discard – 버리다. (C) approve – 승인하다. (D) revise – 고치다, 개정하다.

National Outdoor Sculpture Competition & Exhibition

Are you looking for a chance to display your thought-provoking and extraordinary sculptures? -------, this is the perfect competition for you! Please download and fill out the registration form at www.NOSCE.com, and email us together with ------- of your work. -------. Any applications received after this date will not be considered. Up to 14 sculptures are selected for the exhibition and compete for cash prizes. The images you send in will be critical to selecting entries. ------- entrants will be notified two months after the deadline date.

143.
144.   145.
146.

전국 야외 조각 경진대회 및 전시회

귀하의 생각을 하게 만드는, 특별한 조각품을 전시할 기회를 찾고 있습니까? 만약 그렇다면, 이것은 당신을 위한 완벽한 대회입니다. www.NOSCE.com에서 등록 양식을 다운로드 받아서 작성하시고, 저희에게 당신의 작품 사진과 함께 이메일로 보내주세요. 신청 마감일은 9월 30일입니다. 이날 이후에 접수된 모든 신청서는 심사대상이 되지 않을 것입니다. 최대 14개의 조각품들이 전시회에 나갈 것이며, 상금을 위해서 경합을 벌일 것입니다. 당신이 보낸 사진들이 출품작을 선정하는데 있어서 아주 중요합니다. 초대된 출품작들은 접수 마감 2달 후에 공지를 받을 것입니다.

출품작은 다시 되돌려 드리지 않습니다.

|어휘| sculpture 조각 competition 경진대회, 시합 exhibition 전시회 though-provoking 감정을 자극하는 extraordinary 훌륭한, 뛰어난 if so 만약에 그렇다 라면 entries 1) 참가, 등록, 2) 참가자, 3) 출품 작품 compete for ~을 위해서 경쟁하다 compete against(=with) ~와 경쟁하다 entrant 참가자 be notified 통보 받다 invited 초대받은 cf) inviting 매력적인

143. (B) If so |오답| (A) Nevertheless (C) After that (D) Instead

|해설| [___. 완벽한 절] 빈칸은 부사나 부사구, 부사절이 들어갈 자리. 보기 모두 구조상은 가능하다. 의미상 접근해서 if so가 정답. if so는 앞에 나온 절을 똑같이 받아올 때 사용한다.

> **Did you do your homework**? **If you did your homework**, **you can leave**.
> **Did you do your homework**? **If so**, **you can leave**. 숙제 하셨어요? 만약 그렇다면, 가셔도 됩니다
>
> 앞 절에 나온 'you did your homework'를 똑같이 반복해서 쓸 필요는 없을 것이다. 이 절을 'so'라는 부사로 받아온다. 'if so – 만약 그렇다면'. 앞 절의 형태를 부정문으로 받아온다면 'if not'을 쓴다.

(A) nevertheless – 그럼에도 불구하고, (C) after that – 그 후에, (D) instead – 대신에.

144. (B) photographs |오답| (A) descriptions (C) requirements (D) developments

|해설| Context Question. 뒤에 내용을 살펴보면, 제출한 images가 작품선정에 중요한 역할을 한다고 했다. 그러므로 '사진'을 제출하라는 의미.

145. (A) The deadline for applying is September 30.	(A) 신청 마감일은 9월 30일입니다.
(B) More information can be found on the Web site.	(B) 더 많은 정보를 웹사이트에서 보실 수 있습니다.
(C) The outdoors provides a relaxing environment to showcase your work.	(C) 외부는 당신의 작품을 보여줄 쾌적한 환경을 제공해줍니다.
(D) We will carefully select each sculpture for the exhibition.	(D) 전시를 의한 각각의 조각품들을 저희는 신중히 선별할 것입니다.

|해설| 빈칸 뒤 문장에 나온 **this date**가 핵심단서. **this**는 가장 빈번하게 나오는 핵심단서이므로 놓치지 말자! '이 날짜 후에 받은 신청서'라고 했으므로 앞에서는 반드시 '이 날짜'가 언급되어야 한다. 그러므로 마감일을 명시한 **(A)**가 정답.

146. (D) Invited |오답| (A) Inviting (B) Invites (C) Invitation

|해설| 어형문제. [___ n.] 빈칸은 구조상. 명사를 꾸며주는 '형용사'도 들어갈 수 있고, 뒤에 나오는 명사를 목적어로 취하는 '동명사'도 들어갈 수 있다. 구조상은 둘 다 가능하므로 해석에 의존해야 한다.

> **Inviting** entrants will be notified   참가자를 초대하는 것은 공지될 것이다 (×)
>
> **Invited** entrants will be notified   초대된 참가자들은 공지 받을 것이다 (○)

형용사로 쓰일 경우, 뒤에 나온 명사와 의미상 관계를 따져서 형태를 결정한다. 'S–V'관계면 ing, 'O–V'관계면 p.p. 분사형 형용사에 대한 자세한 설명은 TEST02 103번 설명 p69 참고. '참가자를 초대하다', 'O–V'관계이므로 p.p형태가 된다.

TEST 08

Pridex Industries	Pridex Industries
Do you enjoy the great taste of Pridex Industries' products? Now 147 you can receive Pridex chips, candy bars, and cookies for free! Just 148 register at www.pridexind.com and enter the codes from Pridex product wrappers to get points. After you get enough points, we send you a voucher for the product of your choice. For quality foodstuffs, choose Pridex Your code: 484DBE83	Pridex Industries 제품의 훌륭한 맛을 즐기십니까? 지금 당신은 147Pridex 칩, 캔디 바 그리고 쿠키를 무료로 받을 수 있습니다! 단지 148www.pridexind.com 에 등록하시고 포인트를 받기 위해 Pridex 제품 포장지에 있는 코드를 입력하기만 하면 됩니다. 당신이 충분한 포인트를 모으면, 우리는 당신이 선택한 제품을 구매할 수 있는 무료이용권을 당신에게 보내드립니다. 품질 좋은 먹거리를 원하신다면 Pridex을 선택하세요. 당신의 코드 번호: 484DBE83

|어휘| wrapper 포장지 voucher 사용권, 쿠폰

---

147. What type of merchandise does the company sell?
(A) Computers
(B) Snacks
(C) Books
(D) Musical instruments

이 회사는 어떤 종류의 상품을 판매하나요?
(A) 컴퓨터
(B) 스낵
(C) 책
(D) 음악 악기

|해설| 칩, 캔디 바, 쿠키를 받을 수 있다고 했으므로 이 회사가 판매하는 제품은 스낵이다.

---

148. How can consumers get points?
(A) By filling out a questionnaire about Pridex merchandise
(B) By sending proofs of purchase
(C) By submitting a code on a website
(D) By writing a new slogan for the company

어떻게 고객들은 포인트를 받을 수 있나요?
(A) Pridex 제품에 대해서 설문지를 작성함으로써
(B) 구매 증거(영수증 등)를 보냄으로써
(C) 웹사이트에 코드를 제출함으로써
(D) 회사를 위한 새로운 슬로건을 만듦으로써

|해설| 웹사이트에 등록해서 포장지에 있는 코드를 입력하면 포인트가 적립되므로 (C)가 정답.

Chamber Improves Website

Atlas Chamber of Commerce announced that they upgraded the website to allow enrolled businesses to find other enrolled businesses by accessing its extensive directory on the site. "149 There was plenty of information for Atlas businesses to use, but it was difficult for businesses to find information about other businesses", Tiffany Billings, a local enrolled business member, said. "With the new directory search function, if an enrolled business needs consultation services for advertising, they can find local firms, addresses and phone numbers, and websites and e-mail addresses. The Chamber's Commercial Growth Committee really helped with this update." Technical support for the website will be undertaken by MegaCom, an enrolled Atlas Business. Previously available information from the site such as local event schedules and job postings will still be available to the general public, but 150 only enrolled local businesses will be able to gain access to the directory by using an assigned password.

Chamber Website를 개선하다

Atlas 상공부는 등록된 업체들이 웹사이트에 잇는 대규모 주소록에 접속함으로써 다른 등록된 업체들을 찾아볼 수 있게 만들기 위해서 웹사이트를 업그레이드 했다고 발표했습니다. "149Atlas 회사들이 사용할 수 있는 많은 정보가 있긴 했지만 업체들이 다른 업체들에 대한 정보를 찾기는 어려웠습니다" 현지의 등록된 기업 회원인 Tiffany Billings가 이야기 했습니다. "새로운 주소록 검색 기능 덕분에, 만약 등록된 업체가 광고를 위한 상담 서비스를 필요로 한다면, 그들은 지역의 업체들, 주소, 전화번호와 인터넷 혹은 이메일 주소를 찾을 수 있습니다. Chamber's Commercial Growth Committee가 이 업데이트 작업에 큰 도움을 주었습니다. "웹사이트의 기술 지원은 Atlas Business에 등록된 업체인 MegaCom이 맡을 것입니다. 이전에 사이트에서 이용 가능했던 현지 행사 일정이나 구인광고와 같은 정보는 여전히 일반대중에게 공개 될 것기지만, 150등록된 현지 업체들만이 배정된 비밀번호를 사용해서 주소록에 접속할 수 있을 것입니다.

|어휘| Chamber of Commerce 상공부 directory 주소록 search function 검색 기능 undertake 착수하다. 떠맡다

149. Why did the Chamber update its website?
(A) To advertise career counseling
(B) To give details about a conference schedule
(C) To assist local businesses in working together
(D) To notify general public of consultation services

왜 상공부는 웹사이트를 업데이트 했는가?
(A) 직업 상담을 광고하기 위해서
(B) 회의 일정에 대하여 세부사항을 주기 위해서
(C) 현지 업체들이 함께 일하는 걸 돕기 위해서
(D) 일반 대중들에게 상담 서비스를 알리기 위허서

|해설| 이전에도 많은 좋은 정보들이 있었지만, 지역 업체들에 대한 정보를 찾기는 힘들었다. 이제 업체들이 서로에 대한 정보를 검색할 수 있게 되었으므로, 지역 업체들 간의 비즈니스를 육성할 수 있을 것이다. 그러므로 (C)가 정답.

150. What is indicated about the directory?
(A) It is serviced by an international company.
(B) It was recommended by MegaCom.
(C) It is open only to enrolled businesses.
(D) It will be updated on a monthly basis.

주소록에 대하여 언급되어 있는 것은?
(A) 세계적인 회사가 서비스한다.
(B) MegaCom에 의해서 추천 되었다.
(C) 등록된 회사들에게만 공개된다.
(D) 매월 갱신 될 것이다.

|해설| 이전에 제공되었던 모든 정보들은 일반대중들에게 여전히 공개되지만, 지역 업체들의 주소록은 등록된 업체들만이 이용할 수 있다고 했다. 그러므로 (C)가 정답.
(B) MegaCom은 웹사이트의 기술지원을 맡은 회사이므로 앞으로 웹사이트를 보수 관리할 회사다. 주소록 제작을 추천한 회사는 아니다.

AMBER SIMMONS	2:10 PM
Sorry I'm late. 151 I can't find a place to park.	

DIEGO CASTRO	2:11 PM
You're not texting and driving, are you?	

AMBER SIMMONS	2:12 PM
No, I'm pulled over. Where did you park?	

AMBER SIMMONS	2:13 PM
I need to park in the shade since I have film in my car.	

DIEGO CASTRO	2:13 PM
By the park on 7th street.	

AMBER SIMMONS	2:14 PM
I can see there. It looks shady.	

AMBER SIMMONS	2:15 PM
A spot just opened. I'll be there soon.	

DIEGO CASTRO	2:16 PM
152 Get a move on. I want to order our food.	

AMBER SIMMONS	2:10 PM
늦어서 죄송해요. 151 주차 공간을 찾을 수가 없네요.	

DIEGO CASTRO	2:11 PM
지금 운전하면서 문자 보내는 건 아니죠?	

AMBER SIMMONS	2:12 PM
아니에요. 차를 잠깐 세워놨어요. 어디 주차했어요?	

AMBER SIMMONS	2:13 PM
차에 필름이 있어서 저는 그늘에 주차를 해야 해요.	

DIEGO CASTRO	2:13 PM
7번가 공원 옆에요.	

AMBER SIMMONS	2:14 PM
거기가 보이네요. 그늘이 진 것 같은데요.	

AMBER SIMMONS	2:15 PM
자리가 막 하나 났네요. 곧 거기로 갈게요.	

DIEGO CASTRO	2:16 PM
152 서두르세요. 음식 주문하고 싶어요.	

|어휘| certified 인증을 받은, 자격증을 받은 forklift 지게차 take ages 긴 시간이 걸리다

151. What is Ms. Simmons most likely trying to do?
(A) Find a restaurant's location
(B) Order a meal for take-out
(C) Schedule an appointment
(D) Secure a place for her car

Simmons는 무엇을 하고 있나요?
(A) 식당 위치를 찾고 있다.
(B) 테이크 아웃을 위해 음식을 주문하고 있다.
(C) 약속을 잡고 있다.
(D) 자신의 차를 위한 공간을 확보하고 있다.

|해설| 주차할 곳을 찾으면서 상대방에게 어디에 주차했는지를 묻고 있다. 그러므로 (D)가 정답.

152. At 2:16 p.m, what does Diego Castro mean when he writes, "Get a move on"?
(A) Ms. Simmons should schedule a moving company.
(B) Ms. Simmons should hurry to a location.
(C) Ms. Simmons should call when she arrives.
(D) Ms. Simmons should relate her food order.

2시 16분에 Diego Castro씨가 "Get a move on"이라고 쓸 때 무엇을 의미하고 있는가?
(A) Simmons씨는 이삿짐 센터와 날을 잡아야 한다.
(B) Simmons씨는 장소로 오기 위해 서둘러야 한다.
(C) Simmons씨는 도착했을 때 전화를 해줘야 한다.
(D) Simmons씨는 자신이 주문할 음식을 전달해줘야 한다.

|해설| 구어체 의미찾기 문제는 문맥상 따져봐야 한다. '제가 곧 거기로 갈게요. Get a move on. 우리 음식 주문하고 싶어요'. Get a move on 의 자리에 보기를 넣어보자. (B)와 (D)가 가장 연관성이 있어 보인다.
(B) 제가 곧 거기로 갈게요. / 너는 서둘러야 합니다. 우리 음식 주문하고 싶어요.
(D) 제가 곧 거기로 갈게요. / 너는 주문할 음식을 전달해줘야 합니다. 우리 음식 주문하고 싶어요.
(B)가 정답이 됐다. (D)의 경우 뒤의 문장과 연결되는 듯이 보이긴 하나 조금 어색하기도 하다. '뭐 주문할 지 알려줘야해'라고 should를 앞에서 썼다면, 그 다음 문장에서는 '왜 그렇게 해야 하는지'에 대한 이유가 나와야 한다. '주문을 빨리 안 하면 미팅에 늦는다'와 같은 이유가 나와야 할 것이다. '주문 해야 해. 나는 원해'는 어색하다.
그리고 'get a move on' 자체에 음식과 관련된 어휘가 없으므로 (B)라고 추정할 수도 있을 것이다. 'get a move on'은 구어체 표현으로 '서둘러'라는 의미.

http:// www.nama.com

The National Argentinian Marketing Association **153 is honored to have Felix Rodriguez as their keynote speaker** at the association's 12th yearly convention, being held from May 12 to May 14 in Buenos Aires. Mr. Rodriguez helped get **154Bueno Marketing Consultants** started nearly one decade ago with the help of his partner Hector Villanova, a former accountant. Rodriguez's company has had much success and is **154a shining example of how good marketing can help companies.** Bueno Marketing Consultants has assisted companies ranging from food and beverage producers to electronics manufacturers in increasing their sales. Mr. Rodriguez's speech is largely influenced by his book, "Think Locally, Market Globally," published by Manzana Publications last year.

http:// www.nama.com

National Argentinian Marketing Association은 부에노스 아이레스에서 5월 12일부터 14일까지 열릴 협회의 12번째 **153연례 컨벤션**에서 기조연설가로 Felix Rodriguez를 모시게 되어 매우 영광입니다. Rodriguez씨는 전직 회계사였던 그의 파트너 Hector Villanova의 도움을 받으며 거의 10년 전 **154Bueno Marketing Consultants**을 시작하는데 크게 일조했습니다. Rodriguez의 회사는 큰 성공을 거두어 왔으며, **154좋은 마케팅이 어떻게 회사를 도울 수 있는지의 훌륭한 예시**가 되고 있습니다. Bueno Marketing Consultants는 식품과 음료 제조사에서부터 전자 업체에 이르기까지 다양한 회사들이 그들의 판매를 신장시키도록 지원해왔습니다. Rodriguez씨의 연설은 작년 Manzana 출판사에 의해 출판된 그의 저서인 "Think Locally, Market Globally"에 주로 의거합니다.

|어휘| be honored to do ~하게 되어 영광입니다 keynote speaker 기조 연설가 shining example 좋은 본보기
ranging from A to B A에서 B에 이르는 influence 영향을 주다

153. What is the purpose of the information?
(A) To promote a book about local culture
(B) To detail a company's achievements
(C) To notify readers of a speaker at a convention
(D) To give information on registration

이 정보의 목적은 무엇인가?
(A) 지역 문화에 대한 책을 홍보하려고
(B) 회사의 업적을 자세히 설명하려고
(C) 독자들에게 컨벤션 연사에 대해 알리려고
(D) 등록에 관한 정보를 주려고

|해설| 이번 연례 컨벤션에서 Felix Rodriguez를 기조연사로 모시게 되어 영광이라고 했고, Felix Rodriguez에 대한 간략한 설명을 부연설명하고 있다. 그러므로 목적은 기조연사가 누구인지를 알리는 것.

154. What is Felix Rodriguez's occupation?
(A) Publishing executive
(B) Electronics manufacturer
(C) Public accountant
(D) Marketing consultant

Felix Rodriguez의 직업은 무엇인가?
(A) 출판사 임원
(B) 전자제품 제조업자
(C) 공인 회계사
(D) 마케팅 컨설턴트

|해설| 우선은 회사이름에서 유추할 수 있고, 그 다음은 이 회사가 좋은 마케팅이 어떻게 회사에 큰 힘이 되는지를 잘 보여주는 예시가 되었다고 했으므로 이 회사는 마케팅자문회사임을 알 수 있다. 그러므로 이 회사를 운영하는 Felix Rodriguez의 직업은 마케팅 컨설턴트.

January 18

Paul Daniels
8744 Merit Road
Milford, DE 19963

Dear Mr. Daniels,

We have finished processing your application and 155 it is my pleasure to tell you that we will be issuing an increase in credit to 156 your Maltese Bank Platinum Card ending with the numbers 4497. You will have $20,000.00 in total credit on the card from February 4. The account number of the card will not change, but the expiration date will be extended. 157 You will need to activate the new card upon receiving it by going to www.maltesebank.com/platinum/activate.

Regards,

Lynette Givens
Account Manager
1-800-555-4488

1월 18일

Paul Daniels
19963 DE, Milford
Merit Road 8744

Daniels씨에게,

우리는 당신의 신청서 처리를 끝냈고, 156끝자리 번호가 4497인 155당신의 Maltese Bank Platinum Card 신용한도 상향조정을 승인할 것임을 당신에게 알리게 되어 기쁩니다. 당신은 2월 4일 부로 카드에 총 2만 달러의 신용한도를 가지게 될 것입니다. 카드의 계좌 번호는 변경되지 않을 거지만, 만료 일자는 연장될 것입니다. 157당신은 신규 카드를 수령 하자마자 www.maltesebank.com/platinum/activate에 방문하셔서 카드를 활성화 하셔야 할 것입니다.

Lynette Givens
회계 담당자
1-800-555-4488

|어휘| expiration date(≒expiry date) 만료일, 유효기한 extend 1) 연장하다. 2) (초대, 환영을) 해주다. 베풀다 upon receiving s.t ~을 받자 마자

난이도
★☆☆

155. Why was the letter sent to Mr. Daniels?
(A) To inform him about an approved application
(B) To verify receipt of a payment
(C) To promote a newly available credit card
(D) To request a statement for an account

왜 Daniels씨에게 편지가 보내졌는가?
(A) 그에게 승인된 신청 건에 대해 알리기 위해서
(B) 대금을 받았음을 확인해 주기 위해서
(C) 신규 이용 가능한 신용카드를 홍보하기 위해서
(D) 계좌의 내역서를 요청하기 위해서

|해설| 첫 문장에서 한도 상향조정을 승인하게 되어 기쁘다고 밝히고 있으므로 (A)가 정답.
(C) 고객은 이미 Maltese Bank Platinum Card를 소지하고 있다. 이번에 신규카드를 보내주는 이유는, 신용한도가 상향 조정되었기 때문에 교체용 카드를 보내줄 뿐이다. 보기에 나온, promote는 '홍보하다'의 의미이므로, 새로운 카드를 홍보하고 있다고 볼 수는 없다.

---

156. What information is shown in the letter?
(A) A payment date
(B) A bank address
(C) A partial card number
(D) An expiration date

이 편지에 어떤 정보가 있는가?
(A) 지불 날짜
(B) 은행 주소
(C) 카드 번호 일부
(D) 만기 날짜

|해설| 카드 끝자리 번호가 '4497'임이 언급되어 있다.

---

157. What is Mr. Daniels advised to do?
(A) To pay to activate a card
(B) To properly dispose of his old card
(C) To visit the Maltese Bank website
(D) To bring additional documents to the bank

Daniels씨는 무엇을 하도록 권고되고 있는가?
(A) 카드를 활성화시키기 위해 지불하는 것
(B) 그의 이전 카드를 제대로 버리는 것
(C) Maltese Bank 웹사이트를 방문하는 것
(D) 추가 문서를 은행으로 가져 오는 것

|해설| 새 카드를 받으면 웹사이트에 방문해서 카드를 활성화해야 한다고 했으므로 (C)가 정답.

Question 158-160

From the Editor-in-Chief

The upcoming March issue of Midwest Kitchen will be the third-year anniversary issue of our publication. It's hard to believe that much time has passed since we began sharing the best recipes and cooking tips that Midwestern chefs and others around the nation have to offer. 159 Just two months ago, our total subscribers reached 500,000, with more subscribers joining every month. 160 At last year's Kitchen and Cooking Convention, we received the award for most innovative cooking publication. In my role as editor-in-chief of this magazine, 158 I can't tell how much I appreciate our team of writers, photographers, and contributors, as well as our sponsors and our increasingly larger group of subscribers, who have helped our publication succeed over the last three years. Thank you.

Thomas Swift

편집장으로부터

다가오는 Midwest Kitchen의 3월 호는 우리 출판사의 3주년을 기념하는 특집호가 될 것 입니다. Midwestern 요리사들과 전국의 다른 요리사들이 제공하는 최고의 요리법들과 요리 팁을 공유하기 시작한지 이렇게나 많은 시간이 흘렀다는 것이 믿기지 않습니다. 159딱 2달 전에, 우리의 총 구독자 수는 50만 명에 이르렀습니다. 매달 더 많은 구독자들이 가입하는 가운데 말이죠. 그리고 지난해의 160Kitchen and Cooking Convention에서 우리는 최고 혁신적인 요리 잡지로 상을 받았습니다. 이 잡지의 편집장으로써의 158저는 우리의 작가, 사진작가 그리고 기고가뿐만 아니라 우리의 후원자들, 그리고 지난 3년간 우리 잡지가 성공하도록 도와줬던 점점 더 늘어나고 있는 우리 구독자들에게 어떻게 감사의 말을 전해야 할지 모르겠습니다. 감사합니다.

Thomas Swift

|어휘| editor-in-chief 편집장 issue 잡지 호 contributor 기고가

---

158. What is a purpose of Mr. Swift's note?

(A) **To show appreciation**
(B) To offer a subscription
(C) To contribute a recipe
(D) To request funds

Swift씨의 메모의 목적은 무엇인가?

(A) 감사의 뜻을 보여주기 위해
(B) 구독을 제안하기 위해
(C) 요리법을 기고하기 위해
(D) 기금을 요청하기 위해

|해설| 잡지의 성장을 축하하면서, 잡지가 이렇게 성장하기까지 도움을 준 많은 사람들을 언급하며 감사의 뜻을 전하고 있다. 그러므로 (A)가 정답.

난이도
★★☆

159. What is indicated about Midwest Kitchen?

(A) It is looking for a new editor.
(B) It will cease publication soon.
(C) **It is becoming more popular.**
(D) It has decreased subscription prices.

Midwest Kitchen에 대하여 언급되어 있는 것은 무엇인가?

(A) 새로운 편집자를 찾고 있다.
(B) 곧 출판을 중단할 것이다.
(C) **훨씬 더 인기 있어지고 있다.**
(D) 구독료를 내렸다.

|해설| 매달 더 많은 구독자들이 합류하고 있고, 2달 전에 구독자수가 50만을 돌파했다고 했으므로 인기가 계속 올라가고 있는 것.

160. Why does Mr. Swift mention the Kitchen and Cooking Convention?

(A) Because he signed recipe books at the event

(B) Because he presented a new cooking method there

(C) Because the organizers sponsor the magazine

(D) Because the publication was praised there

왜 Swift씨는 Kitchen and Cooking Convention을 언급하였는가?

(A) 그 행사에서 그가 요리책에 사인을 해줬기 때문에

(B) 그곳에서 그가 새로운 요리 방법을 발표했기 때문에.

(C) 그 행사 기획자들이 잡지를 후원하기 때문에

(D) 회사의 출판물이 그곳에서 칭찬을 받았기 때문에

|해설| Kitchen and Cooking Convention에서 당사의 잡지가 혁신적인 요리관련 잡지로 상을 받았다고 했으므로 (D)가 정답.

Corn County Medical Center
213 Jespersen Avenue
Milwaukee, WI 53022

July 5

Mark Commer
424 Henders Road
Madison, WI 53532

Dear Mr. Commer,

We appreciate your applying for the position of charge nurse at Corn County Medical Center. Your interview will take place on Thursday, July 12 at 10:30 a.m. We will hold the interview at the Williams Clinic instead of the main medical center. 162 The committee interviewing you will be made up of Sebastian Lexor, head of operations, and Miriam Naren, the head nurse. Dr. Lexor and Mrs. Naren are in charge of all nurses at the medical center.

161 As we discussed during our phone conversation, it is usually very difficult to find a parking spot near the clinic. At this time, the clinic also has no guest parking lot, so you would have to 163 secure a parking space on the street. 164 It would be a much better idea if you take the bus.

Let me know if you need more information before your interview.

Regards,

Layla Hempel
Personnel director

Corn County Medical Center
213 Jespersen Avenue
Milwaukee, WI 53022

7월 5일

Mark Commer
5353 WI, Madison
Henders Road 2424

Commer씨에게,

우리는 당신이 Corn County Medical Center의 수간호사 자리에 지원해주신 것을 감사 드립니다. 당신의 면접은 7월 12일 목요일 오전 10시 30분에 있을 예정입니다. 우리는 메인 병원 대신에 Williams Clinic에서 면접을 시행할 것입니다. 162당신을 인터뷰할 위원회는 사업 본부장인 Sebastial Lexor와 수간호사인 Miriam Naren로 구성될 것입니다. Lexor 박사와 Naren씨는 병원의 모든 간호사들을 담당하고 있습니다.

161우리가 전화상 논의 했듯이, 병원 가까이에 주차공간을 찾는 것은 보통 아주 어렵습니다. 현재, 병원은 또한 손님용 주차 공간을 가지고 있지 않습니다. 그래서 당신은 도로의 주차 공간을 163확보 해야만 합니다. 164 버스를 이용하는 것이 훨씬 좋을 것입니다.

만약 당신이 인터뷰 전에 더 많은 정보가 필요하다면, 알려주세요.

Layla Hempel
인사 부장

|어휘| charge nurse 수간호사

---

161. What is suggested about Mr. Commer?
(A) He will visit the hospital when the interview is finished.
(B) He will see Ms. Hempel at Williams Clinic.
(C) **He has talked to Ms. Hempel on the phone before.**
(D) He is interested in working at the check-in desk.

Commer씨에 대해서 언급되어 있는 것은 무엇인가?
(A) 그는 면접이 끝날 때 병원을 방문할 것이다.
(B) 그는 Williams 병원에서 Hempel씨를 볼 것이다.
(C) **그는 이전에 전화로 Hempel씨와 이야기를 했었다.**
(D) 그는 안내데스크에서 일하는데 관심이 있다.

|해설| '우리가 전화상 논의했듯이'라고 했으므로, 이전에 이미 얘기를 나눈 적이 있음을 알 수 있다.

162. What is indicated about Mrs. Naren?

(A) She is currently working for Williams Clinic.

(B) She will take part in Mr. Commer's interview.

(C) She is being trained to become a doctor.

(D) She arranged a schedule for Mr. Commer's interview.

Naren씨에 대해서 언급되어 있는 것은?

(A) 그녀는 현재 Williams 병원에서 근무 중이다.

(B) 그녀는 Commer씨의 면접에 참석할 것이다.

(C) 그녀는 의사가 되기 위해서 교육을 받고 있는 중이다.

(D) 그녀가 Commer씨의 면접 일정을 잡았다.

|해설| 지문을 읽으면서 사람명사와 같은 고유명사들은 반드시 표시해두자! 중간쯤에 Naren씨가 언급되어 있다. 사업 본부장인 Sebastial Lexor와 수간호사인 Miriam Naren로 인터뷰 위원회가 구성될 것이라 했으므로 Naren씨는 면접에 참석할 것이다.

난이도
★☆☆

163. The word "secure" in paragraph 2, line 2, is closest in meaning to

(A) Guard

(B) Attach

(C) Obtain

(D) Borrow

2번째 단락 2번째 줄의 "secure"과 의미상 가장 가까운 것은?

(A) 경계하다

(B) 붙이다

(C) 확보하다

(D) 빌리다

|해설| 동의어 문제는 반드시 문장을 다시 찾아서 해석해보고, 그 문장에서 문맥상 어떤 의미로 쓰였는지 파악한 다음에 정답을 고른다. secure는 동사로 쓰이면 1) 확보하다. 2) 단단하게 고정시키다. 3) 안전하게 지키다. 3가지 의미를 가진다. 본문에서는 'secure a parking space: 주차 공간을 확보하다'의 의미이므로 obtain(확보하다. 얻다)이 정답.

---

164. What does Ms. Hempel suggest that Mr. Commer do?

(A) To use public transportation

(B) To make use of a guest parking lot

(C) To provide reference contact information

(D) To confirm a reservation

Hempel씨는 Commer씨가 무엇을 할 것을 제안 하는가?

(A) 대중 교통을 이용하는 것

(B) 손님용 주차 공간을 이용하는 것

(C) 추천인 연락처를 제공하는 것

(D) 예약을 확인 하는 것

|해설| 병원에 주차공간이 없으므로 버스를 타고 올 것을 권유하고 있다. 그러므로 (A)가 정답.

FROM: Beth Tempton <btempton@healthstrong.com>
TO: Richard Lang <rlang@ healthstrong.com >
SUBJECT: Sales Workshop
DATE: May 23

Hi, Richard,

I just found out about a great chance for you to get involved in a workshop as we talked about. —[1]—. 165 Unlike previous workshops, we want to direct these at both sales staff with more experience and sales staff who recently started.

Like other workshops, these will be held over the course of one month, with each workshop lasting for two hours. —[2]—. Since you work in the research and development department, your knowledge would make you a great addition to our training team if your schedule permits. —[3]—.

166 Lilly Heeman and Dirk Tently will be leading the workshops for the first two weeks. However, we had a schedule problem with Stephanie Wrigley from product testing, as she will be in Geneva until the first week of August. Her co-worker, Maryanne Broderick said that she can take over Stephanie's workshop by herself. If you're able, 166 I'd like you to join Maryanne for the final session. I think Maryanne and you would make a great team for the last workshop. —[4]—.

Best regards,

166 Beth Tempton
Sales Director

보내는 사람: Beth Tempton 〈btempton@health-strong.com〉
받는 사람: Richard Lang 〈rlang@ healthstrong.com〉
제목: 판매 워크샵
날짜: 5월 23일

안녕하세요 Richard씨,

우리가 이야기 했던 워크샵에 당신이 참여할 좋은 기회를 제가 방금 알게 되었습니다. —[1]—. 165이전 워크샵과는 달리, 이번 워크샵은 경력이 많은 영업사원들과 최근에 시작한 영업사원을 모두 대상으로 하기를 원합니다.

다른 워크샵들처럼, 각 워크샵이 2시간 동안 지속되는 가운데, 전체 한 달 기간에 걸쳐서 진행될 것입니다. —[2]—. 당신이 R&D 부서에서 일하기 때문에, 당신의 일정만 허용한다면, 당신의 지식은 당신을 우리 교육팀에 훌륭한 추가인원으로 만들어 줄 것입니다. —[3]—.

166Lilly Heeman과 Dirk Tently는 처음 2주 동안 워크샵을 이끌 것 입니다. 그런데 Stephanie Wrihley씨가 8월 첫째 주까지 제네바에 있어야 하기 때문에, 제품 테스트 부서에 있는 그녀의 일정에 차질이 생겼습니다. 그녀의 동료인 Maryanne Broderich씨가 Stephanie의 워크샵을 혼자서 맡아 줄 수 있다고 이야기 했습니다. 만약 당신이 가능하다면, 저는 당신이 166마지막 워크샵을 위해 Maryanne과 함께 해주기를 원합니다. Maryanne과 당신이 마지막 워크샵을 위한 아주 훌륭한 팀이 될 거라 저는 생각합니다. —[4]—.

166Beth Tempton
영업 이사

|어휘| get involved in ~에 관여하다, 참여하다

---

165. According to the e-mail, how is the upcoming sales workshop different from the ones before?
(A) It has four conductors rather than one.
(B) Every session will take more time.
(C) Not as many topics will be discussed.
(D) It is designed for all sales staff.

이메일에 따르면, 이전의 워크샵과 다가오는 판매 워크샵이 어떻게 다른가?
(A) 이번 워크샵은 한 명이 아닌 여러 명의 진행자가 있다.
(B) 각 워크샵의 시간이 더 길다.
(C) 이전만큼 많은 주제가 논의되진 않을 것이다.
(D) 모든 영업사원을 위해 만들어졌다.

|해설| 이전과 달리, 이번에는 경험이 많은 직원들과 처음 시작한 직원들 모두를 대상으로 한다고 했다. 그러므로 모든 영업사원을 겨냥한 것이다.

TEST 08

166. Who is NOT mentioned as a possible trainer?

(A) Beth Tempton
(B) Lilly Heeman
(C) Dirk Tently
(D) Maryanne Broderick

가능한 진행자로써 언급되지 않은 사람은?

(A) Beth Tempton
(B) Lilly Heeman
(C) Dirk Tently
(D) Maryanne Broderick

|해설| Beth Tempton은 이 글을 쓴 발신인. 이메일 하단에 보면, Beth Tempton은 영업이사임을 알 수 있다. 영업사원들을 위해서 워크샵을 기획하고 있을 뿐. 직접 워크샵 진행자로써 참여한다는 언급은 없었다. (B), (C)의 경우 첫 2주간의 워크샵을 맡을 것이고, (D)의 경우, 제네바에 출장 가는 동료를 대신해서 마지막 주의 워크샵을 맡을 것이다.

난이도
★★☆

167. In which of the positions marked [1], [2], [3], and [4] does the following sentence best belong?

"The workshops will be held from 1 p.m. until 3 p.m. every Thursday in July, with each one being conducted by several department specialists."

(A) [1]   **(B) [2]**
(C) [3]   (D) [4]

167. [1], [2], [3], [4]로 표시된 자리 중에 다음 문장이 들어가기에 가장 적합한 곳은?

"각각의 워크샵이 몇 명의 부서 전문가들에 의해 진행되는 가운데, 7월 매주 목요일에 오후 1시부터 오후 3시까지 열릴 것입니다."

(A) [1]   **(B) [2]**
(C) [3]   (D) [4]

|해설| 본 문장은 워크샵의 일정에 관한 내용이므로 [2]번이 정답. [2]번 앞 문장에서 이 워크샵은 한 달의 기간에 걸쳐서 각각 2시간씩 진행된다고 일정을 소개하고 있다. 그러므로 구체적인 시간 '오후1시부터 3시까지 열린다'는 본 문장과 가장 잘 연결된다.

(A)번이 빈출 오답. [1]번 문장 앞에서도 워크샵에 대해 설명하고 있으므로 가능성이 있어 보인다. 그렇지만 자리찾기 문제는 [4]번 보기를 확인하는 순간까지 가능성을 열어두어야 한다. [2]번 자리를 확인했다면 일정에 관한 내용이므로 'better answer'임을 알 수 있을 것이다. 그러므로 자리찾기 문제를 풀 때는 [1]이 답이 될 가능성이 있다고 판단하더라도, 마지막 [4]번 보기가 끝날 때까지는 최종결정을 내려서는 안 된다. 뒤에서 더 나은 답이 나온다면 정답을 수정할 수 있어야 한다.

Transportation Routes Changing After Road Construction

May 31 – Drivers should prepare to find alternative routes as road construction will cause some streets to close down in Lawrence from tomorrow.

The Transportation Department initiated the construction process, which will be completed over the course of three stages, with the Worryfree Roads program. The first stage of the work, which is expected to last about two months, includes repaving part of Alderidge Street from Farrer Avenue to Highway 22. —[1]—.

Stage two of the construction process, the longest of the three, is tentatively scheduled to start in August. —[2]—. The work is intended to accommodate two lanes, doubling it from its current one lane in order 168a to decrease traffic congestion which has risen since the Silver Shopping Center opened a year ago. 168d The ramp will also be made safer by reducing the sharp curves.

—[3]—. Olivia Petrova, a resident of Prairie Road, which is about 700 meter from Exit 4B, is 169 following the progress of the construction with great interest. "It's wonderful that the ramp will finally be rebuilt." she says. Even though she's pleased about the ramp, 170 she'd like to see the construction completed sooner than the three months that the stage will take to complete. "It'd be nice if it could be done sooner," she says.

The third stage includes various work which will not affect traffic as much as the previous stages. —[4]—. In this phase, 168b signs will be replaced so that they are more visible at night and repainting traffic markings on the road with reflective paint. The Lawrence Transit Commission estimates that the costly but necessary construction will be finished within six months, but the schedule is tentative and subject to change depending on weather conditions.

도로 공사 이후의 교통 노선의 변경

5월 31일– 내일부터 도로공사로 인해 Lawrence의 몇몇 도로가 통제될 것이므로 운전자들은 대체 노선을 찾을 준비를 해야 합니다.

교통부는 Worryfree Roads 프로그램과 함께 3단계의 과정으로 완료될 공사에 착수했습니다. 이 작업의 첫 번째 단계는 2개월 동안 지속될 예정으로, Farrer Avenue부터 Highway 22까지의 Alderidge Street의 일부 도로를 재포장하는 것입니다. —[1]—.

공사 프로세스의 두 번째 단계는, 세 단계 중에 가장 오랜 시간일 걸리는 공사로, 잠정적으로 8월에 시작할 예정입니다. —[2]—. 이 공사는 1년 전 168aSilver 쇼핑센터가 개장한 이래 상승되어 왔던 교통 혼잡을 해소하기 위해 현재 하나의 차선에서 두 배로 키워 2개의 차선으로 늘리기 위해 마련되었습니다. 이 램프는 경사로의 커브를 더 완만하게 만듦으로써 168d 더 안전하게 만들어질 것입니다.

—[3]—. 4B 출구로부터 대략 700미터 떨어진 Prairie Read의 주민인 Olivia Petrova는 큰 관심을 가지고 이 공사의 진행을 169지켜보고 있습니다. "이 경사로가 마침내 재 공사가 된다니 참 잘됐네요."라고 그녀가 이야기 했습니다. 170그녀는 램프와 관련해 기뻐했지만 공사가 원래 예정되어 있는 3개월 보다는 더 빨리 완성되는 것을 보고 싶어 합니다. "더 빨리 끝날 수 있다면 좋을 텐데요"라고 그녀가 덧붙였습니다.

세 번째 단계는 이전 단계만큼 교통에 크게 영향을 끼치는 않는 다양한 작업들을 포함합니다. —[4]—. 이 단계에서, 168b교통 표지판들은 밤에 더욱 잘 보이게 하기 위해서 교체가 될 것이고, 야광 페인트로 도로 위의 교통 표시와 주행선들을 다시 칠할 것입니다. Lawrence Transit Commission은 많은 비용이 들지만 꼭 필요한 이 공사가 6개월 이내에 종료될 것이라고 예상하고 있습니다만, 그 일정은 잠정적인 것이고, 날씨 상태에 따라 변경 될 수 있다고 합니다.

|어휘| alternative 대안의 initiate 시작하다, 착수하다 tentatively 잠정적으로 ramp 경사로 traffic congestion 교통 체증 reflective paints 반사 페인트 phase 단계, 국면 estimate 예상하다 tentative 잠정적인 be subject to change 변경될 수 있는 depending on ~의 결과에 따라 weather conditions 기상 상태

168. What is NOT an intended result of the construction?

(A) To alleviate traffic jams near a mall

(B) To increase the visibility of road signs in the dark

(C) To decrease the cost of parking in Lawrence

(D) To deal with concerns about safety

공사의 결과로 의도되지 않은 것은 무엇인가?

(A) 쇼핑몰 주변의 교통 혼잡을 완화시키는 것

(B) 야간에 도로 표지판의 가시성을 높이는 것

(C) Lawrence의 주차 비용을 내리는 것

(D) 안전에 대한 우려를 해결하는 것

|해설| 주차비용에 대한 언급은 전혀 없다. 나머지 보기는 지문에 표시된 내용 확인!

난이도
★★★

169. The word "following" in paragraph 4, line 1, is closest in meaning to

(A) Obeying

(B) Monitoring

(C) Proceeding

(D) Reporting on

4번째 단락, 첫 번째 줄의 "following"과 가장 의미상 가까운 것은?

(A) 준수하다

(B) 지켜보다

(C) 진행하다

(D) 보고하다

|해설| 동의어 문제는 반드시 문장을 다시 찾아서 해석해보고, 그 문장에서 문맥상 어떤 의미로 쓰였는지 파악한 다음에 정답을 고른다. follow는 기본의미가 '따라가다'인데, 이 기본의미에서부터 파생되어 굉장히 다양한 의미를 가진다. 대표적인 것들을 정리해보자.

1. **follow me**: 나를 따르라 (따라가다)
2. Q&A session will **follow** the lecture: 질의 응답시간이 강의를 따를 것입니다. (시간, 순서상 뒤를 잇다)
3. **follow** the rule: 규칙을 따르다 (준수하다)
4. I don't **follow you**: 나는 너의 말을 따라갈 수가 없어요 (이해할 수 없다)
5. They have **followed** the trial: 그들은 그 재판을 따라왔다 (지켜봐 왔다)
6. to **follow** up on the previous conversation: 이전 대화에 대해 따라가기 위해서 (후속조치를 취하기 위해서)

이 중에서 본문은 5)번의 의미로 쓰였다. 'is following the progress of the construction'이므로, 이 공사가 진행되고 있는 주변 지역의 주민이 이 공사 상황을 관심을 가지고 지켜보고 있다는 의미로 쓰였다. 그러므로 **monitoring**이 정답.

파트7
공략 TIP

'to follow up on s.t'은 주제문제의 단골 정답!
반드시 암기해두자!

이메일이나 편지에서, 첫 부분에 '이전에 만나서 즐거웠다, 좋은 대화를 나눴다'와 같은 표현이 등장하면, 이 편지는 이전만남에 대한 후속조치로써 작성되는 것이다. 그러므로 보기 중에 'to follow up on s.t'이 등장하면, 이 글의 주제로 정답이 된다!

170. How long is the second stage expected to last?

(A) One month

(B) Two months

(C) Three months

(D) One year

얼마나 오래 두 번째 단계가 지속될 예정인가?

(A) 한 달

(B) 두 달

(C) 석 달

(D) 일 년

|해설| 인터뷰를 한 주변지역 주민은, 이 공사를 매우 반기고 있으나, 원래 예정된 3개월보다 더 빨리 끝내지 못하는 것이 아쉽다고 했다. 그러므로 이 공사는 3개월간 지속될 예정임을 알 수 있다.

---

171. In which of the positions marked [1], [2], [3], and [4] does the following sentence best belong?

"Work during this stage will increase the size of the exit ramp for Treeton Drive from Route 58 (Exit 4B)."

(A) [1]   **(B) [2]**

(C) [3]   (D) [4]

[1], [2], [3], [4]로 표시된 자리 중에 다음 문장이 들어가기에 가장 적합한 곳은?

"이 단계 동안의 작업으로 58번 도로(출구 4B)에서 Treeton Drive로 빠지는 출구 램프가 확장될 것입니다."

(A) [1]   **(B) [2]**

(C) [3]   (D) [4]

|해설| 이 문장에서는 '출구램프'가 키워드. 출구 램프 공사에 대해 다루고 있는 문단을 고르는 것이 가장 중요하다. 램프와 관련한 문단은 3번째와 4번째. 즉 [2]번과 [3]번 중 하나다. 여기서 'this stage'가 다시 단서가 된다. 'this'라는 지시형용사는 바로 앞에 나온 내용을 받아올 때 사용한다. 그런데 [3]번 자리는 문단이 시작하는 부분. 받아올 문장이 없으므로 this를 사용할 수 없다. 또한 '램프가 확장될 것이다'라는 것은 공사의 핵심 포인트이기 때문에 더 앞부분에서 언급되어야 할 내용이기도 하다. [2]번자리에서 두 번째 단계의 주요내용인 '램프의 확장'을 얘기해주면, 그 다음 문장과 잘 연결된다. 램프가 확장된다는 것은 램프가 원래 1차선이었는데 2차선으로 늘어난다는 의미이고, [2]번 바로 뒤에서 그 내용을 설명해주고 있으므로 잘 연결된다.

Olivia Byrne [11:11 a.m.]

172 Has anyone else had a chance to take a look at Terrence O'Hara's proposal for his next novel? I was hoping to get others' opinions since I really think it's promising.

Bridget Stamp [11:13 a.m.]

I did and it definitely caught my eye. 172 I'm very interested in getting it published, but Mark didn't think that it would be very marketable.

Mark Boughton [11:15 a.m.]

Yeah, I don't think the story sounds very accessible. I think that if we published it, it would become successful in some groups, but overall, 174 I think it would bomb. It seems to be a much different theme than his last novel.

Bridget Stamp [11:17 a.m.]

I agree that it is moving in a different direction. I think the sci-fi themes for the proposal seem more prevalent 173 than his previous novels. Although his old fans might not like it, it could attract new readers.

Olivia Byrne [11:18 a.m.]

What if we try a different approach to releasing it? Rather than releasing it as a straightforward novel, we could release the first chapter in some literary and sci-fi journals and see what kind of response it gets.

Mark Boughton [11:20 a.m.]

That's an interesting idea. Which magazines or journals do you think would be best?

Bob Copeland [11:21 a.m.]

I can get in touch with a couple of contacts at Future Times Journal of Sci-Fi and Fiction Monthly. I'm sure they'll be interested.

Olivia Byrne [11:23 a.m.]

That sounds great, Bob. 175 I'll call Terrence now and see if he's interested in releasing a chapter in some journals first. Let me know what your contacts say after you talk to them.

Olivia Byrne [11:11 a.m.]

172 Terrence O'Hara씨의 다음 소설 제안서 읽어보신 분 있나요? 제가 보기에는 너무 좋은 것 같아서 다른 분들의 의견도 들어보고 싶습니다.

Bridget Stamp [11:13 a.m.]

저 읽어봤는데요. 확실히 제 눈을 사로잡았어요. 172 저는 이 책을 출판하고 싶은데, Mark는 시장성이 별로 없다고 생각하던데요.

Mark Boughton [11:15 a.m.]

맞아요. 저는 잘 읽히는 얘기는 아니라고 생각해요. 만약 저희가 출간을 하면, 몇 몇 그룹에서는 성공적일 테지만, 전반적으로 볼 때 174대 실패가 될 거라고 생각합니다. 지난번 이 작가의 소설과는 매우 다른 주제인 것 같습니다.

Bridget Stamp [11:17 a.m.]

이 소설이 좀 다른 방향으로 가고 있다는 데는 저도 동감합니다. 이 제안서에는 173 작가의 이전 소설들과 비교해서 SF주제가 주를 이루고 있다고 생각해요. 예전 팬들은 좋아하지 않을 지 몰라도 새로운 독자를 끌어드릴 수는 있을 것 같아요.

Olivia Byrne [11:18 a.m.]

이 소설을 발표하는데 좀 다른 접근방식을 시도하면 어떨까요? 그대로 소설로 출간하는 것 대신, 다른 문예잡지나 SF잡지에 첫 장을 발표하고 어떤 반응을 얻는지 살펴보면 어떨까요?

Mark Boughton [11:20 a.m.]

흥미로운데요. 어떤 잡지가 좋을 거라고 생각하세요?

Bob Copeland [11:21 a.m.]

Future Times Journal of Sci-Fi나 Fiction Monthly에 있는 아는 분들에게 연락해 볼 수 있습니다. 관심 있어 할거라고 생각해요.

Olivia Byrne [11:23 a.m.]

좋은 생각이에요. Bob. 175제가 지금 Terrence에게 전화해서 우선 잡지에 한 챕터를 공개하는 게 괜찮은지 물어볼게요. 잡지사 아는 분들과 얘기하고 나서 그들이 뭐라고 얘기하는지 저에게 알려주세요.

172. Where most likely do the writers work?

(A) A literary journal

(B) A publishing firm

(C) An educational institute

(D) A science museum

이들은 어디에서 일할 가능성이 가장 높은가?

(A) 문예 잡지

(B) 출판사

(C) 교육 기관

(D) 과학 박물관

|해설| 작가의 책을 출판하는 문제에 대해 논의하고 있으므로 이들이 일하는 회사는 출판사.

---

173. What is indicated about Terrence O'Hara?

(A) He's had his work in magazines before.

(B) He writes primarily science fiction stories.

(C) He works with multiple publishing houses.

(D) He has published novels before.

Terrence O'Hara에 대해 언급된 것은?

(A) O'Hara씨는 이전에도 잡지에 글을 발표한 적이 있다.

(B) O'Hara씨는 주로 SF 소설을 집필한다.

(C) O'Hara씨는 여러 개의 출판사와 일한다.

(D) O'Hara씨는 예전에 소설책을 출판한 적이 있다.

|해설| 이번 제안서는 작가의 이전 소설들에 비해 SF 테마가 강하다고 했으므로, 이 작가는 이전에도 책을 이미 몇 권 출간한 작가임을 알 수 있다.

---

174. At 11:15 a.m., what does Mark Boughton mean when he writes, "it would bomb"?

(A) A publication would be profitable.

(B) Critics will find the book enjoyable.

(C) The novel has too much violence.

(D) A publication would be a commercial failure.

11시 15분에 Mark Boughton씨가 "it would bomb"이라고 쓸 때 무엇을 의미하고 있는가?

(A) 출판사가 수익을 낼 것이다.

(B) 비평가들은 책이 재미있다고 생각할 것이다.

(C) 이 소설은 너무 심한 폭력성을 담고 있다.

(D) 출판은 상업적인 실패일 것이다.

|해설| 구어체 의미찾기 문제는 우선 문맥상 파악해봐야 한다. '일부 그룹에서는 이 소설이 성공할 수도 있다. 그러나 전반적으로는 it would bomb'이라고 했다. 앞에 나온 '그러나'가 결정적인 단서. '그러나'로 연결되었기 때문에 앞서 '성공할 수 있다'와 반대 개념이 나와야 한다. 그러므로 '실패하다'의 의미인 (D)가 정답. 우리도 소개팅에서 마음에 안 드는 사람이 나오면 '폭탄이다'라는 표현을 한다. 영어도 마찬가지! bomb은 명사로 쓰면 '폭탄', 동사로 쓰면 '폭탄이 터지다'로 '대 실패하다'의 의미.

(C)가장 빈번한 오답. 구어체 의미찾기 문제는 혼동될 경우 문장 앞에 꼭 대입해서 확인하자. '일부 그룹에서는 이 소설이 성공할 수도 있다. 그러나 전반적으로는 이 소설이 너무 심한 폭력성을 담고 있다(X)'. '소설이 성공할 수 있다'와 '너무 폭력적인 소설이다'는 역접의 관계가 아니다. 그러므로 '그러나'로 연결하기는 무리다.

---

175. What will Olivia Byrne probably do next?

(A) Discuss a plan with a writer

(B) Contact some magazine editors

(C) Schedule a meeting with some contacts

(D) Edit a proposal for a novel

Olivia Byrne씨는 아마도 다음에 무엇을 할까?

(A) 작가와 계획에 대해 논의한다.

(B) 잡지 편집장들에게 연락한다.

(C) 몇 몇 아는 사람들과 미팅을 잡는다.

(D) 소설책을 위한 제안서를 편집한다.

|해설| 고유명사가 등장했을 때 반드시 앞서 나온 이름과 비교해서 확인하자! Terrence는 첫 번째 대화에 등장한 '작가'의 이름이다. 문맥상 유추했다면 잡지 편집장으로 오해해 (B)를 고르기 쉬운 문제! 지문 내에 고유명사, 특히 사람이름이 등장할 때는 반드시 표시해두고, 앞서 언급된 사람이 반복적으로 언급될 때는 반드시 동일한 사람인지를 인식할 수 있어야 한다.

To: dapplebaum@cordis.com
From: gretrand@huxleyinternational.ca
Subject: Interview
Date: October 15
Attachment: Employment policy manual

Dear Mr. Applebaum,

I want to thank you for 176coming to our booth at the Vancouver Career Fair two weeks ago. Your experience and your present position at Cordis Systems are remarkable. I'm happy you decided to forward your resume and application for the job we talked about.

Our human resources director looked over your credentials and wants you to visit our headquarters for an interview in the next two weeks. Please tell me which of these times works best with your schedule.

178ⓒ Wednesday, October 21, 11:00 a.m. or 3:00 p.m.
Friday, October 23, 10:00 a.m. or 2:00 p.m.
Tuesday, October 27, 10:30 a.m. or 11:30 a.m.

Before coming to our office, 177 we'd like you to peruse the policy manual that I've attached so that you may ask any questions about our procedures. Feel free to contact me if you have any questions about the interview.

Sincerely,

Gertrude Retrand

To: gretrand@huxleyinternational.ca
From: dapplebaum@cordis.com
Subject: Re: Interview
Date: October 16

Dear Mrs. Retrand,

I very much appreciate the chance to interview at Huxley International. 179 It'll be an exciting challenge to direct a team after so many years as a consultant. As for the interview time, my afternoons are usually more free, so178ⓒI can come to your headquarters for the interview at 3:00 p.m.

I had a question about something you said at the career fair, actually. 180 You said you would like some references and recommendation letters concerning my experience. It's no problem to do this, but can you let me know how many I should bring to the interview?

Thanks again for this opportunity. I'm looking forward to meeting you again next week.

받는이: dapplebaum@cordis.com
보내는이: gretrand@huxleyinternational.ca
제목: 면접
날짜: 10월 15일
첨부: 채용 정책 매뉴얼

Applebaum씨에게

2주전 176벤쿠버 채용 박람회에서 우리 부스를 찾아준 것에 대해 감사를 드리고 싶습니다. 당신의 경력과 현재 Cordis Systems에서의 지위는 대단합니다. 우리가 이야기했던 직책에 당신이 신청서와 이력서를 보내기로 결정 하셔서 저는 매우 기쁩니다.

우리 인사 관리자가 당신의 자격을 검토 했고 당신이 2주 이내에 면접을 위해 우리의 본사를 방문하기를 원합니다. 이 시간대 중 언제가 당신의 일정과 가장 잘 맞는지를 저에게 알려주세요.

10월 21일 178ⓒ수요일, 오전 11시 또는 오후 3시
10월 23일 금요일, 오전 10시 또는 오후 2시
10월 27일 화요일, 오전 10시 30분 또는 오전 11시 30분

우리 사무실로 오시기 전에, 제가 첨부한 177정책 매뉴얼을 정독하시기를 바랍니다. 그래야 저희 정책에 대해 궁금한 것이 있으시면 질문하실 수 있을 테니까요. 면접에 대하여 궁금한 점이 있으시면 저에게 주저하지 말고 연락주세요.

Gertrude Retrand

수신: gretrand@huxleyinternational.ca
발신: dapplebaum@cordis.com
제목: 답신: 인터뷰
날짜: 10월 16일

Retrand씨에게

Huxley International에서 면접을 볼 기회를 주셔서 감사합니다. 179굉장히 오랜 시간 컨설턴트로써 일해 오다가 이렇게 한 팀을 이끈다는 것은 흥미로운 도전이 될 것입니다. 면접 시간에 대해 말하자면, 저는 보통 오후시간이 훨씬 자유롭습니다. 그래서 저는 178ⓒ오후 3시에 면접을 위해 당신의 본사로 갈 수 있습니다.

저는 사실 직업 박람회에서 당신이 말한 것에 대하여 궁금한 것이 있었습니다. 180저의 경력에 관련하여 추천인과 몇 개의 추천서를 원한다고 이야기 하셨는데요. 준비하는 것은 전혀 문제가 없는데, 면접에 몇 개를 가지고 가야 하는지 알려줄 수 있으신지요?

다시 한번 이 기회를 주셔서 감사합니다. 다음주에 당신을 다시 만나길 고대하고 있습니다.

|어휘| remarkable 눈에 띄는, 두드러진 forward 보내다, 발송하다 look over(=review) 검토하다 credentials(=qualifications) 자질, 자격 peruse 숙독, 정독하다

176. How did Mr. Applebaum likely learn about the job opening of Huxley International?
(A) From a colleague
(B) From an online posting
(C) From the company's bulletin board
(D) From a job fair

어떻게 Applebaum씨는 Huxley International의 일자리에 관하여 알게 되었는가?
(A) 동료로부터
(B) 인터넷 게시글로부터
(C) 회사의 게시판에서
(D) 채용 박람회에서

|해설| 첫 지문, 첫째 줄에 나와있다. '밴쿠버 직업박람회에서 우리 부스에 와주셔서 감사하다'고 했으므로 직업박람회에서 이 자리에 대해 알게 되었을 것이다.

177. What is Mr. Applebaum instructed to do before his interview?
(A) Review the company's history
(B) Write a reference letter
(C) Read through a handbook
(D) Undergo a background check

Applebaum씨는 그의 면접 전에 무엇을 하도록 지시받았는가?
(A) 회사 역사를 검토하기
(B) 추천서 쓰기
(C) 소책자 읽어보기
(D) 신원조사를 받기

|해설| 면접 동안 궁금한 점을 물어보기 위해서 미리 정책 매뉴얼을 정독할 것을 권고했으므로 '소책자'를 읽어보도록 지시한 것.

난이도
★☆☆
178. When will Mr. Applebaum's interview probably be?
(A) On Tuesday
(B) On Wednesday
(C) On Thursday
(D) On Friday

언제 Applebaum씨의 면접이 있을 것인가?
(A) 화요일
(B) 수요일
(C) 목요일
(D) 금요일

|해설| Combined Question. 두 번째 글에서 Applebaum씨는 오후 3시에 오겠다고 했다. 첫 번째 지문에 나열된 3개의 일정 중에서 오후 3시는 수요일임을 확인할 수 있다.

179. Why is Mr. Applebaum seeking a new job?

(A) Because he wants to head a team
(B) Because he wants to move to a new town
(C) Because he would like to work in a new field
(D) Because he wants to work in a full-time position

왜 Applebaum씨는 새로운 직업을 구하고 있는가?

(A) 팀을 이끌기를 원하기 때문에
(B) 새로운 지역으로 이사하기를 원하기 때문에
(C) 새로운 분야에서 일하고 싶어하기 때문에
(D) 정규직으로 일하고 싶어 하기 때문에

|해설| 수년 간 컨설턴트로 일하다가, 한 팀을 이끈다는 것은 흥분되는 도전이라고 했다. 그러므로 Applebaum씨는 팀을 이끄는 새로운 일을 해보기 위해서 새 직장을 찾고 있음을 유추할 수 있다.

180. What information does Mr. Applebaum request?

(A) The location of the headquarters
(B) The number of references he should bring
(C) The duties of his new position
(D) The names of employees he will manage

어떤 정보를 Applebaum씨가 요청하는가?

(A) 본사의 위치
(B) 그가 가져가야 할 추천서의 갯수
(C) 그의 새 직책의 임무
(D) 그가 관리할 직원들의 이름

|해설| 박람회에서 만났을 때, 추천서를 면접에 들고 올 것을 요청 받았는데, 정확히 몇 개의 추천서를 들고 가야 할지를 묻고 있다. 그러므로 (B)가 정답.

To:　　　Larry Baird
From:　　Moira Lovett
Date:　　Mar 18
Subject:　Silverson Electronics Workshop

Dear Mr. Baird,

182 I am preparing a team-building workshop for my employees at Silverson Electronics and I was thinking of hosting it at the Biltmore Hotel. 183 My co-worker, Mr. Piazza held a gathering at your hotel earlier this year and he was very pleased with the hospitality and service of your staff and you, as well as the hotel itself.

The Silverson Electronics team-building workshop is scheduled to be on May 2 around 9 a.m. I will need a big conference room and the 185⊏workshop will last about five and a half hours. At most, there will be 40 people coming. A majority of them plan on staying overnight at the hotel. We will be taking a break during the workshop for lunch, so I would like 185◎a package for a half day that includes a lunch buffet. Also, we will need a sound system with four microphones for the workshop, as well as a projector and screen.

Thanks in advance for helping.

Moira Lovett

TO:　　　　Moira Lovett
FROM:　　　Larry Baird
DATE:　　　Mar 19
SUBJECT:　　RE: Silverson Electronics Workshop
ATTACHMENT: Buffet Menu options

Dear Ms. Lovett,

We're honored that you would choose our hotel to host Silverson Electronics workshop. Our hotel has four options for rooms and catering, 184a all including wireless Internet.

The Biltmore Option: $70 / guest – Reservation for a full day in a conference room – Up to 10 hours
A Breakfast buffet, lunch buffet, and light refreshments are included along 184c with sound and video equipment. Free valet parking is available for attendees.

The Executive Option: $55 / guest – Reservation for a full day in a conference room – Up to 10 hours
Sound and video equipment are included. 184b Guests may use our parking facilities free of charge.

185◎ **The Preferred Option**: $45 / guest – Reservation for a half day in a conference room – Up to 6 hours
A Lunch buffet is included with sound and video equipment. Guests may use our parking facilities free of charge.

The Robbins Option: $30 / guest – Reservation for a half day in a conference room – Up to 6 hours
Light refreshments will be made available at the start and conclusion of the conference. Sound and video equipment are supplied and guests may use our parking facilities free of charge.

Please look through the attached buffet menu and feel free to ask me any questions you may have.

Larry Baird

수신:　Larry Baird
발신:　Moira Lovett
날짜:　3월 18일
제목:　Silverson Electronics Workshop

Baird씨에게

182저는 Silverson Electronics의 저의 직원들을 위해 팀 빌딩 워크샵을 준비하고 있으며 워크샵을 Biltmore Hotel에서 개최할 생각을 하고 있었습니다. 183저의 동료인 Piazza씨가 올해 초에 당신의 호텔에서 모임을 개최했었고, 그가 호텔 자체뿐만 아니라 당신과 당신 직원들의 서비스와 환대에 매우 만족해 했습니다.

Silverson Electronics사의 팀 빌딩 워크샵은 5월 2일 오전 9시경에 예정되어 있습니다. 저는 큰 회의실이 필요하고, 185⊏워크샵은 5시간 30분 가량 지속될 예정입니다. 최대한으로 잡아서 40명이 올 것입니다. 그들 중에서 다수의 사람들이 호텔에서 그날 밤 투숙할 계획입니다. 저희는 점심식사를 위해서 워크샵 동안 쉬는 시간을 가질 예정이라서, 185◎점심 뷔페가 포함된 반나절 짜리 패키지를 원합니다. 또한, 우리는 프로젝터와 스크린뿐만 아니라 워크샵을 위해 4개의 마이크가 갖춰진 사운드 시스템이 필요합니다.

도움 주실 것을 미리 감사 드립니다.

Moira Lovett

수신:　Moira Lovett
발신:　Larry Baird
날짜:　3월 19일
제목:　회신: Silverson Electronics Workshop
첨부:　뷔페 메뉴 옵션

Lovett씨에게

당신이 저희 호텔을 Silverson Electronics 워크샵 장소로 선택하려 하신다니 영광입니다. 저희 호텔은 객실과 식사에 대해 4가지의 옵션이 있으며 184a모든 옵션에는 무선 인터넷이 포함됩니다.

The Biltmore Option: 일인당 70달러 – 회의장 1일 예약 – 최대 10시간
아침 뷔페, 점심 뷔페 및 가벼운 다과가 184c음향, 비디오 장비와 함께 제공됩니다. 참가자들을 위한 무료 대리주차가 가능합니다.

The Executive Option: 일인당 55달러 – 회의장 1일 예약 – 최대 10시간
음향, 비디오 장비가 포함되어 있습니다. 184b손님들은 주차 시설을 무료로 이용하실 수 있습니다.

185◎The Preferred Option: 일인당 45달러 – 회의장 반나절 예약 – 최대 6시간
점심 뷔페가 음향, 비디오 장비와 함께 포함되어 있습니다. 손님들은 주차시설을 무료로 이용하실 수 있습니다.

The Robbins Option: 일인당 30달러 – 회의장 반나절 예약 – 최대 6시간
가벼운 다과가 회의 시작과 마지막에 제공됩니다. 음향, 비디오 장비가 제공되며, 손님들은 우리 주차시설을 무료로 이용하실 수 있습니다.

첨부된 뷔페 메뉴를 살펴봐주시고 어떤 질문도 편하게 물어보세요.

Larry Baird

TEST 08

181. What is the purpose of the first e-mail?
(A) To fix a conflict in a schedule
(B) To ask about conference facilities
(C) To confirm a hotel reservation
(D) To request a guest list

첫 번째 이메일의 목적은 무엇인가?
(A) 스케줄이 겹치는 것을 해결 하기 위해서
(B) 회의 시설에 대해서 물어보기 위해서
(C) 호텔 예약을 확인하기 위해서
(D) 게스트 리스트를 요청하기 위해서

|해설| 호텔 회의장에서 워크샵을 열기 위해 필요한 사항들을 정리해서 보낸 편지다. 그러므로 호텔에 있는 회의실 시설에 대해 문의하고 있는 것.
(C) confirm 동사가 등장하면 오답률이 높아진다. 'confirm a reservation vs. make a reservation'. 이 2가지 표현은 엄격히 분리해서 이해해야 한다. 처음에 예약을 하는 것은 'make a reservation'이고, 예약한 후에 업체 측에서, 고객에게 예약내용을 확인해보는 것이 'confirm a reservation'이다. 이 글은 고객이 쓴 글이고, 아직 예약을 한 상태도 아니므로 'confirm a reservation'은 정답이 될 수 없다.

난이도
★☆☆
182. What is suggested about the workshop?
(A) A movie will be presented at the beginning.
(B) Attendees are hired by a company.
(C) It was initially scheduled at a later date.
(D) It will have one presenter.

워크샵에 대해서 언급되어 있는 것은?
(A) 시작할 때 영화가 상영될 것이다.
(B) 참석자들은 한 회사에 고용되어 있다.
(C) 워크샵이 원래는 더 늦게 열리도록 예정되었었다.
(D) 워크샵에 발표자는 한 명일 것이다.

|해설| 첫 번째 편지를 쓴 Lovett씨는 '자신의 팀원'들과 워크샵을 한다고 했다. 그러므로 워크샵에 참석하는 사람들은 '한 회사에 고용된' 동료들이다.

183. What is indicated about Mr. Baird?
(A) He was suggested by a colleague of Ms. Lovett.
(B) He has not worked at the hotel long.
(C) He was employed by Silverson Electronics before.
(D) He put together Biltmore Hotel's buffet menu.

Baird씨에 대해 언급되어 있는 것은?
(A) 그를 Lovett씨의 동료가 추천했다
(B) 그는 호텔에서 오래 일하지 않았다.
(C) 그는 Silverson Electronics에 의해 이전에도 고용되었다.
(D) 그는 Biltmore Hotel의 뷔페 메뉴를 만들었다.

|해설| Lovett씨의 동료는 호텔도 훌륭했고, Baird씨와 그의 직원들이 굉장히 친절했다고 Lovett씨에게 알려줬다. 그러므로 Lovett씨의 동료가 Baird씨를 추천해준 것.
(D) 두 번째 지문 마지막 문장을 보면, 뷔페메뉴가 첨부되어 있으니 살펴보라고 했다. 이것만으로 Baird씨가 뷔페메뉴를 만들었다고 볼 수는 없다. 호텔에서 음식 전문 담당자가 이 메뉴를 만들었을 것이다. Baird씨는 뷔페 관련 자료를 전달할 뿐이다. 'put together'는 '(이것 저것을 모아서) 만들다'의 의미.

184. What is NOT mentioned as a feature of the conference options?

(A) Access to the Internet in the conference room

(B) Complimentary parking for conference attendees

(C) Audiovisual equipment for the conference room

(D) Discounted room rates for attendees

회의 옵션의 특징으로써 언급된 것이 아닌 것은 무엇인가?

(A) 회의장에서의 인터넷 연결

(B) 회의 참석자들을 위한 무료 주차

(C) 회의장에서의 시청각 장비

(D) 참석자들을 위한 할인된 객실 요금

|해설| 객실요금이 할인된다는 언급은 없다. 나머지 보기는 지문에 표시된 내용 확인!

---

185. What package best meets Silverson Electronics' wishes?

(A) The Biltmore option

(B) The Executive option

(C) The Preferred option

(D) The Robbins option

Silverson Electronics의 바람을 가장 충족하는 패키지는 무엇인가?

(A) The Biltmore 옵션

(B) The Executive 옵션

(C) The Preferred 옵션

(D) The Robbins 옵션

|해설| Combined Question. 첫 지문에 나온 요구조건을 보면, 5시간반 사용할 것이고 점심뷔페가 필요하다고 했다. 이를 만족하는 옵션을 두 번째 지문에서 찾아보면 The preferred 옵션!

http://www.premiumTours.com/washingtondc

Premium Tours

186Premium Tours makes it our mission to bring you to the best local food favorites in historic Washington D.C., Baltimore and Pittsburgh areas. Come with our knowledgeable guides as they tell you about the culture and history of each area while walking to restaurants and trying the best food from all of them.

Penn Quarter (Washington D.C.)

Time: From Monday to Friday, 5:30 p.m. to 8:00 p.m. (not available on weekends.)

Dress: Clothes and footwear that are appropriate for walking are recommended.

Food: Participants will be enjoying a variety of tastes throughout the tour. The first restaurant will serve appetizers. 189◎At the second location, participants can meet Jacques Zieman, owner of the restaurant and chocolate connoisseur, and sample his favorite chocolates. The following restaurant will feature a partial dinner, and dessert will be served at the final location.

Included: Food, 187complimentary bottled water, a city map and a detailed pamphlet featuring the restaurants and stores from the tour.

Price: $60 per person

Premium Tours – Penn Quarter Restaurants

Restaurants are listed below in the order in which they will be visited on the tour.

Restaurant/Store	Location
1. Stan's Pizza	644 Hill Avenue
	• Featuring 188 Chicago style pizza
189◎ 2. Sweet Life	113 George Street
	• 188 International gourmet food shop
3. Bread & Butter	129 George Street
	• The Restaurant combines 188 Mediterranean cuisine with live music in the evening
	• Reservations required
4. Sucre Bleu	495 North 15th Street
	• The finest cakes and desserts
	• 190◎ Doesn't operate on Thursdays
5. Penn Quarter Creamery	490 North 15th Street
	• 190◎ High quality ice cream and sundaes
	• 190◎ Participants visit here if Sucre Bleu is not open

---

http://www.premiumTours.com/washingtondc

Premium Tours

186Premium Tours는 당신을 역사적인 워싱턴 D.C., 볼티모어 그리고 피츠버그 지역에서 최고의 현지 식당으로 데려다 주는 것을 우리의 임무로 생각합니다. 우리의 박식한 가이드가 함께 하면, 그들은 맛있는 식당으로 걸어가는 동안 그리고 최고의 음식을 맛보는 동안에 당신에게 그 지역의 역사와 문화에 대해 설명해 줄 것입니다.

Penn Quarter (워싱턴 D.C.)

시간: 월요일부터 금요일까지, 오후 5시30분부터 오후 8시까지 (주말 동안에는 여행 일정이 없습니다.)

복장: 걷는 데 적절한 의류와 신발이 추천됩니다.

음식: 참가자들은 여행 내내 다양한 맛을 즐기게 될 것입니다. 첫 번째 식당은 전채요리를 제공합니다. 189◎두 번째 식당에서 참가자들은 식당의 사장이며 초콜릿 감정가인 Jacques Zieman를 만날 수 있으며, 그가 좋아하는 초콜릿을 시식하게 될 것입니다. 다음 식당은 많지 않은 양의 저녁식사를 선보이며, 마지막 식당에서 디저트가 제공될 것입니다.

포함 품목: 음식, 187무료 생수, 지도, 여행에서 만나는 식당과 가게들을 설명해주는 자세한 팜플렛.

가격: 1인당 60달러

Premium Tours – Penn Quarter 식당들

식당들은 투어에서 방문하는 순서대로 아래에 나열되어 있습니다.

식당/상점	위치
1. Stan's Pizza	644 언덕 거리
	• 188시카고 스타일의 피자를 특징으로 함
189◎2. Sweet Life	113 George가
	• 188전세계 미식가들의 음식
3. Bread & Butter	129 George가
	• 저녁에 라이브 뮤직과 함께 하는 최고의 188지중해식 음식
	• 예약 필수
4. Sucre Bleu	495 북부 15번가
	• 최고의 케이크와 후식
	• 190◎ 목요일은 쉽니다.
5. Penn Quarter Creamery	490 북부 15번가
	• 190◎ 수준 높은 아이스 크림과 선대 아이스크림
	• 190◎ 참석자들은 만약 Sucre Bleu가 열지 않았다면, 이곳을 방문할 것입니다.

To: Premium Tours <inquiries@ premiumtours.com>
From: Lena Tomaski <ltomaski@speedmail.com>
Date: May 16
Subject: Question about tours

Hi,

I'm very interested in going on one of your tours, but the page that shows which restaurants are visited on the tours seems to be down. I'm very interested in trying some restaurants in the Washington D.C. area. I'm a huge ice cream lover, so if possible, 190© I'd like to go on a tour which includes ice cream. Please let me know when would be the best time to join your Penn Quarter tour and give me more information about the restaurants.

Sincerely,

Lena Tomaski

수신인: Premium Tours 〈inquiries@ premium-tours.com〉
발신인: Lena Tomaski 〈ltomaski@speedmail.com〉
날짜: 6월 16일
제목: 투어관련 질문

안녕하세요.

저는 귀사의 투어에 참여하는데 관심이 있는데요. 투어 중에 어떤 식당을 방문하는 지를 보여주는 페이지가 다운된 것으로 보입니다. 저는 워싱턴 DC 지역에 식당에 가보고 싶습니다. 저는 아이스크림 매니아라서요. 가능하다면 190© 아이스크림을 포함하는 투어에 가고 싶습니다. Penn Quarter 투어에 참여하기에 가장 좋은 시간은 언제 인지와 식당에 대한 더 자세한 정보를 알려주셨으면 합니다.

Lena Tomaski

|어휘| knowledgeable 잘 아는, 지적인 be appropriate for ~에 적합한

난이도
★★★

186. What is stated about Premium Tours?
(A) They offer tours of historic homes.
(B) They provide week-long tours.
(C) They provide tours on the holidays.
(D) They provide tours in different areas.

Premium Tours에 대해서 언급되어 있는 것은?
(A) 역사적인 집들(유명한 사람들이 살았던 집) 견학을 제공한다.
(B) 일주일짜리 여행을 제공한다.
(C) 휴일에도 여행을 제공한다.
(D) 여러 다른 지역에서 여행을 제공한다.

|해설| 워싱턴, 볼티모어, 피츠버그 지역에서 투어상품을 제공한다고 했으므로 (D)가 정답. 웹 페이지에서는 투어상품들 중 하나인 워싱턴 지역 상품을 자세하게 설명하고 있다. 이 내용을 보고 한 지역에서 제공한다고 판단해서는 안 된다! 이 상품은 여러 상품 중의 하나일 뿐.

(A) 이 상품은 이 지역의 '맛집' 투어다. historic residences는 유명한 사람이 살았던 '살가'의 개념이다. 가이드가 이 지역의 역사를 설명해줄 뿐, '생가'를 방문하지는 않는다.

(B) 'week-long tours'는 '일주일짜리 여행'. 이 투어상품은 오후 5시반부터 8시까지 진행된다고 했으므로 당일 투어상품이다. '쉬는 날 없이 일주일 내내 투어를 제공한다'고 표현하려면 'they provide tours 7 days a week'이라고 표현해야 한다. 시간단위에 long을 붙이면 '~동안 지속되는'의 의미. [ex] weeklong workshop – 일주일짜리 워크샵. yearlong training – 일년간 지속되는 교육. 'week-long' 중간에 하이픈(–)은 있어도 되고, 없어도 된다.

---

187. In the Web page, the word "complimentary" in paragraph 6, line1, is closest in meaning to?
(A) supplement
(B) extra
(C) free
(D) appreciative

웹페이지 여섯 번째 문단, 첫 번째 줄의 "complimentary"가 의미상 가장 가까운 것은?
(A) 보충의
(B) 여분의
(C) 무상의
(D) 감사하는

|해설| complimentary는 토익 초 빈출 어휘. '무료의, 무상의'의미.

TEST 08

188. What is suggested about the Penn Quarter tour?

(A) It takes place twice a day.

(B) It offers attendees foods from around the world.

(C) The guide is a resident of Penn Quarter.

(D) The attendees receive free transportation.

Penn Quarter 투어에 대해서 언급되어 있는 것은?

(A) 하루에 두 번 열린다.

(B) 참석자들에게 세계 전역의 요리를 제공한다.

(C) 가이드는 Penn Quarter의 거주민이다.

(D) 참석자들은 무료 교통편을 제공 받는다.

|해설| 두 번째 지문을 보면, 세계음식을 선보인다는 것을 알 수 있다. '시카고 스타일 피자, 그리스 요리, 네팔음식'등을 메뉴 중에 찾아볼 수 있다.

189. Where will tour participants meet Mr. Zieman?

(A) At Sweet Life

(B) At Bread & Butter

(C) At Sagarmatha

(D) At Sucre Bleu

투어 참석자들은 어디에서 Zieman씨를 만날 것인가?

(A) Sweet Life에서

(B) Greek Grill에서

(C) Sagarmatha에서

(D) Sucre Bleu에서

|해설| Combined Question. 첫 번째 지문에서 Zieman씨가 언급되었다. 두 번째 식당에서 초콜릿 감정가인 Zieman씨를 만난다고 했다. 두 번째 지문에서 두 번째 식당이 어디인지 찾아보면 된다. 또한 두 번째 식당의 이름이 Sweet Life이므로 달콤한 초콜릿을 먹는 가게임을 유추할 수 있다.

190. On what day will Ms. Tomaski most likely go on a Premium Tour?

(A) Monday

(B) Wednesday

(C) Thursday

(D) Friday

Tomaski씨는 어느 요일에 Premium Tour에 참여할 가능성이 가장 높은가?

(A) 월요일

(B) 수요일

(C) 목요일

(D) 금요일

|해설| Combined Question. 3번째 지문에서 Tomaski씨는 아이스크림이 포함된 투어를 선택하고 싶다고 했다. 2번째 지문에서 아이스크림을 제공하는 가게를 찾아보면 5. Penn Quarter Creamery 하나다. 그런데 이 가게의 경우 Sucre Bleu 식당이 문을 닫는 날에만 방문한다고 했다. 바로 위 Sucre Bleu 정보를 살펴보면 목요일에만 문을 닫는 다는 것을 알 수 있다. 그러므로 우리는 Tomaski씨가 아이스크림을 먹기 위해 목요일 tour를 선택할 것임을 유추할 수 있다.

Welcome to the Neighborhood, Plain Glass Theater

The Plain Glass Theater company has opened their doors to the general public and our students after renovating the Cornwell Theater, only half a kilometer from Ellington College's campus.

The theater will be Plain Glass Theater's permanent home 191 after moving from venue to venue after its founding twelve years ago. The renewed facility, which once housed a community center, is truly a great fit for the company. Gordon DeLaren, art director says that the renovations were definitely worth the wait. "The Cornwell Theater is a 193c spacious and elegant facility that allowed the company to maintain both artistic and administrative staff under one roof for the first time. 193d It was less expensive to renovate this existing 192 space than to construct a brand-new building. 193b Being close to Ellington College is also a nice advantage. We hope we can provide quality entertainment for the arts-loving students of the school."

"Secret Summer," a new play written by Clark Katz, will be the company's first production at the new building. The play opens on Saturday, February 12 and 194© will begin with a speech by the play's director. More information can be found at www.plainglasstheater.com.

Plain Glass Theater
Buy Tickets

Purchase tickets	Homepage	Upcoming productions	About Us	Contact

Ticket prices:

General public	$40
Supporting members	$30
Students	$25
Children under 10 years old	$12

A valid and current Student ID card is required to receive 195© a student discount at the Plain Glass Theater ticket office.

Plain Glass Theater Opened with its Successful Debut Play

"Secret Summer", the first production at Plain Glass Theater was an excellent presentation of the performing arts for all in attendance. 194© During a short introductory speech, Kurt Hedaya, said he was pleased that so many came out to support the arts community and 195© delivered his gratitude to Ellington College since a majority of the audience was from the college. The play, which lasted 3 hours with a thirty minute intermission, starred Emilia Snell as barista who happens to learn that she has the power to read minds. The play addressed serious, potentially difficult yet universally relevant subjects in a moving, humorous and totally engrossing way. It is set to be performed by Plain Glass Theater until March 30.

Plain Glass Theater, 이웃이 된걸 환영합니다

Plain Glass Theater는 Ellington 대학의 캠퍼스로부터 겨우 0.5킬로미터 떨어진 곳에 위치한 Cornwell Auditorium을 개조해서, 일반 대중들과 우리 학생들에게 문을 열었습니다.

이 극장은, 191 12년 전 창립이래로 이곳 저곳 이사를 다녔던 Plain Glass Theater의 영구적인 보금자리가 될 것입니다. 한때 지역문화회관이 입주해 있기도 했던 이 수리된 시설은 이 회사에 딱 안성맞춤 입니다. 아트 디렉터인 Gordon DeLaren씨는 이 공사가 분명히 (오랜 시간을) 기다릴만한 가치가 있는 공사라고 이야기 했습니다. "Cornwell Theater는 회사가 처음으로 예술활동 담당 직원과 행정직원을 한 지붕 아래 보유할 수 있게 해주는 193c넓고 우아한 시설입니다. 193d새로운 건물을 짓는것보다 이 기존 192공간을 개조하는 것이 비용이 덜 들었습니다. 193b Ellington 대학과 가까이에 있는 것도 또한 좋은 장점입니다 우리는 그 학교에 예술을 사랑하는 학생들을 위해 수준 높은 공연을 제공할 수 있기를 희망합니다."

Clark Katz가 쓴 새로운 연극인 "Secret Summer"는 새로운 건물에서의 회사의 첫 번째 작품이 될 것입니다. 194© 이 연극은 2월 12일 토요일 공개되며 이 연극 연출자의 연설로 시작할 것입니다. 더 많은 정보는 www.plainglasstheater.com에서 찾아 보실 수 있습니다.

Plain Glass Theater
티켓을 구매하세요

티켓 구매	홈페이지	다음 작품	극단 소식	연락처

티켓 가격:

일반 고객	40달러
후원 회원	30달러
학생	25달러
10살 이하 어린이	12달러

Plain Glass Theater 티켓 판매처에서 195© 학생 할인을 받기 위해서는 현재 유효한 학생신분증이 요구됩니다.

Plain Glass Theater, 데뷔 연극과 함께 성공적으로 오픈

Plain Glass Theater의 첫 번째 작품인 "Secret Summer"는 그 자리에 모인 모든 사람을 위한 공연예술의 훌륭한 상연이었습니다. 194© 짧은 소개연설 동안 Kurt Hedaya씨는 예술사회를 지원해주기 위해 이렇게 많은 분들이 모셔서 기쁘다고 말하며 195© 청중들의 대부분이 Ellington College에서 오신 분들이었기 때문에 이 대학에도 감사의 뜻을 전달했습니다. 30분의 중간휴식 시간과 함께 3시간 상연된 이 공연에는 Emilia Snell이 출연했으며, 사람의 마음을 읽는 힘을 가졌음을 우연히 알게 되는 바리스타 역을 맡았습니다. 이 연극은 진지하면서, 매우 어려울 수 있으나 누구나 공감할 수 있는 주제를 감동적이고, 유머러스하면서 전체적으로 몰입하게 만드는 방식으로 다루어졌습니다. 3월 30일까지 Plain Glass Theater에 의해 상연될 예정입니다.

|어휘| renovate(=remodel, refurbish redecorate, renew) 재건축하다, 개조하다 permanent 영구적인 from venue to venue 이곳 저곳 founding(=establishment) 설립 house 통 수용하다, (건물 안에 ~을) 입주시키다 be worth the cost 비용을 들인 가치가 있는 elegance 우아함 acoustics 음향 production 작품

난이도 ★★★

191. What is indicated about the theater?

(A) It was founded by Mr. Katz.

(B) It did not have a stable location.

(C) It has had productions in many countries.

(D) It has changed its name.

극장에 대해서 언급되어 있는 것은?

(A) 이 극장은 Katz씨에 의해 창립되었다.

(B) 이 극장은 안정된 장소를 가지지 못했었다.

(C) 이 극장은 많은 나라에서 공연을 했었다.

(D) 이 극장은 이름을 변경했다.

|해설| 이곳 저곳을 돌아다니다 마침내 영구적인 '집'을 찾았다고 했으므로, 이 극장은 이전에 안정적인 장소를 확보하지 못했음을 유추할 수 있다.

(D) 2개의 극장이름이 나와서 혼동되는 문제. Plain Glass Theater는 극단을 이끄는 회사이름이고, Cornwell Auditorium은 극장, '공간'의 이름이다. 이번에 Plain Glass Theater가 Cornwell Auditorium를 인수해서, 수리공사 후에 자신의 터전으로 만든 것이다. 그러므로 이름을 변경한 것은 아니다.

난이도 ★★☆

192. In the first article, the word "space" in paragraph 2, line 10, is closest in meaning to

(A) Distance

(B) Privacy

(C) Available place

(D) Period of time

첫 번째 기사에서, 2번째 단락의 10번째 줄에 있는 단어 "space"와 의미상 가장 가까운 것은?

(A) 거리

(B) 사생활

(C) 이용 가능한 장소

(D) 기간

|해설| 동의어 문제는 반드시 문장을 다시 찾아서 해석해보고, 그 문장에서 문맥상 어떤 의미로 쓰였는지 파악한 다음에 정답을 고른다. 본문에서 space는 말 그대로 '공간'의 의미. 이 Cornwell Auditorium은 충분한 공간을 가지고 있어서, 행정직원들을 뽑아서 운영할 수 있다고 했다. 아마 이전에는 공간이 협소해서 직원을 뽑을 수도 없었던 모양이다. 그래서 행정직원들을 보유할 수 있다는 의미에서 self−sufficient, 즉 자립체제를 갖출 수 있다고 했다. '공간' 의미이므로 available place가 정답.

---

193. What does Mr. DeLaren NOT mention as an advantage of the Cornwell Theater?

(A) A history with the community

(B) Proximity to potential customers

(C) A good amount of space

(D) Decent restoration expenses

Cornwell Theater의 장점으로써 DeLaren씨가 언급한 것이 아닌 것은?

(A) 지역사회와의 역사

(B) 잠재 고객들과의 근접성

(C) 넓은 공간

(D) 적절한 복원 비용

|해설| (B) 대학이 가까이 있으므로 잠재고객과 가까이 있는 것이고, (C) 공간이 충분하다고 했으며, (D) 새로운 장소를 건축하는 것보다 수리하는 것이 저렴하다고 했다. 지역사회의 역사를 담고 있다는 언급은 없다.

194. What most likely is Kurt Hedaya's job?

(A) An art director of a theater

(B) An actor in a play

(C) A director of a play

(D) A theater reviewer

Kurt Hedaya씨의 직업은 무엇인가?

(A) 극장의 아트 디렉터

(B) 연극에 출연하는 배우

(C) 연극의 연출자

(D) 극장 평론가

|해설| Combined Question. 1번째 지문에서 이 연극은 연출자의 연설로 시작할 것이라 했다. 3번지문에 Kurt Hedaya씨가 등장하며, 소개 연설 동안 여러 얘기를 했음이 언급되고 있다. 소개연설을 한 것으로 보다 Hedaya씨가 이 연극의 연출자임을 알 수 있다.

195. What is indicated about the audience for the performance on February 12?

(A) Many of them received discounted tickets.

(B) They thought the play was too long.

(C) Some of them left during intermission.

(D) Many brought their children along.

2월 12일 공연을 위해 모인 청중들에 관해 언급된 것은?

(A) 청중들 중 많은 사람들이 할인 티켓을 받았다.

(B) 청중들은 연극이 너무 길다고 생각했다.

(C) 청중들 중 일부는 중간 휴식시간에 자리를 떴다.

(D) 많은 청중들이 자녀를 동반했다.

|해설| Combined Question. 2번째 지문에서 학생은 할인을 받을 수 있다고 했다. 3번째 지문에서 Hedaya씨는 대다수의 청중들이 Ellington 대학에서 온 분들이기 때문에 이 대학에 감사의 뜻을 전달했다. 그러므로 대다수의 청중들이 대학생이며, 학생이므로 할인을 받았을 것임을 유추할 수 있다.

Riverview Apartments
Now Leasing!

New leases come with lower rates!
(A minimum of a one-year lease is required)

One-bedroom apartment: 196◎ $900/month
Two-bedroom apartment: $1150/month
All utilities are included with the monthly lease payment

A laundry area, a recreation area, and a fully furnished lobby are all accessible to tenants.

244 West River Road
Brooklyn Center, MN 55429
416-555-0142
www.riverviewapartments.com

To: Rita Adler
From: Eric Jansen
Subject: New tenant
Date: May 4

Attachment: Apartment-55

Dear Ms. Adler:

All of the documents have been completed for 199◎ Harvey Lang. He will come by the office this morning to sign a lease for one year, and he plans on paying his first month's rent 196◎ with a personal check for $900. You'll find the documents and his rent payment on your desk later today. 199◎He also plans to register with the tenants association immediately.

197 Please let our maintenance department know that the apartment has to be ready by June 2. I've attached a detailed work order to this e-mail. 197 Make sure that the maintenance staff notice that Mr. Lang wants the room to be painted beige.

200◎ There are three more apartments that are still vacant on the third, sixth, and seventh floors. I'm meeting with some potential tenants this afternoon to show them the two bedroom apartments, and another potential tenant tomorrow for the one bedroom. Once these are leased, we will be at full occupancy.

Thanks.

Regards,

Eric Jansen

Riverview Apartments
현재 임대 중!

저렴한 임대료로 나오는 신규 임대!
(최소 1년의 임대가 요구됨)

원룸 아파트: 196◎ 월세 900불
투룸 아파트: 월세 1150불
모든 공과금은 월세 임대료에 포함되어 있습니다.

세탁소, 레크리에이션 시설, 시설이 완비된 로비는
모두 세입자들이 이용 가능합니다.

55429 MN, Brooklyn Center,
West River Road 24번지
416-555-0142
www.riverviewapartments.com

수신: Rita Adler
발신: Eric Jansen
주제: 신규 세입자
날짜: 5월 4일

첨부: 아파트-55

Adler씨에게

199◎ Harvey Lang씨를 위한 모든 서류들이 작성되었습니다. 그는 1년짜리 임대 계약을 하러 오늘 아침에 사무실로 들를 것이고 196◎첫 달 집세 900불을 개인 수표로 결제할 것입니다. 서류와 집세는 오늘 오후에 귀하의 책상 위에 있을 것입니다. 199◎그는 또한 바로 세입자 협회에 등록할 계획입니다.

197아파트가 6월 2일까지는 준비가 돼 있어야 한다는 점을 관리부서에 알려주세요. 저는 이 이메일에 자세한 작업 순서를 첨부했습니다. 197Lang씨가 방을 베이지 색으로 칠해 주기를 원한다는 것을 관리실 직원이 분명히 알게 해 주세요.

200◎ 여전히 비어 있는 아파트가 3층, 6층, 7층에 세 개 더 있습니다. 저는 오늘 오후에 몇 분의 계약 희망자와 만나서 그들에게 투 룸 아파트를 보여 줄 것이고, 내일은 원 룸 아파트를 보실 다른 계약 희망자를 만나기로 했습니다. 일단 이 아파트들이 리스가 되고 나면, 빈집이 없게 전부 임대 되는 것입니다.

감사합니다.

Eric Jansen

Notice from the Riverview Apartments Tenants Association

July 1

Greetings, fellow tenants. Below is a 198 tentative schedule for our upcoming meeting scheduled on July 7.

New tenant introduction: 199© Any new members of our association will be asked to introduce themselves to the group.

Upcoming parking lot renovations: We'll be giving information about the renovations to be done to the parking lot and alternate parking places for tenants.

Update to community pool rules: The rules for the community pool have changed. Come find out how it will be changed and give your thoughts on it.

Construction notices: 200© There will be renovations in apartments 340, 680, and 723 for new tenants through the month of July. We'll discuss what tenants can expect from this.

Riverview Apartments 세입자 협회 공지문
7월 1일

세입자 여러분들 반갑습니다. 아래 사항은 7월 7일 다가오는 미팅의 198 잠정적인 일정입니다.

새로운 세입자 소개: 199© 저희 협회의 어떤 새로운 세입자도 자신을 소개하도록 요청 받을 것입니다.

다가오는 주차장 공사: 저희는 주차장에서 진행될 공사와 세입자들을 위한 대체 주차공간에 대한 정보를 제공할 것입니다.

공용 수영장 수칙 업데이트: 공용 수영장에 대한 수칙이 수정되었습니다. 오셔서 어떻게 변경이 되는지 확인해주시고 그에 대한 여러분의 생각도 들려주세요.

공사 통지: 7월 한달 동안 내내 아파트 200© 340호, 680호, 723호에서 새로운 세입자를 위한 공사가 있을 것입니다. 세입자분들이 이로부터 무엇을 계상할 수 있는 지(이로 인한 여파가 무엇인지)를 저희는 논의할 것입니다.

|어휘| utilities 공과금 (수도, 전기, 가스 등의 요금) laundry 세탁 fully furnished 가구와 시설 등이 내부 완비된 accessible to ~에 접근이 가능한, 접근 할 수 있는 come by(=visit, stop by, drop by) 들르다 sign a lease 임대 계약에 서명하다, 임대 계약하다 maintenance 관리, 보수, 유지 notice (동) 알아차리다, 눈치 채다 be painted beige 베이지 색으로 칠해지다 vacant(=empty, unoccupied) 빈 anticipate 기대하다 occupancy 점유

---

196. What is suggested about Mr. Lang?

(A) **He will lease a one-bedroom unit.**
(B) He is extending his lease for an extra year.
(C) He will vacate the apartment in May.
(D) He requested access to the lobby.

Lang씨에 대해서 언급되어 있는 것은?

(A) **그는 원룸 아파트를 계약 할 것이다.**
(B) 그는 집 계약을 1년 더 연장 할 것이다.
(C) 그는 5월에 아파트를 비워야 한다.
(D) 그는 로비 접근을 요청했다.

|해설| Combined Question. 한달 치 월세로 900불을 결제할 것이라고 두 번째 지문에 언급했으며, 첫 지문에서 원룸 아파트의 경우 월세가 900불이라고 했으므로 Lang씨는 원룸 아파트를 계약한다는 것을 유추할 수 있다.

---

197. What is Ms. Adler asked to do?

(A) Approve some paperwork
(B) **Provide details to maintenance employees**
(C) Schedule a meeting with Mr. Jansen
(D) Persuade potential tenants to sign a lease

Adler씨는 무엇을 하도록 요청 받고 있는가?

(A) 일부 서류를 승인해야 한다.
(B) **세부 사항을 관리실 직원에게 제공해야 한다.**
(C) Jansen씨와 만남 일정을 잡아야 한다.
(D) 세입 희망자들에게 계약하도록 설득해야 한다.

|해설| Adler는 두 번째 이메일 수신자. Eric Jasen은 Adler씨가 관리부서에 언제까지 집이 준비되어어야 하고, 페인트칠은 베이지 색으로 해야 한다는 등의 세부사항을 전달할 것을 요청하고 있다.

198. According to the notice, the word, "tentative" in paragraph 1, line 1, is closest in meaning to,

(A) indefinite
(B) hesitant
(C) experimental
(D) specific

공지 첫 번째 단락, 첫 번째 줄의 "tentative"가 의미상 가장 가까운 것은?

(A) 분명히 규정되지 않은
(B) 망설이는
(C) 실험적인
(D) 구체적인

|해설| 'tentative schedule'은 아직 확정되지 않은, 잠정적인 일정이므로 동의어는 **indefinite**.

(C) experimental(실험적인)과 tentative는 동의어가 될 수 없다. '실험적인 일정'이라면 어떤 의도를 가지고 기획된 실험이라는 의미가 된다. 예를 들어 이번 달에는 실험적으로 토론을 제일 마지막 순서로 뺐다거나 하는 의도가 담긴 계획이어야 한다. '잠정적인'은 확정되지 않아서 차후에 변경될 수 있다는 의미이므로 '실험적인'과는 다른 의미.

---

199. What will Mr. Lang be expected to do at a meeting?

(A) Talk about himself to other members
(B) Vote on changing rules for an apartment complex's facilities.
(C) Be assigned an alternate parking spot
(D) Present updates for a Web site

Lang씨는 미팅에서 무엇을 할 것으로 예상되는가?

(A) 다른 멤버들에게 자신에 대해 얘기할 것이다.
(B) 아파트 단지 시설의 변경되는 수칙에 대해 투표할 것이다.
(C) 대체 주차 공간을 배정받을 것이다.
(D) 웹사이트의 업데이트를 발표할 것이다.

|해설| Combined Question. 2번째 지문에서 보면 Lang씨는 새로 들어오는 세입자이며 바로 세입자 협회에 가입할 것이라 했다. 3번째 지문에서는 7월 세입자협회 미팅 일정을 소개하고 있는데, 이 회의에서 새로운 세입자들은 자신을 소개하는 시간을 가질 것이라 했다. 그러므로 Lang씨는 이 미팅에서 자신을 소개하게 될 것이다.

---

200. What is indicated about Riverview Apartments?

(A) Monthly rent is expected to increase soon.
(B) They will be no vacancy after the renovations.
(C) The tenants are unhappy with the state of the community pool.
(D) Many of its tenants do not own automobiles.

Riverview Apartments에 대해 언급된 것은?

(A) 월 임대료가 곧 오를 전망이다.
(B) 공사 후에 빈 집이 없을 것이다.
(C) 세입자들은 공용 수영장 상태에 불만이다.
(D) 세입자 중 많은 사람들이 차량을 소유하고 있지 않다.

|해설| Combined Question. 2번째 지문에서 아직 임대되지 않은 아파트가 3층, 6층, 7층에 한 채씩 있다고 했다. 3번째 지문에서는 340호, 680호, 723호에서 신규 세입자를 위한 공사가 진행될 것이라 했다. 그러므로 이 공사 후에는 빈 곳이 없이 모든 아파트 임대가 완료될 것임을 유추할 수 있다.

(C) 수영장에 대한 규칙이 변경되었기 때문에 이에 대해 미팅에서 설명해주고 논의할 것이라 했다. 그렇지만, 아직 규칙이 어떻게 변경되었는지는 모르기 때문에 세입자들이 수영장의 상태에 대해 불만인지 아닌지를 판단할 수는 없다.

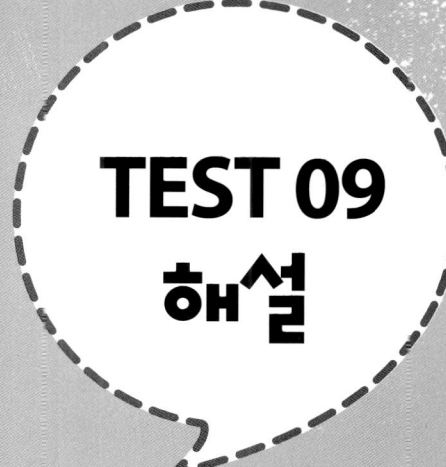

**TEST 09
해설**

동시토익 CONTEMPORARY **TOEIC**

101	A	102	B	103	C	104	D	105	B	106	A	107	C	108	A	109	A	110	C
111	B	112	C	113	B	114	B	115	A	116	D	117	A	118	A	119	C	120	B
121	D	122	D	123	C	124	A	125	D	126	D	127	A	128	D	129	C	130	D
131	C	132	D	133	C	134	B	135	D	136	D	137	A	138	C	139	B	140	A
141	D	142	C	143	A	144	B	145	C	146	C	147	B	148	A	149	B	150	C
151	A	152	B	153	B	154	C	155	A	156	D	157	C	158	B	159	C	160	A
161	B	162	C	163	D	164	A	165	C	166	C	167	A	168	B	169	C	170	A
171	D	172	A	173	C	174	C	175	B	176	C	177	A	178	B	179	B	180	C
181	B	182	C	183	D	184	D	185	C	186	D	187	A	188	D	189	C	190	B
191	C	192	B	193	C	194	C	195	C	196	C	197	B	198	A	199	C	200	D

101 Gracia's Restaurant <u>successfully</u> opened a new restaurant (in Fullerton).
            S   V   O

|오답| successful, successes, success

Gracia's Restaurant은 Flluerton에 신규 레스토랑을 성공적으로 개점했습니다.

|해설| 어형문제. [S ___ V] 빈칸은 동사 앞자리이므로 동사를 꾸며주는 부사자리.

|어휘| successfully 성공적으로

102 Part-time workers are scheduled (to work more <u>than</u> five hours and then be given thirty-minute work-free meal period).
        S   be p.p   OC1 (준동사구-기타구)   and   OC2 (준동사구-기타구)

|오답| from, as, of

시간제 직원들은 5시간 이상 근무하고 나서 업무 없이 30분 동안의 식사 시간을 제공받도록 일정이 짜여 있습니다.

|해설| 'more than'은 짝꿍. 묶어서 부사취급 한다. '~이상으로' 의미로 숫자 앞에 잘 나온다. more than의 자세한 설명은 TEST 06 107번 해설 p270 참고.

|어휘| be scheduled to do ~하도록 예정되다 work-free 업무 없는 meal period 식사 시간 be given +n. (4형식수동태) 4형식 수동태는 항상 '~을 받다'로 해석한다. 4형식 수동태에 대한 자세한 설명은 TEST 04 106번 해설 p168 참고.

103 **The speaker stated** (that laws should be as <u>flexible</u> as possible to take account of various circumstances, time and
         S   V   O (명사절)

places).

|오답| flexing, flexed, flexibility

다양한 상황, 시간, 장소 등을 감안하기 위해서는 법이 가능한 한 융통성이 있어야 한다고 발표자는 언급했습니다.

|해설| 어형문제. 비교급 문장이다. 비교급을 만들 수 있는 품사는 형용사와 부사 2개뿐. 둘 중에 정답을 고르기 위해서는 비교급을 만들기 위해 삽입된 표현들을 걷어내고 구조를 살펴보자.

> **laws should be** as _____ as possible
> ⇨ **laws should be** _____
>
> as ~ as possible은 최상급을 만들기 위해 삽입된 표현. '가능한 ~하게'로 해석되므로 최상급의 의미가 된다.

빈칸은 be동사 뒤 보어자리이므로 형용사가 정답. flexing, flexed는 동사이므로 오답. 동사는 비교급을 만들 수 없다.

|어휘| state 말하다 flexible 유연한 as ~as possible 가능한 한 ~한 take account of 고려하다 circumstance 상황, 사정

 104 **The critic** (who saw Impossible) **wrote** (in his column) (that <u>it</u> was a two-thumbs-up movie).
         S   형용사절   V   O (명사절)

|오답| its, its own, itself

Impossible을 본 비평가는 그의 칼럼에서 그 영화는 두 엄지를 치켜 을릴만한 영화라고 썼다.

|해설| 빈칸은 주어자리이므로 주격대명사 it이 정답. its는 소유격이므로 명사 앞에 나올 수 있다. 'its plan'. itself는 재귀대명사. 재귀대명사는 주어자리에는 절대 나올 수 없다. 목적어 역할을 하거나 부사 역할을 한다. its own은 아래 예문 3가지를 외워두자.

> **The company only produces its own products.** 이 회사는 자기 자신의 제품만 생산한다
> = **The company only produces products of its own.** 이 회사는 자기 자신의 제품만 생산한다.
> **The company produces all the products on its own.** 이 회사는 독자적으로 모든 제품을 생산한다
>
> own은 소유격을 강조하는 표현으로 소유격과 짝꿍으로 쓰인다. [ex] my house – 나의 집, my own house – 나 자신의 집. 소유격을 강조한 표현이므로 명사 앞에 나온다. 혹은 of를 동반해서 명사 뒤에 나오기도 한다. 의미는 동일하다.
> 또 하나 많이 쓰이는 표현은 on과 함께 쓰이는 숙어표현이다. '독자적으로'라고 해석한다. 그러므로 1)명사 앞. 2) 전치사 of, on 뒤. 두 자리에서만 one's own이 나올 수 있다.

|어휘| critic 비평가 column 칼럼 two-thumbs-up (엄지 두 개를 치켜 올릴 정도로) 최고의

105 **Mr. Gonzalez expects** (that the final construction phase of the main building should be completed **by** next month).
      S   V   O (명사절)

|오답| at, of, on

Mr. Gonzalez는 본관의 최종 공사 단계가 다음달까지 완료될 것이라고 예측합니다.

|해설| 전치사문제. by는 시간전치사로써 시간명사와 함께 쓰이면 '～까지'의 의미. at, in, on도 시간명사와 함께 잘 쓰인다. 그러나 시간 단위에 따라 짝꿍이 달라진다.

> **in** 2015, **in** summer, **in** July   ['**month**'보다 긴 시간단위와 짝꿍]
> **on** 22nd of July, **on** Monday   [**24**시간에 해당하는 '**day**' 단위와 짝꿍]
> **at** 3 o'clock   ['**hour**' 단위와 짝꿍]

본문은 month이므로 at, on은 짝꿍이 될 수 없다. 한가지 더! next, last, this가 시간단위 앞에 나오면 앞에 전치사 in은 생략된다.

> I will see you **next month** (○) / in next month (×)
> I saw him **last year** (○) / in last year (×)
> I will finish it **this year** (○) / in this year (×)

|어휘| phase 단계, 국면

106 **Mr. Ed Simon explained** his **proposals** (to directors) (in a plausible fashion).
         S   V   O

|오답| inserted, decided, believed

Mr. Ed Simon은 이사들에게 그의 제안서에 대해 그럴 듯하게 설명했다.

|해설| 동사어휘문제. 가장 중요한 단서는 전치사 'to'. 동사어휘문제를 풀 때는 가장 중요한 건 일단은 목적어. 그런데 목적어와 어울리는 동사가 보기 중에 여러 개라면, 그 다음 단서는 전치사. 동사어휘문제에서 가장 자주 단서로 등장하는 전치사는 'to'. 자세한 설명은 TEST02 102번 해설 p69 참고. '제안서를 이사님들에게 설명하다'이므로 explained가 정답. 'inserted: 제안서를 이사님들에게 삽입하다(×)', 'decided: 제안서를 이사님들에게 결정하다(×)', 'believed: 제안서를 이사님들에게 믿다(×)'. 나머지 동사들은 전치사 to와 어울리지 않으므로 오답.

|어휘| proposal 제안, 제안서 plausible 그럴듯한 in a ～ fashion(=in a ～ manner) ～한 방식으로

107 **AX Energy publishes reports** (on their oil reserves) (on a weekly basis).
         S   V   O

|오답| publisher, publishing, publishable

AX energy는 석유 매장량에 대한 보고서를 주간 단위로 발행합니다.

|해설| 어형문제. [S ___ O] 빈칸은 본동사 자리. 유일한 본동사인 publishes가 정답.

|어휘| publish 발행하다, 출판하다 reserve 저장량, 비축물 on a weekly basis 주간 단위로

108 **All** (of the packages) (which are received from customers) **must be labeled correctly**.
S   형용사절   be p.p

|오답| correcting, correctable, corrected

고객들로부터 접수되는 모든 소포에는 정확하게 라벨이 부착되어야 합니다.

|해설| [S + be p.p ___] 완벽한 절의 제일 끝(문미)에 추가적으로 나올 수 있는 품사는 부사. 매달 출제되는 유형. label은 명사, 동사 기능을 모두 가진다. 정보 등을 적어 놓은 표나 상표를 label이라고 하는데, label이 동사로 쓰면 이러한 표를 '붙이다, 부착하다'의 의미다. 위에 문장은 고객에게 받은 소포에 정확하게 정보를 적은 표를 부착해야 한다는 의미.

|어휘| label 라벨을 붙이다 correctly 정확히, 제대로

 109 **International students can choose** (from all regular courses) (**offered by the University of California**) (**provided they**
S   V   준동사구─형   부사절
meet the necessary qualifications).

|오답| about, after, off

유학생들은 필수 자격요건을 갖추고 있다면, University of California에 의해 제공되는 모든 정규수업 중에서 고를 수 있습니다 ⇒ 모든 정규수업 중에서 아무거나 골라서 들을 수 있습니다.

|해설| offered는 p.p형태로써 형용사구를 이끄는 준동사다. 기본적으로 수동태가 나오고 뒤에서 전치사를 고르는 문제가 나오면 'by'를 먼저 떠올리자. 그리고 정답이 맞는지 확인하기 위해서 능동태로 전환해 보자. 이해를 돕기 위해 offered를 준동사가 아닌 본동사 형태로 변형하여 살펴보자.

Courses are offered by the University of California.
⇨ **The University of California offers courses.**

수동태의 'by n.'는 능동태의 주어. 주어자리에 두고 해석해보니 '캘리포니아 대학은 강좌를 제공한다(O)'. 딱 들어맞는다. 그러면 **by**가 정답!

|어휘| choose from ~중에서 고르다 regular course 정규강좌 provided (부사절접속사) 만일 ~라면 (초빈출 접속사)

 110 **We offer free magazines** (to our hotel guests) (in cooperation with Peacock Publishing Company).
S   V   O

|오답| cooperate, cooperated, cooperates

저희는 Peacock 출판사와 협력하여 당 호텔의 고객들에게 무료 잡지를 제공합니다.

|해설| 어형문제. [전치사 ___ 전치사] 빈칸에 들어갈 수 있는 품사는 명사뿐이다. cooperate은 동사.

|어휘| in cooperation with ~와 공동으로, 합동으로 publishing company 출판사

TEST 09

(If your purchase is not delivered to your home within a week of purchase), you will have your shipping charge refunded.
　　　　　　부사절　　　　　　　　　　　　　　　　　　　　　　　　S　　V　　　O　　OC

|오답| posted, priced, changed

당신이 구매한 물품이 구입 후 1주일 이내에 집으로 배송되지 않는다면, 당신은 운송료 환불을 받으실 겁니다.

|해설| 여기서 have동사는 사역동사로 쓰였다. '가지다'라고 해석해서 어색하면, '사역동사구나'라고 생각하면 된다. have동사가 사역동사로 쓰이면 목적격 보어자리에는 p.p/동사원형 둘 중 하나가 나온다.

> I will **have** my car **fixed**.　　　나는 (누군가를 시켜서) 내 차를 고치게 만들 것이다 [**O–V** 관계]
> I will **have** him **fix** my car.　　나는 그 사람을 시켜서 내 차를 고칠 것이다 [**S–V** 관계]

목적격 보어자리에 'p.p가 나오느냐, 동사원형이 나오느냐'는 목적어와의 관계가 결정한다. fix라는 '동사의미' 기준으로 목적어와의 의미상의 관계를 따져보자. 첫 번째 문장의 경우 '차를 고치다' 'O–V'관계이므로 p.p, 두 번째 문장의 경우 '그가 고친다' 'S–V'관계이므로 동사원형이 쓰였다.

본문에 다시 적용해보면, 보기에 모든 동사들은 p.p형태다. 그러므로 목적어(charge)와 의미상 'O–V'관계가 성립해야 한다. '배송요금을 환불해주다'가 되므로 refunded가 정답!

|어휘| shipping charge 운송료 refund 환불하다 post (통) 1) 발송하다. 2) 알리다. 게시하다 price (통) 가격을 매기다

Old colleagues (of Nick Punto) have been amazed (by how quickly his new business has become successful).
　　　　S　　　　　　　　　　　　　V　　　　C　　　　　　전+명사절

|오답| strongly, tightly, usually

Nick Punto의 오랜 동료들은 그의 신규 사업이 그렇게 빨리 성공한 것에 대해 경이로워했습니다.

|해설| 부사어휘문제. 일단 구조부터 살펴보자. 접속사 how는 형용사나 부사를 잘 수식한다. how가 형용사나 부사를 수식할 때는, 수식 받는 형용사나 부사를 how와 붙여쓰기 위해서 앞으로 끌고 온다.

> I know that he is busy.　　나는 그가 바쁘다는 것을 알고 있다
> ⇨ I know how busy he is.　　나는 그가 얼마나 바쁜지 알고 있다

그러므로 빈칸에 들어갈 부사도, 원래는 절의 뒤에 위치했던 부사. 부사어휘문제의 경우는 위치가 중요하므로 원래의 위치로 돌려놓고 따져보자. 'his new business has become successful ＿＿＿'. 빈칸에 들어갈 부사를 보기 중에 골라보면, '그의 신규사업이 빠르게 성공했다'가 자연스러우므로 quickly가 정답. 'strongly – 신규사업이 강력하게 성공했다(×)'. strongly는 '강력하게 주장하다, 강력하게 추천하다'와 같이 쓰인다. 'tightly – 신규사업이 단단하게 성공했다(×)'. usually는 항상 현재시제와 짝꿍. 시제관련 부사에 관한 자세한 설명은 TEST 05 126번 해설 p228 참고.

|어휘| colleague 동료 amaze 놀라게 하다(감정동사) amazed 놀란(사람수식) amazing 놀라운(사물수식)

113 We **must regard** any **statement** (about this issue) (as gossip) (<u>until</u> it is confirmed by the Senate).
난이도
★☆☆

S　　　　　V　　　　　O　　　　　　　　　　　　　　　　　　　　부사절
|오답| next, without, from

상원의원에 의해서 확인이 될 때까지는 우린 이 문제와 관련한 어떤 이야기도 소문으로 간주해야 합니다.

|해설| 3초짜리문제. 보기 중에 접속사가 하나라도 있다면, 반드시 접속사 자리인지 아닌지를 먼저 확인한다. [S+V ___ S+V.] 두 개의 완전한 절을 연결해주므로 부사절접속사자리. 보기 중에 접속사는 하나밖에 없다. until이 정답. 나머지는 모두 전치사.

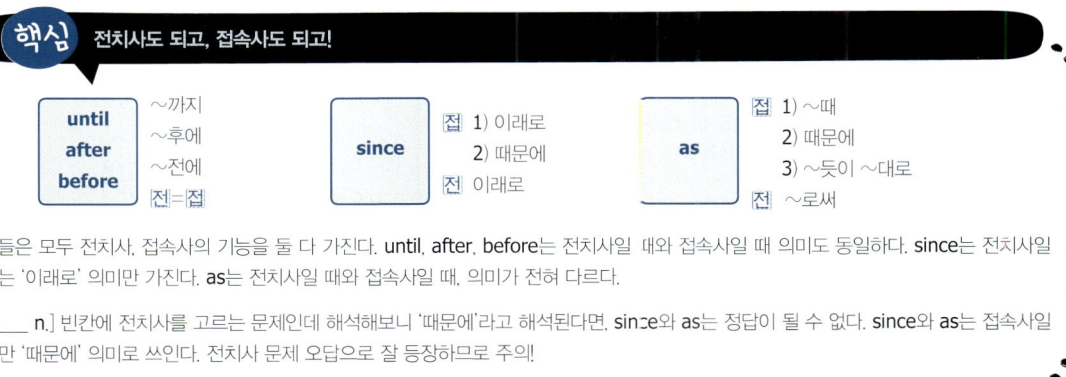

이들은 모두 전치사, 접속사의 기능을 둘 다 가진다. until, after, before는 전치사일 때와 접속사일 때 의미도 동일하다. since는 전치사일 때는 '이래로' 의미만 가진다. as는 전치사일 때와 접속사일 때, 의미가 전혀 다르다.

[___ n.] 빈칸에 전치사를 고르는 문제인데 해석해보니 '때문에'라고 해석된다면, since와 as는 정답이 될 수 없다. since와 as는 접속사일 때만 '때문에' 의미로 쓰인다. 전치사 문제 오답으로 잘 등장하므로 주의!

|어휘| regard A as B(=see A as B, refer to A as B) A를 B로 간주하다 gossip 가십, 소문 confirm 확인하다

114 Santa Barbara City Council **members** finally **set** the **budget** (for the next fiscal year after <u>lengthy</u> debate).
난이도
★☆☆

　　　　　　　　　　　　　　　　　　S　　　　V　　　　O
|오답| length, lengthen, lengthwise

Santa Barbara 시의원들은 장시간의 논의 끝에 드디어 차기 회계연도의 예산을 결정했습니다.

|해설| 어형문제. lengthy는 어형문제 단골! lengthy는 형용사, length는 명사, lengthen은 동사다. '~en'으로 끝나는 동사는 최근 어형문제 단골오답으로 등장하므로 잘 정리해두자! TEST 05 104번 해설 p220 참고. [전치사 ___ r.] 빈칸은 형용사자리.

|어휘| city council 시 의회 set the budget 예산을 결정하다 fiscal year 회계연도 lengthy 장시간의, 긴 debate 토론, 논의

115 Stephenson's Warmite, (in business <u>since</u> the mid-1950s), **provides** high quality light-weight **equipment**.

　　　　　　S　　　　　　　　　　　　　　　　　　　　　　　　　　　　V　　　　　　　　　　　　　　　　O
|오답| while, along, toward

1950년대 중반부터 운영중인 Stephenson's Warmite에서는 고품질의 경량 장비를 제공합니다.

|해설| 보기 중에 접속사가 하나라도 있다면, 반드시 접속사 자리인지 아닌지를 먼저 확인한다. [___ n.] 빈칸 뒤에는 절이 아닌 명사만 나왔으므로 전치사자리. while은 접속사이므로 탈락. 빈칸 뒤에는 시간명사가 나왔으므로 시간 전치사 since가 정답. 'along the road – 길을 따라서'와 같이 장소명사와 쓰이고, 'make progress **toward** improvement – 개선을 향해 발전하다'와 같이 '향하여'의 의미.

|심층분석| 'Stephenson's Warmite, (which has been) in business since the mid-1950s'과 같이 콤마 뒤에 '관계대명사+be'가 생략된 구조. since는 항상 현재완료시제와 함께 쓰이므로 앞에는 'which has been'이 생략된 구조. '50년대말 이래로 사업을 해왔던 Stephenson's Warmite'.

|어휘| in business 사업 중인, 영업중인 light-weight 경량의 equipment 장비

116

난이도
★★★

The reselling (of tickets) (acquired through our website) (at prices above face value) is strictly prohibited (by law).
　　　S　　　　　　　　　　　준동사구—형　　　　　　　　　　　　　　　　　　　　　be p.p

|오답| valued, fined, signed

웹사이트에서 구입된 티켓을 액면가보다 높은 가격으로 되파는 행위는 법적으로 엄격하게 금지되어 있습니다.

|해설| 동사어휘문제. 일단 구조를 파악하는 것이 중요한 문제. 빈칸에 들어갈 동사는 준동사로써 앞에 있는 명사(tickets)를 꾸며주는 형용사구를 이끈다. p.p형태이므로 앞에 있는 명사와 의미상 'O—V'관계가 성립해야 한다. TEST 01 128번 해설 p24 참고. '티켓을 구입하다'이므로 acquire가 정답. acquire는 '(돈을 주고 ~을) 매입하다'의 의미로 잘 쓰인다. 형용사구를 해석해보면 '우리 웹사이트를 통해 구입된 티켓'.

|오답해설| 'valued – 우리 웹사이트를 통해 가치가 매겨진 티켓(×)'. value를 '가치를 매기다'라는 의미로 쓸 때는 반드시 뒤에 '얼마에'라는 표현이 따라 나와야 한다. [ex] tickets valued at $100 – 백 불에 가치가 매겨진 티켓들.
'fined – 웹사이트를 통해 벌금이 매겨진 티켓들(×)'.
'signed – 웹사이트를 통해 서명된 티켓들(×)'.

|심층분석| 전명구를 어디에 연결해서 해석하느냐가 중요한 문장이다. 여기서 'at prices above face value'는 acquire 동사와 연결되지 않고, reselling과 연결된다. '액면가를 넘는 가격에 되파는 행위'.

|어휘| reselling 되팔기 acquire 얻다, 획득하다 face value 액면가 strictly 엄격히 prohibit(=prevent) 금지하다, 막다

117

난이도
★☆☆

It is probable (that Carl Crawford will be promoted to senior vice president of Belco Enterprise).
　가주어 V　C　　　　　　　　　　　　　　진주어—명사절

|오답| constant, endless, qualified

Carl Crawford가 Belco Enterprise의 수석부사장으로 승진될 것 같습니다.

|해설| 형용사어휘문제. 이렇게 접근해보자. probably를 풀어서 쓰면 'it is probable that~'이 된다. 그러므로 모두 부사로 바꿔서 that절의 문장과 어울리는 어휘를 찾아보자. '크로포드씨는 아마도 승진이 될 것입니다'. probably가 의미상 가장 적합하다.

'constantly – 크로포드씨는 지속적으로 부사장으로 승진될 것입니다(×)'
'endlessly – 크로포드씨는 끊임없이 부사장으로 승진될 것입니다(×)'
qualified는 부사형태가 존재하지 않는다. 그런데 'it is ~ that', 가주어 구문에 들어갈 수 없는 형용사다. qualified는 항상 사람명사만 수식한다.
[ex] a qualified worker – 자격을 갖춘 직원

이렇게 부사를 'it is ＿＿＿＿ that~'으로 풀어 쓰는 경우는 상당히 많다.

> **It is apparent that he is a genius. = Apparently, he is a genius.**
> **It is reported that it was completed. = Reportedly, it was completed.**
> **It is admitted that he stole it. = Admitted, he stole it.**
>
> 오히려, 두 번째, 세 번째 문장의 경우 부사형태로 나오면 해석이 까다롭다. 이럴 경우 'it is ~ that'구조로 풀어놓고 해석해본다.
> '그것이 완공되었다는 것이 보고되었다 ⇒ 보고에 따르면, 그것이 완공되었다'.
> '그가 그것을 훔쳤다는 것이 인정되었다 ⇒ 인정한 바에 따르면, 그는 그것을 훔쳤다'.

|어휘| probable 가능성이 있는

118

난이도
★☆☆

(**In addition to** supervising and managing office personnel), **she is responsible** (for overseeing all the reports to the
　　　　　전+명사구　　　　　　　　　　　　　　　　　　　　S　V　　C　　　　　　전+명사구

management).

|오답| Provided that, As well, In order that

사무실 직원을 관리, 감독할 뿐만 아니라, 그녀는 경영진에 올리는 일체의 보고서 관리를 책임집니다.

|해설| [___ ing~] ing 앞에는 구조상 전치사와 접속사가 모두 들어갈 수 있다. 접속사가 들어가면 부사절축약형이 되고, 전치사가 들어가면 전
명사구가 된다. ◐ Reading교재 vol.2 p43 참고 as well은 '마찬가지로, 역시' 의미의 부사이므로 탈락. provided that과 in order that은 축약형의
형태로 쓸 수 없다. '~that'으로 끝나는 형태의 접속사는 뒤에 '주어, 동사'가 모두 갖춰진 완전한 절만 나올 수 있다. 아래 자세한 설명을 참고하자!
그러므로 구조상 빈칸에 들어갈 수 있는 형태는 in addition to 뿐이다.

|어휘| in addition to(=besides, on top of, as well as) 뿐만 아니라 supervise 감독하다, 관리하다 manage 관리하다 personnel 직원
be responsible for(=be accountable for, be in charge of) ~을 책임지는 oversee 감독하다 management 경영진

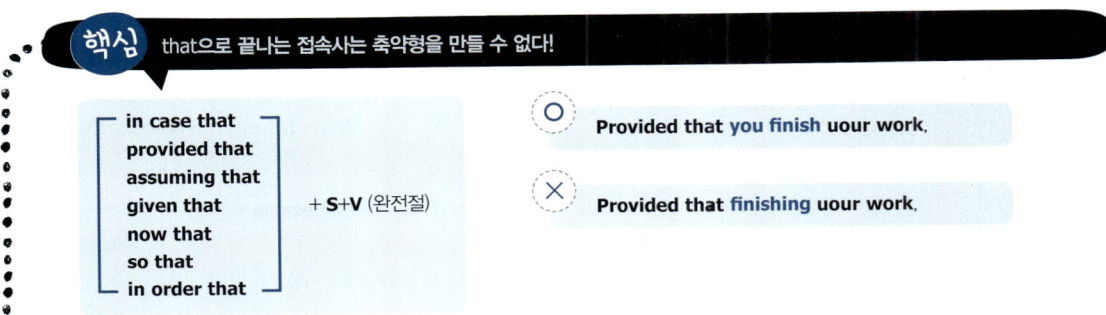

핵심 that으로 끝나는 접속사는 축약형을 만들 수 없다!

```
┌ in case that     ┐
│ provided that    │
│ assuming that    │
│ given that        ├ + S+V (완전절)
│ now that          │
│ so that           │
└ in order that    ┘
```

○　**Provided that you finish uour work,**

✕　**Provided that finishing uour work,**

이렇게 that으로 끝나는 접속사들은 부사절접속사와 같은 위치에 쓰이기 때문에 부사절접속사로 분류하긴 하지만, 완전한 부사절 접속사는
아니다. 여기서 that절만 따로 떼어놓고 보면 '명사절 접속사'다. 그러므로 뒤에 ing/p.p형태의 축약형이 나올 수 없다. 다른 기능은 모두 부
사절접속사와 동일하다. 축약형의 형태로 쓰일 수 없다는 것만 명심하자!

119
난이도
★★☆

Nolasco, Inc. has developed a profitable business **model** (in emerging countries), (while maintaining a significant
          S   V   O   부사절축약형
share of domestic market).

|오답| prepared, defensive, cooperative

Nolasco사는 국내 시장에서 상당한 점유율을 유지하는 동시에 신흥국가에서 수익성이 높은 비즈니스 모델을 개발했습니다.

|해설| 형용사어휘문제. share만 따로 떼어놓고 보면 감이 잘 오지 않는다. 'share of market = market share', 시장점유율로 묶어서 해석하고
앞에 들어갈 형용사를 골라보자. '상당한 시장점유율'이므로 significant가 정답. significant는 '(양이 많아서) 상당한'의 의미이므로 수치화 할 수
있는 명사들과 짝꿍이 된다. 'significant increase – 상당한 증가'.

|오답해설| 'prepared – 준비된 시장점유율(×)', 'defensive – 방어적인 시장점유율(×)', 'cooperative – 협력적인 시장점유율(×)'.

|어휘| profitable(=lucrative) 수익성이 있는, 돈이 되는 emerging 부상 하는, 떠오르는 maintain 유지하다 significant 상당한
domestic market 국내시장

120

Middle and senior managers (in mining companies) **improve** their leadership **competencies** (with an **emphasis** on safety).
                      S   V   O

|오답| emphasize, emphasized, emphasizes

광업회사의 중, 상급 관리자들은 안전을 강조하면서 그들의 지도자적인 역량을 강화시킵니다.

|해설| 어형문제. [관사 _____ 전치사] 빈칸은 명사자리. emphasize는 동사. '~sis'로 끝나는 명사들은 emphasis외에도 'analysis – 분석', 'di-
agnosis – 진단' 등이 있다.

|어휘| mining company 광산업자 leadership 지도력 competency 유능함, 능숙함 emphasis on ~에 강조, 역점

121

(Rather than purchasing a car), it is beneficial (to use a car leasing option) (if you are using the car strictly for work).
rather than   B   A   부사절

|오답| Away from, Except for, Next to

차를 직장용으로만 사용한다면, 차를 구입하는 것보다는 임대하는 것이 이익이 됩니다.

|해설| 'A rather than B: B 대신에 A, B보다 A'의 구조가 조금 변형된 형태. 'rather than B, A'의 구조로 쓰였다. 앞서 TEST 08 137번 해설
p_____ 에서 살펴보았듯이 rather than은 A와 B가 의미상 병렬구조이지만, 형태상으로는 항상 병렬구조를 이루지는 않는다. 그러므로 의미상 병
렬구조가 성립하면 rather than을 골라야 한다. 여기서는 '차를 사는 것'과 '차를 임대하는 것'을 비교하는 병렬구조. '차를 사는 것 보다 차를 임대
하는 것이 이익이 된다'.

|오답해설| [_____ ing~] 빈칸에는 구조상 일반전치사도 들어갈 수 있다. 그런데 의미상 어색하므로 탈락. 'away from – 차를 사는 것으로부터
멀리(×)'. except for는 두 가지 의미를 가진다. 1) ~을 제외하고, 2) ~없이. 둘 다 적용해보면 어색하다. '차를 구매하는 것을 제외하고, 임대하는
것이 이익이다(×), 차를 구매하는 것 없이 임대하는 것이 이익이다(×)'. 'next to – 차를 사는 것 옆에(×)'.

|어휘| beneficial(=helpful, useful) 도움되는, 유익한 strictly 엄격히, 엄밀히

122 **(For travelers)** **(eager to explore the ancient history of the city)**, the **hotel is** ideally **situated** **(in the center of the city)**.
　　　　　　'who are'가 생략된 구조　　　　　　　　　　　　　　　　　　　S　　　　be p.p

|오답| explore, will explore, exploring

그 도시의 고대 역사를 살펴볼 수 있기를 간절히 바라는 여행객들을 위해서, 그 호텔은 도시 중심부 이상적인 곳에 위치해 있습니다.

|해설| eager는 항상 to부정사와 함께 쓰이는 형용사. TEST 08 131번 해설 p386 참고. 형용사가 전명구나 to부정사와 짝꿍이 되면 길어지기 때문에 명사 앞에 나오지 못하고 명사 뒤에서 '후치수식'한다. 형용사구로 간주하면 된다. 형용사구는 형용사절을 줄인 형태이므로 형용사 앞에 '주격관계대명사+be'가 생략된 구조로 인식하면 된다. 형용사 후치수식에 대한 자세한 설명은 TEST 02 122번 해설 p76 참고.

|어휘| eager to do 몹시 ~하고 싶어하는 explore 탐험하다, 연구하다, 분석하다 ideally 이상적으로, 완벽하게
be situated in(=be located in) ~에 위치하다

 123 **(Since demand in a part of your business is increasingly outgrowing your staff or resources)**, the **decision (to outsource**
　　　　　　　　　　　　　　　　　　부사절　　　　　　　　　　　　　　　　　　　　　　　　S　　　준동사구—형

some jobs) is a natural one.
　　　　　　　　V　　　　C

|오답| another, most, either

당신 사업의 일부에서 수요가 점점 더 당신의 직원이나 자원보다 커지고 있기 때문에, 일부 업무를 외부에 위탁하기로 한 결정은 당연한 결정일 것입니다.

|해설| 알고 나면 3초짜리 문제! [형용사 ＿＿] 형용사 뒤에서 대명사를 고르는 문제가 나오면 정답은 무조건 one아니면 ones! one/ones는 대명사 중에 유일하게 형용사 뒤에 나올 수 있는 대명사다. 여기서 one은 앞에 나온 decision을 받아온다. another도 대명사로 쓰일 수 있고, most, either도 수량형용사이므로 뒤에 명사가 생략되어 대명사 역할을 할 수 있다. 그렇지만 모두 형용사의 수식을 받을 수 없다.

|어휘| increasingly 점점, 더욱 더 outgrow(=outrun, outnumber, outweigh, outpace) 능가하다, 이기다 outsource 외주 주다 natural 자연스런, 당연한

 124 **(Given that last year's conference sold out)**, **it is anticipated** **(that this year's conference enrollment will surpass** last
　　　　　　　　　　　　부사절　　　　　　　　　　가주어　　be p.p　　　　　　　　진주어—명사절

year's).

|오답| surpassing, surpassed, surpassingly

작년의 컨퍼런스가 매진되었다는 사실을 고려하면, 올해의 컨퍼런스 등록인원은 작년보다 더 많을 것으로 예상됩니다.

|해설| 동사어형문제. 동사어형문제 접근법 p10 참고. 1) 구조. 조동사 뒤에 나왔으므로 구조건 동사원형, surpass가 정답. 뒤에 last year가 나왔다고 무심코 과거시제를 고르지 않도록 주의! last year는 소유격의 형태로 쓰였으므로 동사를 수식하지 않고, 뒤에 나온 명사를 수식한다. 'will surpass last year's (enrollment)' 뒤에 enrollment가 생략된 구조다. '작년의 등록인원을 능가할 것이다'.

|어휘| Given that(=considering that) 접 ~을 감안하면, 고려하면 anticipate 예상하다 enrollment 등록, 등록인원
surpass(=exceed, go beyond) 능가하다, 초과하다

This organization's <u>objective</u> is (**to teach, inform, and guide the public to respect and appreciate the nature around us**).
S   V   C (준동사구─명)

|오답| inquiry, structure, transfer

이 조직의 목적은 일반 대중들이 우리 주변의 자연을 존중하고 감사함을 느끼도록 가르치고, 알리고, 지도하는 것이다.

|해설| 명사어휘문제. 빈출유형이므로 잘 익혀두자! objective는 보어자리에 'to부정사구'를 잘 수반하는 명사. '우리 목표는 ~하는 것이다'라는 구조로 쓰이기 때문에, be동사 뒤에 'to부정사'가 이끄는 명사구가 잘 나온다. 명사어휘문제로도 출제되고, be동사 뒤에서 to부정사를 고르는 문제로도 출제된다. '목표, 목적'의 의미를 갖는 명사들은 다 같은 구조로 쓰이므로 외워두자!

Goal
Objective   **is to do** ~ : '목표는 ~하는 것 입니다'
Aim
Purpose

이때 to부정사는 명사구이므로 '~하는 것'이라고 해석하며, 명사구 보어, 즉 '명사보어'가 되므로 주어와 동격의 구조가 된다.
'~하는 것 = 목표'.

|어휘| objective 목표 inform+사람 사람에게 알리다 guide 안내하다 respect 존중하다 appreciate 감사하다

The <u>cost</u> (**of destruction of unsold stamps**), (**including <u>commemorative</u> stamps**), **is a regular <u>item</u>** (**in the Postal**
     S   V   C
Service's budget).

|오답| commemorate, commemorates, commemoration

기념 우표를 포함해서 판매되지 않은 우표를 폐기하는 비용은 우편서비스 예산에 정기적인 항목입니다 ⇒ 항상 들어있는 항목입니다.

|해설| 어형문제. [전치사 ___ n.] 빈칸은 명사를 꾸며주는 형용사자리. 물론 분사나 명사가 형용사 역할을 대신하기도 한다. 명사가 형용사역할을 하면서 명사를 꾸며줄 때, 두 명사를 합쳐서 '복합명사'라고 한다. 그런데 반드시 기억할 것은! 형용사가 있으면 형용사 우선이라는 점! 우리말은 워낙 복합명사를 많이 쓰는 언어. '한자' 기반으로 만들어진 어휘가 많기 때문. 우리말로 복합명사를 만들어 해석해보니 자연스럽다고 영어에서도 복합명사를 골라서는 안 된다! 굉장히 많이 나오는 실수이므로 주의하자! 복합명사는 차선책일 뿐이고, 영어에서는 형용사가 있는 경우 무조건 명사를 꾸며주는 역할은 '형용사 우선'이다. '기념우표 – commemorative stamps'.

|어휘| destruction 폐기, 파기 unsold 팔리지 않는 including ~을 포함하여 commemorative stamp 기념 우표

127 **Ramirez Airlines,** (now struggling with financial difficulties), **has yet to make a decision** (about <u>suspending</u> operations
　　　　S　　　　　　　　　　　준동사구—형　　　　　　　　　　　　　V　　　O　　　　　전+명사구
in China).

|오답| to suspend, suspends, suspend

현재 재정적으로 어려움을 겪고 있는 Ramirez 항공사는 중국에서의 사업을 중지할 지 아직 결정하지 못했습니다.

|해설| [전치사 ___ n.] 빈칸에 구조상 들어갈 수 있는 형태는 2가지. 1) 동명사와 2) 형용사. 형용사를 쓰려면 의미상 관계를 따져서 ing인지, p.p 인지를 결정한다. '활동을 중단하다' 'O—V'관계이므로 p.p형태가 되야 한다. 그런데 보기 중에 p.p형태가 없으므로 자동적으로 동명사가 정답. 동 명사가 전치사 뒤에 나오는 구조는 많이 봐왔다. 'by ∼ing', 'in ∼ing' 형태는 특히 많이 봐왔다. 여기서도 전치사 about뒤에 명사가 아닌 명사구 가 나온 형태! '사업을 중단하는 것에 관하여'.

|어휘| struggle 몸부림치다, 허둥대다 financial difficulty 재정적 어려움 have yet to do 아직 ∼해야 한다, 이직 ∼하지 못했다 suspend 중 단하다 operation 운영, 영업

 128 **It was reported** (to a senior executive) (that there had been an <u>unusually</u> large money transfer to a financial institution).
난이도　가주어　be p.p　　　　　　　　　　　　　　　　　　진주어 (명사절)
★☆☆

|오답| outwardly, easily, unsecurely

금융기관으로 유례없이 큰 송금이 있었다는 사실이 최고 중역에게 보고되었습니다.

|해설| 부사어휘문제. unusually는 '부사+형+n.' 형태로 잘 쓰이는 부사이므로 대표적인 예문을 하나 외워두자. 'unusually cold weather – 이 례적으로 추운 날씨'. 여기서도 '이례적으로 큰 자금이체'로 정답.

|오답해설| 부사어휘문제는 위치가 중요하다고 했다. 여기서는 형용사 앞에 나왔으므로 구체적으로 'large'를 꾸며줄 수 있는 부사를 골라야 한다. 'outwardly – 겉으로 보기에 큰 자금이체'. 이 자체로는 될 성도 싶지만, 상황을 머리에 그려보면, 자금이체는 기록으로 확실하게 명시되는 사항이 므로 겉으로 보기에는 큰데, 실제로는 작은 경우가 존재할 수 없다. 오답!

'easily – 쉽게 큰 자금이체(×)'.

unsecurely가 오답 1순위. unsecurely는 일단 잘 쓰이는 부사는 아니다. unsecure(형용사)의 의미가 '불안한'이므로 유추해보면 '불안하게'의 의 미가 될 것이다. '불안하게'는 '동작'을 수식할 수는 있지만, '상태' 즉, 형용사나 부사를 수식할 수는 없다. '불안하게 큰'은 성립하지 않는다. 큰 자 금을 이체하는 동작 자체가 불안할 수는 있지만, '큰 규모인' 상태가 불안할 수는 없다. 좀 더 이해를 돕기 위해 반대말인 'securely'를 생각해보면, 'close the door securely – 문을 단단히, 안전하게, 꽉 닫아라'와 같이 쓰인다. 문을 닫는 동작을 수식한다. securely 역시 '상태'를 묘사하는 형 용사를 수식할 수는 없다.

|어휘| senior executive 중역 간부 unusually 유난히, 매우 money transfer 돈 송금, 이체 financial institution 금융기관

 129 (With only a few days remaining before the inspection from the outside), **the factory supervisor has <u>yet</u> to be prepared**
난이도　　　　　　　with+n.+형용사(분사) 구문　　　　　　　　　　　　　　S　　　　　be p.p
★★★ **(for it).**

|오답| not, finally, already

외부 검사가 겨우 며칠밖에 남지 않은 가운데, 공장 감독관은 아직도 검사를 받을 준비를 해야 했다 ⇒ 아직 준비가 되어 있지 않았다.

|해설| 우선 'with+n.+형용사' 구문은 TEST 07 121번 해설 p329 참고. '∼가 ∼한 가운데'라고 해석한다. 이 문제는 알고 나면 3초자리. 'have to' 는 일종의 조동사로, 'have ___ to'를 갈라서 중간에 일반 부사가 들어올 수는 없다. 이 자리에 들어올 수 있는 유일한 부사는 yet! 그러므로 'have yet to do∼'는 묶어서 외워두자. yet은 원래 '부정문'에만 나오는 부사다. [ex] I haven't decided yet – 아직 결정하지 않았습니다. 유일하게 긍 정문에 들어올 수 있는 예외가 'have yet to do∼'구문인데, 의미상 따져보면 여전히 '부정'의 의미를 가진다. [ex] have yet to decide – 아직 결정해야 한다 ⇒ 아직 결정하지 못했다.

|어휘| inspection 검사, 조사

130
난이도
★★★

Mr. Ito will make a presentation (at the meeting with potential investors) (because he knows the new line of product
S   V   O   부사절

better than <u>most</u>).

|오답| each, whichever, much

Mr. Ito가 대부분의 직원들보다 신규제품에 대해서 잘 알고 있기 때문에, 그가 미래 투자자들과의 회의에서 프레젠테이션 할 것입니다.

|해설| 우선 보기 중에 접속사가 하나라도 있다면, 반드시 접속사 자리인지 아닌지를 먼저 확인한다. 빈칸 앞에 나온 **than**이 이미 접속사 역할을 하기 때문에 빈칸에 접속사가 또 나올 수는 없다. **whichever**는 접속사이므로 탈락. **than**은 접속사이므로 원래는 뒤에 완전한 절이 나와야겠지만, **than**의 앞 절에 나온 내용과 동일한 부분이 항상 생략된다. 그러므로 **than**뒤에는 완전한 절이 나오지 않는 경우가 대부분이다. 여기서는 모두 다 생략되고 주어만 남은 형태. 빈칸에 들어갈 수량형용사를 고르기 위해서 일단 생략되기 전의 구조로 복원시켜보자.

> **because he knows the new line of product better than most** (**employees know the new line of product well**).
>
> 대부분의 직원들이 신규라인 제품에 대해 잘 알고 있는 것보다 그는 신규라인 제품에 대해 더 잘 알고 있다

수량형용사 **most**뒤에 **employees**와 동사, 목적어가 생략된 형태. 수량형용사가 명사 역할을 하는 것은 앞서 여러 번 봐왔다. 수량형용사 뒤에 나올 명사가 문맥상 유추가 가능한 경우, 명사를 생략하고 수량형용사만 남게 된다. 본문에서 '이토씨가 제품에 대해 더 잘 안다'고 했는데, 문맥상 생각해보면 '다른 직원들'보다 더 잘 안다는 의미일 것이다. 그러므로 **employees**가 생략되었음을 역으로 유추할 수 있다. **each**를 넣을 경우 '각 각의 직원보다 더 잘 안다'는 의미상 어색하므로 탈락. **much**는 불가산명사만 수식하므로, 뒤에 생략된 명사가 '직원들'임을 감안할 때 앞에 나올 수 없다. 수량형용사의 명사기능을 묻는 문제들은 최근 출제빈도가 급상승하고 있다! 철저히 대비해두자! 수량형용사에 대한 자세한 설명은 TEST 01 107번 해설 p16 참고.

|어휘| potential 잠재적인, 유망한 investor 투자가

 **Question 131-134** 메모

The Teleworld Media's service center is in charge of ensuring that the business phones ------- properly. If you have something wrong with any
131.
phone in your office, submit a repair request form though our website Please make sure to include in your form a complete description of the
------- Upon receipt of your form, our service center representative will
132.
provide you with a detailed estimate of the service required and will list all parts to be replaced. You will be ------- contacted, within 24 hours,
133.
and the repair will begin upon approval. ------- If, for any reason, you
134.
are not able to be home during the scheduled time, our representative will reschedule the appointment at your earliest convenience.

Teleworld Media's service center는 사업용 전화들이 제대로 작동하는지 점검 할 책임이 있습니다. 만약 당신 사무실 전화기에 잘못된 점이 있다면, 수리 요청서를 저희 웹사이트를 통해서 보내주세요. 수리요청서에는 문제에 대한 완전한 설명을 반드시 포함시켜주세요. 수리요청서를 받자마자, 저희 서비스 센터 직원이 귀하에게 필요한 서비스의 자세한 견적을 제공해 드릴 것이며 검사 받거나 교체될 모든 부품들은 목록을 작성해 드릴 것입니다. 고객님은 24시간 이내에 즉시 연락을 받으실 수 있으며 수리는 인가 받는 즉시 시작될 것입니다. 기술자는 또한 도착하기 한 시간 전에 당신에게 연락을 취할 것입니다. 어떤 이유에서건 만약 당신이 예정된 시간 동안 집을 비우게 된다면 저희 직원은 당신에게 편한, 가급적 빠른 시간에 약속을 다시 잡아줄 것입니다.

|어휘| in charge of(=be responsible for) 책임지는, 담당하는 function 기능하다 complete 완전한, 온전한 description 설명, 내역, 묘사 upon receipt 수령 시에 representative 직원, 대표 estimate(=quote) 견적, 견적서 collectively 집합적으로, 총괄하여 periodically 정기적으로 randomly 무작위로

131. (C) are functioning |오답| (A) functional (B) to function (D) functionally

|해설| 어형문제. 'that the phones ____ properly' that절 안에 아직 동사가 없으므로 빈칸은 본동사자리. 보기 중 유일한 본동사인 'are functioning'이 정답. function은 자동사로 '기능하다, 작동하다'의 의미. 'work = operate = function'. 3개 동사는 자동사 중에 가장 많이 출제된다. 모두 같은 의미.

132. (D) problem |오답| (A) payment (B) meeting (C) event

|해설| Context Question. 수리 신청서에 들어갈 내용이므로 '문제에 대한 설명'이 될 것이다. problem이 정답.

난이도 ★☆☆ **133. (C) promptly** |오답| (A) collectively (B) periodically (D) randomly

|해설| 부사어휘문제. contacted 앞에 나왔으므로 contacted와 의미상 어울리는 부사를 골라야 한다. 또 하나의 단서는 뒤에 나온 'within 24 hours'. '24시간 이내에 신속하게 연락을 받을 것이다(○)'. promptly가 정답. 'collectively – 24시간 이내에 집단적으로 연락을 받을 것입니다(×)'. 'periodically – 24시간 이내에 주기적으로 연락을 받을 것입니다(×)'. periodically는 '주기적으로'라는 뜻이므로 반복적인 행동을 수식하게 된다. 반복적인 행동을 묘사하는 건 '현재시제'. 그러므로 현재시제와 짝꿍이 된다. 이 구문은 단 한번 연락을 받는 것이므로 '반복적인 행동'이 아니며, 미래시제이므로 periodically는 오답. 'randomly – 24시간 이내에 무작위로 연락을 받을 것입니다(×)'.

134. (B) The technician will also contact you one hour before arriving.	(B) 기술자는 또한 도착하기 한 시간 전에 당신에게 연락을 취할 것입니다.
(A) All repaired parts are guaranteed for one year after the time of repair. (C) Our schedules are now fully booked and will let you know when they are able to visit you. (D) The service center is staffed by knowledgeable employees.	(A) 모든 수리된 부품들은 수리일로부터 1년 동안 보증됩니다. (C) 저희 예약이 꽉 차있기 때문에 기술자가 당신을 방문할 수 있을 때 알려드리겠습니다. (D) 서비스 센터는 유능한 직원들로 구성되어 있습니다.

|해설| 일 글은 수리 절차에 대해 설명하고 있다. 빈칸 앞에서 '우리가 신청서를 받고 나면 견적서를 보낼 것이고, 24시간 안에 바로 당신에게 연락한 후에 수리가 시작될 것'이라고 했다. 빈칸 뒤에서는 '예약된 시간에 당신이 집에 없으면 우리 기술자가 일정을 다시 잡을 것이다'라 하고 있다. 그러므로 이 중간에 들어갈 과정은 '기술자가 고객 방문을 위해 고객에게 연락하는 일'일 것이다. 정답은 (B).

TEST 09

동사 토익 09　439

To: Hellen Outdoor Furniture customers
From: Elian Herrera
Date: July 26
Subject: Apologies

Dear Mr. Ethier,

Please note that our summer sale insert delivered with Tuesday's newspaper contains a ------- . **135.** The sale price for the five-piece set of lawn furniture is $400, not $100. ------- . **136.** However, this price is still quite a deal since the set is manufactured from solid oak and will last for decades. We hope that you will be able to take ------- **137.** of this and other merchandise that we have on sale at great prices. In fact, to further apologize for the incorrect price, the first fifty customers to purchase the dining room sets will receive an additional fifteen percent off the already low sale price. We're looking forward to ------- **138.** you at the store soon.
Yours sincerely,

Elian Herrera
Managing Director
Hellen Outdoor Furniture

수신: Hellen Outdoor Furniture 고객들
발신: Elian Herrera
날짜: 7월 26일
제목: 사과문

Ethier씨에게

화요일 신문에 함께 끼어 보낸 여름 세일 광고지에 오타가 있으니 참고해 주세요. 다섯 피스로 구성된 정원용 가구 세트의 판매가가 100불이 아니라 400불 입니다. **이번 일로 실망시켜 드렸다면 죄송합니다.** 그렇지만 이 가구 세트는 오크 나무로만 만들어졌고 수십 년간 끄떡 없을 것이므로 이 가격도 여전히 아주 좋은 가격입니다. 당신이 이번 기회를 십분 활용하시기를 바랍니다. 또한, 잘못된 가격에 대해 사과하기 위해 이 식탁 세트를 구매하시는 첫 10분의 고객분들께 이미 저렴한 가격에서 추가 15% 할인을 제공할 것입니다. 저희 가게에서 고객님을 곧 만나 뵙기를 바랍니다.

Elian Herrera
관리 이사
Hellen Outdoor Furniture

|어휘| insert (신문이나 잡지에 끼워서 배포하는) 광고 전단지 misprint 오타 take advantage of 이용하다

135. (D) misprint |오답| (A) declaration (B) correction (C) schedule

|해설| Context Question. 뒤에서 가격이 100불이 아닌 400불이라고 정정하고 있으므로 '오타'를 포함하고 있음을 공지한 것이다. misprint가 정답. (A) declaration – 선포, 발표, (B) correction – 수정, 수정한 것. 이번 광고지에 '수정되어야 할 잘못된 사항'이 들어가 있으므로 이 글에서 사과하고 있다. '수정되어야 할 사항'을 포함하는 것이지, '수정'을 포함하는 것은 아니다. (C) schedule – 일정.

---

136. (D) We are sorry if this has disappointed you at all.	(D) 이번 일로 실망시켜 드렸다면 죄송합니다.
(A) Bring in the coupon to save even more on your next purchase. (B) Our summer sale will take place over the entire month of August. (C) A separate piece of furniture will be on sale during our fall sale.	(A) 다음 구매에서 더 많이 할인을 받기 위해 쿠폰을 가지고 오세요. (B) 저희 여름 세일이 8월 한달 동안 내내 열릴 것입니다. (C) 가을 세일 동안에는 별도의 가구가 할인될 것입니다.

|해설| 빈칸 앞 문장에서 전단지에 가구 가격이 잘못 인쇄되었음을 얘기했다. 그러므로 그 뒤에서는 사과하는 내용이 뒤따라야 할 것이다. (D)가 정답.

---

137. (A) advantage |오답| (B) service (C) merit (D) improvement

|해설| 숙어표현. 'take advantage of s.t. ~을 이용하다, 활용하다'.

난이도
★☆☆   **138. (C) seeing** |오답| (A) visiting (B) hiring (D) calling

|해설| 고객에게 보낸 전단지이므로 'we are looking forward to seeing you – 여러분을 가게에서 만날 것을 고대합니다'가 되어야 한다. '만나다'라고 할 때 meet 동사만큼이나 see동사를 많이 쓴다. (A) visiting은 오답 1순위. 이 글을 쓴 주체가 '가게'임을 감안한다면, 가게가 고객을 '방문'하지는 않을 것이다. visit을 쓰려면 주어가 'we'가 아닌 'you' 혹은 'customers'가 되야 한다.

March 23

Dear Mr. Hamilton,

Thank you for your order through www.raymondretail.com. -------. We **139.** ------- to providing customers with unique, content-packed products. If **140.** you don't like our products for any reason, you will be issued a -------. All the **141.** orders may be cancelled at any time by submitting a written cancellation request to our customer service department. If you have ------- questions, **142.** please call us at 1-800-555-5429. We hope you find our product to your complete satisfaction.

We hope you find our product to your complete satisfaction.

Rosa Parks
Regional Sales Representative

3월 23일

Hamilton씨에게

고객님이 www.raymondretail.com를 통해서 주문해 주신데 감사 드립니다. 저희가 결재를 확인하자 마자 귀하의 주문이 바로 처리될 것입니다. 저희는 고객들에게 독특하면서 실속 있는 제품들을 제공하는데 최선을 다하고 있습니다. 어떤 이유로라도 저희 제품이 맘에 들지 않으면, 환불을 받을 수 있습니다. 저희 모든 상품들은 한 달 이내에는 언제든 환불을 보장해 드리고 있습니다. 모든 주문은 저희 고객 센터로 서면 취소 신청서를 보냄으로써 주문은 언제라도 취소될 수 있습니다. 좀 더 궁금한 사항이 있으시면 1-800-555-5429로 전화 주세요.

귀하가 저희 제품이 완전히 만족스럽다고 느끼시기를 바랍니다.

Rosa Parks
지역 영업 대표

|어휘| process 图 처리하다 be committed(=dedicated, devoted) to ～ing ～에 헌신, 전념하다 otherwise 달리, 다르게 unless otherwise stated 별도의 지시가 없다면

---

139. **(B) Your order will be processed as soon as we confirm your payment.**

(A) Unfortunately, there has been an issue with your purchase.
(C) Your account details have been updated as entered.
(D) We have received your cancellation request and will process it immediately.

(B) 저희가 결재를 확인하자 마자 귀하의 주문이 바로 처리될 것입니다.

(A) 불행하게도, 당신의 구매와 관련하여 문제가 있었습니다.
(C) 당신의 계정정보가 입력된 대로 업데이트 되었습니다.
(D) 저희는 당신의 취소요청을 받았으며 곧 처리할 것입니다.

|해설| 빈칸의 앞 문장에서 '주문해줘서 고맙다'라고 했으므로 그 다음은 주문이 어떻게 처리될 것인지를 소개하는 (B)가 가장 자연스럽다.
(A) 이 글 어디에도 주문관련 문제에 대해 언급되어있지 않으므로 오답.
(C) 계정정보와 관련한 내용은 그 어디에도 등장하지 않는다.
(D) 마지막 문장에서 '당신이 저희 제품을 완전히 만족스럽다고 느끼기를 바란다'고 했으므로 취소하지 않았음을 알 수 있다.

TEST 09

140. (A) are committed |오답| (B) would be committing (C) were committed (D) will have committed

|해설| commit는 늘 수동태로 잘 쓰이는 동사다. 그리고 전치사 to와 짝꿍이다. 'be committed to' 뒤에는 명사가 나올 수도 있지만, 명사구(ing)도 잘 나온다. 그러므로 'be committed to ing'로 묶어서 외워두자. 빈칸 뒤에는 바로 전치사 to가 있으므로 수동태를 골라야 한다. (B), (D)는 능동태이므로 탈락. (C)는 과거시제이므로, 시제상 탈락이다. 과거시제를 쓰면 '우리는 고객에게 좋은 제품을 제공하는 것에 최선을 다했었다', 과거에 최선을 다했고 지금은 알 수 없다는 의미이므로 탈락.

> ### 핵심 늘 수동태로 잘 쓰이는 동사들
>
> 이렇게 수동태로 잘 쓰이는 동사구들은 수동태 형태로 외워두자. 그런데 수동태 형태로 외워두다 보면 '수동태 vs. 능동태'를 따질 때 혼동이 오기도 한다. 'we _____' 빈칸에서 commit가 능동이냐 수동이냐를 따질 때, 주어와 의미상의 관계를 따지면 '우리가 최선을 다한다' 'S–V'관계니까 능동. 이렇게 잘못된 프로세스로 실수를 하는 경우가 많다. '최선을 다하다'는 수동태일 때의 의미이므로 이렇게 의미상의 관계를 따지면 당연히 'S–V'관계가 나올 수 밖에 없다.
>
> 만약 동사구를 수동태 형태로 외워뒀다면, '능동이냐 수동이냐'를 따질 때는 항상 '목적어의 유무'만 확인하면 된다. 수동태 형태가 만들어진다는 것은 이 동사가 '타동사'임을 의미하기 때문이다. 자동사는 수동태 형태를 만들 수 없다.
>
> 해당 동사가 '타동사'임을 알고 있다면 능. 수동을 따질 때 '목적어의 유무'만 따지면 된다. 자동사라는 예외상황 때문에 '의미상의 관계'를 추가적으로 더블 체크했던 것이고, '타동사'임이 분명하다면 뒤에 목적어가 있으면 무조건 능동, 없으면 무조건 수동이 된다. 그러므로 수동태로 잘 쓰이는 동사들은 수동태의 형태로 외워두고, 동사어형문제에 출제되면 '목적어'의 유무만 확인해서 간단하게 능/수동을 가리면 된다.
>
> '태' 문제에 자주 출제되는 '수동태'로 잘 쓰이는 동사구를 정리해두었다. 외워두자!
>
> | | |
> |---|---|
> | **be committed to** | ~에 최선을 다하다 |
> | **be dedicated to** | ~에 헌신하다 |
> | **be devoted to** | ~에 전념하다 |
> | **be interested in** | ~에 관심을 가지다 |
> | **be involved in** | ~에 연루되다 |
> | **be located** | ~에 위치하다 |

141. (D) refund |오답| (A) discount (B) replacement (C) warranty

|해설| 앞서 if절에서 '어떤 이유에서건 제품이 마음에 들지 않는다면'하고 언급했으므로 '환불을 받을 것이다'가 의미상 가장 적합하다. 제품이 맘에 들지 않는다고 (A)할인을 받거나 (C)보증서를 받지는 않는다. (B)교체품은 제품이 고장 난 경우에 받을 것이다. 'You will be issued a refund: 당신은 환불을 지급받을 것입니다'. 이 문장은 4형식 수동태. 'be p.p + n.' 형태가 나오면 '4형식 수동태'임을 알아보고 '~을 받다'로 해석해주면 된다. 4형식 수동태에 대한 자세한 설명은 **TEST 04 106번** 해설 **p168** 참고.

142. (C) further |오답| (A) furthering (B) furthered (D) furthers

|해설| 어형문제. [타동사 _____ 명사] 빈칸은 명사를 꾸며줄 형용사자리. further는 형용사, 부사 기능을 모두 가진다. 형용사일 때는 '추가적인'의 의미. [ex] for further information, please visit our Web site – 추가정보를 위해서는 우리 홈페이지를 방문하세요. 부사일 때는 '더'의 의미. [ex] you have to do it further – 너는 그것을 더 해야 한다.

Dear Ms. Bellevue,

This is in response to your ------- about renovating the cabinets in your
143.
kitchen. If you are available next week, one of our design specialists
------- you many samples of the kitchen cabinets.
144.

-------. I'm quite certain that you will find something that suits your style.
145.
We offer everything from plain white cabinets to give your kitchen a clean
look, or varnished wood cabinets to give your kitchen a more -------
146.
atmosphere. We also use only the finest materials to manufacture our
cabinets, so you can be sure that your kitchen cabinets will last for years
to come.

If you'd like to browse some of our selection before meeting with our
specialist, you can visit our Web site at www.stiltoninteriors.com. Thank
you and I look forward to receiving your response.

Regards,

Leslie Oberman
General Manager
Stilton Interiors

Bellevue씨에게,

당신의 부엌 찬장을 개조하는 것과 관련한 당신의 문의에 대해 답변 드립니다. 다음주에 시간이 되신다면, 저희 디자인 전문가 중 한 명이 당신에게 다양한 부엌 찬장 샘플을 보여드릴 수 있습니다.

저희는 매우 다양한 찬장 디자인을 보유하고 있습니다. 당신의 스타일에 맞는 찬장을 발견하시리라 확신합니다. 당신의 부엌을 깔끔하게 보이게 해 줄 일반적인 하얀 찬장에서부터, 당신의 부엌에 더욱 매력적인 분위기를 선사해 줄 니스칠이 된 목재 찬장에 이르기까지 저희는 모든 종류를 제공합니다. 저희는 찬장을 제조하기 위해 최상의 자재만을 사용하기 때문에 당신은 수년 간 저희 제품을 사용할 수 있다는 점을 신뢰하셔도 좋습니다.

저희 전문가와 만나기 전에 저희 제품을 살펴보고 싶으시면, www.stiltoninteriors.com으로 저희 웹사이트에 방문해주시기 바랍니다. 감사 드리며, 답장 기다리겠습니다.

Jay Kim
영업 부장
Elle Home Deco

|어휘| in response to ~에 대응해서, ~에 대답하면서 inquiry about ~에 대한 문의 kitchen cabinets 부엌 찬장 plain 평범한, 무늬가 없는 varnished 니스칠이 된, 광택제가 칠해진 atmosphere 분위기 last 지속되다, 견디다 browse 둘러보다

143. **(A) inquiry** |오답| (B) article (C) complaint (D) examination
|해설| Context Question. 뒤에 내용을 살펴보면, 고객이 더 잘 선택할 수 있도록, 전문가가 약속을 잡아서 직접 샘플들을 보여주겠다고 했다. 그러므로 고객은 이 업체의 제품에 대해 '문의'한 상태임을 유추할 수 있다. inquiry는 또한 about과 짝꿍. 동사로 쓰일 때도 'inquire about' about과 짝꿍인 자동사다. (C) complaint – 불만, 항의. 뒤에 내용을 보면 고객이 항의를 했다는 단서는 어디에도 없다. 그러므로 문맥상 오답. (3) article – 기사, (D) examination – 조사, 검사.

144. (B) can show |오답| (A) did show (C) are showing (D) were showing

|해설| Context Question. 파트6에 출제되는 동사어형문제는 대부분이 시제문제고, 시제문제는 대부분이 전체 내용을 파악해서 풀어야 하는 Context Question이다. 문맥상 따져보면 '미래시제'가 자연스럽다. 미래시제(will)는 보기 중에 없지만, 일반 조동사들은 모두 다 '미래'의 의미를 가지므로 can show가 정답. 조동사의 시제에 관한 자세한 설명은 아래 글을 참고하자. (C) are showing은 '수일치' 상 오답. 주어가 'one'이므로 are는 나올 수 없다.

핵심 명령문이나 일반조동사는 미래시제!

Do it. 그것을 하세요
You can do it. 너는 그것을 할 수 있다
You may go. 너는 가도 된다 (허가의 의미)
You must go. 너는 가야 한다

동사의 형태만 보고 무심코 '현재'라고 생각하기 쉽다. 이들은 모두 다 '미래'시제. 동작이 발생하는 시점이 이 동사구의 '시제'가 된다. 동작이 언제 발생할 지 생각해보자. '그것을 해'라는 명령문을 보면, 'do' 동작이 발생하는 것은 미래가 될 것이다. '너는 그것을 할 수 있다'라고 하면 역시 '하는 것' 자체는 미래가 된다. 그러므로 일반 조동사나 명령문이 나오면 미래시제로 간주하자!

---

145. (C) We have a large variety of different designs for our cabinets.	(C) 저희는 매우 다양한 찬장 디자인을 보유하고 있습니다.
(A) I have to check the schedules of our specialists. (B) Your kitchen should make you feel comfortable. (D) The cleanliness of your kitchen is our top priority.	(A) 저희 기술자들의 일정을 확인해 봐야 합니다. (B) 당신의 부엌은 당신이 편안하게 느끼게 만들어줄 것입니다. (D) 당신 부엌의 청결이 저희의 최 우선과제 입니다.

|해설| 빈칸은 문단 제일 앞에 위치하기 때문에 앞 문장은 살필 필요가 없다. 문단이 바뀌었다는 것은 내용도 함께 바뀌었다는 것을 의미한다. 빈칸 뒤 문장을 보면 '당신 취향에 맞는 것을 고를 수 있을 것이다'라고 자신하고 있다. 그렇다면 그 앞에서는 왜 이렇게 자신하는 지에 대한 근거가 나와야 할 것이다. 그러므로 '(C) 우리는 다양한 제품을 보유하고 있다'가 정답.

146. (C) inviting |오답| (A) invitation (B) invite (D) invited

|해설| 분사형 형용사 문제. inviting은 '유혹적인, 매력적인' 의미의 형용사. 많이 쓰이는 형용사는 아니기 때문에 난이도가 높은 문제! 그렇지만 분사형 형용사의 경우, 의미상의 관계를 따져주면 어느 정도 윤곽을 잡을 수는 있다. 수식 받는 명사(atmosphere)와 invite '동사의미' 기준으로 의미상의 관계를 따져보면 '분위기를 초대한다(X)', 'O-V'관계는 절대 성립하지 않는다. '초대하다'의 목적어는 '사람명사'만 가능하다. '분위기가 초대한다(O)'도 그리 자연스럽지는 않다. 그렇지만 '분위기를 초대하다'보다는 의미상 가능성이 높다. '분위기가 너무 좋아서 이 분위기가 사람들을 초대한다. 끌어들인다'의 의미. 그러므로 inviting은 '사람들을 끌어들이는, 매력적인, 유혹적인'의 의미. ing형 형용사는 외워두는 것이 가장 좋다. 만약 모르는 어휘가 나왔다해도, 의미상 관계를 따져서 가능성이 더 높은 형태를 선택하자!

Smart Stationery	Store Hours:	Smart Stationery	영업 시간:
12 Orange Grove Parkway Rio Caballo, NM	9:00 a.m. - 8 p.m. Monday through Saturday (Closed from July 2 to July 4.)	12 Orange Grove Parkway Rio Caballo, NM	오전 9:00 − 오후 8: 00. 월요일부터 토요일까지 (7월2일부터 7월4일까지 닫습니다.)
147 Relocation Clearance	**New store address:**	**147점포이전 정리세일**	**새로운 상점 주소:**
Save money on Desks File cabinets Conference tables	(opening on July 5) 550 Plains Street Rio Caballo, NM	할인 대상 책상 파일 캐비넷 회의 테이블	(7월 5일 오픈) 550 Plains Street Rio Caballo, NM
148 The sale only lasts until the final day at the current location, so rush to Smart Stationery by July 1.		**148**본 할인은 현 매장에서 마지막 날까지만 진행되므로 7월 1일까지 Smart Stationery로 서둘러 오세요.	

|어휘| clearance 정리(불필요한 것 없애기) location 매장 Monday through Saturday 월요일부터 토요일까지 (날짜를 명시할 때 through 전치사를 많이 사용한다)

---

147. Why is Smart Stationery having a sale?
(A) It is selling last year's merchandise.
(B) It is changing its store's location.
(C) It is changing its name.
(D) It is shutting down its operations.

왜 Smart Stationery는 할인을 하고 있는가?
(A) 작년 제품을 판매할 것이다.
(B) 매장 위치를 바꿀 것이다.
(C) 상점이름을 바꿀 것이다.
(D) 사업을 접을 것이다.

|해설| 점포이전 정리 세일 중이다. 매장을 다른 곳으로 이전하기 전에 기존 매장의 물건들을 정리하기 위해 할인행사 중.

---

148. When is the final day of the sale?
(A) July 1
(B) July 2
(C) July 3
(D) July 5

언제가 이 세일의 마지막 인가?
(A) 7월 1일
(B) 7월 2일
(C) 7월 3일
(D) 7월 5일

|해설| 현 매장에서 마지막 날까지 할인판매를 하므로 7월1일까지 서둘러 오라고 했다. 그러므로 7월1일이 할인행사 마지막 날.

TO   : Company staff <stafflist@delawind.com>
FROM   : Robert Young <ryoung@ delawind.com>
DATE   : November 2
SUBJECT : Notice

Dear Employees,

149 I am writing to make sure you know that employee pay dates have been changed. This is due to our acquisition in September of NanoArts, which has led to some shifting of employees between departments.

Payments to employees will be made on the 1st and 16th of each month starting in December. If either date is on a weekend or day off, payments will be distributed on the working day before that date.

150 Your reported work hours should still be turned in to Fatima Ali.

Regards,

Robert Young
Managing Director

수신인: 회사 전 직원 〈stafflist@delawind.com〉
발신인: Robert Young 〈ryoung@ delawind.com〉
날짜: 11월 2
제목: 공지

직원 분들에게,

149직원 급여 지급 날짜가 변경되었다는 것을 여러분에게 알리기 위해 편지를 씁니다. 이것은 9월에 있었던 NanoArts사의 인수 때문이며, 인수는 부서간 직원들의 이동으로 이어졌습니다.

12월부터 직원들 급여지불은 매달 1일과 16일에 이루어질 것입니다. 만약 이 두 날짜가 쉬는 날이거나 주말이라면, 급여는 해당일 이전 영업 일에 배포될 것입니다.

150당신의 근무 시간보고는 여전히 Fatima Ali에게 제출되어야 합니다.

Robert Young
관리부장

|어휘| acquisition 인수, 매입 shifting 변화, 이동 working day 영업일 turn in 제출하다

---

149. Why did Mr. Young send the e-mail?
(A) To report that an acquisition has been postponed
(B) To clarify a change in payment distribution
(C) To introduce a new accounting director
(D) To explain a procedure for requesting days off

왜 Young씨는 이메일을 썼는가?
(A) 인수가 연기되었다는 것을 알리기 위해서
(B) 급여 배포의 변경사항을 명확하게 설명하기 위해서
(C) 새로운 회계 이사를 소개하기 위해서
(D) 휴가를 요청하는 절차를 설명하기 위해서

|해설| 급여 지불 일이 변경됐음을 알리는 글.

난이도 ★☆☆ **150.** What are staff asked to do?
(A) To verify payment details with Mr. Young
(B) To go to a conference on December 16th
(C) To turn in their work hours in the same way
(D) To double check their payments every month

직원들은 무엇을 하도록 요구되고 있는가?
(A) Young씨와 함께 급여 지불 세부사항을 확인하는 것.
(B) 12월 16일에 회의에 가는 것
(C) 같은 방법으로 그들의 근무 시간을 제출 하는 것
(D) 매달 그들의 급여를 재확인 하는 것

|해설| 마지막 줄에 여전히 동일인에게 근무시간 보고서를 제출하라고 명시하고 있다.

Karsten Museum of History	Karsten 역사 박물관
The Karsten Museum of History has worked with our community for years to 151compile and retain information about people, companies, and artistic organizations in our community. The museum houses many hand-drawn and printed maps from our town's history. The museum's picture collection, 151with over 3,000 historical images, can be found on the museum's website. 152 Copies of any pictures are also able to be bought on the website for a nominal fee.	Karsten 역사 박물관은 우리 지역사회의 인물, 회사 그리고 예술 단체에 대한 151정보를 취합하고 보관하기 위해 수년 동안 우리 지역사회와 함께 일해왔습니다. 박물관은 우리 마을의 역사에 대한 많은 수작업의 그리고 인쇄판의 지도를 소장하고 있습니다. 1513000개가 넘는 역사적인 이미지들을 포함한 박물관의 소장사진들은 박물관의 웹사이트에서 찾아보실 수 있습니다. 152모든 사진들의 복사본은 소정의 요금만 내시면 웹사이트에서 구매할 수 있습니다.

|어휘| compile 모아서 정리하다, 취합하다 house 圖 ~을 (건물 안에) 입주시키고 있다, 소장하고 있다 nominal 명목상의, 이름뿐이 for a nominal fee 명목상의 요금을 내면, 아주 적은 소정의 요금을 내면

151. What is the excerpt concerning?
(A) An informational institution
(B) A citizen's group
(C) A residential project
(D) An information station for tourists

이 발췌문은 무엇에 관한 정보인가?
(A) 정보 기관
(B) 시민 단체
(C) 주거관련 프로젝트
(D) 관광객들을 위한 정보센터

|해설| 역사 박물관에 대한 설명이다. 이 글은 역사박물관이 지역사회에 대한 많은 자료들을 가지고 있다는 것을 강조하고 있으므로, 역사박물관을 가장 적절하게 paraphrasing한 단어는 informational institution, 즉 정보기관.
(D) 지도를 보고 관광정보센터로 오해하지 않도록 주의! 여기서 언급된 지도는 여행객들을 위한 일반 지도가 아닌, 이 마을의 역사를 담은 자료들이다.

152. What is able to be bought?
(A) Directories of local businesses
(B) Images depicting historical events
(C) Old issues of magazines
(D) Local artists' paintings and sculptures

무엇이 구매 될 수 있는가?
(A) 현지 기업들의 명단
(B) 역사적인 사건들을 보여주는 이미지들
(C) 잡지의 예전 발행물
(D) 현지 예술가들의 그림과 조각들

|해설| 이 글에서 언급된 사진 등의 이미지들을 웹사이트에서 구매할 수 있다. 여기서 소개된 이미지들은 이 마을의 역사적 자료들이므로 (B)가 정답.

THG **The Heartful Gallery**

We hope you will join us for our yearly Home and Gardening Craft Sale and Festival on Saturday, March 3. —[1]—. 153 Any earnings will be used to maintain the gallery and bring new and exciting exhibits. 154a Admission to the gallery will be free while the sale is ongoing.

—[2]—. The Heartful Gallery, has been a part of our community for 25 years. The building showcases a unique gallery of sculptures and many paintings from well-known artists from around the world. —[3]—.

While the Home and Gardening Craft Sale and Festival is happening, 154b patrons of the gallery gift shop will receive a 20 percent discount on all purchases. The gallery is open from 8 am to 7 pm, Monday to Saturday and 12 pm to 154 4 pm, Sunday. —[4]—.

Our ongoing exhibit, 154d The Life and Photography of Brandon Call, is open to the public until March 28. More information can be found at www.heartfulgallery.com.

THG **The Heartful Gallery**

3월 3일 토요일에 우리의 연례 Home and Gardening Craft Sale and Festival에 여러분이 참여해 주시길 바랍니다. —[1]—. 153모든 수익금은 갤러리를 유지하고, 새롭고 흥미로운 전시회를 유치하는 데에 사용될 것입니다. 판매가 진행되는 동안 154a갤러리 입장은 무료입니다.

—[2]—. The Heartful Gallery는 25년동안 우리 지역사회의 한 부분이었습니다. 이 건물은 세계 전역의 유명한 예술가들의 많은 그림과 조각들의 독특한 예술 작품들을 보여줍니다. —[3]—.

Home and Gardening Craft Sale and Festival이 진행되는 동안, 154b갤러리 선물가게의 고객들은 모든 상품에 대해 20% 할인을 받을 것입니다. 갤러리는 월요일부터 토요일까지 오전 8시에서 오후 7시까지, 154 일요일은 오후12시에서 오후 4시까지 열릴 것입니다. —[4]—.

현재 진행 중인 154dThe Life and Photography of Brandon Call 전시는 3월 28일까지 대중에게 공개됩니다. 더 많은 정보는 www.heartfulgallery.com에서 찾아보실 수 있습니다.

|어휘| nursery 묘목장, 나무를 심어 기르는 곳 have s.t available 이용 가능한 상태로 ~을 가지고 있다 (have동사는 원래 형용사보어를 취하는 5형식 구조로 잘 쓰이지 않지만, available의 경우는 have동사와 함께 잘 쓰인다) floral arrangement 꽃꽂이 showcase 보여주다 sculpture 조각 gift shop 선물가게 patron 1) 고객, 단골고객, 2) 후원자

난이도
★★☆

153. What is being advertised?
(A) A grand opening
(B) **A fund-raising event**
(C) A presentation by Nancy Heartful
(D) A painting sale

무엇이 광고되고 있는가?
(A) 개장
(B) **기금 모금 행사**
(C) Nancy Heartful의 발표
(D) 미술품 판매

|해설| 꽃꽂이 전시 및 판매행사를 광고하고 있으며, 모든 수익금은 갤러리와 전시를 위해 쓰여질 것이라고 했으므로, 기금모금 행사를 광고 하고 있는 것이다.
(A) grand opening은 갤러리나 상점들을 개점하는 경우에 쓰는 표현이다. 여기서는 갤러리를 오픈 하는 것이 아니라, 갤러리에서 행사를 시작하는 것으로, 행사의 시작에는 grand opening이라는 표현을 사용하지 않는다. (D) 판매하는 물품은 꽃꽂이 제품과 선물가게 물건들이며 미술품은 판매하지 않는다.

154. What is NOT scheduled to happen at the Heartful Gallery on March 3?
(A) Gallery visitors will receive complimentary admission.
(B) Gallery gift shop purchases will be discounted.
(C) The Gallery will close at 4 pm.
(D) Photographs will be exhibited.

Heartful Gallery에서 3월 3일에 일어날 예정이 아닌 것은 무엇인가?
(A) 갤러리 방문객들은 무료 입장 허가를 받을 것이다.
(B) 갤러리 선물 가게 상품구매가 할인될 것이다.
(C) 갤러리는 오후 4시에 닫을 것이다.
(D) 사진들이 전시가 될 것이다.

|해설| 3월 3일은 토요일이며 이때 갤러리는 오후7시에 문을 닫는다. 오후4시에 폐장을 하는 날은 일요일 뿐이다. 나머지 보기는 지문에 표시된 내용 확인!

---

155. 난이도 ★☆☆ In which of the positions marked [1], [2], [3], and [4] does the following sentence best belong?

"Local gardens and nurseries will have beautiful floral arrangements available for viewing and purchase."

(A) [1]   (B) [2]
(C) [3]   (D) [4]

[1], [2], [3], [4]로 표시된 자리 중에 다음 문장이 들어가기에 가장 적합한 곳은?

"지역 화원과 묘목장들은 감상하거나 구매하실 수 있는 아름다운 꽃꽂이들을 구비해놓을 것입니다."

(A) [1]   (B) [2]
(C) [3]   (D) [4]

|해설| 자리찾기 문제가 혼동될 때는 항상 문단별로 구분해서 접근하자! 이 글은 갤러리를 후원하기 위해서 갤러리 앞에서 꽃이나 공예품을 판매하는 페스티벌을 개최한다는 광고문이다. 1문단은 페스티벌 소개, 2문단은 갤러리 소개, 3문단은 갤러리와 갤러리 안의 선물가게에 더한 소개다. 문제에 제시된 문장은 '동네 화원들이 꽃꽂이를 만들어서 판매한다'는 내용이므로 갤러리에 대한 설명이 아니고 페스티벌에 대한 설명일 것이다. 그러므로 이 문장이 들어갈 자리는 1문단! 정답은 [1]번이 된다.

KENT BEALS	4:17 PM
I heard Grace Curran is transferring to Seoul.	

KENT BEALS	4:18 PM
Hasn't she only been with us a few months?	

KAJA SHEEN	4:19 PM
Yeah, since March. Why?	

KENT BEALS	4:20 PM
Isn't she still learning about our products?	

KAJA SHEEN	4:21 PM
Yeah, but 156 she was a sales manager at her last company.	

KAJA SHEEN	4:22 PM
That's what she'll be doing in Seoul.	

KENT BEALS	4:22 PM
157 I had no idea. She'll be really busy.	

KENT BEALS	4:33 PM
Our Asia sales have nearly doubled since April.	

KENT BEALS	4:17 PM
Grace Curran씨가 서울로 전근 간다고 들었어요.	

KENT BEALS	4:18 PM
Curran씨가 저희 회사에 겨우 몇 달 다니지 않았나요?	

KAJA SHEEN	4:19 PM
맞아요, 3월부터요. 왜요?	

KENT BEALS	4:20 PM
우리 제품에 대해서도 아직 배우는 단계 아닌가요?	

KAJA SHEEN	4:21 PM
맞아요, 그런데 156 전 직장에서 영업부장이었어요.	

KAJA SHEEN	4:22 PM
그 일을 서울에서도 하게 될 거고요.	

KENT BEALS	4:22 PM
157 저는 몰랐어요. Curran씨가 매우 바빠지겠네요.	

KENT BEALS	4:33 PM
우리 아시아 매출이 4월 이래로 거의 두 배로 증가했어요.	

156. What is indicated about Grace Curran?

(A) She's been hired by another company.

(B) She is unhappy in her position.

(C) She is still in training.

(D) She has previous management experience.

Grace Curran씨에 대해 언급된 것은?

(A) Curran씨는 또 다른 회사에 고용되었다.

(B) Curran씨는 직장에 만족하지 못하고 있다.

(C) Curran씨는 아직 교육을 받고 있다.

(D) Curran씨는 이전 관리직 경력을 가지고 있다.

|해설| 이전 회사에서 영업부장(manager)이었다고 했으므로 관리직 경력을 가지고 있음을 알 수 있다.
(A) transfer한다는 것은 이직이 아니다! transfer는 같은 회사 내에서 근무지만 바꾸는 것이므로 이직하고는 다른 개념. 파트7에서 이 개념을 혼동해서 틀려오는 경우가 많으므로 주의하자! transfer는 같은 회사 내에서의 전근.

157. At 4:22 p.m., what does Mr. Beals mean when he says, "I had no idea"?

(A) He didn't know what Ms. Curran will do in Seoul.

(B) He was uninformed about the Asian market.

(C) He didn't know about Ms. Curran's past work experience.

(D) He didn't know how long Ms. Curran was with the company.

4시 42분에 Beals씨가 "I had no idea"라고 쓸 때 무엇을 의미하고 있는가?

(A) Beals씨는 Curran씨가 서울에서 무슨 일을 할 지 알지 못했다.

(B) Beals씨는 아시아 시장에 대해 모르고 있었다.

(C) Beals씨는 Curran씨의 과거 경력에 대해 모르고 있었다.

(D) Beals씨는 Curran씨가 회사에 얼마나 다녔는지를 모르고 있었다.

|해설| Beals씨는 입사한지 몇 달 밖에 되지 않은 Curran씨가 서울지사로 발령받아 간다는 것에 대해 의문을 가지고 있었다. 회사에 대해 잘 알지도 못하는데 어떻게 다른 지사로 발령을 받을까 의아했다. 그러나 동료로부터 Beals씨가 예전 회사에서 영업부장이었다는 것을 알고 나서 상황을 이해하게 되었다. 그러므로 (C)가 정답.
(A) Beals씨는 Curran씨가 서울지사로 발령이 난 것 자체에 놀랐기 때문에 서울지사에서 무엇을 하게 될 것인지가 관심의 포인트는 아니었다. 그러므로 (A)는 오답.

Primo Inn

The Primo Inn will now wash the towels and sheets in our guest rooms on a daily basis only if the guest requests such service, 159 as automatic daily laundry service makes up the majority of the hotel's electric and water use. We are instituting this new policy to keep our pledge to have our practices in the hotel be environmentally friendly. 158 Please make sure you inform guests about this new procedure when they check in. 160Ensure that guests know that sheets will be replaced with new sheets every four days unless the guest asks that sheets be washed on a requested schedule while they stay with us. Guests will also have these notices posted in their rooms, as well as a guest guide explaining the hotel's other guest services.

Primo Inn

159매일 이루어지는 자동 세탁 서비스가 호텔의 전기 및 수도 사용의 대부분을 차지함에 따라, Primo Inn은 이제 고객이 요청하는 경우에만, 매일 객실의 시트와 타월을 세탁할 것입니다. 우리 호텔에서의 관행들이 환경 친화적이도록 만들겠다는 우리의 약속을 지키기 위해 우리는 이 정책을 실행하고 있습니다. 158고객들이 체크인을 할 때, 여러분은 고객들에게 이 새로운 절차에 대해 꼭 알려주시기 바랍니다. 160만약 투숙객들이 그들이 머무르는 동안 시트가 특정한 일정에 맞게 세탁되도록 요청하지 않는다면, 시트는 4일마다 새로운 시트로 교체될 것이라는 것을 투숙객들이 숙지하도록 꼭 확실히 해주세요. 투숙객들은 또한 객실 안에서 호텔의 여타 고객 서비스들을 설명하고 있는 투숙객 가이드뿐만 아니라 이와 관련된 공지사항들이 게시되어 있는 것을 보게 될 것입니다.

|어휘| laundry 세탁 institute 제도화하다, 시행하다 pledge 약속, 서약 practice 관행 check in 입실하다

---

 158. For whom is the notice most likely intended?
(A) Inn customers
(B) Inn reception staff
(C) Cleaning employees
(D) Repair workers

누구를 위해 이 공지가 의도 되었을 가능성이 가장 높은가?
(A) 숙박업체 고객들
(B) 숙박업체의 접수담당자
(C) 청소 직원
(D) 수리 직원

|해설| 고객들이 체크인, 즉 입실할 때 이 사항을 '여러분이 알려줘야 한다'고 명시하고 있으므로, 이 글은 고객의 체크인을 담당하는 프런트 데스크의 접수담당자에게 보내는 글이다.

---

159. According to the notice, why has a new procedure been instituted?
(A) To raise inn guest satisfaction
(B) To improve new staff performance
(C) To decrease consumption of utilities
(D) To lower the occurrence of repairs

공지에 따르면, 왜 새로운 절차가 시행되었는가?
(A) 숙박업체 고객 만족을 향상시키기 위해서
(B) 신규직원 실적을 향상시키기 위해서
(C) 공공서비스 소비를 줄이기 위해서
(D) 수리의 발생 건수를 줄이기 위해서

|해설| 여기서 새로운 정책은 고객이 원하는 경우에만 시트와 타월을 세탁해주거나, 아니면 4일에 한 번씩 세탁을 해주는 것. 세탁이 전기, 수도 요금의 대부분을 차지함에 따라서, 환경친화적, 즉 에너지를 절감하는 방식을 택하기 위해 이 정책을 시행하고 있다. utilities는 수도, 전기, 가스 등의 서비스를 총칭하는 표현. 수도 및 전기세를 줄이는 것이 목적이므로 (C)가 정답.
(A) 하루에 한번 세탁하지 않고 4일에 한 번 세탁하는 것이 특별히 고객 만족도를 높여주는 것은 아니므로 오답.

---

160. What are inn staff instructed to do?
(A) To inform guests they may ask for special laundry service
(B) To give complete invoices to guests
(C) To make sure guest rooms have extra sheets and towels
(D) To tell guests about raised room rates

직원들은 무엇을 하도록 지시 받았는가?
(A) 투숙객들에게 그들이 특별 세탁 서비스를 요청할 수 있다는 것을 알려주는 것
(B) 완전한 청구서를 투숙객들에게 주는 것
(C) 객실에 추가 시트와 타월이 구비되어 있는지 확인하는 것
(D) 객실요금 인상에 대해 투숙객들에게 알려 주는 것

|해설| 시트나 타월이 특정일에 교체되도록 고객이 따로 요청하지 않으면 4일에 한 번 교체된다는 것을 직원은 고객에게 알려줘야 한다. 이렇게 되면, 결국 특정일에 교체되도록 요청할 수 있다는 것을 고객에게 공지하는 셈이 되므로 (A)가 정답.
(C) 고객이 원하면 시트나 타월을 자주 교체해 줄 수 있다는 언급은 있었지만, 고객에게 추가 시트나 타월을 제공한다는 언급은 없다.

TEST 09

<table>
<tr><td>

Houston Daily Journal

July 12

Michael Soto
25 Bighorn Drive
Houston, TX 77003

Dear Mr. Soto,

161 Since you are a long-time subscriber of the Houston Daily Journal, we would like to take this opportunity to let you know about a new feature in our Sunday paper. We will be featuring 162d a calendar of happenings around Houston, including local entertainment and concerts, as well as 162b theater and film reviews. 162a Discount coupons for community businesses, such as stores and restaurants, will also be provided.

Because of your continued support, you are able to receive the Sunday paper for one month at no cost. To keep receiving the Sunday paper, 163 you would need to pay the small extra fee of $6.20 per month added on to your regular bill.

You can also participate in our Friends of Houston plan where you can receive a free month of the Houston Daily Journal whenever someone you know lists your name as a referral for our paper. For more information, feel free to call our offices at 555-3345.

Regards,

Dwight Tomlin
Dwight Tomlin
Subscription Manager
Houston Daily Journal

</td><td>

Houston Daily Journal

7월 12일

Michael Soto
25 Bighorn Drive
Houston, TX 77003

Soto씨 에게,

161당신은 휴스턴 데일리 잡지의 장기 구독자이기 때문에, 우리는 이번 기회를 통해 당신에게 일요일 신문의 새로운 특집에 대해 알려드리고 싶습니다. 우리는 162b극장과 영화의 리뷰뿐만 아니라 지역 엔터테인먼트와 공연을 포함한 162d휴스턴 주변의 행사들을 담은 달력을 제공할 것입니다. 상점과 식당 같은 162a지역 업체들의 할인 쿠폰 또한 제공될 것입니다.

당신의 계속적인 지원으로 당신은 한달 간 무료로 일요일 신문을 받아 보실 수 있습니다. 일요일 신문을 계속해서 받기 위해서는, 163당신의 정상 요금에 추가되는 매달 6.20달러의 소정의 추가요금만 지불하시면 됩니다.

당신은 또한 언제든지 당신이 알고 있는 누군가가 우리 신문을 소개한 사람으로써 당신의 이름을 적을 때마다 휴스턴 데일리 잡지를 무료로 1개월 동안 받아보실 수 있는 우리의 Friends of Houston 행사에 참여하게 됩니다. 더 많은 정보를 위해서, 주저하지 마시고 우리 사무실로 전화주세요. 555-3345

Dwight Tomlin
Dwight Tomlin
구독 관리자
휴스턴 데일리 잡지

</td></tr>
</table>

|어휘| feature 1) 특집, 2) 특징, 기능 at no cost 무료로 plan 상품 (특히 금융분야에서 plan이 사용되는 경우 특별히 기획된 상품을 의미하는 경우가 많다. 본문에서는 판촉행사와 유사한 의미로 사용되었다) referral 소개, 추천 feel free to do~ 주저하지 말고 ~하세요

---

161. What is the purpose of the letter?
(A) To give reduced prices for entertainment options
(B) To describe a new service to a current subscriber
(C) To request that a subscriber pay an invoice
(D) To interest a business in promotional space

이 편지의 목적은 무엇인가?
(A) 유흥활동에 대한 가격인하를 제공하기 위해서
(B) 현재 구독자들에게 새로운 서비스를 설명하기 위해서
(C) 구독자들이 청구서의 금액을 지불하길 요청하기 위해서
(D) 홍보 공간에 대해 회사들의 관심을 끌기 위해서

|해설| 장기구독자이기 때문에 일요일판 신문을 당분간 무료로 제공한다고 했다. 그러므로 현재구독자에게 새로운 서비스를 설명하고 있는 것. (A) entertainment는 유흥활동을 의미한다. 유흥활동에 할인을 제공한다는 것은, 예를 들어 극장이나 콘서트 등을 위해 할인티켓을 제공한다는 의미다. 일요일판 신문을 entertainment options으로 볼 수는 없다.

162. What will NOT be included in the Sunday paper of Houston Daily Journal?
(A) Reduced prices at local stores
(B) Film and theater reviews
(C) Recipes from community restaurants
(D) Schedules of community events

휴스턴 데일리 잡지의 일요일 신문에 포함되어 있지 않은 것은 무엇인가?
(A) 지역 상점에서의 할인가격
(B) 영화와 극장의 리뷰
(C) 지역 식당의 요리법
(D) 지역 행사의 일정

|해설| 식당에서 이용할 수 있는 쿠폰을 받을 수는 있지만 식당의 요리법을 소개한다는 언급은 없다. 나머지 보기는 지문에 표시된 내용 확인!

163. What will happen if Mr. Soto chooses to keep receiving the Sunday paper after August?
(A) People he knows will receive a discount on the paper.
(B) The cost of delivery will be reduced.
(C) He will get a voucher for a free meal at a restaurant.
(D) His monthly bill will include the additional service charge.

8월 이후에 만약 Soto씨가 일요일 잡지를 계속 받기를 선택한다면 무슨 일이 일어날 것인가?
(A) 그가 아는 사람들이 신문에 대해 할인을 받을 것이다.
(B) 배송 가격이 줄어들 것이다.
(C) 그는 식당에서의 무료 식사를 위한 상품권을 받을 것이다.
(D) 그의 월 고지서가 추가적인 서비스 요금을 포함할 것이다.

|해설| 8월 25일 이후에는 6.2불의 요금이 추가된다고 했으므로 (D)가 정답.

Morgan Caine [2:55 p.m.]
Does anyone know if the SharpCopy photocopier by conference room G has been fixed yet? I know this morning that it just kept getting paper jams and that IT said they would send someone to fix it.

Jolene Griffin [2:56 p.m.]
I just walked by there a minute ago. It looks like they had to call someone in SharpCopy to come work on it. They're still trying to fix it.

Stephanie 165 Gazio [2:57 p.m.]
I've been waiting to use it too. 165 I'll go check on it right now since I'm close to it and I'll let you know.

Morgan Caine [2:59 p.m.]
IT said that they would have it fixed by now. This isn't the first time we've had problems with that copier. 164 We really should get a new color photocopier. I have an important meeting with a client at 4:00 and I'd really rather not use black and white copies.

Jolene Griffin [3:01 p.m.]
You could get some copies made at the print shop down the street. They're usually not busy around this time.

Morgan Caine [3:02 p.m.]
Well, if the copier's not fixed in the next ten minutes, 166 I don't think I'll have a choice.

Stephanie Gazio [3:03 p.m.]
I asked the technician from SharpCopy how long it will take to fix and he said that he'll have it fixed by 3:30. He just needs to get a part from his truck first.

Morgan Caine [3:04 p.m.]
In that case, I guess I'd better go to that print shop. Better safe than sorry. Does anyone need anything while I'm out?

Stephanie Gazio [3:05 p.m.]
If you don't mind, I'll come with you to the print shop. I just want to get it done so that I won't have to worry even if it takes longer to fix the photocopier.

Morgan Caine [3:07 p.m.]
Sure thing. 167 I'll meet you in the lobby in about two minutes.

Morgan Caine [2:55 p.m.]
G회의실 옆에 있는 SharpCopy 복사기가 수리되었는 지 아시는 분 있나요? 오늘 아침에는 계속 종이가 끼어서 IT부서에서 수리하기 위해 사람을 보내주기로 했거든요.

Jolene Griffin [2:56 p.m.]
제가 1분 전에 그 앞을 지나왔는데요. IT부서 사람들이 SharpCopy사에 연락해서 사람을 부르려는 것 같았어요. 아직 고치고 있는 중입니다.

Stephanie 165 Gazio [2:57 p.m.]
저도 복사기 써야 해서 기다리고 있어요. 165 제가 복사기에 가까우니까 지금 가서 확인해보고 알려줄게요.

Morgan Caine [2:59 p.m.]
IT부서에서는 지금쯤이면 다 고쳐놨을 거라고 하던데요. 이 복사기가 말썽을 부린 게 이번이 처음이 아니에요. 164 정말 새 칼라 복사기를 사야 해요. 저는 4시에 고객하고 중요한 미팅이 있는데 흑백 복사본은 정말 쓰고 싶지 않아요.

Jolene Griffin [3:01 p.m.]
길 아래에 있는 복사집에서 복사하실 수 있어요. 이 시간대에는 보통 한가해요.

Morgan Caine [3:02 p.m.]
네, 앞으로 10분 안에 복사기가 고쳐지지 않으면, 166 그럴 수 밖에 없겠네요.

Stephanie Gazio [3:03 p.m.]
제가 SharpCopy에서 온 기술자에게 고치는데 얼마나 걸릴지 물어봤더니 3시반까지는 고칠 거라고 하던데요. 먼저 트럭에서 부품을 가지고 와야 한다고 합니다.

Morgan Caine [3:04 p.m.]
그렇다면, 그 복사집으로 가는 게 낫겠네요. 미안한 것 보다는 (복사를 못해서 미안한 상황이 되는 것 보다는) 안전한 게 낫죠. 제가 나가는 김에 필요한 거 있으신 분 있나요?

Stephanie Gazio [3:05 p.m.]
괜찮으시면 제가 복사집에 같이 갈게요. 혹시 복사기 고치는데 오래 걸리더라도 걱정할 필요 없게 저도 (복사집에서) 일을 처리하고 싶습니다.

Morgan Caine [3:07 p.m.]
물론이죠. 167 한 2분 후에 로비에서 만나요.

164. What is indicated about the SharpCopy photocopier?

(A) It can make color copies.

(B) It is going to be replaced.

(C) It was recently purchased.

(D) It needs to be taken to the factory for repairs.

SharpCopy 복사기에 대해 언급된 것은?

(A) 이 복사기는 칼라복사를 할 수 있다.

(B) 이 복사기는 교체될 것이다.

(C) 이 복사기는 최근에 구매되었다.

(D) 이 복사기는 수리를 위해 공장으로 가져가야 한다.

|해설| 복사기가 아직 수리되지 않은 것을 알고서 Caine씨는 새로운 칼라복사기를 사야 한다고 성토하고 있다. 이것으로 보아 현재 수리중인 복사기는 칼라복사가 가능한 복사기임을 알 수 있다.

(B) 현재 복사기는 수리 중이다. 교체해야 한다는 것은 직원들의 의견일 뿐. 아직 교체에 대한 구체적인 계획은 없는 상태.

(D) 복사기 업체에서 기술자가 파견 나와서 수리하고 있는 중이며 3시반까지는 수리될 예정이다. 그러므로 복사기를 공장으로 가져갈 필요는 없을 것이다.

165. What is suggested about Stephanie Gazio?

(A) She has a meeting later today.

(B) She works in the IT department.

(C) She left her desk during the conversation.

(D) She will make black and white copies.

Stephanie Gazio씨에 대해 언급된 것은?

(A) Gazio씨는 오늘 늦게 미팅이 있다.

(B) Gazio씨는 IT부서에서 일한다.

(C) Gazio씨는 이 대화 중에 자리를 뜨고 다른 곳에 갔었다.

(D) Gazio씨는 흑백 복사를 할 것이다.

|해설| Gazio씨는 자신의 자리에서 복사기가 가깝기 때문에 직접 가서 확인해보고 오겠다고 제안했다. 그러므로 대화 중에 자리를 뜨고 이동했음을 알 수 있다.

166. At 3:02 p.m., what does Morgan Caine mean when he writes, "I don't think I'll have a choice"?

(A) He needs to use black and white copies.

(B) He has to delay a meeting with a client.

(C) He has to visit a local store.

(D) He will wait for the photocopier to be fixed.

3시 02분에 Morgan Caine씨가 "I don't think I'll have a choice"라고 쓸 때 무엇을 의미하고 있는가?

(A) Caine씨는 흑백 복사를 써야 한다.

(B) Caine씨는 고객과의 미팅을 연기해야 한다.

(C) Caine씨는 주변 매장을 이용해야 한다.

(D) Caine씨는 복사기가 고쳐지는 것을 기다릴 것이다.

|해설| 이 문제를 풀기 위해서는 반드시 그 전 대화부터 확인해봐야 한다. 그 전 대화에서 Griffin씨는 동네 복사집을 이용할 것을 제안했다. 이에 대한 답변으로 Caine씨는 '만약 10분내로 고쳐지지 않으면 다른 선택권이 없겠다'그 말했으므로 결국 복사집으로 가는 것 외에는 다른 선택원이 없다는 의미.

(A) '다른 선택권이 없다'는 복사집에 갈 것이라는 얘기고, 복사집에 긴다는 것은 복사집에서 칼라복사를 하겠다는 의미이므로 흑백복사를 사용하겠다는 의미는 아니다.

167. What will Morgan Caine probably do next?

(A) Meet a colleague at a building entrance

(B) Speak with a technician

(C) Contact his clients

(D) Make a reservation at a restaurant

Caine씨는 아마도 다음에 무엇을 할까?

(A) 건물 출입문에서 동료와 만난다.

(B) 기술자와 얘기한다.

(C) 고객에게 연락한다.

(D) 식당에 예약을 한다.

|해설| 2분후에 로비에서 만나자고 했으므로 로비가 있는 회사 출입문 근처에서 동료를 만날 것이다.

The Perth Residential Committee invites you to attend one of our 168 New Neighbor Gatherings.

Presentation Schedule

1:00 p.m.	169Public transportation and you: Around the city(Room 204)	
2:00 p.m.	Places to live in Perth (Room 202)	Sanitation and recycling services (Room 209)
3:00 p.m.	Financial services and banks around Perth (Room 207)	Perth's Company Association and starting your own business (Room 209)
4:00 p.m.	169Recreation in and around Perth: Where to have fun and meet people (Room 204)	

169 The presentations concerning public transportation and recreation are attended the most among visitors, so we recommend arriving early to these presentations to ensure you have a seat.

All presenters use English for the presentation, but 170 brochures in Korean, Tagalog, and Thai are available upon request. Refreshments are also provided at the gathering.

171 When the last presentation has concluded, we invite all participants to take a walking tour of downtown and uptown of Perth. The tour is free of charge and guided by one of Perth's council members, who has lived in Perth nearly all his life.

More information can be found at www.newneighbors.co.au/perth

Perth Residential Committee는 당신을 우리의 168새 이웃 모임에 초대 합니다.

발표 일정

오후1:00	169대중교통과 당신: 도시 주변 (204호)	
오후2:00	Perth에서 살만한 장소 (202호)	위생시설과 재활용 서비스 (209호)
오후3:00	금융 서비스와 Perth 주변의 은행 (207호)	Perth의 기업협회 와 창업에 관하여 (209호)
오후4:00	Perth와 그 주변의 169레크리에이션: 재미 있게 놀 수 있는 장소와 사람들을 만날 수 있는 장소 (204호)	

169대중교통과 레크리에이션 관련 발표시간에 방문객 중에 가장 많은 사람들이 참석합니다. 그러므로 이 발표들에서 자리를 꼭 잡기 위해서는 일찍 오실 것을 추천 드립니다.

모든 발표자들은 영어를 사용합니다. 그러나 170한국어, 타갈로그어, 태국어로 된 책자가 요청 시에 이용 가능합니다. 다과 또한 모임에 제공됩니다.

171마지막 발표가 마무리 되고 나서 우리는 모든 참가자들이 Perth의 다운타운과 업 타운을 도보 여행하도록 초대되는 바입니다. 이 투어는 무료이고 거의 평생을 Perth에서 지낸 Perth의 시의회 멤버에 의해 안내됩니다.

더욱 많은 정보는 www.newneighbors.co.au/perth 에서 찾아보실 수 있습니다.

|어휘| sanitation 위생 concerning 전 관하여 Tagalog 타갈로그어, 필리핀의 공용어 upon request 요청이 있을 시에 refreshment 다과 downtown 도시 시내 uptown 도시 외곽지역으로 보통 부유층 주택가인 경우가 많다

핵심 the most: much의 최상급

[최상급] The presentations are attended **the most** among visitors. 방문객들 사이에서 가장 많이 참석된다
⇨ [원급] The presentations are attended **much** among visitors. 방문객들 사이에서 많이 참석된다

168. At whom is the flyer likely directed?

(A) Perth city council members

(B) People that recently moved to Perth

(C) Perth concert promoters

(D) People traveling through Perth

이 전단지는 아마도 누구를 대상으로 할까요?

(A) Perth시의 시의회 멤버들

(B) 최근에 Perth로 이사온 사람들

(C) Perth 콘서트 기획자들

(D) Perth를 지나면서 여행하는 사람들

|해설| 모임의 제목을 보면 '새 이웃 모임'이므로 (B)가 정답. 전반적인 발표 주제를 살펴보면, 대중교통, 은행, 재활용 등 이 도시에 거주하는 사람들을 위한 정보들이다.

---

169. Where are the most popular presentations held?

(A) In room 202

(B) In room 204

(C) In room 207

(D) In room 209

어느 곳에서 가장 인기 있는 발표가 열리는가?

(A) 202호

(B) 204호

(C) 207호

(D) 209호

|해설| 대중교통과 레크리에이션이 가장 인기 있는 발표. 일정표에서 찾아보면 둘 다 **204**호에서 열린다.

---

170. What is suggested about the Perth Residential Committee?

(A) It offers information in multiple languages.

(B) It will soon renovate the city council chambers.

(C) It has information booths around the city.

(D) It offers tax incentives to residents.

Perth Residential Committee에 대해 무엇이 언급되어 있는가?

(A) 위원회는 여러 언어들로 정보를 제공하고 있다.

(B) 위원회는 곧 시의회 회의실을 공사할 것이다.

(C) 위원회는 도시 주변에 정보 부스를 가지고 있다.

(D) 위원회는 세금혜택을 거주민들에게 제공한다.

|해설| 한국어, 태국어 등으로 브로셔를 제공한다고 했으므로 (A)가 정답.

|보기어휘| chamber (공공장소) 회의실 booth 임시로 만든 작은 공간 [ex] a phone booth

---

171. According to the flyer, what can participants do after the gathering?

(A) Go to a dinner party

(B) Register on a website

(C) Register for free classes

(D) Take a city tour

전단지에 따르면, 참가자들은 모임이 끝난 후 무엇을 할 수 있는가?

(A) 저녁 파티에 간다.

(B) 웹사이트에 등록한다.

(C) 무료 수업에 등록한다.

(D) 도시 투어를 한다.

|해설| 모임 후에 **Perth**시의 다운타운과 업 타운을 걸어 다니면서 도보투어를 할 것이다.

Employee of the Month: Philip Haynesman

Philip Haynesman, who moves to the head of the insurance fraud department next month, has had many positions at Penley Insurance over his 29 years here. —[1]—. "**172** I don't think any employee has worked in as many departments as Philip has," said company CEO Sylvia West.

The beginning of Mr. Haynesman's career in insurance was as a file clerk for six months at Good Friends Insurance Brokerage in Sacramento through a temporary staffing agency. —[2]—. Mr. Haynesman took over the job as a field agent in Penley's Berkley office, attending to customers in person for three years. Following this, Mr. Haynesman moved to the insurance adjustment department at **174a, d** the Los Angeles office and became the senior insurance adjuster after one year.

Mr. Haynesman did not end there, though. He recalled, "The experience of working with customer profiles and figures intrigued me and I wanted to do more work with them.

My colleague in Los Angeles, Martha Bragg, suggested I try to get into the fraud department. But first, I would need my degree in fraud management and Martha suggested her old school, **174b** Century University in Berkley. I had to take out a student loan and continue working, but **173** I received my diploma in fraud management in four years, just as Martha had done some years ago." —[3]—.

After completing his fraud management degree at Century University, Mr. Haynesman was moved to the insurance fraud department at the main office of Penley Insurance. —[4]—. He was appointed the assistant supervisor by Barry Corns, the director of the insurance fraud department, after five years. As Mr. Corns is about to transfer to the industrial insurance division, he has suggested that Mr. Haynesman take over his position. "It's hard to believe," said Mr. Haynesman. "So many years ago, I was just handling insurance files and now I'm managing the fraud department at Penley's main office."

올 해의 직원: Philip Haynesman

다음달 보험사기 담당 부서장 직으로 이동할 Philip Haynesman은 Penley Insurance에서 29년간 많은 직위를 거쳐왔다. —[1]—. "**172** 나는 어떤 직원도 Philip만큼 많은 부서에서 일을 했던 직원은 없다고 생각합니다"라고 회사 CEO인 Sylvia West 가 말했다.

Haynesman의 보험 업계 경력의 시작은 임시직 채용업체를 통해서 세크라멘토에 있는 Good Friends Insurance Brokerage에서의 6개월간의 문서 정리직원으로써 이었다. —[2]—. Haynesman은 Penley의 Berkley 지점에서 현장파견직으로서의 직책을 맡았고, 3년동안 직접 고객들을 돌보아왔다. 이후에 Haynesman씨는 **174a, d** 로스앤젤레스 지점의 보험 조정부로 옮겼고 1년 후에 고위직 보험 조정자가 되었다.

그러나 Haynesman씨는 거기서 멈추지 않았다. 그는 "고객의 프로필과 수치들을 가지고 일하는 경험은 나를 흥미진진하게 만들었고, 나는 그와 관련한 더 많은 일을 하고 싶었다. 로스앤젤레스에 있는 동료인 Martha Bragg는 사기담당 부서를 경험해볼 것을 제안했다. 그러나 처음에는 사기 관리 분야에 대한 학위가 먼저 필요했고, Martha는 그녀의 모교인 **174b** Berkley 에 있는 Century University를 제안했다. 나는 학자금 대출을 얻고, 지속적으로 일도 해야 했지만 4년 후에는, **173** Martha가 몇 년 전에 그랬던 것처럼, 보험 사기 관리 졸업장을 받게 되었다"고 상기했다. —[3]—.

그의 보험 사기 관리 학위를 Century University에서 완료한 후에, Haynesman씨는 Penley Insurance 본사의 보험 사기 부서로 이동했다. —[4]—. 그는 5년 후, 보험 사기 부서장인 Barry Corns에 의해 부 감독관으로 지명되었다. Corns씨가 산업 보험 분야로 이동할 예정이었기 때문에, Corns씨는 Haynesman씨가 그 자리를 맡을 것을 제안했다. "믿기 힘든 일이다." Haynesman씨가 말했다. "꽤 오래 전에, 나는 단지 보험 파일을 다뤘다. 그러나 지금 나는 Penley의 본사에서 보험 사기 부서를 관리하고 있다."

|**어휘**| associate 동료, 직원 fraud 사기 staffing agency 채용업체 field agent 현장 파견을 나가는 직원 take over (직책을) 맡다, (회사를) 인수하다 attend to n. attend가 자동사로 쓰이면 '돌보다, 주의를 기울이다'의 의미 in person 직접 senior 고위의 (직책 앞에 senior가 붙으면 고위직으로 간주하면 된다) recall 회상하다 intrigue s.b (누구의) 강한 흥미를 불러일으키다 degree 학위 diploma 졸업장

Any employee has not worked in as many departments as Philip has (worked in many departments)
어떤 직원도 필립씨와 (그가 많은 부서에서 일했던 것과) 마찬가지로 많은 부서에서 일한 사람은 없다.

비교급에서는 앞 절과 동일한 내용이 뒤 절에서 생략된다. 괄호부분이 생략된 부분.

Any employee has not worked in many departments

as   **as Philip has**

as~as 원급비교는 형용사 앞에 **as**가 삽입되고 그 뒤에 'as + 비교대상'이 삽입된다.
그런데 위 문장처럼 형용사가 명사를 꾸며주는 역할을 하는 경우에는 형용사와 명사가 함께 'as __ as'사이에 들어간다.

난이도
★☆☆

172. What is a purpose of the article?

(A) To detail the variety of positions a staff member has had
(B) To explain a new insurance benefits program
(C) To describe how staff can enroll in special training courses
(D) To report that a new company CEO has been selected

이 글의 목적은 무엇인가?

(A) 직원이 가졌던 다양한 직책을 설명하는 것
(B) 새로운 보험 수당 프로그램에 대해 설명하는 것
(C) 어떻게 직원들이 특별 훈련 코스에 등록할 수 있는지 설명하는 것
(D) 새로운 CEO가 선정되었다는 것을 알려주는 것

|해설| Philip Haynesman씨가 거쳐왔던 다양한 직책을 전반적으로 설명하고 있으므로 (A)가 정답.

난이도
★★☆

173. What is indicated about Mrs. Bragg?

(A) She is a temporary insurance adjuster.
(B) She was consulted about Mr. Haynesman.
(C) She majored in fraud management.
(D) She has worked as a professor.

Bragg씨에 대하여 무엇이 언급되어 있는가?

(A) 그녀는 임시 보험 조정자 이다.
(B) 그녀는 Haynesman씨와 관련하여 문의를 받았다.
(C) 그녀는 보험 사기 관리를 전공했다.
(D) 그녀는 교수로써 일했다.

|해설| Haynesman씨는 Bragg씨의 추천으로 Bragg씨처럼 사기관리 학위를 받았다고 했다. 그러므로 Bragg씨도 사기관리를 전공했음을 유추할 수 있다.
(B) 보기문장을 'Bragg씨가 Haynesman씨와 상담해주었다(X)'로 해석하지 않도록 주의! 보기 문장을 능동으로 전환해보면 'Somebody consulted Bragg about Mr. Haynesman'이 된다. 누군가가 Haynesman에 관하여 물어보기 위해 Bragg와 상담했다는 의미이므로 오답.

174. What is NOT mentioned about Los Angeles?

(A) Penley Insurance has an office there.

(B) Century University is located there.

(C) Mr. Corns was a resident there.

(D) Mr. Haynesman was employed there.

로스앤젤레스에 대하여 언급되지 않은 것은?

(A) Penley Insurance는 그곳에 사무실을 가지고 있다.

(B) Century University가 그곳에 위치하고 있다.

(C) Corns씨는 그곳의 거주자였다.

(D) Haynesman씨는 그곳에서 일했었다

|해설| Bragg씨가 로스앤젤레스에 있는 Century University에 다니긴 했지만 그녀가 일하는 지역은 Berkley였기 때문에 로스앤젤레스에서 거주하면서 대학을 다닌 것인지, 아니면 다른 지역에서 거주하면서 로스앤젤레스에 있는 대학으로 통학을 했는지는 알 수 없다. 그러므로 (C)가 정답. 나머지 보기는 지문에 표시된 내용 확인!

---

175. In which of the positions marked [1], [2], [3], and [4] does the following sentence best belong?

"His interest in the insurance field grew during his time there and he decided to pursue a permanent occupation in insurance."

(A) [1]　　　　　**(B) [2]**

(C) [3]　　　　　(D) [4]

[1], [2], [3], [4]로 표시된 자리 중에 다음 문장이 들어가기에 가장 적합한 곳은?

"그곳에서의 시간 동안 그의 보험 분야에 대한 관심이 커졌고, 그는 보험 업계에서 정규직을 찾아보기로 결심했다."

(A) [1]　　　　　**(B) [2]**

(C) [3]　　　　　(D) [4]

|해설| '보험 업계에서 정규직을 찾겠다'고 했으므로 보험 분야에서 임시직으로 일한 경력이 언급된 다음 부분에 들어가야 한다. [2]번 앞에서 'temporary staffing agency: 임시직 채용업체'의 소개로 6개월간 보험업계에서 처음 일한 경력을 소개하고 있으므로 [2]번이 정답.

Beautify Your Neighborhood with Free Trees

The Roseburg Nature Committee is going to give 1500 complimentary tree saplings to the citizens of Roseburg on March 14 176a to create more green areas in 177 our densely built metropolitan area. The committee will hold this event in the parking lot of the Hempstead Valley Shopping Center, where it was held last year, from 11 a.m. to 3 p.m. Trees will be given to residents on a first-come, first-served basis.

To receive your complimentary tree, you need to bring 176b identification that has your name and address on it, such as an electricity bill or a driver's license. 178© People that live outside of Roseburg may also buy a sapling. The prices range from $15 to $30 depending on the varieties. Any funds raised during this event will support the Roseburg Nature Committee in 176d its mission to promote the preservation of nature through the planting of trees. The committee also educates the public on planting and caring for trees.

For more information about the committee's activities, including nature classes and volunteer opportunities, please visit www.roseburgnature.org/committee.

To: c.meade@hrw.com
From: janice_warden@roseburgnature.org
Date: March 27
Subject: RE: The tree I bought
Attachment: Oregon Ash Care Directions

Dear 178© Mr. Meade,

I'm happy to provide help with 178© the tree sapling that you bought at the give-away event on March 14 and thank you for supporting the committee with your purchase. 179 If I understand correctly, you followed the directions for planting your Oregon Ash sapling and the directions for caring for it given to you by our staff, but it doesn't seem to be doing well. To assist you further, I've attached detailed directions for caring for your tree, which also includes online resources for your specific tree. 180 If you can email me some pictures of the sapling and information about how much water you're giving it and how much sunlight it receives, as well as the location of the tree, I can give you more detailed feedback. Alternatively, you're also welcome to come to one of our nature classes to talk to one of our volunteer specialists.

Best regards,

Genevieve Denham
Community Program Director
Roseburg Nature Committee

무상 배포되는 나무로 당신의 동네를 아름답게 꾸미세요

Roseburg Nature Committee는 177 건물이 빼곡히 들어차있는 우리의 대도심 지역에 176a 더 많은 녹지를 형성하기 위해 3월 14일 Roseburg 시민들에게 1500개의 무상 묘목을 제공할 것입니다. 위원회는 오전11시부터 오후3시까지, 작년에도 같은 행사가 열렸던 Hempstead Valley Shopping Center 주차장에서 이번 행사를 개최할 것입니다. 나무는 선착순으로 주민들에게 배포될 것입니다.

무상으로 나무를 받으려면 176b 전기세 고지서나 운전면허증과 같이 자신의 이름과 주소가 적혀있는 신분증을 가지고 오셔야 합니다. 178© Roseburg 외부에 거주하는 분들은 나무를 구입하실 수 있습니다. 가격은 품종에 따라 15불에서 30불 사이입니다. 이 행사 동안 모금된 자금은 나무심기를 통해 176d 자연의 보존을 장려하는 임무를 수행하는데 있어서 Roseburg Nature Committee를 지원해줄 것입니다. 이 위원회는 또한 나무를 심고 가꾸는 것에 대해 일반 대중들에게 알려주고 있습니다.

네이처 클래스나 자원봉사 기회와 같은 위원회 활동에 대한 자세한 내용을 원하시면 www.roseburgnature.org/committee를 방문하세요.

수신인: c.meade@hrw.com
발신인: janice_warden@roseburgnature.org
날짜: 3월 27일
제목: 회신: 제가 구매한 나무
첨부: Oregon Ash 가꾸기 설명서

178© Meade씨에게,

3월 14일 배포행사에서 178© 당신이 구매한 묘목에 대해 도움을 제공해드리게 되어 기쁘며, 이 구매로 저희 위원회를 후원해주신 것에 감사 드립니다. 179 제가 제대로 이해했다면, 당신은 저희 직원에 의해 제공된 Oregon Ash 묘목 심기 설명서와 나무 가꾸기 설명서를 모두 잘 따랐는데, 나무가 잘 자라지 않는다는 말씀이시죠. 당신을 좀 더 도와드리기 위해 당신의 나무를 가꾸는 법에 대한 자세한 설명서를 첨부했으며, 여기에는 인터넷 자료들도 포함되어 있습니다. 180 저에게 묘목 사진과 함께, 물을 얼만큼 주고 계신지, 나무가 햇빛을 얼마나 받고 있는지, 나무를 어디에 두셨는지와 같은 정보를 이메일로 보내주시면 제가 좀더 자세한 답변을 드릴 수 있을 것입니다. 혹은 대안으로, 저희 네이처 클래스에 오셔서 자원봉사로 일하시는 전문가와 얘기해 보시는 것도 환영입니다.

Genevieve Denham
지역사회 프로그램 디렉터
Roseburg Nature Committee

|어휘| sapling 묘목 densely built 건물이 빽빽한 metropolitan area 대도시 지역, 수도권 지역 on a first-come, first-served basis 선착순으로 range from A to B A에서 B에 이른다 variety 품종 preservation 보전, 보존 care for s.t ~을 돌보다 giveaway 경품, 증정품 give s.t away ~을 나눠주다, 증정하다 specific 1) 구체적인, 2) 특정한

176. What information is NOT mentioned in the flyer?

(A) The reason for the give-away

(B) The documents that are required

(C) The varieties of trees available

(D) The committee's mission

전단지에 언급되지 않은 정보는?

(A) 무상배포의 이유

(B) 요구되는 서류

(C) 나눠주는 나무들의 품종

(D) 위원회의 임무

|해설| (A) 묘목을 나눠주는 이유는 건물이 빽빽한 도심지역에 그린지역을 더 많이 만들기 위함이고, (B) 요구되는 서류는 이름과 주소가 적혀 있는 신분증이며, (D) 이 기관의 임무는 자연을 보존하는 것이다. (D) 경품으로 나눠 주는 나무의 품종에 대해서는 구체적으로 언급되지 않았다.

177. What is suggested about Roseburg?

(A) Its buildings are close together.

(B) It has a newly built shopping center.

(C) It is opening several new parking areas.

(D) It is developing a garden at Hempstead Valley.

Roseburg에 대해 언급된 것은?

(A) 도시의 건물들이 서로 가깝게 붙어있다.

(B) Roseburg에는 신축 쇼핑몰이 있다.

(C) 몇 개의 새로운 주차장을 오픈할 것이다.

(D) Hempstead Valley에 정원을 개발하고 있다.

|해설| 'densely built'를 제대로 해석했는지 묻는 문제. 'densely populated: 밀도 높게 인구가 분포된 ⇒ 인구밀도가 높은', 'densely built: 밀도 높게 지어진 ⇒ 건물이 빼곡히 들어서 있는'. 그러므로 건물이 많은 도심지역임을 알 수 있다.

178. What is implied about Mr. Meade?

(A) He did not receive directions for caring for his sapling.

(B) He is not a resident of Roseburg.

(C) He has previously attended a nature class.

(D) He cannot volunteer for the committee.

Meade씨에 대해 언급된 것은?

(A) 묘목을 가꾸는 법에 대한 설명서를 받지 못했다.

(B) Roseburg의 주민이 아니다.

(C) 네이처 클래스에 이전에 참석했었다.

(D) 위원회를 위한 자원봉사를 할 수 없다.

|해설| Combined Question. 1번째 지문에서 Roseburg 주민이 아니라면 무상으로는 묘목을 받을 수 없지만, 구매는 할 수 있다고 했다. 2번째 지문에서 '당신이 구매한 묘목은'이라고 했으므로 Meade씨는 묘목을 구매했고, 고로 Roseburg 주민이 아님을 유추할 수 있다.

179. Why did Ms. Denham write the e-mail?

(A) To provide some pictures

(B) To respond to a concern

(C) To complain about a schedule

(D) To give an updated class timetable

Denham씨가 이메일을 쓴 이유는?

(A) 사진을 제공하기 위해서

(B) 우려사항에 답해주기 위해서

(C) 일정에 대한 불만을 표하려고

(D) 업데이트된 수업 일정표를 제공하려고

|해설| Meade씨의 나무가 잘 자라지 않아서 걱정을 하고 있고, 그러한 Meade씨의 이메일에 답장을 하고 있으므로 상대방의 우려에 대해 답을 주기 위해 쓴 글이다.

180. What does Ms. Denham suggest that Mr. Meade do?

(A) Change the location of his tree

(B) Bring the tree to the nature committee

(C) Inform her further about his tree

(D) Request a refund for his tree

Denham씨는 Meade씨가 무엇을 할 것을 제안하고 있는가?

(A) 나무의 위치를 바꿔볼 것

(B) 나무를 위원회에 가지고 올 것

(C) 자신에게 나무에 대해 더 알려줄 것

(D) 나무에 대해 환불을 요청할 것

|해설| 나무에 대한 좀더 자세한 설명과 사진 등을 제공해달라고 요청했으므로 (C)가 정답.

January 28

Ms. Megumi Tanaka
Hayamiki Corportation
8-2-3 Nakahara-ku, Kawasaki-shi
Kanagawa, Japan

Dear Ms. Tanaka,

Cromo Tech Disposals is the foremost leader in assisting companies with the recycling of their unusable and damaged electronics. 181 We maintain multiple facilities in five countries around the world to ensure efficient and inexpensive collection of your materials 182 by keeping shipping distance and fuel consumption low.

Considering that your company is one of the fastest growing companies in Japan, we know that your choice of how to recycle your unneeded electronics matters greatly, especially as you are the corporation's Preservation Management Director. Please take a look at the enclosed pamphlet concerning Cromo Tech Disposals' safe and sustainable electronic waste recycling programs. For further assurance regarding the quality of our services, 184ⓑ I encourage you to call or write any of the clients identified on the back page of the brochure. You may also contact me or 183 Sasuke Hiroshi in our Tokyo office should you wish to talk about your corporation's specific requirements for recycling.

Best regards,

Hilary Grace
Account Management Director

Enclosure

From: Megumi Tanaka <mtanaka@hayamiki.co.jp>
To: Simon Mann <smann@retainindustries.co.jp>
Subject: Cromo Tech Disposals
Date: February 27

I'm the Preservation Management Director at Hayamiki Corporation in Kanagawa. 184ⓒ I wanted to ask you about your experience with Cromo Tech Disposals since our company is contemplating working with it to recycle much of our unusable electronic equipment.

I saw that your company employs Cromo Tech Disposals with your offices around the world. If you wouldn't mind, I'd like to know what your experience with it at your Tokyo branch has been. 185 I'm mostly interested in their ability to pick up materials on schedule, but any information you can give me would be appreciated.

Regards,

Megumi Tanaka
Preservation Management Director

1월 28일

Ms. Megumi Tanaka
Hayamiki Corportation
8-2-3 Nakahara-ku, Kawasaki-shi
Kanagawa, 일본

Tanaka씨에게,

Cromo Tech Disposals는 사용할 수 없는 손상된 전자제품의 재활용에 있어서 기업들을 지원하는 가장 유명한 선두기업입니다. 181우리는 182 배송 거리와 연료 소비를 낮게 유지함으로써 당신의 자재의 효율적이고 저렴한 수거를 확실히 하기 위해서 세계 전역 5개국에 다수의 시설을 보유, 관리하고 있습니다.

당신의 회사가 일본에서 가장 빠르게 성장하는 회사들 중의 하나라는 것을 고려해볼 때, 우리는 불필요한 전자제품을 어떻게 재활용할 지에 대한 당신의 선택이 아주 중요하다는 것을 알고 있습니다. 당신이 회사의 보수관리 부장이기 때문에 특히 더 그러할 것입니다. Cromo Tech Disposal의 안전하고 지속가능한 전자 폐기물 재활용 프로그램과 관련하여 동봉된 팜플렛을 살펴봐 주세요. 저희 서비스 품질에 대해 좀 더 안심하실 수 있도록 하기 위해, 184ⓑ 저희는 당신이 브로셔의 마지막 페이지에 나와있는 저희 고객분들에게 전화 혹은 서면으로 연락해보실 것을 장려하는 바입니다. 또한 당신은 재활용을 위한 당신의 회사의 특별 요구조건에 대하여 이야기 하기를 원한다면, 저나 183 우리의 도쿄 사무실의 Sasuke Hiroshi에게 연락 하실 수 있습니다.

Hilary Grace
회계이사

동봉

보낸사람: Megumi Tanaka
          〈mtanaka@hayamiki.co.jp〉
받는사람: Simon Mann
          〈smann@retainindustries.co.jp〉
제목: Cromo Tech Disposals
날짜: 2월 27일

저는 카나가와에 위치한 Hayamiki Corporation사의 보존관리 이사입니다. 저희 회사가 사용불가한 많은 전자제품들을 재활용하기 위해서 Cromo Tech Dispoals사와 함께 일하는 것에 대해 고려하고 있기 때문에, 184ⓒ Cromo Tech Disposals와 함께한 당신의 경험에 대해서 여쭤보고 싶습니다.

당신의 회사가 세계 전역의 지사들에서 Cromo Tech Disposals를 고용하고 있는 것을 제가 보았습니다. 실례가 되지 않는다면, 저는 당신의 도쿄지점에서 이 회사와 함께한 당신의 경험이 어떠했는지 알고 싶습니다. 저는 185이 회사가 일정에 맞춰 자재를 수거할 수 있는 지가 가장 궁금합니다만 당신이 저에게 줄 수 있는 어떤 정보도 감사히 받겠습니다.

Megumi Tanaka
보존 관리 부장

|어휘| foremost 제일 유명한. 가장 앞자리의 assist A with B B에 있어서 A를 돕다. 지원하다 matter 동 중요하다 beyond 전 ~을 넘어서는, 초월하는 beyond comparison 비교의 수준을 넘어서는 contemplate 심사숙고 하다 preservation 보존 processing 처리, 가공 on schedule 일정에 맞춰서

핵심 Should~ 가정법 미래 도치구문

You may contact me **should you** wish to talk about your requirements.
⇨ You may contact me **if you should** wish to talk about your requirements.
혹시라도 당신의 요구조건에 대해 얘기하고 싶다면, 저에게 연락해주시면 됩니다.

부가적으로 나온 절이 should로 시작했는데 뒤에 물음표가 없다면, 가정법 도치를 생각하자! if절에 should가 나오면 '가정법 미래'. 가정법 미래는 굉장히 공손한 표현이다. '혹시, 행여라도'라고 해석한다. ◐ Reading교재 vol.1 p244 참고

---

181. What is the purpose of the letter?

(A) To explain a change in disposal procedures

(B) To publicize a service for recycling

(C) To inquire about an electronics sale

(D) To suggest contacting a sales consultant

이 편지의 목적은 무엇인가?

(A) 폐기절차의 변경을 설명하기 위해서

(B) 재활용을 위한 서비스를 광고하기 위해서

(C) 전자제품 판매에 대해 문의 하기 위해서

(D) 판매 상담원에게 연락해 볼 것을 제안하기 우해서

|해설| 전반적으로 전자제품 재활용에 대한 서비스를 홍보하고 있다.

난이도
★★★

182. According to the letter, how does Cromo Tech Disposals increase its energy efficiency?

(A) It uses recycled paper products.

(B) It transports goods in vehicles that use less fuel.

(C) It operates facilities close to its clients.

(D) It reconditions staff computers.

편지에 따르면, Cromo Tech Disposals는 어떻게 그들의 에너지 효율을 향상시키는가?

(A) Cromo Tech Disposals는 재활용된 종이 제품을 사용한다.

(B) Cromo Tech Disposals는 연료를 더 적게 사용하는 차량으로 제품을 수송한다.

(C) Cromo Tech Disposals는 그들의 고객들과 가까이에 시설을 운영한다.

(D) Cromo Tech Disposals는 직원 컴퓨터를 수리해서 재사용한다.

|해설| 5개국에 지사를 두고 있으며 운송거리와 연료소비를 낮게 유지한다고 했다. 지사가 전세계적으로 포진해 있기 때문에, 고객들과의 거리를 좁힐 수가 있다. 예를 들어 지사가 유럽에만 있다면, 아시아 지역에 있는 고객과는 거리가 멀어서 운송비용과 그에 따른 연료비가 많이 들 것이다. 그런데 5개국에 지사가 있으므로 고객과의 거리를 좁히고, 연료비 를 줄일 수 있다는 의미.

(B) 수송거리와 연료소비를 함께 언급했으므로 거리가 짧아서 연료소비가 적다는 의미다. 연료를 적게 사용하는 차량을 이용한다는 구체적인 언급은 없었으므로 오답.

|보기어휘| recondition 고장 난 부품들을 수리해서 (컴퓨터나 차량 등을) 재사용하다

183. Who most likely is the regional associate for Cromo Tech Disposals?
(A) Hilary Grace
(B) Megumi Tanaka
(C) Simon Mann
(D) Sasuke Hiroshi

누가 Cromo Tech Disposals의 지역담당자인가?
(A) Hilary Grace
(B) Megumi Tanaka
(C) Simon Mann
(D) Sasuke Hiroshi

|해설| regional이라는 단어가 기업에서 사용되면, 전세계 해외지사를 많이 가지고 있는 기업의 경우 유럽지역, 아시아 지역 등과 같이 각 지역을 구분하는 단위로 사용된다. 예를 들어 **regional office in Asia**라고 하면 한국, 중국, 일본 등 아시아 국가를 총괄하는 아시아 지사라는 의미이다. 문제에서 지역담당자를 물었기 때문에 동경지사에서 일하는 **Sasuke Hiroshi**가 정답.
(A) 첫 번째 편지의 발신인인 **Hilary Grace**는 특정 지역에 파견되어 있다는 언급이 없으므로 오답. 본사의 직원으로 보인다.

184. Where did Ms. Tanaka most likely obtain Mr. Mann's e-mail address?
(A) From a Japanese company database
(B) From a co-worker of Ms. Grace
(C) From Cromo Tech Disposals' homepage
(D) From Cromo Tech Disposals' reference list

Takaka씨는 Mann씨의 이메일 주소를 어디서 얻었는가?
(A) 일본 회사 데이터베이스에서
(B) Grace씨의 동료로부터
(C) Cromo Tech Disposals의 홈페이지에서
(D) Cromo Tech Disposal의 소개 목록에서

|해설| Combined Question. 첫 번째 지문에서, 팜플렛의 마지막 페이지에 고객들의 명단이 있으니, 고객들과 연락해 볼 것을 권유하고 있다. 두 번째 이메일은 **Cromo Tech Disposals**의 고객사에게 문의하는 글이므로 팜플렛의 명단에서 이 고객의 연락처를 얻었음을 유추할 수 있다.

185. What concerns Ms. Tanaka about Cromo Tech Disposals?
(A) The kinds of products it recycles
(B) The services it offers exclusively
(C) The dependability of its pick ups
(D) The number of service failures it has

Cromo Tech Disposals에 대하여 Tanaka씨는 무엇을 걱정하는가?
(A) Cromo Tech Disposals이 재활용하는 제품의 종류
(B) Cromo Tech Disposals만이 제공하는 서비스
(C) Cromo Tech Disposals이 물건을 수거하는 것에 대해 믿을만한지
(D) Cromo Tech Disposals이 몇 회나 서비스 오류를 범했는지

|해설| Pick up을 일정에 맞춰 할 수 있는 능력을 궁금해 했으므로 (C)가 정답.

Rewards Club Raises Calasnack's Revenues.

Snack food and beverage producer, Calasnack, showed a 20% increase in profits last month. This is a 187 vast improvement from 186 the reported drop in sales in the last quarterly report. The implementation of the Munchies rewards club, started in June, is credited with the increase. The Munchies rewards clubs allows customers to collect points by purchasing Calasnack products and exchange them for exclusive rewards.

Currently, only snack food items, such as Calasnack potato chips, mixed nuts, and candy bars, produced by Calasnack carry the newly designed green "M" logo. However, the rewards program has been so effective that 188, 190© Calasnack will begin placing the "M" logo on many of the company's soft drinks starting in October as well. One such soft drink is the company's new diet soda, Calasoda, currently on sale. During the promotional period, customers can obtain ten times points from its soft drinks.

T-shirts, personal music players, snowboards, and computer games are just some of the rewards available. Of course, some of the rewards are more in demand than others. "189© Most of our customers don't like to exchange the points for the reward until they collect 500," said company representative Theodore Chips. "They can get most popular ZYX product with those points".

Earn rewards with Munchies Points!

With every Calasnack product with the green "M" logo (pictured below) you buy,

earn 10 points you can use towards the great prizes below. Collect Munchies Points!!!

Points needed	Rewards
100	Munchies T-shirt
300	Snack Attack Family Computer Game
189© 500	Music player from ZYX Electronics
700	Zoomer A2 snowboard

Rewards Club이 Calasnack의 매출을 올리다

스낵과 음료 생산업체인 Calasnack은 지난달 수익에서 20%의 상승을 보여주었다. 이것은 186지난 분기 보고됐던 매출의 하락세로부터 187엄청난 향상이다. 6월에 시작한 Munchies 보상 클럽의 시행에 성장의 공이 돌려지고 있다. Munchies 보상 클럽은 고객들이 Calasnack제품을 구매함으로써 포인트를 적립하게 해주며, 이 포인트들을 고급 보상품과 교환하게 해준다.

현재는 Calasnack에 의해 생산된 Calasnack 감자칩, 혼합 땅콩 그리고 캔디 바 같은 오직 스낵 제품들만 최근 만들어진 초록색 M 로고를 가지고 있다. 그러나 보상 프로그램이 너무 효과적임에 따라서 Calasnack은 188, 190© M로고를 10월부터 회사의 많은 청량음료에도 역시 새겨 넣을 것이다. 이런 청량음료 중 하나가 7월에 출시된 이후로 현재도 할인판매중인 회사의 새로운 다이어트 소다인 Calasoda입니다. 판촉기간 동안 소비자들은 청량음료로 10배의 포인트를 받을 수 있습니다.

티셔츠, 뮤직플레이어, 스노우보드 그리고 컴퓨터 게임 등은 받아갈 수 있는 보상품들 중의 단지 일부이다. 물론, 보상품 중 몇몇은 다른 것들 보다 더 수요가 많다(더 인기가 있다). "우리 고객들의 대부분은 그들이 189©500 포인트를 모을 때까지 보상 포인트를 교환하려고 하지 않는다." 라고 회사 직원인 Theodore Chips가 이야기했다. "그들은 이 포인트로 가장 인기 있는 ZYX 제품을 얻을 수 있다."

Munchies 포인트로 보상품을 얻으세요

당신이 구매한 모든 초록색 M 로고(아래 사진에 나와있는)가 붙은 Calasnack 제품마다 아래에 나온 멋진 경품을 위해 당신이 사용할 수 있는 10포인트를 받게 됩니다.

Munchies 포인트를 모으세요!

필요 포인트	보상품
100	Munchies 티셔츠
300	Snack Attack Family 컴퓨터 게임
189© 500	ZYX 전자의 뮤직 플레이어
700	Zoomer A2 스노우 보드

To: Keith Delarocha <kdelerocha@ragemail.com>
From: Munchies Rewards <stservice@ calasnack.com>
Subject: Your recently redeemed Munchies Points

Dear Mr. Delarocha,

I'm writing regarding the Munchies points which you recently redeemed. According to your order form, you wanted to redeem 700 points and we have already processed your request. However, 190© part of the points was from Calasoda and was actually worth 100 points. This means that you actually sent us 790 points. To show our appreciation to you for being our customer, we've added 10 points to those that you sent and we will send you a Munchies T-shirt with your other prize. Thanks again!

Regards,

Rina Smith
Calasnack Loyalty Program Representative

수신인: Keith Delarocha ⟨kdelerocha@ragemail.com⟩
발신인: Munchies Rewards ⟨stservice@ calasnack.com⟩
제목: Your recently redeemed Munchies Points

Delarocha씨에게,

당신이 최근 사용하신 Munchies 포인트와 관련해서 편지 드립니다. 당신의 주문서에 따르면 700포인트를 사용하길 원하셨고 저희가 당신의 요청을 이미 처리한 상태입니다. 그런데 190© 포인트 중의 일부가 Calasoda의 포인트였으며 사실 100포인트에 해당하는 것이었습니다. 이는 결국 당신이 저희에게 790포인트를 보내셨다는 말이 됩니다. 저희 고객이 되어 주신 것에 대한 저희의 감사의 표시로 이미 보내주신 포인트에 10포인트를 저희가 보태서 다른 경품과 함께 Munchies T-shirt를 보내드릴 것입니다. 다시 한번 감사 드립니다.

Rina Smith
Calasnack 고객보상 프로그램 직원

|어휘| implementation 시행 implement 시행하다 credit A with B B에 대한 공을 A에게 돌리다 exclusive 1) 고급의, 2)독점적인 place A on B A를 B에 놓다 on sale 할인 중인 soft drink 청량음료 as well 역시, 마찬가지로 demand 수요 be in demand 수요가 있다

핵심 credit A with B : B에 대한 공을 A에게 돌리다

credit이 동사로 쓰일 때 다양한 의미를 가진다.

credit $ to B "(돈을) B에 입금하다" ⇒ 이전 지문에서 사용된 표현
credit A with B "B에 대한 공을 A에게 돌리다"
credit A to B "A에 대한 공을 B에게 돌리다"

The club **is credited with** the increase. 클럽이 증가에 대한 공을 인정받고 있다 ⇒ 클럽에게 증가에 대한 공이 돌려지고 있다
S **credit** the club **with** the increase. 누군가가 증가에 대한 공을 클럽에 돌린다

186. What can be inferred about Calasnack's sales last quarter?
(A) They surpassed their prior record.
(B) They met their company goals.
(C) They were not correctly estimated.
(D) They were going down.

Calasnack의 지난 분기 매출에 대하여 무엇이 유추될 수 있는가?
(A) 매출이 이전 기록을 능가했다.
(B) 매출이 회사 목표를 달성했다.
(C) 매출이 정확히 계산되지 않았다.
(D) 매출이 하락 하고 있었다.

|해설| 지난 분기 하락세로부터 지난 달에는 매출이 엄청나게 향상되었다고 했으므로 지난 분기에는 매출이 하락했음을 알 수 있다.
(A) 지난 분기와 지난달 매출을 혼동하지 않도록 주의. 매출이 상승한 것은 지난달 매출.

187. In the announcement, the word "vast" in paragraph 1, line 1, is closest in meaning to?

(A) **considerable**
(B) brief
(C) consistent
(D) fast

발표에서 첫 번째 문단, 첫 번째 줄의 "vast"가 의미상 가장 가까운 것은?

(A) **상당한**
(B) 간략한
(C) 일관적인
(D) 신속한

|해설| 'vast improvement'는 문맥상 매출이 엄청나게 상승했음을 의미하는 표현. considerable은 '증가, 감소'를 의미하는 명사와 항상 짝꿍으로 쓰이는 형용사. 'considerable increase: 상당한 증가'. 'considerable = significant = substantial'은 워낙 잘 출제되는 3총사. 동의어이므로 묶어서 외워두자.

난이도
★☆☆

188. What will Calasnack begin in October?

(A) Create new logos
(B) Offer sales on multiple snacks
(C) Acquire new snacks from local companies
(D) **Give points for the company's other goods**

Calasnack은 10월에 무엇을 시작할 것인가?

(A) 새로운 로고를 만든다
(B) 다양한 스낵에 대해 할인을 제공한다
(C) 현지업체들로부터 새로운 스낵을 매입한다
(D) **회사의 다른 상품들을 위해 포인트를 지급한다**

|해설| 10월부터 청량음료에 대해서도 포인트를 지급할 것이라 했으므로 (D)가 정답.

---

189. According to Mr. Chips, in which products are most customers interested?

(A) T-shirts
(B) Computer games
(C) **Music players**
(D) Snowboards

Chips씨에 따르면, 고객들은 어떤 상품에 가장 흥미를 가지는가?

(A) 티셔츠
(B) 컴퓨터 게임
(C) **뮤직 플레이어**
(D) 스노우 보드

|해설| Combined Question. 칩씨는 고객들이 500 포인트를 모을 때까지 포인트를 쓰지 않는다고 언급했다. 두 번째 지문에서 살펴보면, 고객들은 500 포인트로 미디어 플레이어를 받을 수 있다. 그러므로 미디어 플레이어가 가장 인기 있는 경품.

난이도
★☆☆

190. What is most likely true about Ms. Delarocha?

(A) She wanted to have a music player.
(B) **She sent her request for a prize after October.**
(C) She is an employee of Calasnack.
(D) She will receive all prizes.

Delarocha에 대해 사실일 가능성이 가장 높은 것은?

(A) Delarocha씨는 뮤직플레이어를 받고 싶어했다.
(B) **Delarocha씨는 10월 이후에 경품 신청서를 보냈다.**
(C) Delarocha씨는 Calasnack의 직원이다.
(D) Delarocha씨는 모든 경품을 받을 것이다.

|해설| 고유명사가 두 지문에서 공통으로 등장한다면 항상 문제의 단서. Calasoda는 1번째 지문과 3번째 지문에 공통으로 등장한다. 3번째 지문에서 고객이 제출한 포인트 중 일부는 Calasoda에서 받은 포인트라고 했다. 1번째 지문에서는 포인트 적립행사가 너무 반응이 좋아서 10월부터는 스낵 외에 다른 음료제품에도 M로고를 적용할 것이라 했는데, 그 중 일례로 등장한 음료가 새로 출시된 Calasoda. 그러므로 Delarocha씨는 10월 이후에도 포인트를 모았을 것이며 제출한 시점은 당연히 10월 이후임을 유추할 수 있다.

TEST 09

From: fred.dickens@homeprofessionals.com
To: realestateagents@netlisting.org
Date: March 4, 3:20 p.m.
Subject: Rochelle Tan

Dear Netlisting subscribers,

 Next month there will be an all-day symposium led by a well-known real estate agent, Rochelle Tan. Some of you may have read some of her four books 191 concerning the real estate business to help you in your own work in the field.

The date of the symposium will be April 9 and the event will be held at the Royalton Convention Hall, located at 485 North Star Drive, across the street from the Manor Hotel. An admission pass will cost $200.00.

192 Any participants that refer other participants will have $20.00 credited to their admission cost. Not only that, but a copy of Ms. Tan's book, Selling Houses and Success (Himmel Expert Publishing), a $30.00 value will be given.

If you have any questions, just ask me or 193◎ Phil Stannis, the other event organizer at the convention hall at 488-555-0855.

Fred Dickens

From: phil.stannis@homeprofessionals.com
To: realestateagents@netlisting.org
Date: March 4, 3:53 p.m.
Subject: Re: Rochelle Tan

Dear Netlisting subscribers,

Fred Dickens made a small mistake in his e-mail to everyone earlier. The cost of admission for Ms. Tan's symposium was listed as $200.00, but it is $175.00. We apologize for the mistake. For those who plan to attend, 195◎ I highly suggest getting back from the intermission on time, as the information given by Ms. Tan will be invaluable for those selling houses in the coming months.

Looking forward to seeing you there.

193◎ Phil Stannis

보내는이: fred.dickens@homeprofessionals.com
받는이: realestateagents@netlisting.org
날짜: 3월 4일 오후 3시 20분
제목: Rochelle Tan

Netlisting 구독자들에게.

다음달 유명한 부동산 중개인인 Rochelle Tan에 의해 이끌어질 일일 심포지움이 있을 것입니다. 여러분들 중 일부는 부동산 분야에서의 여러분의 일을 도와줄, 부동 산업에 191관련한 그녀의 4개의 책 중 일부를 읽어보셨 을지도 모르겠습니다.

심포지움의 날짜는 4월 9일이며 이 행사는 Manor Hotel로부터 맞은편 거리인 North Star Drive 485에 위치한 Royalton Convention Hall에서 열릴 것입니 다. 입장료는 200달러 입니다.

192다른 참가자들을 소개하는 (데리고 오는) 참가자들 은 그들의 입장료에서 20달러를 차감해드립니다. 그것 뿐만 아니라 Himmel Expert 출판사에서 나온 30달러 상당의 Tan씨의 책인 Selling Houses and Success 가 제공될 것입니다.

질문이 있으시면 저나 컨벤션 홀의 193◎다른 행사기획 자인 Phil Stannis에게 488-555-0855로 물어주세요.

Fred Dickens

보내는이: phil.stannis@homeprofessionals.com
받는이: realestateagents@netlisting.org
날짜: 3월 4일 오후 3시 53분
제목: 회신 : Rochelle Tan

Netlisting 구독자님.

Fred Dickens가 이전에 모두에게 보낸 그의 이메일에 서 작은 실수가 있었습니다. Tan씨의 심포지움의 입장 료는 200달러로 적혀있었지만, 그것은 175달러입니 다. 이 실수에 대해 사과 드리는 바입니다. 참석계획이 신 분들은, 195◎ Tan씨에 의해 제공될 정보가 향후 몇 달간 집을 파실 분들에게 매우 귀중한 정보가 될 것이 기 때문에 중간 휴식시간 후에 시간 맞춰서 돌아오실 것을 강력히 권해드립니다.

그곳에서 당신을 뵙길 바랍니다.

193◎ Phil Stannis

Real Estate in the Coming Year Hosted by: Rochelle Tan	**내년도 부동산** Rochelle Tan 진행
Symposium Schedule	심포지엄 일정
11:00 a.m. – 11:30 a.m.: *Know Your Neighborhood* – A look at being informed about your region and matching your clients with the neighborhood that's best for them.	오전 11:00 – 오전 11:30: 당신의 동네를 파악해라 – 당신의 지역에 대해 숙지하고, 고객들을 그들에게 최적인 동네와 연결해주는 것을 논의한다.
11:30 a.m. – 12:00 p.m.: Renting Vs. Buying – A presentation about the advantages and disadvantages for renting or buying property and how each will help clients.	오전 11:30 – 오후 12:00: 임대와 매입 비교 – 집을 임대하는 것과 사는 것의 장단점과 각각이 어떻게 고객에게 도움이 되는지에 대한 발표.
12:00 p.m. – 12:30 p.m.: 195ⓒ Intermission	오후 12:00 – 오후 12:30: 195ⓒ 중간 휴식시간
12:30 p.m. – 1:00 p.m.: 195ⓒ *Help Yourself with Home Inspections* – A helpful advice session about how hiring a home inspector can help you find problems before they become bigger.	오후 12:30 – 오후 1:00: 195ⓒ홈 인스펙션(고장난 곳이 있는지 전문가의 도움으로 점검하는 것)은 당신에게 반드시 도움이 된다 – 홈 인스펙션 전문가를 고용하는 것이 어떻게 문제가 커지기 전에 발견하도록 도와주는 지를 설명해주는 유용한 조언으로 가득한 발표.
1:00 p.m. – 1:30 p.m.: *Open Forum* – 194 A chance for the audience to ask Ms. Tan anyquestions they have relating to the real estate and property management field.	오후 1:00 – 오후 1:30: 공개 포럼 – 부동산 및 부동산 관리 분야와 관련하여 194 청중들이 가지고 있는 질문들을 Tan씨에게 물어볼 수 있는 기회.

|어휘| real estate 부동산 refer (타동사로 쓰이면) 소개하다 credit A to B A를 B에 입금하다
organize an event 행사를 기획하다, 준비하다 organizer 기획자

핵심) credit ~에 입금하다

$20 will be credited to your account. 20불이 너의 계좌로 입금될 것이다

Participants will have $20 credited to their admission cost.
참가자들은 (누군가를 시켜서) 20불이 그들의 입장료로 입금되게 만들 것이다 ⇒ 입장료에서 20불이 차감될 것이다

have는 사역동사. 사역동사이므로 '누군가를 시켜서 ~하게 만들다'의 의미. [ex] have my car fixed '(누군가를 시켜서) 내 차가 고쳐지게 만들다 ⇒ (누군가를 시켜서) 차를 고치다'

191. In the first e-mail, the word "concerning" in paragraph 1, line 2, is closest in meaning to
(A) worrying
(B) except
(C) regarding
(D) versus

첫 번째 이메일에 첫 번째 단락, 두 번째 줄의"concerning"이 의미상 가장 가까운 것은?
(A) 걱정스러운
(B) 제외하고
(C) 관련하여
(D) 에 대조적으로

|해설| '관하여'라는 의미의 전치사는 출제빈도가 매우 높으므로 7개 모두 외워두자. about = on = over = as to = regarding = concerning = pertaining to. regarding은 파트5 전치사 문제로도 매우 자주 출제된다.

192. How much credit will a mailing list subscriber receive for referring another participant?
(A) $6.00
(B) $20.00
(C) $30.00
(D) $40.00

메일 명단에 있는 구독자들(메일을 받는 구독자들)은 다른 참가자를 추천한 것에 대해 얼마의 공제액을 받는가?
(A) 6달러
(B) 20달러
(C) 30달러
(D) 40달러

|해설| 다른 사람에게 소개해서 데리고 오면 입장료에서 **20**불이 차감된다.

---

193. Who sent the second e-mail?
(A) An economics publication company
(B) A real estate information provider
(C) An event organizer
(D) A featured presenter

두 번째 이메일은 누가 보낸 것인가?
(A) 경제 잡지 출판사
(B) 부동산 정보 제공자
(C) 행사 기획자
(D) 특별 연사

|해설| Combined Question. 두 번째 이메일의 발송자는 Phil Stannis라고 명시되어 있고, 첫 번째 글 마지막 줄에 Phil Stannis를 행사 기획자라고 설명하고 있다. 그러므로 (C)가 정답.

|보기어휘| featured presenter 특별 연사 featured article 특집 기사

---

194. What will Ms. Tan do at the end of her symposium?
(A) Sign copies of her books
(B) Hold a drawing for prizes
(C) Host a question and answer session
(D) Hand out complimentary copies of her books

Tan씨는 심포지엄 후반에 무엇을 할까요?
(A) 그녀의 책에 사인해줄 것이다.
(B) 경품을 위한 추첨을 할 것이다.
(C) 질의 응답시간을 가질 것이다.
(D) 그녀의 책을 무료로 나눠줄 것이다.

|해설| 3번째 지문은 일정표다. 마지막 일정인 공개포럼에서 청중들은 Tan씨에게 질문할 기회가 있을 것이라 했으므로 마지막 순서는 질의응답시간.

난이도
★★☆

195. Which part of the symposium does Phil Stannis think will be helpful to subscribers?
(A) Know your neighborhood
(B) Renting Vs. Buying
(C) Help Yourself with Home Inspections
(D) Open forum

Phil Stannis씨는 심포지엄에 어느 부분이 구독자에게 도움이 될 것이라고 생각하는가?
(A) 당신의 동네를 파악해라
(B) 임대와 매입 비교
(C) 홈 인스펙션은 당신에게 반드시 도움이 된다
(D) 공개 포럼

|해설| Combined Question. Stannis씨의 생각이 중요하므로 2번째 지문이 단서가 될 것이다. 2번째 지문에서 Stannis씨는 intermission (중간휴식) 후에 시간 맞춰 돌아올 것을 권고하고 있다. 그러면서 그 이유로 tan씨가 주는 정보가 향후 몇 달간 집을 살 사람들에게는 매우 중요할 것이라 했다. 그러므로 intermission 다음 발표를 Stannis씨는 가장 도움이 되는 강연이라고 생각하고 있음을 알 수 있다. 3번째 지문에서 intermission 다음 순서를 보면 'Help Yourself with Home Inspections'임을 확인할 수 있다.

= Press Release=

February 26

Rakliss Media will be 196a opening two new branch offices in Tunis and Sousse on Tuesday, March 3. Along with these openings, 196b Rakliss will also take over Oceanview Telecommunications, a Web design company based in Bizerte at the end of February. Rakliss Media's CEO, Mohammed al-Qari stated that the company hopes to better build its reputation in Tunisia with these efforts.

199© Rakliss Media was founded by Rahim Ali after he decided to leave his job at Jetspeed Industries ten years ago. 197 Having worked there for six years, he felt ready to 198©return home to Sfax, where he started his telecommunications business with financial assistance from some friends and relatives. Mr. Ali's plan was to specialize in data transmission systems using high-speed optical cable networks. The strategy was fruitful: Rakliss Media's system was soon adopted across the nation, and the company has grown to become one of the most innovative and respected firms of its kind.

Even with its impressive record of success, 198© the company's modest offices are still located right where they were founded a decade ago, and the business has not lost its spirit of innovation. The product development team 196d introduced a new rooting system that can transmit information almost twice as fast as earlier models.

From: Samson Tagobe
To: Fatima Alfarsi
Date: August 20
Subject: Congratulations

Dear Fatima,

It is my pleasure to notify you of the board of directors' decision to name you as a winner of one of Rakliss' annual employee awards. You are receiving this award because of your commitment and expertise that you have shown during your time with our company. 199© Having been among the company's very first group of employees, you have greatly helped Rakliss move from a small telecommunications company to the leading media company that we are today. Additionally, the leadership qualities you have shown over the years, most recently as the leader of the product development team, are extraordinary.

198©In honor of you and the other award winners, a reception will be held at our headquarters on Friday, August 30 at 5:00 p.m. You will receive your award during the reception after the dinner. Also, 200© you may be pleased to know that the manager of your branch in Goroka will be hosting the dinner. Rakliss Media truly thanks you for all of the hard work over the years. I look forward to seeing you at the dinner.

Samson Tagobe
HR director, Rakliss Media

= 기사 보도=

2월 26일

Rakliss Media는 Tunis와 Sousse에 3월 3일 2개의 196a새로운 지사를 오픈 할 것입니다. 개점과 함께 2월 말에는 Bizerte에 본사를 두고 있는 웹디자인 회사인 196bOceanview Telecommunications를 또한 인수 할 것입니다. Rakliss Media의 대표이사인 Mohammed al-Qari는 이러한 노력과 함께 회사가 Tunisia 지역에서 더 좋은 평판을 쌓을 수 있기를 희망한다고 발표했습니다.

199© Rakliss Media는 Rahim Ali씨가 10년전 Jetspeed Industries에서의 직책을 그만두기로 결정하고 나서 창립되었습니다. 1976년간 그곳에서 일하고 나서 Rahim Ali씨는 198©고향인 Sfax에서 돌아갈 준비가 되었다고 생각했고, 그 곳에서 몇몇 친구들과 친척들로부터 받은 자금을 가지고 그의 통신사를 창립했습니다. Ali씨의 계획은 고속 광케이블망을 사용해서 데이터 전송 시스템을 전문으로 만드는 것이었습니다. 이 전략은 성과가 있었습니다: Rakliss Media의 시스템은 곧 전국적으로 채택이 되었고 이 회사는 동종 업체 중에서 가장 혁신적이고 신뢰받는 회사로 성장했습니다.

이러한 인상적인 성공에도 불구하고 이 회사의 평범한 198©사무실은 여전히 10년 전에 창립되었던 바로 그곳에 여전히 위치하고 있으며 이 회사는 혁신 정신을 잃지 않아 왔습니다. 제품개발팀은 이전 모델보다 거의 두 배 빠르게 정보를 전송할 수 있는 196d새로운 루팅 시스템을 도입했습니다.

보내는이: Samson Tagobe
받는이: Fatima Alfarsi
날짜: 8월 20일
제목: 축하 합니다.

Fatima 에게,

Rakliss의 연례 직원상 중 하나의 수상자로서 당신을 지명할 이사회의 결정을 당신에게 알리게 된 것은 나에겐 기쁨입니다. 우리의 회사와 함께한 시간 동안 당신이 보여준 전문성과 헌신 때문에 당신은 이 상을 받을 것입니다. 199© 당신은 Rakliss의 초창기 멤버 중 한 명이었으면서, 당신은 Rakliss가 작은 전자통신회사에서 오늘날 선두 미디어 회사로 성장하는 데 크나큰 도움이 되었다고 할 수 있습니다. 또한 당신이 몇 년간 보여준 리더쉽 능력은, 가장 최근 제품개발 팀의 리더로서의 능력은 대단합니다.

당신과 다른 수상자들을 기념하여, 환영식이 8월 30일 금요일 오후 5시 198©우리의 본사에서 열릴 것입니다. 당신은 저녁식사 이후에 환영식 동안 수상하게 될 것입니다. 또한 Goroka에 있는 200© 당신의 지점 매니저가 저녁만찬을 진행할 것임을 알게 도면 기쁠 것 같습니다. Rakliss media는 수년 간의 당신의 모든 노고에 진심으로 감사 드립니다. 저녁 만찬에서 뵙기를 고대합니다.

Mohammed al-Qari
사장, Rakliss Media

10ᵗʰ Annual Rakliss Media Staff Awards Dinner

We invite you to attend this year's Rakliss Media Staff Awards Dinner, where we will celebrate the diligence and commitment of some of our best employees. We hope you enjoy the selection of food at the buffet. Below is a schedule of the events planned for this special occasion.

5:30 – 6:00: Greeting and Seating
6:00 – 7:00: Dinner
7:00 – 7:30: A History of Rakliss Media presented by Vice
                 President Michael Wahlen
7:30 – 8:00: Award Presentations
8:00 – 8:15: Closing
200ⓒ Hosted by: Thomas Ryan

Thank you for coming and enjoy your dinner.

제 10회 연례 Rakliss Media 직원 시상만찬

몇몇 최고의 직원들의 근면성과 노고를 기념하게 될 올해 Rakliss Media Staff Awards Dinner에 참석해 주시도록 여러분을 초대하는 바입니다. 뷔페로 제공되는 음식들을 여러분이 즐기실 수 있기를 바랍니다. 이번 특별 행사를 위해 계획된 일정은 아래와 같습니다.

5:30 – 6:00: 환영 인사 및 착석
6:00 – 7:00: 저녁식사
7:00 – 7:30: Michael Wahlen 부사장의 연설 –
                Rakliss Media의 역사
7:30 – 8:00: 시상식
8:00 – 8:15: 폐회
200ⓒ 진행: Thomas Ryan

오셔서 만찬행사를 즐겨주실 것에 대해 감사 드립니다.

|어휘| along with ~와 함께 based in ~에 본사를 두고 있는 monetary 금전의, 돈의 rural 시골의, 지방의 pay off 성과를 내다 humble 누추한 incredible 믿을 수 없는, 놀라운 expertise 전문성 diligence 근면성

난이도 ★☆☆

196. What is NOT mentioned as an activity Rakliss Media is involved in?
(A) Opening new branches
(B) Acquiring a company
(C) Providing training courses
(D) Releasing new merchandise

Rakliss Media가 관여하고 있는 활동으로써 언급되지 않은 것은 무엇인가?
(A) 새로운 지점 개점
(B) 회사 인수
(C) 교육 과정을 제공하는 것
(D) 새로운 상품을 출시하는 것

|해설| 교육과정에 대한 언급은 없었다.
(B) 보기에 나온 'acquire'는 본문에 나온 'take over'의 동의어. 회사를 'take over'하는 것은 '인수하다'의 의미. acquire도 역시 '인수하다'의 의미다. 나머지 보기는 지문에 표시된 내용 확인!

난이도 ★★☆

197. How long did Mr. Ali work at Jetspeed Industries?
(A) For 3 years
(B) For 6 years
(C) For 10 years
(D) For 16 years

Ali씨는 Jetspeed Industries에서 얼마나 오래 근무 했나?
(A) 3년동안
(B) 6년동안
(C) 10년 동안
(D) 16년 동안

|해설| 'Having stayed with the company for six years'라는 부사구가 단서. 6년간 일하고 나서 고향으로 옮겼으므로 (B)가 정답.
(C) '12년'이라는 시점은 Jetspeed Industries를 그만둔 시점이다. 6년을 다니다가 10년 전에 그만두었다고 했다.

198. Where will Ms. Alfarsi probably be on August 30?

(A) In Sfax

(B) In Bizerte

(C) In Tunis

(D) In Sousse

Alfarsi씨는 8월 30일 어디로 갈 것인가?

(A) Sfax

(B) Bizerte

(C) Tunis

(D) Sousse

|해설| Combined Question. 8월 30일은 시상식이 열리는 날이고, 두 번째 지문에서 보면 시상식은 본사에서 열린다고 했다. 첫 번째 지문을 보면, Rahim Ali씨는 고향인 Sfax로 돌아와 Rakliss Media를 창립했으며, 성공한 이후에도 회사가 시작한 누추한 곳에 여전히 본사를 유지하고 있다고 했으므로 Sfax에 여전히 본사가 있음을 유추할 수 있다. 그러므로 시상식은 Sfax에서 열릴 것이다.

199. What is suggested about Ms. Alfarsi?

(A) She will be promoted to manager.

(B) She will receive a salary bonus.

(C) She has worked with Rakliss Media for ten years.

(D) She plans to start her own firm.

Alfarsi씨에 대해 언급된 것은?

(A) Alfarsi씨는 매니저로 승진될 것이다.

(B) Alfarsi씨는 보너스를 받을 것이다.

(C) Alfarsi씨는 Rakliss Media에서 10년간 일했다.

(D) Alfarsi씨는 자신의 회사를 창립할 계획이다.

|해설| Combined Question. 2번째 지문에서 이번 상을 받게 될 Alfarsi씨가 초창기 멤버였음이 명시되어 있다. 1번째 글을 보면 Rackliss Media는 10년 전에 세워진 회사임을 알 수 있다. 그러므로 Alfarsi씨가 이 곳에서 일한 지 10년이 되었음을 계산할 수 있다.

200. What is Thomas Ryan's position at Rakliss Media?

(A) CEO

(B) Vice President

(C) Research & Development Director

(D) Branch Manager

Rakliss Media에서 Thomas Ryan의 직책은?

(A) 대표이사

(B) 부사장

(C) 연구개발 이사

(D) 지점 매니저

|해설| Combined Question. 2번 째 지문에서 Alfarsi씨가 일하는 지점의 매니저가 이번 시상식을 진행할 것이라 했다. 3번째 지문에서 찾아보면 Ryan씨가 진행자임을 확인할 수 있다. 그러므로 Ryan씨는 지점매니저.

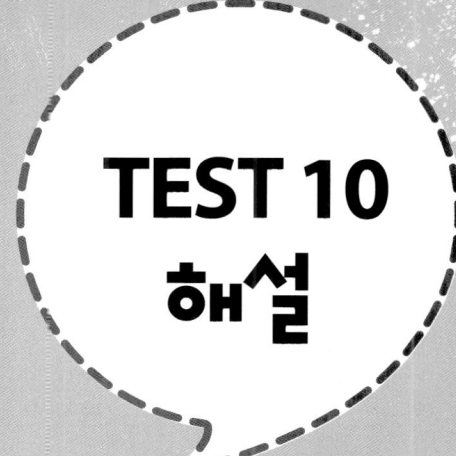
TEST 10
해설

동시토익 CONTEMPORARY **TOEIC**

TEST 10

101	A	102	B	103	A	104	D	105	B	106	B	107	C	108	A	109	C	110	B
111	C	112	C	113	B	114	C	115	D	116	C	117	D	118	B	119	A	120	A
121	A	122	D	123	D	124	A	125	B	126	B	127	B	128	B	129	C	130	D
131	C	132	A	133	C	134	D	135	D	136	A	137	B	138	D	139	B	140	A
141	B	142	C	143	C	144	B	145	D	146	A	147	C	148	A	149	D	150	B
151	C	152	B	153	C	154	B	155	B	156	C	157	A	158	A	159	B	160	C
161	A	162	B	163	D	164	C	165	D	166	B	167	B	168	B	169	C	170	A
171	C	172	A	173	C	174	A	175	D	176	D	177	D	178	B	179	A	180	C
181	A	182	C	183	D	184	C	185	A	186	C	187	B	188	B	189	A	190	C
191	A	192	C	193	B	194	D	195	D	196	B	197	C	198	A	199	B	200	D

 101

Ms. Sanders will finish her book (about how to build and sustain a creative workplace culture next month).
    S   V   O   전+명사절 축약형

|오답| to finish, finishing, finished

Ms. Sanders는 창의적인 직장문화를 구축하고 유지하는 방법에 관한 책을 다음 달에 완성할 것입니다.

|해설| 동사어형문제. 동사어형문제 접근법 p10 참고. 1) 구조. 전체 문장에 본동사가 없으므로 빈칸은 본동사자리. to finish, finishing 탈락. 2) 태. 빈칸 뒤에 목적어가 있으므로 능동태. 3) 수일치. 나머지 보기 둘 다 수일치에 문제는 없다. 4) 시제. 문장 끝에 next month, 미래를 의미하는 시간부사가 등장했으므로 미래시제가 정답.

|어휘| sustain 유지하다, 지탱하다 creative 독창적인

 102

Victoria College's innovative new program will be starting (at the upcoming semester).
                                S   V

|오답| innovation, innovator, innovated

Victoria College의 혁신적인 신규 프로그램은 다가올 학기에 시작될 것입니다.

|해설| [소유격 ___ 형+n.] 빈칸은 형용사자리. 명사 앞에 형용사는 연달아 여러 개 복수로 나올 수 있으므로 형용사(new)가 있지만 앞에 추가로 형용사는 또 나올 수 있다. 형용사인 innovative가 정답.

innovated가 오답1순위. 분사형 형용사가 'ed' 형태로 쓰이려면, 수식 받는 명사(program)와 의미상 'O−V'관계가 성립해야 한다. 그런데 '프로그램을 혁신하다', 말이 되는 듯 하다. 그래서 혼동되는 문제. 그렇다면 형용사 형태로 다시 해석해보자. 'ed'형태는 '~된'으로 해석하므로 '혁신된 신규 프로그램'. 만약 프로그램을 혁신했다면, 기존에 존재했던 프로그램을 새롭게 혁신했을 것이다. 신규 프로그램은 이번에 처음 만든 프로그램인데, 이 프로그램을 혁신하지는 않았을 것이다. 그러므로 new 형용사와 어울리지 않는다. 형용사문제에서 보기 중에 일반형용사와 분사형 형용사가 함께 나온 경우, 통계적으로 따져보면 형용사가 정답인 경우가 90%이상이다. 그러므로 일단 '형용사 우선'으로 접근하고, 형용사가 의미상 어울리지 않을 때 다음 옵션인 분사형태를 고려해보자!

|어휘| innovative 혁신적인, 과감한 upcoming 다가오는 semester 학기

103 Mr. Taylor's revised personnel **report provides** added **enhancements** (over his **earlier** version).
　　　　　　　　　　　　　　　S　　　　　　　　V　　　　　　O

|오답| lowest, sudden, added

Mr. Taylor의 수정된 인사 보고서가 이전 보고서보다 훨씬 향상된 내용을 제공합니다.

|해설| 일단 전치사 over에 대한 이해가 중요한 문제. over는 두 가지를 비교하는 상황에서 사용된다. 'select A over B: B를 제치고 A를 선택하다'의 의미. 테일러씨가 이번에 만든 개정된 보고서를 '__ 버전'과 비교하고 있다. 개정되었다는 것은 새로운 버전이므로 이전 버전과 비교할 것이다. 그러므로 earlier가 정답.

|오답해설| 여기서 수식 받는 명사 version이 '보고서 버전'을 의미한다는 것을 감안하고 오답을 적용해보자. 'lowest – 가장 낮은 보고서 버전 (×)', 'sudden – 갑작스런 보고서 버전(×)', added는 version과는 어울릴 수 있는 것 같다. 그러나 전체 문장에서 보면 '개정된 보고서와 추가된 버전'을 비교할 수는 없을 것이다. 전체 문맥에 어울리지 않으므로 오답.

|어휘| revised 수정된 enhancement 향상 earlier version 이전 버전

104 A Spanish seafood **restaurant** (that has been under construction for many months) **is** finally **opening** tomorrow.
　　　　　　　　　　S　　　　　　　　　　　　　　　　형용사절　　　　　　　　　　　　　　　　　　V

|오답| final, finality, finals

여러 달 동안 공사 중이었던 스페인 해산물 레스토랑이 드디어 내일 가점할 것입니다.

|해설| 3초짜리 어형문제. [be ___ ing] 빈칸은 동사구 사이이므로 동사를 꾸며주는 부사자리. 동사구 사이에 빈칸이 나오면 예외 없이 100% 부사자리. 두 달에 한번 가량 출제된다. 이런 문제는 보너스 문제!

|어휘| under construction 공사 중인

105 Mr. Schumaker **will be conferring** (with all the managers from the company) (over the next **few** months).
　　　　　S　　　　　　V

|오답| of, some, within

Mr. Schumaker은 향후 수 개월 동안 회사의 모든 관리자들과 협의할 것입니다.

|해설| 빈칸은 원래 숫자가 잘 나오는 자리다. 'over the next five months – 향후 다섯 달 동안에', five(숫자) 역할을 대신해야 하므로 수량형용사자리. of, within은 전치사이므로 탈락. few는 '몇몇의' 의미이므로 'over the next few months: 향후 몇 달 동안에'가 된다.

그런데 some이 정답이 될 수 없는 명확한 이유는 좀 복잡하다. some, few는 모두 수량형용사다. 수량형용사는 한정사의 일종이다. 한정사에는 'a / the / one's(소유격) / this(지시형용사) / some, a few, many(수량형용사)' 이렇게 5가지 종류가 있다. 한정사의 가장 중요한 특징은, 명사 앞에 하나의 한정사만 나올 수 있다는 것. [ex] the my students(×), the some students(×). 'over the next ___ months'의 경우, 앞에 이미 한정사 중 하나인 관사 the가 나와있다. 빈칸에 수량형용사를 쓰게 되면 한정사의 중복사용이 된다. 그러므로 일반 수량형용사는 빈칸에 쓰일 수 없다. few는 특이한 수량형용사! a few와 같이 앞에 관사를 수반한다. 뒤에 나올 명사가 특정 명사라면 'the few students'와 같이 정관사 the가 붙기도 한다. 그러므로 빈칸에 들어갈 수 있는 유일한 수량형용사는 few! 한정사에 대한 자세한 사항은 ❍ Reading교재 vol.2 p171 참고

|어휘| confer with ～와 상의하다

106 **Crawford Enterprise has an opening** (<u>for</u> **a regional sales coordinator in our Seattle office**).
　　　　　　S　　　V　　　　O

|오답| off, through, across

Crawford Enterprise에는 시애틀 사무실에서 근무할 현지 영업직원에 대한 공석이 하나 있습니다.

|해설| 전치사 문제. opening은 '공석, 빈자리'의 의미. '영업 책임자를 위한 공석'이므로 for가 정답.

|오답해설| off는 무언가가 끊겨서 분리될 때 사용한다. [ex] cut leaves off the tree ⇒ 나뭇잎을 잘라서, 나무로부터 분리됨을 의미. 토익에서 가장 많이 보는 표현은 '할인' 관련 표현이다. [ex] 50% discount off the purchase ⇒ 구매로부터 50%가 제거되므로 할인의 의미로 잘 쓰인다. through는 1) ~을 관통하여 (장소명사와 함께 사용), 2) ~을 통해 (수단). across는 장소명사와 함께 쓰이며 '~을 가로질러'의 의미.

|어휘| opening 공석, 일자리 regional sales coordinator 지역 영업 책임자

 107 **Please be assured** (**that free** <u>admission</u> **to the museum on the first Sunday of every month does not include the**
　　　　　be p.p　　　　　　　　　　　　　　　　O (명사절) – 4형식 수동태
special exhibitions in the Stuart Hall).

|오답| connection, movement, exchange

매달 첫 번째 일요일에 사용할 수 있는 박물관 무료 입장권에는 Stuart Hall에서의 특별전시회는 포함되지 않음을 주의하세요.

|해설| 명사어휘문제. admission은 '입장'의 의미로 잘 쓰인다. [ex] admission fee – 입장료. 매달 첫 번째 일요일에는 박물관에 무료로 들어갈 수 있지만, 특별전시회는 예외라는 의미. 'connection: 박물관에 무료 연결(×)', 'movement: 박물관에 무료 움직임(×)', 'exchange: 박물관에 무료 교환(×)'.

|어휘| Please be assured that~ ~을 유념하다. 참고하다 TEST 08 118번 해설 p380 참고 admission 입장 exhibition(=exhibit) 전시회

 108 (**Over five years of**) **experience** (**in our foreign branches**) **is a** <u>requirement</u> (**for a new branch manager in Singapore**).
　　　형용사　　　　　　S　　　　　　　　　　　　　V　　　C

|오답| require, requiring, required

5년 이상의 해외 지점 경력이 신임 싱가폴 지점장직을 위한 필수자격요건입니다.

|해설| 어형문제. [관사 ___ 전치사] 빈칸은 명사자리. be동사 뒤에 나온 명사보어이므로 주어와 '동격의 관계'. '5년이상의 경력 = 요구조건'.

|어휘| branch 지점 requirement for ~에 필수 요건

 핵심 '시간단위 + of'는 묶어서 형용사로 간주하자!

✕　**Five years** (**of experience**) **is a requirement**.

이렇게 뼈대를 묶는다면, 이상한 의미가 되고 만다. '경력의 5년은 필수조건이다'.
시간단위 뒤에 전치사 of가 따라나오면, 함께 묶어서 뒤에 나온 명사를 수식하는 형용사 역할!

(**Five years of**) **experience is a requirement** 5년간의 경력은 필수조건이다.
He left the company after (**fifteen years of**) **service.** 15년간의 근무 후에 그는 회사를 떠났다

그러므로, 전치사 문제에 적용되면 주의!

We are looking for those _____ five years of experience.

'five years 앞이니까 빈칸은 기간전치사 자리(X)'라고 생각하기 딱 쉬운 구조다! 여기서 'five years of'는 형용사이기 때문에 빈칸에 들어갈 전치사는 experience를 연결해 주는 전치사!

We are looking for those for five years of experience (✕).
We are looking for those with (**five years of**) **experience** (○).

'우리는 5년 간의 경력을 가지고 있는 사람을 찾고 있다'는 의미.

109 (**To try to protect its steel industry**), **the United States raised** import **tariffs** but, unsurprisingly, **so did its trading partners**.

난이도
★☆☆   준동사구－부   S   V   O   도치구문

|오답| still, even, but

자국의 철강산업을 보호하기 위해서 미국은 수입관세를 올렸고 아나나 다를까, 미국의 교역국들도 마찬가지로 수입관세를 올렸다.

|해설| 빈칸 뒤에는 '주어'와 '동사'의 자리가 바뀐 '도치구조'가 쓰였다. 이것이 단서! '마찬가지로' 의미의 표현은 뒤에 도치된 구조를 수반한다. 아래 자세한 설명을 살펴보자.

> He **studies** hard, and **so do** I. 그는 공부를 열심히 한다. 그리고 나도 마찬가지다 (나도 열심히 공부한다)
> He **is** happy, and **so am** I. 그는 행복하다. 그리고 나도 마찬가지다 (나도 행복하다)
> He **will** attend the meeting, and **so will** I. 그는 미팅에 참석할 것이다. 그리고 나도 마찬가지다 (나도 참석할 것이다)
>
> so 뒤에서는 전부 도치된 절이 나왔다. so뒤에 나오는 동사는 앞 절의 동사와 맞춰준다. 앞에 일반동사가 나온 경우, 대동사인 do동사를 사용하고, be동사나 조동사가 나온 경우, 똑같이 be동사나 조동사를 사용한다.
>
> 앞에서 부정문이 나온 경우는 so를 쓰지 않고 neither를 사용한다
>
> He **doesn't study** hard, and **neither do** I. 그는 공부를 열심히 안 한다. 그리고 나도 마찬가지로 안 한다 (나도 열심히 안 한다)
> He **is not** happy, and **neither am** I. 그는 행복하지 않다. 그리고 나도 마찬가지다 (나도 행복하지 않다)
> He **will not** attend the meeting, and **neither will** I. 그는 미팅에 참석하지 않을 것이다. 그리고 나도 마찬가지다 (나도 참석하지 않을 것이다)

'so do I', 'neither do I', 2개 예문은 입에 붙을 정도로 외워두자! 도치된 구조가 나오면 so나 neither 둘 중의 하나가 정답! 앞 절이 긍정문이면 so, 부정문이면 neither가 정답!

|어휘| steel industry 철강 산업 tariffs 관세 unsurprisingly 아나나 다를까, 놀랍지 않게

---

110 **Children** (**under 18**) **are** not **required** (**to have government–issued identification**) (**when** boarding planes).

S   be p.p   준동사구－기타구   부사절 축약형

|오답| such as, although, in addition

18세 미만은 비행기 탑승 시 정부 발행 신분증을 제시할 필요가 없습니다.

|해설| [___ ing] ing앞에는 전치사와 접속사가 모두 나올 수 있다. 전치사 뒤에 명사대신 명사구가 나오는 경우에는 ing형태가 나오며, 부사절을 줄여서 부사절 축약형을 만들면 접속사 뒤에 ing/p.p 형태의 준동사가 나오기 때문이다. 그러므로 전치사, 접속사를 막론해서 의미상 어울리는 것을 골라야 한다. 그런데 보기 중에 전치사는 없다. in addition은 전명구이므로 부사. 전치사가 되려면 'in addition to'가 되어야 한다. such as는 'flowers such as roses and tulips: 장미나 튤립과 같은 꽃들'처럼 such as 뒤에는 example이 나오고, such as 앞에는 이 example(장미와 튤립)을 총칭할 수 있는 명사(꽃)가 나와야 한다. "비행기에 탑승하는 것과 같은 신분증"은 말이 되지 않으므로 탈락.

although, when은 둘 다 접속사이므로 구조상 가능하다. 의미상 접근해보면 'although – 비행기에 탑승함에도 불구하고(×)', 'when – 비행기에 탑승할 때(○)'가 되므로 when이 정답! when 뒤에서는 특히 ing형태가 잘 나온다. ing 앞에서 when을 고르는 문제는 초빈출유형! [ex] when reading a book – 책을 읽을 때. 대표적인 예문을 완벽하게 암기해두자!

|어휘| government–issued 정부에서 발급한 identification 신분증 board 탑승하다

TEST 10

111 These easy-to-use **solutions have been meeting** the asset management **needs** (of local businesses and organizations
                                 S   V   O

of all sizes).

|오답| to need, has needed, needing

사용하기 편리한 이 솔루션은 모든 규모의 현지 기업과 조직의 자산관리 요구사항을 충족시켜주어 왔습니다.

|해설| 'meet the needs – 니즈를 충족시키다'는 대표적인 '동사–목적어' 짝꿍. 'asset management needs – 자산관리니즈'가 긴 복합명사로 쓰여서 혼동되었던 문제. 첫 번째 단서는 'meet the asset management'는 '동사–목적어'관계로 어울리지 않는다는 것. '자산관리를 충족시키다(✕)'. 두 번째 단서는 오답 소거. 보기에 나온 모든 동사들은 능동태다. 빈칸 뒤에는 전치사가 바로 나왔으므로 목적어가 없는 상태. need의 목적어가 없으므로 능동태를 쓸 수 없다.

|어휘| easy–to–use 사용이 간편한 asset 자산

112 The **management took** an immovable **stance** (**during** negotiations with the labor union over the contract terms).
                    S   V   O

|오답| because, once, later

계약조건을 놓고 노조와 협상하는 동안, 경영진은 부동의 입장을 취했다.

|해설| 3초짜리문제. 보기 중에 접속사가 하나라도 있다면, 반드시 접속사 자리인지 아닌지를 먼저 확인한다. [___ n.] 빈칸 뒤에는 절이 아닌 명사만 나왔으므로 전치사자리. 모든 접속사(because, once)는 탈락. later는 부사나 형용사의 역할을 하므로 뒤에 나온 명사를 연결할 수 없다.

|어휘| immovable 부동의, 고정된 stance 입장, 자세, 태도 negotiation 협상 labor union 노조 contract term 계약 조건

113
난이도
★★☆

(**With Ethier Mobile shipping 1.3 million compact cars last quarter**), its **sales** this year **are up** (**19 percent from a year**
                           with + n. + –ing 구문   S   V C

earlier).

|오답| as, even, about

Ethier Mobile가 지난 분기에 1,300,000대의 소형차를 선적한 가운데, 올해 이 회사의 매출은 1년 전보다 19% 상승한 상태입니다.

|해설| 오답 1순위는 단연 about. [___ 19 percent] 숫자를 수식하는 부사자리로 생각해서 about을 고른 경우가 압도적으로 많다. 실제 기출에 등장했던 구조. 이 구조가 왜 불가능한지 먼저 살펴보자. 'Sales are about 19 percent – 매출은 약 19퍼센트'. 여기서 19 percent는 be 동사의 명사보어가 된다. 명사보어는 주어와 동격이 되야 한다. '매출 ≠ 19퍼센트', '매출 = $ 1 million'. 금액이 나오면 매출과 동격이 될 수 있지만, 퍼센트는 매출과 동격이 될 수 없다.

여기서 포인트는 '(by) 10 percent'. 전치사 by의 생략이다. '몇 퍼센트만큼 올랐다'라고 표현할 때 percent는 항상 by와 짝꿍으로 쓰이는데, 이때 by는 생략이 가능하다. [ex] Sales increased by 10 percent = Sales increased 10 percent. 그러므로 19 percent는 생략된 by를 감안하면 전명구, 즉 부사구가 된다. 빈칸은 be동사의 보어역할을 할 형용사자리! '수치가 오르다, 내리다'라고 할 때 'up', 'down'은 형용사로써 보어역할을 잘 한다. [ex] The price is down 20 percent – 가격이 20퍼센트 내렸다. The score is up – 점수가 올랐다.

|어휘| with + n. + ing: ~가 ~한 가운데 TEST 07 121번 해설 p329 참고. compact car 소형차 from a year earlier 일년 전으로부터, 작년 동기대비

114 **Ms. Vedder**, (<u>who</u> has conducted more than 1,500 seminars and workshops across Australia over her 30-year career),
S   형용사절

will be the first **presenter**.
V   C

|오답| she, her, we

30년간 호주 전역에서 1,500여개의 세미나와 워크샵을 개최해온 Vedder씨가 첫 번째 발표자가 될 것입니다.

|해설| 보기 중에 접속사가 하나라도 있다면, 반드시 접속사 자리인지 아닌지를 먼저 확인한다. 이것만 확인했으면 3초짜리 문제! 전체 문장에서 본동사는 2개(has conducted, will be) 쓰였고, 접속사는 없다. 동사가 2개라는 것은 절이 2개라는 의미이므로 접속사가 반드시 나와야 한다. 그러므로 빈칸은 접속사자리! 보기 중 유일한 접속사인 who가 정답! [n. ___ (주어가 빠진) 불완전절] 빈칸은 주격관계대명사 자리.

|어휘| across Australia 호주 전역에 걸쳐서 presenter 발표자

115 The employee **manual describes** (<u>how</u> office supplies should be ordered, stored, and distributed).
S   V   O (명사절)

|오답| could, with, this

직원용 소책자는 사무용품이 어떻게 주문, 보관, 배분되는 지를 상세히 설명하고 있습니다.

|해설| 보기 중에 접속사가 하나라도 있다면, 반드시 접속사 자리인지 아닌지를 먼저 확인한다. 이것만 확인했으면 3초짜리 문제! 전체 문장에서 본동사는 2개(describes, should be) 쓰였고, 접속사는 없다. 동사가 2개라는 것은 절이 2개라는 의미이므로 접속사가 반드시 나와야 한다. 그러므로 빈칸은 접속사자리! 보기 중 유일한 접속사인 how가 정답! [동사 ___ S be p.p] 빈칸은 동사 뒤에서 목적어 역할을 하는 절이므로 명사절접속사 자리.

|어휘| describe 설명하다, 묘사하다 office supplies 사무용품 store 동 보관하다

116 **Norwak Airlines is pleased** (to announce that they will fly three times a day from Seoul to Los Angeles <u>beginning</u> in July).
S   V   C   준동사구-부사구 (감정형용사 뒤에 나온 to부정사는 '~하게 되어서'로 해석한다)

|오답| begin, begins, was begun

Norwak 항공사는 7월부터 서울-로스앤젤레스 노선을 하루 3회 운항한다는 사실을 발표하게 되어 기쁩니다.

|해설| 동사어형문제. 동사어형문제 접근법 p10 참고. 1) 구조. 전체 문장에서 본동사는 2개(is, will fly) 쓰였고, 접속사는 1개(that) 나왔으므로 완벽한 구조. 추가로 나올 수 있는 동사는 준동사! 보기 중 유일한 준동사인 beginning이 정답! 'beginning in July'는 묶어서 부사구로, 문장 제일 앞에도 나오고, 뒤에도 나온다. '7월에 시작하면서'이므로 '7월부터'라고 해석하면 된다. 매우 자주 등장하는 부사구이므로 묶어서 외워두자. beginning 외에도 starting, effective를 쓸 수 있다. 여기서 effective는 '효력을 발생하는'의 의미.

Beginning in July,	7월부터
Starting on Monday,	월요일부터
Effective on Monday,	월요일부터

|어휘| be pleased to do ~하게 되어 기쁘다

TEST 10

117 (After **carefully** <u>considering</u> the terms and conditions of the proposal), the **board found it** (to be worthwhile).

전+명사구 or 부사절 축약형   S   V   O   OC (준동사구→기타구)

|오답| care, caring, careful

그 제안서의 조건들을 세심하게 고려한 후에, 이사회는 그 제안서가 가치가 있다고 생각했습니다.

|해설| after는 전치사/접속사의 기능을 모두 가진다. TEST 09 113번 해설 p431 참고. after를 전치사로 본다면 considering은 동명사. 동명사는 준동사이므로 부사의 수식을 받는다. 그러므로 빈칸은 부사자리. after를 접속사로 본다면 부사절 축약형의 형태다. 마찬가지로 considering은 준동사. 준동사를 수식하는 자리이므로 빈칸은 부사자리!

주의! 'considering the terms and conditions of the proposal'을 묶어서 명사구로 본다면, 앞에 after는 전치사가 된다. '명사구를 수식하니까 형용사자리(×)'라고 판단하지 않도록 주의! 형용사는 단일명사만 수식한다. 명사구나 명사절을 수식하지 못한다. 동명사는 명사구를 이끄는 준동사이므로 절대 형용사의 수식을 받을 수 없다!

|어휘| worthwhile(=worthy) 가치가 있는 find it to be worthwhile = find it worthwhile (5형식 - find의 목적보어자리에는 형용사만 나올 수도 있고, 형용사 앞에 to be가 따라붙기도 한다) 그것이 가치가 있다고 생각한다

---

118 <u>Nominations</u> (for the 24th annual theater awards) must **be submitted** (by email) (to Linda Morris by May 7 at the latest).

   S   be p.p

|오답| Authorities, Occurrences, Performances

제 24회 연극상에 대한 후보추천은, 늦어도 5월 7일까지 Linda Morris에게 이메일로 제출되어야 합니다.

|해설| 명사어휘문제. 시상식에 대한 얘기가 언급됐고, '___ must be submitted - 제출되어야 한다'의 주어가 되어야 하므로, 'nominations - 후보지명'이 정답. 'authorities - 관계당국', 'occurrences - (사건 등의) 발생', 'performances - 실적, 공연'.

|어휘| nomination 후보추천, 지명 by 날짜+ at the latest(=no later than +날짜) 늦어도 언제까지

---

119 **Ellis** |and| **his teammates** can <u>each</u> **expect** a **bonus** (of approximately $20,000) (if his team wins the project).

  S1 and   S2   V   O   부사절

|오답| another, any, which

그의 팀이 그 프로젝트를 따낸다면, Ellis와 그의 팀원들은 대략 2만달러의 보너스를 각기 기대할 수 있습니다.

|해설| 보기 중에 접속사가 하나라도 있다면, 반드시 접속사 자리인지 아닌지를 먼저 확인하자. 전체 문장에서 본동사는 2개(can expect, wins) 쓰였고, 접속사가 1개(if) 나왔으므로 완벽한 구조. 더 이상 접속사는 필요 없으므로 which는 탈락. 문장구조를 살펴보면, 빈칸은 동사구 사이이므로 부사자리다. 보기 중에 유일하게 부사역할을 하는 어휘는 each! 수량형용사 중에서 'each, all, much, a little'은 부사기능도 가진다. TEST 04 120번 해설 p172 참고.

|어휘| each 뷔 각각, 각자 approximately(=around, about, roughly) 약, 대략

---

120 The **Internet** will **be** intermittently **unavailable** (between 5 a.m. and 10 a.m. on Saturday, May 10) (<u>due to</u> scheduled

     S   V   C   between A and B

regular maintenance).

|오답| instead of, even though, now that

예정된 정기점검으로 인하여, 5월 10일 토요일 오전 5시에서 10시 사이에 간헐적으로 인터넷 사용이 불가할 것입니다.

|해설| 보기 중에 접속사가 하나라도 있다면, 반드시 접속사 자리인지 아닌지를 먼저 확인한다. [___ n.] 빈칸 뒤에는 절이 아닌 명사만 나왔으므로 전치사자리. 모든 접속사(even though, now that)는 탈락. due to와 instead of(~대신에) 중에서 의미상 접근해야 한다. '예정된 정기점검'은 인터넷 사용이 불가한 것의 이유가 되므로 'due to'가 정답.

|어휘| intermittently 간헐적으로, 간간이 일어나는 regular maintenance 정기 점검

121 The **street** (on First Avenue) **is** too **narrow** (to allow a cyclist to safely pass the vehicle out of the door zone).
　　　　　　S　　　　　　　　　　　　　V　　C　　　　　　　　　　　　　　'too ~ to do' 용법

|오답| narrows, narrowly, narrower

1번가에 길이 너무 좁아서 자전거 타는 사람들은 차량의 문 옆으로 안전하게 지나갈 수 없습니다.

|해설| 어형문제. 빈칸 앞에 나온 too는 부사이므로 걷어내고 보면, be동사 뒤이므로 형용사보어자리. narrower는 형용사이지만 비교급이므로 탈락. 비교급이 되려면 문장 안에 'than'이 나오거나, 아니면 than이 없더라도 비교대상이 유추 가능해야 한다. 문장 안에 누구 보다 좁은지 비교대상이 나오지도 않았고, 유추되지도 않으므로 비교급은 쓸 수 없다.

|어휘| too ~to do 너무 ~해서 ~할 수 없다 narrow 좁은

 122 **Correspondence** (from clients) **will be handled** (in strict confidence) **and** **will not be revealed** (to third parties).
　　　　　　S　　　　　　　　　　　　be p.p1　　　　　　　　　　　　and　　　be p.p2

|오답| Correspond, Corresponds, Corresponded

고객과의 서신은 극비로 다뤄질 것이며, 제 3자에게 공개되지 않을 것입니다.

|해설| 어형문제. 빈칸은 주어자리이므로 명사자리! correspondence는 '서신'의 의미로, 파트7에도 종종 등장한다! 반드시 외워두자! correspond는 동사.

|어휘| correspondence 서신 cf) correspondent 통신원, 특파원, 기자 handle 처리하다, 다루다 in strict confidence 극비로 reveal 공개하다, 알리다 third party 제 3자

 123
난이도
★☆☆
　Ed Smith compiles medical **records** (of hospital and clinic patients) (in a manner consistent with medical and legal
　　S　　　V　　　　　O
requirements).

|오답| realizes, proceeds, responds

Ed Smith는 의료적, 법적 요건에 맞는 방식으로 병원 및 환자의 기록을 취합합니다.

|해설| 동사어휘문제. 일단 빈칸 뒤에 목적어(명사)가 있으므로 모든 자동사는 탈락. proceed는 타동사문제에서 오답으로 늘 등장하는 대표적인 자동사. 'proceed with - (업무를) 진행하다, proceed to - 이동하다', 전치사와 묶어서 외워두자. 'respond to - ~에 대답하다, 대응하다'로 respond도 역시 자동사. 자동사 리스트가 아직 머리에 정리되지 않았다면, 반드시 앞으로 돌아가서 다시 외워두자! 자동사 리스트에 올라있는 20여개의 자동사는 매달 출제된다고 했다! 외워지지 않으면 방안 구석구석 붙여놓고 반드시 마스터하자! 자동사리스트는 TEST 03 127번 해설 p127 참고.

compile은 타동사로 '모아서 정리하다, 취합하다'의 의미. 'comply with - 준수하다' 자동사와 혼동하지 않도록 주의! 명사형태는 compilation. 음반 중에서 정기 앨범이 아닌, 베스트 곡들만 모아서 따로 내는 앨범을 컴필레이션 앨범이라고 한다. 하나씩 모아서 묶어놓은 개념. realize는 '실현하다, 깨닫다'의 의미이므로 목적어인 'medical records - 의료기록'과 어울리지 않는다.

|어휘| compile 모아서 정리하다, 취합하다 in a manner ~하는 방식으로 consistent with ~을 준수하는

 124 The North Ridge **University has changed** the admission **policy** (to attract highly **competent** students).
　　　　　　　　　　　S　　　　　V　　　　　　　　　O　　　　　　　　준동사구-부

|오답| competence, competency, competently

North Ridge University는 아주 유능한 학생들을 유치하기 위해서 입학정책을 수정했습니다.

|해설| 어형문제. [타동사+부사 ___ n.] 빈칸은 명사를 꾸며주는 형용사자리. 유일한 형용사인 competent가 정답. competent는 '유능한, 능력 있는'의 의미로 사람명사만 수식한다.

|어휘| admission policy 입학 정책 highly competent 매우 유능한

TEST 10

125

난이도
★☆☆

Please make sure (to turn off all the lights) (before you leave the office at the end of the day), (unless instructed

　　　V　　OC　　O (준동사구-명)　　　　　　　　　　부사절　　　　　　　　　부사절 축약형

otherwise).

|오답| accordingly, indeed, meanwhile

별도의 지시가 없다면, 퇴근하면서 사무실을 나서기 전에 모든 조명이 꺼져 있는 지 확인해주시기 바랍니다.

|해설| otherwise는 일반적으로 '그렇지 않다면'의 의미로, 앞에 있는 절을 부정하는 의미로 쓰인다. [ex] I hope that weather improves. Otherwise, I will cancel the picnic. – 나는 날씨가 좋아졌으면 좋겠어요. 그렇지 않다면(날씨가 좋아지지 않는다면) 야유회를 취소할 거예요. 그런데 이 문제의 경우는 다른 의미다. otherwise가 unless와 함께 쓰이면, '달리, 다른 방식으로'라고 해석되며 p.p형태의 동사와 함께 쓰인다. unless와 항상 짝꿍으로 쓰이므로 묶어서 외워두자. 'unless instructed otherwise: 달리 지시 받지 않는다면 ⇒ 별도의 지시가 없다면'. instructed 외에도 다양한 동사들이 쓰이는데, 의미는 대부분 비슷하다.

　unless otherwise instructed,
　unless directed otherwise,　　　달리 지시를 받지 않는다면 ⇒ 별도의 지시가 없다면
　unless otherwise told,

　부사절 축약형으로 쓰여서 'S+be'가 생략된 구조이기 때문에, 처음에 보면 굉장히 당황하게 된다. otherwise의 위치는 동사 앞에 나올 수도 있고, 문장의 끝에 나올 수도 있다. 묶어서 '별도의 지시가 없다면'으로 해석하자.

|어휘| turn off 전원을 끄다 accordingly 그에 상응하게 indeed 사실 meanwhile 한편

126

난이도
★☆☆

(Whereas most of the candidates met the deadline for application), **a few missed it**.

　　　　　　　　　　　부사절　　　　　　　　　　　　　　　S　　V　O

|오답| much, whose, either

대부분의 후보들이 지원서 마감 기일을 맞춘 반면에, 몇몇은 마감일을 넘겼습니다.

|해설| 보기 중에 접속사가 하나라도 있다면, 반드시 접속사 자리인지 아닌지를 먼저 확인한다. 전제 문장에서 본동사가 2개(met, missed), 접속사가 1개(whereas) 나왔으므로 완벽한 구조. 그러므로 접속사(whose)는 탈락. 빈칸은 주어자리이므로 명사만 들어올 수 있다. 최근 명사자리에 '수량형용사'를 고르는 문제의 출제빈도가 매우 높다고 했다. 앞서 여러 문제를 풀어봤다. 수량형용사 뒤에 나올 명사가 문맥상 확실 할 때는 생략이 가능하다. 여기서는 'a few (candidates)'가 생략되었다. much는 불가산명사와 짝꿍이므로 candidates를 꾸며줄 수 없다. either는 비교대상이 '둘'인 경우에만 쓴다. 본 문장의 경우 '후보'가 '둘'이라는 언급은 없으므로 탈락. 수량형용사에 대한 자세한 설명은 TEST 01 107번 해설 p16 참고.

|어휘| meet the deadline 마감을 맞추다 miss the deadline 마감일을 못 맞추다

※ 동시토익 실전1000제 1쇄본에서 오탈자가 있었음을 사과 드립니다. (B) 보기를 few가 아닌 **a few**로 수정해 주시기 바랍니다. 1쇄본을 구매해 주신 분들께 감사 드리고, 더 완벽한 교재를 만들어 드리지 못한 것에 대해 사과 드립니다.

127 **It was** the unpredictable **weather** (over three <u>consecutive</u> years), which resulted in the cancellation of the August Festival.

난 이 도
★☆☆
　　　　S V 　　　　　　　　　　　C

|오답| atmospheric, refreshed, deliberate

3년 연속으로 예측할 수 없는 날씨였으며, 이는 8월 축제를 취소하는 결과를 야기했습―다.

|해설| 형용사어휘문제. consecutive는 항상 숫자와 함께 나와서 '얼마 연속으로'의 의미. 아래 3개 표현은 동의어로 묶어 외워두자.

> for three **consecutive** years
> for three **straight** years 　　　'3년 연속으로'
> for three years **in a row**
>
> 'in a row'는 '한 줄로'의 의미로, 한 줄로 연달아 있음을 묘사하므로 '연속해서'의 으미로도 잘 쓰인다.

|심층분석| 날씨, 시간, 날짜 등에 대해 말할 때 주어자리에 일반주어 'it'을 사용한다. [ex. it is cloudy today – 오늘 구름이 좀 끼어있습니다. it is Monday, today – 오늘은 월요일이야.

|어휘| unpredictable 예기치 못한 three consecutive years 3년 연속 result in ~의 결과를 초래하다, 결국 ~되다 cancellation 취소 atmospheric 대기의, 분위기 있는 refreshed 상쾌한 deliberate 신중한

128 **It is mandatory** (to <u>observe</u> all safety rules and instructions) (while in the factory).

난 이 도
★☆☆
　가주어 V 　　C 　　　　　　　진주어 (준동사구―명) 　　　　　　부사절 축약형

|오답| adhere, comply, dedicate

공장에 있는 동안 모든 안전 규정과 지침을 준수하는 것은 의무사항입니다.

|해설| 동사어휘문제. 일단 빈칸 뒤에 목적어(명사)가 있으므로 모든 자동사는 탈락. adhere과 comply는 의미상 observe와 유사하지만 자동사이므로 탈락. '준수하다, 지키다'의 의미를 갖는 동사들은 유난히 종류가 많다. 모두 정리해두자.

> **follow** the rule　　　　　　　**comply with** the rule
> **observe** the rule　　　　　　　**abide by** the law
> **adhere to** the rule　　　　　　**conform to** the rule
>
> follow와 observe만 제외하고 모두 자동사!

|어휘| mandatory 의무적인

TEST 10

Jay Kim Foundation began (**with** the idea of giving women an opportunity) (**to pursue their career**) (**in whatever field**
        S   V   준동사구-형   전+명사절
they want to work in).

|오답| toward, regarding, over

Jay Kim 재단은 여성들에게 그들이 일하고 싶어하는 어떤 분야에서도 직장생활을 할 수 있는 기회를 제공하겠다는 생각으로 시작했습니다.

|해설| 'begin with n. – (첫 부분을 ~으로) 시작하다'. with는 begin 동사와 짝꿍. [ex] Each chapter begins with a quotation – 각 장은 인용구로 시작한다. Use 'an' before words beginning with a vowel – 모음으로 시작하는 단어 앞에는 'an'을 사용하세요. 본문에서는 이 재단이 여성들에게 기회를 제공하려는 명분으로 시작했다는 의미.

|어휘| foundation 재단 the idea of ~ing ~하겠다는 생각 (idea와 ing명사구는 동격의 관계) pursue 추구하다 field 분야

> **핵심**   whatever + n. = any + n. +that
>
> whatever는 what과 마찬가지로 명사를 꾸며주는 형용사 기능을 가진다. whatever가 명사절접속사로써 명사기능을 할 때는 'anything that'으로 분리해서 해석한다. 반면에 형용사기능을 할 때는 'any _____ that'으로 분리해서 해석해주면 된다.
>
> (**Whatever** you need) will be provided.
> **Anything** (**that** you need) will be provided.
> [명사역할] 당신이 필요로 하는 어떤 것도 제공될 것입니다
>
> (**Whatever information** you need) will be provided.
> ⇨ **Any information** (**that** you need) will be provided.
> [형용사역할] 당신이 필요로 하는 어떤 정보도 제공될 것입니다
>
> pursue their career in (**whatever field** they want to work in)
> ⇨ pursue their career in **any field** (**that** they want to work in)
> [형용사역할] 그들이 일하기 원하는 어떤 분야에서도 그들의 커리어를 추구하다
>
> ⊙ Reading교재 vol.2 p107 참고

130

난이도
★☆☆

(Had Sordino Studios not given Brandon League an opportunity to work together), our company would have done so.

가정법 도치구문　　　　　　　　　　　　　　　　　　　　　　　　　　S　　　　V

|오답| should do, will be doing, has done

Sordino Studios가 Brandon League에게 함께 일할 기회를 주지 않았더라면, 당사에서 그렇게 했을 것입니다 ⇒ 당사에서 함께 일할 기회를 주었을 것입니다.

|해설| 'had'나 'should'로 절이 시작했는데, 뒤에 물음표가 없다면, 의문문은 아니므로 '가정법 도치구문'으로 이해하면 된다. 가정법 과거완료시제와 미래시제는 if가 생략되고 '주어–조동사'의 위치가 바뀌는 '도치구문'으로 잘 쓰인다. 도치되기 전에 문장은 'If Sordino Studios had not given ~'이므로 '가정법 과거완료'. 가정법 과거완료는 if절에서 had p.p(과거완료)가 쓰이고, 주절에서는 would(혹은 could) have p.p 형태를 쓴다. 가정법의 시제는 아래 표를 확인하자. ◐ Reading교재 vol.1 p243 참고

	If 절	주절	도치
가정법 과거	If S + 과거시제	S + would(could) + 동사원형	
가정법 과거완료	If S + had p.p	S + would(could) + have p.p	Had I ~,
가정법 미래	If S + should + 동사원형	제한 없음 (어떤 형태도 가능)	Should you ~,

If I had been you, I would have studied hard.
⇨ **Had I been you, I would have studied hard.**
내가 너였더라면 나는 열심히 공부를 했었을 텐데.

If you should have any question, please tell me.
⇨ **Should you have any question, please tell me.**
질문이 있으시면, 저에게 말씀해주세요

If Sordino Studios had not given Brandon League an opportunity to work together,
⇨ **Had Sordino Studios not given Brandon League an opportunity to work together,**
가정법 과거완료는 '과거사실을 부정'할 때 쓴다. '소디노 스튜디오가 브랜든 리그어 게 함께 일할 기회를 주지 않았더라면', 실제로는 기회를 주었다는 의미.

Ricky Nolasco
Apt. # 304
1798 Kingsway Blvd.
Alexandria, VA 22314

Dear Mr. Nolasco,

At Nora Eye Care Center, our primary goal is to provide you with quality and thorough eye care services with the latest technology. You can schedule an _____ for an eye exam online anytime or call 703-555-8997 during office
131.
hours. _____. The Web site makes it _____ to find useful information
132. **133.**
about our clinic, such as doctors' profiles and directions to the clinic. You can also browse the huge _____ of glasses frames and contact lenses that
134.
we have available. We hope to see you at our clinic soon!
Yours sincerely,

Nora Eye Care Center

Ricky Nolasco
Apt. # 304
1798 Kingsway Blvd.
Alexandria, VA 22314

Nolasco씨에게

Nora Eye Care Center에서 우리의 주된 목적은 귀하에게 최신 기술을 이용해서 우수하고 철저한 눈 관리 서비스를 제공해 드리는 것입니다. 인터넷으로 아무 때나 안과 검진 **약속**을 잡으시거나 근무시간에 703-555-8997으로 전화 주셔도 됩니다. **좀 더 정보를 얻으시려면 저희 웹사이트 www.noraecc.com을 방문해 주실 것을 권합니다.** 웹사이트는 안전하고 사용이 **간편**하도록 만들어 졌습니다. 저희 웹사이트는 의사의 프로필이나 병원 약도와 같은 병원에 대한 유용한 정보를 찾는 걸 쉽게 만들어줍니다. 또한 저희가 구비하고 있는 매우 **다양한** 안경테나 컨택 렌즈를 둘러보실 수 있습니다. 병원에서 곧 만나 뵙기를 바랍니다.

Nora Eye Care Center

|어휘| primary 주된, 주요한 thorough 철저한 direction to ⓝ ~로 가는 약도

---

131. (C) appointment |오답| (A) interview (B) assignment (D) order

|해설| 명사어휘문제. '안과검진을 위한 __ 의 일정을 잡다'이므로 빈칸에 들어가는 정답은 **appointment**(약속). 특히 병원에서 진료예약을 할 때 **appointment**를 많이 쓴다. (A) interview – 면접, (B) assignment – 임무, (D) order – 주문. '제품'을 주문할 수는 있으나 '안과검진'을 주문할 수는 없다.

---

132. (A) Please visit our Web site for more information about us.	(A) 좀 더 정보를 얻으시려면 저희 웹사이트 www.noraecc.com을 방문해 주실 것을 권합니다.
(B) Our office hours have recently changed on the weekend. (C) Taking care of your vision is very important. (D) We have the largest selection of glasses in the region.	(B) 주말 업무시간이 최근에 변경되었습니다. (C) 당신의 시력을 관리하는 것은 매우 중요합니다. (D) 저희는 이 지역에서 가장 다양한 안경을 보유하고 있습니다.

|해설| 문장찾기 문제에서 혼동될 때는 이것만 기억하자! '앞, 뒤 문장' 내용과 공통된 내용이 포함된 보기가 정답. 뒷문장에서 웹사이트 얘기가 나왔으므로 웹사이트 얘기가 등장한 (A)가 정답. '더 많은 정보를 원하면 웹사이트에 오세요. 저희 웹사이트는 다양한 정보를 찾아보는 것을 쉽게 만들어줍니다'는 연결이 잘 된다.
(B) 고객한테 영업시간이 변경되었다고 알려준다면, 그 시간이 언제인지 더 구체적인 시간정보가 뒤따라 나와야 할 것이다.
(C) 시력관리의 중요성은 너무 일반적인 정보라 문단 제일 앞부분에 들어가야 할 General Information.
(D) 안경에 대한 정보는 끝에서 2번째 문장에서 다루고 있다. 그 문장과 함께 붙어 나와야 할 것이다.

133. (C) easy |오답| (A) able (B) early (D) likely

|해설| 형용사 어휘 문제. 5형식 가목적어 구문을 이해하고 해석하는 것이 가장 중요하다. .

The Web site makes it easy (to find useful information)   '이 웹사이트는 유용한 정보를 찾는 것을 쉽게 만든다'.
      S   V 가목적어 OC   진목적어

134. (D) collection |오답| (A) collected (B) collectable (C) collects

|해설| 어형문제. [관사+형용사 ＿＿＿ 전치사] 빈칸은 소유격과 형용사의 수식을 받는 명사자리. collect는 동사.

Award-winning advertising firm, The Dayton Agency, is looking to fill openings for several managerial positions in its customer relations department. The company, which has created advertisements and commercials for businesses throughout the country, has its headquarters in Charlotte, North Carolina and is currently planning to employ up to eight managers who are ------- of handling the needs and requests of multiple
135.
clients. The number of ------- for the company has increased since the
136.
company has been expanding its operations further across the country. At this time, the company has opened new branches in Illinois, Nevada, and Wyoming. The candidates hired for the managerial positions ------- with
137.
the rest of a team to ensure actions on the plan are completed and targets are met. -------.
138.

수상 경력에 빛나는 광고회사인 The Dayton Agency는 고객지원부서 관리직 몇 개의 공석에 사람을 뽑고 있습니다. 전세계 업체들을 위해 광고를 만들어 온 이 기업은 North Carolina주 Charlotte시에 본사를 두고 있으며 여러 고객들의 니즈와 요청을 처리할 수 있는 최고 여덟 명의 매니저를 고용할 계획입니다. 이 기업은 전국적으로 사업활동을 확장해왔기 때문에 회사의 지사 수도 늘어났습니다. 현재 일리노이, 네바다 및 와이오밍 주에 새로운 지사를 오픈했습니다. 관리직에 고용될 후보는 계획안이 완수되고 목표가 달성되는 것을 확실히 하기 위해 팀의 다른 멤버들과 일하게 될 것입니다. 이 자리에 대한 좀더 자세한 사항은 www.dayton-ads.com/employment에서 확인하실 수 있습니다.

|어휘| award-winning 수상 경력이 있는 opening 공석, 빈자리 managerial position 관리직 customer relations department 고객관리부서, 고객지원팀 commercial 명 광고 up to 최고 ~까지 be capable of ~ing ~할 수 있는 across the country 나라 전역에서

135. (D) capable |오답| A) capably (B) capabilities (C) capability

|해설| 어형문제. be동사 뒤에서는 기계적으로 '형용사 보어'를 먼저 떠올리자. be동사 뒤에서 형용사가 답이 되는 문제는 매달 최소 2문제씩은 출제되는 유형! 'be capable of ~ing: ~할 수 있다' 구문으로 capable은 항상 전치사 of와 짝꿍이며, of 뒤에는 ing형태의 명사구가 나온다. 명사보어(capabilities)가 정답이 될 수 있는 지 확인해보려면 주어와 '동격의 관계'가 성립하는 지를 확인해 보면 된다. 'managers that are capabilities – 능력인 매니저(×)'. 관계대명사절이므로 생략된 주어는 선행사(managers)와 일치한다. '매니저 ≠ 능력', 동격의 관계가 성립하지 않으므로 오답.

136. (A) locations |오답| (B) instructions (C) reports (D) schedules

|해설| 명사어휘문제. 전국적으로 사업이 확장되었으므로 회사의 지점도 마찬가지로 늘어났을 것이다. location은 '지점, 매장'의 의미로 잘 쓰인다.

137. (B) will work |오답| (A) had worked (C) worked (D) has been working

|해설| Context Question. 파트6에 출제되는 동사어형문제는 대부분이 시제문제고, 시제문제는 대부분이 전체 내용을 파악해서 풀어야 하는 Context Question이다. 이 글은 매니저를 뽑기 위해 심사하고 있음을 알리는 글이다. 매니저는 아직 선발되지 않은 상태이므로, 이들이 일을 하는 시점은 미래가 될 것이다. 유일한 미래시제인 (B) will work가 정답.

138. (D) More details for this position are available at www. daytonads.com/employment.	(D) 이 자리에 대한 좀더 자세한 사항은 www.daytonads.com/employment에서 확인하실 수 있습니다.
(A) The expansion has been handled by several teams around the country. (B) Contract management is a very important responsibility for managers. (C) The Wyoming branch in particular has been doing very well with its action plan.	(A) 확장은 전세계 여러 팀에 의해 관리되어 왔다. (B) 계약서 관리는 매니저에게 있어서 매우 중요한 업무입니다. (C) 특히 Wyoming 지점은 실행계획 관련하여 매우 잘 해오고 있습니다.

|해설| 문단의 제일 마지막이라는 위치가 가장 중요한 단서. '추가정보를 원하시면'과 같은 언급이나 '감사인사'와 같은 문구들이 글의 제일 마지막에 일반적으로 등장한다. 이 글은 구인광고이므로 이 자리에 대한 더 자세한 정보를 어디에서 찾아볼 수 있는지, 정보의 출처를 알려주는 (D)가 정답.

 Question 139-142 이메일

To: lexinez@jokemail.come
From: woodrow@heightsinn.com
Subject: Heights Hotel Chicago Branch
Date: May 20
Attachment: Pamphlet

Dear Mr. Inez,

Following up on our recent telephone conversation, I am writing to -------
139.
your reservation from May 25 to May 28 for six people. -------. You might
140.
need to ------- this number when you check in. I suggest writing it down
141.
and keeping it in your wallet in case that you are not able to access
your email upon arrival. Attached are your booking details and our hotel
brochure you requested on the phone. If you have ------- request, please
142.
feel free to call us again. Thank you and we look forward to welcoming you
and your guests to our hotel.

Sincerely,

Woodrow Wilson
Customer Services

수신: lexinez@jokemail.com
발신: woodrow@heightsinn.com
제목: Heights Hotel 시카고 지점
날짜: 5월 20일
첨부: 팜플렛

Inez씨에게

최근 저희의 전화통화에 대한 후속조치로써, 5월 25일
부터 5월 28일까지 여섯 분을 위한 귀하의 예약을 확
인하고자 이메일을 쓰는 바입니다. **제가 이미 말씀 드**
린 대로, 귀하의 예약번호는 WSV248S입니다. 체크인
하실 때 이 번호를 제시하셔야 할지도 모릅니다. 도착
시에 이메일에 접속할 수 없을 때를 대비해서, 이 번호
를 적어두시고 지갑에 보관해 주실 것을 제안 드립니
다. 첨부된 것은 예약관련 세부사항과 고객님이 전화
로 요청하신 저희 호텔 안내서입니다. 추가 요청이 있
으시면 언제든 저희에게 다시 연락주세요. 감사 드리며
저희는 고객님과 고객님의 손님들을 저희 호텔로 모실
것을 고대하고 있습니다.

Woodrow Wilson
고객서비스팀

|어휘| present(=show, display) 제시하다, 보여주다

139. (B) confirm |오답| (A) associate (C) cancel (D) propose

|해설| Context Question. 'confirm your reservation – 당신의 예약을 확인해주다'. 뒤에 나오는 내용을 보면 예약번호를 알려주고, 첨부한 예
약정보를 설명해주고 있다. 그러므로 '예약을 확인해주는 것'이 이 글의 목적.

140. (A) As I mentioned to you before, your reservation number is WSV248S.	(A) 제가 이미 말씀 드린 대로, 귀하의 예약번호는 WSV248S입니다.
(B) This is the maximum amount of guests allowed in one room.	(B) 이는 한 방에 들어올 수 있는 최대 인원입니다.
(C) More details about hotel facilities can be obtained from the concierge.	(C) 호텔시설에 대한 보다 자세한 사항은 안내데스크에서 받아보실 수 있습니다.
(D) I will be contacting you again later this week regarding this matter.	(D) 이 문제와 관련하여 제가 이번 주 말에 다시 당신에게 연락 드리겠습니다.

|해설| 빈칸 뒤에 나온 'this number'가 핵심 단서. '이 숫자'가 언급된 문장이 정답이다. (A)번에는 숫자가 등장하며, 예약번호다. '예약번호'를 this
number자리에 대입해서 뒷문장을 해석해보면 '당신은 체크인할 때 이 예약번호를 제시 해야 할 수도 있습니다' 딱 들어맞는다. 그러므로 정답.

141. (B) present |오답| (A) presenting (C) have presented (D) be presented

|해설| 동사어형문제. 이 문제는 동사어형문제 접근법으로 따져보자. 1) 구조. 앞에 나온 to는 'need' 뒤에 나왔으므로 to부정사다. need는 to부정사를 목적어로 취하는 동사! 그러므로 빈칸에는 동사원형만 나올 수 있다. (A) presenting 탈락. 2) 태. 빈칸 뒤에 목적어(this number)가 있으므로 무조건 능동태. (B) be presented 탈락. 3) 수일치. 해당사항 없음. 4) 시제. (C) to have presented는 완료시제다. to부정사의 완료시제는, 이 동작이 주절의 본동사보다 '먼저, 이전에' 발생했음을 강조할 때 쓴다. 여기서는 '제시할 필요가 있다'라고 했으므로 필요가 있는 것은 현재, 제시하는 것은 미래다. 이전의 동작이 아니므로 완료시제를 쓸 필요가 없다. 정답은 (B) present.

142. (C) additional |오답| (A) formal (B) primary (D) temporary

|해설| 형용사어휘문제. 서신에 통상적으로 많이 나오는 표현이다. '추가적인 질문이나 요청이 있으시면'의 의미이므로 additional이 정답. 이 외에도 'if you have further question', 'If you need more information' 등을 쓸 수 있다. (A) formal – 공식적인, (B) primary – 주요, 주요한, (D) temporary – 임시의.

To: All Santa Maria College alumni
From: Lary Donovan
Date: November 13
Subject: Directory Update
Attachment: Contact Info

_____. We want to make sure we have the latest contact information
143.
for all alumni. Your phone number and e-mail address are included in
this information. Can you review the attached form and fill it in if _____
144.
has changed. Also, anyone who wants to receive the newsletter from our
college can write down your home or work address on the form if you have
not _____ done so. If you did not provide your contact information when
145.
your original _____ was created, please check the box next to "not done".
146.
We greatly appreciate your assistance in this matter.

수신 : Santa Maria College 동문
발신: Lary Donovan
날짜: 11월 13일
제목: 주소록 업데이트
첨부: 연락처

우리는 현재 저희 동문 기록을 업데이트 중입니다. 저희가 저희 모든 동문들의 최신 연락 정보를 가지고 있는지를 확인하고자 합니다. 여러분의 전화번호와 이메일 주소가 이 정보에 포함되어 있습니다. 첨부된 양식을 검토해 주시고, 만약 둘 중 하나라도 변경되었으면 다시 기입해주실 수 있으신지요? 또한, 저희 대학으로부터 학교 소식지를 받아보기를 원하시는 분들은 누구든지, 만약 이미 해둔 상태가 아니라면, 양식에 집주소와 직장주소를 써주시면 됩니다. 만약 원래 동문 명단이 만들어졌을 때 여러분의 연락처를 제공하지 않으셨다면 'not done' 문구 바로 옆에 있는 박스에 체크해 주시기 바랍니다. 협조해 주셔서 대단히 감사합니다.

|어휘| alumni 졸업생들 directory 주소록 listing 리스트, 명단, 목록

---

143. (C) We are currently updating our alumni records. | (C) 우리는 현재 저희 동문 기록을 업데이트 중입니다.
(A) Thank you for your interest in Santa Maria College. | (A) Santa Maria College에 관심을 가져주셔서 감사합니다.
(B) You are graciously invited to the upcoming alumni reunion. | (B) 다가오는 동창회 모임에 당신은 정중히 초대되는 바입니다.
(D) We understand that your privacy is very important to you. | (D) 당신의 프라이버시가 당신에게 매우 중요하다는 점을 저희는 이해합니다.

|해설| 글의 제일 첫 문장이라는 '위치'정보도 단서가 되긴 한다. 글의 제일 앞에서는 이 글이 '무엇'에 관한 글인지 '주제'를 밝혀주는 **General Information**이 등장한다. 그런 면에서 (A), (B), (C)는 모두 가능성이 있어 보인다. 그 다음은 뒷문장과의 내용연결성. 공통으로 등장하는 **Alumni**가 가장 중요한 단서. 문장찾기 문제가 혼동될 때는 항상 '공통' 내용이 들어간 문장을 찾아야 한다는 것을 명심하자. 뒤에서 '동창회 정보를 최신정보인지 확인하고 있다'고 했으므로 '동창회 정보를 업데이트하고 있다'는 (**C**)가 정답.

난 이 도 **144. (B) either** |오답| (A) another (C) anyone (D) whatever
★★☆
|해설| 보기 중에 접속사가 하나라도 있다면, 반드시 접속사 자리인지 아닌지를 먼저 확인한다. 빈칸 바로 앞에 접속사(**if**)가 이미 나와있고, 뒤에는 절이 하나이므로 빈칸에 접속사는 나올 수 없다. (D) **whatever**는 접속사이므로 탈락. 주어역할을 하는 대명사를 고르는 문제. 앞서 이 정보에 전화번호와 이메일 주소가 포함되어 있다고 했으므로, '_____ has changed'의 주어는 의미상 '전화번호나 이메일 주소'가 될 것이다. 전체 집단이 '둘'인 경우에는 **both**(둘 다), **either**(둘 중 하나), **neither**(둘 다 아닌), 이 셋 중에 하나를 골라오면 된다. '전화번호나 이메일 주소가 바뀌었다면'의 의미이므로 '둘 중 하나'인 **either**가 정답.

난 이 도 **145. (D) already** |오답| (A) much (B) hardly (C) later
★☆☆
|해설| **already**는 일반적으로 '긍정문'에 쓰이는 부사다. 이 표현은 예외구문인데, 굉장히 많이 쓰이는 표현이므로 구문 자체를 덩어리로 외워두자! 'if you have not already done so – 이미 그렇게 하신 게 아니라면'. (B) **hardly**는 자체로 부정의 의미를 갖는다. '거의 ~하지 않다'. 그러므로 **not**과 함께 쓰이지 않는다. **hardly**는 '이중부정'을 할 수 없다. [ex] if you have not hardly done so(X).

146. (A) listing |오답| (B) schedule (C) invoice (D) announcement
|해설| Context Question. 앞서 동창회 주소록 작성을 위해 도움을 요청했다. 그러므로 '원래 당신의 명단이 만들어질 때'의 의미로 **listing**이 정답. (D) **announcement** – 원래 당신의 소식이 만들어질 때(X). 주소록에 들어가는 명단. 정보를 **announcement**라고 할 수는 없다. **announcement**는 '발표, 소식'의 의미.

정보

Please carefully 147 follow these directions on operating your new CloudTek X5 digital camera, as well as transmitting pictures to your home computer. CloudTek customer service 148 associates are available to assist you from 9 to 5 on the weekdays should you need further explanation on any directions. 147 A listing of all service centers with phone numbers is printed on page 12.

당신의 새로운 CloudTek X5 디지털 카메라의 작동하는 것 뿐만 아니라 동영상을 당신의 집 컴퓨터로 옮기는 것에 관련하여 147이 지시사항을 조심스럽게 따라주세요. 148혹시 어떤 지시사항에 관해 추가적인 설명이 필요하다면 CloudTek 고객 서비스 직원들이 평일 9시부터 5시까지 당신을 돕기 위해 대기하고 있습니다. 147모든 서비스 센터의 목록이 전화번호와 함께 페이지 12에 적혀져 있습니다.

|어휘| should you need further explanation ⇒ if you should need further explanation [가정법 도치구문]

147. Where is the most likely place for this information to be found?
(A) In a telephone directory
(B) In a product catalog
(C) In an owner's manual
(D) In an employee handbook

이 정보를 찾을 수 있는 가장 가능성이 높은 장소는 어디일까?
(A) 전화번호부
(B) 제품 카탈로그
(C) 사용자 설명서
(D) 직원 안내서

|해설| 지시사항을 따르라고 했으며, 12 페이지에는 서비스 센터의 목록이 적혀있다고 했으므로 사용설명서에 있는 글임을 알 수 있다.

148. According to the information, how do CloudTek associates offer assistance?
(A) By explaining directions
(B) By repairing broken products
(C) By listing common problems
(D) By describing product features

이 정보에 따르면, CloudTek의 직원들은 어떻게 도움을 줄 수 있는가?
(A) 지시사항을 설명함으로써
(B) 고장 난 제품을 수리함으로써
(C) 흔한 문제를 목록으로 정리함으로써
(D) 제품 특징들을 설명함으로써

|해설| 지시사항에 대한 추가 설명이 필요한 경우 직원이 도와준다고 했으므로, 직원들이 추가설명을 제공해 줄 것임을 알 수 있다.

Bowie Electronics	Bowie Electronics
Visitors to our store:	우리 상점의 손님여러분 :
Bowie Electronics of Robin Grove 150 will be offering free delivery for any items brought in for repair or service from April 10. When bringing in a product, 149 we ask that you tell us whether you would like to pick it up at the store, or have it delivered to your home or place of business. This service is only available for those in the Robin Grove area.	Robin Grove의 Bowie Electronics는 1504월 10일부터 수리나 서비스를 위해 맡겨진 물건을 위해 무료 배송을 제공합니다. 제품을 가지고 오실 때, 149물건을 상점에서 찾아가실지, 아니면 집이나 사무실로 배송시키실지를 저희에게 알려주실 것을 요청 드립니다. 이 서비스는 Robin Grove지역의 계시는 분들에게만 이용 가능합니다.

|어휘| items (brought in for repair or service) 수리나 서비스를 위해 가져다 진(맡겨진) 물건

난이도
★★☆

149. What are visitors asked to do?
(A) To update contact information
(B) To reserve goods quickly
(C) To secure any valuables
(D) To select a choice

손님들은 무엇을 하도록 요청 받는가?
(A) 연락처 정보를 업데이트 하는 것.
(B) 상품을 빨리 예약하는 것.
(C) 어떠한 귀중품도 안전하게 보관하는 것.
(D) 선택사항을 결정하는 것

|해설| 물건을 상점에 다시 와서 찾아갈지, 배송시킬지를 결정하라고 했으므로, 선택사항을 결정하도록 요청하고 있는 것.

150. What will happen on April 10?
(A) An old location will be closed.
(B) A new service will be available.
(C) A store will undergo repairs.
(D) A sale will end.

4월 10일날 어떤 일이 일어날 것인가?
(A) 예전 지점이 문을 닫을 것이다.
(B) 새로운 서비스가 이용 가능할 것이다.
(C) 상점이 수리 중에 있을 것이다.
(D) 할인행사가 종료될 것이다.

|해설| 4월 10일부터 무료배송을 제공한다고 했으므로 이 날부터 새로운 서비스가 시작될 것이다.

ERIC LEVINE	2:29 PM
Are you still at the grocery store?	

SYLVIA LEVINE	2:31 PM
Yeah, why? Need something?	

ERIC LEVINE	2:32 PM
Yes. I'm almost done with the fence.	

ERIC LEVINE	2:32 PM
151 Can you pick up some nails and wood at the hardware store?	

SYLVIA LEVINE	2:34 PM
How can I find them in the store?	

ERIC LEVINE	2:35 PM
Piece of cake. They'll be on the right at the front of the store.	

SYLVIA LEVINE	2:36 PM
Ok. I'll call if I can't find them.	

SYLVIA LEVINE	2:37 PM
So 152 keep your phone handy.	

ERIC LEVINE	2:29 PM
아직 식료품점에 있어요?	

SYLVIA LEVINE	2:31 PM
네, 왜요? 모 필요하세요?	

ERIC LEVINE	2:32 PM
네. 저는 울타리작업이 거의 끝났어요.	

ERIC LEVINE	2:32 PM
151 철물점에서 못이랑 목재 좀 찾아다 줄 수 있어요?	

SYLVIA LEVINE	2:34 PM
매장에서 물건을 어떻게 찾죠?	

ERIC LEVINE	2:35 PM
아주 쉬워요. 가게 정문에서 바로 오른쪽에 있을 거예요.	

SYLVIA LEVINE	2:36 PM
좋아요. 만약 못 찾으면 전화할게요.	

SYLVIA LEVINE	2:37 PM
그러니까 152 전화 잘 챙기고 있으세요.	

---

151. What does Eric Levine Request?

(A) Some building supplies
(B) A few grocery items
(C) A computer upgrade
(D) Directions to a store

Eric Levine씨는 무엇을 요청하고 있는가?

(A) 약간의 건축 자재
(B) 몇 개의 식료품
(C) 컴퓨터 업데이트
(D) 매장 약도

|해설| Sylvia Levine씨가 현재 식료품점에 있다고 해서 (B)를 골라오지 않도록 주의! 현재는 식료품점에 있지만, 철물점에 들러서 못과 목재를 가져다 달라고 했으므로 건축자재를 요청하고 있다.

---

152. At 2:37, what does Sylvia Levine mean when she writes, "keep your phone handy"?
(A) Text her at a later time
(B) Change her contact number
(C) Make sure a phone is nearby
(D) Keep a phone battery charged

2시 37분에 Sylvia Levine씨가 "keep your phone handy"라고 쓸 때 무엇을 의미하고 있는가?
(A) 나중에 자기에게 문자를 보내라
(B) 연락처를 변경해라
(C) 전화기를 가까운 곳에 두어라
(D) 전화기 건전지를 충전해 두어라

|해설| '가까이에 두다'라는 표현에서 특히 hand를 잘 쓴다. 'keep something close at hand'의 경우도 '손을 뻗으면 닿을 수 있을 정도로 가까이에 두다'의 의미. Keep something handy도 비슷한 표현.

Bulgarian Times
Economy and Finance

Macedex sponsoring Balkan Dance Party

Sofia (March 3) - Macedex, Bulgaria's most widely used bank, 153 will be celebrating 40 years in business this year. In observance of this achievement, Macedex will promote this year's Balkan Dance Party, a free concert festival, at Rodino Amphitheater on March 21. Macedex has stated that 154 the festival will be filmed and broadcast in its entirety on television in Bulgaria. To ensure entry, tickets may be picked up for free at any Macedex bank branch before the concert.

Bulgarian Times

Bulgarian Times
경제 및 금융

발칸 댄스 파티를 지원하는 Macedex

Sofia (3월3일) – Bulgaria에서 가장 널리 이용되는 은행인 Macedex는 올해 153사업40주년을 기념합니다. 이 성취를 기념하여 Macedex는 3월 21일 Rodino Amphitheater에서의 무료 콘서트 페스티벌인 올해의 발칸 댄스 파티를 홍보할 것입니다. Macedex는 이 154 행사 전체가 촬영이 되고 불가리아의 텔레비전으로 방영될 것이라고 발표했습니다. 참석하기 위해서는 콘서트 이전에 Macedex 은행 지점에서 무료로 티켓을 받아가실 수 있습니다.

|어휘| in observance of ~을 기념하여 amphitheater 원형극장 broadcast는 '동사원형, 과거시제, p.p'의 형태가 모두 똑같다. 본문에서는 p.p형태로 사용된 수동태. 'will be filmed and (will be) broadcast'. in its entirety 전체가 모두 다 pick up 찾아 가다, 얻다, 획득하다

---

153. What is being commemorated?
(A) The achievement of a musician
(B) The renovation of an amphitheater
(C) The birthday of a bank employee
(D) The anniversary of a financial organization

무엇이 기념되고 있는가?
(A) 뮤지션의 성취
(B) 원형극장의 공사
(C) 은행 직원의 생일
(D) 금융기관의 기념일

|해설| 은행이 창립 40주년을 기념할 것이라고 했으므로 (D)가 정답.

난이도
★☆☆

154. What is indicated about the Balkan Dance Party?
(A) It will be open only to Macedex customers.
(B) It will be broadcast all around a country.
(C) It will be held in early summer.
(D) It will feature an award ceremony.

발칸 댄스 파티에 대해 무엇이 언급되어 있는가?
(A) 그것은 오직 Macedex 고객들에게만 열려있다.
(B) 그것은 나라 전체에 방송될 것이다.
(C) 그것은 초여름에 개최될 것이다.
(D) 그것은 시상식을 포함할 것이다.

|해설| 행사 전체를 촬영해서 불가리아에서 방영할 것이라고 했으므로 (B)가 정답.
(A)의 경우, 은행에서 티켓을 받아가라고 명시했지만, 은행 고객에게만 나눠준다는 언급은 없었으므로 오답.

Citizens Upset Over Travel Book

Objections have been raised against "The Minnesota Hiking Guide" by the citizens and city council of Apple Rapids. The objections concern the latest volume of the guide published earlier this year. 155The guide gives an extremely negative review of the town's oldest and most well-loved lodging and restaurant. —[1]—.

Mark Grant, a member of Apple Rapids' city council, has demanded that all bookstores in Minnesota cancel their book orders. In the previous volume of the guide, the writer lauded North Star Inn for being "the pinnacle of small town lodging and dining." —[2]—. This praise came only two years before the current version of the guide was published, with the manager and chef having been unchanged.

"The Inn provides a great example of small town living, but the editors of the hiking guide seem more accustomed to roadside motels." Mayor Stein found the review to be needlessly harsh and hostile. —[3]—. "North Star Inn has been a popular gathering place for locals and visitors to our town. 156 Our town's economy could be greatly harmed by a review like the one in the guide. The guide's editors have not returned any phone calls wishing to discuss the issue." —[4]—. The Minnesota Hiking Guide has been published for nearly 25 years, with new volumes being released every few years.

시민들, 여행책자에 불쾌감 보여

시민들과 Apple Rapids의 시의회에 의해 "The Minnesota Hiking Guide"에 대한 이의가 제기되었다. 그 이의는 올해 초 출판된 여행책자의 최신판에 관한 것이다. 155 이 여행책자는 도시의 가장 오래되고 가장 사랑 받는 숙소와 식당에 대해 매우 부정적인 평가를 주었다. —[1]—.

Apple Rapids의 시의회 멤버인 Mark Grant는 미네소타의 모든 서점이 그들의 책 주문을 취소하도록 요구했다. 이 책자의 이전 판에서 저자는 North Star Inn을 "작은 마을의 숙소와 식당으로써의 절정판"이라고 극찬했다. —[2]—. 이러한 극찬은 이 책자의 현재 버전이 출판되기 겨우 2년전에, 호텔의 매니저와 요리사가 변경되지 않은 상태에서 나온 것이다.

"이 숙소는 작은 마을 생활의 훌륭한 예시를 제공하고 있는데, 이 책자의 편집자들은 도로변 모텔들에 훨씬 더 익숙한 것으로 보입니다." 시장인 Stein은 이 평가가 불필요하게 냉혹하고 적대적이라고 생각했다. —[3]—. "North Star Inn은 지역민과 우리 도시의 방문객들을 위한 인기 있는 모임 장소였다. 156우리 도시의 경제는 이 가이드의 이번과 같은 평가로 인해 매우 나빠질 수 있다. 이 책자의 편집자들은 이 문제를 토의하길 원하는 어떠한 전화에도 답하지 않았다." —[4]—. The Minnesota Hiking Guide는 수년 마다 새로운 버전이 출판 되는 가운데 거의 25년 동안 출판되어 왔다.

|어휘| objection 이의, 반대 concern ~에 관련되다 (능동태로 쓰일 때도 우리말로는 수동태처럼 '되다'라고 해석하는 것이 자연스럽다) ranking 등급, 순위 volume 시리즈로 된 책의 '권'. 장편 소설의 경우 우리는 상/중/하로 나누지만 영어에서는 volume 1, volume 2, volume 3로 분류한다. laud 칭찬하다, 칭송하다 pinnacle 정점, 절정, 산꼭대기의 산봉우리 roadside motels 고속도로 주변에 위치하고 있는 일반적으로 체인으로 운영되는 흔한 숙박시설 hostile 적대적인 harm 피해를 주다, 피해를 입히다 return calls 전화를 받지 못해서, 이후에 다시 전화를 해주는 것

핵심 with+n.+형 / ing / p.p / 전명구 : "~가 ~한채로", "~가 ~한 가운데"

부대상황을 설명해 주는 특이한 전명구로써 배경상황을 설명해준다. 더 자세한 사항은 **TEST 07 121번 해설 p329** 참고.

Don't speak with your mouth full
"너의 입이 가득 찬 채로 말하지 말아라 ⇒ 밥 먹으면서 말하지 말아라"

with the managers and chef having been unchanged ⇒ 매니저와 요리사가 바뀌지 않은 가운데
with new volumes being released every few years ⇒ 새로운 책자가 수년마다 출간되는 가운데

---

155. Why are citizens of Apple Rapids angry?
(A) They were asked to leave a hotel.
(B) A town lodging was reviewed negatively.
(C) A state park has been damaged.
(D) The number of campers has declined.

왜 Apple Rapids의 시민들이 화나있는가?
(A) 그들은 호텔을 떠나라고 요청 받았다.
(B) 마을의 숙박시설이 부정적인 평가를 받았다.
(C) 주립 공원이 피해를 입었다.
(D) 야영객의 숫자가 줄었다.

|해설| 글 전반에 걸쳐서 여행책자가 지역 숙박시설에 부정적인 평가를 준 것에 대한 부당함을 논하고 있다.

---

156. What is implied about The Minnesota Hiking Guide?
(A) It was a best-selling guide book.
(B) It was first published in Apple Rapids.
(C) It can affect the decisions of visiting tourists.
(D) It doesn't review conditions of roadside motels.

The Minnesota Hiking Guide에 관하여 암시되는 것은?
(A) 그것은 베스트 셀러인 가이드 책 이였다.
(B) 그것은 Apple Rapids에서 최초로 출판되었다.
(C) 그것은 방문 여행객들의 결정에 영향을 미칠 수 있다.
(D) 그것은 길가의 모텔들의 상태를 리뷰하지 않았다.

|해설| 마을의 경제가 저해될 수 있다고 했으므로, 이 책자가 여행객들의 숙소 선택에 영향을 미친다고 유추할 수 있다.
(D)의 경우, 시장의 말에서 보면 'roadside motels에 더 익숙한 것 같다'는 언급이 나온다. 작은 마을의 정취 있는 숙소보다 roadside motels
을 더 좋아하는 것 같다는 비꼬는 표현. roadside motels를 더 좋아한다는 평가는, 이 책자에서 roadside motels을 좋게 평가하고 있다는 것
을 의미하며, 그러므로 roadside motels에 대한 평가가 포함되어 있다는 것을 유추할 수 있다.

---

157. In which of the positions marked [1], [2], [3], and [4] does the following sentence best belong?

"North Star Inn, which has been in business in Apple Rapids for over 70 years, received a ranking of only half a star in the travel guide's latest volume."

(A) [1]
(B) [2]
(C) [3]
(D) [4]

[1], [2], [3], [4]로 표시된 자리 중에 다음 문장이 들어가기에 가장 적합한 곳은?

"Apple Rapids에서 70년 넘게 운영되고 있는 North Star Inn은 이 여행 책자의 최신판에서 오직 별 반 개의 점수를 받았다."

(A) [1]
(B) [2]
(C) [3]
(D) [4]

|해설| '별 반 개의 혹평을 받았다'는 것은 전체 글에서 가장 중요한 '사실'이기 때문에 글의 초반부에 등장할 것이다. 게다가 [1]번 앞 문장에서
'가장 사랑 받는 숙박업체에게 굉장히 부정적인 평가를 주었다'고 했으므로 그에 대한 구체적인 설명으로 본 문장이 잘 연결 된다.

The Galactic Inn

Thanks for staying at the Galactic Inn. We'd like to make your stay as comfortable as possible. While here, feel free to try our new restaurant, Steak Planet.

The restaurant is open on weekdays from 11 a.m. to 11 p.m. and 158 **on weekends from 10 a.m. to 12 a.m.** Guests of the hotel may order room service from the normal menu or 159c **the children's menu** 159d **any time the restaurant is open.** If the restaurant is closed, please use the special room-service menu, 159a **including exclusive desserts and wines**, until 3 a.m.

160 **Guests of the hotel are also welcome to a free buffet dinner, with food from chef Hurt, from 5 p.m. to 7 p.m. this Sunday.** This flyer is required for guests to gain entrance to the buffet area.

The Galactic Inn

Galactic Inn에 묵어 주셔서 감사합니다. 우리는 당신의 방문을 가능한 편안하게 만들어 드리고 싶습니다. 이곳에 있는 동안, 우리의 새로운 식당인 Steak Planet을 편안하게 방문해 주세요.

식당은 주중 오전 11시부터 오후 11시까지, 그리고 158주말에는 오전 10시부터 자정 12시까지 열려있습니다. 호텔의 손님들은 159d식당이 열려있는 동안은 언제든지 일반 메뉴나 159c어린이 메뉴를 룸서비스로 주문할 수 있습니다. 만약 식당이 닫혔다면, 새벽 3시까지 다른 곳에서는 찾아볼 수 없는 우리 식당만의 159a디저트와 와인을 포함하고 있는 특별 룸서비스 메뉴를 이용하세요.

호텔 투숙객들은 또한 이번 주 일요일 오후 5시부터 7시까지 요리사 Hurt의 요리가 제공되는 160무료 저녁 뷔페에 초대됩니다. 투숙객들이 뷔페 식당으로 들어오기 위해서는 이 전단지가 요구됩니다. (전단지를 들고 오셔야 입장하실 수 있습니다)

|어휘| while here (부사절 축약형 – 'while you are here'을 줄인 형태)여기에 있는 동안에 feel free to do~ 편안하게 ~하다 try s.t ~을 시도해보다. 한번 해보다 exclusive 독점적인, 배타적인 (exclusive desserts는 다른 곳에서 찾아볼 수 없는, 이 곳에만 존재하는 디저트라는 의미) flyer 전단지

---

158. At what time does the restaurant open on Saturdays?

(A) 10:00 a.m.
(B) 11:00 a.m.
(C) 12:00 a.m.
(D) 5:00 p.m.

토요일에 식당은 몇 시에 문을 여는가?

(A) 오전 10시
(B) 오전 11시
(C) 오전 12시
(D) 오후 5시

|해설| 주말에는 오전 10시에 문을 연다고 했으므로 토요일은 오전 10시에 열 것이다.

---

159. What is NOT indicated about the room service?

(A) It includes desserts and wines.
(B) It features choices that are not as expensive as the restaurant.
(C) It has food that is made especially for children.
(D) It is available at Steak Planet.

룸서비스 메뉴에 대하여 언급되지 않은 것은?

(A) 디저트와 와인을 포함한다.
(B) 식당만큼 비싸지 않은 음식들을 포함하고 있다
(C) 특별히 어린이들을 위해 만들어진 음식을 포함한다.
(D) Steak Planet(식당)에서 이용 가능하다.

|해설| 가격에 대해 언급된 바가 없으므로 (B)가 정답. 보기에 나온 choice는 '선택물'의 의미로서 선택할 수 있는 음식들을 의미한다. (D)의 경우 식당메뉴를 룸서비스로 주문할 수 있다고 했으므로, 결국 룸서비스의 메뉴들을 식당에서도 이용할 수 있다는 의미. 나머지 보기는 지문에 표시된 내용 확인!

---

160. What will the Galactic Inn offer its guests?

(A) A tour of the city
(B) Free wine sampling
(C) A complimentary dinner
(D) A chance to meet a TV personality

Galactic Inn은 투숙객들에게 무엇을 제공할까?

(A) 도시 관광
(B) 무료 와인 시음
(C) 무료 저녁식사
(D) TV 유명인과 만날 기회

|해설| 투숙객들은 무료 저녁 뷔페에 초대되고 있으므로 무료저녁식사가 정답.

To: All Employees <employee.list@pommesindustries.com>
From: H. Gagnon <hgagnon@pommesindustries.com>
Subject: Re: Spring has sprung
Date: April 3

161 All Pommes Industries employees are invited to join us in celebrating the arrival of spring on April 15 from 1:00 to 6:00 162d in the fourth floor conference room.

We will be providing snacks and beverages for your enjoyment. Lunch will also be served, with a selection of grilled and baked chicken dishes, fresh fruit and vegetables, gourmet crackers and cheeses, and custard for dessert. 162c Musical entertainment will be provided by Patrick Epstein, who will provide his services as a DJ.

All employees who would like to come to this complimentary party have to register by signing the form located outside the office of Sylvia Fanson and Katrina van Patton, our personnel specialists on the second floor by April 10 at the latest. 163 Ideas and questions are welcome, so all Pommes Industries staff should feel free to come by my office or e-mail me to talk about the party.

Hope to see everyone there!

163Henri Gagnon
162a Head of Employee Relations

받는이: 전직원
         <employee.list@pommesindustries.com>
보내는이: H. Gagnon
         <hgagnon@pommesindustries.com>
제목: 회신: 봄이 왔습니다
날짜: 4월 3일

161모든 Pommes Industries직원들은 162d4층 회의장에서 4월 15일 1시부터 6시까지 봄의 도착을 축하하는데 우리와 함께하도록 초대 되는 바입니다.

우리는 스낵과 음료수를 여러분이 즐길 수 있도록 제공할 것입니다. 다양한 석쇠에 구운 치킨 요리, 오븐에 구운 치킨요리, 신선한 과일과 채소, 미식가들이 즐기는 크래커와 치즈 그리고 디저트용 커스타드와 함께 점심식사가 제공될 것입니다. DJ로써 활약할 Patrick Epstein에 의해 162c 음악연주도 제공이 될 것입니다.

이 무료 파티에 오고 싶은 모든 직원들은 늦어도 4월 10일까지 우리 인사 전문가인 Sylvia Fanson과 Katrina van Patton의 2층 사무실 바깥에 위치한 양식에 서명함으로써 등록을 해야만 합니다. 의견과 질문들을 환영합니다. 163 모든 Pommes Industries 직원들은 파티에 대해 논의하기 위해서 주저하지 마시고 저의 사무실로 오시거나 이메일을 보내주세요.

모든 분들을 그곳에서 뵙기를 바랍니다!

163 Henri Gagnon
162a직원 관리 부서장

|어휘| sprung (spring-sprang-sprung) 불쑥 나타나다, 갑자기 뛰어 오르다 grilled 석쇠에 구운 roasted 오븐에 구운 gourmet 미식가 personnel(=human resources) 1) 인사과, 2) 직원 come by ~에 들르다, 방문하다

---

161. What is the reason for the e-mail?
(A) To encourage staff attendance at an event
(B) To announce the location of a conference
(C) To remind staff of an upcoming holiday
(D) To reserve a catering service

이 이메일의 목적은 무엇인가요?
(A) 직원들이 행사에 참석할 것을 장려하는 것
(B) 회의 장소를 발표하는 것
(C) 직원들에게 다가오는 휴일을 상기시켜 주는 것
(D) 출장 뷔페 서비스를 예약하는 것

|해설| 봄맞이 행사를 소개하면서 신청방법 등을 설명하고 있으므로 행사 참여를 장려하고 있는 글.

162. What is NOT indicated about the party?

(A) It is arranged by the company.

(B) It is an annual occurrence.

(C) It will include music.

(D) It will take place inside.

파티에 대해 언급되지 않은 것은?

(A) 회사에 의해 마련되고 있다.

(B) 연례 행사다.

(C) 음악을 포함할 것이다.

(D) 실내에서 열릴 것이다.

|해설| 봄 맞이 행사이지만 작년이나 내년에도 진행된다는 언급은 없으므로 연례행사로 단정할 수 없다.

(A) 편지를 보낸 사람이 인사과 인사관리 부서장이므로, 회사측에서 행사를 준비하고 있음을 알 수 있다.

(D) 4층 회의실에서 열릴 것이라고 했으므로 실내에서 진행될 것이다.

|보기어휘| occurrence 발생하는 것 occur '발생하다' 동사의 명사형.

---

163. Who should be contacted for more information?

(A) Patrick Epstein

(B) Sylvia Fanson

(C) Katrina van Patton

(D) Henri Gagnon

더 많은 정보를 위해 누구에게 연락해야 하나요?

(A) Patrick Epstein

(B) Sylvia Fanson

(C) Katrina van Patton

(D) Henri Gagnon

|해설| 더 많은 정보를 위해서 '저의 사무실로 오시거나 저에게 이메일을 주세요'라고 했으므로 편지를 보낸 사람인 Henri Gagnon에게 연락해야 한다. Sylvia Fanson과 Katrina van Patton이 이 글에서 언급되긴 했지만, 이는 신청서를 받아갈 위치를 설명하기 위해 이 두 사람의 사무실을 언급했을 뿐이다.

Jessica Fisher [10:06 a.m.]	The supervisor at the building site just called me and said that they're ready to start knocking down the walls, but that they need the revised construction plans before they can do anything.	Jessica Fisher [10:06 a.m.] 공사현장에 감독관이 방금 저에게 전화를 해서 벽을 철거할 준비가 되었다고 전했는데요, 뭐든 시작하기 전에 수정된 공사 계획안이 필요하다고 합니다.
Stanley Abrell [10:08 a.m.]	I just talked with the manager of the engineering department and the manager is going to send me the revised plans in a few minutes. They just finished updating it this morning.	Stanley Abrell [10:08 a.m.] 제가 방금 기술부서 매니저와 얘기했는데요, 몇 분 후에 저에게 수정안을 보낼 거라고 합니다. 오늘 아침에 막 업데이트 작업을 끝냈다고 합니다.
Jessica Fisher [10:09 a.m.]	Great. 164 Can you print it out and bring it to the construction site by 11:00?	Jessica Fisher [10:09 a.m.] 잘됐네요. 164 수정안을 인쇄해서 11시까지 공사현장에 가져다 줄 수 있나요?
Stanley Abrell [10:10 a.m.]	Actually, I have a presentation to do with the marketing department at 11:30 p.m., so I don't think I can go to the construction site today. 165 Is there anyone else available to take it there?	Stanley Abrell [10:10 a.m.] 제가 사실 11시반에 마케팅 부서에서 발표가 있어요. 그래서 오늘은 현장에 갈 수 없을 것 같습니다. 165 현장에 수정안을 가져다 주실 수 있는 분 계시나요?
Ryan Burke [10:12 a.m.]	165 I'll take care of it, Stanley. When will you have the revised plans printed out?	Ryan Burke [10:12 a.m.] Stanley, 165 제가 할게요. 수정안 인쇄는 언제 할건가요?
Stanley Abrell [10:13 a.m.]	167 I just got an email with the revised plans from Timothy Howard. I'll start printing them out now, so they should be ready in about ten minutes. Do you know how to get to the construction site?	Stanley Abrell [10:13 a.m.] 167 제가 방금 Timothy Howard한테 수정안을 이메일로 받았습니다. 바로 인쇄 시작할거니까 10분후면 준비가 될 거예요. 공사현장에 어떻게 가는지는 아세요?
Ryan Burke [10:14 a.m.]	I've been there once before, but I wasn't the one driving there. Do you think you could give me some directions?	Ryan Burke [10:14 a.m.] 이전에 한번 가본 적이 있습니다만, 제가 운전을 했던 게 아니라서요. 약도를 좀 주실 수 있나요?
Jessica Fisher [10:15 a.m.]	I have a map with directions from here to the construction site. I'll forward it to Stanley now for him to print out for you.	Jessica Fisher [10:15 a.m.] 제가 여기서 현장에 가는 길을 보여주는 지도를 가지고 있어요. Stanley가 인쇄할 수 있도록 Stanley에게 지금 전달할게요.
Ryan Burke [10:16 a.m.]	Thanks, Jessica.	Ryan Burke [10:16 a.m.] 고마워요, Jessica.
Stanley Abrell [10:17 a.m.]	166 I got it. How about you stop by my office at about 10:30 to pick everything up, Ryan?	Stanley Abrell [10:17 a.m.] 166 받았습니다. Ryan, 10시반쯤 모두 챙기러 제 사무실에 오시는 게 어때요?
Ryan Burke [10:17 a.m.]	Will do, Stanley.	Ryan Burke [10:17 a.m.] 그럴게요, Stanley.
Jessica Fisher [10:18 a.m.]	Please make sure that you get to the site as soon as you can, Ryan. When I talked to the supervisor, he was a little upset that he didn't have the plans yet.	Jessica Fisher [10:18 a.m.] Ryan, 가능한 빨리 현장에 가주세요. 저하고 얘기했을 때 감독관이 아직 수정안을 받지 못해서 기분이 약간 상해 있었어요.

164. What is the main topic of the discussion?
(A) Scheduling the beginning of construction
(B) Revising plans for construction
(C) Delivering updated construction plans
(D) Choosing a site for a new building

토론의 주제는 무엇인가?
(A) 공사 시작의 일정을 잡는 것
(B) 공사 계획을 수정하는 것
(C) 업데이트된 공사 계획안을 전달 하는 것
(D) 신규 건물을 위해 부지를 선정하는 것

|해설| 공사현장에 빨리 공사수정안을 가져다 주는 것이 이 글의 이슈. Abrell씨는 발표 때문에 갈 수 없고, Burke씨가 가겠다고 자청했다. 언제 어떻게 갈지 시간과 계획을 짜고 있으므로 (C)가 정답.
(B) 10시 08분의 대화에서 보면 매니저가 곧 수정된 계획안을 보내겠다고 했다. 그러므로 이미 수정이 완료된 상태. 어떻게 수정할지를 논의하는 것은 아니다.

165. What is indicated about Ryan Burke?
(A) He is acquainted with the construction supervisor.
(B) He recently started working with the company.
(C) He previously worked in construction.
(D) He will visit a construction site later.

Ryan Burke씨에 대해 언급된 것은?
(A) Burke씨는 공사장 감독관과 아는 사이다.
(B) Burke씨는 최근에 이 회사에서 일하기 시작했다.
(C) Burke씨는 이전에 건설부문에서 일했었다.
(D) Burke씨는 나중에 공사현장에 방문할 것이다.

|해설| Abrell씨는 현장에 수정안을 가져다 줄 수 있는 사람이 있냐고 물었고, Burke씨는 자기가 하겠다고 대답했다. 그러므로 Burke씨는 수정안을 가져다 주기 위해 공사현장을 방문할 것이다.
(C) 10시 14분에 등장한 'I've been there once before.' 때문에 C를 골라오는 경우가 있다. 이 문장은 앞서 '공사현장에 어떻게 가는 지 아느냐'에 대한 대답이므로 '공사현장에 한번 가본 적이 있다'는 의미다. 보기 (C)는 건설부문에서 일한 경력이 있다는 의미가 되므로 전혀 다른 의미.

166. At 10:17 a.m., what does Stanley Abrell mean when she writes, "I got it"?
(A) He arrived at the site.
(B) He received the email from Ms. Fisher.
(C) He accepted Mr. Burke's gratitude.
(D) He had the revised plan delivered.

10시 17분에 Stanley Abrell씨가 "I got it"이라고 쓸 때 무엇을 의미하고 있는가?
(A) Abrell씨는 현장에 도착했다.
(B) Abrell씨는 Fisher씨로부터 이메일을 받았다.
(C) Abrell씨는 Burke씨의 감사인사를 받아줬다.
(D) Abrell씨는 수정안을 전달했다.

|해설| 앞서 Fisher씨가 공사현장 가는 약도를 Abrell에게 전달해주겠다고 했다. Fisher씨의 대화에서 나온 동사 forward는 우리가 이메일을 보낼 때 새로 작성하지 않고, 남에게 받은 이메일을 그대로 전달할 때 쓰는 동사다. Fisher씨는 Abrell씨가 인쇄할 수 있도록 Abrell씨에게 메일을 forward하겠다고 했다. 그리고 Abrell씨가 'I got it'이라고 했으므로 Fisher씨가 보낸 약도 메일을 받았다는 의미.

167. What will Stanley Abrell probably do next?
(A) Speak with the construction manager
(B) Print out some materials
(C) Get in touch with a client
(D) Make plans to deliver a package

Stanley Abrell씨는 아마도 다음에 무엇을 할까요?
(A) 공사현장 매니저에게 얘기를 할 것이다.
(B) 자료들을 인쇄할 것이다.
(C) 고객에게 연락할 것이다.
(D) 물건을 전달할 계획을 세울 것이다.

|해설| Abrell씨는 공사 계획 수정안도 받았고 약도 메일도 받았다. 10시 반까지 Ryan씨한테 이 자료들을 받으러 오라고 했으므로 이 자료들을 인쇄하기 시작할 것이다.
(D) 이미 계획은 다 세워졌다. Abrell씨가 자료를 인쇄해서 Burke씨에게 전달하면 Burke씨가 공사현장에 가져다 줄 것이다. 그러므로 계획을 다시 짤 필요는 없다.

WoodWorks Home Furnishing Assembly Set

The expert artisans of WoodWorks craft your home furnishing sets based on designs found in the world's premier galleries and exclus ve pieces. —[1]—.

Even with these beautiful designs, our furniture is still simple to put together. All you will need to set up your new furnishing are some household tools. —[2]—.

All furniture parts, sandpaper, and easy-to-follow directions. 169 The only thing not included is the oil finish, so that you may choose the finish that best suits your style. When you order, please select which style of wood stain you would like. —[3]—. Descriptions of each kind of stains are listed below.

Finishing Recommendations

Each assembly set includes enough water-based wood varnish to complete your furnishing, although the final oil finish must also be applied. During the finishing process, patience is required. Completely remove any blemishes like glue or fingerprints with sandpaper and a moist cleaning cloth. Ensure your work area has no dust. Work slowly and make sure each coat of the finish has dried thoroughly before applying another layer. —[4]—.

Wood Stain Choices

Standard Stain: 170 Most WoodWorks customers select this type, which gives the wood a rich brown hue similar to walnut.

Deep Stain: This rich stain gives your furnishings a classic, deep-brown color that emits sophistication.

Dark Stain: For a more modern style, this stain gives your furnishing a lustrous black finish.

목재 작품 가정용 가구 조립 세트

WoodWorks의 전문 공예가들은 세계에서 아주 유명한 갤러리나 최고급 가구의 디자인을 기반으로 여러분의 가정용 가구 세트를 만듭니다. —[1]—.

심지어 이 아름다운 디자인과 함께 우리 가구는 여전히 조립하기에도 간단합니다. 여러분이 새로운 가구를 만들기 위해 필요할 것들은 가재도구들 뿐입니다. —[2]—.

각 조립 세트들은 모든 가구 부품, 사포 그리고 따라하기 쉬운 설명서와 함께 제공됩니다. 169오직 하나 포함되지 않은 것은 마무리 오일인데, 그래서 여러분은 여러분의 스타일에 딱 맞는 마감을 선택할 수 있습니다. —[3]—. 각 착색의 종류별 설명은 아래에 나열되어 있습니다.

마감작업 조언

최종 유성 오일은 따로 칠해져야 하지만, 각 조립세트는 마루리 작업을 하기 위한 충분한 수성 니스를 포함하고 있습니다. 작업을 마무리 하는 동안, 인내가 요구되어집니다. 풀 또는 손자국 같은 어떠한 흠집도 사포나 촉촉한 청소용 천으로 완벽히 제거하세요. 당신의 작업지역에 먼지가 없도록 확인하세요. 작업은 천천히 그리고 착색의 각 칠은 다른 덧칠을 하기 전에 완전히 마른 것을 꼭 확인하세요. —[4]—.

착색 선택

표준 착색: 170대부분의 WoodWorks 고객들이 이 착색을 선택하는데 월넛과 유사한 진한 갈색의 분위기를 줍니다.

짙은 착색: 이 짙은 착색은 당신의 가구에게 고전적이고, 세련미를 내뿜는 짙은 갈색을 만들어 줍니다.

어두운 착색: 더욱 현대적인 스타일을 위해 이 착색은 당신의 가구에게 윤기 나는 검은 마감효과를 준다.

|어휘| artisan 공예가 furnishing 가구 sandpaper 사포 wood stain 목재가구의 색깔을 내 주는 착색 oil finish 착색을 하기 위한 일종의 유성 페인트 finish 마감처리, 마감효과 varnish 니스 blemish 티, 흠 glue 풀, 풀칠 emit 방출하다, 내뿜다 sophistication 교양, 세련 lustrous 윤기가 흐르는

 핵심　All you need~

목적격 관계대명사가 생략된 형태!

All you need is love.
⇨ All (that you need) is love
당신이 필요한 모든 것은 사랑이다 ⇒ 당신이 필요한 것은 사랑뿐이다

All you will need to set up furnishing are some tools.
⇨ All (that you will need to set up furnishing) are some tools.
가구를 설치하기 위해서 네가 필요로 하는 모든 것은 약간의 도구들이다 ⇒ 약간의 도구들만 있으면 된다

that이 생략된 형태고, need 뒤에 목적어가 빠져있는 목적격 관계대명사절

168. Where would this information most likely appear?

(A) In a gallery pamphlet

(B) In a catalog of merchandise

(C) In a promotion for a housekeeping service

(D) In a magazine article

이 정보는 어디에서 보여질 가능성이 가장 높은가?

(A) 미술관 팜플렛

(B) 상품의 카탈로그

(C) 가사 서비스 판촉물

(D) 잡지 기사

|해설| 가구조립세트와 작업방법에 대해 설명하고 있으므로 상품 카탈로그가 정답.

난이도 ★★☆ **169.** What is NOT included with each kit?

(A) Furniture parts

(B) sandpaper

(C) Oil Finish

(D) Wood Stain

각각의 조립용 세트에 포함되지 않는 것은?

(A) 가구 부품

(B) 사포

(C) 마무리 오일

(D) 나무 착색

|해설| oil finish는 포함되어 있지 않다고 구체적으로 언급되어 있다. 여기서 wood stain과 혼동하지 않도록 주의! wood stain은 나무 색깔이고, 이 색깔을 내기 위한 일종의 페인트가 oil finish다.

---

170. What stain do most customers choose?

(A) Standard stain

(B) Natural stain

(C) Deep stain

(D) Dark stain

어떠한 착색을 가장 많은 고객들이 선택하는가?

(A) 표준 착색

(B) 천연 착색

(C) 짙은 착색

(D) 어두운 착색

|해설| 마지막 문단에서 Standard Stain에 대한 설명부분을 보면, 대부분의 고객들이 이것을 선택한다고 언급되어 있다.

---

171. In which of the positions marked [1], [2], [3], and [4] does the following sentence best belong?

"When you order, please select which style of wood stain you would like."

(A) [1]   (B) [2]

(C) [3]   (D) [4]

[1], [2], [3], [4]로 표시된 자리 중에 다음 문장이 들어가기에 가장 적합한 곳은?

"주문할 때, 어떤 종류의 나무 착색이 좋은 지 선택해 주세요."

(A) [1]   (B) [2]

(C) [3]   (D) [4]

|해설| [3]번 앞에서 '너에게 맞는 마감을 선택해야 한다'고 했으므로 그 뒤에서 '주문할 때 원하는 스타일의 착색을 선택하세요'로 연결될 수 있다. 또한 [3]번 뒤에서 '각각의 착색에 대한 설명이 아래에 나와있다'고 했으므로 '착색'에 대한 내용이 잘 연결된다.

May 16

Serena Kim
2455 First Avenue
Portland, OR 97201

Dear Ms. Kim,

We wish to express our thanks to you for choosing QuickCom as your Internet service provider. An installation specialist **172** will visit your house at 2 p.m. **175** on May 19. We ask that someone be at your house during this time. As our specialists have many appointments, please confirm your appointment the day before the scheduled installation by calling our service center at (888) 555-3386.

As for your agreement with QuickCom, we will provide your Internet service at a special price of $20 per month for a period of 18 months. Your first bill will also include an initial charge of $40 for the installation fee. Following this period, the normal rate of $30 per month will begin. **174** Should you choose to cancel your service prior to the end of this period, you will be charged an $80 early termination fee for **173** breaking our contract. We have enclosed a copy of the agreement for you to retain.

175 We send bills by mail on the first day of the month and request payment by the fifteenth. You may choose to pay through the mail, on our website, or at one of our customer service offices. Thank you again for choosing QuickCom.

Regards,

Theodore Poulain
QuickCom Customer Service Director

5월 16일

Serena Kim
2455 First Avenue
Portland, OR 97201

Ms. Kim 에게,

당신의 인터넷 서비스 공급 업체로써 Quickcom을 선택해 주신 것에 대해 감사의 말씀을 전하고 싶습니다. 설치전문가가 **175**5월 19일 오후 2시에 **172**당신의 집을 방문할 것입니다. 이 시간에 누군가가 집에 계실 것을 요청드립니다. 우리 전문가가 (고객방문) 약속이 많기 때문에, 우리 서비스 센터에 (888) 555-3386 으로 전화하셔서 예정된 설치일 전날에 당신의 약속을 확인해 주세요.

QuickCom과의 당신의 계약에 대해 말하자면, 우리는 당신의 인터넷 서비스를 18개월동안 20달러라는 특별 가격으로 제공해 드립니다. 당신의 첫 번째 고지서는 설치비로 40달러의 초기 요금을 포함할 것입니다. 이 기간 이후에는 매달 30달러의 정상가가 적용될 것입니다. **174**만약 당신이 이 기간이 끝나기 전에 당신의 서비스를 취소하기로 선택하신다면, 당신은 우리 계약을 **173**위반한 것에 대한 80달러의 조기 해지 비용을 청구 받을 것입니다. 우리는 당신이 보관할 계약서 사본을 동봉 했습니다.

175우리는 매달 첫째 날에 우편으로 고지서를 발송하며 15일까지 요금납부를 요청 드립니다. 당신은 우편이나, 웹사이트, 고객 서비스 사무실 납부 중 하나를 선택해서 요금을 납부하는 것을 선택 할 수 있습니다. 다시 한번 QuickCom을 선택해 주셔서 감사합니다.

|어휘| the day before the installation 설치 전날 As for ~에 대해 달하자면 termination 파기, 종료 retain 보관하다, 계속 가지고 있다

핵심 Should~ 가정법 미래 도치구문 / [be p.p + n] 4형식 수동태

Should you choose to cancel your service, you will **be charged** a termination fee.
⇒ **If you should choose to cancel your service, we will charge you a termination fee.**
혹시라도 서비스를 취소하기로 선택하신다면, 당신은 계약파기 오금을 청구 받을 것입니다.

Should로 시작하는 절인데 뒤에 물음표가 없다면, 가정법 도치를 성각하자! ❷ Reading교재 vol.1 p244 참고

'be p.p' 뒤에 명사가 또 나왔다면 4형식 수동태! 4형식 수동태는 "~을 ~받다"로 허석한다. ❷ Reading교재 vol.1 p204 참고

172. Where is Ms. Kim installing an Internet connection?

(A) At her home
(B) At her workplace
(C) At her market
(D) At her restaurant

김씨는 어디에서 인터넷을 설치하려고 하는가?

(A) 그녀의 집
(B) 그녀의 작업장
(C) 그녀의 시장
(D) 그녀의 레스토랑

|해설| 설치전문가가 집에 방문한다고 했으므로 (A)가 정답.

173. In paragraph 2, line 4, the word "breaking" is closest in meaning to

(A) dividing
(B) destroying
(C) violating
(D) separating

2번째 문단, 4번째줄에서 "어기다"와 가장 가까운 의미의 단어는?

(A) 나누다
(B) 파괴하다
(C) 위반하다
(D) 분리하다

|해설| break the contract = violate the contract '계약을 깨다. 파기하다"의 의미.

174. According to the letter, why would Ms. Kim incur an additional charge?

(A) For breaching a contract
(B) For cancelling her appointment
(C) For sending a payment too late
(D) For using the service too often

편지에 따르면, 왜 김씨는 추가 요금을 내게 될 수 있는가?

(A) 계약을 위반하는 것 때문에
(B) 그녀의 약속을 취소하는 것 때문에
(C) 요금납부를 너무 늦게 보내는 것 때문에
(D) 서비스를 너무 자주 사용하는 것 때문에

|해설| 18개월간 행사가격으로 할인요금이 적용되는데, 약정한 18개월 이전에 서비스를 종료하면 조기 해지 비용을 물어야 한다. 그러므로 '18개월 약정기간'이라는 계약을 위반했을 때 추가비용이 발생하는 것.

175. When will Ms. Kim's first payment to QuickCom be due?

(A) May 16
(B) May 19
(C) June 1
(D) June 15

언제가 김씨의 QuickCom 요금납부 첫 번째 기한인가?

(A) 5월 16일
(B) 5월 19일
(C) 6월 1일
(D) 6월 15일

|해설| 5월 19일에 기사가 방문할 것이고, 매달 첫날 고지서가 발송되면, 그 달 15일에 요금을 납부하라고 했으므로 김씨가 첫 고지서를 받아서 납부하는 날은, 그 다음달인 6월 15일이다.

http://www.cda.co.ca

Career Development Academy

Workshops for Advancing your Career

10 July - Successful Business Practices	17 July - Organization: The Key to Success
The CEO of Lorken Production gives advice on how to make your company more successful by implementing sustainable business practices. She will also explain how it helped her own company increase sales and profits.	Learn how to get the most out of your work with organizational coach, 180◎ Glenn Baxter as he gives a presentation or how to set priorities when organizing projects in your business and scheduling work in order to improve productivity.
24 July - Succeeding With Your Pitch	31 July - Making the Most of the Future
If you're an entrepreneur who has great ideas, you'll need to know how to pitch those ideas successfully to get them funded. 178 Author of Get Your Ideas Off the Ground, Greg Diamond, can help you do this with his 6-step plan for successful pitching.	Media expert Ivana Bauer leads a workshop on 177 how your business can increase its online presence to increase its marketing reach and attract more customers. Course materials are included in the workshop fee.

Workshops for advancing your career are held at the Career Development Academy every Tuesday from 7:00 p.m. to 9:00 p.m. 176 These are open to the public. You can register online at www.cda.co.ca/enrollment.

To: gbaxter@mailtime.co.ca
From: floragordon@gordonmanufacturing.co.ca
Date: 26 July
Subject: Thanks again!

Dear Mr. 180◎ Baxter,

I wanted to tell you how much I appreciated your time you took to talk with me after your presentation. I found your ideas to be extremely useful, and I'd like to ask you to give a presentation at my company, Gordon Manufacturing, so that my employees may also learn from your ideas. You said that you'll be traveling for much of August, so 179 I was hoping we could schedule a time in September. Please let me know when you would be available. I hope to hear back from you soon.

Sincerely,
Flora Gordon
CEO, Gordon Manufacturing

---

http://www.cda.co.ca

Career Development Academy (직업개발 훈련소)

커리어 발전을 위한 워크샵

7월 10일 성공적인 사업관행	7월 17일 조직: 성공의 열쇠
Lorken Production사의 대표이사는 지속가능한 사업관행을 실행함으로써 당신의 회사를 더욱 성공하게 만드는 법에 대해 자문을 해줍니다. 또한 이러한 것이 자신의 회사가 매출과 수익을 올리는데 어떻게 도움을 주었는지도 설명할 것입니다.	기업코치인 180◎ Glenn Baxter씨가 당신의 회사에서 프로젝트를 관리할 때, 그리고 생산성 재고를 위해 작업일정을 짤 때 어떻게 우선순위를 설정하는지에 대한 발표를 할 때 당신의 작업으로부터 최대치를 얻어내는 법을 배우세요.
7월 24일 당신의 홍보법으로 성공하는 법	7월 31일 미래를 십분 활용하기
만약 당신이 좋은 아이디어를 가지고 있는 기업가라면, 당신은 그 아이디어가 자금지원을 성공적으로 받기 위해서 그 생각들을 홍보하는 법을 알아야 합니다. 178 '당신의 아이디어를 뜨게 만들기'의 작가인 Greg Diamond는 성공적인 홍보법을 위한 6단계 계획안으로 당신이 이를 달성하도록 도울 수 있습니다.	미디어 전문가인 Ivana Bauer씨는 마케팅이 더 많은 사람들에게 전달되고 177 더 많은 고객을 끌어들이기 위해서 인터넷상의 활동을 어떻게 보강할 지에 대한 워크샵을 진행합니다. 워크샵 등록비에 강의교재가 포함되어 있습니다.

커리어 발전을 위한 워크샵은 Career Development Acadmy에서 매주 화요일 오후7시부터 9시까지 개최됩니다. 176 워크샵은 일반인에게 공개됩니다. www.cda.co.ca/enrollment에서 인터넷으로 등록하실 수 있습니다.

수신인: gbaxter@mailtime.co.ca
발신인: floragordon@gordonmanufacturing.co.ca
날짜: 7월 26일
제목: 다시 한번 감사 드립니다!

180◎ Baxter씨에게,

발표 후에 저와 얘기를 나누기 위해 내주신 시간에 대해 얼마나 감사 드리는지 전하고 싶었습니다. 저는 당신의 아이디어가 매우 유용하다고 생각하며, 저의 직원들도 당신의 아이디어로부터 배울 수 있도록 당신이 저희 회사, Gordon Manufacturing에서 발표를 해주십사 요청을 드리고 싶습니다. 179 8월 대부분을 출장 중이실 거라 하셔서 9월에 시간을 잡았으면 합니다. 언제 시간이 되시는지 알려주시기 바랍니다. 곧 회신을 받기를 바랍니다.

Flora Gordon
대표이사, Gordon Manufacturing

176. What is indicated about the workshops for advancing careers?

(A) They take place two times a week.

(B) They are taught by university instructors.

(C) They are held at several places.

(D) Enrollment is open to everyone.

커리어 발전을 위한 워크샵에 대해 언급된 것은?

(A) 워크샵은 일주일에 두 번 열린다.

(B) 워크샵은 대학 강사들이 가르친다.

(C) 워크샵은 여러 장소에서 열린다.

(D) 등록은 모든 사람에게 오픈되어 있다.

|해설| 워크샵이 일반 대중에게 공개된다고 했으므로 누구나 이 워크샵에 등록할 수 있다. (D)가 정답.

---

177. Which seminar would be most useful for a business owner who wanted to learn about advertising online?

(A) Successful Business Practices

(B) Organization: The Key to Success

(C) Succeeding with Your Pitch

(D) Making the Most of the Future

인터넷에서 광고를 하는 것에 대해 배우고 싶은 기업인을 위해 가장 유용한 세미나는?

(A) 성공적인 사업관행

(B) 조직: 성공의 열쇠

(C) 당신의 홍보법으로 성공하는 법

(D) 미래를 십분 활용하기

|해설| 7월 31일 강연내용 설명 중에 등장한 'online presence'가 가장 중요한 단서. 인터넷상의 입지를 넓히는 것이므로 인터넷 광고와 관련된 내용일 것이다.

---

178. What is stated about Mr. Diamond?

(A) He has recently started his own business.

(B) He is going on tour in August.

(C) He is a member of Career Development Academy

(D) He has authored a book.

Diamond씨에 대해 언급된 것은?

(A) Diamond씨는 최근 자신의 사업을 시작했다.

(B) Diamond씨는 8월에 여행을 갈 것이다.

(C) Diamond씨는 Career Development Academy의 회원이다.

(D) Diamond씨는 책을 한 권 집필했다.

|해설| Diamond씨는 책의 저자라고 소개했고, 책의 제목도 소개되어있다.

179. Why did Ms. Gordon send the e-mail?

(A) To schedule a training session

(B) To enroll in a workshop

(C) To share a travel itinerary

(D) To suggest a seminar topic

Gordon씨는 왜 이메일을 보냈는가?

(A) 교육과정 일정을 잡으려고

(B) 워크샵에 등록하려고

(C) 여행일정표를 공유하려고

(D) 세미나 주제를 제안하려고

|해설| Gordon씨는 워크샵에 참석해 Baxter씨의 강의를 들었으며 강의가 너무 좋아서 회사 직원들에게도 들려주고 싶어한다. 그래서 강의 일정을 잡으려고 이메일을 보냈음.

---

180. What is Ms. Gordon most likely interested in doing at Gordon Manufacturing?

(A) Teaching her staff how to use an operating system

(B) Increasing her company's online presence

(C) Enhancing time management skills of her employees

(D) Attracting more funding for a new project

Gordon씨는 Gordon Manufacturing사에서 무엇을 하는 것에 가장 관심이 있을까?

(A) 직원들에게 운영시스템 사용하는 법을 가르치는 것

(B) 회사의 인터넷 상의 입지를 넓히는 것

(C) 직원들의 시간관리 기술을 연마하는 것

(D) 새로운 프로젝트를 위해 더 많은 자금을 유치하는 것

|해설| Combined Question. 2번째 이메일의 수신자가 핵심단서. Baxter씨의 강의를 회사에 초청해서 듣고 싶어하므로, Baxter씨가 워크샵에서 강연한 내용들을 회사에서 실행하고자 할 것이다. 1번째 글에서 Baxter씨의 강의 내용을 살펴보면 '프로젝트를 진행할 때 우선순위를 매기는 법, 생산성을 높이기 위해 작업 일정을 정하는 법'에 대해 설명한다. 일정을 정하고 우선순위를 매기는 것은 모두 효율적인 시간관리에 해당하는 것. 그러므로 정답은 (C).

To: Patrick Barwurton <barwurton08@supraline.com>
From: Wu Lenwei <lenwei04@supraline.com>
Date: September 3
Subject: Lunch with Turro representatives

I'm really looking forward to our lunch with the Turro representatives at Sawatdee. 182d Every review that I've read says that it's one of the best restaurants in town, even though 182a it opened just a few months ago. I was informed that the clients from Turro really enjoy Thai food, so I really hope that this restaurant will give them a good feeling about our company. The only issue is that 182b it will take a while to get to the restaurant from work.

There's one more problem, which is that my car is still being fixed at the garage on 1st Street. Right now, 183 I'm not sure how I can get to 20th Street for the meeting. I think I could take the subway, but I know that the trains are usually very crowded around that time. I suppose I could just check out the train from the platform and if it's too crowded, I'll take a cab to the restaurant. 185© Everything for the meeting has been taken care of, except that I haven't been able to drive to the copy shop for the blueprint copies.

If I do need to take the subway, which line do you think I should take? I know there are two lines, but I don't know which would be faster and less crowded. 181 If you have any idea, I'd appreciate the advice.

Regards,

Wu

Supraline Industries
55 3rd Street
Boston, MA 02127

September 4

Wu,

I really appreciate all the time and efforts you put in to secure the new account. Don't worry. 185© It'll be my pleasure to take care of the 184 rest. It's no problem for me to handle it, as my car is working fine. If you want, I'll see you on the 11th, and I can easily pick you up to bring to the restaurant.

Patrick

받는이: Patrick Barwurton 〈barwurton08@supra-line.com〉
보낸이: Wu Lenwei 〈lenwei04@supraline.com〉
날짜: 9월 3일
제목: Turro 대표자와 함께 점심

나는 Sawatdee에서 Turro 대표자와 함께할 점심식사를 굉장히 고대하고 있습니다. 182a그 식당이 단지 몇 달 전에 개업을 했음에도 불구하고, 내가 본 182d모든 리뷰들은 그곳이 이 지역의 최고 식당중의 하나라고 이야기 합니다. 나는 Turro사의 우리고객들이 타이 음식을 즐긴다고 들었습니다. 그래서 나는 이 식당이 그들에게 우리 회사에 대해 좋은 느낌을 줄 수 있기를 진심으로 희망합니다. 유일한 문제는 회사에서 182b식당으로 가는 데 시간이 좀 걸릴 것이라는 점입니다.

한가지 더 문제가 있습니다. 내 차가 여전히 1번가의 정비소에서 수리 중입니다. 지금으로서는 183어떻게 미팅을 위해 20번가로 갈 수 있을지 잘 모르겠습니다. 지하철을 탈 수 있겠지만 지하철이 그 시간쯤에는 보통 매우 붐빈다고 알고 있습니다. 플랫폼에서 살짝 전철을 확인해보고, 만약 너무 붐빈다면 레스토랑으로 택시를 타고 갈려고 나는 생각하고 있습니다. 185© 청사진(도면)을 찾아오기 위해 복사가게에 가는 것을 처리하지 못한 것을 제외하고는 미팅에 대한 모든 준비는 완료되었습니다.

만약 내가 지하철을 타야 한다면, 제가 몇 호선을 타야 할까요? 나는 2개의 라인이 있다는 것을 알고 있습니다만, 어떤 라인이 덜 붐비고 더 빠른지 알지 못합니다. 181만약 당신이 알려준다면, 조언에 감사하겠습니다.

Wu

Supraline Industries
55 3rd Street
보스톤, MA 02127

9월 4일

Wu,

나는 새로운 고객을 확보하기 위해 당신이 드린 모든 시간과 노력에 진심으로 감사 드립니다. 걱정마세요. 184, 185© 나머지는 제가 기꺼이 처리하겠습니다. 제 차가 정상적으로 작동하기 때문에, 그것을 처리하는 데에는 문제가 없습니다. 원하시면, 11번가에서 뵙죠. 제가 손쉽게 당신을 태워서 식당으로 이동할 수 있습니다.

Patrick

|어휘| review 평가, 리뷰 (미국이나 유럽에서는 영화평, 서평처럼 식당에 대한 리뷰를 쓰는 것이 보편화 되어 있다) garage 1) 차고, 주차장, 2) 차량 정비소 cab 택시 account 1) 계정, 계좌, 2) 고객 pick up 1) (물건을) 찾아오다 2) (차를 타고 가면서 사람을) 태워가다

핵심 [be p.p + 전치사] 자동사의 수동태는 전치사로 끝난다!

수동태 뒤에서 전치사로 문장이 끝난다면, '자동사의 수동태구나'라고 파악하면 된다. ◐ Reading교재 vol.1 p201 참고

> The issue **is dealt with**. 그 문제가 다루어 진다
> ⇨ **S deal with the issue** 누군가가 그 문제를 다룬다

> Everything has **been taken care of**. 모든 것이 처리 되었다
> ⇨ **S have taken care of everything** 누군가가 모든 것을 처리했다

'take care of s.t: ~을 처리하다'는 엄밀히 따지면 [타동사+명사+전치사]의 구조이지만 항상 take care가 붙어 다니므로 'take care'를 묶어서 자동사로 간주할 수 있다.

---

181. Why did Ms. Lenwei send the e-mail?

(A) To ask for a co-worker's help
(B) To suggest a recently opened restaurant
(C) To request driving directions to a meeting place
(D) To postpone a reservation

왜 Lenwei씨는 이 메일을 보냈는가?

(A) 동료의 도움을 요청하기 위해서
(B) 최근 개점한 식당을 제안하기 위해서
(C) 미팅 장소로의 운전용 약도를 요청하기 위해서
(D) 예약을 연기하기 위해서

|해설| 첫 번째 지문 마지막 줄에 보면 '조언해 주면 감사하겠다'라고 했으므로 도움을 요청하는 글이다.

---

182. What is NOT stated about Sawatdee?
(A) It started operating recently.
(B) It is not close to Supraline Industries.
(C) It provides complimentary appetizers.
(D) It has received many good reviews.

Sawatdee에 대해 언급되지 않은 것은?
(A) 최근에 영업을 시작 했다.
(B) Supraline Industries와 가깝지 않다.
(C) 무료 전체요리를 제공한다.
(D) 많은 좋은 리뷰를 받았다.

|해설| 전체요리에 대한 언급은 없다. 나머지 보기는 지문에 표시된 내용 확인!

183. Where is Sawatdee?
(A) On 1st Street
(B) On 3rd Street
(C) On 11th Street
(D) On 20th Street

Sawatdee 식당은 어디에 있는가?
(A) 1번가
(B) 3번가
(C) 11번가
(D) 20번가

|해설| 미팅을 위해 20번가에 어떻게 가야 할지 모르겠다고 했으므로 미팅장소인 **Sawatdee**는 20번가에 위치해 있음을 유추할 수 있다. (A) 1번가는 정비소가 있는 곳이고 (C) 11번가는 동료가 차를 태워주기 위해 만나자고 한 장소.

---

184. In the note, the word "rest" in line 2 is closest in meaning to
(A) Pause
(B) Reminder
(C) Remainder
(D) Establishment

두 번째 지문에서, 2번째 줄의 "rest"와 가장 가까운 의미의 단어는?
(A) 멈춤
(B) 상기시켜 주는 연락
(C) 나머지
(D) 확립

|해설| rest는 1) 나머지, 2) 휴식의 의미. 본문에서 내용을 보면 '나머지' 의미이므로 **remainder**가 정답.

---

185. What will Patrick Barwurton do before the meeting with the Turro representatives?
(A) Pick up copies
(B) Update an itinerary
(C) Reserve a table
(D) Go on a business trip

Patrick Barwurton은 Turro 대표자와 미팅 전에 무엇을 할 것인가?
(A) 복사본을 찾아오는 것
(B) 여행 일정표를 업데이트 하는 것
(C) 테이블을 예약하는 것
(D) 출장을 가는 것

|해설| Combined Question. 첫 번째 지문을 보면, 복사가게에서 청사진 복사본을 찾아오는 것을 제외하고 모든 것을 처리했다고 했다. 두 번째 지문에서는 동료가 나머지 일을 자기가 처리하겠다고 했다. 그러므로 동료인 **Patrick Barwurton**이 미팅 전에 할 일은 복사본을 찾아오는 것.

http://www.cloudfeet.co.au

| About Cloud Feet Soles | Products | Reviews | FAQ |

What products does Cloud Feet make?

Cloud Feet produces high-quality soles for women's, men's, and kid's shoes. We manufacture over 60 kinds of soles with 8 different kinds of materials. 186 People around the world love our products, such as the rubber soles made for rain boots, leather soles for dancing shoes and house shoes, and 188© our new soles for sneakers made from 100% recycled materials.

How can I ask Cloud Feet to be a supplier for my business?

You just have to email one of our representatives at our regional branches for a consultation. 187 These representatives will also be able to offer you free samples of our products as well as a supplier agreement.

North America : Phil Glane / <p.glane@cloudfeet.com>
South America : Julia Fernandez / <j.fernandez@cloudfeet.co.br>
187 Europe : Sally Hibbert / <s.hibbert@cloudfeet.co.uk>
190© Asia : Feng Xiong / <m.ingels@cloudfeet.co.ch>

| To: Sally Hibbert <s.hibbert@cloudfeet.co.uk> |
| From: Charles Ryu cling@accel.co.jp |
| Date: 20 October |
| Subject: Request for consultation |

Dear Ms. Hibbert,

I work for a Tokyo-based athletic shoe company called Accel as the marketing manager. I recently went to the Athletic Apparel Expo in Paris, France and was impressed by the Supranex 188© sneakers which had the Cloud Feet logo on their sole. The soles seemed to perform much better than the latex material my company uses now.

I was hoping to contact a Cloud Feet representative about receiving some samples and possibly making a contract, and I would like to know what is the next 189 step I should take. I emailed the regional representative for Asia, but my email kept getting returned with a notice saying that the address was not valid.

Sincerely,

Charles Ryu
Purchasing manager, Accel

---

http://www.cloudfeet.co.au

| About Cloud Feet Soles | Products | Reviews | FAQ |

Cloud Feet는 어떤 제품을 만드나요?
Cloud Feet는 여성용, 남성용, 그리고 아동 신발을 위한 고품질 밑창을 생산합니다. 저희는 8개 종류의 자재로 60 종의 밑창을 제조하고 있습니다. 라인부츠를 위한 고무 밑창, 무용화나 실내화를 위한 가죽 밑창, 그리고 188© 100% 재활용된 자재로 만든 운동화를 위한 새로운 밑창과 같은 186 저희 제품들을 전세계 사람들이 애용하고 있습니다.

저는 어떻게 하면 Cloud Feet가 저의 사업에 납품업체가 되게 요청할 수 있나요?
당신은 상담을 받기 위해서 우리 지역 지사에 있는 대표자 중 한 명에게 이메일을 보내셔야 합니다. 187 이 대표들은 납품업체 계약서뿐만 아니라 당신에게 무료 샘플을 제공해줄 수 있을 것입니다.

북미 : Phil Glane / <p.glane@cloudfeet.com>
남미 : Julia Fernandez / <j.fernandez@cloudfeet.co.br>
187 유럽: Sally Hibbert / <s.hibbert@cloucfeet.co.uk>
190© 아시아: Feng Xiong / <m.ingels@cloucfeet.co.ch>

| 수신인: Sally Hibbert <s.hibbert@cloudfeet.co.uk> |
| 발신인: Charles Ryu <cling@accel.co.jp> |
| 날짜: 10월 20일 |
| 주제: 상담 요청 |

Hibbert씨에게,

저는 Accel이라 불리는 동경에 본사를 둔 신발회사에 마케팅 부장으로 일하고 있습니다. 최근 프랑스, 파리에서 열린 Athletic Apparel 박람회에 가서 밑창에 Cloud Feet 로고가 박혀있는 Supranex 188© 운동화를 인상 깊게 봤습니다. 현재 저희 회사가 사용하고 있는 라텍스 자재보다 이 밑창이 훨씬 성능이 좋은 것으로 보였습니다.

저는 샘플도 받고 가능하면 계약도 할 겸 Cloud Feet 대표에게 연락을 취하고 싶었습니다. 그리고 제가 취해야 할 다음 189 단계가 무엇인지도 알고 싶었고요. 제가 아시아 지역 대표에게 이메일을 보냈으나 주소가 유효하지 않다는 공지문과 함께 이메일이 계속 반송되었습니다.

Charles Ryu
구매담당 부장, Accel

To: Charles Ryu cling@accel.co.jp
From: Tony Weng Xia <tonywx@cloudfeet.co.ch>
Date: 21 October

Dear Mr. Ryu,

We deeply apologize for the frustration you had to experience and thank you for your interest in our products. There have been some changes in our staffing. 190◎ Now I represent Asia region for Could Feet. I have a business trip to Tokyo scheduled for next week to meet our clients there. If you let me know what time you are available and what kind of soles you are interested in other than those for your sneakers, I'll make sure to bring samples when I come to see you.

Regards,

190◎ Tony Weng Xia
Representative, Cloud Feet

수신인: Charles Ryu ⟨cling@accel.co.jp⟩
발신인: Tony Weng Xia ⟨tonywx@cloudfeet.co.ch⟩
날짜: 10월 21일

Ryu씨에게,

저희는 당신이 겪어야 했던 혼란에 대해 깊이 사과드리며, (동시에) 저희 제품에 관심을 가져주셔서 감사 드립니다. 저희 직원배정 상에 약간의 변화가 있었습니다. 190◎ 현재 제가 Cloud Feet의 아시아 지역을 대표하고 있습니다. 제가 다음주에 저희 고객을 만나기 위해 잡혀있는 동경 출장이 있습니다. 언제가 시간이 괜찮으신지 그리고 당신의 운동화를 위한 밑창 외에 어떤 종류의 밑창에 관심이 있으신지 알려주시면, 제가 꼭 당신을 만나러 올 때 샘플을 가지고 가겠습니다.

190◎ Tony Weng Xia
Cloud Feet 대표

186. What is stated about Cloud Feet?

(A) It produces high-quality rain boots.

(B) It manufactures parts only for children's footwear.

(C) It does business with companies in many countries.

(D) It sends a catalogue to clients every month.

Cloud Feet사에 대해 언급된 것은?

(A) Cloud Feet사는 고품질 레인부츠를 생산한다.

(B) Cloud Feet사는 아동용 신반을 위한 부품만을 제조한다.

(C) Cloud Feet사는 많은 국가에 있는 회사들과 거래를 한다.

(D) Cloud Feet사는 매달 고객들에게 카달로그를 배포한다.

|해설| 이 회사는 신발 밑창을 만드는 회사다. 그러므로 신발 제조업체에 밑창을 납품할 것이다. 그런데 전세계 사람들이 자기네 밑창을 좋아한다고 했으므로 다양한 나라에 있는 회사들이 그들의 밑창을 납품 받고 있음을 유추할 수 있다. (C)가 정답.
(A) 레인부츠를 만들지는 않는다. 레인부츠에 사용되는 밑창을 만들 뿐이다.

187. What is most likely true about Ms. Hibbert?

(A) She is employed by Accel.

(B) She can give samples to potential clinets.

(C) She has been to Tokyo.

(D) She met Mr. Ryu in Paris, France.

Hibbert씨에 대해 사실일 가능성이 가장 높은 것은?

(A) Hibbert씨는 Accel에 고용된 사람이다.

(B) Hibbert씨는 잠재고객에게 샘플을 제공할 수 있다.

(C) Hibbert씨는 동격에 가본 적이 있다.

(D) Hibbert씨는 프랑스 파리에서 Ryu씨를 만났다.

|해설| 각 지역 대표들은 제품의 샘플을 제공할 수 있다고 했다. Hibbert씨는 유럽의 대표이므로 역시 고객에게 샘플을 제공할 수 있을 것이다.

188. What type of materials does Mr. Ryu most likely want to use for his company's products?

(A) Leather

(B) Recycled

(C) Rubber

(D) Latex

Ryu씨는 자신의 회사 제품을 위해 어떤 종류의 자재를 사용할 가능성이 가장 높은가?

(A) 가죽

(B) 재활용품

(C) 고무

(D) 라텍스

|해설| Combined Question. Ryu씨는 스니커(운동화)에 사용된 밑창이 깊은 인상을 받았다. 원래 자기네 회사가 사용하는 라텍스보다 이 회사 제품이 더 좋아 보인다고 했다. 1번째 지문에서 보면 Cloud Feet사는 운동화에 100% 재활용된 자재로 만든 밑창을 사용한다는 것을 알 수 있다. 그러므로 (B)가 정답.

---

189. In the first email, the word "step" in paragraph 2, line 2 is closest meaning to

(A) action

(B) recommendation

(C) footprint

(D) degree

첫 번째 이메일에 두 번째 단락, 두 번째 줄에 "step"이 의미상 가장 가까운 것은?

(A) 조치

(B) 추천

(C) 발자국

(D) 정도

|해설| 'step = action = measure'는 모두 동의어로 '조치'라는 의미이며 take와 짝꿍으로 잘 쓰인다.

---

190. What is suggested about Mr. Xia?

(A) He has been with Cloud Feet for a long time.

(B) He has been transferred from other regions.

(C) He is a replacement for Mr. Xiong.

(D) Mr. Ryu is already his client.

Xia씨에 대해 언급된 것은?

(A) Xia씨는 오랫동안 Cloud Feet에서 근무해왔다.

(B) Xia씨는 다른 지역에서 전근을 왔다.

(C) Xia씨는 Xiong씨의 후임자다.

(D) Ryu씨는 이미 Xia씨의 고객이다.

|해설| Combined Question. Ryu씨는 2번째 이메일에서 아시아 담당 대표에게 이메일을 보냈으나 아무 답장을 받지 못했다고 했다. 1번째 글을 보면 아시아 담당자가 Xiong씨임을 알 수 있다. 3번째 이메일에서 Xia씨는 회사 내 인사변경이 있었다고 했고, 자신이 이제 아시아 대표를 맡고 있다고 소개했다. 그리고 Ryu씨에게 이로 인해 연락이 늦은 것에 대해 사과하고 있다. 이를 통해 Xia씨가 Xiong씨의 후임으로 온 것이며, 후임자로 교체되는 과정에서 Ryu씨의 이메일이 제대로 처리되지 않았음을 유추할 수 있다. 그러므로 정답은 (C)

(B) Xia씨가 아시아 대표로 발령이 났다고 해서, Xia씨가 다른 지역에서 전근 온 것으로 판단할 수는 없다. 같은 지역에서 다른 역할을 같다가, 이번에 아시아 대표직을 맡게 된 것일 수도 있으므로 전근을 왔는지 여부는 확인할 길이 없다.

The 10th Biannual Uptown Art Fair
April 9 - 11

The Uptown Art Fair, brought to you by the Metropolitan Arts Council, is back by popular demand.

Please find a partial schedule of events below:

· **Friday, April 9, 6 p.m. / Forrester Museum of Art**

The opening of Meredith Parilla's new exhibit of photography, Shutter Down and Tune Out. 191c The exhibit will run until April 23.
Museum hours are from 9 a.m. to 8 p.m. during the weekdays, and from 11 a.m. 191c to 6 p.m. on the weekends.

· **Saturday, April 10 and Sunday April 11, 9 a.m. to 7 p.m. /** 195© **Uptown Community Center**

Games and craft-making activities for kids.

· **Saturday, April 10, 5 p.m. / Miller Street Park Outdoor Theater**

(193© Rain relocation: Lamps Concert Hall.)
A musical performance by the Burkino Teenage Chore, who gave a great performance last year.

· **Saturday, April 10 and Sunday April 11, 11 a.m. to 8 p.m. / Uptown Junction Square**

Various food trucks and local artists will be selling food and art pieces at the food and crafts market.

· **Sunday, April 11, 4 p.m. to 7 p.m. /** 194© **Tourian Theater**

194© Tourian Theater a new play by Carroll Bady will be performed by the Tourian Theater players.

To: Mary Wildenburg <mwildenburg@uaf.org>
From: Saban Azizov <sabanaz@bwt.org.za>
Subject: Uptown Art Fair
Date: April 14

Dear Ms. Wildenburg,

192 I wanted to let you know how much we appreciated inviting the music of our native South Africa to the Uptown Art Fair. It would've been better if more people could have enjoyed the performance, but 193© we had no choice but to play indoors because of the rainy weather. Even with that, the audience was great. Also, it seems like many of them bought some of our albums and some asked what Web sites they could use to download our music after the show.

We would be honored to play at any other future festivals. Thanks again.

Regards,

Saban Azizov
Manager
Burkino Orchestra

제 10회 반기 Uptown Art Fair
4월 9일–11일

Metropolitan Arts Council에 의해 여러분에게 선사 되는 The Uptown Art Fair가 많은 요구에 의해 다시 돌아옵니다.

행사의 부분 일정은 아래에서 찾아 보세요.

· **4월 9일 금요일 오후 6시 / Forrester Museum of Art**

191c Meredith Parilla의 새로운 사진 전시 Shutter Down and Tune Out의 오프닝. 이 전시는 4월 23일 까지 진행될 것입니다. 박물관 시간이 주중 동안은 오전 9시부터 오후 8시까지, 191c 주말에는 오전 11시부터 오후 6시까지입니다.

· **4월 10일 토요일과 4월 11일 일요일 오전 9시부터 오후 7시 /** 195© **Uptown Community Center**

아이들을 위한 게임과 공예 체험 활동

· **4월 10일 토요일 오후 5시 / Miller Street Park Outdoor Theater**

(193© 우천시 이동장소: Lamps Concert Hall)
작년에 훌륭한 공연을 했던 Burkino Teenage Chore에 의한 음악 공연.

· **4월 10일 토요일과 4월 11일 일요일 오전 11시부터 오후 8시/Uptown Junction Square**

다양한 푸드 트럭과 지역 예술가들이 음식과 공예품을 마켓에서 판매 합니다.

· **4월 11일 일요일 오후 4시부터 오후 7시/** 194© **Tourian Theater**

Carroll Bady가 만든 새로운 연극인 An Obscure Camera가 Tourian Theater의 연극배우들에 의해 공연됩니다.

받는이: Mary Wildenburg〈mwildenburg@uaf.org〉
보낸이: Saban Azizov〈sabanaz@bwt.org〉
제목: Uptown Art Fair
날짜: 4월 14일

Ms. Wildenburg에게

남아프리카 토착 192음악을 Uptown Art Fair에 초대 해 준 것에 얼마나 우리가 감사하는지 전하고 싶었습니다. 더 많은 사람들이 공연을 즐길 수 있었더라면 더 좋았을 테지만, 193© 비 오는 날씨 때문에 실내에서 공연을 할 수 밖에 없었네요. 그럼에도 불구하고 청중은 굉장했습니다. 또한, 많은 이들이 우리 앨범을 구매해주신 것 같습니다. 몇몇은 공연 이후에 우리 음악을 다운로드 할 수 있는 웹사이트를 물어보기도 했습니다.

우리는 향후 또 다른 어떤 페스티벌에서도 연주할 수 있다면 영광일 것입니다. 다시 한번 감사합니다.

Saban Azizov
관리자
Teenage Chore

<table>
<tr><td colspan="2">Uptown Art Fair a Huge Success</td></tr>
<tr><td>

SANDUSKY (April 13) – The Uptown Art Fair this spring had bigger crowds than ever, with the organizers calling the festival the most successful one yet. Despite the rain, many attendees waited in long lines to sample the international cuisine offered by the food trucks, some of which needed to be moved from their original location in Uptown Junction Square because of limited space. "At first, I was worried about changing locations," stated food truck owner Reggie Lopez, "But I think that 194ⓒ many of our customers on Sunday ate at our food truck while

</td><td>

they were waiting to see An Obscure Camera."
Festival organizers have already begun planning events for the next festival in the fall. "Most of the locations will be the same, but 195ⓒ we may have to find a new place for games and craft-making activities since the venue we usually use will be undergoing renovations in the fall" said Scarlett Anthony of the Metropolitan Arts Council. "Considering how much fun the festival was this time, the fall festival will definitely be something to look forward to."

</td></tr>
</table>

<table>
<tr><td colspan="2">Uptown Art Fair 대 성공</td></tr>
<tr><td>

SANDUSKY (4월 13일) – 이번 봄에 Up-town Art Fair는, 기획자들이 이번 페스티벌을 지금껏 가장 성공적인 페스티벌이었다고 얘기하는 가운데, 이전 보다 더 많은 관중을 불러 모았습니다. 비가 오는 날씨에도 불구하고 많은 사람들이 푸드 트럭에서 제공하는 세계 음식들을 맛보기 위해 긴 줄을 서서 기다렸습니다. 푸드 트럭 중에 일부는 제한된 공간 때문에 원래 장소였던 Uptown Junction Square에서 (다른 곳으로) 옮겨져야 했습니다. "처음에 저는 장소를 변경하는 것에 대해 걱정했습니다"라고 푸드 트럭 운영자인 Reggie Lopez 씨가 말했습니다. "194ⓒ 그러나 일요일에 많은 손님들이 An Obscure

</td><td>

Camera를 보기 위해 기다리면서 저의 푸드 트럭에서 음식을 사먹었던 것 같습니다".
페스티벌 기획자들은 가을에 열릴 다음 페스티벌 행사들을 이미 기획하기 시작했습니다. "대부분의 장소는 동일하겠지만 195ⓒ 저희가 (게임이나 공예활동을 위해) 보통 사용하는 공간이 이번 가을에 공사에 들어가기 때문에 게임과 공예활동을 위한 새로운 공간을 찾아야 할지 모릅니다" 라고 Metropolitan Arts Council의 Scarlett Anthony씨가 말했습니다. "이번 페스티벌이 얼마나 재미있었는지를 고려해보면, 가을 페스티벌도 분명히 고대할 만한 것이 될 것입니다"라고 말했습니다.

</td></tr>
</table>

|어휘| A bring B to you ⇨ B is brought to you by A: A가 여러분에게 B를 가져다 준다 ⇨ B에 의해 A가 여러분에게 선사된다 craft 공예 pieces 예술작품과 같이 살 수 없는 불가산명사들은 pieces로 받아오는 경우가 많다 have no choice but to do~ ~하는 것 외에 다른 선택권을 가지고 있지 않다 ⇒ ~하지 않을 수 없다

난이도
★★☆

191. What is the event that is NOT scheduled to be taking place at 5 p.m. on Sunday?

(A) A dance competition
(B) An arts and crafts activity
(C) A photography exhibit
(D) A food market

일요일 오후 5시에 열릴 예정이 아닌 행사는 무엇인가?

(A) 춤 경연
(B) 아트공예 활동
(C) 사진 전시회
(D) 음식 마켓

|해설| 춤 경연은 언급된 바가 없다.
(C) 미술 전시의 경우 4월9일 금요일이라고 큰 제목에 일정이 나와있지만, 이것은 오프닝의 일정이고, 제목 아래 설명을 보면 4월 23일까지 전시가 지속된다고 언급되어 있으므로 일요일에도 역시 열릴 것임을 유추할 수 있다. 일요일은 주말이므로 오후 6시까지 전시가 지속된다.
(D) 음식마켓은 토요일과 일요일, 이틀 동안 열리며 모두 8시까지 진행된다.

192. Why did Mr. Azizov send Ms. Wildenburg an email?

(A) To ask for directions to a theater

(B) To postpone a concert

(C) To give her thanks

(D) To recover a lost item

왜 Azizov씨가 Wildenburg씨에게 이메일을 보냈는가?

(A) 강당으로 가는 길을 물어보기 위해서

(B) 콘서트를 연기하기 위해서

(C) 그녀에게 고마움을 전하기 위해서

(D) 잃어버린 물건을 되찾기 위해서

|해설| 초대해 줘서 고맙다는 글이므로 (C)가 정답.

★☆☆ **193.** What is suggested about Burkino Teenage Chore?

(A) It performed at the fair for the first time.

(B) It played in the Lamps Concert Hall.

(C) It is currently on tour in South Africa.

(D) It has many visitors to its online store.

Burkino Orchestra에 대하여 무엇이 언급되고 있는가?

(A) 이 행사에서 처음으로 공연을 했다.

(B) Lamps Concert Hall에서 공연했다.

(C) 지금 남아프리카에서 투어공연 중이다.

(D) 이들의 인터넷 상점에 많은 방문객이 오고 있다.

|해설| Combined Question. 첫 번째 글을 보면, 우천시 장소가 Lamp Concert Hall로 이동된다고 일정표에 나와있고, 두 번째 지문에서는 우천으로 인해 실내에서 공연하게 된 아쉬움을 표현했으므로 이들은 Lamp Concert Hall에서 공연했음을 유추할 수 있다.

(D)의 경우, 많은 관중들이 이들의 음악을 다운받기 위해 어느 사이트에 가야 하는지를 물어봤다는 언급은 있었지만, 이 오케스트라가 어떤 사이트를 직접 소유하고 있다는 언급은 없었다. 보기에는 'its online store – 이 오케스트라의 인터넷상점'이라고 나와있으므로 오답.

194. Where most likely was Mr. Lopez food truck close to?

(A) Forrester Museum of Art

(B) Miller Street Park Outdoor Theater

(C) Lamps Concert Hall

(D) Tourian theater

Lopez 푸드 트럭은 어디에 가까이 있었을 가능성이 가장 높은가?

(A) Forrester Museum of Art

(B) Miller Street Park Outdoor Theater

(C) Lamps Concert Hall

(D) Tourian theater

|해설| Combined Question. 사람들이 연극 'An Obscure Camera'를 보기 위해 줄을 서서 기다리면서 음식을 사먹었다고 했으므로 이 연극이 상연된 극장 근처에서 장사를 했을 것으로 추정할 수 있다. 1번째 글에서 확인해보던 이 연극이 상연된 극장은 (D)임을 알 수 있다.

195. What will happen to Uptown Community Center in the fall?

(A) It will change its hours of operation.

(B) It will house the arts and crafts section for the festival.

(C) It will begin to offer classes for the community.

(D) It will be renovated.

Uptown Community Center에는 이번 가을 두슨 일이 발생할까?

(A) Uptown Community Center는 운영시간들 변경할 것이다.

(B) Uptown Community Center는 페스티벌을 위해 예술 및 공예 부문을 센터 내에 둘 것이다.

(C) Uptown Community Center는 지역사회를 위한 수업을 제공하기 시작할 것이다.

(D) Uptown Community Center는 수리가 될 것이다.

|해설| Combined Question. 3번째 지문에서 게임과 공예체험을 위허 사용했던 공간기 가을에 수리될 것이라 했다. 1번째 지문을 보견 그 공간이 Uptown Community Center임을 확인할 수 있다. 그러므로 이 공간은 가을에 수리가 될 것이다.

Hotel News Monthly — October

Executive Interview

Lusk Company, the corporation which holds a chain of hotels throughout Asia, has seen its profits rise smoothly with the efforts of Sun Yiping. Mr. Yiping talked to us, in his office overlooking Shenzhen Park in Hong Kong, about the company's ongoing business plans and its financial status.

Q. What makes Lusk Company's hotels different from those of other hotel chains?

A: We have spent a lot of time 196 customizing our hotels to the needs of guests on business trips, as they are the majority of our guests. For these guests, comfort and access to business services are key. So, our rooms are larger than average and we ensure that our business equipment is easily available and accessible to all of our guests.

Q. Can you tell us about any projects that helped the company flourish over the past year?

A: We bought a hotel in Kyoto in February, built a new restaurant at our hotel in Kuala Lumpur, 199© completely restored a majority of the guest rooms at our Seoul location, and 197© completed plans for construction of a hotel in Bangkok. Our annual profits rose by seven percent because of these endeavors.

Lusk Company Annual Financial Report
SUMMARY

198 A rise in corporate travel throughout Asia, driven in part by favorable economic conditions, resulted in greater occupancy in almost every Lusk Hotel, making this year quite profitable even though our room rates remained unchanged. 197© The recent postponement of a plan to construct a new hotel will not affect our positive financial performance.

Figure A: ESTIMATED PROFITS BY LOCATION
(Units listed are in million US dollars)

	1st Quarter	2nd Quarter	3rd Quarter	4th Quarter
Hong Kong	20	8	7	2
Seoul	11	12	11	200© 2
Kuala Lumpur	13	11	6	2
Kyoto	3	7	8	3
Total	47	38	32	9

월간 호텔 뉴스 — 10월

독점 인터뷰

아시아 전역에 호텔 체인을 가지고 있는 회사인 Lusk Company는 그들의 이익이 Sun Yiping의 노력으로 완만히 상승한 것을 보아왔습니다. Yiping 씨는 홍콩의 Shenzhen Park를 내려다 보는 그의 사무실에서 회사의 현재 진행중인 사업 계획과 그들의 재무 상태에 대해서 우리에게 이야기 했습니다.

Q. Lusk Company의 호텔이 다른 호텔 체인들과 다른 점은 무엇입니까?

A: 출장을 다니는 고객들이 우리 고객의 대부분을 차지하기 때문에 우리는 그들의 요구에 맞게 우리 호텔을 196 맞춤화 시켜 조정하는 데 많은 시간을 썼습니다. 이런 고객들에게는 안락함과 업무 서비스의 사용이 중요합니다. 그래서 우리 객실은 평균보다 더 크며, 우리는 업무설비를 쉽게 이용할 수 있게, 그리고 모든 고객들이 접근할 수 있도록 확실히 준비합니다. 다른 호텔 체인은 이렇게 하지 않습니다.

Q. 지난 한 해 동안 회사가 번창하는데 도움을 주었던 프로젝트에 대해 우리에게 말해줄 수 있나요?

A: 우리는 2월에 교토에 있는 호텔을 매입했고, 쿠알라룸푸에 있는 우리 호텔에 새로운 식당을 지었고, 199© 서울 지점의 객실 대부분을 완전히 수리했으며, 197©방콕에 호텔을 건설할 계획을 마무리 했습니다. 이러한 노력으로 우리의 연간 수익이 7% 상승했습니다.

Lusk Company 연례 재무 보고서
요약

198아시아 경제의 활성화에 따른 이 지역 전역에 걸친 출장의 증가는 Lusk Hotel 거의 전 지점에서의 객실이용률 증가로 이어졌으며, 객실요금을 올리지 않았음에도 불구하고 올해 수익성을 꽤 높여주었습니다. 최근 197©신규호텔 공사의 연기도 우리의 긍정적인 재무실적에 영향을 미치지는 않을 것입니다.

수치 A: 지점별 추정되는 수익
(나열된 숫자 단위는 100만 미국 달러임)

	1분기	2분기	3분기	4분기
홍콩	20	8	7	2
서울	11	12	11	200©2
쿠알라룸프	13	11	6	2
교토	3	7	8	3
합계	47	38	32	9

Reviewer Name: Christophe Luccardi
Name of Hotel: Lusk Hotel
Length of Stay: 3 nights
Rating: 5/5

Comments: My stay at Lusk Hotel was excellent, as it always is. I've stayed at multiple Lusk Branches and have always been pleased with the service and facilities at every branch. The stay was even better this time, 199◎ **as my room seemed to have been recently renovated, so it was completely clean.** The staff were also extremely helpful. I had to make a reservation for an upcoming convention and the staff told me that 200◎ **since that is during the off-season,** they could upgrade my room at no charge. I'll definitely continue to stay at Lusk hotels.

후기 작성자: Christophe Luccardi
호텔 이름: Lusk Hotel
체류 기간: 3박
평가등급: 5/5

의견: Lusk Hotel에서의 투숙은 늘 그렇듯이 훌륭했습니다. 저는 여러 Lusk Branches에서 묵어봤으며 항상 모든 지점의 서비스와 시설에 만족해왔습니다. 139◎ 이번에는 저의 객실이 최근에 공사를 했던 것으로 보여서 완전히 깨끗했기 때문에 더 좋았습니다. 직원들도 매우 도움이 되었습니다. 제가 컨벤션 때문에 예약을 해야 했었는데 200◎ 이 기간이 비성수기 기간이라 무료로 저의 객실을 업그레이드 시켜줄 수 있다고 직원들이 얘기해줬습니다. 저는 의심의 여지없이 계속해서 Lusk 호텔을 이용할 것입니다.

|어휘| customize 맞춤형으로 조정하다 flourish 번창하다

핵심 What makes you different form others?

많이 사용되는 표현으로, 직역하면 어색해진다.

What makes you different form others?
무엇이 너를 남들과 다르게 만드는가 ⇒ 네가 남들과 다른 점은 무엇인가?

---

196. In the article, the word "customizing" in paragraph 2, line 2, is closest in meaning to
(A) reflecting
(B) publicizing
(C) streamlining
(D) tailoring

기사의 두 번째 문단, 두 번째 줄에 "customizing"가 의미상 가장 가까운 것은?
(A) 반영하다
(B) 홍보하다
(C) 간소화하다
(D) 맞춤형으로 조정하다

|해설| customize는 '맞춤형으로 조정하다'는 의미로, 'customize products to the needs of customers: 고객의 니즈에 맞게 제품을 조정하다'는 구조로 잘 쓰인다. tailor는 명사로 쓰이면 '재단사'. 재단사는 사람의 몸에 맞게 맞춤형으로 옷을 만드는 사람. 동사로 쓰이면 customize와 동의어다.

난이도
★★☆

197. Where has Lusk Company decided to delay a project?
(A) In Kyoto
(B) In Kuala Lumpur
(C) In Hong Kong
(D) In Bangkok

Lusk Company가 프로젝트를 연기하기로 결정한 곳은?
(A) 교토
(B) 쿠알라 룸푸
(C) 홍콩
(D) 방콕

|해설| Combined Question. 두 번째 지문에서 호텔 건설을 연기했다고 언급했으며, 첫 번째 지문에서는 방콕에서 호텔을 건설할 계획을 마무리 했다고 언급했다. 그러므로 프로젝트를 연기하는 곳은 방콕.

난이도
★☆☆

198. According to the report, why has Lusk Company been profitable?
(A) The hotel has had more guests.
(B) A fee for using business supplies was increased.
(C) Some hospitality services have been eliminated.
(D) The prices for rooms were increased.

보고서에 따르면, Lusk Company는 왜 수익성이 좋았는가?
(A) 호텔에 더욱 많은 고객이 왔다.
(B) 업무 장비를 이용하는 요금이 증가 했다.
(C) 일부 고객응대 서비스가 없어졌다.
(D) 객실 요금이 증가 했다.

|해설| 두 번째 지문의 첫 부분을 보면 아시아에서 출장객들이 늘어남에 따라 이 호텔에 대한 수요가 늘어났다고 했다. 결국 투숙객들, 즉 고객이 많아지면서 회사의 수익성이 좋아진 것이다.

---

199. At which branch did Mr. Luccardi most likely stay?
(A) At the Hong Kong branch
(B) At the Seoul Branch
(C) At the Kuala Lumpur branch
(D) At the Kyoto branch

Luccardi씨는 어느 지점에서 투숙했을 가능성이 가장 높은가?
(A) Kong 지점
(B) Seoul 지점
(C) Kuala Lumpur 지점
(D) Kyoto 지점

|해설| Combined Question. 최근 수리로 인해 방이 깨끗했다는 점이 단서. 1번째 글에서 보면 최근 객실을 수리한 지점은 '서울지점'임을 알 수 있다.

---

200. During which time period will Mr. Luccardi most likely attend a convention?
(A) Between January and March
(B) Between April and June
(C) Between July and September
(D) Between October and December

Luccardi씨는 어느 기간 동안 컨벤션에 참석했을 가능성이 가장 높은가?
(A) 1월과 3월 사이
(B) 4월과 6월 사이
(C) 7월과 9월 사이
(D) 10월과 12월 사이

|해설| Combined Question. Luccardi씨가 방문한 기간이 비성수기라 Luccardi씨는 객실 업그레이드를 받을 수 있었다고 했다. 2번째 도표에서 보면 서울지점의 매출수치로 보아 4사분기가 비성수기임을 알 수 있다. 4사분기는 10월부터 12월까지의 기간.

[동시토익]